Science Research Writing

For Non-Native Speakers of English

누구나 쉽게 쓸 수 있는

# 영어 논문 작성법

2판 Second Edition

Science Research Writing

For Non-Native Speakers of English

누구나 쉽게 쓸 수 있는

# 영어 논문 작성법

2판 Second Edition

Hilary Glasman-Deal
역자 유선영, 박세은

World Scientific

청범출판사
Always in my heart

# 감사의 말

영국 임페리얼 칼리지 런던의 영어학 연구센터에 계신 훌륭한 동료들, 특히 Robin Mowat, Julie King, Julie Hartill에게 진심으로 감사드립니다. 그리고 이 책이 세상에 나올 수 있도록 연구에 의견을 제공해주신 영국 임페리얼 칼리지 런던의 많은 학생들과 직원분들께도 감사드립니다.

열정과 격려, 인내심으로 함께 해 준 사랑하는 자녀들 Ben, Daniel, Liora, Yoel, Jordana, 그리고 Alex와 더불어 World Scientific 출판사의 변함없는 성실함과 전문성으로 도움을 주신 편집장 Koe Shi Ying에게 진심어린 감사의 말을 전합니다.

# 제2판에 대한 서문

| | |
|---|---|
| *학생*: | 아인슈타인 박사님, 이 질문들은 작년 시험 문제와 같지 않나요? |
| *아인슈타인 박사*: | 네, 하지만 올해는 답이 다릅니다. |

연구 논문은 과학이 전달되는 방식과 연구에 접근하는 방식을 이끄는 요인들의 영향을 받아 변화와 발전을 지속하고 있다. 그 요인에는 연구 논문의 국제적 추세, 인터넷 읽기, 그리고 과학적 발견의 가속화되는 속도 등이 있는데, 이는 모두 20세기에 존재했던 의사소통 모델에 혁명을 일으키고 있다.

연구 논문의 국제적 추세는 국제적인 상호작용과 연구 협력의 모든 참가자들에 의해 이해될 수 있도록 빠르고 효과적이며 정확한 의사소통을 요구한다. 과학을 논하는 연구 논문의 언어는 영어를 모국어로 사용하는 사람들뿐만 아니라 전 세계의 다양한 언어를 사용하는 모든 사용자들이 공유하는 언어에 해당한다. 영어를 모국어로 사용하지 않는 연구자들 역시 훌륭한 연구 결과물을 통해 각 분야를 주도하고 있다. 이와 같은 연구자들은 영향력이 큰 저널에 연구 결과물을 발표할 때 그들의 연구 결과를 빠르고 효과적으로 쓰고 읽을 필요가 있는데, 이것은 모든 사용자들이, 모든 나라에서, 그리고 모든 수준의 모든 사용자들이 접근할 수 있도록 연구를 코드화하는 세계적인 과학 의사소통 언어를 만들 필요가 있음을 의미한다.

인터넷 읽기는 연구 접근 방식을 바꾸는 또 하나의 요인이자 연구 논문을 작성하는 방식에 영향을 미치는 요인이 된다. STEMM (과학, 기술, 공학, 수학 그리고 의학)의 협력적인 특징과 연구 기금의 증가는 매년 연구 논문의 출판량이 증가하는데 영향을 미쳤고, 그 결과 성공적인 STEMM 연구에 필요한 읽기의 양을 증가시켰다. 과거의 연구자들은 제한적이고 신중하게 선별된 일련의 인쇄 저널의 하드 카피를 읽었으나, 현재 대부분의 연구자들은 정보-서핑을 통해 인터넷에서 더 넓은 범위로 연구를 뻗어나가게 되면서 더욱 빠르고 유동적으로 접근하고 있다. 이와 같은 연구 활동은 관련 연구를 찾기 위해 광범위한 제목을 신속히 찾아볼 수 있고 독자들 역시 요약, 결과 또는 결론 부분만 발췌하여 내용을 접할 수 있다. 따라서, 제목은 논문의 매우 중요한 일부분이며, 연구 논문의 일부, 특히 초록 또는 요약은 독립적인 독립 문서로 읽을 수 있는 방식으로 발전하고 있다.

과학 연구 커뮤니케이션의 변화를 이끄는 세 번째 요인은 속도의 필요성이다. 과학은 보고될 수 있는 기대치를 넘어서 훨씬 빠르게 진행되고 있으며, STEM 연구는 저자가 매우 복잡한 정보에 대해서도 가능한 한 신속하게 의사소통할 것을 요구한다. 어떤 경우에는 이것이 다른 연구자들에 의해 '도약되는' 것을 막기 위한 것일 수도 있고, 또 다른 경우로는 산업, 특허 및 분할 회사 등에서 빠른 출판을 요구하기 때문인 것으로 볼 수 있다. 다시 말해, 논문을 집필하는데 시간이 오래 소요될 경우 논문이 제출될 때 즈음에는 부분적 혹은 연구 논문 자체가 완전히 구식이 되어 출판할 수 없게 될 위험이 따르기 때문이다. 그러므로, 과학자들과 저널 편집자들은 연구 내용을 가능한 한 신속하고 간단하게 전할 필요가 있으며, 이것 역시 STEM 연구 글쓰기를 형성하는 것으로 볼 수 있다. 연구 자체의 본질에도 변화가 있는데, 과학은 어떤 경우에는 더 전문화되고 있고 또 어떤 경우에는 더 학제적이 되고 있는 것을 볼 수 있다. 이와 같은 모습은 고도로 전문화된 정보가 때때로 비전문가들에 의해 접근될 필요가 있는 복잡한 의사소통 구조를 만들기도 한다.

이러한 모든 변화는 연구 논문 작성에 지대한 영향을 미치고 있으며, 전통적인 연구 논문의 구조와 내용 모두에 영향을 주고 있다. 연구 논문의 형태는 전환 중에 있으며, 빠르게 움직이는 연구 공동체의 요구를 충족시키기 위해 변화하고 있다. 즉, 초록(Abstract)의 기능과 내용이 변화하고 있고, 방법(Methods) 섹션의 위치가 변화하고 있으며, IMRD(서론(Introduction), 방법(Methods), 결과(Results), 논의(Discussion)) 구조가 유연한 형태로 변화되고 있다. 특히, 연구 논문의 온라인 버전에 상황별 패널, 한 페이지 요약 및 하이라이트 목록 연구와 같은 중요한 표시가 포함되기도 한다. 현재와 같은 연구 환경 속에서 성공적인 연구를 위해 연구자들은 연구 논문의 이러한 변화와 발전을 인식하고 이에 대응할 필요가 있으며, 아울러 다가올 변화에 대응해야 한다. 이와 같은 변화를 통해 이 책 두 번째 판에서 두 가지 주요한 변화를 담게 되었다.

## 2판의 변화

2판의 첫 번째 변화는 과학 커뮤니케이션 플랫폼이 전환 중에 있다는 사실을 반영한다는 것이다. 1판에서는 광범위한 학문 분야에 걸쳐 영향력이 큰 저널의 연구 논문을 분석하여 당시 연구 논문의 각 섹션에 대해 상당히 안정적인 글쓰기 모델을 생성한 바 있다. 이러한 연구 논문 작성 모델은 이번 2판에서 연구 논문의 현재 형태와 추세를 반영하여 새로 업데이트되었지만 안정적인 표현으로만 볼 수는 없다. 연구자들은 이제 과학 커뮤니케이션의 다음 변화 및 발전과 더불어 연구 논문의 모델을 업데이트할 수 있는 능력을 개발해야 한다. 앞서 설명한 바와 같이 빠른 변화의 특성을 감안할 때, 2판은 향후 과학 커뮤니케이션의 변화와 발전에 상관없이 미래에 도움이자 평생의 도구가 되는 논문 작성 전략 개발을 목적으로 집필되었다. 2판에서는 저자가 논문 작성에 역공학적 접근 방식을 사용하도록 장려함으로써 논문 작성 전략을 개발하는 내용을 다룬다. 대부분의 읽기는 정보의 원천이자 자료로써 텍스트에 수동적으로 접근하는 것을 포함한다. 반대로, 역공학은 정보 자체에서 한 걸음 물러나 그 정보가 전달되는 방식을 인식하는 학습을 동반한 능동적 읽기 전략을 필요로 한다.

일단 개발이 되면 STEMM 연구 저자들은 STEMM 연구원들을 출발점으로 삼아 보조금 제안, 회의 초록, 편지, 기술 보고서 및 리뷰 기사 등 현재와 미래의 연구 논문 커뮤니케이션에서 모든 텍스트 유형을 생성할 수 있다. 이 접근 방식은 마케팅 슬로건이 "처음 시도하는 아름다운 유화"였던 숫자로 그림을 그리는 것과 유사하다. 숫자로 그림 키트를 사용한다고 해서 레오나르도 다빈치가 될 수는 없지만, 눈에 띌 정도로 유사한 그림 제작이 가능한 전략을 제공한다.

https://en.wikipedia.org/wiki/Mona_Lisa

마찬가지로, 잘 작성된 일련의 연구 논문에서 조직적 틀, 작성 패턴 및 언어를 분석하면 신뢰도가 높고 잘 구성된 가독성 높은 연구 논문을 작성할 수 있는 전략을 제공할 수 있다.

2판에서 두 번째로 두드러진 주요 변경 사항은 책의 제목이며, 독자층이라고 할 수 있다. 1판은 영어가 모국어가 아닌 연구자들을 1차적 대상으로 삼아 집필되었다. 1판 출간 이후 원어민 연구자들과 함께 일한 경험에 비추어 보았을 때, 논문 작성의 문제가 비원어민 연구자들에게 특정한 언어 측면에 있어서 문제가 되기는 하나 모든 STEMM 연구 저자들에게 공통적인 과제이자 문제가 된다는 점을 분명히 알 수 있었다. 모든 연구자의 목표는 자료와 정보들을 통해 성공적이고 효과적인 텍스트를 만드는 것인데, 대부분의 STEMM 연구 프로젝트가 복잡하기 때문에 높은 수준의 의사소통 능력을 필요로 한다. 그러나 '학문적인 영어'는 어느 누구의 모국어도 아니며, 모국어 화자인 연구자, 심지어 가장 높은 수준의 영어를 사용하는 원어민 연구자조차도 연구 결과를 논문으로 쓰고자 할 때 대부분 모국어가 아닌 사람과 동일한 어려움을 경험한다.

이같은 경험을 통해, 필자는 올바른 영어 문법이 반드시 훌륭한 논문을 보장하지 않으며, 훌륭한 논문이 반드시 올바른 문법으로 작성되는 것도 아니라는 점을 발견할 수 있었다. 즉, 일부분 발생하는 언어 오류에도 불구하고 잘 작성된 텍스트는 성공적이고 정확하게 의미가 전달될 수 있다는 것이다. 그러므로, 이 책에서 전하고자 하는 내용의 초점을 원어민과 비원어민 STEMM 연구자 모두에게 공통적인 언어 및 작성 문제, 특히 의미와 가독성에 영향을 미치는 문제에 두었다.

2009년에 초판이 출간된 이후, 『*Science Research Writing*(과학 연구 논문 작성)』은 중국어, 일본어, 한국어로 번역되어 전 세계 대학과 연구기관에서 학술 목적 영어(EAP) 및 특정 학술 목적 영어(ESAP)를 기반으로 한 STEMM 연구자 및 학생들에게 가르치는 강사들, 그리고 영어가 모국어인 STEMM 연구자들에 의해 활용되고 있다. 따라서, 이 책의 사용자들의 이해를 돕고자 제 2판에서는 다른 단원에서 다룬 작성 문제를 요약한 체크리스트 및 팁을 추가하는 등 새롭게 다룬 다양한 변경 사항들을 깊이 있게 다루고자 심혈을 기울였다.

# 역자 서문

영어를 사용하여 말하고 들으면서 의사소통을 하는 음성언어를 사용하는 것과 자신이 연구한 내용을 설득력 있게 논리적으로 글을 잘 작성하는 것은 매우 상이한 문제이다. 일상생활에서 사용하는 '영어'의 어휘와 문장은 의사소통에 주목적을 두고 있으며 유창성을 중요시하는 음성언어로 사용되는 반면, 문서로 남겨지는 글은 어휘와 문법 등 내용의 정확성이 중시되므로 연구 논문에 사용되는 어휘와 문법의 정확성에 대한 중요성은 더 말할 나위가 없을 것이다.

이 책을 통하여 수없이 사용되던 영어 어휘들이 연구 논문에서 어떻게 독자적으로 재창조될 수 있는지에 대해 살펴볼 기회와 작성 방법에 대한 터득의 시간을 갖게 될 것이다. 아울러, 공통의 언어를 사용하고 있지 않은, 즉 영어 원어민뿐만 아니라 비원어민들이 그토록 신속하게 연구 논문을 작성하여 국제학술지에 투고할 수 있는 작성 방법은 과연 무엇인지 다양한 논문의 예시들을 살펴볼 것이다. 연구자들이 논문을 국제학술지에 투고하고자 할 때 연구 논문을 작성하는 일은 영어로 의사소통이 쉬운 영어 원어민들뿐만 아니라 비원어민들의 경우에도 일반적인 글쓰기가 아닌, 학문적인 연구 내용을 담은 글을 작성하는 작업이므로 연구자들에게는 논문에 쓰일 수 있는 영어 어휘와 문장을 담아낼 수 있는 영어 활용 역량이 요구된다. 이 책은 대학 졸업 논문이 필요한 대학생부터 석·박사 학위논문을 써야 하는 대학원생을 비롯하여 대학에 계신 많은 교수님들과 연구자들을 위해 번역되었다.

이 책에서는 지금까지 영어를 사용할 줄 알고 글로 작성할 수 있다고 생각해 온 지식의 틀을 깨고 영어 논문을 작성하는데 있어 지금까지 알고 사용해온 영어 어휘(vocabulary)와 구(phrase)들을 연구 논문에서는 어떤 의미로 사용할 수 있는지 범주를 구분하여 분석함으로써 영어 논문을 작성하는데 사용될 수 있는 어휘와 구의 범주가 나타내는 개략적 윤곽을 제시한다.

또한, 이 책에서는 학회 투고와 게재 및 출판을 위한 논문 작성뿐만 아니라 박사 논문, 기술 보고서, 다양한 컨퍼런스 초록 등 다양한 연구 관련 텍스트도 작성할 수 있도록 방법을 제시해준다. 아울러, TOEFL의 writing 영역을 공부하는 데 필요한 동일한 작성 방법을 제시하고 있으므로 유학을 준비하는 다양한 영어 학습자들에게도 그대로 적용되어 TOEFL 학습에 큰 도움을 주는 내용을 담고 있다. 게다가, 한국어로 논문을 작성할 경우에도 이 책에 제시된 논문 작성 방법과 형식을 그대로 적용하면 체계적이고 논리적인 훌륭한 논문을 작성할 수 있으므로 한국어 논문에도 필히 적용하면 충분히 좋은 논문이 게재될 수 있을 것으로 본다.

누군가는 전세계적으로 활성화되어 사용되는 인공지능이라는 컴퓨터 기술의 지능적 시스템 활용을 통해 연구 논문 작성에 도움을 받을 수 있다는 생각을 할지도 모른다. 기계의 힘을 빌어 인간의 실제 언어 사용이나 의사소통을 동일하게 흉내내기에는 한계가 있다. 더욱이 연구 논문을 작성하는 작업은 실생활에서 사용하는 일상 표현들과는 거리가 먼 어휘나 문장 표현이 주를 이루고 있으며 전문용어를 적용해야 한다는 점이 그 차이점이다. 따라서, 본 책의 내용에서는 언어의 즉흥적인 독창성만을 가지고 연구 내용을 독자에게 전달해줄 수 없다는 점을 보여줄 것이다. 이는 가까운 미래에 컴퓨터가 인간을 실제로 압도하게 될지 아닐지의 문제와 밀접한 관계를 목도하게 될 시점에서 결국은 기계가 인간의 지능을 대체하기에는 역부족이라는 결론을 가져오게 만드는 지점이 될 것이다.

이 책에서와 같이 다양한 국제학술지에 게재된 수많은 영어 논문을 분석하여 어휘의 사용이나 문장 표현을 분석한 내용을 담은 학문적인 책은 국내에 특별히 찾아볼 수 없다. 역자는 많은 사람들이 어려워하는 영어 논문 작성에 있어 명확한 접근 방식을 제공하며 연구자 자신의 연구 내용을 효과적이고 일관성 있게 전달할 수 있는 교과서로 활용될 것을 확신하여 귀한 이 한 권의 책을 번역하는데 오랜 시간을 보냈다. 이 책이 졸업을 앞두고 졸업 논문을 제출해야 하는 수많은 대학생, 석·박사 학위 논문이 필요한 대학원생, 교수, 그 밖의 다양한 연구자 및 교사들에게 필독서가 될 것으로 기대한다. 뿐만 아니라, 이 책에서 제시하고 있는 '누구나 쉽게 영어 논문을 작성할 수 있는 방법'이야말로 연구자들이 자신의 연구 내용을 실제로 '논문'이라는 형식의 글을 통해 다른 연구자 또는 독자에게 쉽게 전달하는 공식이 될 것이다.

역자로서 *Imperial College London*의 *Hilary Glasman-Deal* 교수가 수년간 연구하여 연구 논문 작성 방법과 비결을 설명한 2th Edition을 국내에 알리는 일에 참여했다는 것은 매우 값지고 소중한 경험이다. 서문의 일부 지면을 빌어 많은 연구자들에게 도움이 되는 내용을 소개할 수 있음에 하나님께 감사를 드리며, 이 책이 세상에 나올 수 있도록 전심으로 번역 작업에 함께 하신 박세은님과 ㈜청범출판사 연규산 대표님께 진심으로 감사의 인사를 전한다.

2025년 1월

탈고의 기쁨을 담아 연구실에서　유 선 영

# 서론

*독자를 위한 글쓰기: 묘사로 정보 포장하기*

연구 논문을 쓴다는 것은 단순히 정보를 제시하는 것이 아니라 정보를 명확하게 제시하는 것을 뜻한다. 애초에 정보 자체는 본질적인 기능이 없으며 중립적이기 때문에 작성자가 정보의 기능과 나머지 텍스트와의 관계를 명시적으로 식별하고 전달하지 않을 경우 독자는 정보가 왜 그 부분에 있는지를 이해할 수 없게 되고, 결국 글의 흐름을 방해하여 가독성을 떨어뜨리는 결과를 가져온다. 둘째, 연구 논문 작성은 독자의 지식을 개발하거나 변화시키는 것이며, 이것은 논리적으로, 그리고 작성자가 도출하고자 하는 결론에 이르게 하는 정보를 인내심 있게 감싸는 강력한 서술을 필요로 한다.

작성자가 연구의 과학적 내용에 익숙하다면 묘사가 왜 필요한지를 알기 어렵다. 논문을 작성하기 전, 작성자는 주제와 연구에 대해 일반적이고 구체적인 지식을 모두 공유하는 동료들과 수개월 동안 긴밀히 협력했을 수 있다. 동료들은 모두 왜, 어떻게, 무엇이 이루어지고 있는지 알고 있기 때문에 이 그룹 내의 의사소통은 매우 암묵적이다. 작성자가 연구를 외부 사람들에게 보고할 준비가 되었을 때, 암묵적인 이해가 더 이상 당연하게 여겨질 수 없게 되고 독자의 지식에 대해 얼마나 많은 것을 가정할 수 있는지를 고려하고, 상황에 따라 그 지식을 보완하기 위한 의식적인 노력이 필요한데, 이는 연구의 점점 더 다학제적인 특성을 고려할 때 더욱 필요하다. 과학적인 연구에 접근하기를 원하는 연구자와 이해 관계자의 범위는 예측할 수 없으며 더욱 증가하고 있는 추세이다.

그러므로 글로 작성된 텍스트는 정보 저장소도, 단어와 문장의 자연스럽게 발생하는 흐름도 아닌 독자를 위해 만들어진 인공물일 수밖에 없다. **그 목적은 단순히 독자가 이해할 수 있도록 하는 것이 아니라, 독자가 이해하지 못할 정도로 묘사가 충분히 명확하게 나타나야 한다.**

***내러티브 랩은 어떻게 생겼는가?***

연구 결과를 전달하기 위해서는 과학이 언어가 되어야 한다. 내러티브 랩은 정보를 둘러싸는 의사소통의 발판이자, 독자가 이해할 수 있도록 만드는 의사소통의 틀이다. 제목, 부제목, 문단 기능 및 그래픽 순서에 대한 결정은 내러티브 랩의 일부를 형성하고 정보에 대한 의미 있는 틀을 만들어낸다. 내러티브는 텍스트 자체 내에서 문단을 이루는 문장 및 동사 시제의 선택과 같이 의미가 덜 명백한 수단뿐만 아니라, 정보에 대한 작성자의 논평과

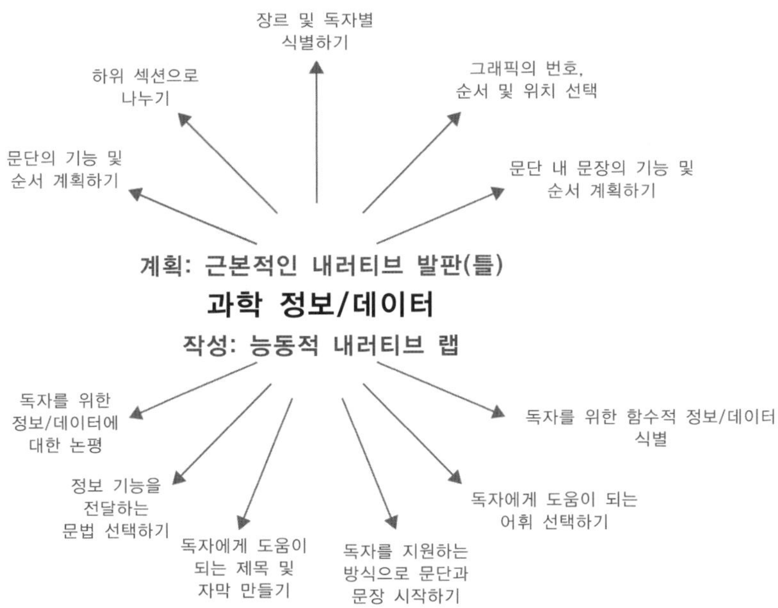

기능 식별을 통해 전달된다. 본 2판에서는 내용 전체를 통해 내러티브 랩을 위한 도구와 지침에 관해 논의된다. **내러티브 랩은 과학 정보/데이터를 읽기 쉽고 효과적인 텍스트로 전환시키는 역할을 한다.**

## 계획: 기획: 근본적인 내러티브 발판(틀)

**장르와 독자층 파악하기 나는 무엇을 구성하고 있는가?** 연구 기사, 리뷰 기사, 보조금 제안서, 편지, 포스터 및 회의 초록은 서로 다른 장르이며, 각각 작성 구조와 내용에 대한 접근 방식이 다르다. 각기 다른 장르를 오가며 잘라내기 및 붙여넣기의 접근 방식을 적용하면 형태가 없고 초점이 맞지 않는 텍스트가 된다.

텍스트 작성을 계획하기 전에 관련 장르의 최신 사례를 모델로 삼아 역설계하라.

**누가 이 글을 읽을까? 텍스트의 정보 수준을 어디에 맞추어야 하는가?** 모든 잠재적 독자들이 무엇을 알고 있다고 가정할 수 있는가? 얼마나 빠르게 과학적인 세부적 본론으로 들어갈 수 있는가? 이 글의 독자층이 앞으로 더 학제적으로 변할 가능성이 있는가?

**하위 섹션으로 나누기 이 분야의 이 유형의 텍스트에 대한 표준 하위 섹션이 있는가?** 목표 기사에서 일반적으로 하위 섹션이 몇 개가 정상인가? 하위 섹션의 평균 길이는 얼마나 되는가? 내가 하고 있는 작업이 하위 섹션에 정확하고 논리적으로 잘 맞는가? 그렇지 않다면, 내가 텍스트를 하위 섹션으로 나눈 방식이 더 적절한가?

**그래픽(예: 그림, 표, 이미지)의 수, 순서 및 위치 선택하기 각 그래픽을 삽입할 만한 타당한 이유가 있는가?** 그래픽의 가장 논리적인 순서는 무엇인가? 독자가 보기에 각 그래픽이 들어갈 가장 좋은 위치는 어디인가? 텍스트 내에 그래픽을 배치할 때 텍스트의 내러티브 흐름을 방해하지 않고 자연스러운 위치,

즉 독자가 그래픽을 보고 싶다는 의식을 갖게 되는 지점에 정확히 배치되도록 한다.

**단락의 기능과 순서 계획하기** 모든 단락에 식별 가능한 기능이 있는가? 모든 단락에 식별 가능한 기능이 있나요? 그 기능이 독자에게 명확하게 전달되는가? 단락의 순서가 논리적인가?

**단락 내 문장의 기능과 순서 계획하기** 모든 문장에 식별 가능한 기능이 있는가? 그 기능이 독자에게 분명한가, 아니면 독자가 왜 이 부분에 포함시켰는지에 대해 궁금해할 것인가? 각 문장이 단락의 전반적인 기능에 부합하는가? 각 문장이 다음 문장과 논리적으로 잘 이어지는가?

## 작성: 능동적 내러티브 랩

**독자를 위한 정보/데이터에 대해 논평하기** 정보/데이터에 대해 내가 생각하는 것이 모든 잠재적 독자에게 명확하다고 (아마도 잘못) 가정하고 있지는 않은가?

**독자를 위한 정보/데이터의 기능 파악하기** 정보/데이터의 기능이 모든 잠재적 독자에게 명확하다고 (아마도 잘못) 가정하고 있지는 않은가?

**정보의 기능을 전달하는 문법 선택하기** 각 문장에서 사용되는 동사 시제의 의미와 영향에 대해 깊이 있게 생각해 본 적이 있는가? 잠재적 모호성을 해결(또는 생성)하는 문법을 선택했는가?

**독자에게 도움이 되는 어휘 선택하기** 전 세계 독자들의 요구 사항을 고려해 본 적이 있는가? 일관된 어휘를 사용하고 있는가?

**독자를 지원하는 방식으로 문단과 문장 시작하기** 각 문단의 시작이 해당 문단의 내용 흐름을 파악하는 데 도움을 주는가? 문장 사이의 간격을 좁히고 독자 친화적인 방식으로 문장을 시작했는가?

**독자에게 도움이 되는 제목과 부제목 만들기** 제목을 통해 내용을 예측할 수 있는가, 아니면 프로젝트를 시작한 이후 실제로 생각해보지 않은 원래의 '작업' 제목일 뿐인가? 선택한 제목이 같은 유형의 기사에 적용되는 일반적인 길이인가? 하위 섹션 제목이 전체 하위 섹션에 적합한가? 부제목은 독자가 하위 섹션에 이해하는 데 도움이 되는가? 하위 섹션의 모든 것이 내용이 부제목 '적합'한가? 부제목이 이러한 유형의 기사에 대한 일반적인 길이인가? 부제목문법적으로 오류가 없는가? 부제목이 하위 섹션의 내용을 요약하고 있는가?

**이 책에서는 어떤 전략을 사용했는가?** 글쓰기의 고전적인 접근 방식은 장르 기반 접근 방식으로, 다양한 유형의 텍스트의 구조와 내용을 다룬다. 장르 기반 수업은 글쓰기를 가르치는 데 널리 사용된다. 그러나 이 접근 방식은 저자에게 무엇을 해야 하는지를 알려주는 데에는 좋지만, 그 방법을 이해하는 데에는 효과적이지 않다. 예를 들어:

> *논의 섹션 작성하기:*
> 가장 중요한 결과를 강조하되 결과 섹션에 쓴 내용을 반복하지 않아야 한다. **그렇다면 논의 부분을 어떻게 작성해야 하는가?** 연구의 결과가 서론에서 던졌던 질문과의 **어떻게** 연계성이 있는지 증명할 수 있어야 한다. 따라서, 다른 연구자가 보고한 결과와 일치하는지의 여부를 논의해야 한다. **어떻게 해야 할까?** 연구 결과를 해석하고 설명하는 방식에 있어서 다른 방법을 찾아야 한다. 결과가 큰 그림에 어떻게 맞는지를 논의하는 것이다. **정확히 어떻게 '논의'해야 할까?**

이러한 질문에 해답을 알려주기 위해 이 책에서는 역공학적 접근 방식을 개발하는 방법을 보여주고, 잘 작성된 최근 연구 논문들을 분석하여 각자의 분야에 해당하는 논문 작성 모델을 만들 수 있도록 가이드라인을 제시한다. 또한, 임페리얼 칼리지 런던(Imperial College London)과 전 세계 다양한 대학에서 이 역공학적 접근 방식을 사용하여 다양한 STEM 분야에서 최근 발표한 수천 편의 연구 논문을 분석함으로써 기본적인 논문 모델, 문법 및 책의 언어 목록을 구성하고 검증했다. 임페리얼 칼리지 런던의 학술 영어 센터는 초기 단계의 연구자에게 STEM 작성을 가르치는 접근 방식을 사용하고 경험이 풍부한 연구 저자가 이를 개발하고 적용할 수 있도록 교육한다. 역공학적 접근 방식의 주요 장점은 논문 작성에 대한 전략에 익숙해지면 연구자가 과학 연구 논문 작성 및 출판 플랫폼의 다음 단계의 변화와 함께 모델을 조정하고 업데이트할 수 있다는 점이다.

이 책의 목적은 논문 투고 및 게재와 출판을 앞둔 연구자가 직접 과학 연구 논문 작성을 빠르고 신속하게 할 수 있도록 가이드를 제공하는 것이다. 역공학적 접근 방식은 보조금 제안, 컨퍼런스 초록 및 업계 보고서를 포함한 모든 STEM 연구 분야와 모든 STEM 텍스트의 요구에 맞게 신속하게 이해함으로써 연구자 개인이 요구 사항대로 조정하여 논문을 작성할 수 있다. 이 접근 방식은 규범적이라기보다는 설명적이다. 따라서, 각 연구자가 작성하고자 하는 논문 작성 유형에 대해 가장 정확한 설명을 생성하는 것이 목표가 된다. 그러나 정확한 설명만으로는 무언가를 설명하는 서면 텍스트를 생성할 수 없으므로, 이 접근 방식의 핵심 장점은 연구자가 논문 작성 방법을 이해 및 발견하고 해당 지식을 적용하는 데 충분히 도움이 된다는 것이다.

전략은 다음과 같다:

**1. 성공적인 텍스트의 기능을 식별하는 문장 기반/문단 기반 모델을 구축하라.**

예: '*This sentence identifies a gap in the research or This paragraph maps the contribution of this study onto the literature.(이 문장은 연구의 격차를 식별합니다. 또는 이 단락은 이 연구의 문헌에 대한 기여를 매핑합니다).*'

**2. 이러한 기능을 전달하는 어휘를 위해 성공적인 텍스트를 찾아낸다.**

예: 'the words and phrases that *identify a gap in the research*(*연구의 격차를 식별하는*' 단어와 구문')'

**3. 이러한 기능을 하는 관련 문법, 언어 및 작성 기술을 식별하고 숙달한다.**

예: '*verb tense choices*(*동사 시제 선택*)'

**4. 현장에서 읽기를 통해 위의 3가지 전략을 지속적으로 강화, 조정, 업데이트 및 개발한다.**

과정의 마지막 단계: **현장에서 독서를 통해 위 3가지 전략을 지속적으로 강화, 조정 및 개발하는 것은 필수적이다.** 연구 논문 작성은 정적인 장르가 아니라 변화하는 장르이며, 훌륭한 연구자는 장르의 발전에 따라 기꺼이 업그레이드가 가능해야 한다. 훌륭한 논문 작성의 열쇠는 일련의 목표 연구 논문(또는 리뷰 논문, 학회 초록 등)을 참조하고, 이를 지속적으로 업데이트하면서 연구 논문의 모델을 업데이트하는 것이다. 각 장에 제시된 모델, 문법/언어 및 어휘는 신뢰할 수 있는 내용으로 엮었으며, 표면 타당도가 높은 툴킷을 생성하기 위해 다양한 STEMM 분야에서 최근에 발표된 2,500개 이상의 연구 논문을 분석한 결과를 담았다.

*핵심 메시지:*

- 연구 논문 내용은 모든 독자가 접근할 수 있어야 한다.
- 독자에게 데이터나 정보를 단순히 제시하는 것이 아니라 그 기능을 보여주어야 한다.
- 목표는 단순히 독자가 이해할 수 있도록 하는 것이 아니라 독자가 이해할 수 밖에 없도록 만드는 것이다.
- 성공적으로 출판된 논문의 구조와 언어를 연구함으로써 근거에 기반한 지침을 얻을 수 있다.

### *이 책은 어떤 이들을 위한 책인가?*

이 책은 영어 원어민과 비원어민을 포함한 과학 연구자들이 출판을 위해 더 효과적인 연구 논문을 쓸 수 있도록 설계된 책이다. 이 책에 설명된 역공학 전략은 보고서, 학회 초록 및 검토 논문과 같은 다른 연구 관련 STEM 작성에도 적용할 수 있다. 뿐만 아니라, 연구 논문은 논문의 축소판이 되므로 박사 논문 작성에도 활용이 가능하다. 실제로 많은 교육기관에서는 박사 학위 후보자가 논문과 관련 논문을 동시에 작성하는 문제를 해결할 수 있기 때문에 논문을 일련의 연계된 출판 논문으로 정리하여 제출하는 것을 허용하고 있다.

### *왜 필요할까요?*

과학은 출판되기 전까지는 존재하지 않는다. 모범이 되는 논문 작성은 출판 가능성을 높이고, 출판은 연구의 핵심 목표이며, 출판을 통해 자신의 연구를 공유함으로써 국제적으로 과학 연구 공동체의 일원이 된다. 또한 수준 높은 논문은 연구비를 유치하고 고급 프로젝트에 참여할 수 있는 기회로 이어진다. 아울러, 연구 논문을 발표하고 출판하는 것은 경력 개발에 가장 좋은 방법이기도 하다. 논문이나 프로젝트가 유용한 연구 결과물이 되면 이력서가 더욱 전문적으로 보이며 국제적으로도 경쟁력이 높아지게 된다.

그러나, 훌륭한 연구자라고 해서 항상 글을 잘 쓰는 것은 아니다. 어떤 연구자는 정보를 최적의 상태로 정리하거나 연구를 간결하고 효과적으로 표현하는 데 있어 어려움을 겪는다. 또 어떤 연구자들은 글쓰기에 부담스러워하고 글쓰기 자체에 낙담하기도 한다. 이로 인해 글쓰기 작업이 완전히 중단되는 경우도 있다. 현재와 같은 국제적인 사회 속의 연구 결과물은 신속하게 출판되어야 한다. 이 책은 논문 작성에 필요한 정보, 어휘 및 기술을 제공하여 자신감 있게 신속하고 독립적으로 논문을 쓸 수 있도록 방법을 제시함으로써 '실험실에서 저널로' 과정의 속도를 가속화시키기 위한 설계를 목적으로 집필되었다.

각 연구자들은 큰 노력을 들이지 않고도 각 분야에 해당하는 복잡한 자료들을 읽고 이해한다. 그러나, 그 수준에서 잘 쓰여진 텍스트를 작성하는 것이 더 어렵거나 자신의 글이 연구 내용이나 결과물에 대해 효과적으로 풀어내지 못한다고 느낄 수도 있다. 이 책에서는 기존의 읽기 능력과 읽은 자료를 사용하여 관련 논문 작성에 대한 기술을 개발하는 방법을 배울 것이다. 이미 알고 있는 것보다 훨씬 더 많이 배울 필요는 없다. 단지, 그 지식을 수동적이기보다는 능동적인 것으로 만들기만 하면 된다. 연구 논문을 작성하는 것은 보기보다 쉽다.

***단순히 교정기나 (비원어민 연구자의 경우) 번역 소프트웨어를 사용하지 않는 이유는 무엇인가?***

교정기나 번역가의 도움을 받을 경우 언어 오류의 일부분은 해결되지만 글쓰기 문제는 해결되지 않을 수도 있다. 문법적으로 올바른 문장이라도 글을 쓴 저자가 의도한 바와 다르다면 여전히 그 문장은 틀린 것이므로 작은 오류조차 발견되지 못할 수 있다. 예를 들어, 동사 시제가 잘못된 경우, 결과(X 발생)를 알려진 진실(X 발생)처럼 잘못 전달할 수 있다. 또한 교정기나 번역가는 해당 분야에서 일반적으로 쓰이는 패턴으로 번역하지 못할 수도 있다. 예를 들어, 방법 선택을 정당화하거나 결과의 내용이 본래 질문과 어떻게 관련되는지에 대한 설명을 놓칠 수 있다.

교정자나 번역가는 이를 알아차리지 못할 가능성이 높으나, 학회 심사자 또는 저널 편집자가 논문 심사 과정에서 연구 내용이 전문적이지 않은 것으로 판단하면 게재 거부로 처리될 수 있다. 또 다른 예로, 결론이 의도한 것보다 더 강력하거나 긍정적인 언어로 번역된 경우, 검토자가 결론에 대한 적절한 정당성을 결과에서 찾지 못해 논문이 검토 단계에서 게재가 거부될 수도 있다.

번역기나 번역 소프트웨어 사용과 관련된 또 다른 어려움도 있다. 영어 논문 작성은 특정 문화적 규범을 따르는데, 이는 어휘 선택과 정보를 단락으로 구성하는 방식에서도 분명하게 드러난다. 연구자의 문화적 작성 규범이 독자의 문화적 글쓰기 규범과 크게 상이할 경우 번역된 텍스트가 이상하게 보일 수 있으며, 연구의 가치를 명시적으로 밝히는 것과 같은 연구 논문 작성의 주요 측면이 너무 절제되어 알아볼 수 없게 될 수 있다. 최근 급부상하고 있는 또 다른 문제는 기밀 자료의 소유권이 인터넷에 접속할 수 있는 번역 소프트웨어나 편집 도구를 통과한 후에는 통제하기 어렵다는 점이다.

### *이 책이 논문 작성의 '제1저자'가 되는 데 도움이 되는가?*

연구 논문의 제1저자는 공동 저자보다 논문에 더욱 드러나며 연구와 더 밀접하게 연관되어 있다(예: Wu et al., 2019). 여러 저자의 순서에 대한 규칙과 관습은 연구 분야마다 다르지만, 많은 부분을 동료에게 의존할 경우 제1저자로서의 지위에 영향을 미칠 수 있기 때문에 이 책은 핵심 목표를 독자적으로 논문을 작성하기 위한 능력을 향상시키는 것에 두어 집필되었다.

### *이 책은 어휘와 문법에 중점을 두었는가?*

연구란 국제적인 것이다. 연구 결과물이 논문으로 출판되는 것은 언어에 영향을 미치게 되므로 원어민 작가와 비원어민 연구자 모두 자신이 연구한 결과를 논문에 담을 때 전 세계 독자들이 명확하고 이해하기 쉬운 언어로 전달해야 한다. 여러분의 모국어가 무엇이든, 논문을 읽는 대부분 사람들이 사용하는 모국어는 영어가 아닐 것이다. 따라서 연구 논문을 작성한다는 것은 의미를 표현하고 전달하기 위해 매우 제한된 범위의 언어를 사용하는 것을 의미한다. 이것은 비원어민에게 꽤 희소식인 것이다! 영어라는 언어 전체를 모국어와 같이 마스터할 필요가 없을 뿐만 아니라, 정확하고 훌륭한 논문을 작성하려면 비교적 작은 주제 안의 영어 어휘만을 마스터하면 되기 때문이다.

연구 논문에서 주제를 논하는데 사용되는 언어는 일반적으로 사용되는 제한된 단어나 구문으로 구성된다. 연구 논문 작성에 사용되는 비전문적인 어휘 역시 제한된 단어와 구문으로 구성되어 있다. 이는 전 세계 연구자들과 정확하게 소통할 수 있도록 하는 일종의 암호로 사용된다. 문법에 관한 문제는 더 복잡한데, 전술한 바와 같이 올바른 문법이 정확하거나 효과적인 의사소통을 보장하는 것은 아니며, 문법적 오류가 일부분 발생했음에도 불구하고 성공적이고 정확하게 의사소통할 수 있다. 이 책은 모든 연구자가 문법 규칙에 초점을 맞추기보다는 동사 시제와 같은 문법을 사용하여 의도한 의미를 명확하고 모호하지 않게 전달할 수 있도록 안내한다. 필자는 30년 이상 STEMM 학생들에게 학문적인 영어를 가르쳤다. 지난 25년 동안 임페리얼 칼리지 런던(Imperial College London)의 학술 영어 센터(Centre for Academic English)에서 박사 및 박사 후 과정에 필요한 연구 논문 작성 방법에 대해 가르쳤으며, 박사 과정 학생들, 박사 후 연구원 및 교직원 원어민뿐만 아니라 논문, 연구 논문 또는 교과서를 작성하는 비원어민들과 상담 및 논의하고 연구해 왔다. 또한, 전 세계 연구 단체를 대상으로 워크숍을 진행하고 있다. 이 책은 필자가 현장에서 배우고 익힌 가장 유용한 2가지를 바탕으로 집필되었다:

1. **연구 논문은 세련되거나 우아할 필요가 없으며, 명확하고 정확하게 전달하는 것이 주목적이다.** 우아한 영어를 사용하면 오히려 연구 논문에 대한 접근성이 떨어지거나 정확성이 떨어질 수 있다. 예를 들어, 반복을 피하기 위해 유의어 사전을 사용하는 것은 역효과를 가져오므로 전체적 틀이 갑자기 방법, 접근법 또는 모델이 되어서는 안 된다. 같은 단어를 반복하면 독자가 논문을 통해 개념을 인식하고 추적할 수 있도록 상기되고, 개념을 안정적으로 전달하고 일관성을 유지할 수 있다.
2. **좋은 구성과 좋은 글은 언어 오류를 보완할 수 있으나, 오류 없는 언어가 잘못된 구성이나 잘못된 글쓰기를 보완할 수는 없다.** 완벽한

영어 문법으로 작성된 텍스트도 정보가 뒤섞여 있거나 일관성 없이 제시되면 내용 전달이 비효율적이고 심지어 이해할 수 없게 된다.

### *이 책은 어떻게 구성되어 있는가?*

이 책은 연구 논문을 STEMM 텍스트의 전형적인 예로 삼고 있다. 보고서, 논문, 학위 논문은 비슷한 방식으로 구성되지만, 연구 논문은 분석하기에 더 관리하기 쉬운 분량이라고 할 수 있다.

이 책의 단원은 간결성을 위해 IMRaD(서론, 방법, 결과, 토론)에 따라 정렬되어 있다. IMRaD가 더이상 연구 논문을 작성하는데 있어 유일한 모델은 아니지만, 대부분의 연구 논문에는 서론, 수행/사용한 것에 대한 설명, 수행/사용한 것의 결과 및 그 결과에 대한 논의가 포함되어 있다. 그러나, IMRaD는 연구자들의 일반적인 연구 논문 작성 순서가 아니며, 저널에 게재되는 순서나 논문이 읽힐 가능성이 높은 순서와도 다르다. 연구자는 종종 방법 섹션을 먼저 작성하고 나서, 결과, 논의/결론, 서론, 초록 및 제목을 차례로 작성한다. 또한, 일부 학술지에서는 방법 또는 실험 섹션을 논문의 마지막 섹션 또는 보충 자료로 제시하기도 한다. 독자들 역시 IMRaD 순서대로 읽는 경우는 드물다. 제목/초록부터 읽다가 관심사에 따라 결과 섹션이나 실험 방법으로 바로 넘어갈 수도 있다. 그럼에도 불구하고, 이 책에서는 참조하기 쉽고 일반적으로 인쇄물에 나타나는 정보 순서를 보여주기 위해 연구 논문의 섹션을 IMRaD 형식으로 제시했다. 이 책은 8개의 단원으로 구성되어 있다.

Unit1은 서론, Unit2는 방법, Unit3는 결과, Unit4는 논의, Unit5는 이전 단원에서 사용한 역엔지니어링 방법을 결론 부분까지 확장하여 설명하고 있으며, Unit6는 초록, Unit7은 제목, Unit8은 체크리스트와 작성 팁을 담고 있다. 처음 두 단원의 구조는 비슷하다. 예를 들어, Unit1은 서론의 기본적인 일반 모델을 구축하는 것으로 시작한다. 최근에 발표된 소개 발췌본은 실제 모델에서 어떻게 작동하는지 보여주기 위해 포함되었다. 그 다음으로,

다양한 분야에서 최근 발표된 2,500개 이상의 연구 논문에서 발췌한 유용한 어휘 목록과 함께 해당 단어와 구문이 서론에서 어떻게 사용되는지 보여주는 문장 패턴의 예시들로 이어진다. Unit의 마지막에는 자주 묻는 질문에 답할 수 있는 언어 및 작문 기술 섹션을 구성되어 있다.

Unit의 끝부분에 있는 언어 및 작문 기술 섹션에는 문법 연습 문제가 많지 않다. 이 책은 언어 교과서라기보다는 쉽고 빠르게 접근할 수 있는 가이드 역할이 되도록 설계되었다. 문법 문제가 논의될 경우, '올바른' 문법에 대한 규칙을 파악하는 것이 아니라 모호함을 피하는 것이 목표라고 할 수 있다.

Unit1에서는 서론의 강력한 일반 모델, 서론 모델의 각 부분에 유용한 단어, 구문 및 문장 패턴 목록, 서론의 문법 및 작문 기술에 대한 FAQ에 대한 답변을 제공하는 언어/작문 기술 가이드를 학습하게 된다. 단원의 과제를 수행하면 모델, 어휘 및 언어/작문 기술을 종합하여 서론 부분을 작성할 수 있다. Unit1의 마지막 부분에서는 배운 내용을 활용하여 간단하게 서론을 작성하고 답안지의 샘플 답안과 비교한다. 이러한 패턴은 Unit2에서도 반복된다. Unit3, 4, 5, 6에서는 연구자 자신만의 목표가 되는 연구 논문을 역엔지니어링하여 모델을 만든 다음 각 Unit에 제시된 일반적이고 보편적인 모델과 비교하여 점검하고 수정하도록 안내한다. 이 책 전체의 과제는 역엔지니어링이 읽기 전략의 자동 부속물이 될 정도로 역엔지니어링을 발전시키는 데 도움이 되도록 설계되었다. 이 책에서 부여하는 연습과 과제를 수행하지 않고 이 책을 읽으면 무엇을 해야 할지에 대해 지적으로 이해는 할 수 있으나 실천에 옮기기에는 어려울 수도 있다. 무엇을 해야 하는지를 아는 것과 어떻게 해야 하는지를 아는 것은 다르다. 따라서 지금은 연구 기사의 정보 내용에 집중하고 있어 콘텐츠가 전달되는 방식에는 큰 관심을 기울이지 않을 수도 있다. 하지만 일단 콘텐츠를 전달하는 데 사용되는 구조와 언어를 알게 되면 연구 논문 읽기 연습이 연구 논문 작성에 능동적이고 지속적으로 영향을 주는 '학습 순환'을 만들어줄 것이다.

### *그 밖에 다른 자료나 책이 필요한가?*

연구자는 가능한 한 자신의 분야에서 현재 훌륭하게 잘 작성되었다고 인정받은 논문들과 유사한 방식으로 논문을 써야 한다. 이 책은 적절한 논문 작성 기술을 개발하기 위해 읽은 저널 논문을 사용하는 방법을 보여주고 있으므로, 이 책을 읽기 전에 먼저 일련의 목표 연구 논문들을 수집해야 한다. 즉, 평소 읽었던 저널에서 최근에 발표된 연구 논문 4편 이상으로 구성하면 된다. 이같이 목표 연구 논문을 활용하여 배운 내용을 자신의 논문 작성에 적용하고 자주 최신 연구 논문을 수집해야 한다.

**다음과 같은 논문을 참고해야 한다:**

- 영어권 기관의 연구자/연구팀 또는 영어 원어민이 작성해야 한다.
- 수행하는 연구 유형에 최대한 가까운 주제를 다루어야 한다.
- 적당히 짧아야 한다(그래프와 표를 포함하여 15면 이내).
- 출판하고자 하는 저널에서 발췌된 것이어야 한다.
- 발전과 변화의 속도를 감안할 때 작성된 논문이 5년 이상 지나지 않아야 한다.
- 잘 작성되었다고 생각하는 연구 논문이어야 한다.
- 명확하게 정의된 서론, 방법, 결과, 논의 및 결론 섹션 또는 수행하는 작업 유형에 맞는 기타 식별 가능한 하위 섹션이 있어야 한다. 이러한 섹션에 부제가 있으면 쉽게 찾을 수 있다. 부제는 분야와 저널마다 다를 수 있다. 예를 들어, 방법 섹션에는 절차, 모델, 재료 및 방법, 방법, 실험, 데이터 수집 또는 기타 변형된 제목으로 부제목을 붙일 수 있다.

**이 점에 대해 Monique Dorang 교수님께 감사드립니다.*

# 목차

## Unit 6: 초록(ABSTRACT) 작성 방법 / 445



## Unit 7: 제목(TITLE) 작성 방법 / 509



## Unit 8: 체크리스트와 팁 / 523

# UNIT 1

## 서론(INTRODUCTION) 작성 방법

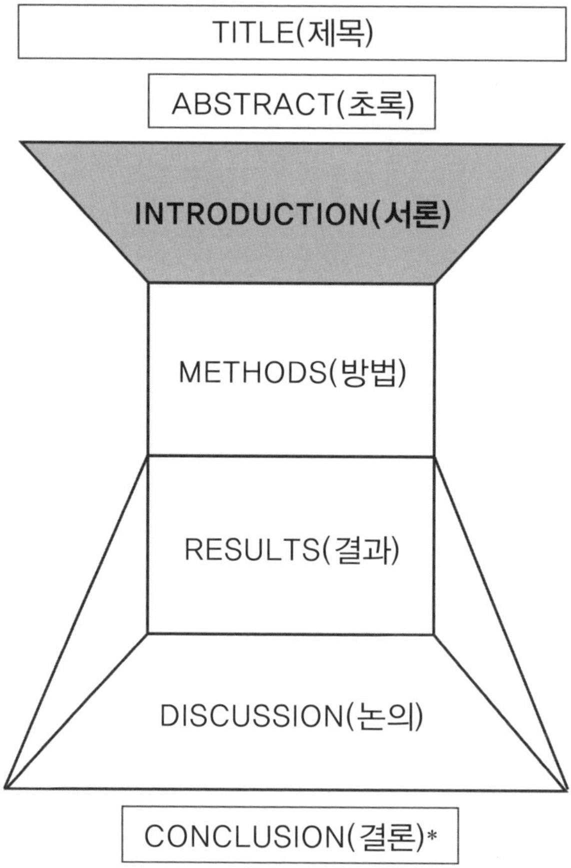


**그림 1.1 The Shape of a research article(연구 논문의 형태)**

* 일부 저널에서는 이 섹션을 **결론(Conclusion)**이라고 표기하기도 하고 또 다른 저널에서는 **결론들(Conclusions)**이라고 작성하기도 하나, 이는 연구를 통해 도출된 결론의 수를 반영하지는 않는 것으로 보인다.

> *많은 사람들이 자신의 커리어를 위해 논문을 발표해야 하는 상황에서 [...] 논문의 구조를 이해하려는 노력이 제한적으로만 이루어지고 있는 것은 안타까운 일입니다. 이는 가르칠 만한 주제입니다. 잠재적 저자를 위한 상세한 증거 기반 지침이 필요하며, 이는 주요 저널에 성공적으로 게재된 논문의 구조에 관한 연구를 통해 얻을 수 있습니다.*[3]

## 1.1 서론의 구조와 내용

그림 1.1에서 볼 수 있듯이 서론은 대칭형이다. 서론에서 다루어진 많은 내용이 본론에 종종 역순으로 나타나기 때문이다. 예를 들어:

- 서론의 시작 부분에서 독자가 논문에 '들어가거나' 작성을 시작할 수 있도록 서두 문장을 작성하고, 논의의 마지막 부분에서는 적절한 마무리 방법을 찾아 '나간다'.
- 서론에서는 일반적으로 해당 주제에 대한 과거 또는 현재의 연구 및/또는 지식을 제시하고, 논의에서는 자신의 연구가 해당 연구에 어떻게 기여하거나 해당 지식을 발전시키는지를 보여준다.
- 서론의 어느 시점에서 자신의 연구가 초점을 맞추고 있는 구체적인 문제를 명시하거나 논문에서 다룰 기존 연구의 부족한 부분을 파악하고, 논의에서는 해당 문제를 얼마나 해결했는지 논의한다.
- 서론이 끝나면 독자가 중앙 섹션(일반적으로 방법 및/또는 결과)으로 이동할 수 있도록 하고, 중앙 섹션이 끝나면 독자가 논의로 이동할 수 있도록 해야 한다.

서론은 중앙 부분의 보고서 섹션으로 갈수록 그 형태가 좁아지고 토론은 그 뒤로 점점 넓어지는 것을 볼 수 있다. 이는 서론과 본론에서 정보가 정렬되는 방식을 보여준다. 서론은 일반적인 내용으로 시작하고 점차 자신의 연구로 초점을 좁혀가면서 토론 부분에서 그 반대의 형태를 나타낸다.

## 1.2 모델 구축하기

서론의 구조는 대부분의 연구 분야가 모두 유사하며, 내용은 구조와 직접 연결된다. 이 Unit에서는 다음 세 가지 질문에 답하는 서론 모델을 구축하고 사용하는 방법을 보여준다:

*작성자는 일반적으로 서론을 어떻게 시작하는가?*
*서론에는 일반적으로 어떤 내용이 포함되며, 어떤 순서로 되어 있는가?*
*작성자는 일반적으로 서론은 어떻게 끝내는가?*

### 1.2.1 EXERCISE 1: 역공학을 통한 간단한 모델 구축 방법

xxi-xxii 페이지에서 설명한 역공학적 접근 방식을 사용하여 아래 첫 번째 서론 부분을 살펴보고 각 문장에서 작성자가 무엇을 하고 있는지에 대해 간략히 설명한다. *문장이 무엇을 말하고 있는지*(문장의 내용)를 설명하거나 요약하는 것이 아니라, *문장이 무엇을 하고 있는지*(문장의 기능)를 파악하는 것이다. 문장의 기능을 식별하는 한 가지 방법은 주동사의 시제를 살펴보는 것이다. 해당 동사의 시제는 일반적으로 어떤 용도로 사용되는가? 동사가 이전 문장과 같은 시제인가? 그렇지 않다면 작성자가 시제를 변경한 이유는 무엇인가? 이 모델은 다른 서론으로 옮겨질 경우에만 유용하므로 '*polymer*'와 같은 내용어(content words)는 포함하지 않도록 한다. 본 모델을 그대로 사용하여 자신의 연구 논문의 서론 부분을 작성할 수 없다는 점을 기억해야 한다. 설명은 단순함을 유지해야 한다; *7번 문장은 목표하는 세부 수준에 대한 가이드로 작성되었다.* 첫 번째 서론에 대한 설명을 완료했으면 1.3.1절의 서론에 적용하여 테스트와 조정한 후 문서의 서론에 적용하여 모델을 테스트하고 조정한다.

**하중을 견디는 생물의학 응용 분야를 위한 경량 키틴-PLA 복합재**

*서론*

***1*** *바이오매스에서 유래한 폴리락타이드(PLA)는 생분해성과 생체적합성[2] 특성으로 인해 최근 몇 년 동안 많은 관심을 받고 있다.*

***2*** *바이오매스 유래 PLA는 옥수수와 사탕수수와 같은 재생 가능한 공급 원료로 생산된다.* ***3*** *조직 공학용 스캐폴드[3,4]와 같은 생체 의학 응용 분야에 사용하기에 뛰어난 성형 특성을 가지고 있다.* ***4*** *그러나 충격에 취약하다는 이유로 사용이 크게 제한되었다.*

***5*** *생체 의학 응용 분야에서는 독성이 가장 낮은 소재가 필요하므로 알루미늄과 같은 금속이 산업용으로 PLA를 강화하는 데 사용되었으나[5,6] 생체 의학 용도로는 적합하지 않다[7].* ***6*** *생체 응용 분야용 폴리머를 강화하는 한 가지 방법은 포유류 해부학에서 자연적으로 발생하는 물질인 케라틴 층을 통합하는 것으로, 케라틴-PLA 복합체에 관한 광범위한 연구가 수행되었다[8,9,10].* ***7*** *예를 들어, Penney 등(2012)은 블렌딩 기술을 사용하여 PLA 매트릭스에 케라틴 필러를 통합할 수 있음을 보여주었다[8].*

***8*** *케라틴이 공중합체 시스템의 기계적 특성에 미치는 영향은 2년 전에 입증되었지만[9], 케라틴은 복합체의 무게를 상당히 증가시키며 대체 생체 적합성 재료의 선택에 거의 관심을 기울이지 않았다.*

***9*** *본 논문은 이러한 성분을 선택하기 위한 일련의 기준을 제시한다.*

***10*** *이러한 기준을 바탕으로 자연계 곳곳에서 발견되는 장쇄 고분자인 키틴을 사용하여 바이오매스 유래 고분자 혼합물을 제조하는 방법을 설명한다.* ***11*** *이 조합은 케라틴의 생체 적합성 특징을 유지하면서 PI를 통합하여 충격에 대한 저항성을 크게 증가시킨 새로운 경량 공중합체를 형성했다.*

| | |
|---|---|
| 문장 1에서, 저자는 | |
| 문장 2에서, 저자는 | |
| 문장 3에서, 저자는 | |
| 문장 4에서, 저자는 | |
| 문장 5에서, 저자는 | |
| 문장 6에서, 저자는 | |
| 문장 7에서, 저자는 | 이 분야의 주요 연구에 대해 언급한다. |
| 문장 8에서, 저자는 | |
| 문장 9에서, 저자는 | |
| 문장 10에서, 저자는 | |
| 문장 11에서, 저자는 | |

**A light-weight chitin-PLA composite for load-bearing biomedical applications**

***Introduction***

***1*** *Biomass-derived polylactide (PLA) has received much attention in recent years due to its biodegradable*[1] *and biocompatible*[2] *properties.* ***2*** *Biomass-derived PLA is produced from renewable feedstocks such as corn and sugar cane.* ***3*** *It has outstanding molding properties for use in biomedical applications such as scaffolds for tissue engineering*[3,4]*.* ***4*** *However, its weakness under impact has significantly limited its use.*

***5*** *Biomedical applications require materials with the lowest possible toxicity so although metals such as aluminium have been used to strengthen PLA for industrial applications*[5,6]*, these are not appropriate for biomedical use*[7]*.* ***6*** *One way to strengthen polymers for biomedical applications is to incorporate a layer of keratin, a material that occurs naturally in the mammalian anatomy, and there has been extensive research regarding keratin-PLA composites*[8,9,10]*.* ***7*** *For example, Penney* *et al. (2012) showed that incorporation of keratin fillers in the PLA matrix could be achieved using blending techniques[8].* ***8*** *However, although the effect of keratin on the mechanical properties of copolymer systems was demonstrated over two years ago[9], keratin adds considerably to the weight of the composite, and little attention has been paid to the selection of an alternative biocompatible material.*

***9*** *The present paper presents a set of criteria for selecting such a component.* ***10*** *On the basis of these criteria it then describes the preparation of a biomass-derived polymer blend using chitin, a long-chain polymer found in many places throughout the natural world.* ***11*** *This combination formed a novel lightweight copolymer in which the incorporation of PI significantly increased resistance to impact while retaining the biocompatible features of keratin.*

| | |
|---|---|
| **In Sentence 1, the writer** | |
| **In Sentence 2, the writer** | |
| **In Sentence 3, the writer** | |
| **In Sentence 4, the writer** | |
| **In Sentence 5, the writer** | |
| **In Sentence 6, the writer** | |
| **In Sentence 7, the writer** | **mentions a key research study in this area.** |
| **In Sentence 8, the writer** | |
| **In Sentence 9, the writer** | |
| **In Sentence 10, the writer** | |
| **In Sentence 11, the writer** | |

### 1.2.2 핵심

**문장 1** *바이오매스에서 유래한 폴리락타이드(PLA)는 생분해성[1]과 생체적합성[2] 특성으로 인해 최근 몇 년 동안 많은 관심을 받고 있다.* **저자는 이 연구 주제의 중요성을 밝히고 있다.**

**In Sentence 1** *Biomass-derived polylactide (PLA) has received much attention in recent years due to its biodegradable[1] and biocompatible[2] properties.* **the writer establishes the importance of this research topic.**

문장 1에 ***'저자가 연구를 소개한다(the writer introduces the study)'***라고 썼다면, 연구를 '소개'하는 방법에 대해 알려주지 않기 때문에 연구 논문을 작성에 도움이 되지 않는다. 해결하려는 구체적인 특정 문제나 사용하려는 방법을 설명하면서 서론을 시작했을 수도 있지만, 해당 분야에 발표된 연구를 살펴보면 대부분의 연구 논문이 이렇게 시작하지 않고 있다는 사실을 발견할 수 있기 때문에 이 방법이 최선의 방법이 아닐 수도 있다. 많은 연구 논문들은 해당 주제가 어떻게 또는 왜 유용하고 중요한지에 대해 설명하는 것으로 시작하므로, 문장 1과 같이 첫 문장에 *'최근 몇 년간 많은 연구가 이루어졌거나 주요 역할 또는 널리 사용되고 있다(much study in recent years or a major role or widely-used).'*와 같은 문구를 자주 발견할 수 있다.

***첫 번째 문장에서 어떤 동사 시제를 사용해야 하는가?***

*'최근 몇 년'* 또는 *'지난 5년'*과 같이 최근 시기를 가리키는 문구는 일반적으로 현재완료 시제 다음에 오는 경우가 많다(*Many studies in recent years have shown that.../The status and function of ports have developed rapidly*

*over the past three years.*; *최근 몇 년 동안의 많은 연구에서 현재완료 시제에 초점을 맞추어 왔다.../지난 3년 동안 항구의 상태와 기능이 빠르게 진화해 왔다*). 현재 상황에 초점을 맞추고 있다면 현재완료 시제를 사용하는 것이 일반적이다(*There are significant benefits to be gained there...*; *그곳에서 얻을 수 있는 상당한 이점이 있다...*). 그러나, 현재의 '*최근(recent)*' 또는 '*현재(current)*'가 5년 후에도 '*최근(recent)*'이나 '*현재(current)*'가 되지 못한다는 점을 생각하여, 집필 중인 논문이 5년 후에도 독자가 잘 알아볼 수 있도록 '*2018년 이후*'와 같이 연구 시기가 식별한 날짜를 표기해야 한다는 점을 고려해 보아야 한다.

### *나의 연구가 중요하다고 말할 자신이 없다면 어떻게 해야 하는가?*

해당 분야의 유사한 연구 논문들을 살펴보면, 대부분의 저자는 주제의 중요성을 밝히는 것으로부터 시작한다. 그렇지 않을 경우, 편집자나 독자가 볼 때 연구 주제가 중요하지 않은 것으로 느껴질 수도 있다. 목표 학술지를 확인하라.-이는 자신감의 문제가 아니다; 수용되고 있는 관습적인 방식으로 글을 쓰느냐에 관한 것이다. 대부분의 논문들이 이와 같은 방식으로 서론을 시작하고 있다면 여러분의 논문도 이와 같은 방식을 따라야 하며, 연구 주제가 중요하거나 연구가 유의미한 이유와 방법에 대해 밝히는 것을 주저할 필요가 없다.

### *모든 논문이 이렇게 시작하는가?*

그렇지 않다. 늘 그렇듯이 목표 독자층이 결정적인 요소가 된다. 일부 연구 주제는 매우 협소하며, 연구 논문의 독자들은 모두 해당 분야의 중요성에 대한 설명이 불필요할 수도 있으며, 심지어 부적절할 수도 있는 소규모 연구 공동체의 일원이다. 이러한 경우, 해당 분야의 특정 연구 초점, 핵심 용어의 정의 또는 주제를 이해하는 데 필요한 몇 가지 사실 정보에 대한 설명으로 시작하는 것이 일반적이다. 그 예로 다음 문장 2를 들 수 있다:

**문장 2** *바이오매스 유래 PLA는 옥수수와 사탕수수와 같은 재생 가능한 공급 원료로 생산된다.* **저자는 독자를 위해 배경 사실 정보를 제공한다.**

**In Sentence 2** *Biomass-derived PLA is produced from renewable feedstocks such as corn and sugar cane.* **the writer provides background factual information for the reader.**

문장 2는 단순 현재 시제로, 인정/확정된 사실에 사용되는 동사 시제이다. 연구 논문은 첫 문장이나 첫 단락에서 받아들여지거나 확립된 사실로 시작하는 경우가 많다. 이렇게 작성하면 독자가 논문의 나머지 내용을 이해하는 데 필요한 적절한 배경 정보를 얻을 수 있다.

***그렇다면 어떤 사실로 시작해야 하는가?***

이는 주제와 독자층이 얼마나 넓은지에 따라 달라지게 된다. 연구 분야가 매우 좁다면 많은 독자가 상당한 수준의 배경 지식을 가지고 있으므로 상당히 구체적인 정보로 시작할 수 있다. 논문이 더 광범위하거나 더 많은 학제적인 독자층을 끌어들일 가능성이 있다면 보다 일반적인 배경 정보로 시작하고 당연해 보이는 배경 사실을 포함하는 것도 고려해야 한다. **목표 학술지에서 최근 출판된 유사한 논문**을 확인하면 좋은 예시를 찾을 수 있다. 다른 저널에 논문을 다시 제출할 경우, 해당 저널의 독자층이 더 좁거나 넓을 수 있으므로 단순히 원본을 다시 보낼 수 없다는 점에 유의해야 한다. 특히 첫 문장에 있어 다른 독자층의 요구에 맞도록 수정해야 할 수도 있다. 가장 좋은 방법은 제출하려는 저널의 최신호를 확인하고 해당 저널과 유사한 주제로 게재된 논문의 저자와 동일한 방식으로 서론을 작성하는 것이다.

*배경 사실이 하나가 아니라 여러 개라면 어떻게 하는가? 어떤 것부터 시작해야 할지 어떻게 알 수 있는가?*

그림 1.1에서 서론의 모양은 넓게 시작하여 점차 좁아지는 형태를 보여준다. 이는 많은 독자가 이미 알고 있는 상당히 일반적인 정보 항목으로 시작한다는 것을 의미한다. 이는 모든 독자가 함께 시작할 수 있는 '만남의 장소'라는 사실을 의미하며, 이후에 더 구체적인 정보로 넘어갈 수 있다는 것을 나타낸다. 세부 사항으로 넘어가기 전에 항상 독자에게 일반적인 그림을 보여준다. 벽돌에 대해 이야기하기 전에 벽을 보여주는 것이다!

*배경 정보를 얼마나 제공해야 할까?*

독자가 논문에 어떤 지식을 접목할지를 예측하기란 매우 어렵다. 독자는 연구를 함께 수행한 연구자가 아니기 때문에 여러분과 동료에게 매우 익숙한 배경 정보가 연구 논문을 접하게 되는 잠재적인 독자들에게 반드시 알려진 내용은 아니다. 대부분의 연구 논문은 인터넷을 통해 접하기 때문에 독자는 다른 학문 분야 또는 심지어 STEMM이 아닌 다른 학문 분야를 통해 논문을 접하게 될 수도 있다. 일반적으로 배경 정보를 적게 제공하는 것보다 풍부하게 많이 제공하는 것이 좋다.
아울러, 서론 초반에 매우 일반적인 정보에서 매우 구체적인 정보로 바로 넘어가게 되면 특히 학제 간 독자에게 어려움을 초래할 수 있다. 따라서, 모든 독자가 서론의 배경 정보를 원활하게 접할 수 있도록 서두 문장 사이의 정보 격차를 좁히는 것이 필수적이다(1.5.2절 참조).

*어디서부터 시작해야 할지 여전히 모른다면,*

여전히 첫 문장이 막막하다면 고민 중인 키워드를 살펴보도록 한다. 투고하고자 하는 저널의 유사한 최근 논문이 해당 키워드 중 하나에 대해 정의나 사실로 시작하고 있다면 그 키워드로 시작하고, 주제의 중요성에 대한 설명으로 시작하고 있다면 그 해당 키워드로 시작하는 것이 좋다. 핵심 메시지

를 기억하라: 성공적으로 출판된 논문의 구조와 언어를 분석하면 근거에 기반한 지침을 얻을 수 있다.

***해결하고자 하는 구체적인 문제 설명부터 시작하면 안 되는가?***

대부분의 저자는 그렇게 작성하지 않는데, 독자들이 문제를 이해할 수 있는 충분한 정보를 얻을 때까지 구체적인 문제를 설명하기가 어려울 때도 있기 때문이다. 또한 해결하고자 하는 문제를 한 문장으로 표현하는 것이 매우 어려울 뿐만 아니라, 관련 배경 정보가 아직 제공되지 않은 상태에서 독자가 이해할 수 없는 문제에 대한 구체적인 세부 사항을 많이 작성하고 있는 경우가 많은 탓이다.

**문장 3** *조직 공학용 스캐폴드와 같은 생체 의학 응용 분야에 사용하기에 뛰어난 성형 특성을 가지고 있다*[3,4]. **저자는 1, 2번 문장과 동일하지만 더 자세히 인용 참조를 사용하여 배경 사실과 중요성에 관한 주장을 뒷받침한다.**

**In Sentence 3** *It has outstanding molding properties for use in biomedical applications such as scaffolds for tissue engineering*[3,4]. **the writer does the same as in Sentences 1 and 2, but in more detail, using citation references to support the background facts and the claim for importance.**

***문장 3에 인용 참조가 있는데, 이는 이 분야의 연구에 대한 검토의 일부라는 의미인가?***

답부터 말하면 '아니다'. 이전 및 현재 연구와 지식에 관한 짧은 검토는 일반적으로 서론의 후반부에 나오며 개별 연구의 방법이나 결과에 초점을 맞출 가능성이 높다. 이는 단순히 배경 사실에 대한 인용 참조에 불과하다.

***배경 사실에 대한 인용 참조를 포함할지의 여부는 어떻게 결정하는가?***

인용 참조를 포함하는 이유 중 하나는 표절(타인에게 자신의 작품에 작업에 대한 적절한 크레딧을 제공하지 않는 것)은 비윤리적이기 때문이다. 둘째, 인용 참조는 독자가 언급된 연구를 찾아서 읽을 수 있는 기회를 제공하기 때문이다. 세 번째 이유는 이러한 참고 문헌을 제공하지 않는 것은 해당 분야의 연구에 익숙하지 않다는 것을 뜻하기 때문이다.

인용 참조를 포함할지의 여부는 연구가 출판된 시기와 해당 연구 결과가 연구 커뮤니티에서 사실로 받아들여지는 정도에 따라 결정된다. 현재 연구자들이 인정하고 있는 많은 사실들은 수년 전 연구 결과로부터 시작되었다. 예를 들어, 문장 2에서 '바이오매스 유래 PLA는 옥수수와 사탕수수와 같은 재생 가능한 공급 원료에서 생산된다'는 정보는 본래의 연구에서 나온 것으로, 처음에는 다음과 같이 현재완료 시제로 작성되었을 것이다: *'Lawrence 등은 옥수수와 사탕수수와 같은 재생 가능한 피드백에서 바이오매스 유래 PLA를 얻을 수 있음을 발견했다.'* 또는 단순 과거 시제로 보고되었을 가능성도 있다: *'로렌스 등(2000)은 옥수수와 사탕수수와 같은 재생 가능한 피드백으로부터 바이오매스 유래 PLA를 얻을 수 있다는 것을 발견했다.'* 그러나 연구 결과가 잘 도출되면 *'바이오매스 유래 PLA는 옥수수와 사탕수수와 같은 재생 가능한 공급 원료에서 생산된다(Lawrence et al., 2000)'*와 같은 인용문이 첨부된 단순 현재 시제를 사용한다. 결국 인용문은 사라지고 해당 정보가 해당 주제에 대한 사실적 배경의 일부로 받아들여지게 된다: *'바이오매스 유래 PLA는 옥수수와 사탕수수와 같은 재생 가능한 공급 원료에서 생산된다'*는 식으로 말이다.

이를 올바르게 파악하는 유일한 방법은 '해당 분야의 현재 용법을 확인'하는 것이다. 5년 전의 저널 논문에 사용된 동사 시제는 더이상 적절하지 않을 수 있으므로, 논문에 사용된 5년 전 시제를 사용할 경우, 해당 분야의 발전 상황을 최신 상황에 맞추어 파악하지 못하고 있다는 의미가 된다. 'Google Scholar'와 같은 검색 엔진은 이에 사용될 수 있는 좋은 리소스이다. 현재 해당 분야의 대부분 연구자가 특정 사실을 언급할 때 단순 현재 시제를 사용할 경우, 그들이 사용하는 방식을 따르는 것이 좋다. 대부분의 연구자가 여전히 인용 참조를 포함하고 있다면 그들의 의견을 따르라. 해당 분야의 논문이 게재되어 출판함으로써 연구자로서의 지위가 확립되면 스스로 그러한 결정을 내릴 수 있는 권리를 얻게 된다는 사실 자체가 매우 흥미로운 일인 것이다.

**문장 4** *그러나 충격에 취약하다는 이유로 사용이 크게 제한되었다.* **저자는 일반적인 문제 영역 또는 해당 분야의 현재 연구 초점(영향에 따른 약점)을 설명한다.**

**In Sentence 4** *However, its weakness under impact has significantly limited its use.* **the writer describes the general problem area or the current research focus of the field** ***(weakness under impact)*****.**

저자는 여전히 자신의 연구 논문에서 다룰 구체적인 문제에 대해 기술하지 않았으며, 해당 분야의 현재 초점, 즉 '영향에 따른 취약성'이라는 문제를 언급하고 있다. 이는 이 분야의 많은 연구자들이 관심을 갖고 있는 문제로 제시되며, 이 논문에서 다룰 구체적인 문제로 이어진다.

**문장 5** *생체 의학 응용 분야에서는 독성이 가장 낮은 소재가 필요하므로 알루미늄과 같은 금속이 산업용으로 PLA를 강화하는 데 사용되었으나,*[5,6] *생체 의학 용도로는 적합하지 않다.*[7] **저자는 이 분야의 문제 영역/현재 초점(독성)을 확장한다.**

**In Sentence 5** *Biomedical applications require materials with the lowest possible toxicity so although metals such as aluminium have been used to strengthen PLA for industrial applications[5,6], these are not appropriate for biomedical use[7].* **the writer extends the problem area/current focus of the field** *(toxicity).*

**문장 6** *생체 응용 분야용 폴리머를 강화하는 한 가지 방법은 포유류 해부학에서 자연적으로 발생하는 물질인 케라틴 층을 통합하는 것으로, 케라틴-PLA 복합체에 관한 광범위한 연구가 수행되었다.[8.9,10]* **저자는 일반적인 문제 영역을 발표된 연구와 연결하고 다른 연구를 참조한다.**

**In Sentence 6** *One way to strengthen polymers for biomedical applications is to incorporate a layer of keratin, a material that occurs naturally in the mammalian anatomy, and there has been extensive research regarding keratin-PLA composites[8,9,10].* **the writer links the general problem area to published research and refers to other studies.**

***문장 5에서, 일부 인용 참조가 문장 중간에 있다. 인용 참조는 문장 중간 어느 부분에 와야 하는가?***

예를 들면, 인용이 문장의 일부만을 참조하는 경우처럼 혼동을 피해야 할 경우이다. 인용 위치는 정보의 어느 부분이 어느 연구에서 인용한 것인지 명확하게 표시해야 한다. 이는 전문적 예의 문제일뿐만 아니라, 문장의 모든 정보가 해당 문장 끝에 인용된 모든 연구에서 나왔다고 암시하는 것은 오해의 소지가 생길 수 있다.

**문장 7** *예를 들어, Penney 등(2012)은 블렌딩 기술을 사용하여 PLA 매트릭스에 케라틴 필러를 통합할 수 있음을 보여주었다.[8]* **저자는 이 분야의 주요 연구를 언급하고 있다.**

**In Sentence 7** *For example, Penney et al. (2012) showed that incorporation of keratin fillers in the PLA matrix could be achieved using blending techniques[8].* **the writer mentions a key research study in this area.**

***서론에서는 몇 개의 연구에 대해 언급해야 하는가?***

늘 그렇듯이 대상 연구 논문을 참조하라. 여러 저자가 논문을 쓰기 위해 협력하거나 논문 자체를 작성하는 데 시간이 오래 걸릴 경우, 서론의 문헌 및 지식 검토가 너무 길어지고 초점을 잃을 수 있다. 서론에서 언급하는 모든 연구는 자신의 연구 배경과 관련이 있고 필수적이어야 하며 연구의 동기를 이끌어야 한다.

***서론에서 언급할 연구를 어떻게 결정하는가?***

관련성은 중요한 문제이다. 연구 논문의 문헌 및 기여 검토는 읽은 내용의 목록이나 요약이 아니다. 따라서, 이것은 '선택된 관련 연구와 그 연구의 기여에 대한 주의 깊게 서술된 여정'으로써 특정 목적이 있다. 즉, 논문에서 보고된 연구가 정당하며 접근 방식이 타당하다는 것을 독자에게 보여주는 것이다. 관련 없는 연구 내용이 들어가게 되면 묘사의 흐름이 끊길 수 있다. 서론에 포함할 연구 내용을 결정할 때, 연구의 동기를 제공한 문제 또는 질문과 직접적으로 관련된 연구, 해당 문제 또는 질문에 대한 연구의 발전과 진화를 보여주는 연구 50편을 선택한다.
연구 논문 서론에서 문헌 및 기여도 검토의 또 다른 기능은 해당 분야의 연구 '지도'에서 해당 연구가 어디쯤 위치해 있는지를 파악하는 것이다.

연구 논문을 읽다 보면 일반적으로 서론에서 언급된 연구 중 일부를 알아볼 수 있게 되는데, 연구가 해당 분야에서 어디에 해당하는지 파악할 수 있다. 마찬가지로 서론에서 언급할 이름과 참고 문헌을 선택하면 독자가 연구가 연구 '지도'의 어디쯤에 위치하는지를 파악하는 데 도움이 된다.

*이러한 연구를 어떻게 구성하고 연결하는가?*

연구를 순서대로 구성하고 합리적인 묘사로 연결하는 것이 필수적이다. 이전 연구와 현재 연구에 대한 설명을 순서와 연결 서술 없이 페이지에 무작정 나열하면 쇼핑 목록처럼 보일 수 있다. 신중하게 계획되고 잘 서술된 문헌 및 기여도 리뷰를 통해 독자는 연구가 어떻게 발전했는지, 더 중요한 것은 그것이 내 연구로 어떻게 그리고 왜 연결되는지 쉽게 이해할 수 있을 것이다.
서론의 리뷰가 순조롭게 진행되기 위해서는 조직적인 패턴에 따라 연구 기여도를 계획하고 정리하라. 세 가지 가능한 패턴은 다음과 같다:

- *일반적-특정적*
  작성자는 종종 해당 분야의 일반적인 연구, 즉 리뷰 기사로 시작하여 점차 현재 연구에서 다루는 문제나 격차에 더 가까운 연구로 이동하며, 이것이 가장 일반적인 패턴이다.
- *다양한 접근법/이론/모델*
  일부 논문에서는 사용한 접근 방식이나 방법에 따라 연구를 그룹화하기도 한다. 유사한 연구를 함께 그룹화하면 각 문장을 '그러나 또는 반면에'로 시작하여 앞뒤로 이동하는 '테니스 경기' 효과를 피하는 데 도움이 된다.
- *연대순*
  예를 들어, 해당 분야의 발전이 오염이나 프래킹과 같은 정치적 결정 및 법률과 관련이 있을 경우 이 방법이 적절할 수 있다.

연구의 기여도를 고려한다면, 다음과 같은 단어나 문구를 고려해야 한다:

*[참고] 또한...*
*[참조] 이 문제를 해결한 것은 ...*
*[참조] 최초로 ...*
*[참조]에 의한 이전 연구가 입증하였다 ...*
*비슷한 접근 방식이 [참조], 누가 ...*
*대안적인 접근 방식은 [참조]에 의해 제안되었다.*
*에 따르면 [참조], 가능성이 높다 ...*
*중요하게도 [참조]는 다음과 같이 언급했다.*
*이를 해결하기 위해 [참조]는 분석했다/개발했다 ...*
*그 연구에서, 비록 ...*
*그들의 최근 작업에서 [참조]는 제안했다 ...*
*나중에 [참조]에 의해 밝혀졌다 ...*
*[참조]의 결과의 한 가지 [잠재적인] 암시는 ...*
*다른 연구는 ..., 예를 들어 [참조] 및 [참조]가 시도한 ...에 초점을 맞추었다.*
*최근에, 다음과 같은 결과가 나타났다/제안되었다 ...*
*얼마 지나지 않아 [참조] 제안했다...*
*그 후, ... 종합하면 이러한 연구는 다음을 제안한다.*
*가장 체계적인 검토는 [참조] ..., 이러한 발견은 [참조]의 작업에 도전한다.*
*이 접근 방식은 [참조], 누가 ...에 의해 더욱 발전했다.*
*이 방법론은 ...에 의해 채택되었다.*
*이 문제를 해결하기 위해 [참조] ...*
*이러한 문제를 극복하기 위해 [참조]에서 다른 접근 방식을 사용했다.*
*5년 이내에 ~[참조]를 개발했다 ...*

*[ref] also observed that...*
*[ref] resolved this by...*
*[ref] were the first to...*
*A pioneering study by [ref] demonstrated...*
*A similar approach was used by [ref], who...*
*An alternative approach was proposed by [ref], who...*
*According to [ref], it is highly likely that...*
*Importantly, [ref] noted that...*
*In order to resolve this, [ref] analysed/developed...*
*In that study, although...*
*In their recent work, [ref] has suggested that...*
*It was later shown by [ref] that...*
*One [potential] implication of [ref]'s results is that...*
*Other studies have focused on..., for example, [ref] and [ref] attempted to...*
*Recently, it has been shown/suggested that...*
*Soon after, [ref] proposed...*
*Subsequently,...*
*Taken together, these studies suggest that...*
*The most systematic review is that in/of [ref]...,*
*These findings challenge the work of [ref], who...*
*This approach was further developed by [ref], who...*
*This methodology was adapted by...*
*To address this issue, [ref]...*
*To overcome these problems, a different approach was used by/in [ref].*
*Within five years, [ref] developed a...*

'*그러나(However)/따라서(Therefore)*'와 같은 신호어는 문헌 및 기고문 검토의 한 항목에서 다음 항목으로 이야기를 효과적이고 간결하게 이끌어갈 수 있다. 이에 대한 자세한 내용은 '1.5.2절 문장과 정보 연결'을 참조하기 바란다.

**문장 8** *케라틴이 공중합체 시스템의 기계적 특성에 미치는 영향은 2년 전에 입증되었지만[9], 케라틴은 복합체의 무게를 상당히 증가시키며 대체 생체 적합성 재료의 선택에 거의 관심을 기울이지 않았다.* **저자는 연구에서 문제나 연구의 공백을 발견한다.**

**In Sentence 8** *However, although the effect of keratin on the mechanical properties of copolymer systems was demonstrated over two years ago[9], keratin adds considerably to the weight of the composite, and little attention has been paid to the selection of an alternative biocompatible material.* **the writer identifies a problem or gap in the research.**

여기서부터 자신의 논문이나 연구, 그리고 다룰 특정 문제로 깊이 있게 나아가기 시작하고 다루어야 할 구체적인 문제를 파악한다. 이는 일반적으로 기존 지식의 격차를 파악하거나 이전 연구에 문제가 있음을 나타내는 방식으로 이루어진다. *'그러나(However) 또는 비록(Although)'*과 같은 신호를 통해 소개하는 것이 일반적이며, 이러한 단어에는 독자에게 그 차이를 알려주는 '즉각적인 인식' 기능이 있다. 전문적인 글에서 격차나 문제를 질문의 형태로 제시하는 것은 드문 일이며, 일반적으로 예측, 제안 또는 가설로 표현한다.

이전 연구의 문제점을 지적하는 것에 대해 적극적이어야 한다. 우선, 연구 수행의 이유를 설명하기 위해 해당 문제점을 식별해야 할 수도 있다. 두 번째로, 여기서 사용되는 언어는 일반적으로 존중의 언어이므로 불쾌한 뉘앙스를 가져오지 않는다.

이 단계에서 독자는 조사 중인 자료의 특성에 대한 세부 정보나 개선하려는 장치의 특정 부분에 대한 설명과 같은 배경 정보가 더 필요할 수 있다. 연구 논문 쓰기 작업은 의외로 많은 양의 배경 정보가 필요하며, 너무 적은 양보다는 약간 많은 양을 제공하는 것이 좋다.

이 단계에서는 바로 자신의 논문이나 연구로 넘어간다. 설명 또는 목적이나 초점이 무엇인지 설명한다거나 구조를 제공하는 등으로 조합할 수 있다.

**문장 9** *본 논문은 이러한 성분을 선택하기 위한 일련의 기준을 제시한다.* **저자는 본 논문 또는 연구에 대해 설명한다.**

**In Sentence 9** *The present paper presents a set of criteria for selecting such a component.* **the writer describes the present paper or study.**

***여기서 수동태를 사용해야 할까, 능동태를 사용해야 할까?***

이는 모호함의 가능성, 대상 저널의 스타일, 저자 본인에게 초점을 맞출지 연구에 초점을 맞출지 등의 요인에 따라 달라진다. 이에 대한 자세한 내용과 지침은 **Section 1.5.3 수동/능동 선택**을 참조한다.

***어떤 동사 시제를 사용해야 하나요?***

작성자는 일반적으로 작업 자체를 설명할 때는 단순 현재 시제를 사용하고 (*이 논문은 다음과 같이 구성되어 있다/이 연구는...에 중점을 둔다*), 작업의 목적을 이야기할 때는 단순 과거 시제를 사용한다(*이 프로젝트의 목적은.../우리의 목표는...*). '실시간'에서는 작업이 완료되기 전에 목표가 존재했기 때문이다. 특히 목표가 부분적으로만 달성된 경우에는 단순 현재 시제(이 연구/논문의 목표는...)로 목표를 말할 수도 있다.

**문장** 10 *이러한 기준을 바탕으로 자연계 곳곳에서 발견되는 장쇄 고분자인 키틴을 사용하여 바이오매스 유래 고분자 혼합물을 제조하는 방법을 설명한다.* **저자는 논문에 보고된 방법을 간략하게 설명한다.**

**In Sentence 10** *On the basis of these criteria it then describes the preparation of a biomass-derived polymer blend using chitin, a long-chain polymer found in many places throughout the natural world.* **the writer outlines the method reported in the paper.**

작성자가 서론에서 방법이나 결과를 언급하는 경우가 많지만, 너무 자세히 설명하면 서론이 너무 길어져 집중력을 잃을 수 있다. 늘 그렇듯이 현재 대상 문서를 확인하여 지침을 얻도록 한다.

**문장 11** *이 조합은 케라틴의 생체 적합성 특징을 유지하면서 PI를 통합하여 충격에 대한 저항성을 크게 증가시킨 새로운 경량 공중합체를 형성했다.* **저자는 연구의 성과를 명시적으로 식별하는 언어('행복한' ☺ 단어)를 사용하여 주요 결과를 발표한다(새로운 '*novel*', 가벼운 '*ightweight*', 크게 증가 '*significantly increased*').**

**In Sentence 11** *This combination formed a novel lightweight copolymer in which the incorporation of PI significantly increased resistance to impact while retaining the biocompatible features of keratin.* **the writer announces the main result, using language that explicitly identifies the achievement of the study ('happy' ☺ words)** *(novel, lightweight, significantly increased)***.**

## 1.2.3 서론 모델

다음은 1.2.2절에서 서론을 역설계하여 수집한 문장 설명이다:

| | |
|---|---|
| 문장 1에서, 저자는 | 본 연구 주제의 중요성을 설명한다. |
| 문장 2에서, 저자는 | 독자를 위한 배경 사실 정보를 제공한다. |
| 문장 3에서, 저자는 | 문장 1, 2에서와 동일하지만 배경 사실과 중요성 주장에 대한 인용 참조를 사용하여 더 자세히 설명한다. |
| 문장 4에서, 저자는 | 일반적인 문제 영역 또는 해당 분야의 현재 연구 초점을 설명한다. |
| 문장 5에서, 저자는 | 해당 분야의 문제 영역/현재 초점을 확장한다. |
| 문장 6에서, 저자는 | 일반적인 문제 영역을 출판된 연구와 연결하고 다른 연구를 참조한다. |
| 문장 7에서, 저자는 | 이 분야의 주요 연구를 언급한다. |
| 문장 8에서, 저자는 | 연구의 문제 또는 격차를 식별한다. |
| 문장 9에서, 저자는 | 현재 논문 또는 연구를 설명한다. |
| 문장 10에서, 저자는 | 논문에서 보고된 방법을 간략하게 설명한다. |
| 문장 11에서, 저자는 | 연구의 성과를 명시적으로 식별하는 언어('행복한'☺ 단어)를 사용하여 주요 결과를 정리한다. |

| | |
|---|---|
| In Sentence 1, the writer | establishes the importance of this research topic. |
| In Sentence 2, the writer | provides background factual information for the reader. |
| In Sentence 3, the writer | does the same as in Sentences 1 and 2, but in more detail, using citation references to support the background facts and the claim of importance. |
| In Sentence 4, the writer | describes the general problem area or the current research focus of the field. |
| In Sentence 5, the writer | extends the problem area/current focus of the field. |
| In Sentence 6, the writer | links the general problem area to published research and refers to other studies. |
| In Sentence 7, the writer | mentions a key research study in this area. |
| In Sentence 8, the writer | identifies a problem or gap in the research. |
| In Sentence 9, the writer | describes the present paper or study. |
| In Sentence 10, the writer | outlines the method reported in the paper. |
| In Sentence 11, the writer | announces the main result, using language that explicitly identifies the achievement of the study ('happy' ☺ words). |

이를 간소화하여 소개 모델에 네 가지 기본 구성 요소가 포함되도록 할 수 있다. 서론 부분을 작성할 때 모든 구성 요소를 사용할 필요는 없으며, 이 모델에서 변형이 얼마든지 가능하다는 점을 생각해야 한다.

| 일반 서론 모델 | |
|---|---|
| 1 | 주제/분야의 중요성 확립<br>배경 사실 정보 제공<br>일반적인 문제 영역/현재 연구 초점 제시 |
| 2 | 이전 및/또는 현재 연구 및 기여도 제시: 연구 '지도' 제시 |
| 3 | 연구의 격차 찾기<br>해결할 문제 설명 동기 및/또는 가설 제시<br>연구 기회 식별 |
| 4 | 현재 논문 설명, 때로는 목표/결과/방법/결론 언급, 종종 '행복한' ☺ 단어 포함 |

| GENERIC INTRODUCTION MODEL | |
|---|---|
| **1** | **ESTABLISH THE IMPORTANCE OF THE TOPIC/FIELD**<br>**PROVIDE BACKGROUND FACTUAL INFORMATION**<br>**PRESENT THE GENERAL PROBLEM AREA/CURRENT RESEARCH FOCUS** |
| **2** | **PRESENT PREVIOUS AND/OR CURRENT RESEARCH AND CONTRIBUTIONS: the research 'map'** |
| **3** | **LOCATE A GAP IN THE RESEARCH**<br>**DESCRIBE THE PROBLEM YOU WILL ADDRESS**<br>**PRESENT YOUR MOTIVATION AND/OR HYPOTHESIS**<br>**IDENTIFY A RESEARCH OPPORTUNITY** |
| **4** | **DESCRIBE THE PRESENT PAPER, sometimes mentioning aims/results/methods/conclusions, and often including 'happy' ☺ words** |

많은 논문들의 서론을 살펴보면 다음 사항을 알 수 있다:

- 거의 모든 연구 논문의 서론은 구성요소 1의 내용으로 시작된다.
- 거의 모든 연구 논문의 서론은 구성요소 4의 내용으로 끝난다.
- 일부 서론에서 구성요소 2는 본 논문의 요약에 해당한다. 이는 일반적으로 단순 현재 시제이지만 여전히 인용 참조가 필요할 수 있다.
- 일부 서론에서는 구성요소 3의 격차 또는 문제가 명시적으로 언급되지 않는다. 이는 연구의 동기가 단순히 이전 연구를 확장하는 것일 수도 있고, 격차/문제점이 본 연구의 설명과 목적에 암묵적으로 포함될 수도 있기 때문이다.
- 단순 현재 시제의 추가적인 배경 사실 정보는 저자가 독자에게 필요하다고 판단하는 모든 지점에 나타난다.

## 1.3 모델 테스트 및 조정

### 1.3.1 모델 시연

모델 시연을 위해 모델 구성 요소의 단서가 아래 서론에 **굵은 글씨**로 표시되어 있다. 서론을 주의 깊게 읽고 어휘와 동사 시제가 모델과 어떻게 연결되는지 살펴보도록 하자.

**프로포폴로 인한 무의식이 시작될 시점의 신경망의 급속한 파편화**

*서론*

전신 마취는 수 초 내에 무의식을 유도하기 위해 다량의 속효성 약물을 투여함으로써 **일반적으로** 시작되는 약물에 의한 가역적 혼수상태이다

**(1)**. 이 상태는 수술 및 여러 비수술적 절차를 수행하는 데 필요한 기간 동안 유지**될 수 있다**. 가장 **널리 사용되는** 마취제 중 하나인 프로포폴은 신경세포에 대한 가바 신경 억제 입력을 **강화하는** 정맥주사 약물로 **(2-4)**, 피질, 시상, 뇌간 및 척수**(5-7)**에 영향을 미친다. 프로포폴의 분자 작용에 대한 이해**에도 불구하고**, 분자 표적에서의 이러한 효과가 단일 뉴런과 더 큰 규모의 신경 회로에 어떻게 영향을 미쳐 무의식을 일으키는지는 **명확하지 않다**고 할 수 있다.

거시적 역학에 미치는 영향은 프로포폴 전신 마취를 유지하는 동안 몇 가지 정형화된 패턴을 **포함하는** 뇌파에서 두드러지게 나타난다. 이러한 패턴에는 델타(0.5-4Hz) 파워 증가**(8,9)**, 감마(25-40Hz) 파워 증가**(9)**, 전두피질 전반에 걸쳐 '일관된' 알파(~10Hz) 리듬**(10-12)**, 고전압 활동의 버스트와 몇 초 동안 지속되는 평탄한 EEG 기간 사이의 교대인 버스트 억제**(13,14)** 등이 포함된다. 또한, 느린 진동(<1Hz)은 심하게 마취된 동물에서 **잘 특성화되어 있으며**, 신경막 전위가 UP(탈분극)과 DOWN(과분극) 상태 사이의 교대와 **연관되어** 있다**(8, 15)**.

이러한 패턴은 일관되게 관찰**되지만**, 전신 마취 상태에서의 무의식과 기능적으로 어떻게 관련되어 있는지는 **불분명**하다. **대부분의 연구**에서는 전신 마취의 **깊은 정상 상태**에 초점을 맞추었으며, 무의식 상태로의 전환을 추적하기 위한 체계적인 행동 측정 방법을 사용하지 않았다. 이러한 정상 상태 접근 방식은 깊은 마취 상태의 뇌에서 나타나는 특징적인 패턴과 무의식이 시작될 때 발생하는 패턴을 **구분할 수 없다**. 무의식은 수십 초 만에 **발생할 수 있지만**(4), 많은 신경생리학적 특징은 유도 후 몇 분 동안 **계속** 변동하며 전신 마취의 여러 수준 간에 **매우 가변적이다**(1,16). 따라서 의식 상실(LOC)과 관련된 특정 역학을 파악하려면 신경 생리학을 행동 측정과 연결하여 무의식으로의 전환에 대한 검사가 '**필요하다**'.

또한, 이러한 뇌파 진동의 기초가 되는 피질 영역 간의 역동적인 상호작용은 **잘 이해되지 않고** 있는데, 그 이유는 단일 뉴런의 앙상블과 뇌에 분산된 부위의 진동 역학을 동시에 기록한 연구가 **거의 없기** 때문이다. 따라서 프로포폴이 신경 회로에 어떻게 작용하여 무의식을 유발하는지는 **아직 불분명하다**. **주요 가설은** 마취제가 피질 통합을 방해한다는 것이다(17,18). 이러한 혼란이 발생하는 메커니즘을 파악하려면 무의식을 유도하는 동안 신경 역학의 공간적, 시간적 조직이 어떻게 진화하는지에 대한 **더 나은 이해**가 필요하다.
**이 문제를 해결하기 위해 우리는** 프로포폴로 무의식을 유도하는 동안 인간 뇌의 신경세포와 회로 수준의 역학을 모두 **조사했다**. 최대 8cm의 피질에서 단일 단위, 국소 전위(LFP), 두개 내 심전도(ECoG)를 동시에 기록하여 밀리초 단위의 시간적 해상도로 여러 공간 규모에서 신경 역학을 조사할 수 있었다. **우리는** 행동 과제를 사용하여 환자가 청각 자극에 반응하지 않는 시간을 몇 초 내에 식별했으며, 이를 LOC로 정의했다.
**우리의 연구 결과를 통해** 이전에 보고된 효과(8,9,15)와 함께 뇌 상태의 심오한 변화에 대한 다중 스케일 설명을 가능하게 하는 LOC에 수반되는 일련의 신경생리학적 특징들을 밝혀냈다. LOC는 LFP에서 느린 진동(0.1-1Hz)의 갑작스러운 시작에 의해 **표시된다**는 것을 발견했다. 느린 진동 대역의 전력은 LOC에서 급격히 **상승하고** LOC 이후 기간 내내 이 증가를 **유지한다**.
신경세포의 스파이크는 LOC 후 몇 초 이내에 국소적인 느린 진동에 **결합된다**: 스파이크는 수천 초 동안 지속되는 억제가 산재한 짧은 활동 간격에서만 **발생**하며, 주기적으로 정보 처리를 중단한다. 활동이 발생할 수 있는 이러한 기간은 뇌 전체에서 동시에 발생하지 않으며, 이는 멀리 떨어진(2cm 이상) 피질 네트워크 간의 정보 전달이 손상되었음을 의미한다. 따라서 피질 네트워크는 시간적, 공간적으로 **파편화되**어 근거리 및 장거리 통신 모두에 장애를 일으킨다. 그러나 소규모(4mm 미만) 기능적 연결 측정은 의식 상태와 **유사하게 유지되며**, 지속적인 무반응에도 불구하고 뉴런 스파이크 속도는 LOC 후 기준선 수준으로 회복될 수 있다. **이 결과는** 무의식 상태에서도 짧은 기간의 정상적인 스파이크 역학이 발생할 수 있음을 보여준다. **우리는** 느린 진동이 프로포폴로 인한 무의식의 기본 구성 요소이며, 피질 영역의 기능적 고립을 표시하는 반면 로컬 네트워크 내에서 상당한 연결성이 보존된다는 **결론을 도출하였다**.

## Rapid fragmentation of neuronal networks at the onset of propofol-induced unconsciousness[a]

### *Introduction*

General anesthesia **is** a drug-induced reversible coma **commonly** initiated by administering a large dose of a fast-acting drug to induce unconsciousness within seconds **(1)**. This state **can be** maintained as long as needed to execute surgical and many nonsurgical procedures. One of the most **widely used** anesthetics is propofol, an i.v. drug that **enhances** GABAergic inhibitory input to neurons **(2–4)**, with effects in cortex, thalamus, brainstem, and spinal cord **(5–7)**. **Despite** the understanding of propofol's molecular actions, it is **not clear how** these effects at molecular targets affect single neurons and larger-scale neural circuits to produce unconsciousness.

The effects on macroscopic dynamics **are** noticeable in the EEG, which **contains** several stereotyped patterns during maintenance of propofol general anesthesia. These patterns **include** increased delta (0.5–4 Hz) power **(8, 9)**; increased gamma (25–40 Hz) power **(9)**; an alpha (~10 Hz) rhythm **(10–12)** that **is** coherent across frontal cortex; and burst suppression, an alternation between bursts of high-voltage activity and periods of flat EEG lasting for several seconds **(13, 14)**. In addition, slow oscillations (<1 Hz) **have been well characterized** in deeply anesthetized animals and **are associated** with an alternation of the neuronal membrane potential between UP (depolarized) and DOWN (hyperpolarized) states **(8, 15)**.

**Although** these patterns are observed consistently, it is **unclear** how they are functionally related to unconsciousness under general anesthesia. **Most studies have focused on** a deep steady state of general anesthesia **and have not used** a systematic behavioral measure to track the transition into unconsciousness. This steady-state approach **cannot** distinguish between patterns that are characteristic of a deeply anesthetized brain and those that arise at the onset of unconsciousness. Unconsciousness **can occur** in tens of seconds **(4)**, but many neurophysiological features **continue** to fluctuate for minutes after induction and **are** highly variable between different levels of general anesthesia **(1, 16)**. Therefore, identifying the specific dynamics associated with loss of consciousness (LOC) **requires** an examination of the transition into unconsciousness, linking neurophysiology with behavioral measures.

In addition, the dynamic interactions between cortical areas that underlie these EEG oscillations are **not well understood**, because **few studies** have simultaneously recorded ensembles of single neurons and oscillatory dynamics from sites distributed across the brain. Consequently, how propofol acts on neural circuits to produce unconsciousness **remains unclear. A leading hypothesis suggests that** anesthetics disrupt cortical integration **(17, 18)**. Identifying the mechanism by which this disruption might occur **requires a better understanding of** how the spatial and temporal organization of neural dynamics evolves during induction of unconsciousness.

**To address this question**, **we investigated** both neuronal and circuit-level dynamics in the human brain during induction of unconsciousness with propofol. **We obtained** simultaneous recordings of single units, local field potentials (LFPs), and intracranial electrocorticograms (ECoG) over up to 8 cm of cortex, enabling us to examine neural dynamics at multiple spatial scales with millisecond-scale temporal resolution. **We used** a behavioral task to identify within seconds the time at which patients became unresponsive to auditory stimuli, which we defined as LOC.

**Our results reveal** a set of neurophysiological features that accompany LOC that, together with previously reported effects **(8, 9, 15)**, enable a multiscale account of this profound shift in brain state. **We find that** LOC **is marked** by the abrupt onset of slow oscillations (0.1–1 Hz) in the LFP. Power in the slow oscillation band **rises** sharply at LOC and **maintains** this increase throughout the post-LOC period. Neuronal spiking **becomes** coupled to the local slow oscillation within seconds of LOC: Spiking **occurs** only in short intervals of activity that are interspersed with suppression lasting hundreds of milliseconds, periodically interrupting information processing. These periods in which activity may occur **are** not simultaneous across the brain, implying that information transfer between distant (>2 cm) cortical networks is impaired. Cortical networks therefore **are fragmented** both temporally and spatially, disrupting both local and long-range communication. However, small-scale (<4 mm) functional connectivity measures **remain similar** to the conscious state, and neuronal spike rates can recover to baseline levels after LOC despite continued unresponsiveness. **This result demonstrates** that short periods of normal spike dynamics still can occur during unconsciousness. **We conclude that** the slow oscillation **is** a fundamental component of propofol-induced unconsciousness, marking a functional isolation of cortical regions while significant connectivity **is** preserved within local networks.

## 1.3.2 EXERCISE 2a: 모델 구성 요소 식별

다음은 서로 다른 분야의 연구 논문으로부터 발췌한 두 개의 서론 부분이다. 다음 서론을 읽고 **굵게** 표시된 단어/구문을 활용하여 모델 구성 요소를 구별하라. 인용 참조는 **굵게** 표시하여 필요한 부분에 집중시키고, 대부분의 경우의 주요 동사는 **굵게** 표시하여 동사 시제에 시선을 집중시킨다.

### 1. 유기 기상 증착: 광학적 비선형성이 큰 유기 박막의 성장시키는 새로운 방법

*서론*

변조기 및 주파수 배율기와 같은 비선형 광학(NLO) 장치에 사용하기 위해 2차 과분극성이 큰 유기 물질에 대한 **관심이 상당히 높다**[1]. 이러한 NLP 소자에서 높은 수치를 얻으려면 비중심 대칭 벌크 구조와 낮은 유전율을 가진 소재가 **필요하다**.

이를 위해 NLP 활성 발색단은 전통적으로 폴리머 매트릭스에 **통합**되고 필요한 벌크 대칭을 달성하기 위해 전기적으로 분극된다. **그러나,** 이러한 물질은 **낮은** 유리 전이 온도와 고온에서의 **열악한** 안정성으로 인해 **제한적이다**.
**최근** 유기 및 유기금속염의 단결정[2-4]은 매우 큰 이차(x(2))를 갖는 것**으로 밝혀졌다**. NLP 효과로 인해 높은 2차 고조파 생성(SHG) 효율을 보이는 것으로 밝혀졌다. 이러한 화합물의 자연적으로 비중심대칭적인 결정 구조는 외부 폴링의 필요성을 **제거한다**. 또한 이러한 염은 광학적 손상 임계값이 높고 온도에 대한 안정성이 충분하여 기존의 많은 반도체 제조 공정을 견딜 수 있다. 특히, 고순도 단결정인 4'-디메틸아미노-N-메틸-4-스틸바졸륨 토실레이트(DAST)[2]는 DAST 구조의 양이온과 음이온 구성 성분의 쌍극자 정렬로 인해 요소보다 최소 $10^3$배 이상의 x(2) 값을 갖는 것으로 **밝혀졌다**[3]. 이러한 정렬을 설명하기 위해 그림 1의 삽입 그림에 DAST 벌크 결정 구조가 표시되어 있다. 도파관 장치와 같은 많은 응용 분야의 경우, NLO 재료를 광학 품질의 박막으로 성장시키는 것이 **바람직하다**. 고진공 환경에서의 열 증발은 많은 유기[5-7] 및 무기 물질의 박막 성장에 **사용되었으나**, 이 기술은 극성이 높은 분자[8] 또는 유기 염에 **항상 적용 가능하지 않다**. 예를 들어, 진공 상태에서 가열하면 DAST는 기화되기 전에 **분해된다**. 물리적 기상 증착 또는 기상 증착 중합과 같은 진공 기술을 사용하여 폴리머 필름을 합성하기 위한 다성분 유기 분자의 현장 반응이 **이전에 입증되었지만** [9], 자체 실험실에서 DAST 중성 전구체 4'-디메틸아미노-4-스틸바졸(DAS)과 메틸 p-톨루엔설포네이트(메틸토실레이트, MT)의 이중 소스 동시 증발을 통해 DAST를 형성하려는 시도는 부분적으로 DAS와 MT의 증기압이 근본적으로 다르기 때문에 매우 비양론적인 성장으로 이어져 **실패했다**.
이와는 대조적으로, 대기압 또는 저압(예: 밀리토르) 증기상 에피택시(VPE)는 원자 그룹 III과 원자 그룹 V의 증기압에 큰 차이가 있는 InP 및 GaAs와 같은 많은 III-V 화합물 반도체의 에피택셜 박막 성장에 **사용되어왔다**[10]. **이 방법은 최근** 휘발성 유기 전구체로부터 III-V 및 II-VI 반도체를 성장시킬 수 있도록 **확장되었다**[11]. **여기서**, 각 금속의 높은 증기압 화합물(일반적으로 금속 할로겐화물 또는 금속 유기물)은 운반 가스를 통해 고온 반응 영역으로 독립적으로 **운반된다**. 이 영역에서 화합물은 가열된 기판에 **증착되어** 열적으로 **분해되고** 반응하여 원하는 III-V 화합물을 생성한다. 그런 다음 과잉 반응물과 반응 생성물은 스크러버를 통해 시스템에서 **배출된다.**
이 논문에서는 고온, 대기압 반응기에서 두 가지 휘발성 유기 물질의 반응을 통해 DAST의 필름을 성장시키는 데 VPE 기술을 **적용한다**. 핵자기공명(NMR) 분석을 통해 다결정 DAST 필름의 화학량론이 >95% 순도임을 **발견한다**(기기 감도에 의해 제한됨). X-선 회절 및 기타 분석 기술을 **사용하여**, **우리는** 성장에 사용되는 기판 구성 및 기타 증착 조건에 대한 순서 및 결정 크기와 같은 필름 품질의 상당한 의존성을 관찰하여 적절한 기판을 사용하여 OVPD로 DAST 및 유사한 유기 염 및 화합물의 광학 품질 박막을 생성할 수 있음**을 시사한다. 우리가 아는 한, 이것은** 대기 증기상 기술을 사용하여 매우 비선형적인 광학 활성 유기염의 정렬된 박막을 증착한 최초의 시연이다.

*Introduction*

**There is considerable interest in** organic materials with large second-order hyperpolarizabilities for use in non-linear optical (NLO) devices such as modulators and frequency doublers **[1]**. To achieve a high figure of merit for such NLP devices **requires** a material with a non-centrosymmetric bulk structure and low dielectric constant.

To this end, NLP-active chromophores **are traditionally incorporated** into a polymer matrix and electrically poled to achieve the necessary bulk symmetry. **However**, such materials **are limited by** their **low** glass transition temperatures and **poor** stabilities at elevated temperature.

**Recently**, single crystals of organic and organometallic salts **[2–4] have been shown to** possess extremely large second-order ($x(^2)$) NLP effects leading to a high second harmonic generation (SHG) efficiency. The naturally non-centrosymmetric crystal structures of these compounds **obviates** the need for external poling. Furthermore, these salts **have** a high optical damage threshold and sufficient stability with respect to temperature to withstand many conventional semiconductor fabrication processes. In particular, highly pure single crystals of the salt, 4'-dimethylamino-N-methyl-4-stilbazolium tosylate (DAST) **[2]**, **have been shown to** have a value of $x(^2)$ at least $10^3$ times greater than that of urea due to dipole alignment of the cation and anion constituents of the DAST structure. To illustrate this alignment, the DAST bulk crystal structure is shown in the inset of Fig. 1.

For many applications, such as waveguide devices, **it is desirable to** grow NLO materials into optical quality thin films. **Although** thermal evaporation in a high vacuum environment **has been used** to grow thin films of many organic **[5–7]** and inorganic materials, the technique **is not always applicable** to highly polar molecules **[8]** or organic salts. For example, when heated in vacuum, DAST **decomposes** before vaporization. Although in situ reactions of multicomponent organic molecules to synthesize polymer films **previously has been demonstrated** using vacuum techniques as physical vapour deposition or vapour deposition polymerization **[9]**, attempts in our own laboratory at double-source co-evaporation of DAST neutral precursors 4'-dimethylamino-4-stilbazole (DAS) and methyl p-toluenesulfonate (Methyltosylate, MT) to form DAST **have been unsuccessful**, due in part to the radically different vapour pressures of DAS and MT, which leads to highly non-stoichiometric growth.

In contrast, atmospheric or low pressure (e.g. milliTorr) vapour phase epitaxy (VPE) **has been used** to grow epitaxial thin films of many III–V compound semiconductors, such as InP and GaAs, where there is a large difference in the vapour pressures of the group III and group V atomic constituents **[10]**. **This method was recently extended** to allow the growth of III–V and II–VI semiconductors from volatile organic precursors **[11]**. **Here,** a high vapour pressure compound (typically a metal halide or a metallorganic) of each respective metal **is** carried independently, via a carrier gas, to a high temperature reaction zone. In this zone, the compounds **are** deposited onto a heated substrate where they thermally **decompose** and react to yield the desired III–V compound. The excess reactants and reaction products **are** then exhausted from the system via a scrubber.

**In this paper we apply** the techniques of VPE to grow films of DAST by the reaction of two volatile organic materials in a hot-wall, atmospheric pressure reactor. By nuclear magnetic resonance (NMR) analysis, **we find** that the stoichiometry of polycrystalline DAST films is >95% pure (limited by instrumental sensitivity). **Using** X-ray diffraction and other analytical techniques, **we observe** a significant dependence of film quality, such as ordering and crystallite size, on the substrate composition and other deposition conditions used for growth, **suggesting that** it may be possible to generate optical quality thin films of DAST and similar organic salts and compounds by OVPD using suitable substrates. **To our knowledge, this is the first** demonstration of the deposition of ordered thin films of a highly non-linear optically active organic salt using atmospheric vapour phase techniques.

## 2. 인간 배아 줄기세포의 신경 분화에서 초기 분화 세포의 식별 및 특성화

*서론*

배아의 많은 장기와 조직의 발달 과정은 배반포의 내세포괴(ICM)의 다능성 세포에서 시작된다. 발달이 진행됨에 따라 이러한 세포는 점차 특수한 형질을 갖게 되면서 특정된 타고난 특징에 전념하여 다른 세포 유형으로 분화할 수 있는 잠재력을 잃는다. 예를 들어, 중추 신경계의 발달은 배아 세포가 신경 상피 세포의 단일 층을 형성하기 위해 신경 운명을 **'획득'하는** 과정인 신경 외배엽의 유도에 의해 배아 형성 후 시작된다[1]. 이후 이 세포는 신경줄기세포와 전구세포를 **생성하고**, 이 세포는 뉴런과 신경교세포로 **분화된다**[2]. 배아 신경 발생 과정에서 일어나는 이러한 다단계 세포 운명 결정은 많은 신호 경로와 전사인자에 의해 섬세하게 조율된다. 이러한 초기 잠재적 신경 세포의 출현과 신경 유도 과정을 지배하는 조절 메커니즘을 규명하기 위해 **상당한 노력이 집중되었으나, 아직 완전히 정의되지 않은 것으로 알려져 있다**. 이는 초기 발달 단계에서 적절한 조직이 **부족하기** 때문이다.

배반포의 ICM에서 유래한 인간 배아 줄기세포(hESC)는 배양에서 무한정 자기 재생이 가능하며, 동시에 배아 초기 세포의 발달 만능성을 유지하여 인체의 모든 세포와 조직으로 분화할 수 있는 잠재력이 있다[3]. 따라서 재생 치료를 위한 특수 세포의 잠재적 공급원일 뿐만 아니라 초기 인간 배아 발달에 대한 직접적인 연구는 모든 발달 단계에서 충분한 양의 조직을 **확보할 수 없기 때문에** 초기 인간 발달을 연구하는데 **가치 있는** 체외 모델을 **제공할** 수 있다. ESC의 분화가 배아의 발달을 완전히 요약하지는 못하지만, 그럼에도 불구하고 계통 특이적 분화가 생체 내에서 해당 세포 유형의 발달 진행을 반영한다는 **증거**가 증가하고 있다[4-7]. 따라서 초기 인간 배아 발달을 조사하기 위해 hESC를 사용하면 신경 유도를 포함한 초기 발달 과정에 대한 **귀중한 통찰력을 제공할 수 있다**.

Oct4 전사인자는 ESC의 만능성 유지와 자기 재생에 필수적인 역할을 하며[8,9], 중요한 리프로그래밍 인자이기도 하다[10]. 마우스에서 Oct4는 처음에는 모룰라의 모든 할구에서 **발현되며**, 점차적으로 배반포의 ICM으로 발현이 제한된다. 배아 형성 후 Oct4의 발현은 원시 외배엽에 집중되어 있으며, 분열되지 않은 영역에서 E7,5까지 **지속되지만** 발달이 계속됨에 따라 **하향 조절된다**. E9.5까지 발현은 원시 생식 세포로 **제한된다**[11]. 인간의 경우, 착상 후 9단계 배아에서 Oct4 발현이 **유지된다**[12]. Oct4가 없는 배아는 만능 ICM을 형성할 수 없으며, 배아 외 영양막을 제외한 다른 계통을 생성하지 **실패한다**[13]. 이에 따라 마우스와 인간 ESC에서 Oct4의 강제 하향 조절은 배아 외 계통으로 분화되는 **결과**를 가져온다[8, 14, 15]. 이를 종합하면, 이는 Oct4가 배아 발생과 초기 계통 분화에서 중요한 역할을 한다는 것을 의미한다.

**우리는** 이전에 BMP의 억제를 통해 hESC가 신경 전구세포로 효율적으로 분화될 수 있음**을 보여주었다**[16]. 초기 분화 과정에서 Oct4의 발현은 2주차 이후 신경 상피 세포가 형성될 때까지 최소 1주일 동안 검출할 수 있다. 이러한 초기 분화 세포에 대해서는 **알려진 바가 거의 없으며**, 이 초기 Oct4 발현 집단이 미분화 hESC와 다른지 **명확하지 않다**. **이 연구에서 우리는** 이 초기 분화 세포 집단을 신중하게 **식별 및 분리하고** 이 세포가 미분화 hESC 및 헌신적 신경 전구 세포 (NPC)와 구별되며 둘 사이의 중간 특징을 나타내고 있음을 **입증했다**. 이러한 초기 신경 분화 세포의 확인은 신경 외배엽 발달을 조절하는 분자 메커니즘을 규명하는 데 **사용될 수 있는 가치 있는** 세포 공급원을 제공할 것이다.

*Introduction*

The developmental processes of **many** organs and tissues in an embryo **originate** from the pluripotent cells of the inner cell mass (ICM) in the blastocyst. As development proceeds, these cells gradually **acquire** specialized traits, becoming committed to specific fates and losing their potential to differentiate into other cell types. For example, the development of the central nervous system **is initiated** following gastrulation by the induction of the neuroectoderm, a process by which embryonic cells **acquire** a neural fate to form a single layer of neuroepithelial cells **[1]**. These cells subsequently **give rise to** neural stem and progenitor cells, which **undergo** further differentiation to neurons and glia **[2]**. This multi-step cell fate determination that occurs during embryonic neurogenesis **is** delicately orchestrated by many signalling pathways and transcription factors. **Although considerable efforts have been focused on** ascertaining the emergence of these earliest potential neural cells and the regulatory mechanisms that govern the process of neural induction, they have **yet to be fully defined**. This is largely **due to the lack of** adequate tissues from the early developmental stages.

Human embryonic stem cells (hESCs) derived from the ICM of blastocysts **are** capable of self-renewal in culture indefinitely and meanwhile **retain** the developmental pluripotency of the embryonic founder cells, having the potential to differentiate into all the cells and tissues in a human body **[3]**. Therefore, they **provide** not only a potential source of specialized cells for regenerative therapies but also a **valuable** in vitro model to study early human development, particularly as the direct study of early human embryo development **is severely hampered by the inability** to obtain adequate amounts of tissues at all developmental stages. Although differentiation of ESCs may not fully recapitulate the development of the embryo, increasing **evidence demonstrates that** their lineage-specific differentiation nonetheless reflects the developmental progression of that cell type in vivo **[4–7]**. Therefore, the use of hESCs to investigate early human embryo development **may provide valuable insights** into early developmental processes, including neural induction.

The Oct4 transcription factor **plays** an essential role in the maintenance of pluripotency and self-renewal of ESCs **[8, 9]** and **is** also a critical reprogramming factor **[10]**. In mouse, Oct4 **is** initially expressed in all the blastomeres of the morula, with its expression becoming successively restricted to the ICM of the blastocyst. After gastrulation, the expression of Oct4 **is** concentrated in the primitive ectoderm and **persists** through E7.5 in unsegmented areas, but **is** downregulated as development continues. By E9.5, its expression **is** limited to primordial germ cells **[11]**. In humans, Oct4 expression **remained** at stage 9 post-implantation embryos **[12]**. In the absence of Oct4, embryos **are** unable to form pluripotent ICM and **fail** to produce any other lineages, except for extraembryonic trophoblasts **[13]**. Correspondingly, forced downregulation of Oct4 in mouse and human ESCs **results** in their differentiation into extraembryonic lineages **[8, 14, 15]**. Taken together, **this implies that** Oct4 **plays** a significant role in embryogenesis and early lineage differentiation.

**We have previously shown that** hESCs can be efficiently differentiated to neural progenitors by the inhibition of BMP **[16]**. During the initial differentiation, expression of Oct4 **remains** detectable for at least one week until the formation of neuroepithelial cells after week 2. **Little is known about** these early differentiating cells and **it is not clear whether** this initial Oct4 expressing population differ from undifferentiated hESCs. **In this study, we** carefully **identified and isolated** this initial differentiating cell population and **demonstrated** that these cells are distinct from undifferentiated hESCs and committed neural progenitor cells (NPCs), exhibiting intermediate features between the two. The identification of these early neural differentiating cells will provide a **valuable** cell source which **can be used** to elucidate the molecular mechanisms that regulate neuroectoderm development.

## 1.3.3 EXERCISE 2b: 모델 구성 요소 식별

다음은 연구 논문의 내용이 긴 여섯 개의 서론이다. 모델 구성 요소를 식별하는 데 도움이 되는 단어와 구문에 밑줄을 그은 다음 p.58~76의 요점을 활용하여 답을 확인하라.

### 1. 수증기에 노출되는 동안 우라늄 금속 표면의 탄화물 개재물의 산화 부식

*서론*

금속 우라늄 표면과 수증기 사이의 상호 작용은 금속의 환경 부식과 관련하여 가장 중요한 것으로 간주된다. 수많은 연구에서 이러한 상호 작용의 초기 단계를 조사했다[1-7]. 그러나 운동 법칙, 반응 속도 상수의 압력 의존성 및 활성화 에너지를 설명하는 발표된 데이터에는 일치되지 않는 부분이 발견되었다. 우라늄 부식의 정확한 메커니즘은 수행 중인 연구 결과에서 다양한 메커니즘이 제안되어 완전히 명확하지 않다 [1-7]. 발표된 데이터의 기존 불일치는 부분적으로 여러 그룹에서 사용하는 금속의 출처와 순도의 차이와 관련이 있을 수 있다. 탄화물과 같은 불순물 종의 반응성이 기록된 데이터에 영향을 미쳤을 수도 있다. 이 연구는 우라늄-물 반응에서 불순물 단계의 역할에 대한 이해를 높이기 위한 데이터를 제공하기 위해 600ppm의 탄소가 포함된 우라늄 샘플을 환경 주사 전자 현미경(ESEM)으로 19mbar 압력에서 수증기에 노출되는 동안과 노출된 후에 분석했다. 샘플은 이차 이온 질량 분석법(SIMS), 집속 이온 빔(FIB) 이미징, X-선 회절(micro-XRD)을 이용한 단면 및 투과 전자 현미경(TEM)을 사용하여 분석했다.

*Introduction*

The interaction between metallic uranium surfaces and water vapour is considered to be most important in regard to the environmental corrosion of the metal. Numerous studies have examined the initial stages of these interactions [1–7]. However, there have been discrepancies in the published data describing kinetic laws, pressure dependence of the reaction rate constant and activation energies. The precise mechanism for uranium corrosion is not entirely clear with different mechanisms proposed arising from the results of the undertaking studies [1–7]. Existing discrepancies in the published data may, in part, be related to differences in the provenance and purity of the metal used by different groups. The reactivity of impurity species such as carbide, may have affected recorded data. This work aims to provide data for an improved understanding of the role of impurity phases in the uranium–water reaction, samples of uranium containing 600 ppm carbon were analysed during and after exposure to water vapour at 19 mbar pressure, in an environmental scanning electron microscope (ESEM). Samples were analysed using secondary ion mass spectrometry (SIMS), focused ion beam (FIB) imaging and sectioning and transmission electron microscopy (TEM) with X-ray diffraction (micro-XRD).

## 2. 커널화된 SVM 학습을 위한 GPU 맞춤형 접근 방식

### *서론*

서포트 벡터 머신(SVM)은 오늘날 가장 널리 사용되는 범용 학습 방법 중 하나이다. SVM 학습은 선형 예측자를 학습하는 것으로, 정규화("큰 마진"에 해당)를 통해 매우 높은 차원에서도 우수한 일반화를 보장한다. 이 예측자는 입력 표현이 선형일 필요는 없으며, 커널 함수를 통해 암시적으로 지정된 매우 높은 차원의 공간에서 선형 예측자를 학습할 수 있다. SVM은 원래 이진 분류의 맥락에서 제안되었지만 최근에는 동일한 원리를 따르는 변형이 개발되어 다중 클래스 분류 및 시퀀스와 같은 구조화된 결과 예측과 같은 보다 복잡한 예측 작업에도 성공적으로 적용되고 있다.

SVM을 훈련하는 것은 이차 프로그래밍 문제를 푸는 것과 같다(섹션 2 참조). 범용 이차 프로그래밍 솔버는 상당히 작은 SVM 인스턴스만 처리할 수 있지만, 지난 20년 동안 대규모 SVM 인스턴스를 처리할 수 있는 특수 목적 솔버를 설계하기 위해 많은 노력을 기울여왔다. 이러한 노력의 결과로 "선형" SVM(즉, 입력 표현에서 예측이 선형인 경우)과 "커널화된" SVM(비선형 커널이 선형 예측 공간을 정의하는 경우)을 모두 해결할 수 있는 널리 사용되는 패키지가 만들어졌다. 선형 SVM의 경우, 최근 PEGASOS[13] 및 확률적 이중 좌표 상승[8]과 같은 확률적 방법이 일반적으로 데이터를 메모리로 읽는 데 필요한 시간보다 짧은 시간에 매우 큰 SVM 인스턴스를 푸는 데 효과적인 것으로 입증되었다. 커널 SVM의 경우, 대부분의 주요 솔버는 이중 최적화 문제를 작은 하위 문제로 분해하는 것을 기반으로 한다[11, 9, 4, 1, 섹션 3 참조]. 이러한 접근 방식은 데이터가 메모리에 맞는다면 실제로 상당히 큰 문제를 처리할 수 있지만, 최첨단 최적화 알고리즘을 사용하더라도 훈련에 수 시간 또는 수 일이 소요되는 경우가 많다. 따라서 커널 SVM의 더 빠른 훈련에 대한 요구는 여전히 높다.

더욱 빠른 SVM 학습을 가능하게 만드는 한 가지 매력적인 가능성은 GPU(그래픽 처리 장치)의 성능을 활용하는 것이다. GPU는 고도로 병렬화되고 구조화된 계산 엔진으로, 현재 비교적 저렴하게 구입할 수 있으며 많은 최신 컴퓨터에서 볼 수 있다. 이 백서에서는 GPU에서 SVM 훈련을 효율적으로 구현하는 방법에 대해 논의하고, 이진 및 다중 클래스 SVM 모두에 대해 이러한 구현을 제시한다.

최근 여러 저자들이 커널화된 SVM 훈련에 GPU를 사용할 것들 및 관련 문제[6]를 제안해 왔으나[3, 2], 이러한 이전 접근 방식은 주로 GPU 행렬 곱셈 라이브러리를 사용하여 그래픽 하드웨어에서 표준 알고리즘을 구현할 때의 이점을 지적하는 데에만 중점을 두었으며, 이러한 알고리즘을 수정하여 GPU 아키텍처를 더 잘 활용할 수 있는 방법은 다루지 않았다. 따라서, 본 연구에서는 GPU의 맥락에서 SVM 훈련을 위한 다양한 알고리즘 선택을 연구하고, GPU에서 최적의 선택과 알고리즘이 직렬 구현의 경우와 어떻게 다른지를 논의하여 그래픽 하드웨어를 위해 특별히 설계된 구현을 이끌어내고자 한다.

*Introduction*

Support Vector Machines (SVMs) are among the most popular general purpose learning methods in use today. SVM learning amounts to learning a linear predictor, with regularization (corresponding to a "large margin") ensuring good generalization even in very high dimensions. This predictor need not be linear in the input representation: it is possible to learn a linear predictor in some extremely high dimensional space specified implicitly through a kernel function. SVMs were originally suggested in the context of binary classification, but more recently variants following the same principles have also been developed and successfully applied to more complex prediction tasks such as multiclass classification and prediction of structured outputs such as sequences.

Training an SVM amounts to solving a quadratic programming problem (see Section 2). Although general-purpose quadratic programming solvers can only handle fairly small SVM instances, much effort has been made in the past two decades to design special purpose solvers that can handle large-scale SVM instances. This effort resulted in widely-used packages that can solve both "linear" SVMs (i.e. where the prediction is linear in the input representation) and "kernelized" SVMs (where a non-linear kernel defines the linear prediction space). For linear SVMs, stochastic methods such as PEGASOS [13] and Stochastic Dual Coordinate Ascent [8] have recently been established as being effective at solving extremely large SVM instances, typically in less time than that which is required to read the data into memory. For kernel SVMs, most leading solvers are based on decomposing the dual optimization problem into small subproblems [11, 9, 4, 1, and see also Section 3]. Such approaches can indeed handle fairly large problems, provided that the data fits in memory, but it is not uncommon for training to require many hours or days, even using state-of-the-art optimizers. There is therefore still a strong need for faster training of kernel SVMs.

One attractive possibility for enabling faster SVM training is to leverage the power of Graphical Processing Units (GPUs). GPUs are highly parallel, structured, computational engines and are now available relatively inexpensively and are found in many modern computers. In this paper we discuss how SVM training can be efficiently implemented on a GPU, and present such an implementation for both binary and multiclass SVMs.

Several authors have recently proposed using GPUs for kernelized SVM training [3, 2] and related problems [6]. These previous approaches, however, primarily focused on pointing out the advantages of implementing standard algorithms on graphics hardware, typically using GPU matrix-multiplication libraries, and not on how these algorithms can be modified to better take advantage of the GPU architecture. We study various algorithmic choices for SVM training in the context of GPUs, discuss how the optimal choices and algorithms on a GPU are different than those for a serial implementation, and arrive at an implementation specifically designed for graphics hardware. As with many previous approaches, we assume that the dataset fits in memory, and focus mostly on the Gaussian kernel, although our implementation can handle any kernel function which can be written in the form $K(x, y) = f(||x||, ||y||, \langle x, y\rangle)$ (see Section 5.2), and our ideas apply even more broadly to any kernel which is an aggregation of element-wise operations.

One particularly significant drawback of other GPU SVM solvers is their lack of support for sparse datasets. On the CPU, taking advantage of sparsity is a simple matter, and sparse datasets are encountered frequently enough that many widely-used SVM solvers treat all input vectors as sparse, by default [9, 4, 1]. On the GPU, however, maximum performance is only achieved if memory accesses follow certain fairly restrictive patterns, which are difficult to ensure with sparse data. In contrast to other GPU SVM solvers, our implementation does take advantage of sparsity in the training set through a novel "sparsity clustering" approach (Section 5.3).

Overall, our implementation is orders of magnitudes faster than existing CPU implementations, and several times faster on sparse datasets than prior GPU implementations of SVM training.

## 3. 글리코사미노글리칸과 인테그린을 통한 표면 신호의 인간 다능성 줄기 세포 분화 조절

### *서론*

인간 다능성 줄기 세포(hPS) 세포(배아 줄기 세포 및 유도 다능성 줄기 세포)는 두 가지 내재적 특성으로 인해 특수 세포의 유망한 공급원에 해당한다. 즉, 무한정 자체 재생이 가능하고 다양한 세포 유형으로 분화할 수 있다(1). hPS 세포 분화를 선택적으로 유도하려면 정확한 제어 세포 미세 환경이 필요하므로(2, 3), 분화를 촉진하는 가용성 인자를 식별하기 위해 상당한 노력을 기울여왔다. 또한 분화 중에 세포를 지지하는 매트릭스 개발하는 데 많은 관심이 있으나(4), 매트릭스의 신호가 세포 운명에 어떻게 영향을 미치는지에 대해서는 알려진 바가 거의 없다. 마트리겔은 마우스 육종 세포에서 추출한 것으로, 주요 성분은 라미닌, 콜라겐, 엔택틴이지만 마트리겔은 캡슐화된 성장 인자를 포함하여 최대 1,800개의 서로 다른 단백질로 구성되어 있으며, 그 수준은 배치마다 크게 다르다(13). 따라서, 특정 표현형 결과인 자가 재생 또는 분화에 대한 마트리겔 전달 신호의 기여는 특성화하거나 제어하기 어렵다. 불용성 신호의 효과를 규명하려면 정의된 기질이 필요하다. 이러한 정의된 기질은 정해진 배지에서 미분화 hPS 세포를 장기간 배양하기 위해 개발되었다. 재조합 단백질(14-16), 완전 합성 폴리머(17-19), 펩타이드 변형 표면(20-23) 등 다양한 표면이 설명되었는데, 생리 활성 펩타이드를 나타내는 표면은 글리코사미노글리칸(GAG) 및 인테그린과 같은 특정 세포 표면 거대 분자와 상호 작용하도록 프로그래밍할 수 있다는 장점이 있다. 정의된 표면은 두 가지 다른 메커니즘을 통해 분화에 활용될 수 있다. 첫째, 분화 중에 특정 세포 집단의 접착을 촉진하는 리간드를 제시하도록 표면을 맞춤화할 수 있다(24). 둘째, 신호 전달 경로를 구체적으로 활성화(또는 완화)하도록 표면을 고안할 수 있다. 여기서는 모듈식 접근 방식을 사용하여 앞서 언급한 모드를 활용하여 각 주요 배아 층에 대한 hPS 세포 분화를 제어한다. 따라서, 본 연구 결과는 불용성 신호가 세포의 운명에 미치는 영향에 관한 분석에 있어 연구의 유의미성을 보여준다.

*Introduction*

Human pluripotent stem (hPS) cells (embryonic stem cells and induced pluripotent stem cells) are promising sources of specialized cells because of two intrinsic properties: they can self-renew indefinitely and differentiate into diverse cell types (1). To selectively guide hPS cell differentiation, precise control cellular microenvironment is needed (2, 3). Considerable effort has been devoted to identify soluble factors that promote differentiation. Additionally, there is interest in developing matrices to support cells during differentiation (4), yet much less is known about how signals from the matrix influence cell fate.

Matrigel is the most widely used substratum for hPS cell propagation (5) and differentiation (6–12); it is derived from mouse sarcoma cells, and although its principal components are laminin, collagen, and entactin, Matrigel consists of up to 1,800 different proteins — including encapsulated growth factors — whose levels vary significantly from batch to batch (13). Accordingly, the contributions of Matrigel-delivered signals to specific phenotypic outcomes — self-renewal or differentiation — are difficult to characterize or control. Elucidating the effects of insoluble signals requires defined substrata. Such defined substrata have been developed for the long-term culture of undifferentiated hPS cells in defined media. A number of surfaces have been described including recombinant proteins (14–16), fully synthetic polymers (17–19), and peptide-modified surfaces (20–23). Surfaces that present bioactive peptides have the advantage that they can be programmed to interact with specific cell-surface macromolecules such as the glycosaminoglycans (GAGs) and integrins.

Defined surfaces can be exploited for differentiation via two distinct mechanisms. First, surfaces can be tailored to present ligands that promote adhesion of specific cell populations during differentiation (24). Second, surfaces can be devised to specifically activate (or mitigate) signal transduction pathways. Here, we use a modular approach to exploit the aforementioned modes to control hPS cell differentiation to each of the primary germ layers. Our results reveal the advantages of defined surfaces for decoding the influence of insoluble signals on cell fate.

## 4. 다양한 열 조건에서 복잡한 구조물에 적용된 스파스-아라 유도파 SHM 시스템의 손상 감지 성능 평가

### *서론*

항공우주, 원자력, 석유 및 가스 등의 산업에서 안전이 중요한 구조물의 검사 비용을 크게 절감할 수 있는 것으로 널리 알려진 구조물 상태 모니터링(SHM) 시스템[1-7] 개발에 상당한 노력을 기울여왔다. 성공적인 SHM 시스템은 결함에 대한 우수한 감도, 바람직하게는 위치 파악 및 식별 기능과 낮은 센서 밀도를 결합한 시스템으로 간주할 수 있다. 전개형 트랜스듀서 어레이에서 생성된 초음파 유도파를 기반으로 하는 비파괴 평가(NDE) 시스템은 파이프 라인, 레일 및 비교적 단순한 판형 구조물의 검사에 적용되어 왔다[8-14]. 이러한 시스템은 특정 유도파 모드가 단일 여기 지점에서 수 미터의 구조물, 종종 다양한 구조적 특징에 걸쳐 전파될 수 있다는 사실을 활용한다. 최근에는 소수의 영구적으로 부착된 트랜스덕션 유닛으로 복잡한 구조물의 우수한 적용 범위와 실시간 주문형 검사를 허용하는 유도파 기반 SHM 시스템 개발에 초점이 맞추어졌다[15-18].

지금까지 유도파[9, 10, 13, 14]를 기반으로 한 시스템의 효과적인 상업적 적용은 기록된 시간 추적을 처리하여 개별 반사를 간단하게 식별할 수 있는 경우에만 가능했으며, 이 경우 양성 구조적 특징(예: 보강재, 용접, 지지대) 또는 결함의 원인으로 추정할 수 있다. 복잡한 손상되지 않은 구조물에서 발생하는 단순한 펄스 에코 또는 피치 캐치 신호는 일반적으로 식별할 수 없는 많은 수의 간섭 반사로 구성되며, 이러한 원치 않는 반사는 일관된 노이즈의 원인으로 구조물의 결함으로 인한 반사를 가릴 수 있어 매우 해롭다. 이와 같은 경우, 기존의 NDE 기술(NDT)을 통한 검사로 제조 공정으로 인한 결함의 존재 가능성이 제거된 구조물의 초기 작동 단계에서 측정한 벤치마크 또는 기준 신호[15, 16, 18]를 사용해야 한다. 기준선에는 중요한 결함이 없을 때 양성 구조적 특징의 반사가 상호 작용하는 정보가 포함되어 있기 때문에 이러한 기준선에서 전류 신호를 빼면 일관된 노이즈가 어느 정도 제거되고, 일관된 노이즈의 제거가 충분히 양호하면 나머지 잔류 수준에는 결함과 같이 처음에 존재하지 않았던 특징에 의한 신호의 변화만 포함된다 [18]. 따라서 기준 감산의 품질이 시스템의 감도를 제어한다.
스트레스[19], 주변 온도 변화[20], 액체 부하[21]와 같은 환경적 영향이 유도파의 속도에 영향을 미치는 것은 잘 알려진 사실이다. 이는 시간 추적을 수정하고 서로 다른 조건에서 측정한 단일 기준선을 사용하는 경우 높은 수준의 잔류 신호로 이어진다. 이러한 영향 중에서 온도 변화가 가장 일반적으로 발생하며, 여러 연구자들이 온도 변화에 대한 보상 기술을 개발한 바 있다. 이는 일반적으로 기준 신호가 측정된 온도에서의 진폭과 위상으로 신호를 합성적으로 복원하는 것[16, 18, 22]이나 구조물이 일반적으로 직면하는 환경 조건을 나타내는 신호의 크고 자세한 조회 데이터베이스를 기반으로 한다[23], [24]. 본 연구에서는 이러한 방법을 각각 최적 스트레치 및 최적 기준선 뺄셈이라고 칭한다. 이러한 각 기술의 장점과 한계는 여러 저자에 의해 평가되었으며, 이 두 가지 방법을 결합하면 유망한 온도 보상 전략이 도출됨이 밝혀졌다[18, 25, 26].
본 논문은 비실험실 환경에서 제어되지 않은 온도 변화에 노출된 선적 컨테이너 패널에 희소 배열 유도파 SHM 시스템을 적용했을 때 얻은 결과를 보여준다. 처음에는 패널의 주름을 가로지르는 투과를 연구하여 이 특정 구조에 대한 AO 및 SO 모드의 적합성을 테스트했으며, 몇 주에 걸쳐 스파스 어레이에서 기준선을 획득하고 온도 보정 및 기준선 차감 기술의 안정성을 평가했다. 따라서, 구조물에 다양한 직경의 결함을 가공하고 시스템의 감지 기능을 검증했다.

*Introduction*

Considerable effort has been expended on the development of structural health monitoring (SHM) systems [1–7], because these are widely regarded as capable of significantly reducing inspection costs of safety-critical structures in industries such as aerospace, nuclear, and oil and gas, among others. Successful SHM systems can be considered as those which combine good sensitivity to defects, preferably with the capability of localization and identification, with a low sensor density.

Nondestructive evaluation (NDE) systems based on ultrasonic guided waves generated by deployable arrays of transducers have been applied to the inspection of pipeline, rail, and relatively simple platelike structures [8–14]. These systems take advantage of the fact that certain guided-wave modes are able to propagate through several meters of the structure, often across various structural features, from a single excitation point. Recently, focus has shifted to the development of SHM systems based on guided waves, where a small number of permanently attached transduction units would allow good coverage and real-time, on-demand inspection of complex structures [15–18].

So far, effective commercial applications of systems based on guided waves [9, 10, 13, 14] have been achieved only when processing of recorded time-traces allows straightforward identification of individual reflections, which can then be attributed either to benign structural features (e.g., stiffeners, welds, and supports) or to defects. Simple pulse-echo or pitch-catch signals from complex undamaged structures will usually consist of a large number of interfering reflections that cannot be identified; these unwanted reflections are a source of coherent noise, which is highly detrimental because it can mask reflections from defects in the structure. In these cases, it is necessary to use a benchmark or baseline signal [15, 16, 18], taken at initial stages of operation of the structure, when the possibility of the presence of defects due to fabrication processes has been eliminated by inspection through conventional NDE techniques (NDT). Because the baseline contains information on the interaction of the reflections from benign structural features in the absence of critical defects, subtraction of a current signal from such a baseline will eliminate the coherent noise to a certain degree; if cancellation of coherent noise is sufficiently good, the remaining level of residual will contain only changes in the signals caused by features that were not present initially, such as defects [18]. The quality of the baseline subtraction therefore controls the sensitivity of the system to defects.

It is well known that environmental effects such as stress [19], ambient temperature variations [20], and liquid loading [21] affect the velocity of guided waves; this modifies the time-traces and leads to high levels of residual signal if a single baseline, taken under different conditions, is used. Of these effects, temperature variations are the most commonly encountered, and several authors have developed compensation techniques for temperature changes. These are usually based either on synthetically restoring the signal to the amplitude and phase it had at the temperature at which a reference signal was taken [16, 18, 22] or on a large and detailed look-up database of signals representing environmental conditions commonly faced by the structure [23], [24]; in this work, these methods are called optimal stretch and optimal baseline subtraction, respectively. The advantages and limitations of each of these techniques have been evaluated by different authors, and it has been shown that combining these 2 methods results in a promising temperature compensation strategy [18, 25, 26].

This paper demonstrates results obtained when a sparse-array guided-wave SHM system was applied to a shipping container panel subjected to uncontrolled temperature variations in a nonlaboratory environment. Initially, the suitability of the *A0* and *S0* modes for this particular structure was evaluated by studying transmission across the corrugations of the panel. Baselines were acquired from the sparse array over several weeks and the stability of the temperature compensation and baseline subtraction techniques was assessed. Defects of different diameter were machined in the structure and the detection capability of the system was verified.

## 5. 적철광 나노큐브에 있는 Pt 나노클러스터의 실리카 캡슐화된 이종구조 촉매: 합성 및 반응성

*서론*

특정 금속 산화물 지지체 위에 증착된 금속 나노 입자는 이종 반응의 촉매로써 독특한 활성을 나타냈다.[1-4] 안타깝게도 높은 반응 온도에서 이러한 금속/금속 산화물 복합 나노 구조는 소결에 불안정한 상태를 보여준다.[5-7] 최근 연구에 따르면 활성 나노입자 촉매에 있는 다공성 실리카 껍질은 촉매 활성 부위에 대한 반응물의 접근성을 유지하면서 고온에서 나노입자를 안정화할 수 있다.[3,5,8] 그러나 실리카 껍질을 사용하여 금속/금속-산화물 복합 나노구조를 캡슐화하는 것은 코팅 공정 중에 분리되는 것을 방지하기 위해 강력한 금속-지지체 상호 작용이 필요하기 때문에 개별 나노입자보다 훨씬 더 어렵다. 따라서, 산화물 지지체에 금속 나노입자를 증착하는 것은 이러한 복합 구조를 구성하는 데 중요하다.

적철광(a-$Fe_2O_3$)은 안료, 가스 센서, 촉매를 포함한 다양한 용도로 사용되며,[9-11] 풍부함, 낮은 비용, 안정성, 안전성 및 부식 저항성으로 인해 매우 바람직한 재료이다. 구형 입자,[12,13] 나노로드,[14] 나노큐브,[15] 나노튜브,[16] 및 메조다공성[17] 구조와 같은 적철광의 여러 고표면적 나노구조가 용매열,[15] 화염 열분해,[18] 용액 연소,[13] 전착, 1[6] 및 나노주조 방법을 사용하여 합성되었다.[17] 적철광 나노구조는 CO 및 $CH_4$ 산화 반응의 촉매로 조사되었으며,[19] 그 특성은 특정 결정 평면에 따라 달라지는 것으로 나타났다.[20.21] $CCl_4$를 포함한 할로카본은 적철광의 철이 풍부한 (001) 평면에서 파괴적인 흡착을 겪는 것으로 나타났다.[20,22] 비소산염의 흡착은 또한 적철광의 가장 에너지적으로 안정한 면으로 알려진 (012)에서 연구되었다.[23] (110) 면은 (001) 및 (012) 면 다음으로 가장 안정적이다.[24] (110) 표면의 반응성에 대해서는 CO 산화에 활성이라는 사실 외에는 상대적으로 알려진 바가 거의 없다.[15] 이 표면에서 230℃에서 높은 CO 전환이 입증되었다.

Pd 합금의 나노 입자,[25] Pt,[25,26] 및 Au[27]은 적철광 위에 지지되었을 때 특히 높은 촉매 활성을 보였다. 수소화 반응에 대한 높은 전환율과 선택성은 Y-$Fe_2O_3$ 위에 지지된 Pt 나노입자에서 관찰되었다.[28]

산화물 표면에 금속 나노 클러스터를 증착하는 방법은 콜로이드 증착[26] 및 시드 촉매 환원을 사용하여 분석되었다.[5.27] 두 방법 모두 미리 형성된 금속 나노 입자를 재료로 사용해야 한다.

금속 또는 금속 산화물 나노입자의 실리카 쉘 코팅은 솔-겔,[5.29] 역미셀,[3] 에어로졸 열분해,[30] 및 원자층 증착을 사용하여 연구되었다.7 코팅된 나노입자의 경우 더 높은 열 안정성이 관찰되었는데, 아마도 코팅의 안정성이 덜 안정적인 코어 입자의 응집에 효과적인 저항력을 제공하기 때문인 것으로 추정된다.[31] 솔-겔 방법은 비교적 저렴하고 상업적 규모로 확장할 수 있으며, 우리가 아는 한 금속 산화물 지지 나노 입자에서 금속 나노 클러스터를 안정화시키는 데 사용된 이 방법에 대한 보고는 없다.

이 논문에서는 실리카 캡슐화된 Pt/a- $Fe_2O_3$ 이종 구조의 합성 및 특성 분석에 대한 결과물을 증명한다. Pt 나노 입자는 [32.33] 적철광 나노 큐브에 염으로부터 광 환원을 통해 이상적으로 증착되었으며, 이 경로를 포도당 용액에서 $K_2PtCl$ 6의 열수 환원과 비교했다.
(a) 나노큐브 표면과 실리카로 캡슐화된 전체 헤테로구조에 백금 나노 입자를 증착할 수 있는가? (b) 코어/쉘 헤테로구조가 촉매적인 활성인가? (c) 복합 구조가 촉매 반응 및 재생에 필요한 고온에서 안정적인가?

*Introduction*

Metal nanoparticles deposited on specific metal-oxide supports have shown a unique activity as catalysts for heterogeneous reactions.[1–4] Unfortunately, at high reaction temperatures these metal/metal-oxide composite nanostructures are unstable towards sintering.[5–7] Recent work has shown that a porous shell of silica on active nanoparticulate catalysts can stabilize the nanoparticles at high temperatures while maintaining the accessibility of the reactants to the catalyst active sites.[3,5,8] Encapsulating the metal/metal-oxide composite nanostructures using a silica shell, however, is much more challenging than for individual nanoparticles because a strong metal–support interaction is required to avoid detachment during the coating process. The deposition of metal nanoparticles on oxide support is critical for constructing such composite structures.

Hematite ($\alpha$-$Fe_2O_3$) has a variety of applications including pigments, gas sensors, and catalysts.[9–11] It is a highly desirable material due to its abundance, low cost, stability, safety, and its resistance to corrosion. Several high surface area nanostructures of hematite such as spherical particles,[12,13] nanorods,[14] nanocubes,[15] nanotubes,[16] and mesoporous[17] structures have been synthesized using solvothermal,[15] flame pyrolysis,[18] solution combustion,[13] electrodeposition,[16] and nanocasting methods.[17] Hematite nanostructures have been investigated as catalysts for CO and $CH_4$ oxidation reactions,[19] and their properties have been shown to depend upon specific crystal planes.[20,21] Halocarbons, including $CCl_4$, have been shown to undergo destructive adsorption on the Fe-rich (001) plane of hematite.[20,22] The adsorption of arsenate has also been studied on (012), which is known to be the most energetically stable plane of hematite.[23] The (110) plane is the next most stable following the (001) and (012) faces.[24] Relatively little is known about the reactivity of the (110) surface except the fact that it is active for CO oxidation.[15] A high CO conversion was demonstrated at 230°C over this surface.

Nanoparticles of Pd alloys,[25] Pt,[25,26] and Au[27] have shown particularly high catalytic activity when supported on hematite. High conversion and selectivity for hydrogenation reactions have been observed for Pt nanoparticles supported on γ-$Fe_2O_3$.[28] The deposition of metal nanoclusters on oxide surfaces has been reported using colloid deposition[26] and seed catalyzed reduction.[5,27] Both methods require pre-formed metal nanoparticles as a source.

Silica shell coatings on either metal or metal-oxide nanoparticles have been reported using sol–gel,[5,29] reverse micelles,[3] aerosol pyrolysis,[30] and atomic layer deposition.[7] Higher thermostability has been observed for the coated nanoparticles presumably due to the stability of the coating providing effective resistance to aggregation of the less stable core particles.[31] The sol–gel method is relatively inexpensive and extendable to commercial scales, and to our knowledge there has been no report of this method used to stabilize metal nanoclusters on metal oxides support nanoparticles.

In this paper the synthesis and characterization of silica encapsulated Pt/α-$Fe_2O_3$ heterostructures are reported. The Pt nanoparticles[32,33] were ideally deposited by photoreduction from salts on hematite nanocubes and we compared this route with hydrothermal reduction of $K_2PtCl_6$ in glucose solution. The following questions are addressed: (a) can Pt nanoparticles be deposited on the surface of the nanocubes and the entire heterostructure encapsulated in silica? (b) Is the core/shell heterostructure catalytically active? (c) Is the composite structure stable at the high temperatures required for catalytic reaction and regeneration?

## 6. 공간적으로 분해된 마찰 방출 측정값

### *서론*

마찰 방출은 슬라이딩 물체 사이의 계면에서 가혹한 조건에서 발생하는 입자(전자, 이온, 중성 입자 및 광자)의 마찰 자극 방출을 총칭하는 용어에 해당한다[1]. 이러한 유형의 입자 방출은 광자(광 방출 [2]) 또는 열(열 방출 [3])과 같은 다른 외부 자극으로 인한 방출과는 구별된다. 마찰 방출을 일으키는 메커니즘에 대해서는 지금까지 아직은 연구된 바가 없다. 그러나 경계 윤활에서 표면 막 형성으로 이어지는 화학 반응이 시작되는 것으로 알려져 있다[4, 5]. 예를 들어, 널리 사용되는 아연 디알킬디티오인산염(ZDDP) 첨가제는 접촉 온도와 압력만으로는 구동할 수 없는 메커니즘에 의해 경계막을 생성한다[6]. 이 외에도 마찰 방출은 컴퓨터 하드 드라이브 윤활유의 성능 저하의 원인으로 지목되어 왔으며[7], 지진[8] 및 화산 폭발[9]과 관련된 암석 골절 시 섬광과도 관련이 있는 것으로 밝혀졌다. 이러한 응용 분야에서 방출 입자의 역할을 이해하여 경계 윤활을 개선하고 윤활제 열화를 방지하려면 방출이 발생하는 메커니즘을 연구해야 한다. 이러한 이유로 트라이보 방출은 반세기 이상 중요한 연구 노력의 초점이 되어 왔다[10].
최초의 중요한 마찰 방출 측정은 Nakayama et al. [11]에 의해 다이아몬드 팁에 의한 스크래치 테스트 중에 이루어졌다. 이를 달성하기 위해 그들은 음전하와 양전하 입자의 방출로 인한 전류 버스트를 기록한 접촉 부근에 위치한 저전압 바이어스 수집기를 사용했고, 광자 방출은 광전 증배기를 사용하여 측정했다[12]. 그들의 결과는 절연체 재료가 금속보다 긁혔을 때 상당히 높은 수준의 방출을 생성한다는 것을 보여주었다. Kim et al. [13]은 진공 상태에서 MgO 샘플을 마모시키는 동안 채널 전자 증배기(CEM)를 사용하여 전자 방출을 조사했고 광전 증배기를 사용하여 광자를 분석했다. 또한 지연 그리드를 사용하여 전자의 운동 에너지를 측정이 이루어졌다. 이러한 연구에서 광자 방출은 주로 변형에 기인하고 전자 방출은 파손에서 기인되었다. Molina et al. 영어: 펄스 카운팅 모드의 CEM을 사용하여 광범위한 재료(알루미나, 사파이어, 질화규소 및 반도체)에 대해 진공 상태에서 음전하 입자의 마찰 방출을 조사했다[14-16]. Nakayama et al. 및 Molina et al.의 결과는 마찰 방출이 재료 경도와 관련이 있음을 시사했다[14, 17]. 방출은 또한 표면의 마모와 강력하게 상관 관계가 있으며, 단일 트랙을 따라 반복적으로 스크래치를 하면 마모가 감소하여 시간이 지남에 따라 방출이 감소한다는 관찰 결과에 의해 강조되었다[14].

본 연구의 조사를 통해 일반적으로 전자의 마찰 방출은 슬라이딩 접촉 중 표면 파괴와 관련이 있다는 결론이 내려졌다. 보다 구체적으로, Dickinson et al. [18]은 그림에서와 같이 전하 분리 모델을 제시했는데, 여기서 균열이 열릴 때 균열의 반대면 사이에 전하 불균형이 생성된다. 균열의 폭이 작기 때문에 이 전기장은 큰 기울기를 가지며, 이는 전자가 음으로 하전된 균열 면을 멀리하도록 한다. 열 진동으로 인해 이러한 전자의 일부는 반대면에 도달하지 못하고 대신 주변 환경으로 방출되는 결과를 나타냈다. 그러나 이 모델은 마찰 방출 전자의 에너지가 샘플의 일 함수보다 낮을 수 있는 이유를 설명하지 못한다 [14]. 이러한 저에너지 전자를 설명하기 위해 Dickinson et al. [18]은 표면의 일 함수가 고변형 영역의 작은 결함으로 인해 국부적으로 감소할 수 있다고 제안한 바 있다.

마찰 방출 측정에는 일반적으로 공간 정보가 포함되지 않기 때문에 연구자들은 기록된 신호의 시간적 특성을 분석하여 방출 메커니즘에 대한 통찰력을 얻고자 시도했다. 예를 들어, Molina et al.[15]은 방출 패턴이 무작위적이지 않음을 보여주고 시간에 따른 진화를 특성화하기 위해 확률론적 및 혼돈 결정론적 접근 방식[16]을 제안했다. 최근에 Nakayama et al.[19, 20]과 Matta et al.[21]은 주변 조건에서 가스 방전에 의해 슬라이딩 접촉 후면에서 생성된 트라이보플라스마의 적외선 및 자외선 이미징에서 상당한 진전을 나타냈다. 본 논문에서 연구된 내용은 주변 가스와 상호 작용하기 전의 전자 방출 메커니즘에 관심을 두고 있기 때문에 이러한 연구들과는 다르다.

지금까지 전자 마찰 방출 실험의 주요 한계 중 하나는 공간적 위치나 방향과 관련된 정보를 제공하지 않고 앙상블 평균값만 제공한다는 것이다. 이러한 단점은 부분적으로 우리가 마찰 방출 프로세스를 이해하지 못하는 데 책임이 있는데, 방출 측정을 SEM 및 AFM과 같은 다른 표면 분석과 직접 연관시킬 수 없기 때문이다. 이러한 문제를 해결하기 위해 전자 방출의 공간적 맵을 얻는 MCP를 사용한 실험을 제시한다(그림 2 참조). 사실상 전자 증배기의 고밀도 배열인 MCP는 5$\mu$m 산화물층으로 덮인 회전 알루미늄 디스크에 로드된 고정 다이아몬드 스타일러스 위의 진공 챔버 내에 둔다(부드러운 기판의 취성 재료는 균열을 형성하여 방출을 유도할 가능성이 높음). 이런 식으로 전자 버스트를 시각화하여 방출의 패턴, 방향 및 시간적 특성을 밝힐 수 있다.

Triboemission is the collective term for friction-stimulated emission of particles (electrons, ions, neutral particles and photons) that occurs under the severe conditions at the interface between sliding bodies [1]. This type of particle emission is distinct from emission due to other external stimulation, for example, by photons (photoemission [2]) or by heat (thermoemission [3]). The mechanisms that give rise to triboemission are as yet poorly understood. However, it is believed to initiate the chemical reactions that lead to the formation of surface films in boundary lubrication [4, 5]. For example, widely used zinc dialkyldithiophosphate (ZDDP) additives produce boundary films by a mechanism that cannot be driven by contact temperatures and pressure alone [6]. In addition to this, triboemission has been blamed for the degradation of computer hard drive lubricants [7] and has also been linked to flash lights during the fracture of rocks associated in earthquakes [8] and volcanic eruptions [9]. In order to understand the role of emitted particles in these applications — so that boundary lubrication can be enhanced and lubricant degradation prevented — it is necessary to study the mechanisms by which emission occurs. For this reason, triboemission has been the focus of significant research efforts for over half a century [10].

The first significant triboemission measurements were made by Nakayama *et al.* [11] during scratch tests by a diamond tip. To achieve this, they used a low-voltage-biased collector positioned close to the contact that registered bursts of the electrical current due to the emission of negatively and positively charged particles, while photon emission was measured using a photomultiplier [12]. Their results showed that insulator materials produced significantly higher levels of emission when scratched than metals. Kim *et al*. [13] investigated the emission of electrons using channel electron multipliers (CEMs) and photons using photomultipliers, during abrasion of MgO samples under vacuum. They also measured the kinetic energy of the electrons using a retarding grid. In these studies, photon emission was attributed mainly to deformation and electrons emission to fracture. Molina *et al*. investigated the triboemission of negatively charged particles under vacuum for a wide range of materials (alumina, sapphire, silicon nitride and semiconductors) using a CEM in pulse-counting mode [14–16]. The results from Nakayama *et al*. and Molina *et al*. suggested that triboemission is related to material hardness [14, 17]. Emission is also correlated strongly with the wear of the surface, highlighted by the observation that repeated scratches along a single track result in a decrease of emission with time, due to decreasing wear [14].

From these investigations, it is generally concluded that triboemission of electrons is related to surface fracture during sliding contact. More specifically, Dickinson *et al*. [18] put forward a charge separation model, as shown in Fig. 1. Here, an imbalance of charge is created between opposite faces of a crack as it opens. Due to the small width of the crack, this electric field has a large gradient, which encourages electrons to leave the negatively charged crack face. Due to thermal vibrations, a portion of these electrons do not reach the opposing face and are instead emitted into the surrounding environment. This model, however, does not explain why the energy of the tribo-emitted electrons can be lower than the work function of the sample [14]. To account for these low-energy electrons, Dickinson *et al*. [18] suggested that the work function of the surface could be locally decreased by small defects in the highly strained areas.

Since triboemission measurements typically contain no spatial information, researchers have tried to gain insights into the emission mechanisms by analysing the temporal characteristics of the recorded signals. For example, Molina *et al*. [15] showed that emission patterns are not random and proposed stochastic and chaos-deterministic approaches [16] to characterize their evolution with time. Recently, Nakayama *et al*. [19, 20] and Matta *et al*. [21] have made significant advances in infrared and ultraviolet imaging of the triboplasma, generated at the rear of sliding contacts by gas discharge under ambient conditions. The research described in the current paper differs from these studies, since we are concerned with electron emission mechanisms before interactions with surround gas take place.

One of the main limitations of electron triboemission experiments to date is that they provide only ensemble average values, giving no information relating to spatial location or direction. This shortcoming is, in part, responsible for our lack of understanding of triboemission processes, since it prevents emission measurements from being directly correlated with other surface analyses, such as SEM and AFM. To address this issue, we present experiments using a MCP, in which spatial maps of electron emission are obtained (see Fig. 2). The MCP — which is effectively a dense array of electron multipliers — is located within a vacuum chamber above a stationary diamond stylus that is loaded against a rotating aluminium disc covered with a 5-µm oxide layer (a brittle material on a soft substrate is likely to form cracks and thus induce emission). In this way, bursts of electrons can be visualized, revealing the pattern, direction and temporal characteristics of emission.

**EXERCISE 3** 대상 연구 기사의 도입부를 분석하고 모델링해 보라. 이 작업을 수행하면 내용 파악뿐만 아니라 그 내용이 어떻게 전달되는지를 알게 되는 등 독해 방식이 달라지기 시작할 것이다. 단락과 문장이 어떻게 시작되고 서로 어떻게 연결되는지 살펴보라. 정보를 담고 있는 틀이 보이기 시작할 것이며, 이는 리뷰 기사, 연구 논문, 학회 초록 또는 기타 텍스트를 읽을 때마다 자동으로 업데이트되는 평생 글쓰기를 위한 독서 도구로 발전하게 될 것이다.

## 연습문제 2b의 핵심

### 1. 수증기에 노출되는 동안 우라늄 금속 표면의 카바이드 내포물의 산화 부식

*서론*

금속 우라늄 표면과 수증기 사이의 상호작용은 금속의 환경 부식과 관련하여 가장 중요한 것으로 간주된다. 이러한 상호작용의 초기 단계를 수많은 연구에서 조사한 바 있다 [1-7]. 그러나 운동 법칙, 반응 속도 상수의 압력 의존성 및 활성화 에너지를 설명하는 게시된 데이터에는 불일치를 나타냈다. 우라늄 부식의 정확한 메커니즘은 완전히 명확하지 않다. 착수 연구 결과에서 제안된 다른 메커니즘이 있다 [1-7]. 게시된 데이터의 기존 불일치는 부분적으로 다른 그룹에서 사용한 금속의 출처와 순도의 차이와 관련이 있을 수 있다. 아울러, 카바이드와 같은 불순물 종의 반응성은 기록된 데이터에 영향을 미쳤을 수도 있다. 본 연구는 우라늄-물 반응에서 불순물 단계의 역할에 대한 개선된 이해를 위한 데이터 제공을 목표로 한다. 600ppm 탄소를 함유한 우라늄 샘플은 19mbar 압력에서 수증기에 노출되는 동안과 노출된 후에 환경 주사 전자 현미경(ESEM)에서 관찰되었다. 샘플은 2차 이온 질량 분석법(SIMS), 집속 이온 빔(FIB) 이미징 및 절편, X선 회절(micro-XRD)을 사용한 투과 전자 현미경(TEM)을 사용하여 분석되었다.

*Introduction*

The interaction between metallic uranium surfaces and water vapour is considered to be most important in regard to the environmental corrosion of the metal. Numerous studies have examined the initial stages of these interactions [1–7]. However, there have been discrepancies in the published data describing kinetic laws, pressure dependence of the reaction rate constant and activation energies. The precise mechanism for uranium corrosion is not entirely clear with different mechanisms proposed arising from the results of the undertaking studies [1–7]. Existing discrepancies in the published data may, in part, be related to differences in the provenance and purity of the metal used by different groups. The reactivity of impurity species such as carbide, may have affected recorded data. This work aims to provide data for an improved understanding of the role of impurity phases in the uranium–water reaction, samples of uranium containing 600 ppm carbon were analysed during and after exposure to water vapour at 19 mbar pressure, in an environmental scanning electron microscope (ESEM). Samples were analysed using secondary ion mass spectrometry (SIMS), focused ion beam (FIB) imaging and sectioning and transmission electron microscopy (TEM) with X-ray diffraction (micro-XRD).

## 2. 커널화된 SVM을 학습하기 위한 GPU 맞춤형 접근 방식

*서론*

지원 벡터 머신(SVM)은 오늘날 사용되는 가장 인기 있는 범용 학습 방법 중 하나이다. SVM 학습은 선형 예측자를 학습하는 것과 같으며, 정규화(큰 마진에 해당)는 매우 높은 차원에서도 우수한 일반화를 보장해주는 역할을 한다. 이 예측자는 입력 표현에서 선형일 필요가 없다. 커널 함수를 통해 암묵적으로 지정된 매우 높은 차원 공간에서 선형 예측자를 학습하는 것은 가능하다. SVM은 원래 이진 분류의 맥락에서 제안되었으나, 최근에는 동일한 원칙을 따르는 변형 형태도 개발되어 다중 클래스 분류 및 시퀀스와 같은 구조화된 출력의 예측과 같은 보다 복잡한 예측 작업에 성공적으로 적용된 바 있다. SVM을 학습하는 것은 이차 프로그래밍 문제를 푸는 것과 같다(섹션 2 참조). 범용 이차 프로그래밍 솔버는 상당히 작은 SVM 인스턴스만 처리할 수 있지만, 지난 20년 동안 대규모 SVM 인스턴스를 처리할 수 있는 특수 목적 솔버를 설계하기 위해 많은 노력을 기울여왔다. 이러한 노력의 결과 선형 SVM(즉, 입력 표현에서 예측이 선형인 경우)과 '커널화된' SVM(비선형 커널이 선형 예측 공간을 정의하는 경우)을 모두 해결할 수 있는 널리 사용되는 패키지가 만들어졌다. 선형 SVM의 경우 PEGASOS[13] 및 Stochastic Dual Coordinate Ascent[8]와 같은 확률적 방법이 일반적으로 데이터를 메모리로 읽어들이는 데 필요한 시간보다 짧은 시간에 매우 큰 SVM 인스턴스를 해결하는 데 효과적이라는 것이 최근에 입증되었다. 커널 SVM의 경우 대부분의 주요 솔버는 이중 최적화 문제를 작은 하위 문제로 분해하는 것을 기반으로 한다[11, 9, 4, 1, 또한 섹션 3 참조]. 이러한 접근 방식은 데이터가 메모리에 맞는다면 실제로 상당히 큰 문제를 처리할 수 있지만 최신 최적화 도구를 사용하더라도 학습에 수 시간 또는 수 일이 필요한 경우가 많다. 따라서 여전히 커널 SVM의 더 빠른 학습이 절실하다.

더 빠른 SVM 학습을 가능하게 하는 한 가지 매력적인 가능성은 그래픽 처리 장치(GPU)의 성능을 활용하는 것이다. GPU는 고도로 병렬화되고 구조화된 계산 엔진이며, 현재 비교적 저렴하게 구입할 수 있고 많은 최신 컴퓨터에서 볼 수 있다. 이 논문에서는 SVM 트레이닝을 GPU에서 효율적으로 구현할 수 있는 방법을 논의하고, 이진 및 다중 클래스 SVM 모두에 대해 이러한 구현을 제시한다.

최근 여러 연구자가 커널화된 SVM 훈련에 GPU를 사용하는 것을 제안했고[3, 2] 관련 문제[6]를 제기한 바 있다. 그러나 이러한 이전 접근 방식은 주로 GPU 행렬 곱셈 라이브러리를 사용하여 그래픽 하드웨어에서 표준 알고리즘을 구현할 때의 이점을 지적하는 데 중점을 두었으며, 이러한 알고리즘을 어떻게 수정하여 GPU 아키텍처를 더 잘 활용할 수 있는지에 대해서는 연구되지 않았다. GPU의 맥락에서 SVM 학습을 위한 다양한 알고리즘 선택을 연구하고, GPU에서 최적의 선택과 알고리즘이 직렬 구현과 어떻게 다른지 논의하며, 그래픽 하드웨어를 위해 특별히 설계된 구현에 도달한다. 이전의 많은 접근 방식과 마찬가지로, 우리는 데이터 세트가 메모리에 맞는다고 가정하고, 주로 가우시안 커널에 초점을 맞춘다. 하지만 우리 구현은 'K(x,y)=f(llxll, llyll, <x,y>)' 형태로 작성될 수 있는 모든 커널 함수를 처리할 수 있다(섹션 5.2 참조). 그리고 우리의 아이디어는 요소별 연산의 집합인 모든 커널에 훨씬 더 광범위하게 적용된다.

다른 GPU SVM 솔버의 특히 중요한 단점은 희소 데이터 세트에 대한 지원이 부족하다는 것이다. CPU에서 희소성을 활용하는 것은 간단한 문제이며, 희소 데이터 세트는 충분히 자주 발생하기 때문에 널리 사용되는 많은 SVM 솔버가 기본적으로 모든 입력 벡터를 희소로 처리한다 [9, 4, 1]. GPU에서는 그러나 메모리 액세스가 상당히 제한적인 특정 패턴을 따르는 경우에만 최대 성능이 달성되며, 이는 희소 데이터에서는 보장하기 어렵다. 다른 GPU SVM 솔버와 대조적으로 우리 구현은 새로운 '희소성 클러스터링' 접근 방식(섹션 5.3)을 통해 학습 세트의 희소성을 활용한다.
전반적으로 우리 구현은 기존 CPU 구현보다 수십 배 빠르고 희소 데이터 세트에서는 SVM 학습의 이전 GPU 구현보다 몇 배 더 빠르다.

*Introduction*

Support Vector Machines (SVMs) are among the most popular general purpose learning methods in use today. SVM learning amounts to learning a linear predictor, with regularization (corresponding to a "large margin") ensuring good generalization even in very high dimensions. This predictor need not be linear in the input representation: it is possible to learn a linear predictor in some extremely high dimensional space specified implicitly through a kernel function. SVMs were originally suggested in the context of binary classification, but more recently variants following the same principles have also been developed and successfully applied to more complex prediction tasks such as multiclass classification and prediction of structured outputs such as sequences.

Training an SVM amounts to solving a quadratic programming problem (see Section 2). Although general-purpose quadratic programming solvers can only handle fairly small SVM instances, much effort has been made in the past two decades to design special purpose solvers that can handle large-scale SVM instances. This effort resulted in widely-used packages that can solve both "linear" SVMs (i.e. where the prediction is linear in the input representation) and "kernelized" SVMs (where a non-linear kernel defines the linear prediction space). For linear SVMs, stochastic methods such as PEGASOS [13] and Stochastic Dual Coordinate Ascent [8] have recently been established as being effective at solving extremely large SVM instances, typically in less time than that which is required to read the data into memory. For kernel SVMs, most leading solvers are based on decomposing the dual optimization problem into small subproblems [11, 9, 4, 1, and see also Section 3]. Such approaches can indeed handle fairly large problems, provided that the data fits in memory, but it is not uncommon for training to require many hours or days, even using state-of-the-art optimizers. There is therefore still a strong need for faster training of kernel SVMs.

One attractive possibility for enabling faster SVM training is to leverage the power of Graphical Processing Units (GPUs). GPUs are highly parallel, structured, computational engines and are now available relatively inexpensively and are found in many modern computers. In this paper we discuss how SVM training can be efficiently implemented on a GPU, and present such an implementation for both binary and multiclass SVMs.

Several authors have recently proposed using GPUs for kernelized SVM training [3, 2] and related problems [6]. These previous approaches, however, primarily focused on pointing out the advantages of implementing standard algorithms on graphics hardware, typically using GPU matrix-multiplication libraries, and not on how these algorithms can be modified to better take advantage of the GPU architecture. We study various algorithmic choices for SVM training in the context of GPUs, discuss how the optimal choices and algorithms on a GPU are different than those for a serial implementation, and arrive at an implementation specifically designed for graphics hardware. As with many previous approaches, we assume that the dataset fits in memory, and focus mostly on the Gaussian kernel, although our implementation can handle any kernel function which can be written in the form $K(x, y) = f(\|x\|, \|y\|, \langle x, y\rangle)$ (see Section 5.2), and our ideas apply even more broadly to any kernel which is an aggregation of element-wise operations.

One particularly significant drawback of other GPU SVM solvers is their lack of support for sparse datasets. On the CPU, taking advantage of sparsity is a simple matter, and sparse datasets are encountered frequently enough that many widely-used SVM solvers treat all input vectors as sparse, by default [9, 4, 1]. On the GPU, however, maximum performance is only achieved if memory accesses follow certain fairly restrictive patterns, which are difficult to ensure with sparse data. In contrast to other GPU SVM solvers, our implementation does take advantage of sparsity in the training set through a novel "sparsity clustering" approach (Section 5.3).

Overall, our implementation is orders of magnitudes faster than existing CPU implementations, and several times faster on sparse datasets than prior GPU implementations of SVM training.

## 3. 글리코사미노글리칸과 인테그린을 통한 표면 신호의 인간 다능성 줄기 세포 분화 조절

*서론*

인간 다능성 줄기 세포(hPS) 세포(배아 줄기 세포와 유도 다능성 줄기 세포)는 두 가지 내재적 특성 때문에 특수 세포의 유망한 공급원이다. 즉, 무한정 자체 재생이 가능하고 다양한 세포 유형으로 분화할 수 있다는 것이다(1). hPS 세포 분화를 선택적으로 유도하려면 세포 미세 환경을 정확하게 제어해야 한다(2, 3). 분화를 촉진하는 가용성 인자를 식별하기 위해 상당한 노력을 기울여왔다. 또한 분화 중에 세포를 지지하는 매트릭스를 개발하는 데 관심이 있으나(4), 매트릭스의 신호가 세포 운명에 어떻게 영향을 미치는지에 대해서는 알려진 바가 훨씬 적다.

마트리겔은 마우스 육종 세포에서 추출한 것으로, 주요 성분은 라미닌, 콜라겐, 엔택틴이지만, 마트리겔은 캡슐화된 성장 인자를 포함하여 최대 1,800개의 서로 다른 단백질로 구성되어 있으며 그 수준은 배치마다 크게 다르다(13). 따라서 자기 재생 또는 분화와 같은 특정 표현형 결과에 대한 마트리겔 전달 신호의 기여도는 특성화하거나 제어하기 어렵다. 불용성 신호의 효과를 규명하려면 정의된 기질이 필요하다. 이러한 정의된 기질은 정해진 배지에서 미분화 hPS 세포를 장기간 배양하기 위해 개발되었다. 재조합 단백질(14-16), 완전 합성 폴리머(17-19), 펩타이드 변형 표면(20-23)을 포함한 여러 표면이 기술되었다. 생리활성 펩타이드를 나타내는 표면은 글리코사미노글리칸(GAG) 및 인테그린과 같은 특정 세포 표면 거대 분자와 상호 작용하도록 프로그래밍할 수 있다는 장점이 있다.

정의된 표면은 두 가지 다른 메커니즘을 통해 분화를 위해 이용될 수 있다. 첫째, 분화 중에 특정 세포 집단의 접착을 촉진하는 리간드를 제시하도록 표면을 맞춤화할 수 있다(24). 둘째, 신호 전달 경로를 구체적으로 활성화(또는 완화)하기 위해 표면을 고안할 수 있다. 여기서 우리는 모듈식 접근 방식을 사용하여 앞서 언급한 모드를 활용하여 각 주요 배아 층에 대한 hPS 세포 분화를 제어한다. 우리의 결과는 불용성 신호가 세포의 운명에 미치는 영향을 해독하는 데 있어 정의된 표면의 장점을 보여준다.

*Introduction*

Human pluripotent stem (hPS) cells (embryonic stem cells and induced pluripotent stem cells) are promising sources of specialized cells because of two intrinsic properties: they can self-renew indefinitely and differentiate into diverse cell types (1). To selectively guide hPS cell differentiation, precise control cellular microenvironment is needed (2, 3). Considerable effort has been devoted to identify soluble factors that promote differentiation. Additionally, there is interest in developing matrices to support cells during differentiation (4), yet much less is known about how signals from the matrix influence cell fate.

Matrigel is the most widely used substratum for hPS cell propagation (5) and differentiation (6–12); it is derived from mouse sarcoma cells, and although its principal components are laminin, collagen, and entactin, Matrigel consists of up to 1,800 different proteins — including encapsulated growth factors — whose levels vary significantly from batch to batch (13). Accordingly, the contributions of Matrigel-delivered signals to specific phenotypic outcomes — self-renewal or differentiation — are difficult to characterize or control. Elucidating the effects of insoluble signals requires defined substrata. Such defined substrata have been developed for the long-term culture of undifferentiated hPS cells in defined media. A number of surfaces have been described including recombinant proteins (14–16), fully synthetic polymers (17–19), and peptide-modified surfaces (20–23). Surfaces that present bioactive peptides have the advantage that they can be programmed to interact with specific cell-surface macromolecules such as the glycosaminoglycans (GAGs) and integrins.

Defined surfaces can be exploited for differentiation via two distinct mechanisms. First, surfaces can be tailored to present ligands that promote adhesion of specific cell populations during differentiation (24). Second, surfaces can be devised to specifically activate (or mitigate) signal transduction pathways. Here, we use a modular approach to exploit the aforementioned modes to control hPS cell differentiation to each of the primary germ layers. Our results reveal the advantages of defined surfaces for decoding the influence of insoluble signals on cell fate.

## 4. 다양한 열 조건에서 복잡한 구조물에 적용된 스파스 어레이 유도파 SHM 시스템의 손상 감지 성능 평가

*서론*

항공우주, 원자력, 석유 및 가스 등의 산업에서 안전이 중요한 구조물의 검사 비용을 크게 절감할 수 있는 것으로 널리 알려진 구조물 상태 모니터링(SHM) 시스템[1-7] 개발에 상당한 노력이 투입되고 있다. 성공적인 SHM 시스템은 결함에 대한 우수한 감도, 바람직하게는 위치 파악 및 식별 기능과 낮은 센서 밀도를 결합한 것으로 고려될 수 있다. 전개형 트랜스듀서 어레이에서 생성된 초음파 유도파를 기반으로 하는 비파괴 평가(NDE) 시스템은 파이프라인, 철도 및 비교적 단순한 판형 구조물 검사에 적용되었다[8-14]. 이러한 시스템은 특정 유도파 모드가 단일 여기 지점에서 종종 다양한 구조적 특징을 가로질러 구조물의 수 미터를 전파할 수 있다는 사실을 이용한다. 최근에는 유도파를 기반으로 하는 SHM 시스템 개발로 초점이 옮겨졌는데, 여기서는 소수의 영구적으로 부착된 트랜스덕션 유닛으로 복잡한 구조물의 양호한 커버리지와 실시간 주문형 검사가 가능하다[15-18].

지금까지, 유도파 기반 시스템의 효과적인 상업적 응용[9, 10, 13, 14]은 기록된 시간 추적을 처리하여 개별 반사를 직접 식별할 수 있는 경우에만 달성되었으며, 이를 양성 구조적 특징(예: 보강재, 용접부 및 지지대) 또는 결함에 기인할 수 있다. 복잡하고 손상되지 않은 구조물의 간단한 펄스 에코 또는 피치 캐치 신호는 일반적으로 식별할 수 없는 많은 수의 간섭 반사로 구성된다. 이러한 원치 않는 반사는 코히어런트 노이즈의 원천이며, 구조물의 결함으로 인한 반사를 가릴 수 있기 때문에 매우 해롭다. 이러한 경우 구조물의 초기 작동 단계에서 수행된 벤치마크 또는 기준 신호[15, 16, 18]를 사용해야 한다. 이 경우 기존 NDE 기술(NDT)을 통한 검사를 통해 제조 공정으로 인한 결함의 존재 가능성이 사라진다. 기준선은 중대한 결함이 없는 양성 구조적 특징의 반사 상호 작용에 대한 정보를 포함하기 때문에 그러한 기준선에서 현재 신호를 빼면 일정 정도 코히어런트 노이즈가 제거된다. 코히어런트 노이즈의 취소가 충분히 좋은 경우 나머지 잔류 수준은 결함과 같이 원래 존재하지 않았던 특징으로 인해 발생한 신호의 변화만 포함한다[18]. 따라서 기준선 빼기의 품질은 결함에 대한 시스템의 민감도를 제어한다.

응력[19], 주변 온도 변화[20], 액체 부하[21]와 같은 환경적 영향이 유도파의 속도에 영향을 미친다는 것은 잘 알려져 있다. 이것은 시간 추적을 수정하고 다른 조건에서 측정된 단일 기준선을 사용하는 경우 높은 수준의 잔류 신호로 이끌어준다. 이러한 효과 중에서 온도 변화가 가장 일반적으로 발생하며 여러 저자가 온도 변화에 대한 보상 기술을 개발했다. 이러한 기술은 일반적으로 기준 신호가 측정된 온도에서의 진폭과 위상으로 신호를 합성적으로 복원하는 것[16, 18, 22]이나 구조물이 일반적으로 직면하는 환경 조건을 나타내는 신호의 방대하고 자세한 조회 데이터베이스를 기반으로 한다[23, 24]. 이 연구에서 이러한 방법을 각각 최적 스트레치 및 최적 기준선 뺄셈이라고 한다. 각 기술의 장점과 한계는 다른 저자들에 의해 평가되었으며, 이 두 가지 방법을 결합하면 유망한 온도 보상 전략이 도출된다는 것이 나타났다[18, 25, 26].

이 논문은 실험실이 아닌 환경에서 통제되지 않은 온도 변화에 노출된 운송 컨테이너 패널에 희소 배열 유도파 SHM 시스템을 적용했을 때 얻은 결과를 나타낸다. 처음에는 패널의 주름을 가로지르는 투과율을 연구하여 이 특정 구조에 대한 AO 및 SO 모드의 적합성을 평가했다. 몇 주에 걸쳐 희소 배열에서 기준선을 획득했고 온도 보상 및 기준선

빨셈 기술의 안정성을 평가했다. 구조에서 다양한 직경의 결함을 가공했고 시스템의 감지 기능을 검증했다.

*Introduction*

Considerable effort has been expended on the development of structural health monitoring (SHM) systems [1–7], because these are widely regarded as capable of significantly reducing inspection costs of safety-critical structures in industries such as aerospace, nuclear, and oil and gas, among others. Successful SHM systems can be considered as those which combine good sensitivity to defects, preferably with the capability of localization and identification, with a low sensor density.

Nondestructive evaluation (NDE) systems based on ultrasonic guided waves generated by deployable arrays of transducers have been applied to the inspection of pipeline, rail, and relatively simple platelike structures [8–14]. These systems take advantage of the fact that certain guided-wave modes are able to propagate through several meters of the structure, often across various structural features, from a single excitation point. Recently, focus has shifted to the development of SHM systems based on guided waves, where a small number of permanently attached transduction units would allow good coverage and real-time, on-demand inspection of complex structures [15–18].

So far, effective commercial applications of systems based on guided waves [9, 10, 13, 14] have been achieved only when processing of recorded time-traces allows straightforward identification of individual reflections, which can then be attributed either to benign structural features (e.g., stiffeners, welds, and supports) or to defects. Simple pulse-echo or pitch-catch signals from complex undamaged structures will usually consist of a large number of interfering reflections that cannot be identified; these unwanted reflections are a source of coherent noise, which is highly detrimental because it can mask reflections from defects in the structure. In these cases, it is necessary to use a benchmark or baseline signal [15, 16, 18], taken at initial stages of operation of the structure, when the possibility of the presence of defects due to fabrication processes has been eliminated by inspection through conventional

NDE techniques (NDT). Because the baseline contains information on the interaction of the reflections from benign structural features in the absence of critical defects, subtraction of a current signal from such a baseline will eliminate the coherent noise to a certain degree; if cancellation of coherent noise is sufficiently good, the remaining level of residual will contain only changes in the signals caused by features that were not present initially, such as defects [18]. The quality of the baseline subtraction therefore controls the sensitivity of the system to defects.

It is well known that environmental effects such as stress [19], ambient temperature variations [20], and liquid loading [21] affect the velocity of guided waves; this modifies the time-traces and leads to high levels of residual signal if a single baseline, taken under different conditions, is used. Of these effects, temperature variations are the most commonly encountered, and several authors have developed compensation techniques for temperature changes. These are usually based either on synthetically restoring the signal to the amplitude and phase it had at the temperature at which a reference signal was taken [16, 18, 22] or on a large and detailed look-up database of signals representing environmental conditions commonly faced by the structure [23, 24]; in this work, these methods are called optimal stretch and optimal baseline subtraction, respectively. The advantages and limitations of each of these techniques have been evaluated by different authors, and it has been shown that combining these 2 methods results in a promising temperature compensation strategy [18, 25, 26].

This paper demonstrates results obtained when a sparse-array guided-wave SHM system was applied to a shipping container panel subjected to uncontrolled temperature variations in a nonlaboratory environment. Initially, the suitability of the *A0* and *S0* modes for this particular structure was evaluated by studying transmission across the corrugations of the panel. Baselines were acquired from the sparse array over several weeks and the stability of the temperature compensation and baseline subtraction techniques was assessed. Defects of different diameter were machined in the structure and the detection capability of the system was verified.

## 5. 적철광 나노큐브에 있는 Pt 나노클러스터의 실리카 캡슐화된 이종구조 촉매: 합성 및 반응성

*서론*

특정 금속산화물 지지체에 증착된 금속 나노입자는 이종 반응의 촉매로서 독특한 활동을 보여주었다.[1-4] 안타깝게도, 높은 반응 온도에서 이러한 금속/금속산화물 복합 나노구조는 소결에 불안정하다.[5-7] 최근 연구에 따르면, 활성 나노입자 촉매에 실리카를 사용하면 고온에서 나노입자를 안정화하는 동시에 촉매 활성 부위에 대한 반응물의 접근성을 유지할 수 있다.[3,5,8] 그러나 실리카 쉘을 사용하여 금속/금속-산화물 복합 나노구조를 캡슐화하는 것은 개별 나노입자보다 훨씬 더 복잡하다. 코팅 공정 중에 분리되는 것을 방지하기 위해 강력한 금속-지지체 상호 작용이 필요하기 때문이다. 산화물 지지체에 금속 나노입자를 증착하는 것은 이러한 복합 구조를 구성하는 데 중요하다.

헤마타이트(a-$Fe_2O_3$)는 안료, 가스 센서, 촉매를 포함한 다양한 용도로 사용된다.[9-11] 풍부함, 낮은 비용, 안정성, 안전성 및 내식성으로 인해 매우 바람직한 재료이다. 구형 입자,[12,13] 나노로드,[14] 나노큐브,[15] 나노튜브,[16] 및 메조다공성[17] 구조와 같은 적철광의 여러 고표면적 나노구조가 용매열,[15] 화염 열분해,[18] 용액 연소,[13] 전착,[16] 및 나노주조 방법을 사용하여 합성되었다.[17] 적철광 나노구조는 CO 및 $CH_4$ 산화 반응[19]에 대한 촉매로 조사되었으며, 그 특성은 특정 결정 평면에 따라 달라진다는 것이 보여주었다.[20,21] $CCl_4$를 포함한 할로카본은 적철광의 철이 풍부한 (001) 평면에서 파괴적인 흡착을 겪는 것으로 보여졌다.[20,22] 적철광의 가장 에너지적으로 안정적인 평면으로 알려진 (012)에서 비소산염의 흡착도 연구되었다.[23] (110) 평면은 (001) 및 (012) 면 다음으로 가장 안정적이다.[24] (110) 표면의 반응성에 대해서는 CO 산화에 활성이라는 사실 외에는 상대적으로 알려진 바가 거의 없다.[15] 이 표면에서 230℃에서 높은 CO 전환이 입증되었다.

Pd 합금,[25] Pt,[25,26] 및 Au[27]의 나노입자는 적철광에 담지될 때 특히 높은 촉매 활성을 보여주었다. Y-$Fe_2O_3$[28]에 담지된 Pt 나노입자의 경우 수소화 반응에 대한 높은 전환율 및 선택성이 관찰되었다.

산화물 표면에 금속 나노클러스터가 증착되는 것은 콜로이드 증착26 및 시드 촉매 환원을 사용하여 보고되었다. [5.27] 두 방법 모두 소스로 미리 형성된 금속 나노입자가 필요하다.
금속 또는 금속 산화물 나노입자에 실리카 쉘 코팅이 졸겔, [5,29] 역미셀, [3] 에어로졸 열분해, [30] 및 원자층 증착을 사용하여 보고되었다. [7] 코팅된 나노입자의 경우 더 높은 열 안정성이 관찰되었다. 아마도 코팅의 안정성이 덜 안정적인 코어 입자의 응집에 대한 효과적인 저항성을 제공하기 때문일 것이다. [31] 졸-겔 방법은 비교적 저렴하고 상업적 규모로 확장 가능하며, 우리가 아는 한 금속 산화물 지지체 나노입자에서 금속 나노클러스터를 안정화하는 데 사용된 이 방법에 대한 보고는 없다.
이 논문에서는 실리카 캡슐화된 Pt/a-$Fe_2O_3$ 이종 구조의 합성 및 특성화를 보여준다. Pt 나노입자 [32,33]는 적철광 나노큐브의 염에서 광환원에 의해 이상적으로 증착되었으며, 이 경로를 포도당 용액에서 $K_2PtCl_6$의 수열 환원과 '비교'했다. 따라서, 다음 질문이 해결될 것이다. (a) Pt 나노입자를 나노큐브 표면에 증착하고 전체 이종 구조를 실리카에 캡슐화할 수 있는가? (b) 코어/쉘 이종 구조가 촉매적인 활성인가? (c) 복합 구조가 촉매 반응 및 재생에 필요한 고온에서 안정적인가?

*Introduction*

Metal nanoparticles deposited on specific metal-oxide supports have shown a unique activity as catalysts for heterogeneous reactions.[1–4] Unfortunately, at high reaction temperatures these metal/metal-oxide composite nanostructures are unstable towards sintering.[5–7] Recent work has shown that a porous shell of silica on active nanoparticulate catalysts can stabilize the nanoparticles at high temperatures while maintaining the accessibility of the reactants to the catalyst active sites.[3,5,8] Encapsulating the metal/metal-oxide composite nanostructures using a silica shell, however, is much more challenging than for individual nanoparticles because a strong metal–support interaction is required to avoid detachment during the coating process. The deposition of metal nanoparticles on oxide support is critical for constructing such composite structures.

Hematite ($\alpha$-$Fe_2O_3$) has a variety of applications including pigments, gas sensors, and catalysts.[9–11] It is a highly desirable material due to its abundance, low cost, stability, safety, and its resistance to corrosion. Several high surface area nanostructures of hematite such as spherical particles,[12,13] nanorods,[14] nanocubes,[15] nanotubes,[16] and mesoporous[17] structures have been synthesized using solvothermal,[15] flame pyrolysis,[18] solution combustion,[13] electrodeposition,[16] and nanocasting methods.[17] Hematite nanostructures have been investigated as catalysts for CO and $CH_4$ oxidation reactions,[19] and their properties have been shown to depend upon specific crystal planes.[20,21] Halocarbons, including $CCl_4$, have been shown to undergo destructive adsorption on the Fe-rich (001) plane of hematite.[20,22] The adsorption of arsenate has also been studied on (012), which is known to be the most energetically stable plane of hematite.[23] The (110) plane is the next most stable following the (001) and (012) faces.[24] Relatively little is known about the reactivity of the (110) surface except the fact that it is active for CO oxidation.[15] A high CO conversion was demonstrated at 230°C over this surface.

Nanoparticles of Pd alloys,[25] Pt,[25,26] and Au[27] have shown particularly high catalytic activity when supported on hematite. High conversion and selectivity for hydrogenation reactions have been observed for Pt nanoparticles supported on $\gamma$-$Fe_2O_3$.[28] The deposition of metal nanoclusters on oxide surfaces has been reported using colloid deposition[26] and seed catalyzed reduction.[5,27] Both methods require pre-formed metal nanoparticles as a source.

Silica shell coatings on either metal or metal-oxide nanoparticles have been reported using sol–gel,[5,29] reverse micelles,[3] aerosol pyrolysis,[30] and atomic layer deposition.[7] Higher thermostability has been observed for the coated nanoparticles presumably due to the stability of the coating providing effective resistance to aggregation of the less stable core particles.[31] The sol–gel method is relatively inexpensive and extendable to commercial scales, and to our knowledge there has been no report of this method used to stabilize metal nanoclusters on metal oxides support nanoparticles.

In this paper the synthesis and characterization of silica encapsulated Pt/$\alpha$-$Fe_2O_3$ heterostructures are reported. The Pt nanoparticles[32,33] were ideally deposited by photoreduction from salts on hematite nanocubes and we compared this route with hydrothermal reduction of $K_2PtCl_6$ in glucose solution. The following questions are addressed: (a) can Pt nanoparticles be deposited on the surface of the nanocubes and the entire heterostructure encapsulated in silica? (b) Is the core/shell heterostructure catalytically active? (c) Is the composite structure stable at the high temperatures required for catalytic reaction and regeneration?

## 6. 공간적으로 분해된 마찰 방출 측정

*서론*

마찰 방출은 미끄러지는 물체 사이의 계면에서 가혹한 조건에서 발생하는 입자(전자, 이온, 중성 입자 및 광자)의 마찰 자극 방출에 대한 총칭이다 [1]. 이 유형의 입자 방출은 광자(광전자 방출 [2]) 또는 열(열전자 방출 [3])과 같은 다른 외부 자극으로 인한 방출과는 다르다. 마찰 방출을 일으키는 메커니즘은 아직 잘 이해되지 않았다. 그러나 경계 윤활에서 표면 필름을 형성하는 화학 반응을 시작하는 것으로 여겨진다 [4, 5]. 예를 들어, 널리 사용되는 아연 디알킬디티오포스페이트(ZDDP) 첨가제는 접촉 온도와 압력만으로는 구동할 수 없는 메커니즘으로 경계 필름을 생성한다 [6]. 이에 더하여, 마찰 방출은 컴퓨터 하드 드라이브 윤활유의 분해에 대해 비난을 받고 있으며 [7] 지진[8]과 화산 폭발 [9]과 관련된 암석의 파쇄 시 플래시라이트와 관련이 있는 것으로도 알려져 있다. 이러한 응용 분야에서 방출된 입자의 역할을 이해하기 위해 - 즉 경계 윤활을 향상시키고 윤활유 분해를 방지하기 위해 - 방출이 발생하는 메커니즘을 연구가 필요하다. 이러한 이유로, 마찰 방출은 반세기 이상 중요한 연구 노력의 초점이었다.[10]

최초의 중요한 마찰 방출 측정은 나카야마 등이 수행했다.[11] 다이아몬드 팁을 사용한 스크래치 테스트 중 그들은 음전하와 양전하 입자의 방출로 인한 전류의 버스트를 기록한 접촉 부근에 위치한 저전압 바이어스 수집기를 사용했고, 광자 방출은 광전 증배기를 사용하여 측정했다.[12] 연구 결과는 금속보다 절연체 재료가 긁혔을 때 상당히 높은 수준의 방출을 생성한다는 것을 발견했다. Kim 외[13]는 진공 상태에서 MgO 샘플을 마모시키는 동안 채널 전자 증배기(CEM)를 사용하여 전자 방출을 살펴보았고 광전 증배기를 사용하여 광자를 조사했다. 그들은 또한 지연 그리드를 사용하여 전자의 운동 에너지를 측정했다. 이러한 연구에서 광자 방출은 주로 변형에 기인했고 전자 방출은 파손에 기인했다. Molina et al.은 펄스 카운팅 모드의 CEM을 사용하여 광범위한 재료(알루미나, 사파이어, 질화규소 및 반도체)에 대해 진공 상태에서 음전하 입자의 마찰 방출을 조사했다[14-16]. Nakayama et al.과 Molina et al.의 결과는 마찰 방출이 재료 경도와 관련이 있음을 시사했다[14, 17]. 방출은 또한 표면의 마모와 강력하게 상관 관계가 있으며, 단일 트랙을 따라 반복적인 스크래치가 마모 감소로 인해 시간이 지남에 따라 방출이 감소한다는 관찰 결과에서 강조되었다[14].

이러한 조사에서 일반적으로 전자의 마찰 방출은 슬라이딩 접촉 중 표면 파괴와 관련이 있다는 결론이 도출되었다. 더 구체적으로, Dickinson et al. [18]은 그림 1에 표시된 것처럼 전하 분리 모델을 제시했다. 여기서 균열이 열리면서 균열의 반대면 사이에 전하 불균형이 발생한다. 균열의 폭이 작기 때문에 이 전기장은 큰 기울기를 가지며, 이는 전자가 음전하 균열 면을 멀리 두도록 한다. 열 진동으로 인해 이러한 전자의 일부는 반대면에 도달하지 못하고 대신 주변 환경으로 방출된다. 그러나, 이 모델은 마찰 방출 전자의 에너지가 샘플의 일 함수보다 낮을 수 있는 이유를 설명하지 못한다 [14]. 이러한 저에너지 전자를 설명하기 위해 Dickinson et al. [18]은 표면의 일 함수가 매우 변형된 영역의 작은 결함으로 인해 국부적으로 감소할 수 있다고 제안했다. 마찰 방출 측정에는 일반적으로 공간 정보가 포함되지 않기 때문에 연구자들은 기록된 신호의 시간적 특성을 분석하여 방출 메커니즘에 대한 통찰력을 얻으려고 노력했다. 예를 들어, Molina et al. [15]는 방출 패턴이 무작위적이지 않음을 보여주었고, 시간에 따른 진화를 특성화하기 위해 확률론적 및 혼돈 결정론적 접근 방식[16]을 제안했다. 최근에 Nakayama et al. [19, 20]과 Matta et al. [21]은 주변 조건에서 가스 방전에 의해 슬라이딩 접촉 후면에서 생성된 트라이보플라스마의 적외선 및 자외선 이미징에서 상당한 진전을 이루었다. 현재 논문에 설명된 연구는 주변 가스와의 상호 작용이 일어나기 전의 전자 방출 메커니즘에 관심이 있기 때문에 이러한 연구와 다르다.
지금까지의 전자 마찰 방출 실험의 주요 한계 중 하나는 단지 앙상블 평균 값만 제공하고 공간적 위치나 방향과 관련된 정보를 제공하지 않는다는 것이다. 이 단점은 부분적으로 마찰 방출 프로세스에 대한 우리의 이해 부족에 대한 책임이 있는데, 방출 측정이 SEM 및 AFM과 같은 다른 표면 분석과 직접적으로 연관되는 것을 방지하기 때문이다. 이 문제를 해결하기 위해 전자 방출의 공간적 맵을 얻는 MCP를 사용한 실험을 제시한다(그림 2 참조). MCP는 사실상 전자 증배기의 고밀도 배열이며, 5$\mu$m 산화물 층으로 덮인 회전 알루미늄 디스크에 로드된 고정 다이아몬드 스타일러스 위의 진공 챔버 내에 위치한다(부드러운 기판의 취성 재료는 균열을 형성하여 방출을 유도할 가능성이 높음). 이런 식으로 전자 버스트를 시각화하여 방출의 패턴, 방향 및 시간적 특성을 분석할 수 있다.

*Introduction*

Triboemission is the collective term for friction-stimulated emission of particles (electrons, ions, neutral particles and photons) that occurs under the severe conditions at the interface between sliding bodies [1]. This type of particle emission is distinct from emission due to other external stimulation, for example, by photons (photoemission [2]) or by heat (thermoemission [3]). The mechanisms that give rise to triboemission are as yet poorly understood. However, it is believed to initiate the chemical reactions that lead to the formation of surface films in boundary lubrication [4, 5]. For example, widely used zinc dialkyldithiophosphate (ZDDP) additives produce boundary films by a mechanism that cannot be driven by contact temperatures and pressure alone [6]. In addition to this, triboemission has been blamed for the degradation of computer hard drive lubricants [7] and has also been linked to flash lights during the fracture of rocks associated in earthquakes [8] and volcanic eruptions [9]. In order to understand the role of emitted particles in these applications —

so that boundary lubrication can be enhanced and lubricant degradation prevented — it is necessary to study the mechanisms by which emission occurs. For this reason, triboemission has been the focus of significant research efforts for over half a century [10].

The first significant triboemission measurements were made by Nakayama *et al.* [11] during scratch tests by a diamond tip. To achieve this, they used a low-voltagebiased collector positioned close to the contact that registered bursts of the electrical current due to the emission of negatively and positively charged particles, while photon emission was measured using a photomultiplier [12]. Their results showed that insulator materials produced significantly higher levels of emission when scratched than metals. Kim *et al.* [13] investigated the emission of electrons using channel electron multipliers (CEMs) and photons using photomultipliers, during abrasion of MgO samples under vacuum. They also measured the kinetic energy of the electrons using a retarding grid. In these studies, photon emission was attributed mainly to deformation and electrons emission to fracture. Molina *et al.* investigated the triboemission of negatively charged particles under vacuum for a wide range of materials (alumina, sapphire, silicon nitride and semiconductors) using a CEM in pulse-counting mode [14–16]. The results from Nakayama *et al.* and Molina *et al.* suggested that triboemission is related to material hardness [14, 17]. Emission is also correlated strongly with the wear of the surface, highlighted by the observation that repeated scratches along a single track result in a decrease of emission with time, due to decreasing wear [14].

From these investigations, it is generally concluded that triboemission of electrons is related to surface fracture during sliding contact. More specifically, Dickinson *et al.* [18] put forward a charge separation model, as shown in Fig. 1. Here, an imbalance of charge is created between opposite faces of a crack as it opens. Due to the small width of the crack, this electric field has a large gradient, which encourages electrons to leave the negatively charged crack face. Due to thermal vibrations, a portion of these electrons do not reach the opposing face and are instead emitted into the surrounding environment. This model, however, does not explain why the energy of the tribo-emitted electrons can be lower than the work function of the sample

[14]. To account for these low-energy electrons, Dickinson *et al.* [18] suggested that the work function of the surface could be locally decreased by small defects in the highly strained areas.

Since triboemission measurements typically contain no spatial information, researchers have tried to gain insights into the emission mechanisms by analysing the temporal characteristics of the recorded signals. For example, Molina *et al.* [15] showed that emission patterns are not random and proposed stochastic and chaos-deterministic approaches [16] to characterize their evolution with time. Recently, Nakayama *et al.* [19, 20] and Matta *et al.* [21] have made significant advances in infrared and ultraviolet imaging of the triboplasma, generated at the rear of sliding contacts by gas discharge under ambient conditions. The research described in the current paper differs from these studies, since we are concerned with electron emission mechanisms before interactions with surround gas take place.

One of the main limitations of electron triboemission experiments to date is that they provide only ensemble average values, giving no information relating to spatial location or direction. This shortcoming is, in part, responsible for our lack of understanding of triboemission processes, since it prevents emission measurements from being directly correlated with other surface analyses, such as SEM and AFM. To address this issue, we present experiments using a MCP, in which spatial maps of electron emission are obtained (see Fig. 2). The MCP — which is effectively a dense array of electron multipliers — is located within a vacuum chamber above a stationary diamond stylus that is loaded against a rotating aluminium disc covered with a 5-μm oxide layer (a brittle material on a soft substrate is likely to form cracks and thus induce emission). In this way, bursts of electrons can be visualized, revealing the pattern, direction and temporal characteristics of emission.

## 1.4 유용한 단어와 구문

### 1.4.1 언어 과제

**EXERCISE 4** 이 Unit와 대상 연구 기사의 서론을 주의 깊게 살펴보라. 아래 네 가지 영역에서 사용할 수 있는 모든 단어나 구문에 밑줄을 긋거나 강조 표시한 다음 제안 사항을 섹션 1.4.2에 나열된 단어와 구문과 비교하도록 한다. 예를 들면:

**1. 중요성 확립**

*'널리 알려졌다', '최근 몇 년간 많은 연구' 등과* 같은 단어와 구문을 찾으라.

1 ESTABLISHING SIGNIFICANCE
Look for words and phrases such as *widespread* and *much research in recent years.*

**2. 이전 및/또는 현재 연구 및 기여**

논문에 항상 *'그들이 했다', '보여주었다', '발견했다'*는 표현만 쓸 수는 없다. 때로는 더욱 구체적인 표현을 사용하여 설명할 때는 *'계산했다', '모니터링했다', '식별했다'* 등과 같은 표현으로 정확히 무엇을 했는지에 대해 전달이 가능한 동사를 찾으라.

2 PREVIOUS AND/OR CURRENT RESEARCH AND CONTRIBUTIONS
You can't spend the rest of your life writing *they did/showed/found*; sometimes you need to be more specific, so look for verbs describing what exactly was done, for example *calculated, monitored, identified*.

## 3. 갭/문제/예측

이전 및/또는 현재 연구가 아직 완료되지 않았거나, 논문에서 다루는 문제를 해결하지 못한 정확한 방법을 찾아보라. 예를 들어, *'비효율적'*, *'불분명'*, *'소수의 연구만이...'*와 같은 표현들이 이에 해당한다.

3 GAP/PROBLEM/PREDICTION
Look for ways to say exactly how previous and/or current research is not yet complete, or has not addressed the problem your paper deals with, for example *inefficient, unclear, few studies have focused on...*

## 4. 현재 논문

현재 논문, 목표, 전략 또는 장점에 대한 설명을 찾아보라. 예를 들면, *'제안한다'*, *'우리의 접근 방식은'*, *'성공적인'* 등과 같은 표현들을 의미한다.

4 THE PRESENT PAPER
Look for descriptions of the present paper, its aims, strategy or advantages, for example *we propose, our approach, successful.*

## 1.4.2 서론에 사용되는 언어

이 장에서는 다양한 분야에서 발행된 2,500개 이상의 연구 논문을 분석하여 서론에 사용할 단어와 구문이 나열되어 있다. 이 목록은 작성자와 편집자가 정상적인 것으로 수용할 수 있고 자주 사용되는 단어와 구문만으로 구성되어 있다.
또한 이 목록은 글쓰기의 흐름을 유지하는 데 도움을 준다. 각 목록 아래에는 단어와 구문이 문장에서 어떻게 사용되는지에 대한 예들을 제시하고 있으므로 무엇을 써야 할지 또는 어떻게 계속 써나갈지에 대한 도움이 필요할 때 참고하라.

### 1. 중요성 확립(일반적으로 첫 번째 문장의 경우)

| | |
|---|---|
| 이점 | 많은 관심을 끌었다(많은) |
| 매력적인 접근 방식 | 이익/유익한 |
| 중심 문제 | 일반적으로/일반적으로 |
| 도전적인 영역 | 비용 효율적 |
| 상당한 수 | 지난 ( )십 년 동안 |
| 중대한 문제 | 떠오르는 |
| 현재의 과제 | 광범위하게 연구되었다 |
| 극적인 증가 | 수년 동안 |
| 필수적인 요소 | 자주/일반적으로 |
| 초점 | 큰 잠재력 |
| 근본적인 문제 | 중요성/중요한 |
| 세계적 관심사 | 주요한 |
| 인기 증가 | 많은/대부분의 |
| 증가하는 수 | 학제 간 관심 |
| 흥미로운 측면 | 최근 몇 년 동안 많은 연구 |
| 핵심 기술 | 지금 |
| 주요 원인(~의) | 수많은 조사 |

| | |
|---|---|
| 수 | 성장/큰 관심 |
| 대중적 방법 | 자주 |
| 강력한 도구/방법 | 핵심/주요 역할을 한다(에서) |
| 주요 원인(~의) | 원칙 |
| (광범위한) 범위 | 최근/일반적으로 |
| 빠른 개발 | 관련성이 있는 |
| 주목할 만한 다양성 | 여러 |
| 상당한 증가 | 오늘날 |
| 눈에 띄는 특징 | 전형적인 |
| 전통적인 기술 | 귀중한 |
| 유용한 방법 | 잘 문서화된 |
| 다양한 | 잘 알려진 |
| 중요한 측면 | 널리/일반적으로 |
| 가치 있는 연구 | 널리 퍼진 |
| | 전 세계적으로 |

| | |
|---|---|
| (an) advantage | attracted (much) attention |
| (an) attractive approach | benefit/beneficial |
| (a) central problem | common/ly |
| (a) challenging area | cost-effective |
| (a) considerable number | during the past (two) decades |
| (a) crucial issue | emerging |
| (a) current challenge | extensively studied |
| (a) dramatic increase | for many years |
| (an) essential element | frequent/ly |
| (a) focus on | great potential |
| (a) fundamental issue | importance/important |
| (a) global concern | major |
| (a) growth in popularity | many/most |
| (an) increasing number | multidisciplinary interest |
| (an) interesting aspect | much study in recent years |
| (a) key technique | now |

| | |
|---|---|
| (a) leading cause (of)<br>(a) number of<br>(a) popular method<br>(a) powerful tool/method<br>(a) primary cause (of)<br>(a) (wide) range (of)<br>(a) rapid development<br>(a) remarkable variety<br>(a) significant increase<br>(a) striking feature<br>(a) traditional technique<br>(a) useful method<br>(a) variety of<br>(a) vital aspect<br>(a) worthwhile study | numerous investigations<br>of growing/great interest<br>often<br>play a key/major role (in)<br>principle<br>recent/ly<br>relevant<br>several<br>today<br>typical<br>valuable<br>well-documented<br>well-known<br>wide/ly<br>widespread<br>worldwide |

***다음은 연구 논문 서론에서 발췌한 첫 문장들이다:***

- 포트의 상태와 기능은 **최근 몇 년 동안** 빠르게 발전했다.
- 최초의 분리된 그래핀 층이 발견된 이후로 **많은** 화학적 접근 방식이 개발되었다.
- 납을 없애려는 **점점 더 커지는** 압력은 무연 솔더에 대한 연구에 **큰 관심**을 불러일으켰다.
- 푸리에 변환은 이미지 처리에서 이미지의 질감을 특성화하는 데 **널리 사용된다**.
- 바나듐 산화환원 흐름 전지(VRFB)는 **떠오르는** 에너지 저장 기술이다.
- 정상 상태 다상 업스케일링은 **빠르고, 견고하며, 계산적으로 저렴하기** 때문에 **점점 더 인기를 얻고 있다**.
- 시상하부는 **수많은 연구**의 대상이 되었다.

- 말라리아는 매년 **많은** 2억 1,600만 명에게 영향을 미치며, 445,000명이 사망하는 것은 주로 5세 미만의 어린이에게 발생한다.*
- 혈청 인 수치를 조절하는 것은 만성 신부전증 환자 관리의 **핵심 목표**이다.
- 열 전달 현상은 용접에서 **중요한 역할을 한다**.

* **참고** 본 수치는 시간이 지남에 따라 변경될 수 있으므로 날짜(예: 2019년)를 포함하는 것을 고려해야 한다.

- The status and function of the port has evolved **rapidly in recent years**.
- Since the discovery of the first isolated graphene layer, **many** chemical approaches have been developed.
- The **increasing** pressure to eliminate lead has stimulated **great interest** in the search for lead-free solders.
- Fourier transforms are **widely used** in image processing to characterise textures in images.
- The vanadium redox flow battery (VRFB) is an **emerging** energy storage technology.
- Steady-state multiphase upscaling has become **increasingly popular** because it is **fast, robust and computationally cheap**.
- The optic thalamus has been the subject of **numerous investigations**.
- Malaria affects as **many** as 216 million people annually, with 445,000 deaths occurring primarily in children under 5 years old.*
- Control of serum phosphorus levels is **a central goal in** the management of patients with chronic renal failure.
- Heat transfer phenomena **play an important role in** welding.

*Note that such numbers may change over time, so consider including a date (e.g. *in 2019*).

## 2. 연구 활동 및 이전 및 현재 연구에 관한 기여의 참조/설명에 사용되는 동사

| | | | |
|---|---|---|---|
| 달성하다 | 생성하다 | 집중하다 | 생산하다 |
| 해결하다 | 처리하다 | 생성하다 | 제안하다 |
| 분석하다 | 정의하다 | 식별하다 | 증명하다 |
| 적용하다 | 시연하다 | 암시하다 | 제공하다 |
| 주장하다 | 설명하다 | 개선하다 | 제시하다 |
| 평가하다 | 디자인하다 | 해석하다 | 인정하다 |
| 가정하다 | 탐지하다 | 소개하다 | 보고하다 |
| 시도하다 | 결정하다 | 조사하다 | 해결하다 |
| 계산하다 | 개발하다 | 측정하다 | 공개하다 |
| 분류하다 | 발견하다 | 언급하다 | 검토하다 |
| 수행하다 | 토론하다 | 모형을 만들다 | 수정하다 |
| 도전하다 | 강화하다 | 수정하다 | 보이다 |
| 주장하다 | 확립하다 | 추적 관찰하다 | 해결하다 |
| 명확히 하다 | 추정하다 | 언급하다 | 진술하다 |
| 수집하다 | 평가하다 | 관찰하다 | 연구하다 |
| 비교하다 | 조사하다 | 획득하다 | 제안하다 |
| 결론을 내리다 | 설명하다 | 수행하다 | 지원하다 |
| 수행하다 | 탐색하다 | 지적하다 | 시험하다, 테스트하다 |
| 확인하다 | 확장하다 | 예측하다 | 사용하다 |
| 고려하다 | 찾다 | 제시하다 | 확인하다, 입증하다 |

**참고** 예를 들어 서론의 끝에서 연구에서 한 일이나 논문에 있는 내용을 말할 때와 같이 이 동사를 전반적으로 사용하도록 한다.

| | | | |
|---|---|---|---|
| achieve | create | focus on | produce |
| address | deal with | generate | propose |
| analyse | define | identify | prove |
| apply | demonstrate | imply | provide |
| argue | describe | improve | put forward |
| assess | design | interpret | recognise |
| assume | detect | introduce | report |

| | | | |
|---|---|---|---|
| attempt | determine | investigate | resolve |
| calculate | develop | measure | reveal |
| categorise | discover | mention | review |
| carry out | discuss | model | revise |
| challenge | enhance | modify | show |
| claim | establish | monitor | solve |
| clarify | estimate | note | state |
| collect | evaluate | observe | study |
| compare | examine | obtain | suggest |
| conclude | explain | perform | support |
| conduct | explore | point out | test |
| confirm | extend | predict | use |
| consider | find | present | verify |

*Note*: Use these verbs throughout, for example at the end of the Introduction, when you say what you did in your study or what is in your paper.

***다음은 이러한 동사가 사용되는 몇 가지 예시들이다:***

- 케라틴이 공중합체 시스템의 기계적 특성에 미치는 영향은 2년 이상 이전에 **입증되었다.**
- Minelli 등은 전문가 의견과 경험적 증거 적용에 대해 **설명한다**.
- NDE 시스템은 파이프라인 검사에 **적용되었다**.
- 여러 저자가 온도 변화에 대한 보상 기술을 **개발했다**.
- 이러한 각 기술의 장점과 한계는 다른 연구자가 **평가했다**.
- Kim 등은 채널 전자 증배기(CEM)를 사용하여 전자 방출을 **조사했다**.
- Dickinson 등은 전하 분리 모델을 **제안했다**.
- 단순화를 위해 그들은 모델에서 균질성 범위만을 **고려했다**.
- 그들은 유전적 변이의 영향을 연구하는 것의 중요성을 **인식한** 최초의 **연구자들이었다.**
- 초기 시도는 ...의 원인을 **결정하는 데 집중했다**.
- 쌍 분산에 대한 결과는 **...에 보고되었다**.

- The effect of keratin on the mechanical properties of copolymer systems **was demonstrated** more than two years ago.
- Minelli *et al.* **describe** the use of experts' opinions and empirical evidence.
- NDE systems **have been applied** to the inspection of pipelines.
- Several authors **have developed** compensation techniques for temperature changes.
- The advantages and limitations of each of these techniques **have been evaluated** by different authors.
- Kim *et al.* **investigated** the emission of electrons using channel electron multipliers (CEMs).
- Dickinson *et al.* **put forward** a charge separation model.
- For simplicity, they only **considered** the homogeneity ranges in their model.
- They were the first to **recognise** the importance of studying the effect of genetic variation.
- Initial attempts **focused on determining** the cause of...
- The results on pair dispersion **are reported in**...

## 3. 차이

### *그룹 1: 문제/비판*

| 결석한 | 융통성이 없는 | 도전 |
|---|---|---|
| 복잡한 | 불충분한 | 결함 |
| 논란의 여지가 있는 | 오해의 소지가 있는 | 어려움 |
| 비용이 많이 드는 | 할 수 없는 | 단점 |
| 부족한 | 이상적이지 않은 | 단점 |
| 실망스러운 | 충분하지 않은... | 결함 |
| 의심스러운 | 더 이상 유용하지 않은 | 차이 |
| 비싼 | | 부족 |
| 거짓 | 가치가 거의 없는 | 제한 |
| 이상적이지 않음 | 지나치게 단순한 | 장애물 |

| | | |
|---|---|---|
| 취약한 | 열악한 | 문제 |
| 탐지하기 어려움 | 문제가 있는 | 위험 |
| 비실용적인 | 제한된 | 단점 |
| 부정확한 | 심각한 | 약점 |
| 부적절한 | 시간이 많이 걸리는 | 제한되다 |
| 무능한 | 할 수 없는 | 실패하다 |
| 양립할 수 없음 | 바람직하지 않은 | 부족하다 |
| 일관되지 않음 | 불필요한 | 무시하다 |
| 불편한 | 비현실적인 | 뒤처지다 |
| 잘못된 | 불만족스러운 | 잘못 계산하다 |
| 비효율적인 | 실패한 | 잘못 판단하다 |
| 비효율적인 | 부적합한 | 오해하다 |
| 열등한 | 지원되지 않는 | 방치하다 |
| | | 간과하다 |
| | | 고통받다(~으로부터) |

**참고** 이는 종종 '그러나, 비록, 동안, 그럼에도 불구하고, 에도 불구하고'와 같은 단어로 표시된다.

| | | |
|---|---|---|
| absent | inflexible | (a) challenge |
| complicated | insufficient | (a) defect |
| controversial | misleading | (a) difficulty |
| costly | not able to... | (a) disadvantage |
| deficient | not ideal | (a) drawback |
| disappointing | not sufficiently... | (a) flaw |
| doubtful | not/no longer useful | (a) gap |
| expensive | of little value | (a) lack |
| false | over-simplistic | (a) limitation |
| far from (ideal) | poor | (an) obstacle |
| fragile | problematic | (a) problem |
| hard to (detect) | restricted | (a) risk |
| impractical | severe | (a) shortcoming |
| inaccurate | time-consuming | (a) weakness |

| | | |
|---|---|---|
| inadequate<br>incapable (of)<br>incompatible<br>inconsistent<br>inconvenient<br>incorrect<br>ineffective<br>inefficient<br>inferior | unable to<br>undesirable<br>unnecessary<br>unrealistic<br>unsatisfactory<br>unsuccessful<br>unsuitable<br>unsupported | (to) be confined to<br>(to) fail to<br>(to) fall short of<br>(to) ignore<br>(to) lag behind<br>(to) miscalculate<br>(to) misjudge<br>(to) misunderstand<br>(to) neglect<br>(to) overlook<br>(to) suffer (from) |

*Note*: These are often signalled by words such as *however, although, while, nevertheless, despite*.

### *그룹 2: 연구 기회*

| | |
|---|---|
| (대안)<br>(다음 단계)<br>(설명을) 요구하다<br>(재검토해야) 하다<br>질문을 제기하다<br>논란의 여지가 남아 있다<br>연구되지 않은 채로 남아 있다<br>(설명을) 요구하다<br>소수의 연구에서...<br>이상적인 후보<br>미완료이다<br>...일 가능성이 있다/있는 것으로 보인다<br>사용 가능한 증거가 거의 없다<br>수행된 작업이 거의 없다 | 더 많은 작업이 필요하다<br>해결되지 않았다<br>처리되지 않았다<br>연구되지 않았다<br>잘 이해되지 않음<br>제안/제안하다...<br>긴급한 필요가 있다...<br>우리가 아는 한,<br>답변이 없다<br>불분명하다<br>검토되지 않았다<br>입증되지 않았다<br>해결되지 않았다 |

**참고** 연구 기회는 종종 '*may/might/could/would*'와 같은 조동사를 사용하여 전달된다.

| | |
|---|---|
| (an) alternative | more work is needed |
| (the) next step | not addressed |
| (to) demand clarification | not dealt with |
| (to) need to re-examine | not studied |
| (to) raise the question | not well understood |
| (to) remain controversial | suggest/s that... |
| (to) remain unstudied | there is an urgent need... |
| (to) require (clarification) | to the best of our knowledge |
| few studies have... | unanswered |
| ideal candidate | unclear |
| incomplete | unexamined |
| it is/seems possible that... | unproven |
| little evidence is available | unsolved |
| little work has been done | |

*Note*: Research opportunities are often communicated by using modal verbs such as *may/might/could/would*.

***다음은 이러한 조동사가 사용되는 몇 가지 예이다:***

- 이러한 은하가 매우 거대하다는 사실은 프로토클러스터 검색에 **이상적인 후보**가 될 수 있다.
- 대체 생체적합성 재료의 선택에 **별로 관심을 기울이지 않았다**.
- 프로포폴이 어떻게 신경 회로에 작용하여 무의식을 유발하는지는 **불분명하다**.
- 이 접근 방식의 주요 **단점**은 정량적 정보를 제공할 수 없다는 것이다.
- 이러한 초기 분화 세포에 대해 **알려진 바가 거의 없으며** 이 초기 Oct4 발현 집단이 미분화 hESC와 다른지 여부는 **분명하지 않다**.
- 지금까지 전자 마찰 방출 실험의 **한계** 중 하나는 **단지** 앙상블 평균 값만 제공한다는 것이다.
- 이와 같은 **단점**은 우리가 트라이보에미션 과정을 **이해하지 못하는** 이유에 있다.

- **그러나** 안정적인 경구 프로스타글란딘 제제에 대한 연구는 **대체로 실패했다**.
- 높은 흡수율로 인해 **비실용적인 옵션**이 된다.
- **대안적 접근 방식**이 필요하다.
- 이러한 단백질의 기능을 결정하는 것은 **여전히 과제이다**.
- 해수면 사건의 타이밍에 대한 일반적인 합의가 있지만, 그 진폭은 **여전히 논란의 여지가 있다**.
- 이는 **시간이 많이 걸릴 수 있으며** 수행하기가 **기술적으로 어렵다**.

- The fact that these galaxies are so massive may make them **ideal candidates** for protocluster searches.
- **Little attention has been paid** to the selection of an alternative biocompatible material.
- How propofol acts on neural circuits to produce unconsciousness **remains unclear**.
- The main **drawback** of this approach is that it is **unable** to provide quantitative information.
- **Little is known** about these early differentiating cells and **it is not clear** whether this initial Oct4 expressing population differ from undifferentiated hESCs.
- One of the **limitations** of electron triboemission experiments to date is that they provide **only** ensemble average values.
- This **shortcoming** is responsible for our **lack of understanding** of triboemission processes.
- **However,** the search for a stable oral prostaglandin preparation has been **largely unsuccessful**.
- The high absorbance makes this **an impractical option**.
- **An alternative approach** is necessary.
- Determining the function of these proteins **remains a challenge**.
- **Although** there is general agreement regarding the timing of sea-level events, their amplitude **remains controversial**.
- These can be **time-consuming** and are often **technically difficult** to perform.

## 4. 현재 작업

| 시도하다<br>비교하다<br>집중하다<br>설명하다<br>결정하다<br>개발하다<br>논의하다<br>가능하게 하다<br>향상시키다<br>평가하다<br>촉진하다<br>집중하다<br>식별하다<br>개선하다<br>조사하다<br>제공하다<br>개요를 설명하다<br>예측하다<br>제시하다<br>제안하다<br>제공하다<br>보고하다<br>밝히다<br>해결하다<br>성공하다 | 다음과 같이 구성되어 있다<br>다음과 같이 설정된다<br>(우리의) 접근 방식<br>현재 작업<br>이 논문<br>이 프로젝트<br>이 보고서<br>이 섹션, 이 장<br>이 연구<br>이 작업<br>목적<br>목표<br>의도<br>목적<br>목적 | '행복한' 단어☺<br>할 수 있는<br>정확한<br>이점<br>효과적인<br>효율적인<br>탁월한<br>완전히<br>혁신적인<br>새로운<br>참신한<br>잠재력 있는<br>강력한<br>실용적인<br>유망한<br>관련성 있는<br>견고한<br>간단한<br>직설적인<br>성공적인<br>뛰어난<br>독특한<br>가치 있는 |
|---|---|---|

| (to) attempt<br>(to) compare<br>(to) concentrate (on)<br>(to) describe | (is) organised as follows:<br>(is) set out as follows:<br>(our) approach<br>(the) present work | **'happy' words** ☺<br>able to<br>accurate<br>advantage |
|---|---|---|

| | | |
|---|---|---|
| (to) determine | (this) paper | effective |
| (to) develop | (this) project | efficient |
| (to) discuss | (this) report | excellent |
| (to) enable | (this) section | fully |
| (to) enhance | (this) study | innovation |
| (to) evaluate | (this) work | new |
| (to) facilitate | aim | novel |
| (to) focus on | goal | potential |
| (to) identify | intention | powerful |
| (to) improve | objective | practical |
| (to) investigate | purpose | promising |
| (to) offer | | relevant |
| (to) outline | | robust |
| (to) predict | | simple |
| (to) present | | straightforward |
| (to) propose | | successful |
| (to) provide | | superior |
| (to) report | | unique |
| (to) reveal | | valuable |
| (to) solve | | |
| (to) succeed | | |

***다음은 이러한 것들이 어떻게 사용되는지에 대한 몇 가지 예이다:***

- **우리의 연구는 ...에 초점을 맞춘다.**
- 이 질문에 답하기 위해 **우리는 ...을 조사했다**.
- 5장에서는 **이 논문에서 보고된 연구**에서 얻은 **여러 관련** 결론을 제공한다.
- **이 연구의 주요 목적은 ...을 설명하고 검토하는** 것이다.
- **이 논문에서 우리는 ...에 대한 강력한** 방법을 제시한다.
- **제안된 방법**은 GWAS 데이터와 생물정보학 데이터베이스의 정보를 **일관되고 재현 가능한** 방식으로 결합한다.

- **이 연구에서** 우리는 **신중하게 식별하고 분리했다...**
- **새로운** 상관관계가 **훌륭한** 결과로 개발되었다.
- **유리 반응기를 사용하면 효과적**일 수 있음을 보여준다.
- **우리가 아는 한, 이것이...의 첫 번째** 시연이다.
- **이 논문은** 이러한 문제를 **'해결'하는** 계획을 소개한다.
- **이 문제를 해결하기 위해** MCP를 사용한 실험을 제시한다.
- **우리의 디자인**은 **단순**하면서도 **정확**하며, ...에 **완전히** 통합될 수 있다.
- **이 논문은 다음과 같이 구성되어 있다:**

- **Our study focuses on**...
- To address this question, **we investigated**...
- Section V **provides several relevant** conclusions obtained from **the study reported in this paper**.
- **The main objective of this study** was **to describe and examine**...
- **In this paper we present** a **robust** method for...
- **The proposed method** combines GWAS data with information from bioinformatics databases in a **coherent and reproducible** way.
- **In this study**, we **carefully identified and isolated**...
- **New** correlations were developed with **excellent** results.
- **We show that** use of glass reactors can be **effective**.
- **To our knowledge, this is the first** demonstration of the...
- **This paper introduces** a scheme which **solves** these problems.
- **To address this issue, we present** experiments using an MCP.
- **Our design** is both **simple** and **accurate,** and can be **fully** integrated into...
- **This paper is organised as follows:**

## 1.5 언어 및 쓰기 기술

이 장에서는 서론과 그 외 부분에서 중요한 다음의 네 가지 주제를 다룬다:

***동사 시제 선택***
***문장 연결***
***수동/능동 선택***
***단락***

### 1.5.1 동사 시제 선택

우리가 앞에서 보았듯이, 대부분의 작가는 서론에서 이전 연구와 기여를 제시한다. 연구 '지도'이다. 그들은 이를 위해 다양한 동사 시제를 사용하는데, 일반적으로 과거 단순형, 현재 단순형 및 현재 완료형이다. 이 세 가지 시제 중 어떤 것을 사용할지 결정하는 것은 문법 규칙에 의해 거의 결정되지 않고, 대부분의 경우 의미에 따라 결정된다. 이전 연구와 기여를 제시하기 위해 특정 동사 시제를 사용하는 것은 문법적 명령이 아니라 해당 문장의 기능에 따라 선택된다. 시제는 특정 연구나 기여에 대해 설명하고자 하는 내용이나 독자가 해석하기를 원하는 방식에 따라 단순 과거형, 단순 현재형 및 현재 완료형으로 정해진다. 이 장에서는 이와 같은 선택에 영향을 주는 요소들을 제시한다.

***단순 과거형과 단순 현재형 중에서 선택하기***

*그들은 온도가 **상승**함에 따라 압력이 **증가한다**는 것을 발견했다.*
*그들은 온도가 **상승**함에 따라 압력이 **증가한다**는 것을 발견했다.*

*그들은 유전체 구조가 완전한 광자 밴드갭을 **가지고 있다**는 것을 발견했다.*

*그들은 유전체 구조가 완전한 광자 밴드갭을 **가지고 있다**는 것을 발견했다.*

*They found that the pressure **increased** as the temperature **rose.***
*They found that the pressure **increases** as the temperature **rises.***

*They found that the dielectric structure **possessed** a full photonic bandgap.*
*They found that the dielectric structure **possesses** a full photonic bandgap.*

단순 과거형은 저자가 연구에서 발견한 내용을 설명할 뿐이다. 발견 사항은 해당 연구와 연결되어 있으며 영구적인 진실로 제시되지는 않는다. 반면 단순 현재형을 선택하는 것은 발견 사항이 영구적인 진실을 구성할 만큼 강력하고 신뢰할 수 있다는 믿음을 반영한다.

그러나 1.2.2장에서 보았듯이 단순 현재형에 제시된 많은 배경 사실이 단순 과거형에서 진술된 연구 결과로 시작되어 확장되고 수용됨에 따라 현재 시제 상태로 전환되었다. 즉, 5년 전의 저널 기사는 더이상 적절하지 않은 동사 시제를 사용할 수 있으며, 현재 그 시제를 사용하면 해당 분야의 최신 동향을 파악하지 못하고 있다는 인상을 줄 수 있다. 이전 연구와 기여에 대해 글을 쓸 때는 **특정 발견이나 사실에 현재 어떤 동사 시제가 사용되고 있는지 확인하여야 한다**. Google Scholar와 같은 검색 엔진은 이를 위한 좋은 리소스이지만, 반드시 최근 연구만 검색해야 한다.

***과거 단순형과 현재 완료형 중에서 선택하기***

*그들은 온도가 상승함에 따라 압력이 증가한다는 것을 **발견했다**.*
*그들은 온도가 상승함에 따라 압력이 증가한다는 것을 **발견했다**.*

*그들은 유전체 구조가 완전한 광자 밴드갭을 **가지고 있다**는 것을 **발견했다**.*

*그들은 유전체 구조가 완전한 광자 밴드갭을* ***가지고 있다****는 것을* ***발견 했다****.*

*They* ***found*** *that the pressure increases as the temperature rises.*
*They* ***have found*** *that the pressure increases as the temperature rises.*

*They* ***found*** *that the dielectric structure* ***possesses*** *a full photonic bandgap.*
*They have found that the dielectric structure* ***possesses*** *a full photonic bandgap.*

이 문장에서:

| (a) 단순 과거형 | 도쿄에서 5년을 살았다 | ...하지만 더 이상 거기에 살지 않다 |
|---|---|---|
| (b) 현재 완료형 | 도쿄에서 5년을 살았다 | ...그리고 '지금' 거기에 살고 있다 |

| (a) Past Simple | I lived in Tokyo for five years | ...but I don't live there anymore. |
|---|---|---|
| (b) Present Perfect | I have lived in Tokyo for five years | ...and I still live there **now**. |

(a)와 (b)의 차이는 사건의 '시간', 즉 저자가 여전히 도쿄에 살고 있는지 여부이다. 그러나, 이 문장에서:

| (c) 단순 과거형 | 안경을 부러뜨렸다 | ...하지만 다른 쌍이 있다/수리했다 |
|---|---|---|
| (d) 현재 완료형 | 안경을 부러뜨렸다 | ...그리고 '지금' 잘 볼 수 없다 |

| (c) Past Simple | I broke my glasses | ...but I have another pair/I repaired them. |
|---|---|---|
| (d) Present Perfect | I have broken my glasses | ...and so I can't see well **now**. |

차이점은 더 복잡하고 STEMM 연구자들인 여러분들과 같은 독자들에게 더 중요하다. (c)와 (d)에서 사건의 '시간'은 주요 차이가 아니다. (c)와 (d)가 모두 지난달, 오늘 아침 또는 1나노초 전에 일어났을 수 있다. (d)의 사건은 (c)의 사건보다 '현재 상황과 더 관련이 있기' 때문에 현재 완료형이다. 서론을 쓸 때 현재의 관련성이라는 아이디어가 중요한 이유는 무엇인가? 1.2.1절의 서론에서 이 문장을 살펴보라.

그러나 케라틴이 공중합체 시스템의 기계적 성질에 미치는 영향이 2년 전에 **증명**되었음에도 불구하고, 케라틴은 복합재의 무게를 상당히 늘리고, 생체적합성 대체 소재의 선택에 대한 관심은 거의 **주어지지** 않았다.

*However, although the effect of keratin on the mechanical properties of copolymer systems* ***was demonstrated*** *over two years ago[9], keratin adds considerably to the weight of the composite, and little attention* ***has been paid*** *to the selection of an alternative biocompatible material.*

이 문장에서 저자는 단순 과거형 '(was proven)'에서 현재 완료형 '(has been paid)'로 바꾸어 후자가 연구의 현재 격차를 가리킨다는 것을 전달하고 있다. 따라서 현재 완료형을 선택한 것은 이 연구 기사가 '이제 적절한 생체적합성 소재 선택에 주의를 기울일 것'임을 나타낸다.

필자가 시제를 바꾸지 않고 단순 과거형으로 작성한 다음 문장과 비교해 보라.

> 그러나 케라틴이 공중합체 시스템의 기계적 성질에 미치는 영향이 2년 전에 **증명**되었음에도 불구하고[9], 케라틴은 복합재의 무게를 상당히 늘리고 대체 생체적합성 소재의 선택에는 거의 관심을 기울이지 않았다.

> *However, although the effect of keratin on the mechanical properties of copolymer systems **was demonstrated** over two years ago[9], keratin adds considerably to the weight of the composite, and little attention **was paid** to the selection of an alternative biocompatible material.*

단순 과거형에서 이 문장은 THEN, 즉 2년 전에는 거의 주의를 기울이지 않았다는 것을 의미한다. 아마도 그 이후로 이 문제에 주의를 기울였거나 아마도 그 이후로 문제가 해결되었을 것이다. 시제 변화는 항상 의미를 담고 있으며, 항상 정보의 기능 변화를 나타내므로 시제를 무작위로 선택하거나 변경하지 않도록 해야 한다.

논문의 서론에서 단순 과거형과 현재 완료형이 사용되는 방식을 살펴보면서 시제에 대한 이 내용을 숙지하라. 특히 단순 과거형과 현재 완료형이 이전 연구와 이전 연구의 기여도를 설명하는 데 사용되는 방식을 살펴보도록 하라.

### 1.5.2 문장과 정보를 연결하기

문장이 진행됨에 따라 독자는 문장이 가고 있는 방향을 예측하는 것은 더욱 쉬워진다. 다음 문장을 살펴보라:

> *이 문장에 주의를 기울이면 마지막 단어가 무엇을 _______ 할지 예측할 수 있을 것이다.*
>
> *If you're paying attention to this sentence, you can probably predict what the last word will* ______.

그 문장의 마지막 단어를 예측하는 것은 비교적 쉽지만 '다음' 문장의 첫 단어를 예측하는 것은 훨씬 더 어렵다. 각 문장의 끝에서 저자는 멈추고 다음에 무엇을 쓸지 생각하지만, 몇 초, 몇 시간, 며칠 또는 몇 주가 될 수 있는 그 생각의 시간 동안 두 문장 사이의 간격이 늘어나기 시작하고 독자가 예측할 수 있는 간격은 더욱 벌어지게 된다. 문장 사이의 간격은 위험한 공간이다. 저자로서의 임무는 가능한 한 간격을 좁혀 독자가 하나의 정보를 다음의 정보와 쉽게 연결할 수 있도록 하는 것이다. 정보를 연결하는 것은 독자에게만 좋은 것이 아니라 저자에게도 좋은데, 저자가 논리적인 방식으로 아이디어와 텍스트를 개발할 수 있도록 도움을 주기 때문이다. 문장이 시작됨과 동시에 다음 문장과 연결되는 방식은 잘 작성된 문장, 문단, 그리고 텍스트에 핵심이다. 이전 정보와의 연결이 명확한 문장을 시작하는 방법에는 네 가지가 있다. 한 가지 방법은 **겹침**의 방법으로, **다음 문장에서 이전 문장의 내용을 반복하는 것**을 의미한다:

> 이 정상 상태 접근법은 심하게 마취된 뇌의 특징인 패턴과 **무의식**의 시작에서 발생하는 패턴을 구별할 수 없다. 무의식은 수십 초 안에 발생할 수 있다...

… 멀리 떨어진(>2cm) **피질 네트워크** 간의 정보 전달이 손상되었음을 의미한다. 따라서 **피질 네트워크**는 시간적으로나 공간적으로 단편화되어 둘 다 방해한다...
천식 발작 중 염증 패턴은 **안정된 천식**에서 보이는 패턴과 다르다. **안정된 천식**에서는 염증 세포의 총 수가 증가하지 않는다.
... 알루미늄과 같은 금속은 산업용 PLA를 **강화**하는 데 사용되었지만[5,6], 생물의학적 용도에는 적합하지 않다[7]. 생물의학적 용도를 위해 폴리머를 **강화**하는 한 가지 방법은...
불용성 신호의 효과를 설명하려면 **정의된 기질**이 필요하다. 이러한 **정의된 기질**은 정의된 배지에서 미분화 hPS 세포의 장기 배양을 위해 개발되었다.

*This steady-state approach cannot distinguish between patterns that are characteristic of a deeply anesthetized brain and those that arise at the onset of* ***unconsciousness****.* ***Unconsciousness*** *can occur in tens of seconds...*

*... implying that information transfer between distant (>2 cm)* ***cortical networks*** *is impaired.* ***Cortical networks*** *therefore are fragmented both temporally and spatially, disrupting both...*

*The pattern of inflammation during an asthma attack is different from that seen* ***in stable asthma****.* ***In stable asthma*** *the total number of inflammatory cells does not increase.*

*... although metals such as aluminium have been used* ***to strengthen*** *PLA for industrial applications[5,6], these are not appropriate for biomedical use[7]. One way* ***to strengthen*** *polymers for biomedical applications is...*

*Elucidating the effects of insoluble signals requires* ***defined substrata****. Such* ***defined substrata*** *have been developed for the long-term culture of undifferentiated hPS cells in defined media.*

두 번째 방법은 프로폼(이 방법, 이 시스템)을 사용하여 문장을 연결하는 것이다:

**이러한 기준**에 근거하여 자연계의 여러 곳에서 발견되는 장쇄 폴리머인 키틴을 사용하여 바이오매스 유래 폴리머 블렌드를 제조하는 방법을 설명한다. **이 조합**은 새로운 경량 공중합체를 형성했다...
거시적 역학에 대한 영향은 프로포폴 전신 마취를 유지하는 동안 여러 가지 고정관념적인 **패턴**을 포함하는 EEG에서 눈에 띄게 나타난다. **이러한 패턴**에는 델타 전력 증가가 포함된다...
대부분의 연구는 전신 마취의 깊은 **정상 상태**에 초점을 맞추었으며 무의식 상태로의 전환을 추적하기 위해 체계적인 행동 측정을 사용하지 않았다. **이 정상 상태** 접근 방식은 다음을 구별할 수 없다...
많은 연구사들이 이미지 품질에 영향을 미치지 않고 비용을 절감하는 **방법**을 제안했다. **이러한 방법**은 전처리 단계에서 구축된 데이터 구조에 의존한다.
지금까지 전자 마찰 방출 실험의 주요 **제한** 중 하나는 앙상블 평균값만 제공하고 공간적 위치나 방향과 관련된 정보를 제공하지 않는다는 것이다. **이러한 단점**은 우리의 이해 부족에 부분적으로 책임이 있다...

*On the basis of **these criteria** it then describes the preparation of a biomass-derived polymer blend using chitin, a long-chain polymer found in many places throughout the natural world. **This combination** formed a novel lightweight copolymer...*

*The effects on macroscopic dynamics are noticeable in the EEG, which contains several stereotyped **patterns** during maintenance of propofol general anesthesia. **These patterns** include increased delta power...*

*Most studies have focused on a deep **steady state** of general anesthesia and have not used a systematic behavioral measure to track the transition into unconsciousness. **This steady-state** approach cannot distinguish between...*

*Many researchers have suggested **ways** to reduce cost without affecting the quality of the image. **These methods** rely on data structures built during a preprocessing step.*

> *One of the main **limitations** of electron triboemission experiments to date is that they provide only ensemble average values, giving no information relating to spatial location or direction. **This shortcoming** is, in part, responsible for our lack of understanding...*

프로 형식을 사용할 때는 처음에 사용한 것과 정확히 같은 명사를 반복하면 독자에게 더 쉽다는 점에 유의하여야 한다. 무언가를 장치로 설명한 경우 다음에 그것을 지칭하는 데 사용하는 프로 형식은 **'이 기술(technique)'**이나 **'이 방법(method)'**이 아닌 **'이 장치(device)'**여야 한다.

문장을 *It, They, These* 또는 *This*로 시작할 수 있으나, 독자가 이 단어들이 무엇을 가리키는지 알아내기 어려울 수 있다. 다음 예들과 같다:

- *이 결과는 통계적으로 유의미했으며 이전 연구의 결과와 일치한다. 이것은 다음을 암시한다.*
  ***이것***은 결과가 *통계적으로 유의미했다*는 사실 또는 결과가 *이전 연구의 결과와 일치한다*는 사실을 의미하는가? 아니면 둘 다를 의미하는가?
- *소량의 불순물이 존재하면 이러한 속성들이 바뀌고 그들은 쉽게 감지할 수 있다.*
  ***그들***은 *불순물*을 의미하는가? *소량의 불순물*을 의미하는가? *이러한 속성들*을 의미하는가?

- *This result was statistically significant and is in line with results in previous studies. **This** suggests that...*
  Does ***This*** refer to the fact that the result *was statistically significant* or that the result is *in line with results in previous studies*? Or both?
- *The existence of small amounts of impurities will change these properties and **they** are easily detectable.*
  Does **they** refer to *'impurities'*? *'small amounts of impurities'*? *'these properties'*?

세 번째 방법은 문장을 끝내지 않고 **세미콜론**으로 다음 문장과 연결하는 것이다. 세미콜론으로 문장을 연결하는 것은 매우 밀접하게 관련된 두 개의 연속된 문장이 있는 경우, 특히 그 중 하나가 짧은 경우에 효과적이다. 이런 식으로 세미콜론을 써서 문장을 연결하면 마침표라기보다는 긴 쉼표처럼 느껴진다.

*구성 요소가 작동상 안전한지 테스트하는 절차는 일반적으로 수 시간이 걸리므로 테스트가 거의 반복되지 않는다.*
*손상되지 않은 구조물의 간단한 펄스 에코 또는 피치 캐치 신호는 일반적으로 식별할 수 없는 간섭 반사로 구성된다. 이러한 원치 않는 반사는 코히어런트 노이즈의 원천으로, 구조물의 결함을 가릴 수 있다.*
*균열의 폭이 작기 때문에 이 전기장은 기울기가 크다. 이는 전자가 음전하 균열 면을 떠나도록 한다.*

*The procedure for testing whether components are operationally safe usually takes many hours; this means that tests are rarely repeated.*

*Simple pulse-echo or pitch-catch signals from undamaged structures usually consist of interfering reflections that cannot be identified; these unwanted reflections are a source of coherent noise, which can mask defects in the structure.*

*Due to the small width of the crack, this electric field has a large gradient; this encourages electrons to leave the negatively charged crack face.*

문장 길이는 가독성에 중요한 요소이므로 세미콜론을 사용하여 이런 방식으로 문장을 연결할 경우 문장의 전체 길이를 확인하라. 20단어 미만의 문장은 첫 번째 읽기에서 독자의 90%가 이해할 수 있지만, 40단어가 넘는 문장은 첫 번째 읽기에서 독자의 10%만 이해가 가능하다. STEMM 연구 논문의 평균 문장 길이는 약 23단어이다.

네 번째 방법은 *therefore* 또는 *however*와 같은 신호를 사용하여 문장의 기능을 전달하는 것이다. 신호는 올바르게 사용하면 도움이 되지만 신호는 단순히 문장을 연결하는 '접착제'가 아니다. 정확하게 사용하지 않으면 이로운 것보다 해로운 영향을 미칠 수 있다. *Moreover*로 시작하는 문장은 독자에게 읽고 있는 문장의 기능이 이전 문장과 동일하다는 것을 알려준다. 즉, 이전 문장에서 무언가를 하는 이유를 제시했다면 이 문장도 마찬가지여야 한다. 이전 문장에서 무언가의 단점을 제시했다면 이 문장은 더 많은 단점을 제시해야 한다. 마찬가지로 *Therefore* 또는 *Consequently*로 시작하는 문장은 식별 가능한 이유나 원인과 직접 연결된 효과, 결과 또는 결과를 제시하거나 설명해야 한다. 인과 관계는 주로 작성자의 마음속에 존재하는 것이 아니라 독자에게 명백하거나 명확하게 표현되어야 한다. 명백하지 않은 경우 *Therefore*를 사용하기 전에 더 많은 정보가 필요하다는 것을 나타낼 수 있다.

다음은 기능에 따라 정렬된 신호의 몇 가지 예이다. 현재 STEMM 글쓰기에서 흔히 쓰이는 것들만 포함했기 때문에 목록은 길지 않다.

### 원인

*실험은 실패했다 _______ 측정 도구가 부정확했다.*
*실험은 실패했다 _______ 측정 도구의 부정확성*

*The experiment was unsuccessful ______ the measuring instruments were inaccurate.*
*The experiment was unsuccessful _______ the inaccuracy of the measuring instruments.*

| (that 이하의 사실) 때문에<br>(that 이하의 사실) 때문에, ~ 때문으로<br>(that 이하의 사실) 때문에(~을 고려하여) | ~때문에<br>~때문에<br>~때문에 |
|---|---|

| due to (the fact that)<br>on account of (the fact that)<br>in view of (the fact that) | as<br>because<br>since |
|---|---|

- '*as*'는 '*when*'을 의미할 수도 있으므로 혼동의 가능성이 있으면 다른 신호를 선택하세요. **As**가 '*Because*'를 의미하는지 '*When*'을 의미하는지는 명확하지 않는 경우는 다음 문장과 같다: *반복적인 용융으로 더 많은 물질이 균질화되면서 상 전이는 덜 두드러졌다*('**As** *repeated melting homogenised more material, the phase transitions became less prominent.*').
- '*since*'는 '그때부터'를 의미할 수도 있으므로 혼동의 가능성이 있으면 다른 신호를 선택하라.

## 결과

*측정 장비가 정확하게 교정되었고 ______ 실험은 성공적이었다.*

*The measuring instruments were calibrated accurately, ______ the experiment was successful.*

| 그러므로<br>따라서 | 따라서<br>결과적으로 | 그리하여, 그래서<br>그래서 |
|---|---|---|

| therefore<br>consequently | hence<br>as a result | thus<br>so |
|---|---|---|

## 대조/차이

*영국 학생들은 모두 채식주의자이고 ______ 노르웨이 학생들은 매일 고기를 먹는다.*

*British students are all vegetarians, ______ Norwegian students eat meat every day.*

| | | |
|---|---|---|
| 그러나<br>반면에<br>하지만 | 반면에<br>반면에 | 대조적으로<br>대조적으로 |

| | | |
|---|---|---|
| however<br>whereas<br>but | on the other hand<br>while | by contrast<br>in contrast |

- *on the opposite*와 *conversely*는 이 범주에 맞지 않는다. 왜냐하면 단순히 차이를 전달하는 것이 아니라 '정확히 그 반대'라는 사실을 전달하기 때문이다. 위의 문장에서는 *vegetarians*와 *meat eaters*가 반대어가 아니라 다를 뿐이기 때문에 사용할 수 없다. 하지만 다음 문장에서는 사용할 수 있다. *어떤 실험에서는 교정되지 않은 기구를 사용했지만 성공했다. 반대로 다른 실험에서는 신중하게 교정된 기구를 사용했지만 실패했다.*
- 또한 *while*은 종종 *at that/the same time*을 의미하므로 혼동의 가능성이 있는 경우 *whereas*와 같이 다른 신호를 선택하라.

## 예상치 못한 상황

*A __________ 어려웠지만 해결책은 빨리 찾았다.*

*B __________ 어려움이 있었지만 해결책은 빨리 찾았다.*

*C 어려웠다; __________ 해결책을 빨리 찾았다.*

*A __________ it was difficult, a solution was quickly found.*

*B __________ the difficulty, a solution was quickly found.*

*C It was difficult; __________ a solution was quickly found.*

| A | B | C |
|---|---|---|
| 비록 ~일지라도<br>비록 ~일지라도<br>비록 ~일지라도 | ~에도 불구하고<br>~에도 불구하고<br>~에도 불구하고<br>~에도 불구하고 | 그럼에도 불구하고<br>그러나<br>아직<br>하지만<br>그럼에도 불구하고<br>그렇더라도 |

| A | B | C |
|---|---|---|
| although<br>even though<br>though | despite<br>in spite of<br>regardless of<br>notwithstanding | nevertheless<br>however<br>yet<br>but<br>nonetheless<br>even so |

*however*와 *but*은 **대조/차이**와 **예상치 못한 상황**을 표현하는 데 사용될 수 있으므로, '뜻밖임'을 강조하고자 한다면 이 목록에서 다른 신호어 중 하나를 선택하라.

## 추가/목록

*우리는 더 효과적이기 때문에 일괄 처리 시스템을 사용했다. _______ 비용은 상당히 저렴했다.*

*We used a batch processing system because it was more effective. _____ it was significantly less expensive.*

| 또한,<br>게다가,<br>더욱이, | 또한,<br>두 번째로 (등)<br>두 번째로 (등)<br>더욱이, |
|---|---|

| in addition<br>moreover<br>furthermore | also<br>secondly (etc.)<br>in the second place (etc.)<br>what is more, |
|---|---|

*besides*는 위 목록의 항목들과 거의 같은 의미를 가지고 있지만, 좀 더 강력한 뉘앙스를 나타내므로 설득적인 맥락 사용에 더 권장된다.

## 전환

*이 약은 매우 효과적이고 투여하기 쉽다. _______ 비용은 기존 약물과 복용량당 가격이 거의 같다.*

*The drug is extremely effective and easy to administer. ______ cost, it is approximately the same price per dose as existing drugs.*

| | |
|---|---|
| ~에 관하여<br>~에 관하여<br>~에 관하여 | 에 관하여<br>에 관하여<br>이제 ~로 넘어가자 |

| | |
|---|---|
| with regard to<br>as to<br>regarding | with respect to<br>as for<br>turning now to |

모든 문장을 신호어로 시작할 필요는 없다(공식적인 것처럼 보이기 때문이다). 신호는 강조적이며, 각 문장을 신호어로 시작하면 갑작스럽고 지나치게 강조된 텍스트가 만들어지게 된다. 텍스트의 정보가 논리적이고 내용을 따라가기에 쉬운지 확인하려면 신호어 대신 반복 연결을 사용하는 것을 고려하도록 한다. 이것은 문장 전체, 특히 문장의 시작 부분에서 단어를 반복하여 독자가 한 정보 항목에서 다음 정보 항목으로 주의 깊게 이동할 수 있도록 하는 것을 의미한다.

문장과 정보가 명확하게 연결되어 있는지 확인하는 것은 귀중한 자체 편집 도구로, 문장 간의 관계를 살펴보도록 이끌어준다. 좋은 연결은 '흐름'을 만드는 데 도움이 된다.

다음 아래의 서론 '*프로포폴 유도 무의식의 시작 시 신경망의 급속한 단편화*'에서 문장 간 연결은 **굵은 글씨**이고 반복 연결은 *기울임꼴*로 표시했다. 텍스트에 얼마나 많은 연결과 반복이 있는지 놀랍고 그 결과 읽고 이해하기가 얼마나 쉬운지를 파악할 수 있다. 다음 예를 살펴본 후 대상 기사의 서론과 이 단원의 다른 서론에서 문장 연결과 반복 연결이 작용하는 방식을 확인하도록 하라.

전신 마취는 일반적으로 빠르게 작용하는 약물을 대량 투여하여 몇 초 이내에 의식을 잃게 하는 약물로 유발되는 가역적 혼수상태를 말한다(1). **이 상태**는 수술 및 많은 비수술적 시술을 수행하는 데 필요한 만큼 유지할 수 있다. 가장 널리 사용되는 마취제 중 하나는 프로포폴로, 신경 세포에 대한 GABAergic 억제 입력을 증가시키는 정맥 주사 약물이다(2-4). 피질, 시상, 뇌간 및 척수에 영향을 미친다(5-7). *프로포폴*의 분자적 작용에 대한 이해**에도 불구하고**, 분자 표적에서 *이러한 효과*가 어떻게 단일 *신경 세포*와 대규모 신경 회로에 영향을 미쳐 '무의식'을 유발하는지에 대해서는 명확하지 않다.
거시적 역학에 대한 *효과*는 프로포폴 전신 마취를 유지하는 동안 여러 가지 고정관념적인 **패턴**이 포함된 EEG에서 눈에 띄게 나타난다. **이러한 패턴**에는 델타(0.5-4Hz) 전력 증가(8,9)가 포함한다. 증가된 감마(25-40Hz) 전력(9); 전두엽 피질 전체에 걸쳐 일관된 알파(~10Hz) 리듬(10-12); 그리고 버스트 억제, 고전압 활동의 버스트와 몇 초 동안 지속되는 평평한 EEG 기간의 번갈아 가며 나타남(13, 14). **또한**, 느린 진동(<1Hz)은 심하게 마취된 동물에서 잘 특징지어졌으며 UP(탈분극)과 DOWN(과분극) 상태 사이의 신경 세포막 전위의 번갈아 가며 나타남과 관련이 있다(8,15).
**이러한 패턴**은 일관되게 관찰**되지만**, *전신 마취* 상태에서 *무의식*과 기능적으로 어떻게 관련되어 있는지에 대해서는 불분명하다. 대부분의 연구는 전신 마취의 *깊은 안정* 상태에 초점을 맞추었으며 *무의식*으로의 전환을 추적하기 위해 체계적인 행동 측정을 사용하지 않았다. **이 안정 상태 접근 방식**은 심하게 마취된 뇌의 특징인 *패턴*과 *무의식*이 시작될 때 발생하는 *패턴*을 구별할 수 없다. *무의식*은 수십 초 내에 발생할 수 있지만(4), 많은 신경 생리학적 특징은 유도 후 몇 분 동안 계속 변동하며 전신 *마취*의 다른 수준 사이에서 매우 다양하다(1,16). **따라서** 의식 상실(LOC)과 관련된 특정 역학을 식별하려면 신경 생리학을 '행동 측정'과 연결하여 *무의식으로의 전환*을 조사해야 한다.
**또한,** 이러한 *EEG 진동*의 기저에 있는 피질 영역 간의 동적 상호작용은 잘 이해되지 않는다. 뇌 전체에 분포된 부위에서 '단일 뉴런'과 진동 역학의 앙상블을 동시에 기록한 연구가 거의 없기 때문이다. **결과적으**

**로,** 프로포폴이 어떻게 신경 회로에 작용하여 *무의식*을 유발하는지는 여전히 불분명하다. 주요 가설에 따르면 마취제는 피질 통합을 방해한다고 한다(17, 18). *이러한 방해*가 발생할 수 있는 메커니즘을 파악하려면 *무의식*의 *유도* 중에 신경 역학의 공간적 및 시간적 조직이 어떻게 진화하는지 더 잘 이해해야 한다.

이 질문에 대한 해답을 찾기 위해 우리는 *프로포폴*로 *무의식 유도* 중에 인간 뇌의 신경 및 회로 수준 역학을 조사했다. **우리**는 최대 8cm의 피질에서 단일 단위, 국소 전위(LFP), 두개 내 전기 피질도(ECoG)를 동시에 기록하여 밀리 초 단위의 시간적 해상도로 여러 공간적 규모에서 신경 역학을 조사할 수 있었다. **우리**는 *행동* 과제를 사용하여 환자가 청각 자극에 반응하지 않는 시간을 몇 초 이내에 식별했으며, 이를 *LOC*로 정의했다.

**우리의** 결과는 *LOC*에 수반되는 일련의 신경 생리학적 특징을 보여주며, 이는 이전에 보고된 효과(8,9,15)와 함께 뇌 상태의 이 중대한 변화에 대한 다중 규모 설명을 가능하게 한다. **우리는** LOC가 LFP에서 느린 진동(0.1-1Hz)의 갑작스러운 시작으로 표시된다는 것을 발견했다. *느린 진동* 대역의 전력은 ‘LOC’에서 급격히 상승하고 LOC 이후 기간 내내 이 증가를 유지한다. **뉴런 스파이크는** *LOC*의 몇 초 이내에 국소 *느린 진동*과 결합된다. *스파이크*는 수백 밀리초 동안 지속되는 억제와 함께 산재된 짧은 활동 간격에서만 발생하여 주기적으로 정보 처리를 중단한다. 활동이 발생할 수 있는 *이러한 기간*은 뇌 전체에서 동시에 발생하지 않으므로 멀리 떨어진(>2cm) *피질* 네트워크 간의 정보 전달이 손상되었음을 의미한다. 따라서 **피질 네트워크**는 시간적, 공간적으로 모두 단편화되어 국소 및 장거리 통신을 모두 *방해*한다. **그러나,** 소규모(<4mm) 기능적 연결성 측정은 의식 상태와 유사하며, *뉴런 스파이크* 속도는 지속적인 무반응에도 불구하고 *LOC* 후 기준 수준으로 회복될 수 있다. **이 결과**는 정상적인 *스파이크*역학의 짧은 기간이 *무의식* 중에도 여전히 발생할 수 있음을 보여준다. **우리는** *느린 진동*이 *프로포폴*로 유도된 *무의식*의 근본적인 구성 요소이며, *피질* 영역의 기능적 고립을 나타내는 반면, 국소 *네트워크* 내에서 상당한 연결성이 유지된다는 결론을 도출하였다.

General anesthesia is a drug-induced reversible coma commonly initiated by administering a large dose of a fast-acting *drug* to induce unconsciousness within seconds (1). **This state** can be maintained as long as needed to execute surgical and many nonsurgical procedures. One of the most widely used *anesthetics* is propofol, an i.v. *drug* that enhances GABAergic inhibitory input to neurons (2–4), with effects in cortex, thalamus, brainstem, and spinal cord (5–7). **Despite** the understanding of *propofol's* molecular actions, it is not clear how *these effects* at molecular targets affect single *neurons* and larger-scale neural circuits to produce *unconsciousness.*

*The effects* on macroscopic dynamics are noticeable in the EEG, which contains several stereotyped **patterns** during maintenance of *propofol general anesthesia*. **These patterns** include increased delta (0.5–4 Hz) power (8, 9); increased gamma (25–40 Hz) power (9); an alpha (~10 Hz) rhythm (10–12) that is coherent across frontal cortex; and burst suppression, an alternation between bursts of high-voltage activity and periods of flat *EEG* lasting for several seconds (13, 14). **In addition**, slow oscillations (<1 Hz) have been well characterized in deeply anesthetized animals and are associated with an alternation of the neuronal membrane potential between UP (depolarized) and DOWN (hyperpolarized) states (8, 15).

**Although these patterns** are observed consistently, it is unclear how they are functionally related to *unconsciousness* under *general anesthesia.* Most studies have focused on a deep **steady state** of *general anesthesia* and have not used a systematic behavioral measure to track the transition into *unconsciousness.* **This steady-state approach** cannot distinguish between *patterns* that are characteristic of a deeply anesthetized brain and those that arise at the onset of **unconsciousness. Unconsciousness** can occur in tens of seconds (4), but many neurophysiological features continue to fluctuate for minutes after induction and are highly variable between different levels of *general anesthesia* (1,16). **Therefore**, identifying the specific dynamics associated with loss of consciousness (LOC) requires an examination of the *transition into unconsciousness*, linking neurophysiology with *behavioral measures*.

**In addition**, the dynamic interactions between cortical areas that underlie *these EEG oscillations* are not well understood, because few studies have simultaneously recorded ensembles of *single neurons* and oscillatory dynamics from sites distributed across the brain. **Consequently**, how *propofol* acts on neural circuits to produce *unconsciousness* remains unclear. A leading hypothesis suggests that anesthetics disrupt cortical integration (17, 18). Identifying the mechanism by which *this disruption* might occur requires a better understanding of how the spatial and temporal organization of neural dynamics evolves during *induction* of *unconsciousness.*

To address this question, we investigated both *neuronal* and circuit-level dynamics in the human brain during *induction* of *unconsciousness* with *propofol*. **We** obtained simultaneous recordings of single units, local field potentials (LFPs), and intracranial electrocorticograms (ECoG) over up to 8 cm of cortex, enabling us to examine neural dynamics at multiple spatial scales with millisecond-scale temporal resolution. **We** used a *behavioral* task to identify within seconds the time at which patients became unresponsive to auditory stimuli, which we defined as *LOC*.

**Our** results reveal a set of neurophysiological features that accompany *LOC* that, together with previously reported effects (8, 9, 15), enable a multiscale account of this profound shift in brain state. **We** find that *LOC* is marked by the abrupt onset of *slow oscillations* (0.1–1 Hz) in the LFP. Power in the *slow oscillation* band rises sharply at *LOC* and maintains this increase throughout the post-*LOC* period. *Neuronal* spiking becomes coupled to the local *slow oscillation* within seconds of *LOC*: **Spiking** occurs only in short intervals of activity that are interspersed with suppression lasting hundreds of milliseconds, periodically interrupting information processing. **These periods** in which activity may occur are not simultaneous across the brain, implying that information transfer between distant (>2 cm) *cortical* networks is impaired. **Cortical networks** therefore are fragmented both temporally

> and spatially, *disrupting* both local and long-range communication. **However**, small-scale (<4 mm) functional connectivity measures remain similar to the conscious state, and *neuronal spike* rates can recover to baseline levels after *LOC* despite continued unresponsiveness. **This result** demonstrates that short periods of normal *spike* dynamics still can occur during *unconsciousness.* **We** conclude that the *slow oscillation* is a fundamental component of *propofol*-induced *unconsciousness*, marking a functional isolation of *cortical* regions while significant connectivity is preserved within local *networks*.

### 1.5.3 수동/능동 선택

서론의 마지막 부분에서는 일반적으로 연구 논문에서 무엇을 하거나 발표할 것인지 설명하고, 해당 문장을 수동 또는 능동으로 할지 결정해야 한다. 여기에는 세 가지 옵션이 있다: '*우리/우리의*' 사용, 수동 사용, 문장을 능동으로 재구성하여 비인간 주어(*이 연구는.../1장에서...을 보여준다*)이다. 능동, 수동 또는 '*이 연구*'와 같은 비인간 주어를 사용할지 여부에 대한 결정은 **스타일**과 **의사소통 정확성**과 관련이 있다.

**스타일**과 관련하여 가장 먼저 해야 할 일은 항상 그렇듯이 해당 저널을 확인하는 것이므로 대상 논문을 살펴보는 것으로 시작한다. 과학 저술은 전통적으로 수동을 선호해 왔는데, 아마도 더 객관적으로 보이기 때문일 수 있지만, 일부 분야와 저널에서는 이것이 바뀌고 있다. 수동태는 여전히 일반적이며, 특히 방법이나 실험 절차에 대한 설명에서는 그러하나, 많은 학제 간 또는 자유로운 연구 분야는 더 유연하고 관대한 편이다.

**'의사소통의 정확성'**과 관련하여 능동태를 사용할 경우 '*우리/우리의*'의 지시 대상을 일관되게 유지하는 것이 중요하다. 이는 '*우리/우리의*'의 지시 대상이 불안정해지고 한 문장에서 다른 문장으로 바뀔 위험이 있기 때문이다. 이는 문장 내용의 소유권에 영향을 미칠 수 있다. 한 문장에서

'*우리/우리의*'는 '나와 이 논문의 다른 저자들'(*우리는 조사했습니다*)을 지칭할 수 있고, 다른 문장에서는 '나, 이 논문의 다른 저자들, 내 연구 분야의 모든 사람, 아마도 당신(*독자*)도(*우리의 지식/고려할 때*)'를 지칭할 수 있으며, 다른 문장에서는 '나, 이 논문의 다른 저자들, 내 연구 분야의 모든 사람, 아마도 당신...그리고 내 할머니', 즉 일반 사람들(*우리는 알고 있습니다*)을 지칭할 수 있다. '*우리/우리의*'를 일반 사람을 지칭하는 데 사용할 경우 '~라고 알려져 있다/생각된다' It(*It is known/thought that...*)를 포함하는 구문을 사용하는 것이 더 명확하다.

세 번째 옵션은 무생물 문법적 주어를 사용하여 문장을 다시 쓰는 것이다(*본 논문은 시퀀스를 인덱스 클래스로 클러스터링하는 알고리즘을 설명한다/본 연구는 이러한 구성 요소를 선택하기 위한 일련의 기준을 제시한다/2장에서는 기존 방법을 검토한다*).

## 1.5.4 단락 구성

***좋은 단락 구성이 중요한 이유는 무엇인가?***

단락은 아이디어와 개념 사이에 시각적이고 지적인 구분을 제공하는 강력한 비언어적 텍스트 요소이다. 좋은 단락은 일반적으로 *결과의 의미를 요약하거나 특정 기술을 사용한 이유를 설명하는* 것과 같이 단일 통합 기능을 갖는다. 모든 문장과 모든 문장의 모든 부분은 단락의 중심 기능과 관련이 있어야 하며 그 기능을 추진해야 한다. *느슨한* 또는 관련 없는 항목은 내러티브를 방해하고 혼란을 일으킨다. 단락의 기능이 작성자에게 명확하다면 독자에게도 명확하게 설명하기가 더 쉬울 것이다.

좋은 단락 구성은 텍스트 계획의 핵심이며 좋은 텍스트 계획은 빠르고 효과적인 텍스트 제작에 필수적이다. 단락의 중간에서 길을 잃고 어떻게 끝내거나 다음으로 어디로 가야 할지 모르는 것은 작성자에게 스트레스가 많고 시간이 많이 소요된다. 그 결과 종종 정보 흐름이 중단되고 독자와 작가 모두 묘사를 다시 이해하기 어려울 수 있다. 좋은 문단 구성은 독자가 정보를 처리할 수 있게 하는 묘사 스캐폴드의 핵심 구성 요소이며, 마찬가지로 중요하게도 작가가 그 정보를 만드는 데 도움이 된다.

### *문단은 얼마나 길어야 할까?*

문단을 구성하는 데 있어 두 가지 일반적인 오류는 짧거나 한 문장으로 된 문단이 모여 있는 경우와 너무 길어서 길을 잃는 경우이다. 두 경우 모두 독자는 작가의 생각의 흐름을 따라가기 어렵다. 문단은 첫 줄을 들여쓰기하거나 문단 사이에 두 줄 간격을 두어 표시한다. 수년에 걸쳐 독자는 이러한 시각적 신호에 매우 강한 반응을 나타낸다. 즉, 독자가 새로운 문단을 시작할 때마다 무언가 다른 것으로의 변화나 전환을 준비시키는 조건 반응이 있다. 짧거나 한 문장으로 된 문단이 모여 있으면 '뭔가 다른 것'이라는 반응을 부적절하게 불러일으키기 때문에 읽기 과정이 매우 갑작스럽게 진행된다. 대부분의 경우, 저자는 독자 친화적인 단위로 구성하지 않고 무작위로 자신의 아이디어를 작성해왔다. 마찬가지로 한 가지 아이디어로 시작하여 다른 아이디어로 끝나거나 너무 많은 아이디어가 포함된 너무 긴 문단은 저자가 독자를 완전히 잊고 단순히 정보를 '버리고' 있음을 나타낸다. 두 경우 모두 독자에게 친화적이지 않고 혼란스러울 수 있는 텍스트가 결과로 나온다.

해당 분야의 텍스트에 적절한 일반적인 문단 길이를 확인하려면 대상 텍스트를 확인하라. 예를 들어, 연구 논문의 평균 문단 길이는 약 150-170단어이다. 일부 문단은 230단어를 넘고 다른 문단은 80단어 미만이지만 *많은* 또는 *대부분* 문단이 230단어를 넘거나 80단어 미만인 연구 논문을 찾아보기는 어렵다.

### *좋은 문단을 어떻게 배울 수 있을까?*

좋은 문단이 어떻게 작용하는지 이해하려면 독자가 텍스트를 읽기 전에 훑어보는 것이 권장되는 이유를 생각하라. 훑어보는 것은 텍스트의 내용을 미리 알면 읽기 과정이 빨라진다는 원칙에 기반한다. 읽을 내용에 대해 더 많이 아는 상태일수록 더 빠르고 효과적으로 읽을 수 있다. 예를 들어, 책을 끝내기 전에 살인 미스터리의 마지막 페이지를 읽으면 나머지 스토리는 덜 흥미롭지만 더욱 빨리 읽을 수 있다. 살인자가 누구인지 궁금해하는데 시간을 낭비하지 않게 된다. 당신은 그 사람이 피해자의 동생이라는 걸 알고 있기 때문에 그의 이름이 언급될 때마다 집중해서 주의 깊게 읽는다. 하지만 다른 용의자들에 대한 자세한 내용은 읽지 않게 된다. 이렇게 하면 관련성이 없는 것을 무시할 수 있는 자신감을 주어 더 빨리 읽을 수 있게 되는 것이다.

### *스키밍은 어떻게 작동하는가? 그리고 스키밍과 좋은 문단 작성의 연관성은 무엇인가?*

스키밍은 각 문단의 첫 줄이나 문장에 주의를 집중시킨다. 이러한 문장은 텍스트에서 다루는 주제, 제시 순서 및 텍스트의 일반적인 방향에 대한 간단하고 기본적인 '지도'를 제공한다. 즉, *텍스트의 내용과 방향*이다. 스키밍은 일반적으로 다음 패턴을 따른다:

1. **제목을 읽고...** 내용을 예측한다.
2. **날짜와 저자 이름을 확인한다.**
3. **초록/요약/하이라이트를 읽는다.**
4. **그림/표를 빠르게 보고** 얼마나 많은/어떤 유형의 시각적 데이터가 포함되어 있는지 확인한다.
5. **각 문단의 부제와 첫 줄 또는 문장을 빠르게 보고** 논문의 '지도'를 얻는다.
6. **결론/마지막 문단을 읽고** 논문의 흐름을 확인한다.

1. **READ the title**...to predict the content.
2. **CHECK the date and the name/s of the authors.**
3. **READ the Abstract/Summary/Highlights.**
4. **LOOK QUICKLY at the figures/tables** to see how much/what type of visual data is included.
5. **LOOK QUICKLY at the subtitles and the first line or sentence of each paragraph** to get a 'map' of the paper.
6. **READ the Conclusions/last paragraph** to see where the paper is going.

***이것을 어떻게 활용하여 좋은 문단을 쓸 수 있을까?***

위의 5번은 **'각 문단의 자막과 첫 줄 또는 문장을 빨리 보라'는 항목으로써,** '논문의 지도'를 얻고자 하는 방법이 된다. 문단의 첫 줄 또는 문장의 중요성은 너무나 잘 확립되어 있어서 텍스트에서 이것을 선택하여 읽지 않고도 메모를 하는 방법으로 사용할 수 있는 문서로 제시하는 매크로도 있다. 이는 학술적 글쓰기에서 문단의 주제, 기능 또는 목표를 제시하는 시작 문장이나 문구로 시작하는 것이 관례이기 때문이다(다음 페이지의 예 참조). 그런 다음 다른 문장은 해당 주제를 논의하고, 설명하고, 더 자세히 정의하고, 개발하고, 예를 들고, 다시 표현하고, 설명하는 등의 작업을 한다. 주제가 첫 번째 문장에서 너무 멀어지면 작성자는 종종 새로운 시작 문장으로 새로운 문단을 시작한다.

***전략은 무엇일까?***

- 논의하고자 하는 각 주제/개념/아이디어를 나열한 다음 독자를 위해 논리적으로 정리한다.
- 각 주제에 포함시키고자 하는 요점을 나열한 다음 독자를 위해 요점을 논리적으로 정리한다.

- 각 주제에 필요한 문단 수를 고려한다.
- 각 문단이 해당 주제 내에서 기능을 가지고 있는지 확인한다. 예를 들면, 사실적 배경 제공/방법의 장단점 설명/기존 이론 제시/무언가에 동의하는 이유 설명/자세한 예 제공/다른 기술 비교 등과 같다.
- 문단의 기능이 독자에게 명확한지 확인한다.
- 문단의 초점이나 주제를 제시하고/이를 이전 문단과 연결하기 위해 문단 시작 부분에 의도 진술을 사용하는 것을 고려한다. 1.5.2장에 설명된 문장 연결 전략이나 다음과 같은 명확한 문구를 사용할 수 있다.

| | |
|---|---|
| 이 이론에 따르면, ... | 이 데이터는 다음을 시사한다... |
| 대안적인 접근 방식은 ... | 이것은 중요하다. 왜냐하면... |
| 또 다른 핵심 특징은 ... | 이 과정은 두 단계로 진행된다. |
| 데이터를 수집한 후, … | 이 질문을 다루기 위해, ... |
| 여기에서 우리는 ... | 확인하기 위해, 우리는... |
| 이를 탐구하기 위해, ... | 이제... 로 넘어간다. |
| 이 발견을 바탕으로, ... | 우리는... 을 고려할 때, |
| 다음 목표는 ... | 과 관련하여... |
| 이에 대한 첫 번째 증거는 ... | |

| | |
|---|---|
| According to this theory, ... | These data suggest that... |
| An alternative approach is... | This is important because... |
| Another key feature is... | This process occurs in two stages. |
| Having collected the data, ... | To address this question, ... |
| Here, we present... | To confirm..., we... |
| In order to explore this, ... | Turning now to... |
| On the basis of this finding, ... | We argue that... |
| Our next goal was... | When we consider... |
| The first evidence for this is... | With regard to... |

## 1.6 서론 쓰기

이 단원에서는 기존 연구 논문 작성 패턴을 쉽게 식별할 수 있고 읽기 쉽고 효과적인 텍스트 생성 방법에 대해 살펴보았다. 이 장에서는 이 단원의 모든 것을 수합하여 서론을 작성한다.

### 1.6.1 서론 쓰기

아래 연습 문제 5에서는 25페이지의 간소화된 서론 모델을 따르고 언어 섹션의 어휘를 사용한다. 문장 패턴은 대상 기사, 여기에 인쇄된 서론의 문장 패턴과 유사해야 하며 언어는 섹션 1.4.2와 유사해야 한다. 모범 답안은 120페이지에 풀이되어 있다.

**EXERCISE 5** 자전거 타는 사람을 부상, 오염 또는 비로부터 보호할 수 있는 자전거 커버를 설계하는 연구 프로젝트를 방금 완료했다고 가정해 보도록 하자. 아마도 사용에 대한 컴퓨터 시뮬레이션을 제공했거나 환기 시스템을 모델링했을 것이다. 아마도 당신은 공기 역학이나 표지 재료의 폴리머 구조 또는 프로젝트의 다른 측면에 관여했을 것이다.

연구 논문의 서론을 작성하라. 논문의 제목은 **1인용 페달 구동 차량의 표지**이고, 약 250-350단어의 서론을 작성해야 한다. 모델을 최대한 밀접하게 따르라. 서론에 모델의 네 가지 주요 구성 요소가 포함되어 있는지 확인하

고 각 구성 요소에 대해 이 단원의 어휘를 사용하도록 한다. 원하는 만큼 거짓을 말할 수 있으며 물론 허구의 연구 논문을 만들어야 한다.

### 1.6.2 핵심

**1인승 페달 구동 차량에 대한 커버**

*서론*

도시 대기 오염은 교통 정책 결정에서 핵심 문제가 되었다. 도심의 대기 질은 차량 배출 수준[2]과 관련이 있으며, 영국의 도시 교통 정책은 향후 10년 이내에 도심에서 개인 차량 사용을 25% 줄이는 것을 목표로 한다.[3] 그 결과 많은 연구가 1인승 페달 구동 차량(SPPPV)과 같은 환경 친화적인 통근 차량 개발에 집중되었다. 그러나 SPPV 판매가 증가했지만 사용자 수가 환경 오염에 상당한 영향을 미칠 수 있는 수준으로 증가하려면 안전 및 편안함 문제를 해결해야 한다.

연구자들은 SPPPV의 많은 안전 측면을 연구하고 개선했다. 1999년에 Wang et al. 안전 막대로 둘러싸인 SPPPV를 설계하여 안전성을 높여야 할 필요성에 대응했고, 2002년 마르티네즈는 충돌 시 자전거 타는 사람의 머리를 보호하기 위해 안전 막대에 장착할 수 있는 강화 폴리머 스크린을 도입했다.[5] 편안함의 문제도 많은 설계 팀에서 다루었다. 2008년 콜 등은 버튼 하나만 터치하면 열 수 있는 레인/썬 우산이 내장된 SPPPV를 도입했고,[6] 최근 마르티네즈는 전체 케이지 위에 놓아 환경 오염 위험을 줄일 수 있는 메시 필터를 추가했다.[7] 그러나 우산의 모양과 메시 필터의 무게는 모두 공기 역학적 효율에 부정적인 영향을 미친다는 의견이 제시되었다(Zhang et al., 2019).

이 연구에서는 이러한 안전 및 편안함 기능의 공기 역학적 효과를 모델링하고 이를 통해 얻은 데이터를 사용하여 설계 매개변수와 최적의 공기 역학적 성능의 균형을 이루는 새로운 설계를 제안한다.

**A cover for the single-person pedal-powered vehicle**

***Introduction***

Urban air pollution has become a central issue in transport policy decision-making. Air quality in city centres is linked to the level of vehicle emissions[2], and urban transport policy in the UK aims to reduce the use of private cars in city centres by 25% within the next ten years[3]. As a result, much research has focused on developing environmentally-friendly commuter vehicles such as the Single-Person Pedal-Powered Vehicle (SPPPV). However, although there has been an increase in the sale of SPPPVs, safety and comfort issues need to be addressed if the number of users is to increase to a level at which a significant effect on environmental pollution can be achieved.

Researchers have studied and improved many safety aspects of the SPPPV. In 1999, Wang *et al.* responded to the need for increased safety by designing an SPPPV surrounded by a 'cage' of safety bars[4], and in 2002 Martinez introduced a reinforced polymer screen which could be fitted to the safety bars to protect the cyclist's head in the event of a collision[5]. The issue of comfort has also been addressed by many design teams; in 2008 Kohl *et al.* introduced an SPPPV with a built-in rain/sun umbrella, which could be opened at the touch of a button[6], and more recently, Martinez[7] added a mesh filter which can be placed over the entire cage to reduce the risk of environmental pollution. However, it has been suggested that both the shape of the umbrella and the weight of the mesh filter negatively affect aerodynamic efficiency (Zhang *et al.,* 2019).

In this study, we model the aerodynamic effect of these safety and comfort features and use the data thus obtained to propose a new design which balances design parameters with optimum aerodynamic performance.

## 독자 친화적이고 효과적인 서론을 쓰기 위한 팁

- 문장을 만들기 전에 전체 서론을 문단별로 계획하라.
- 서론과 연구 질문 또는 식별한 격차는 기사의 나머지 부분, 특히 논의/결론과 일치해야 한다는 점을 기억하라.
- 서론 초반에 매우 일반적인 정보에서 매우 구체적인 정보로 너무 빨리 넘어가지 않도록 한다.
- 주제에 익숙하다는 것은 독자가 배경 정보를 필요로 한다는 점을 알지 못한다는 것을 의미할 수 있다. 특히 학제간 독자를 목표로 하는 경우 더욱 그러하다.
- 정보의 밀도를 고려하고 눈으로 읽는 속도와 뇌 처리 속도를 맞추라. 이는 내용의 흐름을 늦추기 위해 예나 의역을 사용하거나 정보의 농도를 확대하거나 긴 문장을 더 작고 잘 연결된 단위로 나누는 것을 의미할 수 있다.
- 문단이 시작되고 이전 문단과 연결되는 방식은 해당 문단과 전체 텍스트의 성공에 중요하다. 각 문단을 작성하기 전에 가장 좋은 시작 방법을 생각해보라.
- 문장이 시작되고 이전 문장과 연결되는 방식은 해당 문장, 문단, 그리고 텍스트 전체의 성공에 중요하다. 각 문장을 타이핑하기 전에 가장 좋은 시작 방법을 생각해보라.
- 항상 자신이 쓴 내용을 이해하지만, 자신을 위해 쓰는 것이 아니라는 점을 기억하라. 중요한 것은 독자가 이해해야 한다는 것이므로 동료를 위해 쓰는 것이 아니라 독자를 위해 쓰도록 하라.

# UNIT 2

## 방법(METHODS) 작성 방법

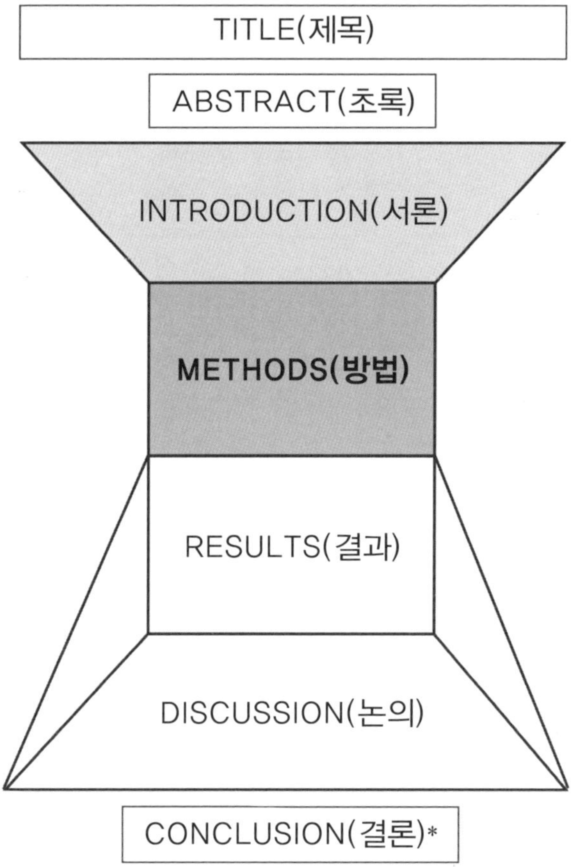


* 일부 저널에서는 이 섹션을 **결론(Conclusion)**이라고 표기하기도 하고 또 다른 저널에서는 **결론들(Conclusions)**이라고 작성하기도 하나, 이는 연구를 통해 도출된 결론의 수를 반영하지는 않는 것으로 보인다.

## 2.1 방법 섹션의 구조와 내용

방법 섹션은 서론보다 구조와 내용이 더 유연하며, 제목은 과학 연구에 관련된 다양한 활동을 반영한다. 일부 저널에서는 **방법(Methods)**이라고 하며, 다른 저널에서는 **재료 및 방법, 실험, 시험 방법, 시뮬레이션, 모델, 실험 설계, 실험 작업, 실험 기술 또는 방법론**이라고 일컫는다. **보정** 또는 **모델 제어 시험**과 같이 구체적인 제목이 있을 수도 있지만, 단순화를 위해 여기에서는 방법 섹션이라고 일컫는다.

앞서 논의한 바와 같이, 과학 연구가 생산되는 속도와 전달 방식은 연구 논문의 구조와 내용에 영향을 미친다. 심사를 거친 저널에 게재되는 논문의 수가 증가하고 있으며, 학회 회의록, 오픈 아카이브, 홈페이지와 같은 채널을 사용한 출판도 증가하고 있다. 매년 출판되고 인터넷에서 액세스할 수 있는 과학 연구의 총량은 10년마다 두 배로 늘어날 것으로 추산된다. 일부에서는 매년 약 300만 건의 과학 논문이 출판되고 있는 것으로 추정된다. 이는 과학자들이 정보를 읽고 접근하는 방식에 큰 영향을 미치며, 이러한 영향은 방법이 전달되는 방식에서 분명히 드러난다.

연구자들은 '가능한 한 실제 읽기를 최소화하면서 문헌을 빠르게 훑어보며 내용을 평가하고 활용'하는 것을 목표로 한다. 이로 인해 독자들이 종종 제목/초록에서 결과로 바로 이동하거나 심지어 결론으로 바로 이동하여 방법 섹션이 관심 있는 섹션이거나 매우 짧지 않은 한 방법 섹션을 우회하는 *정보 서핑* 접근 방식이 생겨났다. 이러한 읽기 전략은 인쇄 저널의 원고 길이 제한과 함께 많은 방법 섹션이 전달되는 방식을 바꾸고 있다. 방법에 대한 길고 자세하거나 기술적인 설명은 논문의 본 원고에 나타나지 않고 보충 자료에 대한 온라인 링크를 통해 확인할 수 있다.

이는 연구자가 논문의 나머지 부분에서 방법에 대한 독자의 정보 요구를 무시할 수 있다는 것을 의미하지는 않는다. 독자들이 이러한 결과와 결론을 수용하는 것은 방법을 수용하는 것과 관련이 있다. 논문의 나머지 부분에서 방법에 대한 정보가 거의 없거나 전혀 없다면, 이는 연구의 전반적인 신뢰성에 영향을 미칠 수 있으며, 특히 보충 자료의 양이 읽기를 꺼리게 만들 경우에 더욱 그러하다. 독자는 결과와 결론이 이해되도록 방법에 대한 충분한 정보가 필요하며, 이는 일반적으로 결과 섹션(3단원 참조)에 해당 정보를 포함함으로써 달성된다. 항상 그렇듯이, 본 원고와 보충 자료에 있는 방법에 대한 정보 간의 균형을 맞추는 가장 좋은 방법은 대상 논문을 검토하는 것이다.

Pop과 Salzberg가 지적한 바와 같이, 보충 자료를 본 원고 외부에 배치하면 가독성이 향상될 수 있지만, 보충 자료를 광범위하게 사용하면 부정적인 영향이 미칠 수 있다. 예를 들어, 독자는 필요한 정보를 찾기 위해 어떤 경우에는 수백 페이지의 보충 텍스트를 살펴보아야 할 수도 있다. 또한 보충 정보의 범위가 너무 넓어 적절한 동료 검토를 수행하기 어렵고, 특히 긴급성이 필요한 경우에는 더욱 그렇다. Pop과 Salzberg가 지적한 또 다른 문제는 'Nature'와 같은 일부 저널이 'SI 내에서 참고문헌을 기탁하는 것을 권장하지 않는다. 왜냐하면 참고문헌은 라이브 링크가 아니며 인용 측정에 기여하지 않기 때문이다'라고 명시적으로 언급하고 있기 때문이다. 보충 자료의 인용은 일반적으로 인용 색인에서 추적되지 않으며, 이는 학술 연구와 정보 소유권에 영향을 미친다. 이러한 문제를 감안할 때, 보충 자료를 포함하고 접근하기 위한 규칙과 전략이 향후 10년 동안 검토되고 개정될 가능성이 높다. Pop과 Salzberg가 제안한 "보충 항목은 형식에 관계없이 텍스트 자체에서 직접 연결되어야 한다. 이러한 참조는 보충 자료의 특정 섹션에 대한 것이어야 한다..."는 이러한 문제 중 적어도 일부를 해결하는 방법이다.

미래에 어떤 형태로 나타나든 방법 섹션은 다른 연구자들이 수행한 작업을 복제하고 유사한 결과를 얻을 수 있도록 충분한 자세한 정보를 포함하는 주요 기능을 유지할 가능성이 높다. 즉, 방법 섹션의 내용, 언어 및 묘사적 측면도 비교적 안정적으로 유지될 가능성이 높으며, 이 단원은 이를 기반으로 진행된다.

참고 논문이 100페이지 이상의 보충 자료가 첨부된 5페이지 분량의 논문이든, 방법이나 실험이 주 원고에 완전히 보고된 논문이든, 이 단원의 역엔지니어링 전략을 사용하면 작성 내용이 참고 논문과 최대한 유사하게 작성할 수 있다. 간결성을 위해 이 단원은 논문 본문에 있는 방법 섹션을 참조한다.

## 2.2 모델 구축

효과적인 방법 섹션을 작성하는 것은 단순히 연구 기간 동안 작성한 자세한 노트를 작성하는 문제가 아니다. **노트는 자신을 위해 작성되었지만 방법 섹션은 독자를 위해 작성되었다.** 독자는 방법이 무엇인지 알아야 할 뿐만 아니라, 마찬가지로 중요하게도 방법에 대한 정보도 필요하다. 이 단원에서는 다음 세 가지 질문에 답하는 방법 섹션 모델을 구축하고 사용하는 방법을 보여준다:

*방법 섹션을 시작하는 일반적인 방법은 무엇인가?*
*방법 섹션에는 일반적으로 무엇이 있으며 어떤 순서인가?*
*방법 섹션을 끝내는 일반적인 방법은 무엇인가?*

### 2.2.1 연습 1: 간단한 모델을 만드는 방법

아래의 방법 섹션을 보고 각 문장에서 작성자가 무엇을 하는지에 대한 간단한 설명을 작성하라. 서론과 마찬가지로 *문장이 말하는 것(문장의 내용)*을 설명하거나 요약하는 것이 아니라 *문장이 무엇을 하는지(문장의 기능)*를 알아내는 것이다. 작성자가 문장에서 무엇을 하는지 알아내는 한 가지 방법은 주요 동사의 시제를 보는 것이다. 그 동사 시제는 일반적으로 무엇에 사용되는가? 동사가 이전 문장과 같은 시제인가? 그렇지 않은 경우 작성자가 시제를 변경한 이유는 무엇인가?

모델은 다른 방법 섹션으로 이전할 수 있는 경우에만 유용하므로 모델 설명에 '지하수'와 같은 내용어를 포함시키지 말아야 한다. 이는 자신의 것을 포함한 다른 연구 기사에 대한 방법 섹션이 생성되지 않기 때문이다.

설명을 간단하게 유지하라. 문장 4는 세부 정보 수준을 안내하기 위해 작성되었다. 첫 번째 방법 섹션에 대한 설명을 완료한 후 섹션 2.3.1의 방법 섹션과 대상 문서의 방법 섹션에 모델을 적용하여 테스트하고 조정한다.

**깨끗한 지하수에서 용존 $CO_2$ 수준을 분석하는 방법**

*방법*

**1** 현재 조사에는 Mahomet Aquifer 지역의 6개 우물에서 지하수 샘플을 수집하고 분석하여 용존 $CO_2$ 수준을 확인하는 것이 포함되었다. **2** 이 지역은 미국 중서부에 있으며, 이 지역의 지하수에는 현대 오염 물질이 거의 없기 때문에 [11] 이 지역의 우물은 지하수 진화를 해석하는 데 자주 사용되었다 [2, 3, 7].

**3** 총 18개의 3mL 샘플을 분석을 위해 수집했다. 각 우물에서 3개씩 수집했다. **4** 수집하기 전에 Grundfos® Redi-Flo II 전기 잠수 펌프를 사용하여 정체된 물을 우물에서 펌핑했다. **5** pH 수치는 pH 미터 (Sartorius AG, Professional Meter PP-50, Gottingen, Germany)를 사용하여 펌핑하는 동안 모니터링하여 안정적인 pH 판독값을 얻을 때까지 측정한 후 샘플을 채취했다. **6** 샘플을 호박색 유리 병에 옮겨 단단히 밀봉한 다음 5℃에서 냉장 보관하여 분석할 때까지 오염을 방지했다. **7** 샘플은 Imperial College London의 두 개의 별도 연구실로 직접 배송되었으며, 여기서 용해된 유기탄소의 양은 Illinois Sustainable Technology Center [12]에서 정립한 방법의 개정 버전을 사용하여 측정되었다.**8** 이 방법은 검출 한계가 0.050mg L-1인 탄소 분석기를 사용하여 탄소 잔류물을 매우 민감하게 검출한다.**9** 사용된 모든 필터는 유리 또는 스테인리스 스틸이었고, 두 샘플은 출처에서 플라스틱 및 기타 인위적인 물질과 잠시 접촉하여 CFC 오염 위험이 있었지만, 샘플 간 차이는 무시할 수 있었다.

**A method to analyse levels of dissolved $CO_2$ in pristine groundwater**

***Method***

***1*** *The current investigation involved collecting and analysing groundwater samples from six wells in the Mahomet Aquifer region to determine levels of dissolved* $CO_2$*.* ***2*** *This region is in the Midwestern United States, and since groundwater in this area contains virtually no modern contaminants [11] wells in this area have been frequently used to interpret groundwater evolution [2, 3, 7].*

***3*** *A total of 18 3 mL samples were collected for analysis; three from each well.* ***4*** *Prior to collection, stagnant water was pumped out of the wells using a Grundfos® Redi-Flo II electric submersible pump.* ***5*** *pH levels were monitored during pumping using a pH meter (Sartorius AG, Professional Meter PP-50, Gottingen, Germany) until stable pH readings were obtained, at which point the samples were taken.* ***6*** *The samples were transferred to amber glass bottles, which were sealed tightly and then stored under refrigeration at 5°C to prevent contamination until they could be analysed.* ***7*** *Samples were shipped directly to two separate laboratories at Imperial College London, where the amount of dissolved organic carbon was measured using a revised version of the method established by the Illinois Sustainable Technology Center [12].* ***8*** *This method uses a carbon analyser with a detection limit of 0.050 mg L−1, which ensured highly sensitive detection of carbon residues.* ***9*** *All filters used were glass or stainless steel, and although two samples were at risk of CFC contamination as a result of brief contact with plastic and other anthropogenic materials at the source location, variation among samples was negligible.*

| | |
|---|---|
| 문장 1에서, 저자는 | |
| 문장 2에서, 저자는 | |
| 문장 3에서, 저자는 | |
| 문장 4에서, 저자는 | 무엇을 했는지/사용했는지에 대한 세부 정보와 이벤트 순서에 대한 세부 정보를 제공한다. |
| 문장 5에서, 저자는 | |
| 문장 6에서, 저자는 | |
| 문장 7에서, 저자는 | |
| 문장 8에서, 저자는 | |
| 문장 9에서, 저자는 | |

| | |
|---|---|
| **In Sentence 1, the writer** | |
| **In Sentence 2, the writer** | |
| **In Sentence 3, the writer** | |
| **In Sentence 4, the writer** | **provides details of what was done/used, and details of the sequence of events.** |
| **In Sentence 5, the writer** | |
| **In Sentence 6, the writer** | |
| **In Sentence 7, the writer** | |
| **In Sentence 8, the writer** | |
| **In Sentence 9, the writer** | |

## 2.2.2 핵심

**문장 1** *현재 조사에는 Mahomet Aquifer 지역의 6개 우물에서 지하수 샘플을 수집하고 분석하여 용해된 $CO_2$ 수준을 확인하는 것이 포함되었다.*
**저자는 조사 목적**(*용해된 $CO_2$ 수준 확인*)과 **샘플 출처**(*Mahomet Aquifer 지역의 6개 우물*)를 포함하여 방법에 대한 개요를 제공한다.

**In Sentence 1** *The current investigation involved collecting and analysing groundwater samples from six wells in the Mahomet Aquifer region to determine levels of dissolved $CO_2$.* **the writer provides an overview of the method, including the aim of the investigation** *(to determine levels of dissolved $CO_2$)* **and the source of the sample** *(six wells in the Mahomet Aquifer region)*.

여기서 저자가 방법을 *소개한다*고만 썼다면, 방법을 *소개하는* 방식을 알려 주지 않기 때문에, 직접 연구 기사를 쓸 때 도움이 되지 않는다.

### *방법을 설명하는 것으로 시작해도 되는가?*

그렇다. 일부 저자는 방법이나 자료 또는 자료 출처를 설명하는 것으로 바로 시작한다. 이는 연구 초점 및/또는 저널 독자층이 좁고 연구 기사를 읽을 가능성이 있는 사람들이 이러한 유형의 방법에 익숙한 경우에 적합하다. 그렇지 않을 경우, 소개 자료로 시작하는 것이 독자에게 더 친화적이다. 방법을 소개하는 한 가지 방법은 수행 및/또는 사용된 내용에 대한 일반적인 진술로 시작한 다음 세부 정보를 제공하기 위해 분석하는 것이다. 이는 독자가 방법에 대한 일관된 이해를 구성하기 위해 구성해야 하는 매우 구체적인 세부 정보로 시작하는 것보다 독자에게 더 친화적이다. 이는 독자의 일이 아니며, 독자가 일반적인 개요로 '상향식'이 아닌 세부 사항으로 '하향식'으로 시작하면 각 독자가 방법에 대한 이해를 약간 다르게 구성할 수 있다. 수행/사용된 내용(모든 경우/대부분 사이트)에 대한 일반적인 진술로 시작하면 독자와 동일한 프레임워크를 공유하고 한 문장에서 다음 문장으로 논리적인 묘사의 흐름을 쉽게 만들 수 있다. 기억하라: 벽돌에 대한 이야기를 시작하기 전에 독자에게 벽을 보여주라!

다음은 방법을 소개하는 세 가지 일반적인 방법이다:

- 작업의 매개변수(예: 테스트 수, 재료/장비 및 아마도 조사 목적)를 설명하여 일반적인 개요를 제공한다.
- 재료/장비의 출처에 대한 정보나 재료/장비의 속성, 특성과 같은 배경 정보를 제공한다.
- 프로젝트의 목적이나 해결하려는 문제와 같이 이전 섹션의 내용을 다시 참조하라.

**문장 2** *이 지역은 미국 중서부에 위치하고 있으며 이 지역의 지하수에는 현대 오염 물질이 거의 없기 때문에 [11] 이 지역의 우물은 지하수 진화를 해석하는 데 자주 사용되었다.* [2, 3, 7] **필자는 배경 정보**(*미국 중서부에 위치*)**를 제공하고 사실 정보**(*현대 오염 물질이 거의 없음*)**와 다른 연구에 대한 참조**(*자주 사용됨*)**를 통해 자신의 선택을 정당화한다.**

**In Sentence 2** *This region is in the Midwestern United States, and since groundwater in this area contains virtually no modern contaminants [11] wells in this area have been frequently used to interpret groundwater evolution. [2, 3, 7].* **the writer provides background information** *(is in the Midwestern United States)* **and justifies his/her choice via factual information** *(contains virtually no modern contaminants)* **and references to other studies** *(have been frequently used)*.

### *배경 정보를 얼마나 제공해야 하는가?*

다음 두 가지 질문의 관점에서 독자를 고려하라. 모든 잠재적 독자가 이 방법에 대해 일반적으로 무엇을 알고 있다고 가정할 수 있을까? 귀하의 특정 방법을 이해하기 위해 모두가 알아야 하는 것은 무엇인가? 이 경우 저널 독자와 이 연구에 접근하고자 잠재적 이해 관계자를 고려할 때 저자는 독자가 Mahomet Aquifer 지역이 어디에 있는지 알고 있다고 가정할 수 없다고 결정했다. 이러한 결정을 내리는 유일한 방법은 대상 연구 기사에서 다른 저자가 무엇을 하는지 읽을 때 이에 주의를 기울이는 것이다. 그들은 얼마나 많은 배경 정보를 제공하고 있는가?

### *내가 내린 선택에 대한 이유를 설명해야 하는가? 명확하지 않은가?*

문장 2에서 저자는 **사실 정보와 이전 연구에 대한 참조**를 통해 위치 선택을 정당화하고 있는 것이 명확하지만 독자에게는 항상 명확하지 않다. 선택에 대한 정당성을 제공하지 않으면 독자는 특정 방식으로 작업을 수행한 이유 또는 특정 절차를 사용한 이유를 궁금해할 수 있다. 이것은 부정적인 영향을 미친다. 특정한 선택을 한 이유를 설명하지 않으면 독자는 귀하의 방법을 받아들이지 않을 수 있으며, 이는 결국 연구를 평가하는 방식에 영향을 미칠 것이다.

많은 연구자들은 이 섹션이 수행된 방식에 대해 비인격적 설명일 뿐이라고 생각하게 된다. 사실, 방법 섹션에는 강력한 의사소통 요소가 있다. 재료와 방법에 대한 이 설명에서 '**이것이 바로 내가 한 일/사용한 것이다(This is exactly what I did/used)**'뿐만 아니라 '**그 결정을 내리는 데는 충분한 이유가 있었다(I had good reasons for making those decisions)**'라는 내용도 함께 전달해야 한다. 앞서 언급했듯이 독자는 방법에 대한 정보가 필요하며, 이유를 제공하면 독자가 선택한 내용을 이해하고 수용할 수 있게 된다.

예를 들어, 메모에 '*Ag 와이어를 Ag 페이스트로 애노드 층에 부착하고 캐소드 층을 왁스로 밀봉했다*'라고 적었을 수 있지만 저널에 제출하는 방법 섹션에는 '*Ag 와이어를 Ag 페이스트로 애노드 층에 부착하여* "***전기적 접촉을 형성하기 위해(in order to form an electrical contact)***", *캐소드 층을 왁스로 밀봉하여* "***도금 욕조(to keep it from being exposed)***"*에* "***노출되지 않도록(the plating bath)***" *했다*'라고 추가할 수 있다. 특성 때문에 특정 재료를 선택했을 수 있다. 그렇다면 해당 특성이 무엇인지 설명해야 한다. 특정 장비나 소프트웨어를 선택한 이유는 그것이 무엇을 할 수 있는지에 대한 이유 때문일 수 있다. 그렇다면 무엇을 할 수 있는지 설명하라.

**문장 3** *총 18개의 3mL 샘플이 분석을 위해 수집되었다; 각각으로부터 3개씩.* **저자는 사용된 절차에 대해 일반적으로 진술한다.**

**In Sentence 3** *A total of 18 3 mL samples were collected for analysis; three from each well.* **the writer makes a general statement about the procedure that was used.**

***이 하위 섹션의 시작 부분에서 일반적인 개요를 제공했다면, 절차에 대한 또 다른 일반적인 진술을 해야 하는가?***

반드시 그럴 필요는 없다. 대상 논문을 참조하라. 앞서 언급했듯이(섹션 1.5.4), 학술 저술에서 단락은 종종 단락 시작 문장, 즉 단락의 초점이나 주제를 제시하는 문장으로 시작한다. 문장 3의 일반적인 진술은 단락 시작 문장이며, 방법 섹션의 시작 부분과 마찬가지로 작성자는 세부 사항을 삽입할 수 있는 일반적인 프레임워크를 설정하여 '상향식' 방향으로 이동할 수 있다. 이러한 문장은 종종 '대부분의 테스트' 또는 '모든 경우'와 같은 문구로 시작한다(섹션 2.4.2의 목록 참조).

***mL 또는 ml 중 무엇을 사용할지 어떻게 결정하는가?***

참고 저널 또는 SI(Système International d'Unités)의 최신 버전에서 약어 및 기호 사용을 확인하라. 많은 저널에서는 '1', 'l', 'L'의 혼동을 피하기 위해 'ml' 대신 'mL'을 사용할 것을 권장하고 있다.

**문장 4와 5** *수집하기 전에 정체된 물은 Grundfos® Redi-Flo II 전기 잠수 펌프를 사용하여 우물에서 펌핑되었다. pH 수치는 pH 미터(Sartorius AG, Professional Meter PP-50, Gottingen, Germany)를 사용하여 펌핑하는 동안 모니터링하여 안정적인 pH 판독값을 얻을 때까지 진행한 후, 이 시점에서 샘플을 채취했다.* **작성자는 수행/사용된 내용과 이벤트 순서**(*이전, ~까지, 어느 시점*)**에 대한 세부 정보를 제공한다.**

**In Sentences 4 and 5** *Prior to collection, stagnant water was pumped out of the wells using a Grundfos® Redi-Flo II electric submersible pump. pH levels were monitored during pumping using a pH meter (Sartorius AG, Professional Meter PP-50, Gottingen, Germany) until stable pH readings were obtained, at which point the samples were taken.* **the writer provides details of what was done/used, and details of the sequence of events** *(prior to, until, at which point).*

***얼마나 자세히 설명해야 할까?***

성공적인 방법 섹션을 만드는 데 있어 과제 중 하나는 *다른 사람들이 알고 있는 것에 대해 상당히 정확한 아이디어*가 필요하다는 것이다. 연구를 작성할 때까지 실험이나 시뮬레이션을 여러 번 반복했고, 양, 장비 및 소프트웨어, 절차의 순서 또는 단계, 각 단계에 필요한 시간에 대해 매우 익숙해졌다. 또한 일상적인 상호 작용의 대부분은 프로젝트에 대해 똑같이 익숙해진 동료들과 함께 할 가능성이 높다. 그러나 논문의 독자는 동료가 아니며,

다른 사람들이 알고 있다고 가정할 수 있는 것은 목표로 하는 저널의 독자층에 따라 달라진다. 또한 연구자들이 검색 엔진을 통해 연구 및 데이터에 액세스하는 경향은 독자층이 현재 또는 미래에 생각보다 더 광범위하고 학제적일 수 있음을 의미한다. 이러한 이유로 너무 적은 정보보다 약간 더 많은 정보를 제공하는 것이 낫다.

***자세한 순서 언어(이전, 때까지, 어느 시점; prior to, until, at which point) 대신 '그때(then)'와 '다음(next)'과 같은 간단한 단어를 사용할 수 있을까?***

'*then*'과 '*next*'는 사건의 순서를 전달하지만, 독자에게 순서를 정확히 전달하기에 충분한 정보를 제공하지 못할 수 있다. 유용한 순서 언어 목록은 172-177페이지를 참조하라.

**문장 6** *샘플은 호박색 유리 병에 옮겨져 단단히 밀봉된 다음 5℃의 냉장 보관하여 분석될 때까지 오염을 방지했다.* **저자는 주의가 기울여졌다는 것을 전달하는 언어를 사용하여 수행된 작업을 자세히 설명하고**(*단단히*), **정당성을 제공한다**(*분석될 때까지 오염을 방지하기 위해*).

**In Sentence 6** *The samples were transferred to amber glass bottles, which were sealed tightly and then stored under refrigeration at 5°C to prevent contamination until they could be analysed.* **the writer continues to describe what was done in detail, using language which communicates that care was taken** *(tightly)*, **and providing justification** *(to prevent contamination until they could be analysed)*.

이 문장에서, 저자는 *tightly*를 사용하여 작업이 신중하게 수행되었음을 보여준다. 여러분의 목표는 여러분의 작업을 보고하고 여러분의 결론을 전달하는 것뿐만 아니라, 독자가 그 결론을 받아들이도록 돕는 것이다. 이를 위해, 결론이 신뢰할 수 있을 가능성이 높은 유능하고 신중한 연구자로서 자신을 표현하는 것이 중요하다.

**문장 7** *샘플은 Imperial College London의 두 개의 별도 연구실로 직접 배송되었으며, 그곳에서 용해된 유기 탄소의 양은 Illinois Sustainable Technology Center에서 정립한 방법의 개정된 버전을 사용하여 측정되었다[12].* **저자는 기존 방법을 언급하고 인용하여 수행/사용된 내용에 대한 자세한 내용을 제공한다.**

**In Sentence 7** *Samples were shipped directly to two separate laboratories at Imperial College London, where the amount of dissolved organic carbon was measured using a revised version of the method established by the Illinois Sustainable Technology Center [12].* **the writer provides more details of what was done/used, referring to and citing existing methods.**

저자들이 유능하고 신중했다는 것을 보여주기 위해 사용된 언어에 주목하라. 그들은 단순히 '*샘플은 Imperial College London의 두 연구실로 배송되었지만(Samples were shipped to two laboratories at imperial College London)*'과 '*분리(separate)*'라는 단어를 사용한 것은 신중했으며, 연구가 신뢰할 수 있다는 것을 전달한다.

***특히 잘 알려진 방법인 경우 기존 방법에 대한 인용 참조를 제공하는 이유는 무엇인가?***

대부분의 경우, 자신의 방법의 일부는 다른 연구자가 개발한 방법에서 유래하거나 이를 기반으로 한다. 방법의 해당 부분이 잘 알려져 있고 적절한 인용 참조가 제공된 경우 전체를 설명할 필요는 없지만 여전히 적절한 참조를 제공해야 할 수도 있다. 이에 대한 어휘와 문장 패턴은 섹션 2.4.2, 옵션 1(183페이지)에서 찾을 수 있다.

Google Scholar와 같은 검색 엔진에 방법을 입력하여 해당 분야의 현재 사용법을 확인하라. 방법이 점점 더 확립됨에 따라 인용이 덜 자주 발생하고, 그 방법은 결국 섹션 1.2.2(12-14페이지)에 설명된 대로 배경 정보의 일부가 된다. 일단 그렇게 되면 인용 참조가 불필요해진다.

***그러나 제 방법의 해당 부분이 문헌에 나와 있고 인용 참조도 포함했다면, 왜 그 방법의 해당 부분을 설명해야 할까? 독자들이 참조를 찾아서 직접 읽을 수 없는 이유는 무엇일까?***

시간을 낭비할 수 없는 독자들에게 그들이 읽고 있는 논문 내용 이해에 필요한 정보를 찾도록 만드는 것은 비전문적일 수 있다. 따라서 저자는 잘 알려져 있거나 기존 방법의 것과 동일하더라도 사용한 절차, 장비 또는 재료를 설명하는 경우가 많다. 이는 다음과 같은 방식으로 수행할 수 있다: '*분석은 [1]과 같이 수행되었다. 간단히 말해서, 샘플은...(The assay was carried out as in [1]. Briefly, samples were...)*' 다음에 기본적인 설명이 이어진다.

**단순 현재형**에서 기존 또는 표준 방법을 설명하는 것이 다음과 같이 일반적이다: "*...용존 유기 탄소는 일리노이 지속 가능 기술 센터[12]에서 수립한 방법의 개정 버전을 사용하여 측정되었다. 이 방법은 검출 한계가 0.050mg L-1 인 탄소 분석기를 '사용'하여 보장된다.(...dissolved organic carbon was measured using a revised version of the method established by the Illinois Sustainable Technology Center [12]. This method* ***uses*** *a carbon analyser with a detection limit of 0.050 mg L-1, which ensured...)*"

이 경우 저자가 사용한 방법은 인용된 방법(일리노이 지속 가능 기술 센터에서 정한 방법의 '개정된' 버전 사용)과 '동일하지 않다'. 귀하의 자료와 방법과 같은 분야의 다른 연구자의 자료와 방법을 비교하는 것은 방법 섹션에서 중요한 주제이다. 귀하의 방법은 귀하가 언급한 다른 방법과 동일할 수 있고(183페이지의 **옵션 1)**, 유사할 수 있고**(옵션 2),** 상당히 다를 수 있다. 독자의 방법이 기존 방법과 크게 상이할 경우, 그 차이가 연구의 핵심 기여를 나타낼 수 있다**(옵션 3)**.

이러한 비교는 모든 STEMM 연구 쓰기의 핵심 특징의 일부를 형성한다. 즉, 연구를 기존 문헌과 지식에 매핑하여 기여를 파악하는 것이다. 해당 분야의 문헌은 연구 기사의 처음부터 끝까지 이어지는 맥락이다. 서론에서 연구의 연구 배경을 제시하는 것으로 시작하여 방법 및 결과 섹션에서 다른 방법과 결과를 비교하여 맥락을 이어가고, 마지막으로 논의/결론 섹션에서 연구가 주제에 대한 기존 지식과 문헌에 기여한 바를 정리한다.

인용 참조가 자동으로 문장 끝에 오지 않는다는 점을 기억하도록 한다(15 페이지 참조). 방법 섹션에서는 인용 참조의 위치에 특히 주의해야 한다. 그렇지 않으면 실수로 다른 사람이 하지 않은 작업을 인정할 수 있다. 심지어 자신의 작업을 인정할 수도 있다. 이는 놀랍게도 흔한 오류에 해당하다.

**문장 8** *이 방법은 검출 한계가 0.050 mg L-1 인 탄소 분석기를 사용하여 탄소 잔류물의 고감도 검출을 보장했다.* **저자는 사용된 절차에 대한 자세한 정보를 제공하고 이점을 명시하는 언어를 사용하여 선택한 것을 정당화한다***(고감도 보장)*.

**In Sentence 8** *This method uses a carbon analyser with a detection limit of 0.050 mg L−1, which ensured highly sensitive detection of carbon residues.* **the writer provides more information about the procedures that were used, and justifies the choice made using language that specifies the advantage** *(ensured highly sensitive)*.

이 섹션 전반에 걸쳐 정당화가 공통적으로 사용된다. 이전과 마찬가지로, 목적은 당신의 선택에 대한 잠재적인 비판을 사전에 방지하고, 독자에게 당신의 그러한 선택에 대한 정당한 이유가 있었음을 확신시키고 이유를 제공한다.

**문장 9** *사용된 모든 필터는 유리 또는 스테인리스 스틸이었고, 두 샘플은 출처 위치에서 플라스틱 및 기타 인위적인 물질과 잠깐 접촉한 결과 CFC 오염의 위험이 있었지만 샘플 간 차이는 무시할 수 있었다.* **저자는 방법의 가능한 어려움이나 문제를 언급한다.**

**In Sentence 9** *All filters used were glass or stainless steel, and although two samples were at risk of CFC contamination as a result of brief contact with plastic and other anthropogenic materials at the source location, variation among samples was negligible.* **the writer mentions a possible difficulty or problem in the method.**

***방법의 문제점을 언급해야 하는 이유는 무엇일까? 비격식적으로 보이지 않을까?***

첫 번째 결과 세트를 살펴보면 시뮬레이션 매개변수를 조정하거나 실험 조건을 변경하면 더 나은 결과를 얻을 수 있었을 수도 있다는 것을 깨닫게 될 것이다. 작업을 반복하고 방법을 개선하는 동안 논문 작성을 미뤄야 할까? 다음 번에 더 많이 배우게 된다면 어떻게 될까? 작업을 다시 반복하는 동안 다시 미뤄야 할까? 이 시나리오에서는 실제로 논문을 쓰지 않을 수도 있다. 과학은 출판될 때까지 진정으로 존재하지 않으며, 프로젝트가 완벽해질 때까지 출판을 미루는 것은 현실적이지도 바람직하지도 않다. 특정 지점에서 멈추고 잠재적인 한계나 어려움에 대한 후속 인식을 포함하여 논문을 써야 한다.

문제나 한계를 언급하는 데는 두 가지 좋은 이유가 있다. 첫째, 연구 논문을 미래 작업에 대한 제안으로 마무리하는 것이 일반적이며, 이는 종종 보고된 연구에서 언급된 문제나 한계와 관련이 있다. 이러한 제안은 다른 연구자들이 응답하도록 격려하고 그들의 연구는 해당 주제에 대한 연구의 연속선에 귀하의 연구를 배치한다. 그러나 연구 논문의 마지막에 처음으로 이러한 문제나 한계를 언급하는 것은 좋지 않다. 이는 독자의 작업에 대한 신뢰도에 영향을 미칠 수 있기 때문이다. 이러한 문제나 한계를 처음 발견한 곳(이 경우 방법 섹션)에서 언급하고 논문의 마지막에 다시 언급하는 것이 더 효과적이다. 우리가 살펴보고 있는 논문의 마지막에 어떤 종류의 문장이 나올지 상상하기 쉽다. *향후 연구에서는 샘플을 수집하기 전에 출처에서 플라스틱 및 기타 인위적인 물질을 제거하여 CFC 오염 위험을 더욱 줄여야 한다.* 두 번째 이유는 발생한 어려움이나 문제를 언급하지 않으면 마치 인식하지 못하는 것처럼 보이기 때문이다. 이는 역량에 대한 나쁜 인상을 준다. 불완전한 부분(예: 너무 작은 데이터 세트 또는 이상적이지 않은 장비)을 무시하거나 숨기려고 하면 독자는 연구자로서의 적법성을 의심할 수 있다. 이와 대조적으로, 이를 언급하는 것은 높은 수준의 자기 인식을 보여주므로 연구의 신뢰성을 향상시킨다.

***하지만 실패자처럼 보이지 않고 작업의 문제에 대해 어떻게 이야기할 수 있을까?***

전통적으로 연구자는 문제와 그 영향을 최소화하고, 책임을 최소화하고, 좋은 측면을 극대화하고/하거나 해결책을 제안하는 언어를 사용한다. 위의 예에서 작가는 문제가 있음을 인정하고 최소화했다(*간단한 접촉; brief contact*/*무시할 수 있는; negligible*). 187-189페이지의 언어 목록에서 문제와 어려움을 전통적이고 전문적인 방식으로 언급하는 언어의 예를 찾을 수 있다.

## 2.2.3 방법 모델

다음은 우리가 수집한 문장들에 관한 설명이다:

| | |
|---|---|
| 문장 1에서, 저자는 | 조사 목적과 샘플 출처를 포함하여 방법에 대한 개요를 제공한다. |
| 문장 2에서, 저자는 | 배경 정보를 제공하고 사실적 정보와 다른 연구에 대한 참조 내용을 통해 자신의 선택을 정당화한다. |
| 문장 3에서, 저자는 | 사용된 절차에 대한 일반적인 진술을 한다. |
| 문장 4와 5에서, 저자는 | 무슨 일이 이루어졌는지, 그리고 사건의 순서에 대한 세부 정보를 제공한다. |
| 문장 6에서, 저자는 | 계속해서 세부적으로 무슨 일이 이루어졌는지 설명하고, 주의를 기울였음을 전달하는 언어를 사용하고, 정당한 이유를 제시한다. |
| 문장 7에서, 저자는 | 기존 방법을 참조하고 인용하여 수행된 사항/사용된 사항에 대한 자세한 내용을 제공한다. |
| 문장 8에서, 저자는 | 사용된 절차에 대한 자세한 정보를 제공하고, 이점을 명시하는 언어를 사용하여 선택한 내용을 정당화한다. |
| 문장 9에서, 저자는 | 해당 방법상의 어려움이나 문제점을 언급한다. |

| | |
|---|---|
| In Sentence 1, the writer | provides an overview of the method, including the aim of the investigation and the source of the sample. |
| In Sentence 2, the writer | provides background information and justifies his/her choice via factual information and references to other studies. |
| In Sentence 3, the writer | makes a general statement about the procedure that was used. |
| In Sentences 4 and 5, the writer | provides details of what was done, and details of the sequence of events. |
| In Sentence 6, the writer | continues to describe what was done in detail, using language which communicates that care was taken, and providing justification. |
| In Sentence 7, the writer | provides more details of what was done/used, referring to and citing existing methods. |
| In Sentence 8, the writer | provides more information about the procedures that were used, and justifies the choice made using language that specifies the advantage. |
| In Sentence 9, the writer | mentions a possible difficulty or problem in the method. |

이를 간소화하여 Methods 모델에 6가지 기본 구성 요소가 있도록 할 수 있다. 대부분의 구성 요소가 사용될 가능성이 있는 서론의 모델과 달리 방법 섹션에서는 모델을 '메뉴'로 간주해야 한다. 연구 주제에 적합하고 제출하는 저널의 규범을 반영하는 항목을 선택한다. 예를 들어 문제가 발생하지 않았다면 6번째 구성 요소를 사용하지 않는다. 경우에 따라 방법(Methods)을 다루는 섹션에서는 그림, 지도, 사진 또는 표와 같은 그래픽도 포함되므로 모델에 추가되었다.

| 포괄적인 방법 모델 | |
|---|---|
| 1 | 방법에 대한 개요/설명 제공<br>소개에서 목표/갭을 다시 설명<br>사용된 재료/장비의 출처를 설명/제공 |
| 2 | 재료/방법의 세부 정보 제공(예: 온도, 순서)<br>• ± 선택 사항의 정당성 입증<br>• ±적절한 주의를 기울였다는 것을 표시 |
| 3 | 그림/표의 내용을 설명/논의 |
| 4 | 다른 연구의 자료/방법 참조<br>• 비교<br>• 선택의 정당성 입증 |
| 5 | 단순 현재 시제로 배경 정보 제공<br>• 독자를 지원하기 위해<br>• 선택을 정당화하기 위해 |
| 6 | 문제점이나 문제점 표시 |

| GENERIC METHODS MODEL | |
|---|---|
| 1 | PROVIDE AN OVERVIEW OF/STATEMENT ABOUT THE METHODS<br>RESTATE THE AIM/GAP FROM THE INTRODUCTION<br>DESCRIBE/GIVE THE SOURCE OF MATERIALS/EQUIPMENT USED |
| 2 | PROVIDE DETAILS OF THE MATERIALS/METHODS e.g. temperature, sequence<br>• ± justify choices<br>• ± indicate that you took appropriate care |
| 3 | DESCRIBE/DISCUSS THE CONTENT OF A FIGURE/TABLE |
| 4 | REFER TO MATERIALS/METHODS IN OTHER STUDIES<br>• to compare<br>• to justify your choices |
| 5 | PROVIDE BACKGROUND INFORMATION IN THE PRESENT SIMPLE TENSE<br>• to support the reader<br>• to justify your choices |
| 6 | INDICATE ISSUES OR PROBLEMS |

## 2.3 모델 테스트 및 조정하기

### 2.3.1 모델 모형

다음 모델에서 위의 여섯 가지 모델 구성 요소를 예시로 보여주는 부분은 **굵은 글씨**로 표시되어 있다.

**인간 배아 줄기세포의 신경 분화에서 초기 분화 세포의 식별 및 특성화**

*재료 및 방법*
*유세포 분석 및 세포 분류*

세포를 트립신/EDTA로 단일 세포로 **분리하고**, 항체를 **직접**(표면 항원의 경우) 또는 4% 파라포름알데히드(15분 동안)로 고정하고 100% 에탄올(2분)로 투과시킨 후 **배양**(핵 단백질의 경우)**했다**. BD FACSCalibur 및 CELLQUEST 소프트웨어를 사용하여 세포를 **분석했다**. 세포 표면 항원에 대한 항체로 살아있는 세포를 염색한 후 BD FACSAria II로 형광 활성화 세포 분류(FACS)를 **수행했다**. 자기 활성화 세포 분류는 **제조업체의 지침에 따라 Dynal 마그네틱 비드(Invitrogen)를 사용하여** 수행되었다. **간단히**, 25ml(25)(1x107)) 다이나비드에 1$\mu$g의 1차 항체를 **사전 코팅하여** 4℃에서 30분간 1ml 버퍼 1에서 배양했다. 사전 코팅된 비드를 4℃에서 30분 동안 세포(0.5ml)와 함께 **부드럽게** 기울이고 회전하면서 **배양했다**. 튜브를 자석 위에 2분 동안 **놓기 전에** 결합되지 않은 세포의 포획을 **제한하기** 위해 2ml 버퍼 1을 튜브에 **추가했다**. 음성 선별의 경우, 추가 실험을 위해 결합되지 않은 세포가 포함된 상층액을 **신선한** 튜브로 **옮겼다**. 양성 분리를 위해 비드와 결합된 세포를 버퍼 1로 '부드럽게 세척'하고 추가 실험을 위해 **적절한** 용액/배지에 **수집했다**.

***정량적 RT-PCR(qRTPCR)을 통한 유전자 발현 분석***

제조업체의 지침에 따라 TRI 시약 용액(시그마)을 사용하여 총 RNA를 **추출했다**. 남은 DNA의 흔적은 DNase I 처리(Invitrogen)로 **제거했다**.

역전사 및 qPCR은 **앞서 설명한 대로 수행했다**[45]. 역전사가 없는 RNA를 음성 대조군으로 **사용했다**. 상대적 유전자 발현 수준은 하우스키핑 유전자, HPRT 및 GAPDH의 Ct 값을 보정하여 **계산한** 다음 미분화 hESC로 **정규화했다**. 표준편차는 3개의 **독립적인** 실험에서 **최소** 4개의 qPCR로부터 **계산되었다**.

**Identification and characterisation of the early differentiating cells in neural differentiation of human embryonic stem cells[c]**

***Materials and methods***

***Flow cytometry analysis and cell sorting***

Cells **were detached** into single cells by trypsin/EDTA, **incubated** with antibody **directly** (for surface antigens) or **following** fixation with 4% paraformaldehyde (for 15 min) and permeation with 100% ethanol (2 min) (for nuclear proteins). Cells **were analysed** using a BD FACSCalibur and CELLQUEST software. Fluorescence-activated cell sorting (FACS) **was carried out** with BD FACSAria II **after** staining live cells with antibodies against cell surface antigens. Magnetic-activated cell sorting **was performed with** Dynal magnetic beads (Invitrogen) **following the manufacturer's instructions**. **Briefly**, 25 ml (25 μl ($1 \times 10^7$)) Dynabeads **were pre-coated** with 1 μg primary antibody by incubation at 4°C for 30 minutes in 1 ml buffer 1. Pre-coated beads were **then** incubated with cells (0.5 ml) at 4°C for 30 minutes with **gentle** tilting and rotation. 2 ml buffer 1 **was added** into the tube **to limit** trapping of unbound cells **before** placing the tube onto the magnet for 2 minutes. For negative selection, the supernatant, containing the unbound cells, **was transferred** to a **fresh** tube for further experiments. For positive isolation, the bead-bound cells **were gently washed** with buffer 1 and **collected** in **appropriate** solution/medium for further experiments.

***Gene expression analysis by quantitative RT-PCR (qRTPCR)***

Total RNA **was extracted** using TRI reagent solution (Sigma) following the manufacturer's instructions. Remaining traces of DNA **were removed** by DNase I treatment (Invitrogen). Reverse transcription and qPCR **were performed as described previously [45]**. RNA without reverse transcription **was used** as a negative control. The relative gene expression levels **were calculated** by calibrating their Ct values with those of housekeeping genes, HPRT and GAPDH, and **then normalized** to undifferentiated hESCs. The standard deviation **was calculated** from **at least** four qPCRs from three **independent** experiments.

## 2.3.2 연습 2a: 모델 구성 요소 식별하기

다음은 서로 다른 분야의 연구 논문에서 발췌한 세 가지 방법 섹션이다. 길이에 맞게 편집되었으며 줄임표는 [...]로 표시되어 있다. **굵게** 표시된 단어/구문은 모델 구성 요소를 식별하는 데 도움이 된다. 동사 시제에 주의를 기울이고 각 동사가 왜 특정 시제로 되어 있는지 생각하라.

**1. 몬테카를로 코드 페넬로페로 연구한 CVD-다이아몬드 선량계에서 광자 에너지 증착에 대한 전극의 영향**

*재료 및 방법*

검출기 및 주변 물 팬텀의 흡수 선량을 계산하기 위해 MC 코드 시스템 PENELOPE 2003 **(Salvat et al. 2003)**과 메인 프로그램 PENCYL을 **사용했다. 시뮬레이션 시간을 최소화하기 위해** 다이아몬드 층과 전극의 형상은 무한 슬래브 형상을 채택하여 **단순화했다** [...] **본 연구는** 금속 / 다이아몬드 / 금속 계면 현상에 초점을 맞추고 있기 때문에 검출기의 하우징을 물로 **간주하고 따라서 물로 대체했다**. 두께가 다른 금속 전극이 다이아몬드에 흡수되는 선량에 미치는 영향을 **조사했다**. 먼저 은으로 만든 전극을 **시뮬레이션했다**. 은은 전기 전도도가 높고 다이아몬드와 옴 접촉을 **형성하고** 열 증착 기술과 은 에폭시 접착제로 검출기와 접촉하는 기술이 **잘 확립되어** 있기 때문에 일반적인 재료이다. [...] 합리적인 CPU 시간 내에 계산을 완료하면서 정확도를 유지하기 위해 **신중한** 시뮬레이션 매개 변수 선택이 **필요했다**. 시뮬레이션이 **진행되는 동안** 각 입자(1차 또는 2차 광자, 전자 또는 양전자)는 **에너지가 해당 사전 선택된 흡수 에너지인** $E_{abs}$ **아래로 떨어질 때까지 운반되고, 이런 일이 발생하면** 입자의 에너지가 국부적으로 **축적되고** 입자의 시뮬레이션이 **중단된다**. 전자와 양전자의 추적을 위해 구현된 혼합 알고리즘은 특정 시뮬레이션 매개변수, 즉 $C_1$, $C_2$, $W_{cc}$ 및 $W_{cr}$에 의해 **지배되며**, 그 정의와 역할은 Salvat 등(2003)에서 자세히 설명되어 있다. 간결성을 위해 **여기서는** 이들을 **열거하고** 채택된 값을 인용한다. [...]. **우리는** 입자와 활성층 및 전극까지의 거리에 따라 다른 시뮬레이션 매개변수를 **사용하는 것이 편리하다는 것을 발견했다**. **이를 위해 우리는** 가장 **보수적인** 시뮬레이션 매개 변수가 **선택된** 검출기가 두께와 $E_{abs}$ 값이 연속적으로 증가하는 세 개의 물 **껍질로** 둘러싸여 있다고 **고려했다** [...]. **이런 식으로** 검출기에서 멀리 떨어져 있고 검출기에 도달하기에 충분한 에너지가없는 하전 입자는 흡수되어 더 이상 시뮬레이션되지 않았다. [...] **이 절차는 시뮬레이션 시간을 크게 단축했다**. 사실 **이 접근 방식은** 범위 제거라고 하는 분산 감소 기법과 **동일하지만** 메인 프로그램을 **변경할 필요가 없고** 입력 파일을 통해 **간단하게 구현할 수 있었다**.

*Materials and methods*

The MC code system PENELOPE 2003 **(Salvat *et al*. 2003)** and the main program PENCYL **were used** to calculate the absorbed dose in the detector and surrounding water phantom. **In order to** minimize the time of the simulations, the geometry of the diamond layer and electrodes **was simplified** by adopting an infinite-slab geometry [...] **Since the present study focuses**

**on** the metal/diamond/metal interface phenomena, the housing of the detector **was regarded** as water equivalent and **thus replaced** by water. The influence of metallic electrodes of different thicknesses on the absorbed dose to the diamond **was investigated**. Electrodes made of silver **were simulated** first. Silver **is** a common material because it **has** a high electrical conductivity, **forms** ohmic contact with diamond and the technology of its thermal deposition as well as contacting the detector with silver epoxy glue **is well established**. [...]

A **careful** selection of simulation parameters **was needed in order to** preserve accuracy while completing the calculations within reasonable CPU times. **In the course of** the simulations, each particle (a primary or secondary photon, electron or positron) **was transported until** its energy fell below the corresponding pre-selected absorption energy, $E_{abs}$; **when this happened,** its energy **was deposited** locally and simulation of the particle **was discontinued.** The mixed algorithm implemented in PENELOPE for the tracking of electrons and positrons **is governed** by specific simulation parameters, namely $C_1$, $C_2$, $W_{cc}$ and $W_{cr}$, whose definitions and role **are explained at length in Salvat *et al.* (2003)**. **For the sake of brevity, here we** just **enumerate** them and **quote** the adopted values. [...]. **We found it convenient to use** different simulation parameters depending on the distance of the particles to the active layer and electrodes. **To this end, we considered** that the detector, where the most 'conservative' simulation parameters **were selected,** was surrounded by three 'shells' of water with successively increasing thickness and values of $E_{abs}$. [...]. **In this way,** charged particles which were far away from the detector and did not have sufficient energy to reach it were absorbed and no longer simulated. [...] **This procedure substantially reduced** the simulation time. In fact **this approach is equivalent to** the variance-reduction technique called range rejection, but **did not require** any changes in the main program and **could be implemented straightforwardly** through the input file.

## 2. 입자 크기 분포가 플로팅케이의 거품 안정성에 미치는 영향

### *2. 방법론*

#### *2.1. 실험 시스템*

실험 시스템은 4L 폐쇄 루프, 연속 오버플로 벤치 스케일 부양 셀**이다**. 셀에 공급되는 농축액의 지속적인 재활용을 통해 정상 상태 조건을 설정할 수 있다. 셀의 설계는 **Costes와 Couderc의 표준 혼합 탱크를 기반으로 한다[7]**.

셀은 원통형이며 내부 직경은 180mm이다. **이 셀은** 폭과 높이가 동일하며, 2:1rpm 비율의 스텝 기어박스(Automation International Ltd**에서 공급**)를 통해 마렐리 모터리(Marelli Motori)에서 공급하는 모터에 연결된 6개의 날을 가진 러시톤 임펠러로 교반된다. 90° 간격으로 120mm 높이에 4개의 배플이 **설치되어 있다**. 베이스에는 임펠러 아래 중앙에 직경 110mm, 두께 1.3mm의 프릿(Carbis Filtration Ltd에서 제조)으로 셀과 분리된 공기 저장소가 있다. 프릿은 여러 개의 소결층으로 제작된 20$\mu$m의 메시 구멍 크기를 가진다. 셀 외부에 부착된 세탁기는 뒤에서 앞쪽으로 10° 각도로 60mm 너비를 가집니다. 실험 시스템은 그림 1**에 나와 있다**.

**이 논문에서는** 단일 종 시스템을 설명하며, **이를 통해** 부양 셀에 공기 속도와 같은 작동 변수를 변경할 때의 **효과를 확인할 수 있다**. 실험에 사용된 구형 실리카 발로티니는 지그문트 린드너가 **제공했다**. 40-70$\mu$m, 70-110$\mu$m, 90-150$\mu$m 범위의 사전 크기 분포가 **공급되었다**. 사전 크기 조정된 재료**를 혼합하여 그림 2에 제시된** 입자 크기 분포를 얻음으로써 세 가지 입자 세트를 **만들었다**. 세 입자 세트의 대표 직경은 **표 1에 표시되어 있으며**, 입자 세트 A가 가장 입자가 거칠고 크기 분포가 가장 넓은 반면 입자 세트 C가 가장 미세한 것**을 볼 수 있다**. **이를 통해** 입자 크기 분포의 비교적 작은 변화가 공기 회수 및 부양 성능에 미치는 영향을 조사**할 수 있다**.

각 실험마다 900g의 발로티니가 **사용되었다**. 발로티니는 **처음에 Ata 등[3]이 제시한 것과 유사한 준비 절차에 따라** $5\times10^{-4}$M 수산화나트륨 용액의 2L와 **혼합하여 준비되었다**. 이 과정은 볼로티니 표면의 불순물을

**제거하기 위해 수행되었다**. 볼로티니를 탈이온수로 세척한 다음 2.9L의 탈이온수와 혼합하여 펄프 pH가 7.9인 슬러리를 현탁액으로 만들었다. 수집제인 테트라데실트리메틸암모늄브로마이드(TTAB)를 278.4ppb의 농도로 **첨가했다. 그런 다음** 슬러리를 915Hz에서 30분 동안 **혼합하도록 했다**. 그런 다음 메틸 이소부틸 카르비놀(MIBC)을 352ppm으로 **첨가하고** 슬러리를 5분간 더 **혼합했다.**

실험을 위한 공기 속도는 **표 2에 표시된 대로** 10~30Ipm(분당 리터) 범위**에서 선택했다**. 이 범위는 0.66~1.97cm/$s^{-1}$의 표면 기체 속도**에 해당한다**. 그런 다음 첫 번째 공기 속도를 선택하기 전에 거품이 넘칠 때까지 15분간 더 컨디셔닝**을 진행했다. 이때,** 거품 안정성을 유지하기 위해 102ppm MIBC 용액 4.2ml $h^{-1}$의 속도로 MIBC를 추가로 주입하기 **시작했다**. 필요에 따라 재활용 펌프를 조정하여 거품 깊이(셀 립에서 펄프-포말 인터페이스까지)를 7.5cm로 **유지했다.**

### *2.2. 측정*

각 공기 속도에 대해 **5분간 컨디셔닝을 한 후 5분간** 온라인 데이터를 **수집했다**. 셀 립 위의 넘치는 거품 높이는 온라인 레이저(ifm electronic에서 제공하는 0D1300)를 통해 측정했고 LabVIEW[24]**를 통해 데이터를 기록했다**. 넘치는 거품의 속도는 자체 개발한 블록 매칭 이미지 분석 프로그램인 FrothTracker를 통해 캠코더(Panasonic Video NVGS37)를 사용하여 **측정했다**. 그런 다음 출력 값을 사용하여 Eq.(1)을 사용하여 공기 회수를 **계산했다**.

농축액을 샘플링**하기 위해** 각 측정 기간**이 끝날 때** 20초 동안 부유 셀 립에 스쿱**을 장착했다**. 샘플을 칭량하고 액체를 메스 실린더에 옮겨 담아 고체 및 액체 상의 질량을 **결정했다**. 그런 다음 샘플을 세탁조로 **다시 운반했다**. 실험 시스템의 불안정화를 **초래하는** 농축액을 너무 많이 제거하면 안 되므로, 테스트한 각 공기 속도에 대해 샘플을 **하나만 채취했다.**

*2. Methodology*

***2.1. Experimental system***

The experimental system **is** a 4 L closed loop, continuously overflowing bench-scale flotation cell. The continuous recycle of concentrate as feed to the cell **allows for** steady state conditions to be established. The design of the cell **is based upon the standard mixing tank by Costes and Couderc [7]**.

The cell **is** cylindrical and **has** an internal diameter of 180 mm. It **is** of equal width and height, stirred by a six bladed Rushton impeller connected via a 2:1 rpm ratio stepped gearbox (**supplied by** Automation International Ltd) to the motor, supplied by Marelli Motori. Four baffles **are installed** to a height of 120 mm at 90° intervals. At the base **is** an air reservoir, separated from the cell by a frit (manufactured by Carbis Filtration Ltd), 110 mm in diameter and 1.3 mm in thickness, centred below the impeller. The frit **has** a mesh hole-size of 20 μm, fabricated from multiple sintered layers. Attached to the exterior of the cell **is** a launder, angled at 10° from back to front that **has** a width of 60 mm. The experimental system **is** shown in Fig. 1.

A single species system **is described in this paper**; **this can be used to** determine the effects of changing operating variables, for example air rate, into the flotation cell. Spherical silica ballotini for the experiments **were supplied by** Sigmund Lindner. Pre-sized distributions **were sourced** with ranges from 40–70 μm, 70–110 μm and 90–150 μm. Three particle sets **were created** by mixing the pre-sized material, obtaining the particle size distributions **presented in Fig. 2**. Representative diameters for the three particle sets **are shown in Table 1**, where **it can be seen that** particle set A **has** the coarsest particles and the broadest size distribution while particle set C **is** the finest of the three. **This allows** investigation into the effects of relatively small variation in particle size distribution on air recovery and flotation performance.

For each experiment, 900 g of ballotini **were used**. The ballotini **were initially prepared by** mixing with 2 L of $5 \times 10^{-4}$ M sodium hydroxide solution, **based on a similar preparation procedure as set out by Ata *et al.* [3]**. **This was undertaken to** strip the ballotini surfaces of impurities. The ballotini **were washed with** deionized water and **then mixed with** 2.9 L of deionized water to form a slurry with a pulp pH of 7.9 in suspension. The collector,

Tetradecyltrimethylammonium bromide (TTAB), **was added** at a concentration of 278.4 ppb. The slurry **was then allowed to** mix at 915 Hz for 30 min. Methyl isobutyl carbinol (MIBC) **was then added** at 352 ppm, and the slurry **allowed to** mix for a further 5 min.

Air rates for the experiments **were selected from** a range between 10 and 30 lpm (litres per minute) **as shown in Table 2**. This range **corresponds to** superficial gas velocities of 0.66–1.97 cm $s^{-1}$. A further 15 min of conditioning **was then allowed** with the froth overflowing **before** the first air rate **was selected**. **At this time**, dosing **started** with additional MIBC at a rate of 4.2 ml $h^{-1}$ of 102 ppm MIBC solution **to maintain** froth stability. Froth depth (from cell lip to pulp-froth interface) **was maintained** at 7.5 cm by adjusting the recycle pump as required.

***2.2. Measurement***

For each air rate, 5 min of conditioning **was allowed, before** 5 min of on-line data collection. The height of the overflowing froth above the lip of the cell **was measured via** an on-line laser (0D1300, supplied by ifm electronic) and the data **recorded** through LabVIEW [24]. The velocity of the overflowing froth **was measured** using a camcorder (Panasonic Video NVGS37) through FrothTracker, a block-matching image analysis program **developed in-house**. The output values **were then used** to calculate air recovery using Eq. (1).

**In order to** sample the concentrate, a scoop **was fitted to** the lip of the flotation cell for 20 s **at the end** of each measurement period. The sample **was weighed**, and the mass of the solid and liquid phases **determined** by decanting the liquid into a measuring cylinder. The sample **was then returned** to the launder. **Only one** sample **was taken** for each air rate tested, **as** removing too much of the concentrate **leads** to a destabilisation of the experimental system.

## 3. ACL 결핍 보행 시 무릎 불안정성에 대한 근육 보상의 효과

*방법*

3단계 접근법을 사용하여 ACLd 무릎에서 ATT를 회복하는 데 필요한 근력**을 결정했다. 첫째,** 관절 운동, 지면 반응력, 정상적인 보행을 위한 근력은 전방 동적 시뮬레이션(1)에서 **얻었다. 둘째,** 이러한 데이터는 무릎의 세부 3D 모델을 포함하는 하지 모델**에 입력되었다.** 그런 다음 보행 주기의 23개 지점에서 정적 평형 문제**를 풀어서** 건전한 무릎과 ACLd 무릎 모두에 대한 전체 보행 주기 동안의 ATT**를 결정했다 (24,25). 셋째,** 정상적인 보행에서 얻은 근력을 기준으로 전체 보행 주기 동안 두 가지 정적 평형 문제를 **더 풀어서** ACLd 무릎에서 ATT를 먼저 건전한 수준으로, 그다음 최대 허용 수준으로 회복하는 데 필요한 대퇴사두근과 햄스트링 힘을 **결정했다.** 건전한 ATT는 건전한 무릎에서 정상적인 보행을 위해 계산된 ATT의 양으로 **정의되었다(24).** 최대 허용 ATT는 건전한 무릎에서 대퇴사두근의 최대 등척성 수축(즉, 최대 등척성 무릎 신전)에 대해 계산된 ATT 양으로 **정의되었다(23).** 최대 허용 ATT는 무릎 불안정성의 상한**으로 사용되었다.** 일부 연구자들은 ACLd 대상자가 건강한 무릎에서 관찰된 것보다 높은 ATT 수준으로 활동을 **수행하는** 경우가 많다는 것을 보여주었기 때문이다**(10, 32). 따라서,** 최대 허용 ATT는 건강한 무릎이 편안하게 달성할 수 있는 ATT의 한계를 나타낸다**(33).** 최대 허용 ATT는 앉은 자세에서 최대 등척성 무릎 신전을 시뮬레이션하여 하지 모델(아래 참조)로 **계산했다.** 이러한 시뮬레이션에서 모델 무릎은 걷기에서 발견되는 각도에 해당하는 관절 각도에 **배치되었고,** 대퇴사두근은 최대로 **활성화되었으며,** 무릎이 신전되는 것을 **방지하기 위해** 발목 수준에서 제약이 **적용되었다(23).**

신체의 3D 모델을 **사용하여** 정상 보행 중 하지 근육 힘을 결정했다. 골격은 10-세그먼트, 23-df 관절 체인으로 **모델링되었다.** 각 엉덩이는 3-df 이상적인 볼-소켓 관절로, 각 무릎은 1-df 힌지 관절로, 각 발목은 2-df 범용 관절로, 각 중족골 관절은 1-df 힌지로 **표현되었다**(1). 이 모델은 54개의 근육-건 단위**로 작동했으며,** 각 단위는 힘줄과 직렬로 연결된 3요소 근육으로 **표현되었다.** 동적 최적화 **문제는** 이동 거리 단위당 소모되는 최소 대사 에너지에 따른 근육 여기 이력, 근육 힘 및 신체 동작을 찾는 것이었다. 시뮬레이션에서 얻은 관절 각도, 지면 반응력 및 근육 활성화 패턴은 선호하는 속도로 걷는 건강한 피험자에서 얻은 동일한 측정값과 **유사했다(1,2).** 정상 보행에 대해 얻은 보행 모델과 동적 최적화 솔루션에 대한 세부 사항은 **Anderson과 Pandy(1,2)가 보고했다.**

손상되지 않은 무릎과 ACLd 무릎의 전방 경골 이동은 무릎의 **자세한** 3D 모델(하지 모델)을 포함하는 하지의 다른 모델을 사용하여 **계산했다**. 이 모델에서 하지를 나타내는 데 5개의 세그먼트가 **사용되었다.** 허벅지, 정강이, 슬개골, 뒷발, 발가락이다. 이러한 세그먼트는 엉덩이, 경골 대퇴 관절, 슬개골 대퇴 관절, 발목, 중족골 관절의 5개 관절로 **연결되었다**(그림 1). 엉덩이, 발목, 중족골 관절은 보행 모델과 **정확히 같은** 방식으로 **표현되었다.** 무릎에서 6개의 일반화된 좌표는 대퇴골에 대한 경골의 움직임을 **설명하고**, 다른 6개의 좌표는 대퇴골에 대한 슬개골의 움직임을 설명한다. **모델에 대한 완전한 설명은 Shelburne et al.(24)에서 찾을 수 있다.**

원위 대퇴골, 근위 경골 및 슬개골의 기하학은 23개의 사체 무릎에서 얻은 뼈의 시상면 단면**을 기반으로 했다**. 대퇴골과 경골의 접촉 표면은 변형 가능한 것으로 **모델링했다(19)**. 슬개골 대퇴골 역학 모델은 슬개건이 확장 불가능하고 슬개골의 면과 대퇴골의 슬개골 표면 사이의 상호 침투를 무시할 수 있다는 가정**에 기반했다**. 무릎의 십자인대와 측부인대, 후방 캡슐 및 전방 외측 구조의 기하학은 13개의 탄성 요소**를 사용하여 모델링했다**(그림 1B). 하지 모델에서는 13개의 근육이 표현되었다(그림 1A). vasti, 햄스트링, 비복근을 제외한 모든 근육의 경로는 걷기 모델에 통합된 것**과 동일했다**. 걷기 모델에서는 vasti, 햄스트링, 비복근이 각각 하나의 근육**으로 표현된** 반면, 이러한 각 근육의 개별 부분은 하지 모델**에 포함되었다**(18, 19).

손상되지 않은 무릎에서 대퇴골, 경골, 슬개골의 상대적 위치는 시뮬레이션된 보행 주기 동안 각 순간에 하지가 정적 평형 상태에 있다고 가정하여 **발견하였다**. **따라서,** 이러한 계산에서 정강이, 슬개골, 후족부, 발가락 부분의 관성 기여는 **무시되었다**. 구체적으로, 걷기 시뮬레이션에서 얻은 근력, 지면 반력, 고관절, 발목, 중족골의 관절 각도, 무릎의 굴곡-신전 각도가 모델의 입력으로 **사용되었다**. 무릎 뼈의 알려지지 않은 변환 및 회전은 모든 관절의 가속도 및 속도가 0에 가까워질 때까지 걷기 시뮬레이션의 각 시간 단계에서 운동 방정식의 전방 적분을 수행하여 **찾았다(24).** 이러한 계산은 ACLd 보행 중 ATT 양을 **추정하기 위해** 모델에서 ACL을 제거한 상태에서 **반복되었다(25).**

ACL 결핍 보행에 대한 4가지 시뮬레이션이 **수행되었다**. 이러한 계산에는 하지 모델이 **사용되었다.** 각 시뮬레이션에서 보행 주기의 23개 지점에서 정적 평형 문제가 **해결되었다(위에서** 온전한 무릎과 ACL 결핍 무릎**에 대해 설명한 대로)**. 다음 조건에 따라 수행되었다. 처음 두 시뮬레이션에서 대퇴사두근 힘**을 감소시켜** 이 변화만으로 ACLd 무릎의 ATT를 먼저 온전한 무릎에 대해 계산된 양(온전한 ATT, 시뮬레이션 1)으로, 두 번째로 최대 등척성 무릎 확장에 대해 계산된 양(최대 허용 ATT, 시뮬레이션 2)으로 줄일 수 있는지 확인했다.

손상되지 않은 무릎에 대해 계산된 양(손상되지 않은 ATT, 시뮬레이션 1)으로, 두 번째로 최대 등척성 무릎 신전에 대해 계산된 양(최대 허용 ATT, 시뮬레이션 2)으로 계산되었다. 이러한 각 시뮬레이션에서 대퇴사두근 힘은 최대 등척성 힘의 백분율로 세 개의 vasti(medialis, intermedius, lateralis) 각각의 힘을 감소시켜 **감소되었다.** 세 근육의 힘은 매번 동일한 백분율로 감소했다. 시뮬레이션 1과 2의 출력은 대퇴사두근 힘의 감소와 그로 인한 폄근 모멘트의 변화였다. 다음 두 시뮬레이션에서는 햄스트링 힘을 증가시켜 **이 변화만으로** ACLd 무릎의 ATT를 먼저 손상되지 않은 무릎**에 대해 계산된 양**(시뮬레이션 3)**으로,** 두 번째로 최대 등척성 무릎 신전에 대해 계산된 양(시뮬레이션 4)으로 회복할 수 있는지 확인했다. 이러한 각 시뮬레이션에서 햄스트링 힘은 세 개의 햄스트링(대퇴이두근 장두, 반막양근, 반건양근)의 힘을 피크 등척성 힘의 백분율로 증가시켜 증가시켰다. 세 근육의 힘은 매번 같은 백분율로 **증가했다**. 실험적 증거에 따르면 햄스트링 촉진 전략은 내측 및 외측 햄스트링 근육의 활동 증가를 **특징으로 한다(14)**. [...]

*Methods*

A three-step approach **was used to determine** the muscle forces needed to restore ATT in the ACLd knee. **First**, joint motion, ground-reaction forces, and muscle forces for normal walking **were obtained** from a forward dynamic simulation **(1)**. **Second**, these data **were input** into a model of the lower limb that included a detailed 3D model of the knee. A static equilibrium problem **was then solved** at 23 points of the gait cycle **to determine** ATT over the full gait cycle for both an intact and ACLd knee **(24, 25)**. **Third**, using the muscle forces obtained for normal gait as a baseline, two further static equilibrium problems **were solved** over the whole gait cycle **to determine the** quadriceps and hamstrings forces needed to restore ATT in the ACLd knee to first the intact level and then the maximum allowable level. Intact ATT **was defined** as the amount of ATT calculated for normal walking in the intact knee **(24)**. Maximum allowable ATT **was defined** as the amount of ATT calculated for maximum isometric contractions of the quadriceps (i.e., maximum isometric knee extension) in the intact knee **(23)**. Maximum allowable ATT **was used** as the upper limit of knee instability **because some researchers have shown that** ACLd subjects often **perform** activities with ATT levels above those observed in the healthy knee **(10, 32)**. **Thus**, maximum allowable ATT **represents** the limit of ATT that a healthy knee might comfortably achieve **(33)**. Maximum allowable ATT **was calculated** with the lower extremity model (see below) by simulating a seated maximum isometric knee extension. In these simulations, the model knee **was placed** at joint angles corresponding to those found in walking, the quadriceps muscles **were** maximally **activated**, and a constraint **was applied** at the level of the ankle **to prevent** the knee from extending **(23)**.

A 3D model of the body **was used** to determine lower limb muscle forces during normal walking. The skeleton **was modeled** as a 10-segment, 23-*df* articulated chain. Each hip **was represented** as a 3-*df* ideal ball-and-socket joint, each knee as a 1-*df* hinge joint, each ankle as a 2-*df* universal joint, and each metatarsal joint as a 1-*df* hinge (1). The model **was actuated** by 54 musculotendinous units, each unit **represented** as a three-element muscle in series with tendon. The dynamic optimization problem **was** to find the muscle excitation histories, muscle forces, and body motions subject to minimum metabolic energy consumed per unit of distance moved. The joint angles, ground reaction forces, and muscle activation patterns obtained from the simulation **were similar to** the same measures obtained from healthy subjects who walked at their preferred speeds **(1, 2)**. Details concerning the walking model and dynamic optimization solution obtained for normal gait **are reported by Anderson and Pandy (1, 2)**.

Anterior tibial translation of the intact and ACLd knee **was calculated** using another model of the lower limb that included a **detailed** 3D model of the knee (the lower-limb model). Five segments **were used** to represent the lower limb in this model: thigh, shank, patella, hindfoot, and toes. These segments **were connected** together by five joints: hip, tibiofemoral joint, patellofemoral joint, ankle, and metatarsal joint (Fig. 1). The hip, ankle, and metatarsal joints **were represented** in **exactly the same** way as in the walking model. At the knee, six generalized coordinates **described** the movements of the tibia relative to the femur, and another six coordinates described the movements of the patella relative to the femur. **A complete description of the model can be found in Shelburne *et al.* (24)**.

The geometry of the distal femur, proximal tibia, and patella **was based on** parasagittal sections of the bones obtained from 23 cadaveric knees. The contacting surfaces of the femur and tibia **were modeled** as deformable **(19)**. The model of patellofemoral mechanics **was based on** the assumptions that the patellar tendon was inextensible and that interpenetration between the facets of the patella and the patellar surfaces of the femur can be neglected. The geometry of the cruciate and collateral ligaments, posterior capsule, and anterolateral structures of the knee **was modeled** using 13 elastic elements (Fig. 1B). Thirteen muscles **were represented** in the lower-limb model (Fig. 1A). The paths of all muscles, except vasti, hamstrings, and gastrocnemius, **were identical with** those incorporated in the walking model. Whereas vasti, hamstrings, and gastrocnemius **were each represented as** one muscle in the walking model, the separate portions of each of these muscles **were included** in the lower-limb model (18, 19).

The relative positions of the femur, tibia, and patella in the intact knee **were found** by assuming the lower limb was in static equilibrium at each instant during the simulated gait cycle; **thus**, the inertial contributions of the shank, patella, hindfoot, and toe segments **were neglected** in these calculations. Specifically, muscle forces, ground reaction forces, joint angles of the hip, ankle, and metatarsals, and the flexion-extension angle of the knee obtained from the walking simulation **were used** as inputs to the model. The unknown translations and rotations of the bones at the knee **were found** by performing a forward integration of the equations of motion at each time step of the walking simulation **until** the accelerations and velocities of all the joints approached zero **(24)**. These calculations **were repeated** with the ACL removed from the model **to estimate** the amount of ATT during ACLd gait **(25)**.

Four simulations of ACL-deficient walking **were performed**. The model of the lower limb **was used** for these calculations. In each simulation a static equilibrium problem **was solved** at 23 points of the gait cycle (**as described above** for the intact and ACL-deficient knee) subject to the following conditions. In the first two simulations, quadriceps force **was decreased to determine** whether this change alone could reduce ATT in the ACLd knee first to the amount calculated for the intact knee (intact ATT; simulation 1), and second, to the amount calculated for maximum isometric knee extension (maximum allowable ATT; simulation 2). In each of these simulations, quadriceps force **was decreased** by decreasing the force in each of the three vasti (medialis, intermedius, and lateralis) as a percentage of its peak isometric strength. The forces in all three muscles **were decreased** by the same percentage each time. The output of simulations 1 and 2 were a decrease in quadriceps force and the resultant change in extensor moment. In the next two simulations, hamstrings force **was increased to determine whether this change alone** could restore ATT in the ACLd knee first to the amount calculated for the intact knee (simulation 3), and second, to the amount calculated for maximum isometric knee extension (simulation 4). In each of these simulations, hamstrings force **was increased** by increasing the force in each of three hamstrings (biceps femoris long head, semimembranosus, and semitendinosus) as a percentage of its peak isometric strength. The forces in all three muscles **were increased** by the same percentage each time. **Experimental evidence suggests that** a hamstrings facilitation strategy **is characterized by** increased activity of both the medial and lateral hamstring muscles **(14)**. [...]

### 2.3.3 연습문제 2b: 모델 구성 요소 식별

다음은 방법 섹션에서 발췌한 또 다른 내용이다. 이번에는 모델 구성 요소를 직접 식별하라.

**X선 미세단층촬영법을 사용한 저류층 조건에서의 기공 규모 접촉각 측정**

*2. 방법*

*2.3. 이미지 처리*

획득 후 이미지는 비국소 평균 에지 보존 필터[30,31]를 사용하여 필터링되었다. 그런 다음 이러한 srtefacts를 빠르게 대칭적인 가우시안 함수로 모델링하여 이미지 재구성 중에 생성된 모든 빔 경화 또는 연화 아티팩트에 대해 수정되었다. 이 함수의 중심은 x 및 y 차원에서 임의의 지점을 취할 수 있었지만 z 방향에서는 균일하다고 가정했다. 여러 유체의 부분 포화를 포함하는 이미지의 분할은 건조 이미지의 분할보다 훨씬 어렵기 때문에 [32], 간단한 회색조 분할을 사용하는 것만으로는 충분하지 않았다. 대신 시드된 워터셰드 알고리즘이 사용되었으며, 시드는 2D 히스토그램을 사용하여 생성되었다 [33]. 그런 다음 이 분할된 이미지를 3D로 분석하여 각 고유한 분리된 신경절을 식별한 다음 레이블을 지정했다.

그런 다음 각 고유한 신경절 주위에서 하위 볼륨을 추출하여 위에서 자세히 설명한 동일한 2D 히스토그램 기반 워터셰드 방법을 사용하여 다시 분할했다. 빔 경화 및 연화 보정이 이미지 전체에서 회색조 값의 모든 측면 변화를 제거하지 못할 수 있기 때문이다. 따라서 로컬 분할이 기본 글로벌 분할보다 더 정확할 가능성이 높다.

이 새로운 분할 이미지에서 각 상의 모서리는 3D Sobel 필터[13]를 사용하여 찾았다. 세 상($scCO_2$, 염수 및 고체)의 모서리 교차점은 3D로 추적할 수 있는 접촉선으로 표시되었다. 마지막으로 이미지의 복셀화된 특성으로 인한 각도 양자화를 제거하기 위해 리샘플링된 슬라이스에 이중 선형 필터를 적용했다. 그런 다음 특정 지점에서 접촉선에 수직으로 평행한 평면에 데이터를 리샘플링하여 접촉각을 측정했다(그림 2). 접촉선에서 관련 표면의 접선 방향에 대한 최상의 해석에 따라 측정했으며 표면을 "매끄럽게" 하려는 노력은 하지 않았다. 이는 그림 3F에서 볼 수 있으며, 접촉 지점에서 곡물 표면의 접선 방향은 곡물 표면의 더 큰 규모의 태도에 대해 상당한 각도로 보인다. 접촉각의 결과적인 변화는 그림 4에 표시된 분포의 일부로 분석하여 나타냈다.

접촉각은 scCO, -염수 계면과 암석 표면에 접하는 두 벡터를 추적하여 분할되지 않은 데이터에서 수동으로 측정되었다. 그런 다음 이러한 선 사이의 각도는 3D 각도 측정 도구(그림 3)를 사용하여 비습윤 단계를 통해 측정되었다. 측정은 다른 신경절의 scCO -염수-암석 접촉 선을 따라 무작위로 선택된 300개 지점에서 수행되었다. 접촉각은 분할된 데이터에서 측정되지 않았다. 측정된 각도는 접촉 선에 가까운 분할의 세부 사항에 매우 민감했기 때문이다. 이 경우 분할의 정확도가 가장 낮을 것으로 예상된다. 대조적으로, scCO와 염수 사이의 인터페이스를 시각적으로 추적하는 것은 비교적 간단하여 각도 측정이 더 정확하고 견고해졌다. 모든 이미지 처리가 Avizo Fire 8.0(Visual Sciences Group, www.vsg3d.com) 및 imageJ 프로그램 내에서 수행되었다.

*2. Method*

***2.3. Image processing***

After acquisition the images were filtered using a non-local means edge preserving filter [30,31]. They were then corrected for any beam hardening or softening artefacts created during image reconstruction by modelling these artefacts as radially symmetric Gaussian functions. The centre of this function was allowed to take any point in the x and y dimensions, but was assumed to be uniform in the z direction. As segmentation of images containing a partial saturation of multiple fluids is significantly more difficult than the segmentation of dry images [32], the use of simple grey-scale segmentation was insufficient. Instead a seeded watershed algorithm was used, with the seed generated by the use of a 2D histogram [33]. This segmented image was then analysed in 3D to identify each unique disconnected ganglion, which was then labelled.

A subvolume was then extracted around each unique ganglion and resegmented using the same 2D histogram-based watershed method detailed above, as the beam hardening and softening correction may not remove all lateral variations in grey-scale value across the image. Local segmentation was therefore likely to be more accurate than the primary global segmentation.

The edges of each phase were found on this new segmented image using a 3D Sobel filter [13]. The intersection of the edges of all three phases ($scCO_2$, brine and solid) was labelled as the contact line which could be traced in 3D. Finally a bilinear filter was applied to the resampled slice to eliminate possible angular quantisation due to the voxelized nature of the image. The contact angle was then measured by resampling the data onto a plane with a normal parallel to the contact line at a specific point (Fig. 2). The measurement was taken according to the best interpretation of the tangential direction of the relevant surfaces at the contact line and no effort to "smooth" the surfaces was made. This can be seen in Fig. 3F, where the tangential direction on the grain surface at the contact point is seen to be at a significant angle to the larger scale attitude of the grain surface. The resulting variation in contact angle was reported as part of the distribution shown in Fig. 4.

Contact angles were measured manually on the unsegmented data by tracing two vectors tangential to the $scCO_2$–brine interface and the rock surface. The angle between these lines was then measured through the non-wetting phase with a 3D angle measurement tool (Fig. 3). Measurements were performed at 300 points randomly selected along the $scCO_2$–brine–rock contact lines of different ganglia. The contact angle was not measured on the segmented data, as the angle measured was highly sensitive to the detail of segmentation close to the contact line, where we would expect the segmentation to be least accurate. In contrast, tracing the interface between the $scCO_2$ and the brine visually was relatively simple, making angle measurement more accurate and robust. All image processing was conducted within the Avizo Fire 8.0 (Visual Sciences Group, www.vsg3d.com) and imageJ programs.

**EXERCISE 3** 대상 연구 기사의 방법 섹션을 분석하고 모델링한다. 내용을 읽는 대신, 그 내용이 어떻게 전달되는지 주의하라. 정보를 담고 있는 스캐폴드를 보게 될 것이고, 이는 리뷰 기사나 연구 논문을 읽을 때마다 자동으로 업데이트되는 평생 읽기 및 쓰기 도구로 발전할 것이다.

## 2.4 유용한 단어와 구문

### 2.4.1 언어 과제

**EXERCISE 4** 이 단원과 대상 연구 기사의 방법 섹션을 살펴보라. 아래 네 가지 영역에서 사용할 수 있다고 생각되는 모든 단어나 구문에 밑줄을 긋거나 강조 표시한 다음 제안 사항을 섹션 2.4.2에 나열된 단어와 구문과 비교하라. 예를 들면:

**1. 사용된 재료/장비의 출처를 설명/제공하라**

다음과 같은 단어와 구문을 찾으라.

**2. 재료와 방법에 대한 세부 정보 제공**

**±정당성**
**±적절한 주의를 기울였다는 것을 표시하라**

'설계, 공식화, 설치, 측정, 전송'('*design, formulate, install, measure, transfer*')과 같이 작성자가 수행한 작업을 전달하는 동사를 찾으라.
'이전에, 이후에, 그 시점에서'('*prior to, subsequently, at that point*')와 같이 순서를 정확하게 설명하는 단어를 찾으라.

선택의 이유나 선택의 이점을 전달하는 언어를 찾으라. 예를 들면,' ~하기 위해, ~의 목적으로, ~의 목적으로, ~의 정확성, ~을 보장하기 위해'('*in order to, with the aim of, accurate, to ensure*'), '조심스럽게, 정확하게, 즉시'('*gently, precisely, immediately*')와 같이 주의를 기울였다는 것을 전달하는 언어를 찾으라.

### 3. 다른 연구의 자료/방법과 비교

당신이 생각하는 방법과 다른 방법 간의 유사점이나 차이점을 전달하는 언어를 찾으라. 예를 들어, '~와 비슷하게, ~대신에'('*adapted similar to, instead of*')와 같은 단어들이다.

### 4. 문제점이나 문제 표시

'약간 문제가 있는, 피할 수 없는, 도전적인'('*slightly problematic, unavoidable, challenging*')과 같은 언어를 찾으라.

## 2.4.2 방법 섹션의 언어

이 섹션은 다양한 분야에서 발행된 2,500개 이상의 연구 논문을 분석하여 방법 섹션의 단어와 구문을 나열한다. 이 목록에는 자주 등장하여 저자와 편집자가 정상적이고 수용할 수 있는 것으로 간주하는 단어와 구문만 포함된다.

이 목록은 또한 글쓰기의 흐름을 계속 유지해준다. 각 목록 아래에는 단어와 구문이 문장에서 어떻게 사용되는지에 대한 예가 있으므로 막혔을 때 무엇을 써야 할지 또는 어떻게 계속해야 할지 생각이 나지 않을 때 문장의 예와 목록을 살펴보라.

### 사용된 자료/샘플/장비의 출처를 밝히라

| | | |
|---|---|---|
| 상업적으로 이용 가능하다 | 수집되었다 | 수행되었다 |
| (~로부터)친절한 선물이었다 | 발견되었다 | 제공되었다 |
| 획득되었다 | 생성되었다 | 구매되었다 |
| 수행되었다 | 수정되었다 | 공급되었다 |
| 선택되었다 | 획득되었다 | 받은 것으로 사용되었다 |
| 수행되었다 | | 공급된 것으로 사용되었다 |

| | | |
|---|---|---|
| is commercially available | was collected | was performed (by/in) |
| was a kind gift (from) | was devised | was provided (by) |
| was acquired | was/were found (in) | was purchased (from) |
| was carried out | was generated | was supplied (by) |
| was chosen | was modified | was used as received |
| was conducted | was obtained | was used as supplied |

다음은 이러한 방법을 사용하는 몇 가지 예이다:

- 근력을 결정하는 데 **3단계 접근 방식을 사용되었다**.
- 추출물은 두 가지 다른 방법을 **사용하여 얻었다**.
- 이 연구에 사용된 태아우시혈청은 영국의 Gibco**에 의해 제공되었다**.
- Dextran standard 5000은 Sigma Aldrich**에서 구입되었다**.
- **이 연구에서는** 실험실 규모의 고정층 반응기**가 사용되었다**.
- 세포주는 David Louis 박사(매사추세츠 종합병원, MA, 미국)**로부터 기증되었다**.
- 여기에 사용된 포함 기준은 이전 연구의 기준**을 수정한 것이다.**
- **모든** 체적 폐 이미지는 건강한 천식 환자**로부터 얻었다**.
- **대부분의 주요 테스트에서,** 닮은 온도 테스트 챔버에 보관되었다.

- **A three-step approach was used** to determine the muscle force.
- The extracts **were obtained by using** two different methods.
- The fetal bovine serum used in this study **was provided by** Gibco, UK.
- Dextran standard 5000 **was purchased from** Sigma Aldrich.
- A laboratory-scale fixed-bed reactor **was used in this study**.
- The cell lines **were a kind gift from** Dr David Louis (Massachusetts General Hospital, MA, USA).
- The inclusion criteria used here are **a modified version of** those in a previous study[22].
- **All** volumetric lung images **were acquired from** healthy asthmatic subjects.
- **In the majority of the tests,** the chickens were kept in a temperature test chamber.

## 필수 배경 정보 제공 및/또는 사용된 자료/샘플/장비 설명

사용하거나 제작한 장비/기구 또는 악기에 대한 자세한 설명을 제공하거나, 독자가 시각화할 수 있도록 사진이나 다이어그램을 설명해야 할 수도 있다. 이를 정확하게 수행하려면 공간적 관계, 위치 및 장소를 설명하는 다양한 언어가 필요하다. 예를 들면 다음과 같다:

| | 위에 | | **동사** |
|---|---|---|---|
| 인접한 | 인접한 | | 정렬하다 |
| 건너서 | 따라 | 반대에 | 배열하다 |
| 앞에서 | 앞에 | 앞에 | 조립하다 |
| 아래에 | 아래에 | 아래에 | 붙이다 |
| 옆에 | 옆에 | | 양분하다 |
| 경계에 | 가장자리에 | 경계에 | 연결하다 |
| 원형의 | 직사각형의 | 원뿔형으로 | 수렴하다 |
| 하류의 | 상류(의) | | 결합하다 |
| | | | 삽입하다 |

| | | | |
|---|---|---|---|
| 등거리에 | 균등하게 간격을 둔 | | 싸다<br>묶다<br>고정하다<br>맞추다<br>고정하다<br>설치하다<br>교차하다<br>결합하다<br>위치하다<br>마운트하다<br>배치하다<br>위치하다<br>두다<br>둘러싸다 |
| 외부에 | 내부에 | | |
| 근처에 | 근접하여 | 근처에 | |
| 내부에 | 내부의 | | |
| 측면에 | 옆으로 | 수평형으로 | |
| 각 측면에 | 양쪽에 | 양쪽에 | |
| 오른쪽/왼쪽에 | 오른쪽/왼쪽으로 | | |
| 반대에 | 대면으로 | | |
| 범위 밖에 | 범위 내에 | | |
| 평행(과/와)으로 | 수직(에) | | |
| 대칭으로 | 비대칭으로 | | |

| | | | |
|---|---|---|---|
| above | over | on top (of) | **Verbs** |
| adjacent | adjoining | | align<br>arrange<br>assemble<br>attach to<br>bisect<br>connect<br>converge<br>couple<br>embed<br>encase<br>enclose<br>fasten<br>fit<br>fix<br>install<br>intersect<br>join |
| across | along | against | |
| at the front | on the front | in the front | |
| below | under | underneath | |
| beside | alongside | | |
| boundary | edge | border | |
| circular | rectangular | conical | |
| downstream | upstream (of) | | |
| equidistant | equally spaced | | |
| exterior | interior | | |
| in the vicinity | in close proximity | nearby | |
| inside | within | | |
| lateral | sideways | horizontal | |

<table>
<tr><td>on each side</td><td>on either side</td><td>on both sides</td><td rowspan="6">locate<br>mount<br>orient<br>place<br>position<br>situate<br>space<br>surround</td></tr>
<tr><td>on the right/left</td><td>to the right/left</td><td></td></tr>
<tr><td>opposite</td><td>facing</td><td></td></tr>
<tr><td>out of range</td><td>within range</td><td></td></tr>
<tr><td>parallel (to/with)</td><td>perpendicular (to)</td><td></td></tr>
<tr><td>symmetrical</td><td>asymmetrical</td><td></td></tr>
</table>

*다음은 이러한 방법을 사용하는 몇 가지 예이다:*

- 실험에서 소스와 검출기는 반대쪽에 **배치되었다**.
- 이 장치는 직사각형 윙렛 테이프(RWT) 와류 발생기가 장착된 **원형 튜브로 구성된다**.
- 압축 축은 롤링 방향과 **정렬된다**...
- 광원은 **수평으로** 편광되고 샘플 빔은 **측면으로** 스캔할 수 있다.
- 콜라겐 젤에 묻힌 미세소관은 **자기장 방향에** 수직**으로 배향되었다**.
- 측정 스테이션은 파이프 입구에서 하류 2cm에서 시작하여 20cm 간격으로 **배치되었다.**
- 스캐너는 금속 구조물 위에 **장착되었고**, 냄비는 **아래에 놓였으며**, 수집 라인에 **수직인 방향으로** 일정한 속도로 움직이는 카트 위에 있었다.

- In the experiment, source and detector **were positioned** on opposite sides.
- The apparatus consists of **a circular tube fitted with** rectangular-winglet tape (RWT) vortex generators.
- The compression axis **is aligned with** the rolling direction...
- The source light is polarised **horizontally** and the sample beam can be scanned **laterally**.
- The microtubules that **were embedded in** collagen gel were **oriented perpendicular to** the direction of the magnetic field.

- Measuring stations **were spaced** 20 cm apart, starting 2 cm **downstream of** the pipe entrance.
- A scanner **was mounted on top of a** metal structure, while pots were placed **underneath, over** a cart moving at constant speed **in the direction perpendicular to** the line of acquisition.

아래 문장 중 벽에 가장 가까이 놓인 테이블은 어느 것인가?

테이블은 벽에 기대어 놓았다.
테이블은 벽 옆에 놓았다.
테이블은 벽 옆에 놓았다.
테이블은 벽과 평평하게 놓았다.
테이블은 벽과 접촉하여 놓았다.
테이블은 벽 옆에 놓았다.
테이블은 벽에 바로 기대어 놓았다.

The table was placed against the wall.
The table was placed alongside the wall.
The table was placed beside the wall.
The table was placed flush with the wall.
The table was placed in contact with the wall.
The table was placed next to the wall.
The table was placed right against the wall.

아래 문장 중 어느 문장에서 시계가 문에 가장 가까이 위치했나?

시계가 문 바로 위에 있다.
시계가 문 약간 위에 있다.
시계가 문 바로 위에 있다.

시계가 문 바로 위에 있다
시계가 문 바로 위에 있다.

| | |
|---|---|
| The clock was positioned | just above the door. |
| The clock was positioned | slightly above the door. |
| The clock was positioned | immediately above the door. |
| The clock was positioned | directly above the door. |
| The clock was positioned | right above the door. |

### 재료와 방법에 대한 구체적이고 정확한 세부 정보를 제공하기 위한 언어

#### (i) 동사

방법 섹션의 동사는 세 가지 범주로 나뉜다. 첫 번째 범주에는 '시도, 고려, 수행, 결정, 조사, 보고, 확인'*('attempt, consider, conduct, determine, investigate, report, verify')*과 같은 일반적인 학술 연구 동사가 포함된다. 이는 부록 B: 연구 동사에서 찾을 수 있다. 두 번째 범주에는 '강화시키다, 복제하다, 해부하다, 이온화하다, 주입하다'*('anneal, clone, dissect, ionise, infuse')*와 같이 특정 분야에 매우 구체적인 동사가 포함된다. 이러한 동사는 다른 분야에서 유용하지 않기 때문에 목록에 포함되지 않는다.

아래 목록은 세 번째 범주에 속하는 기술 동사의 예들이다. 다음은 광범위한 분야에서 무엇을 했는지 또는 무엇을 사용했는지 지정하는 데 사용되는 기술 동사이다.

| | | |
|---|---|---|
| 적응되었다 | 나뉘었다 | 운영되었다 |
| 추가되었다 | 제거되었다 | 최적화되었다 |
| 관리되었다 | 채택되었다 | 수행되었다 |
| 채택되었다 | 추정되었다 | 배치되었다 |
| 조정되었다 | 평가되었다 | 표시되었다 |

| | | |
|---|---|---|
| 변경되었다 | 검사되었다 | 위치되었다 |
| 분석되었다 | 제외되었다 | 준비되었다 |
| 적용되었다 | 노출되었다 | 처리되었다 |
| 배열되었다 | 추출되었다 | 생산되었다 |
| 조립되었다 | 제작되었다 | 정량화되었다 |
| 평가되었다 | 여과되었다 | 기록되었다 |
| 가정되었다 | 공식화되었다 | 회수되었다 |
| 첨부되었다 | 생성되었다 | 조절되었다 |
| 계산되었다 | 침지되었다 | 제거되었다 |
| 교정되었다 | 구현되었다 | 반복되었다 |
| 수행되었다 | 포함되었다 | 표현되었다 |
| 특성화되었다 | 통합되었다 | 제한되었다 |
| 수집되었다 | 시작되었다 | 유지되었다 |
| 결합되었다 | 입력되었다 | 검색되었다 |
| 비교되었다 | 삽입되었다 | 샘플링되었다 |
| 계산되었다 | 설치되었다 | 점수 매겨졌다 |
| 수행되었다 | 역전되었다 | 선택되었다 |
| 연결되었다 | 격리되었다 | 분리되었다 |
| 구축되었다 | 위치되었다 | 모의실험되었다 |
| 통제되었다 | 유지되었다 | 해결되었다 |
| 변환되었다 | 최대화되었다 | 안정화되었다 |
| 생성되었다 | 측정되었다 | 대체되었다 |
| 정의되었다 | 최소화되었다 | 합성되었다 |
| 유도되었다 | 모델링되었다 | 추적되었다 |
| 설계되었다 | 수정되었다 | 이전되었다 |
| 결정되었다 | 모니터링되었다 | 처리되었다 |
| 폐기되었다 | 정규화되었다 | 변화되었다 |
| 배포되었다 | 획득되었다 | 활용되었다 |

| | | |
|---|---|---|
| was adapted | was divided | was operated |
| was added | was eliminated | was optimised |
| was administered | was employed | was performed |
| was adopted | was estimated | was placed |
| was adjusted | was evaluated | was plotted |
| was altered | was examined | was positioned |
| was analysed | was excluded | was prepared |
| was applied | was exposed | was processed |
| was arranged | was extracted | was produced |
| was assembled | was fabricated | was quantified |
| was assessed | was filtered | was recorded |
| was assumed | was formulated | was recovered |
| was attached | was generated | was regulated |
| was calculated | was immersed | was removed |
| was calibrated | was implemented | was repeated |
| was carried out | was included | was represented |
| was characterised | was incorporated | was restricted |
| was collected | was initiated | was retained |
| was combined | was input | was retrieved |
| was compared | was inserted | was sampled |
| was computed | was installed | was scored |
| was conducted | was inverted | was selected |
| was connected | was isolated | was separated |
| was constructed | was located | was simulated |
| was controlled | was maintained | was solved |
| was converted | was maximised | was stabilised |
| was created | was measured | was substituted |
| was defined | was minimised | was synthesised |
| was derived | was modelled | was tracked |
| was designed | was modified | was transferred |
| was determined | was monitored | was treated |
| was discarded | was normalised | was varied |
| was distributed | was obtained | was utilised |

**(ii) 순서 언어**

절차의 각 단계의 타이밍과 순서를 정확하게 설명하는 것은 독자와 심사자가 이를 시각화하고, 원하는 경우 절차를 반복하고 자신의 결과와 비교할 수 있도록 하는 데 필수적이다. then 또는 next와 같은 단어는 시간의 순서를 설명하지만 각 단계가 얼마나 걸렸는지 또는 다음 단계가 얼마나 빨리 발생했는지에 대한 정보는 제공하지 않는다. 이를 위해서는 보다 정확한 순서 어휘가 필요하다. 이 순서 언어는 결과를 설명할 때에도 마찬가지로 중요하다.

STEMM 글쓰기에서 순서를 전달하는 단어와 구문은 다음과 같이 8개 그룹으로 나눌 수 있다:

**그룹 1**에는 실험/시뮬레이션을 시작하기 전 또는 결과 관찰을 시작하기 전에 발생한 사건을 나타내는 단어/구문이 포함된다.
온도가 낮아지는 것이 바람직한 결과라는 것은 미리 분명했다.
*It was apparent beforehand that a reduction in temperature would be a desirable outcome.*

**그룹 2**는 실험/시뮬레이션의 시작 또는 설명하는 첫 번째 단계/결과를 나타낸다.
처음에는 예상대로 온도가 안정적이었다.
*At the beginning the temperature was stable, as predicted.*

**그룹 3**에는 사건이 발생한 순서를 알려주지만 사건의 타이밍에 대한 정보는 제공하지 않는 단어/구문이 포함된다.
온도가 49℃로 상승한 다음 30℃로 감소했다.
*The temperature was increased to 49℃ and then reduced to 30℃.*
온도가 49℃에 도달한 직후에 온도가 떨어졌거나 오랜 시간이 지난 후에

온도가 떨어졌을 수 있다. 그런 다음 단어는 독자에게 사건의 순서만 알려준다.

**그룹 4**는 두 사건 사이에 짧은 시간 간격이 있었거나 짧은 대기 시간 후에 사건이 발생했음을 전달하는 데 사용된다.
온도가 49℃로 상승했지만 곧 30℃로 떨어졌다.
*The temperature increased to 49℃ but soon dropped to 30℃.*

**그룹 5**는 사건 사이의 시간이 길었거나 설명하는 사건이 순서의 마지막에서 발생했음을 전달한다.
온도가 49℃로 상승한 다음 나중에 30℃로 감소했다.
*The temperature was increased to 49℃ and later reduced to 30℃.*

**그룹 6**은 매우 유용하고 중요하다. 여기에는 두 개 이상의 사건이 동시에/같은 기간에 발생했거나, 한 사건이 다른 사건과 정확히 같은 순간에 끝났음을 전달하는 단어와 구문이 포함된다. 즉, 두 사건이 만났다는 것이다. 이 그룹의 항목은 때때로 사건 간의 가능한 인과 관계 또는 상관 관계를 전달하는 데 사용된다.
압력을 낮추었을 때 온도가 급격히 떨어졌다.
*The temperature dropped sharply when we reduced the pressure.*

**그룹 7**은 순서의 끝을 나타낸다.
마지막에 온도가 눈에 띄게 떨어졌다.
*At the end there was a noticeable drop in temperature.*

**그룹 8**은 실험/시뮬레이션을 마친 후 또는 결과 관찰을 마친 후에 발생한 사건을 나타낸다.

마지막에 온도가 눈에 띄게 떨어졌지만 나중에 입력 데이터에서 이를 제외하기로 결정했다.
*At the end there was a noticeable drop in temperature but it was decided afterwards to omit this from the input data.*

| | | | |
|---|---|---|---|
| 후에 | 더 일찍 | 시간 내에 | 둘째로 |
| 그 후에 | 결국 | 처음에 | 곧 후에 |
| | 마침내 | 즉시 | 동시에 |
| 즉시 | 첫째로 | 마지막으로 | 곧곧바로 |
| | 다음에 | 나중에 | 그 후로 |
| 처음에 | 다음에 | 나중에 | 그 다음 |
| 그 시점에서 | 이전에 | 그 사이에 | 그 다음에 |
| 처음에 | 즉시 | 다음 | 처음에 |
| 끝에 | 미리 | 한 번 | 처음에 |
| 동시에 | 적절한 시기에 | 원래 | 끝까지 |
| 처음에 | 처음에 | 이전에 | 때까지 |
| 미리 | 끝에 | 이전에 | 언제 |
| 직접적으로 | 그동안 | 빨리 | 동안 |

| | | | |
|---|---|---|---|
| after | earlier | in time | secondly |
| afterwards | eventually | initially | shortly after |
| as | finally | instantly | simultaneously |
| as soon as | firstly | lastly | soon |
| at once | followed by | later | straight away |
| at first | following | later on | subsequently |
| at that point | formerly | meanwhile | then |
| at the beginning | immediately | next | to begin with |
| at the end | in advance | once | to start with |
| at the same time | in due course | originally | towards the end |
| at the start | in the beginning | previously | until |
| beforehand | in the end | prior to | when |
| directly | in the meantime | quickly | while |

**핵심**

**그룹 1**: *시작하기 전에*

| 미리<br>이른 | 이전에<br>사전에 | 원래<br>이전에 | 이전에<br>처음에 |
|---|---|---|---|

| beforehand<br>earlier | formerly<br>in advance | originally<br>previously | prior to<br>initially |
|---|---|---|---|

**그룹 2**: *시작/첫 번째 단계에서*

| 처음에<br>처음에 | 시작에<br>처음에 | 처음에<br>처음에 | 처음으로<br>처음으로 |
|---|---|---|---|

| at first<br>at the beginning | at the start<br>firstly | in the beginning<br>initially | to begin with<br>to start with |
|---|---|---|---|

**그룹 3**: *단계/순서*

| 후에<br>그 후에<br>더 일찍 | 다음에<br>다음에<br>이전에 | 다음에<br>이전에<br>이전에 | 두 번째로(등)<br>그 후에<br>그때 |
|---|---|---|---|

| after<br>afterwards<br>earlier | followed by<br>following<br>formerly | next<br>previously<br>prior to | secondly (etc.)<br>subsequently<br>then |
|---|---|---|---|

**그룹 4**: *잠시 후*

| 빨리 | 곧 | 곧 |
|---|---|---|

| quickly | shortly after | soon |
|---|---|---|

**그룹 5**: *늦은 또는 그 이후의 단계에서; 잠시/ 더 긴 대기 기간 후*

| 결국<br>적절한 시기에 | 시간이 지나면<br>나중에<br>나중에 | 그 후<br>끝 무렵 |
|---|---|---|

| eventually<br>in due course | in time<br>later<br>later on | subsequently<br>towards the end |
|---|---|---|

**그룹 6**: *한 지점/기간이 다른 지점/기간과 거의 또는 정확히 동시에 발생*

| 즉시<br>즉시<br>~하자마자<br>동시에<br>동시에<br>직접적으로 | 즉시<br>즉시<br>그 사이에<br>한편<br>한번 | 동시에<br>곧바로<br>언제까지<br>~하는 동안 |
|---|---|---|

| as<br>as soon as<br>at once<br>at that point<br>at the same time<br>directly | immediately<br>instantly<br>in the meantime<br>meanwhile<br>once | simultaneously<br>straight away<br>until<br>when<br>while |
|---|---|---|

**그룹 7**: *끝/마지막 단계에서*

| | |
|---|---|
| 끝으로<br>결국 | 마침내<br>마지막에<br>마지막으로 |

| | |
|---|---|
| at the end<br>eventually | finally<br>in the end<br>lastly |

**그룹 8**: *끝 후에*

| | |
|---|---|
| 그 후에<br>결국 | 나중에<br>나중에<br>그 후에 |

| | |
|---|---|
| afterwards<br>eventually | later<br>later on<br>subsequently |

### *선택의 정당화*

여기에는 '~하기 위해('in order to')'와 같이 당신이 내린 방법론적 또는 절차적 선택의 이유를 소개하는 문구와 그러한 선택의 이점을 전달하는 '행복한' 단어와 동사 목록이 포함된다.

| ~함으로써, 우리는 할 수 있었다 | **'행복한' 단어들☺** | **동사** |
|---|---|---|
| 선택하다/하다 | 정확한 | 달성하다 |
| 설계하다/하다 | 일관된 | 허용하다 |
| 간결함을 위해 | 직접적인 | 피하다 |
| 편의성을 위해 | 쉬운 | 보상하다(대하여) |
| 최대 효과를 위해 | 훌륭한 | 확인하다 |
| 단순함을 위해 | 중요한 | 결정하다 |
| 다음과 같은 이유로: | 정확한 | 가능하게 하다 |
| 시도하다/하기 위해 | 관련성 있는 | 향상시키다 |
| 수단을 제공하다 | 강력한 | 보장하다 |
| 우리의 목표는 | 만족스러운 | 설립하다 |
| 방법을 제공하다/하다 | 간단한 | 촉진하다 |
| 선택하다 | 적합한 | 보증하다 |
| 기준에 따라 | 유용한 | 개선하다 |
| 그래서/그러므로 | | 포함하다 |
| 이점의 | | 증가하다 |
| 이유를 위해 | **원인과 결과** | 제한하다 |
| 그에 따라 | **신호 연결어** | 최소화하다 |
| 이점을 취하다 | (102-105페이지 | 획득하다 |
| 이 목적을 위해 | 참조) | 극복하다 |
| 이것은 허용되었다 | | 허가하다 |
| 이것은 허용되었다 | | 방지하다 |
| 의미했다 | | 제공하다 |
| 목표로 | | 줄이다 |
| | | 제거하다 |
| | | 단순화하다 |
| | | 검증하다 |

| by doing..., we were able to | **'happy' words** ☺ | **Verbs** |
|---|---|---|
| chosen for/to | accurate | achieve |
| designed for/to | consistent | allow |
| for brevity | direct | avoid |
| for convenience | easy | compensate (for) |
| for maximum effect | excellent | confirm |
| for (the sake of) simplicity | important | determine |
| for the following reasons: | precise | enable |
| in an attempt to | relevant | enhance |
| in order to | robust | ensure |
| offer a means of | satisfactory | establish |
| our aim was to | simple | facilitate |
| provide a way of/to | suitable | guarantee |
| selected on the basis of | useful | improve |
| so as to | | include |
| so/such that | | increase |
| the advantage of | **CAUSE and RESULT** | limit |
| the reason for | **signalling connectors** | minimise |
| thereby | (See pages 102–105) | obtain |
| thus | | overcome |
| to take advantage of | | permit |
| to this end | | prevent |
| which/this allowed | | provide |
| which/this permitted | | reduce |
| which meant that | | remove |
| with the aim of | | simplify |
| | | validate |

*다음은 이러한 사용 방법에 대한 몇 가지 예시이다:*

- **간결함을 위해,** 이러한 방정식은 이 논문에 포함되지 않았다.
- 문제를 다루기 쉽게 **하기 위해** 가능한 시나리오 수를 줄였다.
- **박리 및 균열을 개선하기 위해** 산화 아연을 라미네이트에 끌어들였다.

- 필요한 수준 이상의 전기 전도성을 **보장하기 위해** 매트릭스에 전도성이 높은 충전재를 추가했다.
- 배열을 분석함으로써 모든 다중 경로에 대한 식별**이 가능했다.**
- **단순화를 위해** 단일값만 분석하였다.
- 샘플은 무게를 재기전에 건조되었기 때문에 토양과 돌의 비율을 정확하게 **개선할 수 있었다.**
- **검증을 위해** 온도와 변형률 9가지 조합에 대해 테스트를 반복했다.
- 이 설문조사는 여름철 활동량이 적은 **문제를 피하기 위해** 봄에 실시되었다.

- **For brevity**, these equations are not included in this paper.
- **To** make the problem tractable, we reduced the number of possible scenarios.
- Zinc oxide was drawn into the laminate **with the intention of enhancing** delaminations and cracks.
- A highly conductive filler is added to the matrix **in order to ensure** electrical conductivity above the required level.
- **The advantage of** using three-dimensional analysis was that the out-of-plane stress field could be obtained.
- By partitioning the array, **we were able to** identify all the multipaths.
- **For simplicity**, only a single value was analysed.
- The samples were dried before being weighed**, so allowing** accurate calculation of the ratio of soil to stones.
- **For verification purposes**, tests were repeated for 9 different combinations of temperature and strain rate.
- The survey was administered during the spring, **which avoided problems of** low activity during the summer months.
- Our control drug was given to all patients, **therefore we were able to** separate the effects of increased pH from other factors.

### *적절한 주의를 기울여졌음을 나타낼 때*

다음 박스에 있는 어휘의 대부분은 부사(*accurately: '정확하게'*)형태이지만 형용사(*accurate: '정확한'*)형태를 사용하여 작성할 수도 있다.

| | | | |
|---|---|---|---|
| 정확하게 | 완전히 | 즉시 | 엄격하게 |
| 항상 | 모든/각각 | 독립적으로 | 별도로 |
| 적절하게 | 정확히 | 개별적으로 | 매끄럽게 |
| 적어도 | 단단히 | 절대 | 엄격하게 |
| 둘 다 | 자주 | 단지 | 성공적으로 |
| 조심스럽게 | 신선하게 | 정확하게 | 적절하게 |
| 완전히 | 완전히 | 무작위로 | 단단히 |
| 항상 | 부드럽게 | 빠르게 | 철저히 |
| 올바르게 | 좋은 | 신뢰할 수 있게 | 균일하게 |
| 직접 | 동일한 | 반복적으로 | 강력하게 |

| | | | |
|---|---|---|---|
| accurately | entirely | immediately | rigorously |
| always | every/each | independently | separately |
| appropriately | exactly | individually | smoothly |
| at least | firmly | never | strictly |
| both/all | frequently | only | successfully |
| carefully | freshly | precisely | suitably |
| completely | fully | randomly | tightly |
| constantly | gently | rapidly | thoroughly |
| correctly | good | reliably | uniformly |
| directly | identical | repeatedly | vigorously |

### *다음은 이러한 사용 방법에 대한 몇 가지 예시이다:*

- 추출물을 준비하는 동안 **엄격한** 혐기성 조건을 유지하기 위해 주의를 기울였다.
- 그런 다음 세포를 **최소** 3번 이상 **철저히** 세척했다.

- 에멀전이 형성되는 것을 방지하기 위해 **부드럽고 반복적인** 반전(反轉)만 사용했다.
- 표본은 24시간 동안 **지속적으로** 모니터링을 진행했다.
- 응력 조건을 **원활하게** 업데이트하기 위해 판독을 **자주** 수행했다.
- 예상치 못한 틈이 발생하지 않도록 표본을 두 모서리에 **단단히** 고정시켰다.
- 조사 후 반응 혼합물을 **조심스럽게** 응축시켰다.
- 현미경으로 6개의 **깨끗한** 표본을 **손으로 직접** 골라냈다.
- 고성능 액체 크로마토그래피를 기반한 **신뢰할 수 있는** 분석 방법을 사용했다.

- Care was taken to maintain **strict** anaerobic conditions during extract preparation.
- These cells were then washed **thoroughly at least** three times.
- To prevent an emulsion from forming, only **gentle, repeated** inversion was used.
- The specimen was monitored **constantly** for 24 hours.
- **Frequent** readings were taken to update the stress conditions **smoothly**.
- The specimen was **tightly** clamped at two corners to minimize any unexpected gaps.
- After irradiation, the reaction mixture **was carefully** condensed.
- 6 **pristine** specimens **were handpicked** under a microscope.
- We used a **reliable** analytical method based on high-performance liquid chromatography.

### 다른 연구의 자료/방법과 비교하거나 참조

**옵션 1**: 사용한 자료/방법은 인용한 자료/방법과 **정확히 동일하다**.

| | | |
|---|---|---|
| 에 따르면 | 보고된 대로/에서 | 주어진/에서 |
| 에 의해 설명된 대로/에서* | 이전에 보고된 대로 | ~와 동일 |
| 에 의해 자세히 설명된 대로/에서 | 제안된 대로/에서 | ~에 따라 |
| 에 의해 설명된 대로/에서 | 에서 찾을 수 있다. | ~에 이전에 표시된/에서 |
| 에서 제안된 대로/에서 | 다른 곳에서 설명된 대로 | ~와 동일*/에서 |
| | 사세한 내용은 | ~의 방법을 사용하여 |
| | 다음 x 등에 나와 있다. | |

* **참고** 'by'와 'of'는 일반적으로 연구자 또는 연구팀의 이름 뒤에 온다(*Ross가 설명했거나 Ross et al.의 방법을 사용*). 반면 in은 일반적으로 작업 뒤에 온다(*Ross et al. [2020]에서 설명*).

| | | |
|---|---|---|
| according to | as reported by/in | given by/in |
| as described by/in* | as reported previously | identical to |
| as detailed by/in | as suggested by/in | in accordance with |
| as explained by/in | can be found in | previously shown in/by |
| as in | described elsewhere | the same as that of*/in |
| as proposed by/in | details are given in | using the method of/in |
| | following x *et al.* | |

**Note*: **by** and **of** are usually followed by the name of the researcher or research team (*as described by Ross* or *using the method of Ross et al.*) whereas **in** is usually followed by the work (*as described in Ross et al. [2020]).*

이를 수행하는 또 다른 방법은 문장의 적절한 위치에 관련 연구 참고문헌을 제공하는 것이다: 우리는 Shapiro-Wilk을 사용하여 주어진 샘플이 정상 모집단에서 나온 것인지 확인했다.

**옵션 2**: 사용한 재료/방법은 인용한 것과 **유사하다.**

| | | |
|---|---|---|
| 의 (수정된) 버전<br>에서 각색한<br>거의 같은<br>에 근거한<br>본질적으로 동일한<br>본질적으로 동일한<br>을 제외하고/그<br>x 등에 따르면<br>본질적으로<br>~에 따라<br>원칙적으로 | 대체로 동일하다<br>다소 동일하다<br>부분적으로 기반하다<br>실질적으로 동일하다<br>유사하다(to)<br>약간 수정하다<br>사실상 동일하다<br>약간의 조정과 함께<br>약간의 변경과 함께<br>약간의 변화와 함께<br>약간의 수정과 함께 | 적응하다<br>조정하다<br>변경하다<br>변경하다<br>수정하다<br>개선하다<br>유사하다<br>개정하다<br>다양화하다 |

| | | |
|---|---|---|
| a (modified) version of<br>adapted from<br>almost the same as<br>based on<br>essentially identical<br>essentially the same<br>except for/that<br>following x *et al.*<br>in essence<br>in line with<br>in principle | largely the same<br>more or less identical<br>partly based on<br>practically the same<br>similar (to)<br>slightly modified<br>virtually the same<br>with some adjustments<br>with some alterations<br>with some changes<br>with some modifications | (to) adapt<br>(to) adjust<br>(to) alter<br>(to) change<br>(to) modify<br>(to) refine<br>(to) resemble<br>(to) revise<br>(to) vary |

**옵션 3**: 사용한 재료/방법은 인용한 것과 **상당히 다르다.**

| 새로운 단계는...<br>에서 각색되었다<br>비록 여러 면에서 비슷하지만<br>비록 어떤 면에서는 비슷하지만<br>비록 비슷하지만<br>에 근거하여<br>을 제외하고/그것 대신에<br>느슨하게 근거하여<br>부분적으로 근거하여<br>다음과 같은 수정 사항과 달리: | **대조**<br>**신호 연결어, 예:**<br><br>그러나<br>반면에<br>~에 따라 | 적응하다<br>조절하다<br>변경하다<br>수정하다<br>개선하다<br>닮다<br>개정하다<br>다양하다 |
|---|---|---|

* **참고** 보시다시피, 이 중 대부분은 옵션 2와 옵션 3에서 모두 사용할 수 있다. 옵션 2에서 사용할 때는 사용한 절차/재료와 인용한 절차/재료의 차이점을 명시할 필요가 없을 수 있다. 옵션 3에서는 이러한 차이점이 상당하며, **특히 방법을 개선한 경우** 차이점이 무엇인지 정확히 명시해야 한다.

| a novel step was...<br>adapted from<br>although in many ways similar<br>although in some ways similar<br>although similar to<br>based on<br>except for/that<br>instead (of)<br>loosely based on<br>partly based on<br>unlike<br>with the following modifications: | **CONTRAST**<br>**signalling**<br>**connectors, e.g.:**<br><br><br>however<br>whereas<br>by contrast | (to) adapt<br>(to) adjust<br>(to) alter<br>(to) change<br>(to) modify<br>(to) refine<br>(to) resemble<br>(to) revise<br>(to) vary |
|---|---|---|

*Note*: As you see, most of these can be used in Option 2 as well as Option 3. When you use them in Option 2 you may not need to state the differences between the procedure/material you used and the one you cite. In Option 3 those differences are significant and you should say exactly what they were, **particularly if they improved the method**.

***다음은 이러한 방법이 사용되는 몇 가지 예이다:***

- 이 방법은 X. tropicalis에서 사용하기 위해 다른 곳에서 이전에 설명한 방법과 **본질적으로 동일했다.**
- Sobral 외 (2013)**에 의해** 모든 HAE에 단일 크기의 먼지 소멸을 적용했다.
- 분석 방법은 British Pharmacopeia **7에서 가져왔다.**
- 사용된 방법은 이전에 ref. 17에서 보고된 방법과 **동일했다.**
- 활성화된 송아지 흉선 DNA는 Pedrali-Noy와 Weissbach(17)**가 설명한 대로** 준비했다.
- 이러한 단점을 해결하기 위해 Du 및 Parker 필터를 **수정했으며** 이 수정된 필터를 MaxCurve 필터라고 한다.
- 데이터는 Portrait Values Questionnaire(9)의 **개정 버전을** 사용하여 수집했다.
- 그러나, **이 연구에서는** 막 세포 주위에 코일을 **사용하는 대신,** 세포 위에 코일을 놓았다.

- The method was **essentially the same as** that previously described elsewhere[5] for use in *X. tropicalis*.
- **We follow** Sobral *et al.* (2013) and apply one magnitude of dust extinction to all of our HAEs.
- The analytical method **was adapted from** British Pharmacopeia[7].
- The method used was **identical to** that previously reported in ref. 17.
- Activated calf thymus DNA was prepared **as decribed by** Pedrali-Noy and Weissbach (17).

- We **modified** the Du and Parker filter to address these shortcomings and we refer to this modified filter as the MaxCurve filter.
- Data were collected using **a revised version** of the Portrait Values Questionnaire (9).
- However, **in this study**, **instead of using** a coil around the membrane cell, we placed the coil on top of the cell.

### 문제가 발생한 위치를 표시하라

| 최소화<br>문제<br>*(별로 중요하지 않은)* | 최소화<br>책임<br>*(내 잘못이 아닌)* | 최대화<br>좋은 측면 |
|---|---|---|
| | | 수용 가능한 |
| 정확하게 정렬되지 않은 | 가능한 한 | 상당히 잘된 |
| 중요하지 않은 | 불가능한 | 꽤 좋음 |
| 인식된 | 비실용적 | 상당히 견고한 |
| 이상적이지 않은 | 불가피하게 | |
| 최소의 | (그것은) 어려운 | |
| 경미한 적자 | (그것은) 어려운 | **가능한 해결책을 참조:** |
| 무시할 수 있는 | 제한됨 | 향후 작업은...* |
| 동일하지 않은 | 필연적으로 | 향후 작업은...* |
| 완벽하지 않은 | 불가능한 | |
| 중요하지 않은 | 문제가 있는 | |
| 대략적일 뿐 | 피할 수 없는 | |
| 다소 시간 소모적인 | 실행 불가능한 | |
| 약간 실망스러운 | | |
| 약간 문제가 있는 | | |
| 중요하지 않은 | | |
| (매우) 작은 | | |

* **참고** 미래 작업을 해야 함과 미래 작업을 할 것 사이에 중요한 차이가 있다. 미래 작업은 해야 함에서 미래 작업의 방향을 제안하고 연구 커뮤니티가 도전에 나서 연구를 생산하도록 초대하는 반면 *미래 작업*은 작성자 자신의 계획, 의도 또는 현재 진행 중인 작업을 전달한다.

| **minimise problem** ***(no big deal)*** | **minimise responsibility** ***(not my fault)*** | **maximise good aspects** |
|---|---|---|
| did not align precisely | as far as possible | acceptable |
| immaterial | impossible | fairly well |
| it is recognised that | impractical | quite good |
| less than ideal | inevitably | reasonably robust |
| minimal | (it was) difficult to | |
| minor deficit | (it was) hard to | |
| negligible | limited by | |
| not identical | necessarily | **refer to a possible** |
| not perfect | not possible | **solution:** |
| not significant | problematic | Future work should...* |
| only approximate | unavoidable | Future work will...* |
| rather time-consuming | unworkable | |
| slightly disappointing | | |
| slightly problematic | | |
| unimportant | | |
| (very) small | | |

**Note*: There is an important difference between *future work should* and *future work will*. *Future work should* suggests a direction for future work, and invites the research community to take up the challenge and produce the research, whereas *future work will* communicates the writer's own plans, intentions or work currently underway.

다음은 이러한 방법이 사용되는 몇 가지 예이다:

- 월별 검사의 일상에도 불구하고 후속 조치는 **완벽하지 않았다.**

- 액체의 균일한 필름을 증착하는 것이 **약간 어려웠는데,** 아마도 점도가 낮기 때문일 것이다.
- 일부 중복은 **불가피했지만** 교차 참조를 자주 사용함으로**써 최소화되었다.**
- 확률은 **매우 작으므로** 이러한 오염 물질이 이 연구에 **미치는 영향은 무시할 수 있을 정도라고** 생각했다.
- 직경을 변경하려면 기계를 재보정해야 했는데, 이는 **다소 시간이 많이 걸렸다.**
- 원심분리로 모든 과도한 고형 약물을 제거하지는 못했지만 남은 양은 **무시할 수 있었다.**
- 다중파장 데이터가 부족하여 추가 광대역 선택을 **적용할 수 없었다.**
- **필연적으로** 상당한 계산이 필요했다.
- 이 절차는 존재하지 않는 파일이 지정되었더라도 프로그램이 성공적인 설정을 보고했다는 점에서 **약간 문제가 있었다.**

- Despite our routine of monthly examinations, follow-up **was not perfect**.
- It **was slightly difficult to** deposit a uniform film of the liquid, probably owing to its low viscosity.
- Although some duplication **was unavoidable**, this was **minimized by** the frequent use of cross references.
- The probability is **very small**, and hence we believe such contaminants have **only a negligible effect on** this study.
- Varying the diameter required the machine to be recalibrated, which **was rather time-consuming**.
- Although centrifugation did not remove all the excess solid drug, the amount remaining was **negligible**.
- Due to the lack of multiwavelength data it was **not possible** to apply additional broad-band selections.
- **Inevitably**, considerable computation was involved.
- This procedure **was slightly problematic** in that the program reported successful setup even if a nonexistent file was specified.

## 2.5 언어 및 쓰기 기술

이 섹션에서는 방법 섹션에서 중요한 세 가지 언어 영역을 다룬다:

**소유권: 동사 시제와 행위자 없는 수동태**
**전치사**
**A와 THE의 사용법**

### 2.5.1 동사 시제와 행위자 없는 수동태

방법 섹션을 작성하기 전에 대상 논문과 대상 저널의 저자 가이드를 살펴보고 주로 수동태 또는 능동태로 작성되었는지 확인해야 한다. 능동태 동사(*we investigate/we conclude*)는 연구 쓰기에서 일반적이지만, 일부 프로세스는 방법 섹션에서 여전히 수동태로 표현될 수 있다.

연구 논문 저자는 일반적으로 수동태 + 행위자(*was/is found* ***by us***)보다는 행위자 없는 수동태 동사(*was/is found*)를 사용하므로 대부분의 경우 실제로 동사를 수행한 사람은 언급되지 않는다. 이는 행위자 없는 수동태가 자신의 작업을 설명하든(멸균 면봉을 사용하여 샘플을 수집했다; *samples were collected using a sterile swab*) 다른 연구자의 작업을 설명하든(멸균 면봉을 사용하여 샘플을 수집했다; *samples were collected using a sterile swab*) 동일하게 보이기 때문에 모호함이 발생할 위험이 높다. 이같은 모호함은 논문 투고의 탈락 가능성을 유발시킬 수 있으므로 투고의 기회를 잃게 될 수도 있다.

두 번째 잠재적 모호성은 방법 섹션에서 동사 시제를 사용하는 데서 비롯된다. 과거 단순 시제는 일반적으로 자신이 한 일을 보고하는 데 사용되는 반면, 현재 단순 시제는 표준 절차나 장비를 설명하는 데 사용된다. 따라서 수동태의 동사 시제를 잘못 사용하면 정보의 의미가 달라질 수

있다. 예를 들어 자신이 수행한 작업과 설명하는 표준 절차가 혼동될 수 있다:

자신이 한 일 보고하기(과거 단순 수동태):

파이프에 유연한 섹션이 삽입되었다.
*A flexible section* ***was*** *inserted in the pipe.*

표준 절차 설명하기(현재 단순 수동태):
파이프에 유연한 섹션이 삽입된다.
*A flexible section* ***is*** *inserted in the pipe.*

이러한 유형의 모호성을 세심하게 감지하고 해결하는 것이 필수적이다. 그렇지 않으면 독자나 검토자가 자신의 작업을 언급할 때와 다른 연구자의 작업이나 표준 절차를 언급할 때를 알아내기 어렵거나 불가능할 것이다. 이는 연구 논문 게재에 가장 해롭다. 안타깝게도 프로젝트에 익숙하기 때문에 모호성이 있는 곳을 파악하기가 더 어렵다. 작성한 내용의 의미는 항상 분명해 보이지만 독자에게도 분명하다는 의미는 아닐 것이다.

책의 시작 부분에 있는 핵심 메시지 중 하나는 '단순히 독자가 이해할 수 있게 만드는 것이 목표가 아니다. 목표는 독자가 이해하지 못할 수 없게 만드는 것이다'라는 것이었다. 자신의 기여가 명확하고 식별하기 쉬운지 확인하는 한 가지 방법은 이 연구에서와 같이 언어로 표시하는 것이다. 방법 섹션에서 필요할 수 있는 수동태의 다섯 가지 가능한 용도와 의미를 명확하게 표현할 수 있는 방법에 대한 제안은 다음과 같다:

| | 무슨 뜻인가? | 어떻게 명확히 알 수 있을까요? |
|---|---|---|
| 1 | X는 **내가 수행한 절차 또는 작업에서** (수집/수정)했다. | • 활성으로 이동한다: *X를 수집/수정했다.*<br>• '*여기/이 작업에서/우리 모델에서*'와 같은 단어나 구를 추가한다.<br>• '*이 실험/위에서 설명한 절차*'와 같은 '더미' 문법적 주어를 사용한다. |
| 2 | X는 **내 절차 또는 작업의 근거로 사용하거나 내 작업과 비교하는 사람이** (수집/수정)한 것이다. | • 인용 참조를 제시한다.<br>• '*그들의 작업에서/그 모델에서*'와 같은 단어나 구를 추가한다.<br>• '*그 실험/그들의 연구에 사용된 프로브*'와 같은 '더미' 문법적 주어를 사용한다. |
| 3 | X는 **정상적으로, 즉 확립된 또는 표준 절차의 일부로** (수집/수정된) 것이다. | • 표준 절차라 하더라도 절차가 얼마나 잘 알려져 있는지에 따라 인용 참조가 필요할 수 있다.<br>• '*표준 절차 사용하는 것/~와 같이*'와 같은 문구를 사용하라. |
| 4 | **그림 1에서 볼 수 있듯이 X는 (수집/수정)이며, 제가** 수집/수정했다. | • 그림의 내용이 본인의 저작물임을 명시적으로 밝히라: *여기에 사용된 실험 설정은 그림 3에 나와 있다.*<br>• 활성으로 이동한다: *X를 수집/수정했다.* |
| 5 | X는 **내가 (수집/수정)했지만, 내 분야/이 저널에서는 현재 단순 시제를** 사용한다. | • 활성으로 이동한다: *우리는 X를 수집/수정한다.*<br>• '*여기/이 작품에서/우리 모델에서*'와 같은 단어나 구를 추가한다.<br>• '*이 방정식/이 모델*'과 같은 '더미' 주어를 사용한다. |

| | What do you mean? | How can you make it clear? |
|---|---|---|
| 1 | X was (collected/ modified) **by me in the procedure or work that I carried out**. | • Move to the active: *We collected/ modified X.*<br>• Add words or phrases such as *here/in this work/in our model.*<br>• Use a 'dummy' grammatical subject such as *This experiment/The procedure described above.* |
| 2 | X was (collected/ modified) **by the person whose procedure or work I am using as a basis for mine or comparing with mine**. | • Give a citation reference.<br>• Add words/phrases such as *in their work/ in that model.*<br>• Use a 'dummy' grammatical subject such as *That experiment/The probe used in their study.* |
| 3 | X is (collected/ modified) **normally, i.e. as part of an established or standard procedure**. | • You may need a citation reference even if it is a standard procedure, depending on how well known the procedure is.<br>• Use phrases such as *using standard procedures/as in* [5]. |
| 4 | X is (collected/ modified) **as you can see in Fig. 1, and it was collected/ modified by me**. | • Explicitly identify the content of the Figure as your own work: *The experimental setup used here is shown in Fig. 3.*<br>• Move to the active: *We collect/modify X.* |
| 5 | X was (collected/ modified) **by me, but in my field/this journal the Present Simple tense is used**. | • Move to the active: *We collect/modify X.*<br>• Add words or phrases such as *here/in this work/in our model.*<br>• Use a 'dummy' subject such as *This equation/The model.* |

나만의 작품을 소유하고 기존 작품과 구분하는 것이 가장 중요하다. 방법 섹션 작성을 마치면 동사가 올바른 시제, 즉 원하는 기능/의미를 전달하고 있는지, 단순히 독자에게 당연하다고 가정하고 있는지 모든 문장을 확인한다.

## 2.5.2 전치사

전치사는 의미에 영향을 미친다. 어떤 것에 대한 증거는 그것이 존재하거나 존재한다는 측정 가능한 신호인 반면, 어떤 것에 대한 증거는 그것이 있을 수 있거나 존재할 수 있다는 신호다. 일부 동사는 그 의미를 전적으로 전치사에 의존한다: *X가 Y로 대체되었다는 것은 X가 Y를 대체했음을 의미하고 X가 Y로 대체되었다는 것은 Y가 X를 대체했음을 의미한다.*
영어가 모국어라 하더라도 전 세계 사용자를 대상으로 글을 작성하는 것이므로 전치사 의미를 이해하는 데 어려움을 겪는 사용자도 있을 수 있으므로 주의하는 것이 좋다. 전치사 사용을 개선하기 위한 5가지 유용한 전략을 소개한다:

### 1. 전치사에 더 많은 주의를 기울이는 것부터 시작한다.

다음 전치사 중 몇 개를 찾을 수 있나? '*of for with on in through at over from about*'를 편집된 추출에서 몇 개나 찾을 수 있나? 답은 각 발췌문 뒤에 괄호 안에 나와 있다.

- 파장이 633nm인 헬륨-네온 레이저 빔이 도마를 통해 정상에서 59° 각도로 샘플에 조사되었다. 반사된 광선을 검은색 카드에 흡수하고, X10 현미경 대물렌즈를 사용하여 샘플에 대한 정상 입사각에서 산란광을 수집했다. (8)

- 용액을 혼합 직후 환류조에 넣고 15분 만에 수조의 온도를 70℃로 높여 2시간 동안 유지했다. 그런 다음 용액을 실온에서 24시간 동안 숙성시킨 후 같은 양의 EtOH로 희석하고 10분 동안 교반하여 스핀 코팅에 사용되는 용액을 얻었다. (11)
- 필름을 일립소미터의 샘플 스테이지에 있는 밀폐된 챔버에 넣고, 먼저 건조한 N2 가스를 챔버를 통과시켜 기공을 비운 다음, N2가 기포가 된 후 액체 흡착제를 샘플 위에 통과시켜 기공을 채웠다. 접근 가능한 모든 기공이 완전히 비어 있거나 흡착제로 채워져 있다고 가정하면 고체 골격의 기공 부피와 지수를 결정할 수 있다. 건조 및 포화 필름 모두에 대한 nf를 측정하면 포화된 경우 np가 벌크 흡착제의 값과 같고 건조한 경우 공기(np = 1)의 값과 같다고 가정하여 vp와 ns를 모두 결정할 수 있다. (15)
- 이 설정에 사용한 적외선 카메라는 Raytheon Radiance HS이며 3~5$\mu$m 스펙트럼 영역에서 작동한다. 이 카메라는 ~0.03℃의 표면 온도 변화에 민감하며(1ms 통합 시간), 해당 감도로 140Hz의 풀 프레임 속도로 작동할 수 있다. 또한 IR의 장파장에서 작동하는 마이크로볼로미터 초점면 배열 카메라로 여기에서 보고된 효과를 관찰했다. (11)
- W. 바우미스터 박사가 기증한 데이노코커스 라디오두란스의 육각형으로 포장된 중간층(HPI)을 전체 세포(SARK 균주)에서 리튬 도데실 설페이트로 추출한 후 퍼콜 밀도 구배로 정제했다. 스톡 용액(1mg/ml 단백질)을 4℃의 증류수에 보관했다. 옥틸-폴리에틸렌에 용해된 대장균 균주 BZ 1 10/ PMY222(Hoenger et al., 1993)의 포린 OmpF 트리머를 가용화된 디미리스토일 포스파티딜콜린(Sigma Chemical Co., 미주리주 세인트 루이스)과 0.2 비율(w/w), 1 mg/ml의 단백질 농도에서 혼합했다. 시그마의 1,2-디팔미토일-포스파티딜에탄올아민(DPPE)을 클로로포름:헥산(1:1)에 1 mg/ml의 농도로 용해시켰다. 생성된 용액을 완충 용액(150mM KCl, 10mM Tris, pH 8.4)에 100$\mu$g/ml 농도로 희석했다. (20)

- A helium-neon laser beam, having a wavelength of 633 nm, was directed onto the sample, through a chopping wheel, at an angle 59° from the normal. The specularly reflected beam was absorbed onto a black card, and the scattered light was collected at normal incidence to the sample using an X10 microscope objective. *(8)*
- The solutions were placed in the refluxing bath immediately after mixing, and the temperature of the bath was increased to 70°C in 15 min and kept there for 2 h. The solutions were then aged for 24 h at room temperature, before being diluted with an equal volume of EtOH and stirred for 10 min, to give the solution used for spin coating. *(11)*
- The film is placed in a sealed chamber on the sample stage of the ellipsometer; first dry N2 gas is passed through the chamber to empty the pores, and after N2 has been bubbled through, the liquid adsorbate is passed over the sample to fill the pores. By assuming that all the accessible pores are completely empty or filled with adsorbate, the pore volume and index of the solid skeleton can be determined. Measurement of *nf* for both the dry and saturated films allows both *vp* and *ns* to be determined with the assumption that *np* has the same value as that of the bulk adsorbate in the saturated case, and of air (*np = 1*) in the dry case. *(15)*
- The IR camera that we used in the setup is a Raytheon Radiance HS, and operates in the 3–5 μm spectral region. It is sensitive (with a 1 ms integration time) to surface temperature changes of ~0.03°C, and can be operated at full frame rates of 140 Hz with that sensitivity. We have also observed the effects reported here with a microbolometer focal plane array camera, operating in the long wavelength of the IR. *(11)*
- Hexagonally packed intermediate (HPI) layer from Deinococcus radiodurans, a kind gift of Dr. W. Baumeister, was extracted from whole cells (strain SARK) with lithium dodecyl sulfate, and purified on a Percoll density gradient. A stock solution (1 mg/ml protein) was stored in distilled water at 4°C. Porin OmpF trimers from E. coli strain BZ 1 10/ PMY222 (Hoenger *et al.*, 1993) solubilized in octyl-polyoxyethylene were mixed with solubilised dimyristoyl phosphatidylcholine (Sigma Chemical Co., St. Louis, MO) at a ratio (w/w) of 0.2 and a protein concentration of 1 mg/ml. 1,2-Dipalmitoyl-phosphatidylethanolamine (DPPE) from Sigma was solubilized in chloroform:hexane (1:1) to a concentration of

1 mg/ml. The resulting solution was diluted in buffer solution (150 mM KCl, 10 mM Tris, pH 8.4) to a concentration of 100 μg/ml. *(20)*

## 2. 대상 연구 글에서 프로세스를 설명하는 데 사용되는 동사 + 전치사 클러스터에 주의한다.

다음은 146~148페이지의 방법 섹션에서 발췌한 내용이다. 전치사 중 일부는 분명한 것도 있고 그렇지 않은 것도 있다. 당신이라면 이 전치사를 선택했을까?

### 자료 및 방법

검출기와 주변 물 팬텀에서 흡수된 선량을 계산하기 위해 MC 코드 시스템 PENELOPE 2003(Salvat et al. 2003)과 메인 프로그램 PENCYL을 사용했다. 시뮬레이션 시간을 최소화하기 위해 다이아몬드 층과 전극의 형상은 무한 슬래브 형상을 채택하여 단순화했다 [...] 본 연구는 금속/다이아몬드/금속 계면 현상에 초점을 맞추기 때문에 검출기의 하우징을 물로 간주하여 물로 대체했다. 두께가 다른 금속 전극이 다이아몬드에 흡수되는 선량에 미치는 영향을 조사했다. 먼저 은으로 만든 전극을 시뮬레이션했다. 은은 전기 전도도가 높고 다이아몬드와 옴 접촉을 형성하며 열 증착 기술과 은 에폭시 접착제로 검출기와 접촉하는 기술이 잘 확립되어 있기 때문에 일반적인 재료이다. [...]

합리적인 CPU 내에서 계산을 완료하면서 정확도를 유지하기 위해 시뮬레이션 매개변수를 신중하게 선택해야 했다. 시뮬레이션 과정에서 각 입자(1차 또는 2차 광자, 전자 또는 양전자)는 에너지가 미리 선택된 해당 흡수 에너지인 $E_{abs}$ 아래로 떨어질 때까지 운반되었으며, 이 경우 에너지가 국부적으로 축적되고 입자에 대한 시뮬레이션이 중단되었다. 전자와 양전자 추적을 위해 PENELOPE에서 구현된 혼합 알고리즘은 특정 시뮬레이션 파라미터, 즉 $C_1$, $C_2$, $W_{cc}$ 및 $W_{cr}$에 의해 제어되며, 그 정의와 역할은 Salvat 등(2003)에 자세히 설명되어 있다. 간결성을 위해 여기서는 열거하고 채택된 값을 인용한다. [...]. 우리는 입자와 활성층 및 전극까지의 거리에 따라 다른 시뮬레이션 매개 변수를 사용하는 것이 편리하다는 것을 발견했다. 이를 위해 가장 '보수적인 시뮬레이션' 매개 변수가 선택된 검출기가 두께와 $E_{abs}$ 값이 연속적으로 증가하는 세 개의 물 '껍질'로 둘러싸여 있다고 가정했다 [...].

**Materials and methods**

The MC code system PENELOPE 2003 (Salvat et al. 2003) and the main program PENCYL were used to calculate the absorbed dose **in** the detector and surrounding water phantom. In order to minimize the time **of** the simulations, the geometry **of** the diamond layer and electrodes was simplified **by** adopting an infinite-slab geometry [...] Since the present study focuses **on** the metal/diamond/metal interface phenomena, the housing **of** the detector was regarded **as** water equivalent and thus replaced **by** water. The influence **of** metallic electrodes of different thicknesses **on** the absorbed dose **to** the diamond was investigated. Electrodes made **of** silver were simulated first. Silver is a common material because it has a high electrical conductivity, forms ohmic contact **with** diamond and the technology **of** its thermal deposition as well as contacting the detector **with** silver epoxy glue is well established. [...]

A careful selection **of** simulation parameters was needed in order to preserve accuracy while completing the calculations **within** reasonable CPU. **In** the course of the simulations, each particle (a primary or secondary photon, electron or positron) was transported until its energy fell **below** the corresponding pre-selected absorption energy, $E_{abs}$; when this happened, its energy was deposited locally and simulation **of** the particle was discontinued. The mixed algorithm implemented **in** PENELOPE **for** the tracking **of** electrons and positrons is governed **by** specific simulation parameters, namely $C_1$, $C_2$, $W_{cc}$ and $W_{cr}$, whose definitions and role are explained at length **in** Salvat et al. (2003). For the sake of brevity, here we just enumerate them and quote the adopted values. [...]. We found it convenient to use different simulation parameters depending **on** the distance **of** the particles **to** the active layer and electrodes. To this end, we considered that the detector, where the most 'conservative' simulation parameters were selected, was surrounded **by** three 'shells' of water **with** successively increasing thickness and values **of** $E_{abs}$. [...].

다음은 동사 + 전치사 클러스터의 몇 가지 예이다. 참고 논문을 토대로 새로운 정보를 찾아낸 후 이 목록에 추가하라.

| | |
|---|---|
| 모든 코호트에 적용되었다.<br>450℃에서 하소(煆燒)된<br>정적 공기에서 하소(煆燒)된<br>실제 데이터와 비교하여 보정된<br>분석을 위해 고려된<br>지방산으로 전환된<br>코팅된 플레이트에서 배양된<br>오토클레이브에서 경화된<br>진공 오븐에서 가스 제거된<br>아르곤으로 가스 제거된<br>아세톤으로 탈지된<br>직사각형 세포로 분할된<br>열에 노출되었다.<br>냉동 샘플에서 추출된<br>힐버트 변환으로 추출된<br>플라스틱 튜브가 장착되었다.<br>60 등급 그릿으로 그릿 블라스트 되었다.<br>박격포와 유봉으로 갈았다.<br>미네랄 배지에서 성장했다.<br>2 시간 동안 배양했다. | 5분 이내에 주입되었다.<br>모델에 입력 되었다.<br>염료로 라벨을 붙였다<br>이 상태로 유지되었다.<br>연강으로 제조되었다.<br>강철 핀으로 제조되었다.<br>참조 게놈에 대해 매핑되었다.<br>엑손 길이에 대해 정규화되었다.<br>준정적 속도로 수행되었다.<br>조직 샘플에서 수행되었다.<br>진공 상태로 놓았다.<br>이소프로판올로 침전시켰다.<br>1:3 비율로 전파시켰다.<br>인비트로젠으로 전파시켰다.<br>공급 가스로 교체했다.<br>데이터베이스에서 검색되었다.<br>표면에 퍼졌다.<br>충격을 가했다.<br>웰 플레이트에 옮겼다.<br>1차 항체로 처리했다. |

| | |
|---|---|
| was applied across all cohorts<br>was calcinated at 450°c<br>was calcined in static air<br>was calibrated against real-world data<br>was considered for analysis<br>was converted into fatty acids<br>was cultured on coated plates<br>was cured in an autoclave | was infused within 5 minutes<br>was input into a model<br>was labelled with a dye<br>was maintained in this condition<br>was manufactured in mild steel<br>was manufactured with steel pins<br>was mapped against the reference genome<br>was normalised for exon length |

| | |
|---|---|
| was degassed in a vacuum oven | was performed at quasi-static rates |
| was degassed with argon | was performed on tissue samples |
| was degreased in acetone | was placed under vacuum |
| was divided into rectangular cells | was precipitated with isopropanol |
| was exposed to heat | was propagated in 1:3 ratio |
| was extracted from frozen samples | was propagated with Invitrogen |
| was extracted with a Hilbert transform | was replaced with feed gas |
| was fitted with a plastic tube | was retrieved from the database |
| was grit-blasted with grade 60 grit | was spread onto the surface |
| was ground with a mortar and pestle | was subjected to impact |
| was grown on a mineral medium | was transferred into a well plate |
| was incubated for 2 h | was treated with primary antibodies |

### 3. 전치사를 의미를 명확하게 하는 단어로 대체하는 것을 고려하라.

앞서 언급했듯이(1.5.2절) 문장의 시작 방식이 잘 작성된 문장의 핵심이므로 문장의 시작은 매우 중요하다.

대신에:

> *이 추정치를 바탕**으로 얻은** 검색 결과의 순위를 매긴 다음 크기에 따라 분류했다.*
>
> ***From** this estimation, we ranked the search results obtained and then classified them according to size.*

글쓰기를 생각해 보자:

> *이 추정치를 **사용하여** 검색 결과의 순위를 매긴 다음 크기에 따라 분류했다.*
>
> ***Using** this estimation, we ranked the search results and then classified them according to size.*

글을 쓸 때:

> *컴퓨터 처리 속도가 빨라지면서 시뮬레이션에 걸리는 시간이 단축되었다.*

> ***With** the increase in computer processing speeds, the time taken for simulations has reduced.*

이는 증가의 결과인가, 아니면 증가와 동시에 일어난 일인가?

글을 쓸 때:

> *여러 번의 시도를 통해 조직 중앙에 프로브를 배치할 수 있었다.*
>
> **With** *many attempts, we were able to position the probe in the centre of the tissue.*

이는 여러 번의 실패한 시도 후를 의미하는가, 아니면 여러 번의 시도를 의미하는가?

전치사 with가 특히 문제가 된다. '*한쪽 눈을 가진 개를 보세요*'는 *한쪽 눈을 사용하거나*(볼 때 한쪽 눈을 감는다) *한쪽 눈을 가지고 있다는 의미*(개는 한쪽 눈만 가지고 있다)*를 나타낼 수 있다.* 또한, 일부 문맥에서 의도를 전달할 수 있는 반면, by는 의도가 없음을 암시한다. 즉, 철근에 맞은 것은 의도적인 반면, 철근에 맞았다는 것은 의도가 없음을 암시하는 것이다. 또 다른 예로, X가 Y로 코팅되었다면 이는 아마도 Y가 X를 코팅하는 데 사용된 재료라는 의미일 것이다. X를 코팅하는 데 사용된 과정을 나타내려면 X가 Y에 의해 코팅되었다고 쓰는 것이 더 명확하다.

The preposition **with** is particularly problematic. *Look at that dog **with one eye*** can either mean *USING one eye* (close one of your eyes when you look) or *HAVING one eye* (the dog only has one eye). In addition, **with** can communicate intention in some contexts, whereas **by** suggests lack of intention: being hit **with** a metal bar is intentional, whereas being hit **by** a metal bar suggests lack of intention. In another example, if *X was coated **with** Y*, that probably means Y was the *material used* to coat X. To indicate the process used to coat X, it is clearer to write *X was coated **by** (doing) Y.*

### 4. 전치사 사용의 패턴 찾기

참고 논문을 살펴보면, *'using'*이 *'with'*보다 더 자주 사용되며 *접미사 -ing*으로 끝나는 과정 설명 앞에 *'by'*가 자주 사용되는 것을 알 수 있다. 다음은 몇 가지 예이다:

| | |
|---|---|
| 컴퓨팅 클러스터를 사용하여 분석되었다.<br>Instron 4507을 사용하여 평가되었다.<br>을 사용하여 계산되었다.<br>Ministat 251을 사용하여 수행되었다.<br>흐름 알고리즘을 사용하여 계산되었다.<br>광학 현미경을 사용하여 수행되었다.<br>자동 시스템을 사용하여 제어되었다.<br>eArray 플랫폼을 사용하여 설계되었다.<br>레이저를 사용하여 개발되었다.<br>아날로그 저울을 사용하여 평가되었다.<br>회전식 증발기를 사용하여 증발되었다.<br>시약 용액을 사용하여 시약 추출되었다.<br>버터워스 필터를 사용하여 필터링되었다.<br>전기 도금을 통해 달성되었다.<br>분석하여 평가되었다.<br>혈관 조영술로 평가되었다.<br>나누어서 계산되었다.<br>면역 염색으로 확인되었다.<br>ATP 수치를 측정하여 결정되었다.<br>bFGF의 철수에 의해 분화되었다. | 임상 공변량을 사용하여 생성되었다.<br>차폐 가스 혼합을 사용하여 개선되었다.<br>13개의 탄성 요소를 사용하여 모델링되었다.<br>접착 테이프를 사용하여 장착되었다.<br>베이지안 기준을 사용하여 최적화되었다.<br>X-선 회절계를 사용하여 수행되었다.<br>매핑 알고리즘을 사용하여 수행되었다.<br>위상 고정 계수를 사용하여 정량화되었다.<br>그라인더를 사용하여 제거되었다.<br>HGVS 명명법을 사용하여 보고되었다.<br>필터를 사용하여 선택되었다.<br>페널티 방법을 사용하여 해결되었다.<br>브랜슨 초음파 처리기를 사용하여 초음파 처리되었다.<br>필터를 적용하여 추출되었다.<br>통합함으로써 형성되었다.<br>약물을 투여함으로써 시작되었다.<br>추가함으로써 침전되었다.<br>화학 기상 증착에 의해 준비되었다.<br>용해시킴으로써 준비되었다.<br>bFGF로 대체되었다. |

| | |
|---|---|
| was analysed USING a computing cluster | was generated USING clinical covariates |
| was assessed USING an Instron 4507 | was improved USING a shielding gas mix |
| was calculated USING another | was modeled USING 13 elastic elements |
| was carried out USING a Ministat 251 | was mounted USING adhesive tape |
| was computed USING a flow algorithm | was optimised USING Bayesian criteria |
| was conducted USING an optical microscope | was performed USING an X-ray diffractometer |
| was controlled USING an automatic system | was performed USING a mapping algorithm |
| was designed USING an eArray platform | was quantified USING the phase-locking factor |
| was developed USING a laser | was removed USING a grinder |
| was evaluated USING an analog scale | was reported USING the HGVS nomenclature |
| was evaporated USING a rotary evaporator | was selected USING a filter |
| was extracted USING a reagent solution | was solved USING the penalty method |
| was filtered USING a Butterworth filter | was sonicated USING a Branson Sonificator |
| was achieved BY electroplating | was extracted BY applying a filter |
| was assessed BY analysing... | was formed BY incorporating... |
| was assessed BY angiography | was initiated BY administering a drug |
| was calculated BY dividing... | was precipitated BY adding... |
| was confirmed BY immunostaining | was prepared BY chemical vapour deposition |
| was determined BY measuring ATP levels | was prepared BY dissolving... |
| was differentiated BY withdrawal of bFGF | was replaced BY bFGF |

## 5. 전치사 구문 연결 피하기

연결된 전치사 구문은 서로 '감염'되어 문장이 엉망이 되는 경향이 있다. '그는 지난 1월 병원에서 간암에 대한 강연을 했다'와 같은 문장에서는 강연이 병원에서 있었는지 간암이 발생했는지, 아니면 강연이 1월에 있었는지 암 사례가 발생했는지가 명확하지 않다. 다음과 같이 다시 작성하는 것이 좋다:

> *지난 1월에 그는 병원에서 강연을 했는데, 주제는 간암이었다.*
> *Last January he gave a lecture at the hospital; the subject was liver cancer.*

아래 문장과 같이 전치사구가 여러 개 포함된 문장은 독자가 처리하기가 훨씬 더 어렵다:

> *샘플이 담긴 트레이는 부상을 방지하기 위해 보호 장갑을 끼고 250℃의 오븐에 한 시간 동안 넣었다.*
> *The tray* ***with*** *the samples was placed in the oven at 250℃* ***with*** *protective gloves to avoid injury* ***for*** *one hour.*

장갑 또한 오븐에 넣었는가? 한 시간 동안만 부상을 방지하는 것이 목표였나? 다음과 같이 다시 생각해 보자:

> *샘플이 담긴 트레이를 250℃의 오븐에 1시간 동안 넣었다. 부상을 방지하기 위해 보호 장갑을 착용했다.*
> *The tray* ***containing*** *the samples was placed in the oven for one hour* ***at*** *250℃. Protective gloves were worn to avoid injury.*

마찬가지로 다음과 같은 문장에서는 정확한 참신함을 파악하기 어렵다:

> *이 연구는 저류층 조건에서 석유를 함유한 암석 내의 접촉 각도를 측정하기 위해 5년 동안 X-선 영상을 사용한 최초의 연구이다.*
> *This is the first study to use X-ray imaging over a period of five years to measure contact angles* ***within*** *oil-bearing rocks at reservoir conditions.*

'엑스레이 영상'을 사용한 최초의 연구인가? '5년 동안 엑스레이 영상을 사용한 최초의 연구'인가? '석유 함유 암석 내 접촉 각도를 측정하기 위해'

최초로 사용했나? 이 모든 것을 '저류층 조건에서' 최초로 수행한 것인가? 지금 이 글을 읽고 있는 당신에게는 의미가 명확하지만 모든 독자에게 명확하다는 의미는 아닐 것이다.

### 2.5.3 A/AN(부정관사), ∅(영관사) 및 THE(정관사) 사용

관사 사용은 문법만으로 결정되는 것이 아니며, 관사는 의사소통에 중요한 기능을 하므로 작성자는 명확한 의사소통을 위해 문법적으로 올바른 관사를 선택해야 하는 경우가 많다. 문장이 '**the**'를 사용하든 '**a**'를 사용하든 문법적으로 올바를 수 있지만 정확히 같은 의미는 아니다. 따라서 관사 사용의 기본이 되는 문법 규칙이 있기는 하지만 문맥이 '**a/an**', '**ø**' 또는 '**the**'를 사용할지 여부를 결정하는 데 중요한 역할을 하는 경우가 많다. 이는 특히 고도로 기술적이고 복잡한 정보를 전달할 때 관사 선택이 작성자가 전달하고자 하는 내용이나 독자와 작성자 간의 공유 지식 수준에 따라 달라질 수 있는 경우와 관련이 있다.

단수 셀 수 있는 명사는 '**a**' 또는 '**the**'와 같은 관사를 사용해야 한다는 규칙이 좋은 출발점이지만, 많은 문법 규칙과 마찬가지로 이를 적용하는 것은 간단하지 않다. 애초에 어떤 명사가 셀 수 있는지 명확하지 않으며, 명사가 셀 수 있다는 것을 알고 있더라도 '**a**'와 '**the**'를 어떻게 결정할 수 있을까?

이 섹션에서는 다음 세 가지 질문을 고려한다:

1. 셀 수 있는 명사가 정확히 무엇인가?
2. '***a/an***', '***ø***' 또는 '***the***'를 사용해야 하는가?
3. '***a/an***'과 '***the***'가 모두 가능한 경우 의미에 차이가 있는가?

### *질문 1: 셀 수 있는 명사는 정확히 무엇인가?*

셀 수 있는 명사는 복수를 형성할 수 있는 명사이다. 어떤 명사는 셀 수 있고, 어떤 명사는 셀 수 없으며, 어떤 명사는 사용 방법에 따라 셀 수 있거나 셀 수 없는 명사가 될 수 있다. 예를 들어, 죽음이나 어린 시절과 같이 셀 수 없는 명사도 복수를 형성할 수 있다:

> *올해 폐렴으로 인한 사망자가 세 명이나 발생했다.*
> *There have been three **deaths** this year from pneumonia.*
> *나는 프랑스에서 자랐고 그녀는 중국에서 자랐다.*
> *Our **childhoods** were very different; I grew up in France and she grew up in China.*

산업과 같은 명사도 마찬가지이다:

> *많은 산업이 화석 연료에 의존하고 있다.*
> *Many **industries** rely on fossil fuels.*

따라서 '산업'과 같은 명사를 사용할 때, 산업 일반(셀 수 없음)을 의미하는 것인지 아니면 특정 산업(셀 수 있음)을 의미하는 것인지 생각해 보자. 또한 '콘크리트'나 '철강'과 같이 일반적으로 셀 수 없다고 여겨지는 재료도 해당 재료의 전문가가 사용하면 셀 수 있게 사용할 수 있다:

> *특정 방사성 동위원소를 생성하는 원소만을 함유한 강철을 개발했다.*
> *We have developed **steels** containing only elements that produce certain radioactive isotopes.*

다음은 STEMM 문맥에서 유용한 셀 수 없는 명사의 목록이다. 복수를 구성할 수 있는 명사를 찾아보고 키에서 답을 확인하라.

| 조언 | 지구 | 산업 | 순도 |
|---|---|---|---|
| 부재 | 경제 | 보험 | 수량 |
| 나이 | 교육 | 정보 | 보호 |
| 농업 | 전기 | 인텔리전스 | 현실 |
| 원조, 도움 | 에너지 | 지식 | 연구 |
| 공기 | 환경 | 생활 | 위험 |
| 분석 | 장비 | 빛 | 안전 |
| 대기 | 증거 | 손실 | 소금 |
| 행동 | 존재 | 기계 | 모래 |
| 혈액 | 경험 | 소음 | 과학 |
| 비즈니스 | 실패 | 영양 | 힘 |
| 계산 | 두려움 | 기름 | 물건 |
| 암 | 불 | 조직 | 기술 |
| 용량 | 음식 | 산소 | 온도 |
| 어린 시절 | 연료 | 종이 | 운송 |
| 콘크리트 | 해 | 철학 | 치료 |
| 위험 | 건강 | 물리학 | 문제 |
| 죽음 | 열 | 정책 | 진실 |
| 민주주의 | 높이 | 오염 | 속도 |
| 디자인 | 도움말 | 힘 | 비전 |
| 질병 | 역사 | 압력 | 낭비 |
| 배포 | 독립성 | 진행 | 물 |

| absence | earth | industry | protection |
|---|---|---|---|
| advice | economy | information | purity |
| age | education | insurance | quantity |
| agriculture | electricity | intelligence | reality |
| aid | energy | knowledge | research |
| air | environment | life | risk |
| analysis | equipment | light | safety |
| atmosphere | evidence | loss | salt |
| behaviour | existence | machinery | sand |
| blood | experience | noise | science |
| business | failure | nutrition | strength |
| calculation | fear | oil | stuff |
| cancer | fire | organisation | technology |
| capacity | food | oxygen | temperature |
| childhood | fuel | paper | transport |
| concrete | harm | philosophy | treatment |
| danger | health | physics | trouble |
| death | heat | policy | truth |
| democracy | height | pollution | velocity |
| design | help | power | vision |
| disease | history | pressure | waste |
| distribution | independence | progress | water |

**핵심**

복수로 사용할 수 없는 명사, 즉 복수형이 없는 명사는 **굵은 글씨**로 표시되었다. 이러한 명사를 복수로 사용하려면 장비 품목/운송 수단/증거 유형과 같은 다른 명사를 추가해야 한다.

| 조언 | **지구** | 산업 | **순도** |
|---|---|---|---|
| **부재** | 경제 | **보험** | 수량 |
| 나이 | 교육 | **정보** | 보호 |
| 농업 | **전기** | **인텔리전스** | 현실 |
| 원조, 도움 | 에너지 | **지식** | **연구** |
| 공기 | 환경 | 생활 | 위험 |
| 분석 | **장비** | 빛 | **안전** |
| 대기 | **증거** | 손실 | 소금 |
| 행동 | 존재 | **기계** | 모래 |
| 혈액 | 경험 | 소음 | 과학 |
| 비즈니스 | 실패 | **영양** | 힘 |
| 계산 | 두려움 | 기름 | **물건** |
| 암 | 불 | 조직 | 기술 |
| 용량 | 음식 | **산소** | 온도 |
| 어린 시절 | 연료 | 종이 | **운송** |
| 콘크리트 | **해** | 철학 | 치료 |
| 위험 | **건강** | **물리학** | 문제 |
| 죽음 | **열** | 정책 | 진실 |
| 민주주의 | 높이 | **오염** | 속도 |
| 디자인 | **도움말** | 힘 | 비전 |
| 질병 | 역사 | 압력 | 낭비 |
| 배포 | **독립성** | **진행** | 물 |

| absence | **earth** | industry | **protection** |
|---|---|---|---|
| **advice** | economy | **information** | purity |
| age | education | **insurance** | quantity |
| agriculture | **electricity** | **intelligence** | reality |
| aid | energy | **knowledge** | **research** |
| air | environment | life | risk |
| analysis | **equipment** | light | **safety** |
| atmosphere | **evidence** | loss | salt |
| behaviour | existence | **machinery** | sand |
| blood | experience | noise | science |
| business | failure | **nutrition** | strength |
| calculation | fear | oil | **stuff** |
| cancer | fire | organisation | technology |
| capacity | food | **oxygen** | temperature |
| childhood | fuel | paper | **transport** |
| concrete | **harm** | philosophy | treatment |
| danger | **health** | **physics** | trouble |
| death | **heat** | policy | truth |
| democracy | height | **pollution** | velocity |
| design | **help** | power | vision |
| disease | history | pressure | waste |
| distribution | **independence** | **progress** | water |

***질문 2: a/an, ø 또는 the 중 어떤 것을 사용해야 하는가?***

문장에서 '**a/an**'은 일반적인 참조에 사용되고 '**the**'는 특정 참조에 사용된다는 것을 읽었을 것이다.

*내 책상 위 선반에 책 한 권이 있다.*
*There is a book on the shelf above my desk.*

'*한 권의 책*'은 분명히 특정 책을 가리키며, 실제로 문장의 목적은 그 책을 지정하거나 식별하는 것이다. 그렇다면 일반/특정 기준이 '**a/an**' 또는 '**the**'를 선택하는 데 도움이 되지 않는다면 어떻게 선택해야 할까?

**a/an 사용**

**(i) 단수 셀 수 있는 명사를 처음 언급할 때는 a/an을 사용한다:**

저는 치즈 샌드위치와 사과를 샀다. 샌드위치는 괜찮았지만 사과에는 작은 벌레가 들어 있었다.

*I bought **a** cheese sandwich and an apple. **The** sandwich was OK but **the** apple had **a** little worm in it.*

두 문장 모두 동일한 (특정) 치즈 샌드위치와 사과를 지칭하지만 첫 번째 문장에서는 **a**를 사용하고 두 번째 문장에서는 **the**를 사용한다. 이는 첫 번째 문장에서 작가가 치즈 샌드위치나 사과에 대해 언급할 때는 작가만 알고 있지만 두 번째 문장에서 작가와 독자가 모두 그 지식을 공유하기 때문이다. 따라서 '**the**'로의 전환은 문법 기반이 아니라 문맥 기반이며 독자와 작가가 지식을 공유한다는 사실을 반영한다. 이 공유 지식의 개념은 연구 글쓰기와 매우 관련이 있다.

**(ii) 중요하지 않거나 모르거나 독자가 어떤 사물/사람을 가리키는지 모를 때는 a/an을 사용한다:**

*펜을 가져와 주세요. (어떤 펜이든 상관없다.)*

*Bring me **a** pen please. (It doesn't matter which pen)*

*그녀는 은행에서 일한다. (나는/당신은 어느 은행인지 모른다)*

*She works in **a** bank. (I/you don't know which bank)*

*피험자가 면접관에게 말했다. (나는 어느 은행인지 알지만 당신은 모른다)*

*The subject spoke to **an** interviewer. (I know which one but you don't)*

**(iii) 단수로 된 셀 수 있는 명사에 대한 일반적인 진술을 할 때는 a/an을 사용한다:**

*반도체는 특정 조건에서 전기를 전도할 수 있다.*

***A** semiconductor can conduct electricity under certain conditions.*

**ø 사용**

**(i) ø를 사용하여 복수의 셀 수 있는 명사에 대한 일반적인 진술을 한다:**

***Ø** 반도체는 특정 조건에서 전기를 전도할 수 있다.*

***Ø** Semiconductors can conduct electricity under certain conditions.*

**(ii) 셀 수 없는 명사에 대한 일반적인 진술을 하려면 ø를 사용한다:**

***Ø** 오염은 일반적으로 인간 활동의 결과이다.*

***Ø** Pollution is generally the result of human activity.*

**(iii) 복수의 셀 수 있는 명사를 처음으로 언급할 때는 ø를 사용한다:**

*우리는 **Ø** 실리콘 칩에서 Ø DNA 배열을 수행했다.*

*We conducted **Ø** DNA arrays on **Ø** silicon chips.*

**(iv) 완전히 셀 수 없는 명사 또는 셀 수 없는 의미의 명사에는 ø를 사용한다:**

*이러한 산은 **Ø** 산화를 겪을 수 있다.*

*These acids may undergo **Ø** oxidation.*

*We found many applications in **Ø** industry.*

**the 사용**

**(i) 정말 한 가지 가능성만 있을 때는 'the' 를 사용한다:**

*개구부는 각 메시의 중앙에 위치했다.*

*The opening was located in **the** centre of each mesh.*

*우리는 가능한 가장 작은 탄소 나노튜브의 발견을 보고한다.*

*We report the discovery of **the** smallest possible carbon nanotube.*

**(ii) 독자에게 확실히 알려진 경우 'the'를 사용한다:**

*그들은 카페에서 만나기로 했다. (그들이 보통 만나는 카페)*

*They arranged to meet in* ***the*** *café. (The café where they usually meet)*

*그녀가 일자리를 얻었는가? (우리 둘 다 그녀가 원했던 직업)*

*Did she get* ***the*** *job? (The job we both know she wanted)*

*치즈 샌드위치가 정말 맛있었다. (아까 말한 치즈 샌드위치)*

***The*** *cheese sandwich was very good. (The cheese sandwich I mentioned earlier)*

**(iii) 사물이나 사람이 언급되지 않았더라도 독자에게 명백할 때 사용한다:**

*새 컴퓨터를 샀는데 키보드에 결함이 있었다.*

*I bought a new computer but* ***the*** *keyboard was faulty.*

여기서 공유 지식의 개념이 중요해진다. 컴퓨터가 언급되는 순간, 독자와 작성자는 키보드를 '공유'한다고 안전하게 가정할 수 있다. 공유 지식으로 안전하게 가정할 수 있는 내용을 정확하고 세심하게 결정하는 것이 텍스트 성공의 핵심이다.

***질문 3: 'a/an'과 'the'가 모두 가능한 경우 의미에 차이가 있는가?***

그렇다. 다음을 알맞은 문장으로 바꾸어보도록 하자:

*1.* ***Ø*** *두 개의 수용자 사이트에 연결되어야 한다.*
*2. 두 수용체 부위에 부착되어야 한다.*

*1. The nodes should be attached to* ***Ø*** *two receptor sites.*
*2. The nodes should be attached to* ***the*** *two receptor sites.*

문장 1에서는 많은 수용체 부위가 있는 반면, 문장 2에서는 두 개 또는 이전에 확인된 수용체 부위 두 개만 있다. 이는 'X는 Y의 원인이다'(여러 원인 중 하나)와 'X는 Y의 원인이다'(유일한 원인)의 차이와 유사하다. 다음은 유사한 예이다:

1. *이 효과는 A와 B 사이의 연결을 숨길 수 있다.*
2. *이 효과는 A와 B 사이의 연결을 숨길 수 있다.*

1. *This effect may hide* ***a*** *connection between A and B.*
2. *This effect may hide* ***the*** *connection between A and B.*

문장 1에서는 A와 B 사이에 연결이 있을 수 있지만 문장 2에서는 A와 B 사이에 알려진 연결이 있다. 다른 경우에는 의미에는 차이가 없지만 독자의 가정된 지식을 반영한 선택이다. 예를 들어:

1. *Ø 최근 바이러스 탐지 소프트웨어의 개선이 매우 중요해졌다.*
2. *바이러스 탐지 소프트웨어의 개선은 최근 매우 중요해졌다.*

1. ***Ø*** *Improvements in virus-detecting software have recently become very important.*
2. ***The*** *improvements in virus-detecting software have recently become very important.*

문장 1은 전국적인 신문에 실릴 수 있으며, 독자들은 이러한 개선 사항을 모를 수도 있다. 문장 2는 독자들이 필자와 높은 수준의 공유 지식을 가지고 있다고 가정되는 컴퓨팅 저널에 실릴 수 있으며, 따라서 이러한 개선 사항에 대해 잘 알고 있을 것이다.

공유 지식의 역할을 설명하기 위해 아래 문장에서 **a**를 사용할지 또는 **the**를 사용할지 생각해보자.

a) 전화로 비행기 표를 예약하고 있었다.
b) 여행사 사무실에 앉아서 비행기 표를 예약하고 있었다.
a) you were booking a plane ticket on the telephone.
b) you were booking a plane ticket while sitting in the travel agent's office.

공유 지식이라는 개념은 저널 출판과 연구 논문의 내용에 대한 학제간 접근에 중요한 의미를 갖는다. 독자층이 넓은 저널에 논문을 제출하는 경우, 모든 독자가 주요 용어와 개념을 알고 있다고 가정할 수 없으므로 처음 언급할 때는 **a/an**을 사용해야 하며, 이를 정의하거나 설명해야 할 때 사용할 수 있다. 반면, 분야가 매우 좁고 모든 독자가 주요 용어와 개념을 알고 있다고 확신할 경우에는 **the**를 사용해도 된다.

이제 참고논문의 문장 중 일부를 살펴보고 위의 모든 정보를 바탕으로 저자가 각 경우에 **the**, **a** 또는 **ø**를 사용하기로 선택한 이유를 파악해보자.

## 2.6 방법 섹션 작성

이 단원에서는 방법 섹션의 일반적인 모델과 읽기 쉽고 효과적인 텍스트를 생성하는 데 일반적으로 사용되는 언어를 제시한다. 이 과제에서는 이 단원의 모든 내용, 즉 모델, 언어 및 쓰기 기술, 어휘를 모아 방법 섹션을 작성한다.

### 2.6.1 방법 섹션 작성

이 장의 목표는 독자가 정확히 무엇을 했는지 반복하고, 그 이유를 이해하고, 비슷한 결과를 얻을 수 있도록 자신이 한 일과 사용한 일을 설명하는 방법을 살펴보는 것이다. 이를 위해서는 방법에 대한 자신의 친숙도와 잠재적 독자의 친숙도의 차이를 명확하게 이해해야 한다. 또한 이러한 친숙도 때문에 행위자 없는 수동태 사용과 같은 잠재적인 문법 관련 모호성을 파악하기 어렵다. 과제를 완료하기 위해 닭고기를 요리하는 최초의 시도를 수행한 연구 프로젝트를 작성한다고 상상해 보라. 지금까지 모두가 닭고기를 날것으로 먹었다고 상상해 보라. 과제는 연구 기사의 방법 섹션인 것처럼 닭고기 요리법을 작성하는 것이다. 예를 들어, '*닭고기를 네 조각으로 자르세요*'와 같은 표현을 쓰는 대신 전체 절차에 대한 개요로 시작하거나 닭고기의 출처를 알려줄 수 있다. 슈퍼마켓에서 구했가? 실험실 시설에서 공급했나? 닭고기를 자르는 데 사용한 것을 말해야 한다. 도끼를 사용하면 4cm Sabatier 강철 칼을 사용하는 것과 매우 다른 결과가 나온다! '*이제 닭고기 조각을 뜨거운 오븐에 약 1시간 30분 동안 넣으세요(Now put the chicken pieces in a hot oven for about an hour and a half)*'라고 쓰는 대신 다음과 같이 써야 한다: *각 샘플을 300×600mm 스테인리스 스틸 시트에 놓고 Panasonic E458X 500w 표준 팬 보조 오븐에서 350℃에서 94분 동안 가열했다(Each sample was then placed on a 300×600mm stainless steel sheet and heated in a Panasonic E458X 500w standard fan-assisted oven for 94 minutes at 350℃).*

새로운 공정을 보고하는 연구 논문의 제목은 **열과 풍미를 사용한 닭고기 준비 방법**이다. 서론은 다음과 같다:

*서론*

*닭고기 조리 기술은 가정과 식당 모두에서 다양한 용도로 사용되었다. 닭고기는 쉽게 구할 수 있으며 대부분 지역에서 현지에서 생산할 수 있었다. 또한 소화가 잘 되고 칼로리가 낮았다[1].*

*Dundee가 닭을 죽인 다음 소금과 함께 날로 먹는 자연스러운 닭고기 조리 방법(Dundee et al., 2008)을 보고한 선구적인 연구 이후로 상당한 혁신이 있었다. 프랑스에서는 닭 도살 방법을 개선하기 위해 많은 연구가 수행되었고[2] 미국에서는 연구자들이 새의 크기를 개선하는 데 집중했다[3,4]. 자연스러운 방법은 공정에 필요한 시간이 매우 짧기 때문에 널리 사용되었지만 몇 가지 문제는 해결되지 않은 채로 남아 있었다. Dundee 방법을 사용하여 조리한 닭고기의 맛은 종종 불쾌하다고 여겨졌고[5] 날고기를 섭취하면 박테리아 감염 위험이 잘 입증되었다[6,9,11].*

*이 연구의 목적은 이 두 가지 문제를 해결할 조리 방법을 개발하는 것이었다. 이 보고서에서는 닭고기를 데워서 먹기 전에 박테리아를 죽이는 동안 풍미를 개선하기 위해 양념을 사용하는 새로운 방법을 설명한다.*

***Introduction***

*Chicken preparation techniques are used in a range of applications both in homes and in restaurants. Chicken is easily available and can be locally produced in most areas; in addition, it is easily digested and low in calories[1].*

*Since Dundee's pioneering work reporting the natural method of chicken preparation (Dundee et al., 2008) in which the chicken was killed and then eaten raw with salt, there have been significant innovations. Much work has been carried out in France in relation to improving the method of slaughtering chickens[2], whereas in the USA researchers have concentrated on improving the size of the bird[3,4]. The natural method is widely used since the time required for the process is extremely short; however, some problems remain unsolved. The flavour of chicken prepared using the Dundee method is often considered unpleasant[5] and there is a well-documented risk of bacterial infection resulting from the consumption of raw meat[6,9,11].*

*The aim of this study was to develop a preparation method that would address these two problems. In this report, we describe the new method, which uses seasoning to improve the flavour while heating the chicken in order to kill bacteria prior to eating.*

이제 방법 섹션을 작성하라. 막혀서 다음에 무엇을 써야 할지 모르겠다면 모델과 언어 목록을 사용하여 계속 진행하고, 작성을 마칠 때까지 아래 핵심의 샘플 답을 보지 않도록 하라.

## 2.6.2 핵심

각 문장에서 모델의 어느 부분이 표현되는지 주목하라.

**열과 향미를 이용한 닭고기 조리 방법**

***방법***

두 가지 닭고기 샘플을 테스트하여 양념과 가열이 풍미와 박테리아 수준에 미치는 영향을 확인했다. 풍미는 이전 연구[6]에서 선정된 테스트 그룹에서 평가했다. 박테리아 수는 단일클론 항체 기술[11]에 기반한 면역 검정 시스템(Saliva-Check MUTANS)을 사용하여 가열 과정 전후에 확인했다.

Buyrite Supermarket에서 4.5kg 냉동 유기농 닭 두 마리를 구입했다.

Buyrite는 유기농 농부 협회에서 승인한 A등급 닭만 판매하므로 샘플의 균질성이 보장된다. Seasonlnc®에서 Tri-8-00과 Tri-8-001의 두 가지 조미료 혼합물을 구입하여 제공된 대로 사용했다.

닭은 밀폐 용기에 담아 실온에서 5시간 동안 해동했다. 그런 다음 Hanks 방법[7]에 따라 세척했다. 이 방법에서는 닭을 20℃로 식힌 끓인 물에 담근 다음 등장성 소금 용액으로 철저히 헹구었다. 테스트를 위해 크기와 무게가 같은 두 개의 샘플을 얻기 위해 먼저 표준 BS1709 Skin-o-matic을 사용하여 닭의 가죽을 벗겼다. 이를 통해 적절한 샘플 위치를 시각적으로 더 간단하게 선택할 수 있었고, 자르기 전에 샘플을 정확하게 측정할 수 있었다. 각 닭의 동일한 위치에서 4cm 강철 Sabatier 칼[8]을 사용하여 2psi의 압력으로 무게 100g인 3cm 큐브를 잘라냈다.

이렇게 얻은 두 큐브를 Phillips R2D2 탈수기에 10분 동안 넣어 나머지 소금 용액을 증발시켰다. 탈수기에서 큐브를 꺼낸 직후, 각 큐브에 Duck et al.[9]에서 설명한 것과 유사한 도포 기술을 사용하여 조미료 혼합물 중 하나를 15g으로 완전히 분무 코팅했다. 샘플을 유리 접시에 30분 동안 놓아 실온(16℃)에서 가열하기 전에 조미료의 흡수를 높였다. 조미료 양은 표준 가정용 주방 저울을 사용하여 측정되었으므로 대략적인 수치일 뿐이다.

그런 다음 각 큐브를 내열 접시에 놓고 150℃에서 10분 동안 예열된 Panasonic Model 33KY 표준 전기 팬 보조 오븐으로 옮겼다. 그런 다음 샘플을 오븐에서 꺼내 평형에 도달하도록 한 다음 Vira[9]에서 개발한 Bacteriometer 테스트를 사용하여 평가했다. 풍미는 Buds et al.[6]에서 설명한 척도를 사용하여 테스트 그룹에서 평가했다.

**An approach to the preparation of chicken using heat and flavouring**

***Method***

Two chicken samples were tested to determine the impact of seasoning and heating on flavour and bacterial levels. Flavour was assessed by a testing group selected from those in a previous study[6]. Bacterial counts were determined before and after the heating process using an immunoassay system (Saliva-Check MUTANS) based on monoclonal antibody technology[11].

Two 4.5 kg frozen organic chickens were purchased from Buyrite Supermarket. Buyrite only sells grade A chickens approved by the Organic Farmers Association, thus ensuring the homogeneity of the samples. Two seasoning mixtures, Tri-8-00 and Tri-8-001, were obtained from SeasonInc® and used as supplied.

The chickens were defrosted in a sealed container at room temperature for 5 h. They were then cleaned according to the Hanks method[7], in which chickens are immersed in boiled water cooled to a temperature of 20°C, and subsequently rinsed thoroughly in an isotonic salt solution. In order to obtain two samples of equal size and weight for testing, the chickens were first skinned using a standard BS1709 Skin-o-matic. This made selecting suitable sample locations visually simpler, and enabled precise measurement of the samples prior to cutting. A 3 cm cube weighing 100 g was cut from the identical location on each chicken, using a 4 cm steel Sabatier knife[8] at a pressure of 2 psi.

The two cubes thus obtained were placed in a Phillips R2D2 Dehydrator for 10 minutes to evaporate the remaining salt solution. Immediately after removing the cubes from the dehydrator each cube was completely spray-coated with 15 g of one of the seasoning mixtures, using an application technique similar to that described in Duck *et al.*[9]. The samples were left to stand on a glass plate for 30 minutes at room temperature (16°C) to enhance absorption of the seasoning prior to heating. It should be noted that the seasoning quantities were measured using standard domestic kitchen scales, and are therefore only approximate.

Each cube was then placed on an ovenproof dish and transferred to a pre-heated Panasonic Model 33KY standard electric fan-assisted oven at 150°C for 10 minutes. The samples were then removed from the oven and allowed to come to equilibrium, after which they were assessed using the Bacteriometer test developed by Vira[9]. Flavour was assessed by the testing group using the scale described in Buds *et al.*[6].

**EXERCISE 5** 요약 연습 문제. 발췌문에서 다음 사항을 밑줄로 표시하거나 강조한다. 이는 모델 구성 요소, 유용한 전치사, 흥미로운 동사 시제 및 시퀀스 언어를 말한다. 다음은 핵심이다:

**합성가스 공급 고체산화물 연료 전지용 나노입자 스캐폴드**

*실험*

그림 1은 논문에서 사용된 제형 및 제조 절차를 개략적으로 요약한 것이다. 잉크는 Praxair의 상업용 가돌리늄 도핑 세리아($Ce_{0.9}Gd_{0.1}O_{1.97}$, CGO, 입자 크기=0.5$\mu$m), 연속 수열 유동 합성(CHFS)으로 생산된 나노입자 CGO($Ce_{0.9}Gd_{0.1}O_{1.97}$, 입자 크기=5nm, TEM)에서 얻은 폴리머 마이크로비드(6$\mu$m, Microbeads AS, Spheromers CA6), 용매로 테르피네올, 분산제로 Hypermer KD15, 에틸셀룰로스 바인더(Hercules EC N-7)의 혼합물로 제형화했다. CGO 나노파우더는 다른 곳에서 설명한 대로 University College London의 파일럿 플랜트를 사용하여 연속 수열 유동 합성으로 생산했다.[17] CHFS는 나노입자를 제조하는 떠오르고 확장 가능한 방법이며, 이전에는 사마리아 도핑된 세리아,[3] 세리아-지르코니아 고용체,[18,19] 66 세리아-지르코니아-이트리아 샘플의 전체 상도[20] 및 일반적으로 직경이 50nm 미만인 다양한 다른 금속 산화물[21,22] 및 인산염[23]을 만드는 데 사용되었다. CHFS에서 세륨 암모늄 질산염과 가돌리늄 질산염 용액의 수용액 혼합물은 특허받은 밀폐형 제트 믹서에서 450℃, 22.1MPa에서 과열된 물의 흐름과 지속적으로 혼합되었다.[24] 그런 다음 입자를 냉각(파이프 쿨러를 통해)한 다음 역압 조절기 출구에서 수용액 슬러리로 수집했다. 입자는 원심분리와 같은 양의 물로 세척(3회)하여 최종 고형 슬러지를 얻을 때까지 회수했다. 나노파우더는 동결 건조로 회수했다.

스캐폴드를 제조하기 위해 용매(0.653g), 분산제(0.265g) 및 바인더(0.040g)를 바인더가 완전히 용해될 때까지 혼합했다. 그런 다음 초음파 욕조에서 교반하면서 각 고형 성분을 건조된 CGO 나노입자(0.751g)로 시작하여 상업용 CGO(1.047g)로, 마지막으로 폴리머 마이크로비드(0.153g)로 2~3회 연속 첨가했다. 초음파 처리 및 교반은 나노입자를 현탁하는 데 효과적이었다. 이를 통해 약 26vol%의 고형물 함량을 가진 잉크가 생성되었는데, 이는 스크린 인쇄 잉크에 허용되는 수준이었다.[11] 잉크를 제형화할 때 두 가지 조건을 찾았다. 높은 총 고형물 함량과 높은 나노입자 함량이었다. 나노입자가 완전히 혼합되고 균질화되도록 하기 위해 첨가 순서가 중요했으며, 다양한 성분 간의 입자 크기 차이가 큰 것은 높은 고체 함량에서도 적절한 점도를 유지하는 데 도움이 되었다.

잉크는 200$\mu$m 두께의 이트리아 안정화 지르코니아(YSZ) 전해질에 스크린 인쇄되었다. 연료 전지의 경우, 그림 1에 개략적으로 표시된 것처럼 애노드에 대한 소결 온도가 다른 전지 간에 절차가 약간 달랐다. 1300℃에서 소결된 스캐폴드가 있는 전지에서 한 면은 스캐폴드 잉크로 인쇄되고 다른 면은 CGO 잉크의 얇은 층으로 인쇄되었다(이는 양극 재료와 YSZ 전해질 간의 반응을 방지하기 위함). 그런 다음 인쇄된 펠릿을 1300℃에서 1시간 동안 열처리했으며, 가열 및 냉각하는 동안 1℃ $min^{-1}$의 램프 속도를 사용했다. LSCF-CGO 양극(미국 오하이오주 콜럼버스의 Fuel Cell Materials에서 구매한 잉크)을 스크린 인쇄한 다음, 전지를 1100℃에서 3시간 동안 열처리했으며, 가열 및 냉각하는 동안 5℃ $min^{-1}$의 램프 속도를 사용했다. 1000℃에서 열처리된 스캐폴드가 있는 셀의 공정은 보호용 CGO 층이 먼저, 그 다음에 양극이, 마지막으로 CGO 스캐폴드가 인쇄 및 소결되는 순서만 제외하면 동일했다. CGO 스캐폴드 층이 1, 2 또는 3개인 셀이 생산되었다. 스캐폴드는 각 인쇄 주기 사이에 ~80℃의 오븐에서 건조되었다.

다음으로, CGO 스캐폴드를 니켈 염으로 함침시켰으며, 이는 다시 그림 1에 도식적으로 표시되었다. 함침 용액은 200$\mu$L의 무수 에탄올에 0.125g의 질산니켈 6수화물을 넣어 제조되었다. 용액은 1-20$\mu$L 피펫을 사용하여 스캐폴드에 떨어뜨렸고, 사용된 부피는 방울이 스캐폴드 가장

자리 너머로 퍼지는지 시각적으로 관찰하여 경험적으로 결정되었다. 퍼졌다면 다음 함침의 부피를 줄였다. 사용된 첫 번째 부피는 순수 에탄올을 스캐폴드에 떨어뜨려 결정되었다. 각 함침 사이에 펠릿을 5분 동안 500℃의 용광로에 직접 넣었다. 그런 다음 이 사이클을 10번 반복했다. 마지막 함침 후 펠릿을 이 용광로에 넣고 온도를 5℃ $min^{-1}$로 800℃까지 높이고 5℃ $min^{-1}$로 냉각하기 전에 8시간 동안 유지했다. NiO 로딩은 무게를 달아 결정되었다.

4개의 대칭 셀이 생산되었다: 1300℃에서 열처리한 단일 층 셀; 1000℃에서 열처리한 단일 층 셀; 1000℃에서 열처리된 이중층 셀과 1000℃에서 열처리된 삼중층 셀. 또한, 연료 선지 테스트를 위한 4개의 버튼 셀은 1000℃에서 열처리된 단일 및 이중층 CGO 스캐폴드와 1300℃에서 열처리된 동일한 스캐폴드에서 생산되었다.

스캐폴드는 기공 구조에 대한 정보를 얻기 위해 초소각 X선 산란(USAXS)으로 연구되었고, 현장 측정을 통해 온도에 따른 미세 구조의 발달을 모니터링할 수 있었다.[25] USAXS 측정의 경우, 단일 층 샘플을 MgO 기판(X선을 덜 흡수하는 YSZ 대신 사용)에 인쇄하여 USAXS로 분석하고 1000 또는 1300℃에서 열처리했다. 이러한 샘플을 나노입자 구성 요소를 추가한 상업용 CGO로 대체한 “대조” 잉크로 만든 스캐폴드와 비교했다. MgO에 인쇄된 한 샘플은 현장에서 열처리했다. USAXS 데이터는 Argonne National Laboratory의 Advanced Photon Source, 섹터 15에서 수집되었다. 간단히 말하면, 직접 빔 주변의 소각 산란 강도는 Bonse-Hart 구성의 채널 컷 Si 결정 단색광기를 사용하여 측정했다. X선 에너지는 16.8keV이고 빔 크기는 1.5×0.4mm였다. 샘플은 현장 USAXS 측정을 위해 LinkAm 히터에 장착되었다. USAXS 강도는 산란 벡터 q=4sin(g)/入의 함수로 표시된다. 여기서 入는 X선 파장이고 9는 산란 각도이다. USAXS 스펙트럼은 기공과 분말 간의 대비로 인해 발생하는 샘플 내부의 전자 밀도 변동의 자기 상관으로 볼 수 있다. USAXS는 일반적으로 로그-로그 플롯으로 표시되며 낮은 q 기니어 근사가 유효하므로 USAXS 강도는 $-\exp(q^2R_g^2/3)$에 비례하는 변곡을 보인다. 여기서 $R_g$는 회전 반경이다. 더 높은 q 값에서 USAXS 강도는 슬릿 스미어 USAXS의 포로드 법칙에서 예상한 대로 지수가 -3인 거듭

제곱 법칙 기울기를 따른다. 저희 USAXS는 폴리머 마이크로비드로 만든 큰 기공에서 기니어 변곡을 해결할 수 없었기 때문에 분말 법칙 기울기와 구형 기공의 로그 정규 크기 분포를 조합하여 비선형 최소 제곱 피팅을 위한 USAXS 강도를 모델링했다.

스캐폴드와 함침된 양극은 FEG-SEM(LEO Gemini 1525)으로 이미지화했다.

전기화학 측정은 Autolab PGSTAT로 수행했다. 대칭 셀 테스트는 질소에서 가습된 수소에서 수행되었고, 연료 셀 테스트는 질소에서 가습된 수소와 질소에서 가습된 합성가스(15% $H_2$, 25% CO, 60% $N_2$)에서 수행되었다. 질소 함량이 높은 정확한 합성가스 조성을 선택하여 이후 연구에서 질소 중 일부를 다른 성분(예: $CO_2$, 더 많은 양의 증기, 타르 또는 $H_2S$)으로 대체할 수 있도록 했다. 합성가스 테스트를 위해 셀은 합성가스로 전환하고 측정을 수행하기 전에 $N_2$에서 50% $H_2$로 부하를 가했다. 이렇게 하면 OCV에서 합성가스에 직접 노출되어 발생하는 탄소 침전물을 피할 수 있었다. 모든 경우에 애노드를 환원하기 위한 동일한 절차가 사용되었다. 셀은 건조 질소에서 5℃ $min^{-1}$로 765℃까지 가열한 다음 작동 온도로 냉각하기 전에 1시간 동안 질소에서 가습된 10% 수소로 전환했다. 이 보고서의 모든 경우에, 가습은 20℃에서 수행되어 습도가 2.3%가 되었고, 제공된 가스 조성은 가습 전 가스 조성을 나타낸다. [...]

*Experimental*

Fig. 1 summarises schematically the formulation and fabrication procedures used in the paper. Inks were formulated from a mixture of commercial gadolinia-doped ceria ($Ce_{0.9}Gd_{0.1}O_{1.97}$, CGO, particle size = 0.5 μm) from Praxair, nanoparticle CGO ($Ce_{0.9}Gd_{0.1}O_{1.97}$, particle size = 5 nm from TEM) produced by continuous hydrothermal flow synthesis (CHFS), polymer microbeads (6 μm, Microbeads AS, Spheromers CA6), terpineol as a solvent, Hypermer KD15 as a dispersant and an ethylcellulose binder (Hercules EC N-7). The CGO nanopowders were produced by continuous hydrothermal flow synthesis using a pilot plant at University College London as described elsewhere.[17] CHFS is an emerging and scalable method of preparing nanoparticles and has previously been used to make samaria-doped ceria,[3] ceria-zirconia solid solutions,[18,19] an entire phase diagram of 66 ceria–zirconia–yttria samples[20] and a range of other metal oxides[21,22] and phosphates[23] with typically sub 50 nm diameter. In CHFS, an aqueous mixture of cerium ammonium nitrate and gadolinium nitrate solution was continuously mixed with a stream of superheated water at 450 °C and 22.1 MPa in a patented confined jet mixer.[24] Particles were then cooled (*via* a pipe cooler) and then collected as an aqueous slurry at the exit of the back-pressure regulator. The particles were recovered by centrifugation and washing (three times) in an equal volume of water until the final solid sludge was obtained. The nanopowder was recovered by freeze drying.

For preparation of scaffolds, the solvent (0.653 g), dispersant (0.265 g) and binder (0.040 g) were mixed together until the binder had fully dissolved. Next, with stirring in an ultrasonic bath, each solid component was added sequentially in two or three aliquots, starting with the dried CGO nanoparticles (0.751 g), followed by the commercial CGO (1.047 g), and finally the polymer microbeads (0.153 g). The ultrasonication and stirring is effective in suspending the nanoparticles. This gave an ink with *ca.* 26 vol% solids content, which was an acceptable level for a screen printing ink.[11] In formulating the ink, two conditions were sought: high total solid content and high nanoparticle content. The order of addition was important to ensure that the nanoparticles were fully incorporated and homogenised, and the large differences in particle size between the different components helped to maintain an appropriate viscosity at high solid loadings.

The inks were screen printed onto 200 μm thick yttria-stabilised zirconia (YSZ) electrolytes. In the case of fuel cells, the procedure differed slightly between cells with different sintering temperatures for the anode, as shown schematically in Fig. 1. In the cells with scaffolds sintered at 1300 °C, one side was printed with the scaffold ink, while the other was printed with a thin layer of a CGO ink (this is to prevent reactions between the cathode material and the YSZ electrolyte). The printed pellets were then heat-treated at 1300 °C for one hour, with a 1 °C $min^{-1}$ ramp rate during heating and cooling. The LSCF-CGO cathode (ink purchased from Fuel Cell Materials, Columbus, OH, USA) was then screen-printed, and the cell heat-treated at 1100 °C for three hours with a 5 °C $min^{-1}$ ramp rate during heating and cooling. The process for the cells with scaffolds heat-treated at 1000 °C was identical except the order of printing and sintering was a protective CGO layer first, followed by cathode and finally by the CGO scaffold. Cells with one, two or three layers of CGO scaffold were produced. The scaffold was dried in an oven at ~80 °C in between each printing cycle.

Next, the CGO scaffolds were impregnated with a nickel salt, again shown schematically in Fig. 1. The impregnation solution was prepared from 0.125 g of nickel nitrate hexahydrate in 200 μL of absolute ethanol. The solution was dropped onto the scaffold using a 1–20 μL pipette, with the volumes used determined empirically by visually observing whether the drop spread beyond the edge of the scaffold. If it did, then the volume of the following impregnation was reduced. The first volume used was determined by dropping pure ethanol onto the scaffold. In between each impregnation, the pellets were placed into a furnace directly at 500 °C for 5 min. This cycle was then repeated ten times. After the final impregnation, the pellets were placed into this furnace, and the temperature was increased to 800 °C at 5 °C $min^{-1}$ and held for eight hours before cooling at 5 °C $min^{-1}$. The NiO loading was determined by weighing.

Four symmetrical cells were produced: a single layer cell heat-treated at 1300 °C; a single layer cell heat-treated at 1000 °C; a double layer cell heat-treated at 1000 °C and a triple layer cell heat-treated at 1000 °C. In addition, four button cells for fuel cell testing were produced from single and double layer CGO scaffolds heat-treated at 1000 °C, and the same heat-treated at 1300 °C.

The scaffolds were studied by Ultra Small Angle X-ray Scattering (USAXS) to obtain information about the pore structure, while the *in situ* measurements allowed us to monitor the development of the microstructure with temperature.[25] For the USAXS measurements, single layered samples were printed onto MgO substrates (used instead of YSZ as it is less absorbing of X-rays) for analysis by USAXS, and heat-treated at either 1000 or 1300 °C. These samples were compared to a scaffold made from a "control" ink in which the nanoparticle component was replaced by extra commercial CGO. One sample printed on MgO was heat-treated *in situ*. The USAXS data were taken at sector 15, Advanced Photon Source, Argonne National Laboratory. Briefly, small angle scattering intensities around the direct beam was measured using channel cut Si crystal monochrometers in a Bonse–Hart configuration. The X-ray energy was 16.8 keV and the beam size was $1.5 \times 0.4$ mm. The sample was mounted in a LinkAm heater for the *in situ* USAXS measurements. The USAXS intensity is plotted as a function of the scattering vector $q = 4\ \sin(\vartheta)/\lambda$ where $\lambda$ is the X-ray wavelength and $\vartheta$ is the scattering angle. The USAXS spectra can be viewed as the autocorrelation of the electron density fluctuations inside the sample, resulting from contrast between the pores and the powders. The USAXS is normally plotted in a log–log plot, and at low $q$ Guinier approximation is valid so the USAXS intensity shows an inflection proportional to $-\exp(q^2R_g^{\ 2}/3)$ where $R_g$ is the radius of gyration. At higher $q$ values, the USAXS intensity follows a power law slope with an exponent of −3, as expected from Porod's law from slit-smeared USAXS. Our USAXS could not resolve the Guinier inflection from the large pores made by polymer microbeads, so we used a combination of a powder law slope and a log-normal size distribution of spherical pores to model the USAXS intensity for non-linear least squares fitting.

The scaffolds and impregnated anodes were imaged by FEG-SEM (LEO Gemini 1525).

Electrochemical measurements were carried out with an Autolab PGSTAT. Symmetrical cell tests were carried out under humidified hydrogen in nitrogen, while fuel cell tests were carried out under humidified hydrogen in nitrogen and humidified syngas in nitrogen (15% $H_2$, 25% CO, 60% $N_2$). The exact syngas composition with a high content of nitrogen was chosen so that some of the nitrogen can be replaced with other components (*e.g.* $CO_2$, larger quantities of steam, tars or $H_2S$) in later studies. For the syngas tests the cells were put under load in 50% $H_2$ in $N_2$ before switching to syngas and carrying out the measurements. This avoids the carbon deposition caused by direct exposure to syngas at OCV. In all cases the same procedure for reducing the anode was employed; the cells were heated under dry nitrogen to 765 °C at 5 °C $min^{-1}$ before switching to humidified 10% hydrogen in nitrogen for one hour before cooling to the operating temperature. In all cases in this report, the humidification was carried out at 20 °C, giving a humidity of 2.3%, while the gas compositions given refer to the gas compositions prior to humidification. [...]

## EXERCISE 5의 핵심

### 합성가스 공급 고체산화물 연료 전지용 나노입자 스캐폴드

*실험*

그림 1은 논문에서 사용된 제형 및 제조 절차를 개략적으로 요약한 것이다. 잉크는 Praxair의 상업용 가돌리늄 도핑 세리아($Ce_{0.9}Gd_{0.1}O_{1.97}$, CGO, 입자 크기=0.5$\mu$m), 연속 수열 유동 합성(CHFS)으로 생산된 나노입자 CGO($Ce_{0.9}Gd_{0.1}O_{1.97}$, 입자 크기=5nm, TEM)에서 얻은 폴리머 마이크로비드(6$\mu$m, Microbeads AS, Spheromers CA6), 용매로 테르피네올, 분산제로 Hypermer KD15, 에틸셀룰로스 바인더(Hercules EC N-7)의 혼합물로 제형화했다. CGO 나노파우더는 다른 곳에서 설명한 대로 University College London의 파일럿 플랜트를 사용하여 연속 수열 유동 합성으로 생산했다.[17] CHFS는 나노입자를 제조하는 떠오르고 확장 가능한 방법이며, 이전에는 사마리아 도핑된 세리아,[3] 세리아-지르코니아 고용체,[18,19] 66 세리아-지르코니아-이트리아 샘플의 전체 상도[20] 및 일반적으로 직경이 50nm 미만인 다양한 다른 금속 산화물[21,22] 및 인산염[23]을 만드는 데 사용되었다. CHFS에서 세륨 암모늄 질산염과 가돌리늄 질산염 용액의 수용액 혼합물은 특허받은 밀폐형 제트 믹서에서 450℃, 22.1MPa에서 과열된 물의 흐름과 지속적으로 혼합되었다.[24] 그런 다음 입자를 냉각(파이프 쿨러를 통해)한 다음 역압 조절기 출구에서 수용액 슬러리로 수집했다. 입자는 원심분리와 같은 양의 물로 세척(3회)하여 최종 고형 슬러지를 얻을 때까지 회수했다. 나노파우더는 동결 건조로 회수했다.

스캐폴드를 제조하기 위해 용매(0.653g), 분산제(0.265g) 및 바인더(0.040g)를 바인더가 완전히 용해될 때까지 혼합했다. 그런 다음 초음파 욕조에서 교반하면서 각 고형 성분을 건조된 CGO 나노입자(0.751g)로 시작하여 상업용 CGO(1.047g)로, 마지막으로 폴리머 마이크로비드(0.153g)로 2~3회 연속 첨가했다. 초음파 처리 및 교반은 나노입자를 현탁하는 데 효과적이었다. 이를 통해 약 26vol%의 고형물 함량을 가진 잉크가 생성되었는데, 이는 스크린 인쇄 잉크에 허용되는 수준이었다.[11] 잉크를 제형화할 때 두 가지 조건을 찾았다. 높은 총 고형물 함량과 높은 나노입자 함량이었다. 나노입자가 완전히 혼합되고 균질화되도록 하기 위해 첨가 순서가 중요했으며, 다양한 성분 간의 입자 크기 차이가 큰 것은 높은 고체 함량에서도 적절한 점도를 유지하는 데 도움이 되었다.

잉크는 200$\mu$m 두께의 이트리아 안정화 지르코니아(YSZ) 전해질에 스크린 인쇄되었다. 연료 전지의 경우, 그림 1에 개략적으로 표시된 것처럼 애노드에 대한 소결 온도가 다른 전지 간에 절차가 약간 달랐다. 1300℃에서 소결된 스캐폴드가 있는 전지에서 한 면은 스캐폴드 잉크로 인쇄되고 다른 면은 CGO 잉크의 얇은 층으로 인쇄되었다(이는 양극 재료와 YSZ 전해질 간의 반응을 방지하기 위함). 그런 다음 인쇄된 펠릿을 1300℃에서 1시간 동안 열처리했으며, 가열 및 냉각하는 동안 1℃ $min^{-1}$의 램프 속도를 사용했다. LSCF-CGO 양극(미국 오하이오주 콜럼버스의 Fuel Cell Materials에서 구매한 잉크)을 스크린 인쇄한 다음, 전지를 1100℃에서 3시간 동안 열처리했으며, 가열 및 냉각하는 동안 5℃ $min^{-1}$의 램프 속도를 사용했다. 1000℃에서 열처리된 스캐폴드가 있는 셀의 공정은 보호용 CGO 층이 먼저, 그 다음에 양극이, 마지막으로 CGO 스캐폴드가 인쇄 및 소결되는 순서만 제외하면 동일했다. CGO 스캐폴드 층이 1, 2 또는 3개인 셀이 생산되었다. 스캐폴드는 각 인쇄 주기 사이에 ~80℃의 오븐에서 건조되었다.

다음으로, CGO 스캐폴드를 니켈 염으로 함침시켰으며, 이는 다시 그림 1에 도식적으로 표시되었다. 함침 용액은 200$\mu$L의 무수 에탄올에 0.125g의 질산니켈 6수화물을 넣어 제조되었다. 용액은 1-20$\mu$L 피펫을 사용하여 스캐폴드에 떨어뜨렸고, 사용된 부피는 방울이 스캐폴드 가장자리 너머로 퍼지는지 시각적으로 관찰하여 경험적으로 결정되었다. 퍼졌다면 다음 함침의 부피를 줄였다. 사용된 첫 번째 부피는 순수 에탄올을 스캐폴드에 떨어뜨려 결정되었다. 각 함침 사이에 펠릿을 5분 동안 500℃의 용광로에 직접 넣었다. 그런 다음 이 사이클을 10번 반복했다. 마지막 함침 후 펠릿을 이 용광로에 넣고 온도를 5℃ $min^{-1}$로 800℃까지 높이고 5℃ $min^{-1}$로 냉각하기 전에 8시간 동안 유지했다. NiO 로딩은 무게를 달아 결정되었다.

4개의 대칭 셀이 생산되었다: 1300℃에서 열처리한 단일 층 셀; 1000℃에서 열처리한 단일 층 셀; 1000℃에서 열처리된 이중층 셀과 1000℃에서 열처리된 삼중층 셀. 또한, 연료 전지 테스트를 위한 4개의 버튼 셀은 1000℃에서 열처리된 단일 및 이중층 CGO 스캐폴드와 1300℃에서 열처리된 동일한 스캐폴드에서 생산되었다.

스캐폴드는 기공 구조에 대한 정보를 얻기 위해 초소각 X선 산란(USAXS)으로 연구되었고, 현장 측정을 통해 온도에 따른 미세 구조의 발달을 모니터링할 수 있었다.[25] USAXS 측정의 경우, 단일 층 샘플을 MgO 기판(X선을 덜 흡수하는 YSZ 대신 사용)에 인쇄하여 USAXS로 분석하고 1000 또는 1300℃에서 열처리했다. 이러한 샘플을 나노입자 구성 요소를 추가한 상업용 CGO로 대체한 “대조” 잉크로 만든 스캐폴드와 비교했다. MgO에 인쇄된 한 샘플은 현장에서 열처리했다. USAXS 데이터는 Argonne National Laboratory의 Advanced Photon Source, 섹터 15에서 수집되었다. 간단히 말하면, 직접 빔 주변의 소각 산란 강도는 Bonse-Hart 구성의 채널 컷 Si 결정 단색광기를 사용하여 측정했다. X선 에너지는 16.8keV이고 빔 크기는 1.5×0.4mm였다. 샘플은 현장 USAXS 측정을 위해 LinkAm 히터에 장착되었다. USAXS 강도는 산란 벡터 q=4sin(g)/入의 함수로 표시된다. 여기서 入는 X선 파장이고 9는 산란 각도이다. USAXS 스펙트럼은 기공과 분말 간의 대비로 인해 발생하는 샘플 내부의 전자 밀도 변동의 자기 상관으로 볼 수 있다. USAXS는 일반적으로 로그-로그 플롯으로 표시되며 낮은 q 기니어 근사가 유효하므로 USAXS 강도는 $-\exp(q^2R_g^2/3)$에 비례하는 변곡을 보인다. 여기서 $R_g$는 회전 반경이다. 더 높은 q 값에서 USAXS 강도는 슬릿 스미어 USAXS의 포로드 법칙에서 예상한 대로 지수가 -3인 거듭제곱 법칙 기울기를 따른다. 저희 USAXS는 폴리머 마이크로비드로 만든 큰 기공에서 기니어 변곡을 해결할 수 없었기 때문에 분말 법칙 기울기와 구형 기공의 로그 정규 크기 분포를 조합하여 비선형 최소제곱 피팅을 위한 USAXS 강도를 모델링했다.

스캐폴드와 함침된 양극은 FEG-SEM(LEO Gemini 1525)으로 이미지화했다.

전기화학 측정은 Autolab PGSTAT로 수행했다. 대칭 셀 테스트는 질소에서 가습된 수소에서 수행되었고, 연료 셀 테스트는 질소에서 가습된 수소와 질소에서 가습된 합성가스(15% $H_2$, 25% CO, 60% $N_2$)에서 수행되었다. 질소 함량이 높은 정확한 합성가스 조성을 선택하여 이후 연구에서 질소 중 일부를 다른 성분(예: $CO_2$, 더 많은 양의 증기, 타르 또는 $H_2S$)으로 대체할 수 있도록 했다. 합성가스 테스트를 위해 셀은 합성가스로 전환하고 측정을 수행하기 전에 $N_2$에서 50% $H_2$로 부하를 가했다. 이렇게 하면 OCV에서 합성가스에 직접 노출되어 발생하는 탄소 침전물을 피할 수 있었다. 모든 경우에 애노드를 환원하기 위한 동일한 절차가 사용되었다. 셀은 건조 질소에서 5℃ $min^{-1}$로 765℃까지 가열한 다음 작동 온도로 냉각하기 전에 1시간 동안 질소에서 가습된 10% 수소로 전환했다. 이 보고서의 모든 경우에, 가습은 20℃에서 수행되어 습도가 2.3%가 되었고, 제공된 가스 조성은 가습 전 가스 조성을 나타낸다. [...]

*Experimental*

Fig. 1 **summarises** schematically the formulation and fabrication procedures **used in the paper**. Inks **were formulated from** a mixture of commercial gadolinia-doped ceria ($Ce_{0.9}Gd_{0.1}O_{1.97}$, CGO, particle size = 0.5 μm) **from** Praxair, nanoparticle CGO ($Ce_{0.9}Gd_{0.1}O_{1.97}$, particle size = 5 nm **from** TEM) **produced by** continuous hydrothermal flow synthesis (CHFS), polymer microbeads (6 μm, Microbeads AS, Spheromers CA6), terpineol as a solvent, Hypermer KD15 as a dispersant and an ethylcellulose binder (Hercules EC N-7). The CGO nanopowders **were produced by** continuous hydrothermal flow synthesis **using** a pilot plant **at** University College London **as described elsewhere**.[17] CHFS **is an emerging and scalable method of** preparing nanoparticles and **has previously been used** to make samaria-doped ceria,[3] ceria-zirconia solid solutions,[18,19] an entire phase diagram of 66 ceria–zirconia–yttria samples[20] and a range of other metal oxides[21,22] and phosphates[23] **with** typically sub 50 nm diameter. **In** CHFS, an aqueous mixture of cerium ammonium nitrate and gadolinium nitrate solution **was continuously mixed with** a stream of superheated water **at** 450 °C and 22.1

MPa **in** a patented confined jet mixer.[24] Particles **were then cooled** (***via*** a pipe cooler) and **then collected as** an aqueous slurry **at** the exit **of** the back-pressure regulator. The particles **were recovered by** centrifugation and washing **(three times) in** an equal volume of water **until** the final solid sludge **was obtained. The** nanopowder **was recovered** by freeze drying.

**For preparation of** scaffolds, the solvent (0.653 g), dispersant (0.265 g) and binder (0.040 g) **were mixed** together **until** the binder had **fully** dissolved. **Next, with** stirring **in** an ultrasonic bath, **each** solid component **was added** sequentially **in** two or three aliquots, **starting with** the dried CGO nanoparticles (0.751 g), **followed by** the commercial CGO (1.047 g), and **finally** the polymer microbeads (0.153 g). The ultrasonication and stirring **is effective in** suspending the nanoparticles. This **gave** an ink **with** *ca.* 26 vol% solids content, **which was an acceptable level for** a screen printing ink.[11] **In** formulating the ink, two conditions **were sought**: high total solid content and high nanoparticle content. The order of addition **was important to ensure that** the nanoparticles were **fully** incorporated and homogenised, and the large differences **in** particle size **between** the different components **helped to maintain** an **appropriate** viscosity **at** high solid loadings.

The inks **were screen printed onto** 200 μm thick yttria-stabilised zirconia (YSZ) electrolytes. In the case of fuel cells, the procedure **differed** slightly **between** cells **with** different sintering temperatures **for** the anode, as shown schematically in Fig. 1. **In** the cells **with** scaffolds sintered **at** 1300 °C, one side **was printed with** the scaffold ink, while the other **was printed with** a thin layer of a CGO ink **(this is to prevent** reactions **between** the cathode material and the YSZ electrolyte). The printed pellets **were then heat-treated at** 1300 °C **for** one hour, **with** a 1 °C $min^{-1}$ ramp rate during heating and cooling. The LSCF-CGO cathode (ink **purchased from** Fuel Cell Materials, Columbus, OH, USA) **was then screen-printed**, and the cell **heat-treated at** 1100 °C **for** three hours **with** a 5 °C $min^{-1}$ ramp rate during heating and cooling. The process **for** the cells **with** scaffolds heat-treated **at** 1000 °C **was identical except** the order of printing and sintering **was** a protective CGO layer **first, followed by** cathode and **finally** by the CGO scaffold. Cells **with** one, two or three layers **of** CGO scaffold **were produced**. The scaffold **was dried in** an oven **at** ~80 °C **in between each** printing cycle.

**Next**, the CGO scaffolds **were impregnated with** a nickel salt, again shown schematically in Fig. 1. The impregnation solution **was prepared from** 0.125 g **of** nickel nitrate hexahydrate **in** 200 μL **of** absolute ethanol. The solution **was dropped onto** the scaffold **using** a 1–20 μL pipette, **with** the volumes used **determined** empirically **by** visually observing whether the drop spread **beyond the edge of** the scaffold. If it did, then the volume **of** the following impregnation **was reduced**. The first volume used **was** determined by dropping pure ethanol **onto** the scaffold. **In between each** impregnation, the pellets **were placed into** a furnace **directly at** 500 °C **for** 5 min. This cycle **was then repeated** ten times. **After** the final impregnation, the pellets **were placed into** this furnace, and the temperature **was increased to** 800 °C **at** 5 °C $min^{-1}$ and **held for** eight hours **before** cooling **at** 5 °C $min^{-1}$. The NiO loading **was determined by** weighing.

Four symmetrical cells **were produced**: a single layer cell heat-treated **at** 1300 °C; a single layer cell heat-treated **at** 1000 °C; a double layer cell heat-treated **at** 1000 °C and a triple layer cell heat-treated **at** 1000 °C. In addition, four button cells **for** fuel cell testing **were produced from** single and double layer CGO scaffolds heat-treated **at** 1000 °C, and the same heat-treated **at** 1300 °C.

The scaffolds **were studied by** Ultra Small Angle X-ray Scattering (USAXS) **to obtain information about** the pore structure, while the *in situ* measurements **allowed us to** monitor the development **of** the microstructure **with** temperature.[25] **For** the USAXS measurements, single layered samples **were printed onto** MgO substrates (used instead of YSZ **as it is** less absorbing **of** X-rays) **for** analysis **by** USAXS, and **heat-treated at** either 1000 or 1300 °C. These samples **were compared to** a scaffold **made from** a "control" ink **in** which the nanoparticle component **was replaced by** extra commercial CGO. One sample printed **on** MgO **was heat-treated** *in situ*. The USAXS data **were taken at** sector 15, Advanced Photon Source, Argonne National Laboratory. **Briefly**, small angle scattering intensities around the direct beam **was measured using** channel cut Si crystal monochrometers **in** a Bonse–Hart configuration. The X-ray energy **was** 16.8 keV and the beam size **was** 1.5 × 0.4 mm. The sample **was mounted in** a LinkAm heater **for** the *in situ* USAXS measurements. The USAXS intensity **is plotted** as a function **of** the scattering vector $q = 4\sin(\vartheta)/\lambda$ where $\lambda$ is the X-ray wavelength and $\vartheta$ is the scattering angle. The USAXS spectra **can be viewed as** the autocorrelation **of** the electron density fluctuations **inside** the sample, resulting **from** contrast **between** the pores and the powders. The USAXS **is normally plotted in** a log–log plot, and **at** low $q$ Guinier approximation **is** valid **so** the USAXS intensity **shows** an inflection proportional to $-\exp(q^2 R_g^2/3)$ where $R_g$ is the radius **of** gyration. **At** higher $q$ values, the USAXS intensity **follows** a power law slope **with** an exponent **of** −3, as expected **from** Porod's law **from** slit-smeared USAXS. Our USAXS **could not resolve** the Guinier inflection **from** the large pores **made by** polymer microbeads, **so we used** a combination **of** a powder law slope and a log-normal size distribution **of** spherical pores to model the USAXS intensity **for** non-linear least squares fitting.

The scaffolds and impregnated anodes **were imaged** by FEG-SEM (LEO Gemini 1525).

Electrochemical measurements **were carried out with** an Autolab PGSTAT. Symmetrical cell tests **were carried out under** humidified hydrogen **in** nitrogen, while fuel cell tests **were carried out under** humidified hydrogen **in** nitrogen and humidified syngas **in** nitrogen (15% $H_2$, 25% CO, 60% $N_2$). The exact syngas composition **with** a high content **of** nitrogen **was chosen so that** some of the nitrogen can be **replaced with** other components (*e.g.* $CO_2$, larger quantities of steam, tars or $H_2S$) **in** later studies. **For** the syngas tests the cells **were put under** load **in** 50% $H_2$ **in** $N_2$ **before** switching to syngas and carrying out the measurements. **This avoids** the carbon deposition caused by direct exposure **to** syngas at OCV. **In all cases** the same procedure **for** reducing the anode **was employed;** the cells **were heated under** dry nitrogen **to** 765 °C **at** 5 °C $min^{-1}$ **before** switching **to** humidified 10% hydrogen **in** nitrogen **for** one hour **before** cooling **to** the operating temperature. **In all cases in this report**, the humidification **was carried out at** 20 °C, giving a humidity **of** 2.3%, while the gas compositions given **refer to** the gas compositions **prior to** humidification. [...]

### 성공적인 방법 섹션을 작성하기 위한 팁

- 참고논문에서 방법 섹션의 평균 분량을 확인하라. 이는 해당 유형의 실험이나 시뮬레이션을 설명하는 데 적절한 세부 정보 수준을 결정하는 데 도움이 된다.
- 참고 저널에서 일반적으로 방법 섹션을 어디 위치에 두는지 확인하라. 보충 오프라인 자료에 있는가? 아니면 인쇄 버전에 있는가?
- 문장을 만들기 전에 전체 방법 섹션을 계획하라.
- 실험 노트와 방법 섹션을 혼동하지 않도록 하라. 첫 번째는 저자인 당신을 위해 작성되었지만 두 번째는 독자를 위해 작성되어야 한다.
- 주제에 대한 친숙함이 독자가 서론이나 배경 정보에 대한 필요성을 알지 못한다는 것을 의미할 수 있음을 기억하라. 배경 사실 정보의 양은 독자의 현재 지식 수준에 따라 달라지므로 유사한 저널에서 유사한 주제를 다룬 최근 논문과 비교하라. 인터넷을 통해 더욱 많은 독자가 당신의 논문을 열람할 경우 서론이나 배경 정보의 양을 적절히 조정하도록 하라.
- 독자가 각 단계에서 왜 그런 행동을 했는지 정확히 알고 있는지 확인하라. 이와 같이 할 때 일관되게 읽히고 연구자로서의 성실성을 뒷받침하는 설명이 가능하다.
- 기존/현재 방법과 이러한 방법을 설명하는 동사 시제와의 비교 범위는 독자의 현재 지식 수준에 따라 달라지므로 유사한 저널에서 유사한 주제를 다루는 최근 논문과 비교하라.
- 모든 문장을 확인하여 동사 시제가 올바른 의미를 전달하는지 확인하라.
- 자신의 작업을 다른 연구자의 작업과 확립된 지식에서 분리했는지 확인하라. 당신의 기여는 자신에게는 분명할 수 있지만 모든 독자에게는 분명하지 않다.

# UNIT 3

## 결과(RESULTS) 작성 방법

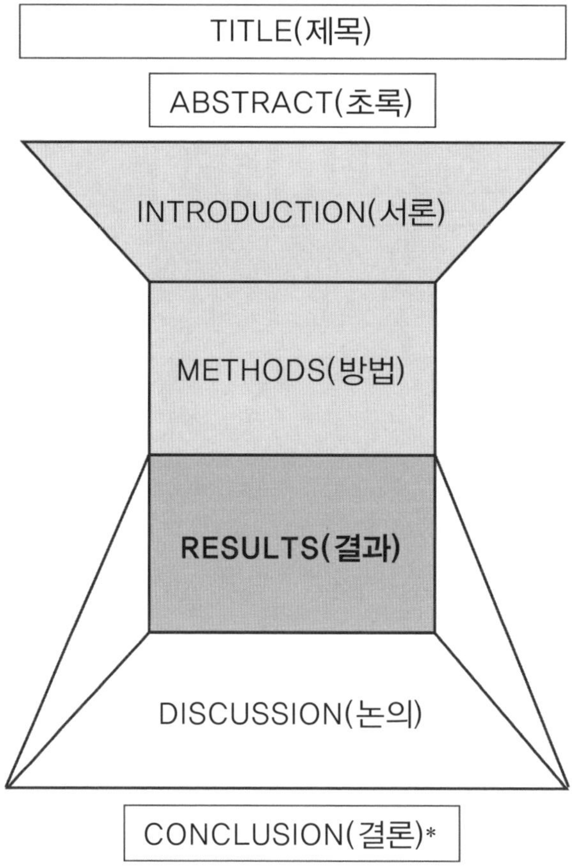


* 일부 저널에서는 이 섹션을 **결론(Conclusion)**이라고 표기하기도 하고 또 다른 저널에서는 **결론들(Conclusions)**이라고 작성하기도 하나, 이는 연구를 통해 도출된 결론의 수를 반영하지는 않는 것으로 보인다.

## 3.1 결과의 구조와 내용

아래 표는 연구 논문의 마지막 섹션에 대한 네 가지 일반적인 옵션을 보여준다.

| 부제 선택사항 1 | 부제 선택사항 2 | 부제 선택사항 3 | 부제 선택사항 4 |
|---|---|---|---|
| 결과 | 결과 | 결과 및 논의 | 결과 |
| 논의 | 논의 | | Ø |
| 결론 | Ø | 결론 | 결론 |

| **SUBTITLES Option 1** | **SUBTITLES Option 2** | **SUBTITLES Option 3** | **SUBTITLES Option 4** |
|---|---|---|---|
| Results | Results | Results and Discussion | Results |
| Discussion | Discussion | | Ø |
| Conclusion | Ø | Conclusion | Conclusion |

참고 논문은 이러한 옵션 중에서 선택하는 데 도움이 되지만 참고 저널의 구조가 유연한 경우 연구의 측면도 결정을 안내할 수 있다. 예비 결과가 이후 결과에 영향을 미치는 경우 후속 결과를 제시하고 논의하기 전에 예비 결과를 제시하고 논의하는 결합된 결과 및 논의 섹션을 선호할 수 있다. 마찬가지로 결과가 여러 가설/예측에 대응하는 경우 독자가 각 가설에 대한 결과와 논의를 적절한 부제와 함께 함께 보는 것이 더 쉬울 수도 있다. 결과를 전체적으로 논의하려는 경우 결과 섹션에서 모든 결과를 함께 제시한 다음 논의 섹션으로 이동할 수 있다. 궁극적으로 이 섹션을 독자가 협상하기 쉽도록 만들고 결과와 연구 목표 간의 관계를 보여주고 결론으로 가는 명확한 경로를 마련하는 것이 목표이다.

이 책에서 결과 섹션은 논의 섹션과 별도로 처리되고 논의 섹션은 결론과 별도로 처리된다. 이는 각 섹션의 특징인 구성 요소를 인식하고 이를 만들 수 있도록 스스로 훈련할 수 있도록 하기 위한 것이다. 이를 별도로 유지하든 결합하든 말이다.

**참고** 저널, 주제 또는 연구 유형에 따라 결과 섹션을 '데이터 분석 또는 사례 연구'라고 부를 수도 있다. 언제나 그렇듯이 황금률은 참고 논문을 가이드로 사용하는 것이다.

## 3.2 모델 구축

저자에게 결과 섹션에 들어가야 할 것과 들어가지 말아야 할 것에 관한 정보는 대체로 잘 작성되었지만 출판된 내용과 일치하지 않았다. 예를 들어, 결과 섹션에서 데이터를 해석하지 않도록 정보를 얻을 수 있었는데, 과거형만 사용하거나 반복적인 문단 구조를 피해야 하는 것으로 배웠다. 결과 섹션은 결과 자체만 다루어야 하고 토론 섹션은 결과의 의미만 다루어야 한다고 말할 수 있다. 그러나 성공적으로 출판된 연구 논문을 조사하고 설명하면 저자가 항상 또는 종종 그와 같은 내용을 따르지 않는다는 것을 알 수 있다. 현재 출판된 연구에 기반한 역공학적 설명적 접근 방식은 무엇을 해야 하고 무엇을 하지 말아야 하는지 알려주는 처방적 접근 방식보다 결과 섹션에 대한 더 신뢰할 수 있는 그림을 생성했다. 그 이유 중 하나는 결과 섹션의 구조와 내용이 독자가 읽는 방식, 특히 인터넷을 리소스로 사용하는 방식을 반영하도록 변경되고 있기 때문이다. 방법 섹션을 보충 자료에 배치하는 현재 추세는 결과 섹션의 내용에도 영향을 미쳤다. 이는 결과 섹션에 결과를 이해하기 쉽게 만들기 위해 방법에 대한 정보를 포함해야 하기 때문이다. 반면, 설명적 접근 방식은 시간이 지남에 따라 변경되는 논문 작성 모델을 쉽게 업데이트하고 적용할 수 있도록 하였다.

역엔지니어링 접근 방식을 스스로 개발하면 현재와 미래에 모든 유형의 텍스트에 사용할 수 있었다. 따라서 이 단원에서는 분석 및 모델링을 스스로 제어하고 참고 논문을 기본 소스로 사용하여 결과 섹션에 대한 자체 모델을 구축하는 것이 어렵지 않았다. 목표는 연구하고 있는 현재 연구 논문에서 결과 섹션에 대한 모델을 생성하여 자신 있게 업데이트하고 적용할 수 있도록 역량을 개발하는 것이다.

### 3.2.1 연습 1: 대상 기사를 사용하여 모델 구축

대부분의 경우 연구 작업의 결과는 그래프, 표, 방정식, 사진 또는 기타 이미지(여기서는 모두 그래픽이라고 함)로 표현할 수 있다. 그렇다면 연구자들은 왜 결과 섹션을 작성하는 데 신경을 쓰는 것일까? 왜 단순히 좋고 명확한 제목과 각 제목 아래에 메모가 있는 좋고 명확한 그래픽을 제공하지 않을까? 현재 거의 모든 STEMM 연구 논문에는 서면 결과 섹션이 포함되어 있으므로 '결과 설명'과 같은 결과 섹션의 일부 기능은 서술적인 내용 없이는 달성할 수 없다.

이를 염두에 두고 대상 논문 중 최소 두 개의 결과 섹션에서 각 문장의 기능에 대한 간략한 설명을 작성하여 잠재적 구성 요소의 광범위한 목록을 생성하라. 그 다음 아래의 간소화된 결과 섹션에서 각 문장의 기능에 대한 간략한 설명을 작성하고 목록을 이 설명과 비교한다. 목록의 일부 구성 요소는 256페이지의 문장 설명과 유사할 것이다. 다른 구성 요소는 수행 중인 연구, 해당 분야의 현재 관례 또는 작성 중인 논문 유형에 따라 다를 것이다. 두 목록을 통합하여 현재 연구 분야의 연구 논문에서 결과 섹션에 대한 강력한 모델 구성 요소 세트를 생성하여 연구가 진행됨에 따라 이를 조정하거나 업데이트할 수 있다.

**자전거로 미세먼지 오염에 노출: 정확한 측정을 위한 휴대용 장치 사용**

***결과***

*1 이전 자전거 안전 연구-57에서 얻은 데이터는 고배출 위치에 고정된 모니터를 사용하여 평일의 블랙 카본(BC) 및 이산화질소($NO_2$) 농도를 측정했다. 2 이러한 연구에서는 버스와 공유하는 자전거 도로와 차량 교통과 분리된 자전거 도로 간의 BC 및 $NO_2$ 배출량에 유의미한 차이가 없음을 발견했다. 3 저희 연구에서 BC 및 $NO_2$ 농도는 Noxious 등이 개발한 휴대용 배출 측정 시스템인 PEMS-43을 사용하여 측정했다. 7 PEMS-43은 자전거에 고정하여 각 경로 유형을 따라 매시간 배출량을 기록했다.*

*5 그림 1은 오전 6시부터 오전 10시까지 각 경로 유형에서 매시간 측정된 BC 및 $NO_2$ 농도를 보여줬다. 6 이전 연구의 결과와 마찬가지로 이 4시간 동안 두 경로 유형 모두에서 BC 및 $NO_2$ 농도가 거의 비슷했다. 7 그러나 PEMS-43에서 하루 중 늦은 시간대의 여행에 대해 얻은 데이터는 상당히 달랐다. 8 오전 10시 직후부터 차량 교통에서 분리된 자전거 도로에서 $NO_2$ 농도가 현저하게 감소하는 것을 기록했다(그림 2). 9 보시다시피 오후 2시까지 $NO_2$ 수치는 최대 33%까지 떨어졌고, 이 낮은 수치는 오후 5시부터 오후 7시까지의 교통량이 가장 많은 시간대에도 유지됐다. 10 이러한 결과는 차량 교통과 분리된 자전거 도로를 따라 $NO_2$ 수치가 하루 종일 BC의 수치와 일치하지 않을 수 있음을 시사했다.*

*11 식물이 있으면 하루 중 다른 시간대에 BC와 $NO_2$ 농도가 약간 달라지는 것으로 알려져 있으며,[11,18] 두 경로에 미치는 영향은 조사되지 않았다. 12 그럼에도 불구하고 여기에서 얻은 데이터는 휴대용 배출 측정 시스템을 사용하여 매시간 BC와 $NO_2$ 노출을 측정하면 기존의 현장 측정보다 교통 관리 전략에 대한 더 정확한 정보를 제공할 수 있음을 시사했다.*

## On-bicycle exposure to particulate pollution: using a portable device for accurate measurement

***Results***

***1** Data obtained in previous cycling safety studies[1,5,7] used fixed monitors positioned at high-emission locations to measure weekday concentrations of black carbon (BC) and nitrogen dioxide ($NO_2$). **2** Those studies found no significant difference in BC and $NO_2$ emissions between cycle lanes shared with buses and cycle lanes separated from vehicle traffic. **3** In our study, BC and $NO_2$ concentrations were measured using a PEMS-43, a portable emissions measurement system developed by Noxious et al.[7]. **4** The PEMS-43 was fixed to a bicycle and recorded the emissions hourly along each route type.*

***5** Figure 1 shows the BC and $NO_2$ concentrations measured hourly on each route type from 6.00 a.m. to 10.00 a.m. **6** In line with results from previous studies, the BC and $NO_2$ concentrations were broadly similar for both route types over this 4-hour period. **7** However, the data obtained by PEMS-43 for journeys later in the day were significantly different. **8** We recorded a striking reduction in the $NO_2$ concentrations along bike paths separated from vehicle traffic, beginning shortly after 10.00 a.m. (Figure 2). **9** As can be seen, by 2.00 p.m. the $NO_2$ levels had fallen by as much as 33%, and this low level was maintained even during the 5.00 p.m. to 7.00 p.m. peak traffic density period. **10** These results suggest that $NO_2$ levels along bike paths separated from vehicle traffic may not match those of BC at all times throughout the day.*

***11** The presence of vegetation is known to slightly alter BC and $NO_2$ concentrations at different times of day[11,18], and the effect of this along the two routes was not investigated. **12** Nevertheless, the data obtained here suggest that using a portable emissions measurement system to measure BC and $NO_2$ exposures hourly may provide more accurate information for traffic management strategies than traditional on-site measurement.*

## 3.2.2 핵심

**문장 1과 2** *이전 자전거 안전 연구1,5,7에서 얻은 데이터는 고배출 위치에 고정된 모니터를 사용하여 평일의 검은 탄소(BC)와 이산화질소(NO 2 2 ) 농도를 측정했다. 이 연구에서는 버스와 공유하는 자전거 도로와 차량 교통과 분리된 자전거 도로 사이의 BC와 NO 2 배출량에 유의미한 차이가 없음을 발견했다.* **저자는 이 기사에서 앞서 언급한 연구의 방법과 결과를 반복/재검토한다.**

**In Sentences 1 and 2** *Data obtained in previous cycling safety studies*[1,5,7] *used fixed monitors positioned at high-emission locations to measure weekday concentrations of black carbon (BC) and nitrogen dioxide ($NO_2$). Those studies found no significant difference in BC and $NO_2$ emissions between cycle lanes shared with buses and cycle lanes separated from vehicle traffic.* **the writer repeats/revisits the methods and findings of studies mentioned earlier in the article.**

**문장 3과 4** *저희 연구에서 BC와 NO 2 농도는 Noxious 등이 개발한 휴대용 배출 측정 시스템인 PEMS-43을 사용하여 측정했다. 7. PEMS-43은 자전거에 고정하여 각 경로 유형을 따라 매시간 배출을 기록했다.* **저자는 이 연구에서 사용된 방법을 간략하게 요약한다.**

**In Sentences 3 and 4** *In our study, BC and $NO_2$ concentrations were measured using a PEMS-43, a portable emissions measurement system developed by Noxious et al.*[7]*. The PEMS-43 was fixed to a bicycle and recorded the emissions hourly along each route type.* **the writer briefly summarises the method used in this study.**

***왜 이 기사에서 앞서 언급한 연구를 다시 살펴보거나 내가 사용한 방법을 요약하는 것으로 시작해야 하는가?***

이전 섹션에서 원활하게 전환하거나 독자를 새로운 섹션에 대비시키는 자료로 (하위) 섹션을 시작하는 것이 독자에게 친화적이다. 독자는 서론에서 이 분야의 연구 격차/문제 또는 주요 연구를 기억하지 못할 수 있다. 둘 다 결과에 대한 중요한 배경을 제공한다.

결과의 시작 부분에서 이전 섹션을 다시 방문하는 것도 정보 서핑을 하는 독자에게 도움이 된다(즉, 제목/초록에서 바로 결과로 이동하고 서론 및/또는 방법을 우회). 참고 논문의 결과 섹션을 살펴보면 이 섹션에 포함된 방법에 대한 정보량에 놀랄 수 있다. 방법 섹션이 매우 길거나 보충 자료에 있는 경우 방법의 핵심 요소를 다시 살펴보는 것이 일반적이며, 이를 통해 독자는 결과를 이해할 만큼 방법에 대해 충분히 알 수 있다. 물론 당신은 방법을 잘 알고 있지만 결국 그것은 당신의 연구이므로 독자는 그다지 친숙하지 않다. 그들은 방법 섹션을 읽지 않았거나 결과를 읽을 때 내용의 핵심을 기억하지 못할 수도 있다.

***결과를 순서대로 살펴보는 것으로 시작하면 어떨까?***

논문의 목적은 발생한 순서대로 프로젝트에 대한 스토리를 전달하는 것이 아니라 해당 분야에 타당한 기여를 하고 그 기여를 효율적이고 효과적으로 전달하는 것이다. 독자는 읽는 동안 결과의 추세와 패턴을 찾고, 결과를 발생한 순서대로 나열하면 독자는 여행 방향을 감지하기 위해 지속적으로 그 추세나 패턴을 조정해야 한다. 연구자인 당신은 이러한 결과가 어디로 가고 있는지 알고 있지만 독자는 그렇지 않다. 묘사적인 가이드가 없으면 결과의 방향이 불분명할 수 있다. 또한 다른 독자는 데이터에서 다른 패턴을 볼 수도 있으나, 그 중 일부는 독자의 해석을 향하기보다는 오히려 해석에서 멀어지게 할 수도 있다. 최적의 구조로 결과를 구성하고 설명 속에서 제시하고 자연스럽게 도출하려는 해석과 결론으로 이끄는 것은 저자의 책임이다.

***그러면 시작하기에 좋은 방법은 무엇인가?***

항상 그렇듯이 목표로 하고 있는 저널에 게재된 논문의 저자가 어떻게 시작하는지 살펴보라. 일부 저자는 결과의 전반적인 패턴이나 추세에 대한 간략한 일반적인 진술로 시작하고(대부분의 경우/일반적으로/전반적으로) 독자를 요약된 그림이나 표를 통해 안내할 수도 있다. 일반적인 진술로 시작하면 결과를 제시하는 프레임워크가 안정되고 독자는 앞에 있는 '벽'을 인식한 후 하나하나의 '벽돌'을 볼 수 있게 된다. 결과를 결과 집합으로 세분화하는 경우 각 집합을 소개하기 위해 연결 진술을 제공할 수 있다.

일부 저자들은 연구 목적을 다시 언급하면서 시작한다. 논의 또는 결론에서 연구가 서론에서 설정한 목적을 얼마나 충족했는지에 대해 논의한다. 결과 섹션 초반에 이 목표 또는 문제를 재부팅하면 독자가 결과를 평가할 수 있는 맥락이 설정된다. 결과에 포함할 내용과 순서를 결정할 때 연구 목적을 명확하게 염두에 두는 것도 도움이 된다. 결과는 목표와 명확하게 연결되어야 한다. 사실 결과를 볼 때 서론으로 돌아가 결과를 고려하여 목표를 재정의하기로 결정할 수도 있다.

다른 저자는 방법의 핵심 측면을 회상하면서 시작한다. 위에서 언급했듯이, 이러한 형태는 방법 섹션이 보충 자료에 대한 링크를 통해서만 제공되는 경우에 특히 일반적으로 적용된다. 또한 제목에서 결과로 바로 이동하거나 제목 + 초록에서 결과로 이동하여 내용 파악을 목적으로 두는 독자를 돕는 데 유용하다.

**문장 5** *그림 1은 오전 6시부터 10시까지 각 경로 유형에서 매시간 측정된 BC 및 $NO_2$ 농도를 보여준다.* **저자는 독자에게 결과 그래픽을 보도록 이끈다.**

**In Sentence 5** *Figure 1 shows the BC and $NO_2$ concentrations measured hourly on each route type from 6.00 a.m. to 10.00 a.m.* **the writer invites the reader to look at a Results graphic.**

***독자에게 그래픽을 보라고 권유해야 하는 이유는 무엇일까?***

독자는 계속 읽으면서 그래픽을 보게 되고 기사를 읽기 전에 이미 그래픽을 보았을 수 있다.

글을 읽다가 문장 5와 같은 문장이 나오면 어떻게 하는가? 대부분의 경우 읽는 것을 멈추고 그래픽을 본다. 그래픽을 이해하거나 보이는 데이터를 이해하려고 한 후, 계속 읽으면서 그 해석을 염두에 두고 텍스트로 돌아간다.

그래픽을 특정 위치에 배치하고 묘사적으로 틀을 만드는 것은 매우 중요하다. 그렇지 않으면 결과 섹션의 시작이나 끝에 무작위 순서로 나오거나 전체에 걸쳐 무작위로 나오기 때문이다. 그래픽을 최적의 위치에 배치하려면 참고 기사의 결과 섹션에서 그래픽의 순서와 위치, 그리고 그래픽 앞뒤에 나오는 묘사적인 텍스트를 살펴보라. 저자가 그래픽을 그 순서대로 배치한 이유와 독자인 당신이 그 위치에서 그 순서대로, 그리고 그 묘사적 텍스트에 의해 틀을 구성한 것에 어떻게 반응하는지 생각해보라. 당신은 가장 중요하고 흥미로운 결과를 제시하고 싶은 마음이 굴뚝 같겠지만, 더 중요한 결과를 뒷받침하거나 이끌어내는 그래픽과 묘사부터 시작하는 것이 더 효과적일 수 있다. 그러면 독자가 저자인 당신과 함께 중요한 결과를 **발견**할 수 있다.

때로는 데이터나 결과를 요약한 그래픽이 텍스트보다 결과 섹션의 시작 부분에 제시되기도 하는데, 특히 데이터가 시각적으로 매우 명확하고 모호하지 않은 경우에 그렇다. 그러나 그림, 표, 사진에 있는 데이터의 시각적 표현을 여러 가지 방법으로 해석할 수 있다면, 독자에게 살펴보라고 권하기 전에 그 데이터에 대해 언급하는 것이 더 낫다. 그렇지 않으면 독자가 당신과 다르게 해석할 수 있기 때문이다. 이는 다음 그래픽이나 일련의 결과들에 대한 그들의 반응과 궁극적으로 당신의 결론에 영향을 줄 것이다.

**문장 6과 7** *이전 연구의 결과와 마찬가지로 BC와 $NO_2$ 농도는 이 4시간 동안 두 경로 유형 모두에서 대체로 유사했다. 그러나 PEMS-43에서 하루 중 후반의 여정에 대해 얻은 데이터는 상당히 달랐다.* **저자는 주관적이고 평가적인 언어(일치, 대체로 유사, 상당히 다름)를 사용하여 다른 연구의 결과와 비교하고 있다.**

**In Sentences 6 and 7** *In line with results from previous studies, the BC and $NO_2$ concentrations were broadly similar for both route types over this 4-hour period. However, the data obtained by PEMS-43 for journeys later in the day were significantly different.* **the writer compares the results with those in other studies, using subjective, evaluative language** *(In line with, broadly similar, significantly different)*.

### *다른 연구자들의 결과와 내가 도출한 결과를 비교해야 하는가?*

독창적인 연구를 시작하면 보이지 않는 선을 넘게 된다. 이 시점에 있는 연구자들은 그 누구보다도 주제에 대해 더 잘 알고 있으며, 연구 결과를 필요로 하는 튜터나 과정 리더들을 위해 연구를 수행한 것이다. 연구자, 다시 말해 저자로서의 당신이 당면한 과제는 당신이 어떤 방법을 사용할지, 어떤 결과를 얻어야 하는지, 그리고 그 결과가 다른 연구의 결과와 어떻게 비교되는지 이미 알고 있는 독자에게 저자의 방법과 결과를 설명해야 한다. 대조적으로 연구의 결정적 특징은 해당 분야에 새로운 기여를 해야 하며, 저자인 여러분의 연구는 그 기여를 분명히 증명해야 한다는 점이다.

여러분의 연구와 문헌 간의 관계는 처음부터 끝까지 전체 연구 논문에 걸쳐 나타나는 주제이다. 결과 섹션에서 여러분의 결과를 문헌의 결과와 비교하면 여러분의 결과가 여러분의 분야에서 어떻게 지식을 발전시키거나 수정했는지를 보여주고, 독자가 연구 지도에서 여러분의 연구를 배치할 수 있다. 연구 매핑은 논의를 통해 개발되지만 효과적으로 수행하려면 먼저 결과를 기존 결과와 비교해야 한다.

결과 섹션에서는 여러 유형의 비교를 찾을 수 있다. 문헌의 결과와 결과를 비교하는 것 외에도 자신의 결과를 예측 결과와 비교하거나 모델링/시뮬레이션 결과를 실험 결과와 비교할 수 있다. 이러한 비교에서 유사성 또는 차이점 수준을 전달하는 데 사용되는 언어는 논문의 성공에 핵심이 될 수 있으며, 다양한 옵션을 302-304페이지에서 참고할 수 있다.

***왜 그래픽에 있는 내용을 그냥 설명하지 않고 평가적 언어를 사용해야 하는가?***

결과 섹션에서 그래픽에만 의존하지 않고 언어를 사용하는 가장 중요한 이유는 결과가 스스로를 말하지 않기 때문이다. **단순히 결과를 쓰는 것이 아니라 논리적으로 자연스럽게 결론을 이끌어낼 결과에 대한 가이드를 쓰는 것이다.**

결과를 설명하는 데 사용하는 언어와 결과에 대한 의견은 독자가 결과를 인식하는 방식에 영향을 미친다. 예를 들어 아래 그림의 두 곡선을 살펴보자:

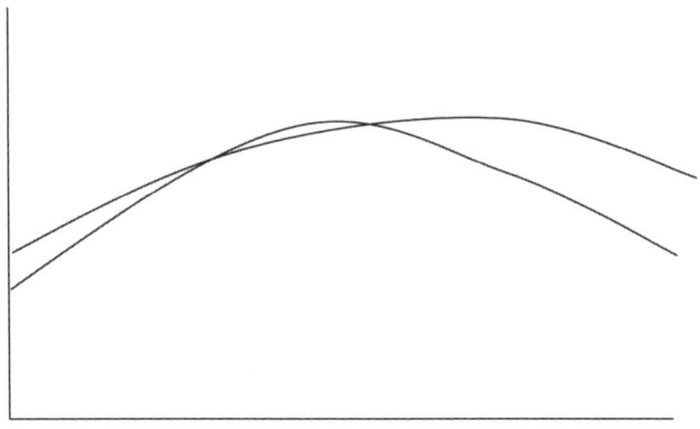

*그림 3.1에서 볼 수 있듯이,* 두 곡선이 매우 유사하면 독자는 곡선 간의 유사성에 집중할 것이다. 그러나 *그림 3.1에서 볼 수 있듯이,* 두 곡선이 상당히 다르면 독자는 두 곡선 간의 차이를 알아차릴 것이다.

결과 작성 방법에 대한 설명은 연구 목적, 결과 자체, 결론 간의 일치를 뒷받침한다. 독자가 결과에 대한 이해를 공유할 수 있도록 결과에 대해 언급하지 않으면 독자는 결과를 귀하와 다르게 해석할 수 있으며, 결국 도출한 결론은 독자에게 논리적이거나 자연스럽지 않은 것처럼 보일 수 있다. 사실, 놀랍거나 부적절해 보일 수 있다. 예를 들어, 다음과 같이 쓴다면: *그림 1에서 볼 수 있듯이 효과는 23%의 사례에서 발생했다.* 23%의 사례가 높은 비율이라는 믿음에 근거하여 결론을 내릴 수 있지만, 숫자의 값을 '고정'할 평가 언어가 없으면 독자는 독립적으로 23%의 사례가 낮다고 결정할 수 있다. 이는 나머지 논문, 특히 결론에 해로운 영향을 미친다. 결과는 때때로 객관적으로(즉, 수치적으로 또는 비평가적 언어를 사용하여) 설명되지만, 단순히 그래픽에 있는 내용을 설명하면 독자가 이미 볼 수 있는 내용에 아무것도 추가하지 않은 것인데 왜 신경을 써야 할까? 연구자인 당신은 연구 공동체에 속한 합법적인 구성원이며, 얻은 결과에 대한 이해를 제시할 권리가 있으며 제시해야 한다. 독자는 연구자에게 동의할 필요는 없지만, 연구자가 결과를 어디로 가져갈지 알아야 한다. 그렇지 않으면 연구자의 결과와 연구자가 도출한 결론 사이의 격차가 너무 커서 타협이 불가하다. 따라서 결과는 일반적으로 일부 평가적 언어를 포함하여 제시된다.

평가적 언어는 관련 숫자/양(*23ml에 한함*)과 함께 제공되거나 숫자/양을 대체할 수 있다(*많은 경우*). 선택한 언어는 독자를 데이터에 대한 귀하의 해석으로 안내하므로 찾고 있던 효과가 23%의 경우에서 발생한 경우 이를 강력한 결과(*최대 23%의 경우*) 또는 약한 결과(23%의 경우만)로 전달할 수 있다. 흥미롭게도, 연구자들은 종종 작가들이 자신의 분야에서 이런 일을 한다는 것을 부인한다. 참고 논문의 평가적 언어가 지적될 때까지 말이다. 결과를 설명하고 논평하는 데 일반적으로 사용되는 평가적 언어 목록은 286-303페이지에서 찾을 수 있다. 목록을 살펴본 후 참고 논문에서 예를 발견하면 밑줄을 긋거나 강조 표시하기 시작한다. 이렇게 하면 자신의 논문에 무엇을, 언제, 어떻게, 얼마나 많은 평가적 언어를 포함해야 하는지 명확하게 알 수 있다.

문장 8에서 '*대체로 유사하다*'와 같은 평가적 언어 외에도 작성자는 문장의 시작 부분에 명확한 기능적 신호(*그러나*)를 추가하여 독자가 차이점을 알아볼 준비가 되도록 했다. 이것은 짧은 문장이므로 신호가 어디에 배치되는지는 중요하지 않다. 긴 문장에서는 신호를 시작 부분에 가깝게 배치하는 것이 더 나을 수 있다. 신호로 끝나는 긴 문장은 독자가 문장을 이해하기 위해 '뒤로 돌아가야' 하기 때문이다. 다음 두 가지를 비교해보라:

*이러한 경우 환자는 불행히도 더 높은 용량의 정맥 항생제, 페니토인 정맥 부하 또는 심지어 정맥 의식 진정 하에 간단한 시술이 필요할 수 있다.*

*불행히도 이러한 경우 환자는 더 높은 용량의 정맥 항생제, 페니토인 정맥 부하 또는 심지어 정맥 의식 진정 하에 간단한 시술이 필요할 수 있다.*

**문장 8** *우리는 오전 10시 직후부터 차량 교통과 분리된 자전거 도로를 따라 $NO_2$ 농도가 현저히 감소하는 것을 기록했다(그림 2).* **저자는 독자의 주의를 특정 결과로 이끌고, 이를 강력한 평가적 언어(현저함)로 설명하고 있다.**

**In Sentence 8** *We recorded a striking reduction in the $NO_2$ concentrations along bike paths separated from vehicle traffic, beginning shortly after 10.00 a.m. (Figure 2).* **the writer directs the reader's attention to a specific result, describing it with strongly evaluative language** *(striking)*.

### '눈에 띄는'과 같은 언어가 너무 비공식적이지 않은가?

분명히 그렇지 않다. 과학 작가들은 결과가 매우 흥미진진할 때조차도 일반적으로 느낌표를 사용하지 않는다. 대신 그들은 '와!'라는 느낌을 얻기 위해 눈에 띄는 것과 같은 언어를 사용한다. 이러한 '!-대체어' 목록은 토론 언어 섹션(376-380페이지)에서 찾을 수 있다.

**문장 9** *보시다시피, 오후 2시까지 $NO_2$ 수치는 최대 33%까지 떨어졌고 이 낮은 수치는 오후 5시부터 오후 7시까지의 교통량이 가장 많은 시간대에도 유지되었다.* **저자는 더 자세히 제시할 특정 결과를 선택하고 이에 대해 논평한다(최대, (시간대)에도).**

**In Sentence 9** *As can be seen, by 2.00 p.m. the $NO_2$ levels had fallen by as much as 33%, and this low level was maintained even during the 5.00 p.m. to 7.00 p.m. peak traffic density period.* **the writer selects a specific result to present in more detail, and comments on it** *(as much as, even)*.

***어떤 결과를 자세히 제시할지 어떻게 결정하는가?***

왜 모든 결과를 자세히 설명하지 않는가? 여러분의 일은 결과에 대한 설명이 아니라 결과에 대한 가이드를 제공하는 것이라는 점을 기억하라. 모든 결과를 자세히 제시하면 모두 똑같이 중요한 것처럼 보일 것이다. 그럴 가능성은 낮다. 결과 중 일부가 핵심 결과이고, 다른 일부는 덜 중요하며, 핵심 결과 집합 내에서도 일부는 다른 결과보다 더 중요하다는 것을 알고 있다. 결국 문장에서 흰색 페이지의 검은색 선일 뿐이고 독자는 저자의 목소리를 들을 수 없으므로 특정 결과의 중요성을 강조하는 저자의 설명을 이해할 수 없다. 빨간색으로 인쇄할 수 없고, 앞서 보았듯이 느낌표도 사용할 수 없다. 중요한 결과를 선택하고 더 자세히 집중하여 독자가 무엇이 중요한지에 대한 여러분의 인식을 공유할 수 있도록 하는 것은 연구자인 저자의 책임이다. 또한 '...이 점을 유의하는 것이 중요하다./ 중요하게도, /이 점은 ..('It is important to note that.../

Importantly,/It is significant that...')과 같은 언어로 문장을 시작하여 이를 명확히 할 수 있다.
가장 좋은 결과가 종종 전형적인 결과라는 인상을 주는 방식으로 설명된다는 점이 흥미롭다. 읽는 논문에서 이 점을 주의하라. 저자는 결과에 대한 일반적인 진술을 한 다음 '*예를 들어(for example)*'와 'best(가장 좋은, 최고의)' 결과와 같은 문구를 사용할 수 있다: *SFS 결과는 일반적으로 FE 대응 결과와 매우 잘 일치한다. 예를 들어 중간 범위에서 값은 거의 동일하다.*

***결과에 대한 설명과 코멘트를 해야 하는가?***

이제 이 결정은 유사한 현재 논문에 대한 신중한 역공학 분석을 통해서만 내릴 수 있다는 것이 분명해졌을 것이다. 그러나 대부분의 결과 섹션에서 설명이 일반적이라는 것을 알게 될 것이다. 특정 결과를 얻은 방법을 설명하는 데는 사용한 방법에 대한 세부 정보가 포함될 수 있다. 발생한 **이유**를 설명하는 데는 연구 중인 자료의 속성에 대한 정보가 포함될 수 있다. 결과에 대한 설명과 결과에 대한 함의(데이터가 암시하거나 시사하는 것)의 차이에 대해 생각해 보는 것이 도움이 된다. 결과 섹션에서 설명은 데이터에 대한 직접적인 설명으로 제한되는 경향이 있다. 함의는 종종 결과에서 간략하게 언급되지만(문장 10 참조), 결과가 암시하거나 시사하는 것에 대한 전체 논의는 일반적으로 논의에서 다룬다.

**문장 10** *이 결과는 차량 교통과 분리된 자전거 도로를 따라 $NO_2$ 수준이 하루 종일 BC와 일치하지 않을 수 있음을 시사한다.* **저자는 결과의 가능한 의미를 언급하고 있다.**

**In Sentence 10** *These results suggest that $NO_2$ levels along bike paths separated from vehicle traffic may not match those of BC at all times throughout the day.* **the writer mentions a possible implication of the results.**

**문장 11** *식물이 있으면 하루 중 다른 시간에 BC와 $NO_2$ 농도가 약간 변하는 것으로 알려져 있으며, 2개 경로에 따른 이것의 효과는 조사되지 않았다.* **저자는 결과에 미치는 잠재적 영향을 (약간) 최소화하는 가능한 한계를 언급하고 있다.**

**In Sentence 11** *The presence of vegetation is known to slightly alter BC and $NO_2$ concentrations at different times of day[11,18], and the effect of this along the two routes was not investigated.* **the writer mentions a possible limitation, minimising its potential impact** ***(slightly)*** **on the results.**

***한계나 문제점을 언급해야 하는가? 독자가 저자의 결과를 의심하게 만들지 않게 될까?***

방법(139-141페이지)에서 논의했듯이, 그 반대가 사실이다. 문제가 사소하고 눈에 띄지 않는다고 확신하지 않는 한 결과의 문제를 무시하지 않아야 한다. 결과가 불완전하거나 일부 결과가 '적합하지 않은' 경우, 이를 언급하고 가능하면 중요성을 최소화하고 문제의 이유를 제시하거나 해결책을 제공하는 것이 일반적이다. 결과의 문제나 격차를 언급하지 않으면 이를 인식하지 못하는 것처럼 보일 수 있으며, 이는 독자에게 자신의 연구를 완전히 이해시킬 수 없다는 것을 시사한다. 반면에 문제를 언급하는 것은 정반대의 효과를 낸다. 즉, 연구를 통제하고 명확하게 평가할 수 있음을 보여준다. 결과의 문제나 격차를 언급하는 또 다른 이점은 논의/결론의 핵심 요소를 제공한다는 것이다. 이 경우 향후 연구에 대한 방향이나 제안, 미래 연구에서 식물이 배출 수준에 미치는 가능한 영향을 조사해야 한다는 제안이다. 앞서 언급했듯이, 완벽해질 때까지 출판을 위해 연구를 제출하는 것을 미룬다면, 출판할 준비가 되지 않을 수도 있다. 연구실에서 저널까지의 속도가 중요하다. 결과를 전달할 가치가 있을 때 바로 작성하고, 결과 섹션에서 결과에 대해 발생한 문제나 어려움을 인정하도록 하라. 논의/결론에서 미래 작업에 대한 제안을 논의할 때 처음으로 언급하는 것은 적절하지 않다.

***그렇다면 결과의 문제에 대해 어떻게 말해야 하는가?***

문제를 최소화하는 언어를 사용하고, 가능한 이유를 제시하고, 해결책이나 나아갈 방향을 제시한다. 위의 예에서 저자는 문제가 있었음을 인정하고 그 영향을 최소화한다(약간). 불완전하거나 문제가 있는 결과를 언급하는 언어의 예는 304-307페이지에서 참고하도록 한다.

**문장 12** *그럼에도 불구하고, 여기에서 얻은 데이터는 휴대용 배출 측정 시스템을 사용하여 BC 및 $NO_2$ 노출을 매시간 측정하는 것이 전통적인 현장 측정보다 교통 관리 전략에 대한 더 정확한 정보를 제공할 수 있음을 시사한다.* **저자는 독자의 관심을 문제에서 벗어나 결과의 의미와 응용 측면에서 연구의 긍정적인 가치로 집중시킨다(그럼에도 불구하고... 더 정확한 정보를 제공할 수 있음).**

**In Sentence 12** *Nevertheless, the data obtained here suggest that using a portable emissions measurement system to measure BC and $NO_2$ exposures hourly may provide more accurate information for traffic management strategies than traditional on-site measurement.* **the writer focuses the reader's attention away from the problem and towards the positive value of the study in terms of the implications and applications of the results** *(Nevertheless...may provide more accurate information).*

***결과의 의미와 적용은 논의에서 다루어야 하지 않을까?***

의미는 논의에서 중심 주제이지만, 거의 모든 저자는 결과 섹션에서 결과가 의미하는 바를 어느 정도 나타낸다. 결과가 제시되면 논문의 초점이 열리기 시작하여 중심 보고 섹션에서 벗어나 논의/결론으로 향하기 때문에 이 시점에서 '*제안하다(suggest)*' 또는 '*지시하다(indicate)*'와 같은 동사를 보는 것이 일반적이다. 이를 통해 독자는 논문의 방향을 파악하고 논의 섹션으로 가는 길을 열 수 있다.

적용을 언급하면 독자는 연구 결과를 서론이나 초록에서 언급된 목적이나 적용과 연결하는 데 도움이 된다. 저자는 이러한 목적이나 적용을 반영하는 언어를 사용하여 이러한 연결을 만들 수 있다. 예를 들어 서론에서 언급된 목적이 무언가의 *정확성을 개선하는 것*이라면 결과를 설명하는 데 '*더 정확하다(more accurate)*'는 문구를 사용하면 독자가 연결을 명확하게 보는 데 도움이 된다. 이러한 단어와 문구는 종종 매우 긍정적이다. 몇 가지 예를 보려면 89, 178, 294, 376, 501쪽에 있는 '행복한 단어'☺ 목록을 보면 된다.

## 3.2.3 결과 모델

아래의 문장 설명을 섹션 3.2.1, 연습 1에서 만든 목록과 비교해보라:

| | |
|---|---|
| 문장 1과 2에서 저자는 | 기사 앞부분에서 언급한 연구의 방법과 결과를 반복/재검토한다. |
| 문장 3과 4에서 저자는 | 이 연구에서 사용된 방법을 간략하게 요약한다. |
| 문장 5에서 저자는 | 독자에게 결과 그래픽을 살펴볼 것을 권유한다. |
| 문장 6과 7에서 저자는 | 주관적이고 평가적인 언어를 사용하여 결과를 다른 연구의 결과와 비교한다. |
| 문장 8에서 저자는 | 독자의 주의를 특정 결과로 이끌고, 강력한 평가적 언어로 설명한다. |
| 문장 9에서 저자는 | 더 자세히 제시할 특정 결과를 선택하고, 이에 대해 논평한다. |

| | |
|---|---|
| 문장 10에서 저자는 | 결과의 가능한 의미를 언급한다. |
| 문장 11에서 저자는 | 가능한 한계를 언급하여 결과에 미치는 잠재적 영향을 최소화한다. |
| 12번째 문장에서, 저자는 | 독자의 주의를 문제에서 벗어나 연구의 긍정적인 가치, 즉 결과의 의미와 응용에 집중시키고 있다. |

| | |
|---|---|
| In Sentences 1 and 2, the writer | repeats/revisits the methods and findings of studies mentioned earlier in the article. |
| In Sentences 3 and 4, the writer | briefly summarises the method used in this study. |
| In Sentence 5, the writer | invites the reader to look at a Results graphic. |
| In Sentences 6 and 7, the writer | compares the results with those in other studies, using subjective, evaluative language. |
| In Sentence 8, the writer | directs the reader's attention to a specific result, describing it with strongly evaluative language. |
| In Sentence 9, the writer | selects a specific result to present in more detail, and comments on it. |
| In Sentence 10, the writer | mentions a possible implication of the results. |
| In Sentence 11, the writer | mentions a possible limitation, minimising its potential impact on the results. |
| In Sentence 12, the writer | focuses the reader's attention away from the problem and towards the positive value of the study in terms of the implications and applications of the results. |

이것들은 간소화되어 기본적이고 일반적인 Results 모델을 만들 수 있다(다음 페이지 참조). **이 모델을 섹션 3.2.1에서 만든 구성 요소 목록과 통합하여 현재 연구 분야의 Results 섹션에 대한 강력한 모델 구성 요소 집합을 생성**

**하여 연구가 진행됨에 따라 이를 조정하거나 업데이트할 수 있다.** 예를 들어, 참고 논문의 방법 섹션이 보충 자료 링크를 통해서만 제공되는 경우 Results 섹션 시작 부분에 방법에 대한 광범위한 개요를 제시해야 할 수 있다. 참고 논문은 다른 연구의 결과와 비교한 내용을 제시하기 위해 Research in Context 패널을 요청할 수 있다.

현재의 구조적 모델에 따라 연구를 제출함으로써 귀하는 최신 문헌에 정통한 연구자임을 식별하게 된다.

| | 결과에 대한 일반 진술 |
|---|---|
| 1 | 그래픽 보기 초대 + 그래픽 내용 |
| 2 | 구체적/핵심 결과 ± 평가적 언어/코멘트<br>다른 연구의 결과와의 비교/행복한 단어<br>모델/시뮬레이션/예측된 결과와의 비교<br>알려진 사실/방법 세부 정보를 통한 결과 설명 |
| 3 | 결과의 문제/이유 |
| 4 | 결과/행복한 단어의 가능한 의미 |

| | GENERIC RESULTS MODEL |
|---|---|
| 1 | REVISITING THE LITERATURE/AIM/PREDICTION/HYPOTHESIS/GAP<br>REVISITING/SUMMARISING THE METHOD<br>GENERAL STATEMENT ABOUT THE RESULTS<br>INVITATION TO VIEW GRAPHIC + CONTENT OF GRAPHIC |
| 2 | SPECIFIC/KEY RESULTS ± EVALUATIVE LANGUAGE/COMMENTS<br>COMPARISON WITH RESULTS IN OTHER STUDIES/HAPPY WORDS ☺<br>COMPARISON WITH MODEL/SIMULATION/PREDICTED RESULTS<br>EXPLANATION OF RESULTS VIA KNOWN FACTS/METHOD DETAILS |
| 3 | PROBLEMS/ISSUES WITH RESULTS ± REASONS |
| 4 | POSSIBLE IMPLICATIONS OF RESULTS/HAPPY WORDS ☺ |

참고

### 결과 섹션의 동사 시제

- *그래픽에서 볼 수 있는* 내용에 대한 설명은 일반적으로 현재 단순 시제로 작성된다. 이는 일반적으로 과거 단순 시제로 작성되는 *그래픽의 정보를 얻은 방법*을 설명하는 문장과 번갈아 사용할 수 있다.
- 사용된 재료의 특성과 같은 결과를 설명하는 일부 배경 사실은 현재 단순 시제로 작성될 수 있다(*이것은 재료 X가 할 수 있기 때문에 발생했다...*). 방법을 참조하는 것과 같은 다른 사실은 과거 단순 시제로 작성될 수 있다(*이것은 우리가 a를 사용했기 때문에 발생했다...*).
- 단원 1(**1.5.1절 동사 시제 선택**)에서 시제 선택은 결과의 영구적 가치 또는 영구적 진실에 대한 저자의 확신을 전달할 수 있다는 점을 언급했다. 과거 단순 시제는 저자가 발견한 내용을 보고하는 반면, 현재 단순 시제는 발견 사항이 영구적 진실을 구성할 만큼 충분히 신뢰할 수 있다는 믿음을 반영한다.
- 현재 단순형은 결과 섹션 전체에서 사용될 수 있다. 예를 들어, 모델이 '실행'되는 방식을 설명하는 데 사용할 수 있다. 참고 논문을 확인하라.

### 연구 논문 작성 결과 섹션의 하위 섹션/부제목

많은 결과 섹션은 하위 섹션으로 나뉘며, 참고 논문의 하위 섹션과 부제를 신중하게 역공학하면 효과적인 텍스트 계획을 지원할 수 있다. 몇 가지 간단한 지표를 관찰하는 것으로 시작한다. 참고 논문의 결과 섹션에 하위 섹션이 몇 개 있는가? 하위 섹션의 길이는 얼마인가? 각 하위 섹션의 문단 기능은 무엇인가? 부제의 길이는 얼마인가? 부제가 문법적 문장인가? 몇 개의 참고 논문에 대해 이를 수행한 후 하위 섹션과 부제의 기능을 고려하라. 하위 섹션으로 나누는 것을 제어하는 것으로 보이는 것은 무엇인가? 각 하위 섹션의 전반적인 기능은 무엇인가? 부제와 하위 섹션의 내용

간의 관계는 무엇인가? 부제가 하위 섹션을 요약하는가? 이러한 질문에 답하면 해당 분야의 유사한 결과 섹션의 구조를 반영하는 방식으로 글을 쓸 수 있도록 텍스트를 계획할 수 있다.

## 3.3 모델 테스트 및 조정

### 3.3.1 모델 데모

통합 목록을 사용하여 아래 결과 섹션에서 모델 구성 요소를 식별한다. 모델 구성 요소를 예시하는 언어는 **굵은 글씨**로 표시되고, 어떤 경우에는 동사 시제가 구성 요소를 보여주기 때문에 동사가 **굵은 글씨**로 표시되어 있다.

**아마존의 삼림 캐노피 화학적 조합에서 얻은 기능적 다양성°**

*결과*

**지역적 화학적 다양성.** 캐노피 화학적 특성은 안데스-아마존 고도 기울기를 따라 조사한 **수천 그루의 나무에서 크게 달랐다**(표 1 및 표 S3). 잎의 N, P 및 리그닌은 값에서 10배나 차이가 났지만 Ca와 페놀은 20배나 차이가 났다. **많은** 화학적 특성의 군집 규모 변화는 고도 변화를 추적했으며(그림 S1) 때때로 기후와 밀접한 관련이 있었다(표 S4). 캐노피 화학의 고도 추세를 상호 비교하는 것은 데이터에 기울기 정규화 절차를 **적용하여 가능했으며**, 이는 기울기 평균에 대한 군집의 평균 특성 값의 백분율 증가 또는 감소를 **보여준다(SI 방법)**. 이 정규화를 **수행함으로써** 모든 삼림의 고도 추세가 고비옥 지역에서만 관찰된 추세와 다른 것으로 **밝혀졌으며,** 이는 해당 지역의 군집 수준 캐노피 화학을 결정하는 데 토양의 **중심적인 역할을 드러냈다**(그림 1). **가장 주목할 만한 점은**, 고비옥 저지대 지역의 잎 P와 Ca 농도가 저비옥 저지대 지역에서 측정한 농도의 두 배**였고,** 가용성 C 농도는 고비옥 지역에서 **증가했다**(표 2). **반면,** 총 C, 페놀, 리그닌은 고비옥 지역에서 **억제되었다**.

**또한 우리는** 이 지역 전체에서 캐노피 잎 C 할당에서 고도 의존적 상충 관계를 **발견했다.** 고도 기울기를 따라 셀룰로스 및 리그닌은 지역 전체 평균에 비해 100% **감소했다.** 가용성 C는 고도에 따라 거의 150% 증가했으며(그림 1), **이 변화는** LMA가 거의 200% 증가한 것과 **병행하여 발생했다.** C 할당의 변화는 경사도를 따라 연평균 기온과 강수량과 **밀접하게 연관되어 있었다**(표 S4).

**우리는** 열대 우림의 성장을 제한하는 것으로 종종 생각되는 두 가지 암석 유래 영양소인 P와 Ca에 대해 **반대 패턴을 발견했다**(16). 고도가 증가함에 따라 잎 P는 경사도 평균 값보다 **100% 증가했지만**(그림 1A), 이 고도 패턴은 분석에서 저비옥 지역을 제거한 후 **사라졌다**(그림 1B). **반면,** 평균 잎 Ca 농도는 아마존 저지대에서 안데스 산맥의 수목 한계선까지 **100% 감소했다**. 잎 N은 고도에 따라 **약간만 감소했다**. 추가 분석 결과 LMA가 고도에 따라 **증가했음에도 불구하고** 잎 면적 기준으로 P와 Ca가 감소하는 것으로 나타났다(그림 S2 및 표 S5). 마지막으로 잎 813 C는 평균 경사도 값에 비해 고도에 따라 약 200% **증가했으며** 이러한 추세는 현장 비옥도와 무관하게 발생했다(그림 1).

[...].사이트 특성은 **상대적으로 작은 기여자였다. 대부분** 캐노피 화학적 특성의 설명된 분산에 20% 미만이었다(그림 2). 이는 **고도 기울기를 따라** 주어진 커뮤니티 내에서 토양, 미기후 및 기타 요인의 지역적 차이보다 계통 발생이 우세하다는 것을 나타낸다. [...].엽면 ℘13C는 가장 약한 계통 발생적 분할을 **보였다**. 캐노피 P 및 Ca 패턴은 또한 현장 조건, 특히 토양에 의해 **지배되었다. 이** 토양 비옥도 효과는 계통 발생이 고비옥도 사이트만 고려할 때 잎 P 및 Ca를 결정하는 데 훨씬 **더 강력한 역할을 했다는 사실에** 의해 입증된다. 모델 구성 요소를 고도에 대해 회귀시키면 대부분 캐노피 화학적 특성의 분류학적 분할이 고도에 따라 불변한다는 것도 분명하다(표 S6).

**종간 변이 대 종내 변이.** 캐노피 화학적 특성의 종간(종 간) 변이는 종내(종 내) 변이보다 일관되게 **2~3배 더 컸으며,** 종내 변이는 모든 지점의 캐노피 나무에서 종종 **매우 낮았다**(그림 3 및 표 S7). 게다가, 종내 및 종간 변이에서 고도 의존적 추세는 거의 없었다(표 S8 및 S9). 최대 종내 변이는 Ca(24~29%), 페놀(21~22%) 및 P(16~21%)에서 **기록되었다.** 813C, 총 C 및 가용성 C는 10% **미만의** 매우 낮은 종내 및 종간 변이를 **보였다.**

**Amazonian functional diversity from forest canopy chemical assembly°**

***Results***

**Regional Chemical Diversity.** Canopy chemical traits **varied widely** among **the thousands of trees surveyed** along the Andes–Amazon elevation gradient (Table 1 and Table S3). Foliar N, P, and lignin **spanned** an order of magnitude in value, whereas Ca and phenols **varied** by two orders of magnitude. Community-scale variation in **many** chemical traits **tracked** changes in elevation (Fig. S1) and **at times, was closely related to** climate (Table S4). Intercomparison of elevational trends in canopy chemistry **was made possible by applying** a gradient normalization procedure to the data, which **shows** the percentage increase or decrease in a community's average trait value relative to the gradient mean **(SI Methods). By doing** this normalization, elevational trends among all forests **were found to differ from observed trends** among high-fertility sites alone, **revealing the central role of** soils in determining community level canopy chemistry in the region (Fig. 1). **Most notably**, foliar P and Ca concentrations on higher-fertility lowland sites **were** two times that measured on lower-fertility lowland sites, and soluble C concentrations **were elevated** in higher-fertility areas (Table 2). **In contrast**, total C, phenols, and lignin **were suppressed** in the higher-fertility sites.

**We also discovered** elevation-dependent tradeoffs in canopy foliar C allocation throughout the region. Up the elevation gradient, cellulose and lignin **decreased** 100% relative to their region-wide mean. Soluble C **increased by almost** 150% with elevation (Fig. 1), and **this change**

**occurred in parallel to a nearly** 200% increase in LMA. Changes in C allocation **were tightly linked to** mean annual temperature and precipitation along the gradient (Table S4).

**We found opposing patterns** for P and Ca — two rock-derived nutrients **often thought to** limit growth in tropical forests (16). With increasing elevation, foliar P **increased 100%** above the gradient mean value (Fig. 1A), but this elevational pattern **disappeared** after the removal of the low-fertility sites from the analysis (Fig. 1B). **In contrast**, mean foliar Ca concentration **decreased by 100%** from the Amazonian lowlands to tree line in the Andes. Foliar N **declined only slightly** with elevation. Additional analyses **revealed** decreasing P and Ca on a leaf area basis, **despite the fact that** LMA **increased** with elevation (Fig. S2 and Table S5). Finally, foliar $\delta^{13}C$ **increased by about** 200% with elevation relative to its mean gradient value, and **this trend occurred** independent of site fertility (Fig. 1).

[...].Site characteristics **were a relatively small** contributor — less than 20% — to the explained variance in **most** canopy chemical traits (Fig. 2), **indicating that**, within any given community along the elevation gradient, phylogeny dominate**s** over local differences in soils, microclimate, and other factors. [...].Foliar δ13C **displayed** the weakest phylogenetic partitioning. Canopy P and Ca patterns **were also dominated by** site conditions, especially soils; **this** soil fertility **effect is evidenced by the fact that** phylogeny **played a much stronger role** in determining foliar P and Ca when only considering high-fertility sites. Regressing the model components against elevation, **it is also clear that** the taxonomic partitioning of **most** canopy chemical traits **is** invariant with elevation (Table S6).

**Inter- vs. Intraspecific Variation.** Interspecific (between-species) variation in canopy chemical traits was consistently **two to three times greater** than intraspecific (within-species) variation, and intraspecific variation **was often very low** in canopy trees at all sites (Fig. 3 and Table S7). **Moreover, there were very few** elevation-dependent trends in either intra- and interspecific variation (Tables S8 and S9). Maximum intraspecific variation **was recorded** for Ca (24–29%), phenols (21–22%), and P (16–21%). δ13C, total C, and soluble C **showed extremely low** intra and interspecific variations of **less than** 10%.

## 3.3.2 연습 2: 모델 구성 요소 식별

다음에서는 다양한 분야의 연구 논문에서 발췌한 결과 섹션 3개로 나누어 살펴본다. 길이를 위해 편집되었으며, 줄임표는 [...]로 표시되어 있다. 통합 목록을 사용하여 모델 구성 요소를 식별할 수 있다.

### 1. ACL 결핍 보행 중 무릎 불안정성에 대한 근육 보상의 효과

*결과*

근육 보상이 없는 경우 ATT는 정상 보행에 대해 계산된 것과 비교하여 ACLd 보행의 스탠스 단계 전체에서 증가했다(그림 2). 건전한 무릎과 ACLD 무릎의 피크 ATT는 반대쪽 발가락이 떨어질 때 발생했으며, 이는 피크 무릎 폄근 모멘트의 발생과 일치했다(그림 3B 참조). 최대 허용 ATT는 항상 정상 보행에 대해 계산된 것보다 컸고, 때로는 ACLd 보행에 대해 추정된 것보다 더 컸다(그림 2, 보행 주기의 50% 주변에서 가볍게 음영 처리된 영역과 실선 비교).

모델 시뮬레이션 결과에 따르면, 단순히 대퇴사두근 힘의 크기를 줄이는 것만으로는 ACLd 무릎의 ATT를 정상 보행에 대해 계산된 양으로 회복하는 것이 전적으로 가능하지 않다는 것이 나타났다(그림 3A, 회색 실선). 발꿈치 닿기 근처와 중간입각에서 사두근 힘의 하한(힘이 0)에 도달하는 기간이 있었지만, ACLd 무릎의 ATT는 온전한 무릎에서 얻은 것보다 컸다(그림 2, 검은색 점선). 시뮬레이션 결과는 또한 사두근 힘만 줄여도 ACLd 무릎의 ATT를 최대 허용 수준으로 회복하는 것이 전적으로 가능하지 않다는 것을 보여주었다(그림 3A, 회색 점선). 이 경우 중간입각 동안 사두근 힘의 하한에 도달하는 짧은 기간이 있었지만, ATT는 최대 등척성 신전 동안 발생한 것보다 컸다(그림 2, 검은색 점선은 중간입각 동안 회색 영역을 초과함).

무릎 폄 모멘트(사두근 회피 패턴)를 완전히 제거해야만 ACLd 무릎의 ATT를 정상 보행에 대해 계산된 수준으로 회복할 수 있었다(그림 3B, 회색 실선). 대조적으로, ACLd 무릎의 ATT가 최대 허용 한계로 제한되었을 때 일부(양의) 순 신근 모멘트가 예측되었다(그림 3B, 회색 점선).

시뮬레이션 결과에 따르면 햄스트링 힘의 크기를 증가시키는 것만으로 ATT를 손상되지 않은 무릎에 대해 계산된 수준으로 정확히 줄일 수 있었다(그림 4A). 예상대로 ACLd 무릎의 ATT를 최대 허용 수준으로 낮추는 데 필요한 햄스트링 힘의 증가는 ATT를 손상되지 않은 수준으로 낮추는 데 필요한 힘보다 적었다(그림 4A, 회색 점선과 실선 비교). 햄스트링 힘이 증가하면 무릎 신근 모멘트가 감소했지만, 이 효과는 대퇴사두근 힘이 감소했을 때 얻은 효과보다 현저히 적었다(그림 3B와 4B의 회색 선 비교). [···]

*Results*

In the absence of any muscular compensation, ATT increased throughout the stance phase of ACLd gait relative to that calculated for normal gait (Fig. 2). Peak ATT for the intact and ACLD knee occurred at contralateral toe off, which coincided with the occurrence of peak knee extensor moment (see Fig. 3B). Maximum allowable ATT was always greater than that calculated for normal gait, and at times was even greater than that estimated for ACLd gait (Fig. 2, compare lightly shaded region and solid line around 50% of gait cycle).

The model simulation results showed that it was not entirely possible to restore ATT in the ACLd knee to the amount calculated for normal gait merely by reducing the magnitude of quadriceps force (Fig. 3A, gray solid line). There were periods near heel strike and in midstance when the lower limit of quadriceps force (zero force) was reached, and yet ATT in the ACLd knee was greater than that obtained for the intact knee (Fig. 2, black dashed line). The simulation results also showed that it was not entirely possible to restore ATT in the ACLd knee to the maximum allowable level by reducing quadriceps force alone (Fig. 3A, gray dashed line). In this case, there was a brief period during midstance when the lower limit of quadriceps force was reached, and yet ATT was greater than that incurred during maximum isometric extension (Fig. 2, black dashed line exceeds the gray region during midstance).

Complete elimination of the knee extensor moment (a quadriceps avoidance pattern) was needed to restore ATT in the ACLd knee to the level calculated for normal gait (Fig. 3B, gray solid line). In contrast, some (positive) net extensor moment was predicted when ATT in the ACLd knee was restricted to the maximum allowable limit (Fig. 3B, gray dashed line).

The simulation results showed that it was possible to reduce ATT exactly to the level calculated for the intact knee merely by increasing the magnitude of hamstrings force (Fig. 4A). As expected, the increase in hamstrings force needed to bring ATT in the ACLd knee to the maximum allowable level was less than that needed to bring ATT to the intact level (Fig. 4A, compare gray dashed and solid lines). An increase in hamstrings force led to a decrease in the knee extensor moment, but this effect was noticeably less than that obtained when quadriceps force was reduced (compare gray lines in Fig. 3B and 4B). [...]

## 2. 인간 배아줄기세포의 신경분화에서 초기 분화세포의 식별 및 특성화

*결과*

***hESC의 초기 신경 분화에서 일시적인 Tra-1-81(-)/SSEA4(+) 세포 집단 식별***

ICM의 세포와 유사하게, 미분화된 hESC는 배아 세포 특이적 표면 항원을 발현하는데, 여기에는 단계 특이적 배아 항원(SSEA) 3 및 4, Tra-1-60 및 Tra-1-81[17]이 포함되며, 이는 인간 배아 암에서 처음 확인되었다. 그러나 mESC와 달리 SSEA1을 발현하지 않는다. 이러한 항원의 기능적 중요성은 아직 불분명하지만, hESC의 마커로 일상적으로 사용된다. 따라서 신경 분화에서 이러한 세포 표면 마커의 역동적 변화를 연구하면 추가 분석에 사용할 수 있는 초기 분화 집단을 포착하고 분리할 수 있을 것으로 예상했다.

우리는 다능성 상태에 SSEA3 발현이 반드시 필요하지 않고[18], Tra-1-60과 Tra-1-81 사이에 높은 유사성이 있다는 점[19]을 감안하여 Tra-1-81, SSEA4 및 SSEA1에 연구를 집중했다. 우리 결과는 자가 재생 배양 조건에서 H1 hESC가 SSEA1이 아닌 높은 수준의 SSEA4 및 TRA-1-81을 발현한다는 것을 보여주었다(그림 1A, 위).

신경 전구세포로 분화한 후, Tra-1-81과 SSEA4의 발현은 소실된 반면 SSEA1의 발현은 증가했다(그림 1A, 하단). 그러나 Tra-1-81의 소실이 SSEA4의 소실보다 먼저 일어났다는 점이 주목할 만하다. 신경 분화 배지에서 9일 후, Tra-1-81 발현은 거의 완전히 소실되었으나, 대부분의 세포는 여전히 SSEA4를 발현했다(그림 1A, 중간). SSEA4의 발현은 분화 2주차까지 며칠 동안 지속되었고, 이 시점에서 신경 상피 세포가 나타나기 시작했으며 SSEA1 발현은 양성이었다. H7 hESC에서도 유사한 패턴이 관찰되었지만, Tra-1-81 발현은 H1 세포보다 일찍 소실되었다(7일 대 9일)(그림 1B). 이 Tra-1-81(2)/SSEA4(+) 세포 집단의 존재는 면역 염색을 통해서도 확인되었다(그림 1C). 이 단계에서 더 나아가 신경 분화가 일어나면 NPC가 효율적으로 생성되고, Tra-1-81(2)/SSEA4(2)/SSEA1(+)의 발현 패턴이 유지되며, bFGF/EGF를 보충하면 배양에서 장시간 유지될 수 있었다(그림 1D). 신경 분화 실험은 H1 및 H7 hESC 라인에서 여러 번 반복되었고 Tra-1-81 및 SSEA4 항원의 순차적 손실은 재현 가능했지만, 각 항원이 사라지는 시점은 초기 접종 밀도에 따라 실험마다 약간씩 다른 양상을 나타냈다.

Tra-1-81 및 SSEA4의 순차적 손실이 배양에 따라 달라질 가능성을 배제하기 위해 hESC도 이중 SMAD 저해 프로토콜을 사용하여 분화시켰다[20,21]. 이중 SMAD 저해제를 사용한 분화는 H1 및 H7 세포에서 Tra-1-81 및 SSEA4의 동일한 순차적 손실을 나타냈다(그림 S1A). 또한, 기질-공급자 기반 신경 분화 프로토콜을 사용한 이전 보고에서 동일한 효과가 관찰되었다[19]. 따라서 이 초기 Tra-1-81(2) 및 SSEA4(+) 집단이 초기 신경 분화 세포를 나타내며 결과적으로 TR2/S4+ 세포로 지정되었음이 증명되었다.

***TR2/S4+ 세포는 hESC와 신경 전구 세포 사이의 중간 유전자 발현 패턴 표시***

다른 세포 집단은 형태학적 및 발달적 기준과 마커 유전자의 시간적 및 공간적 발현에 따라 구별할 수 있다. 일시적인 TR2/S4+ 세포를 특성화하기 위해 FACS 또는 자기 활성화 세포 정제를 통해 분리했다(그림 2A). 정제된 세포의 Tra-1-81(2) 및 SSEA4(+) 동일성은 흐름 세포 분석으로 확인되었다. 유전자 발현은 정량적 RT-PCR(qRT-PCR)로 분석하고 미분화 TR+/S4+ hESC와 그 TR2/S42 NPC(그림 2B)와 비교했다. 다능성 마커 유전자인 Oct4, Nanog 및 Rex1의 발현은 hESC에 비해 TR2/S4+ 세포에서 명확히 하향 조절되었지만 NPC보다 높게 유지되었다. 반대로 신경 전구체 마커 유전자인 Pax6, nestin 및 Sox1의 발현은 TR2/S4+ 세포에서 상향 조절되었지만 NPC보다 상당히 낮았다. 그러나 또 다른 알려진 다능성 마커인 Sox2는 세 가지 세포 유형 모두에서 일관되게 발현되었고 PC에서 가장 높은 발현 수준을 보여주었는데 이와 같은 결과는 다능성 세포와 신경 전구체 세포 모두에서 중요한 역할을 한다는 것을 의미한다. 또한 TR2/S4+ 세포는 hESC와 NPC에서 모두 검출되지 않은 초기 분화 마커인 FGF5도 발현했다(그림 2B). 유사한 유전자 발현 패턴이 이중 SMAD 억제제를 사용한 신경 분화에서 TR2/S4+ 세포에서도 발견되었다. 또한 RT-PCR을 통해 미분화 hESC와 NPC 유도체에 비해 분리된 TR2/S4+ 세포와 분류되지 않은 9일 분화 H1 세포 모두 백혈병 억제 인자 수용체(LIFR)의 수준이 훨씬 낮다는 것을 발견했다(그림 2C).

웨스턴 블로팅을 수행하여 Oct4 및 Nanog 단백질의 발현을 확인했다(그림 3A). 미분화 hESC는 높은 수준의 Oct4 및 Nanog 단백질을 보였지만 NPC에서는 검출되지 않았다. 그러나 TR2/S4+ 세포에서 Oct4 및 Nanog 단백질 수준은 hESC보다 낮았지만 NPC보다 높았다. RT-PCR과 Western blotting 방법 모두 전체 집단에서 유전자 발현의 평균 수준을 정량화하기 때문에 이 TR2/S4+ 집단이 두 그룹의 세포를 포함하고 있을 가능성을 배제할 수 없다. 하나는 미분화 hESC와 유사(높은 Oct4 발현이지만 신경 마커는 낮거나 발현 없음)하고 다른 하나는 NPC와 유사(높은 수준의 신경 마커이지만 Oct4 발현 없음)하다. 따라서 TR2/S4+ 세포에서 Oct4와 Pax6의 발현이 이 두 다른 집단의 공존으로 인한 것이 아님을 확인하기 위해 면역 염색과 유세포 분석이 수행되었다. 결과에 따르면 hESC의 97%에서 Oct4 항체 염색이 양성이었고 거의 80%의 세포가 강하게 양성이었다(평균값 = 156.5).마찬가지로 TR2/S4+ 세포의 97%도 Oct4에 대해 양성으로 염색되었지만 대부분의 세포는 낮은 수준의 Oct4를 나타냈다(평균값 = 54.49, 그림 3B, 왼쪽). NPC에서는 명확한 Oct4 염색이 보이지 않았다(평균값 = 2.9). 또한 TR2/S4+ 세포는 hESC(평균값 = 3.14)에 비해 Pax6 신호의 명확한 상향 조절(평균값 = 12.4)을 보였는데, 이는 NPC(평균값 = 21.1, 그림 3B, 오른쪽)만큼 강하지 않았다. Oct4와 Pax6의 원위치 공동 염색은 유세포 분석 결과를 확인했으며 초기 신경 분화 동안 동일한 세포에서 Oct4와 Pax6 단백질이 공존한다는 것을 명확히 보여주었으며, 특히 음의 상관 관계로 발현되었다(그림 3C).

다양한 수준의 Oct4 발현이 프로모터에서 조절되는지 알아보기 위해 전사 시작 부위 근처의 Oct4 프로모터 영역에서 DNA 메틸화 양을 조사했다. 신경 분화 전반에 걸쳐 DNA 메틸화가 점진적으로 증가했으며 Oct4 mRNA 발현과 음의 상관 관계가 있었다(그림 3D). hESC에서는 매우 낮은 수준의 메틸화가 검출되었고(0.05%), NPC에서 검출된 높은 메틸화(84.3%)와는 대조적이었다. 흥미롭게도, TR2/S4+ 세포에서 중간 수준의 DNA 메틸화 수준인 48.1%가 관찰되었다. 이러한 결과를 종합해 보면, TR2/S4+ 세포는 미분화 hESC와 완전히 분화된 신경 전구 세포 모두와 다른 유전자 발현 프로필을 보이며, 신경 전구 세포와 미분화 다능성 마커를 모두 공동 발현한다는 것을 알 수 있다. 또한, Oct4 발현은 신경 분화 동안 점진적으로 하향 조절되며, 이는 신경 마커의 상향 조절과 함께 이루어진다.

### *TR2/S4+ 세포는 신경 및 비신경 계통 세포 유형 모두 생성*

신경 분화 조건[16]에서 TR2/S4+ 세포를 추가로 배양하면 신경 전구체 마커인 nestin(97%), Sox1(82%) 및 Pax6(88%)(그림 3 및 4)을 높은 수준으로 발현하는 NPC가 효율적으로 생성되지만 다능성 유전자(Oct4 및 Nanog)나 중배엽 및 내배엽 마커인 GATA6, brachyury 및 a-fetoprotein

(그림 2)은 발현되지 않는다.[22] 이러한 신경 전구체 세포는 MAP2, TUJ1 및 GFAP의 양성 염색에서 알 수 있듯이 신경 세포와 성상세포로 더욱 분화될 수 있었다(그림 4).

Oct4 발현은 TR2/S4+ 세포에서 낮은 수준이기는 하지만 지속되므로 이러한 세포가 대체 배양 조건에서 비신경 계통을 생성할 수 있는지 고려했다. 정제된 TR2/S4+ 세포는 세포 응집체 형성을 통해 분화되었다. 이 방법은 자발적인 분화를 시작할 수 있으며 시험관 내에서 세포의 분화 잠재력을 조사하는 데 널리 사용된다[23]. RT-PCR 분석은 Oct4와 Nanog의 발현이 배양이 진행됨에 따라 TR2/S4+ 세포에서 하향 조절되었음을 확인하였다. 중배엽과 내배엽 마커는 상향 조절되었지만 신경 마커인 Pax6와 Sox1의 발현은 감소했지만 수준은 hESC보다 높게 유지되었다(그림 6C). 이러한 결과는 TR2/S4+ 세포의 세포 운명이 배양 조건에 영향을 받는다는 것을 나타내는 EB 배양의 데이터와 일치한다. CM 배양에서는 세포에서 BMP 신호 전달의 억제가 제한적이며, 적어도 noggin[16]을 첨가하여 유도된 수준까지는 아니므로 관찰된 비신경 계통 분화를 설명할 수 있다. 이러한 결과는 TR2/S4+ 세포가 미분화 hESC와 다르며 hESC 자가 재생 조건에 재도입해도 원래 hESC 상태로 되돌릴 수 없다는 것을 더욱 확인한다. 더욱이, 이러한 세포는 이러한 조건에서 TR2/S4+ 세포로 유지될 수 없다.

### *TR2/S4+ 세포와 초기 배아체 및 확정적 내배엽 분화 세포 비교*

TR2/S4+ 세포는 신경 계통 외에도 세포를 생성할 수 있기 때문에 이러한 세포가 초기 EB의 세포와 동일한지에 대한 의문이 제기된다. 이 질문에 답하기 위해 TR2/S4+ 세포(85% 이상의 세포가 TR2/S4+임)와 유사한 초기 신경 분화(N1)의 글로벌 유전자 발현 데이터[22]를 동일한 hESC 계통인 H1의 16일 EB에서 발행된 마이크로어레이 데이터[26]와 비교했다. 흥미롭게도, 유전자 온톨로지 분석 결과 EB 분화 중에 상당히 상향 조절된 유전자는 신경 분화 및 발달 중에 상당한 기능을 하며(표 1) 결과적으로 생물학적 과정에서 TR2/S4+ 세포에서 상향 조절된 유전자와 기능의 60% 이상을 공유했다. 이는 유전자 온톨로지 목록의 생물학적 과정에서 상위 15개 기능을 두 세포 집단 간에 비교했을 때 더욱 뚜렷해진다. 그 중 70% 이상이 두 목록 모두에 나타났기 때문이다(표 1). 마찬가지로 두 세포 집단 모두에서 하향 조절된 유전자도 유전자 온톨로지 기능의 60% 이상을 공유했다. 따라서 글로벌 유전자 발현 분석은 TR2/S4+ 세포와 초기 EB(현탁액 중 EB) 간에 관찰된 유사한 표현형과 분화를 어느 정도 뒷받침한다.

초기 신경 분화와 초기 EB 형성의 세포는 유사한 유전자 발현 패턴과 표현형을 공유하기 때문에 초기 중내배엽 분화도 이 집단을 생성할지 여부에 대해 의문이 발생하였고, 이 에 대한 해답을 찾기 위해, 우리는 두 가지 다른 방법(Activin A와 sodium butyrate 또는 LY294002, 자세한 내용은 재료 및 방법 참조)을 사용하여 H1 hESC를 확정적 내배엽으로 분화시켰다. 두 분화 절차 모두 유사한 표현형과 유전자 발현 패턴을 보였는데, Sox17과 FoxA2의 발현은 3일 분화 기간 동안 꾸준히 증가한 반면, 초기 상향 조절 후 중배엽 마커인 brachyury와 Mixl1의 발현은 3일째에 하향 조절되었다(그림 7A). 나아가, Sox2 발현은 지속적으로 하향 조절되었다(그림 7A). 이 유전자 발현 패턴은 이전 데이터 및 내배엽 분화에 대한 기존에 발표된 데이터[6,7,27]와 일치하며, 이는 이들 세포의 대부분이 분화 1-2일차에 중내배엽으로 분화되었고 3일차에 내배엽으로 분화되었음을 나타낸다. 그러나 분화 동안 Tra-1-81과 SSEA4는 모두 상당수의 세포에서 지속적으로 발현되었으며, 분화 2일차와 3일차에 각각 약 90%와 70%로 나타났다(그림 7B). 이 결과는 분화된 중내배엽과 초기 내배엽 세포도 TRA-1-81과 SSEA4를 발현할 수 있음을 보여주었으며, 이는 Sox17+ 세포 중 일부에서 Tra-1-60과 SSEA4 양성 세포가 내배엽과 중배엽으로만 분화될 수 있다는 이전 연구 결과와 일치한다[28]. 전체적으로, 이러한 결과는 신경계통으로의 분화가 고용량 액티빈으로 유도된 최종 내배엽 분화와는 다른 EB 형성을 통한 분화와 유사한 초기 과정을 공유할 수 있음을 나타낸다.

*Results*

***Identification of a transient Tra-1-81(-)/SSEA4(+) cell population at early stage neural differentiation of hESCs***

Similar to the cells in the ICM, undifferentiated hESCs express embryonic cell specific surface antigens, including stage-specific embryonic antigens (SSEA) 3 and 4, Tra-1-60 and Tra-1-81 [17], which were first identified in human embryonic carcinomas. However, unlike mESCs, they do not express SSEA1. Although the functional significance of these antigens is as yet unclear, they are routinely used as markers for hESCs. Therefore, we anticipated that studying the dynamic changes of these cell surface markers in neural differentiation could potentially enable us to capture and isolate the early differentiating populations which could be used for further analysis.

We focused our study on Tra-1-81, SSEA4 and SSEA1, given that SSEA3 expression is not necessarily required for a pluripotent state [18], and the high similarity between Tra-1-60 and Tra-1-81 [19]. Our results showed that, in self-renewal culture conditions, H1 hESCs express high levels of SSEA4 and TRA-1-81, but not SSEA1 (Figure 1A, top). After differentiation to neural progenitors, expression of Tra-1-81 and SSEA4 were lost while expression of SSEA1 was increased (Figures 1A, bottom). However, it is noteworthy that the loss of Tra-1-81 preceded that of SSEA4. After 9 days in neural differentiation medium, Tra-1-81 expression was almost completely lost, whereas the majority of cells still expressed SSEA4 (Figure 1A, middle). The expression of SSEA4 persisted for several days until 2 weeks into the differentiation at which point the neuroepithelial cells started to emerge and SSEA1 expression was positive. A similar pattern was also observed in H7 hESCs, although Tra-1-81 expression was lost earlier than that in the H1 cells (7 days vs. 9 days) (Figure 1B). The existence of this Tra-1-81(2)/SSEA4(+) population of cells was also confirmed by immunostaining (Figure 1C). Further neural differentiation from this stage lead to the efficient generation of NPCs, which retained the expression pattern of Tra-1-81(2)/SSEA4(2)/SSEA1(+) and could be maintained for an extended time in culture when supplemented with bFGF/EGF (Figure 1D). The neural differentiation experiments were repeated several times in both H1 and H7 hESC lines and the sequential loss of the Tra-1-81 and SSEA4 antigens was reproducible, although the timing of the disappearance of each antigen varied slightly between experiments, depending on the initial seeding density.

To eliminate the possibility that the sequential loss of Tra-1-81 and SSEA4 is a culture-dependent phenomenon, hESCs were also differentiated using the double SMADs inhibition protocol [20,21]. Differentiation with the dual SMAD inhibitors exhibited the same sequential loss of Tra-1-81 and SSEA4 in both H1 and H7 cells (Figure S1A). Furthermore, a previous report using stromal-feeder based neural differentiation protocol observed the same effect [19]. We therefore propose that this initial Tra-1-81(2) and SSEA4(+) population represent cells of early neural differentiation and consequently designated them TR2/S4+ cells.

***TR2/S4+ cells exhibit an intermediate gene expression pattern between hESCs and neural progenitors***

Different cell populations can be distinguished by morphological and developmental criteria, as well as by the temporal and spatial expression of marker genes. In order to characterize the transient TR2/S4+ cells, we isolated them by FACS or by magnetic-activated cell purification (Figure 2A). The Tra-1-81(2) and SSEA4(+) identity of the purified cells was then confirmed by flow cytometry analysis. Gene expression was analysed by quantitative RT-PCR (qRT-PCR) and compared to that of undifferentiated TR+/S4+ hESCs and their TR2/S42 NPCs (Figure 2B). We found that the expression of pluripotent marker genes, Oct4, Nanog and Rex1, was clearly downregulated in the TR2/S4+ cells compared to hESCs but remained higher than that of NPCs. Conversely, the expression of neural progenitor marker genes, Pax6, nestin and Sox1, was upregulated in the TR2/S4+ cells but was considerably lower than in NPCs. However, Sox2, another known pluripotent marker, was consistently expressed in all three cell types, with its highest expression level in the NPCs, implicating a critical role in both pluripotent and neural progenitor cells. In addition, the TR2/S4+ cells also expressed the early differentiation marker, FGF5, which was undetected in both hESCs and NPCs (Figure 2B). A similar gene expression pattern was also found in TR2/S4+ cells from neural differentiation with dual SMAD inhibitors. It was also found by RT-PCR that, compared to the undifferentiated hESCs and their NPCS derivatives, both the isolated TR2/S4+ cells and the unsorted day 9 differentiated H1 cells expressed much lower levels of leukaemia inhibitory factor receptor (LIFR) (Figure 2C).

Western blotting was performed to confirm the expression of Oct4 and Nanog proteins (Figure 3A). While undifferentiated hESCs exhibited high levels of Oct4 and Nanog proteins, they were undetectable in NPCs. However, in the TR2/S4+ cells, Oct4 and Nanog protein levels were lower than in hESCs but higher than in the NPCs. Since both RT-PCR and Western blotting methods quantify average levels of gene expression in a whole population, one cannot exclude the possibility that this TR2/S4+ population contains two groups of cells: one similar to the undifferentiated hESCs (high Oct4 expression but low/no expression of neural markers), and the other similar to the NPCs (high levels of neural markers but no Oct4 expression). Therefore, to confirm that the expression of Oct4 and Pax6 in the TR2/S4+ cells was not due to the co-existence of these two different populations, immunostaining and flow cytometry analysis were carried out. The results showed that Oct4 antibody staining was positive in 97% of hESCs, with almost 80% cells strongly positive (mean value =156.5). Similarly, 97% of TR2/S4+ cells were also stained positive for Oct4, but the majority of cells exhibited a lower level of Oct4 (mean value = 54.49, Figure 3B, left). No clear Oct4 staining was visible in NPCs (mean value =2.9). In addition, TR2/S4+ cells showed a clear upregulation of Pax6 signals (mean value = 12.4) compared to hESCs (mean value =3.14), which was not as strong as in the NPCs (mean value =21.1, Figure 3B, right). Co-staining of Oct4 and Pax6 in situ confirmed the flow cytometry analysis and clearly demonstrates the co-existence of Oct4 and Pax6 proteins in the same cell during early neural differentiation, which are notably expressed in a negatively correlated manner (Figure 3C).

To explore whether the various levels of Oct4 expression are regulated at the promoter, we examined the amount of DNA methylation in the Oct4 promoter region near the transcription start site. A gradual increase in DNA methylation was observed throughout the neural differentiation and was negatively correlated with Oct4 mRNA expression (Figure 3D). In hESCs, very low levels of methylation were detected (0.05%), opposed to the heavy methylation detected in NPCs (84.3%). Interestingly, an intermediate DNA methylation level of 48.1% was observed in the TR2/S4+ cells. Taken together, these results demonstrate that the TR2/S4+ cells exhibit a gene expression profile which is distinct from both undifferentiated hESCs and their fully committed neural progenitors, and co-express both neural progenitor and undifferentiated pluripotent markers. In addition, Oct4 expression is progressively downregulated during neural differentiation, which is accompanied by the upregulation of neural markers.

***TR2/S4+cells generate both neural and non-neural lineage cell types***

Under neural differentiation conditions [16], further culture of the TR2/S4+ cells lead to the efficient production of NPCs that express high levels of neural progenitor markers: nestin (97%), Sox1 (82%) and Pax6 (88%) (Figure 3 and 4) but lack expression of pluripotent genes (Oct4 and Nanog) or mesoderm and endoderm markers: GATA6, brachyury and a-fetoprotein (Figure 2) [22]. These neural progenitor cells were able to further differentiate into neurons and astrocytes as revealed by the positive staining of MAP2, TUJ1 and GFAP, respectively (Figure 4).

Since Oct4 expression persists in TR2/S4+ cells, albeit at a lower level, we considered whether these cells were able to generate non-neural lineages in alternative culture conditions. Purified TR2/S4+ cells were differentiated via cell aggregate formation, a method that can initiate spontaneous differentiation and is widely used to examine the differentiation potential of cells in vitro [23]. The TR2/S4+ cell aggregates were able to expand in culture and displayed structures similar to embryoid bodies (EBs) after 7 days of differentiation in suspension (Figure 5A). These EBlike aggregates were then dissociated and plated onto adherent culture dishes for further differentiation. After another 7 days, cells with various morphologies were visible (Figure 5B) and were analysed for gene expression by qRT-PCR and immunocytochemistry. Real-time RT-PCR showed upregulation of markers of the three germ layers: neuroectoderm (Pax6, Sox1 and Sox2), mesoderm (goosecoid (GSC) and Meox1) and endoderm (albumin (ALB) and GATA6) (Figure 5C), while pluripotent markers, Oct4 and Nanog were downregulated. Immunocytochemistry further confirmed that the differentiated cells contained progeny from the three germ layers: AFP,

HNF4a and GATA6 for endoderm, muscle actin for mesoderm, nestin and Pax6 for neuroectoderm (Figure 5D). These results demonstrate that TR2/S4+ cells are also capable of differentiating into cells of non-neural lineages.

***TR2/S4+ cells cannot be maintained or reverted back to hESCs in self-renewal culture conditions***

TR2/S4+ cells express a high level of FGF5, a marker of post-implantation primitive ectoderm of mouse embryos [24]. Given that mESC-derived primitive ectoderm-like cells are capable of reverting back to an ESC state when re-cultured in mESC self-renewal media [25], we examined whether theTR2/S4+ cells can be reverted back to their original hESC state. Purified TR2/S4+ cells were re-plated into matrigel-coated plates and cultured in hESC self-renewal conditions (Figure 6A). To verify that any resulting changes were not a technical artifact, we purified and cultured TR+/S4+ hESCs as controls (Figure 6B). Both cell populations showed similar attachment efficiencies (Figure 6Aa&6Ba) and colonies were clearly visible 3 days after plating. By day 7, TR2/S4+ colonies exhibited structures and morphologies similar to that of hESCs but the expression of Tra-1-81 and SSEA4 could neither be reactivated nor maintained (Figure 6Ab). In contrast, control hESCs (TR+/S4+) expressed high levels of both these markers (Figure 6Bb). This difference became even more apparent after 14 days of culture (Figure 6Ac & 6Bc). Consistent with the changes in cell surface markers, evident differentiation also started to emerge in the TR2/S4+ cells. RT-PCR analysis confirmed that expression of both Oct4 and Nanog was downregulated in TR2/S4+ cells as the culture proceeded. Mesoderm and endoderm markers were up-regulated while the expression of neural markers, Pax6 and Sox1, was reduced, although the levels remained higher than in hESCs (Figure 6C). These results are consistent with the data from EB cultures, which indicate that the cell fate of TR2/S4+ cells are affected by their culture conditions. In CM cultures, there is limited inhibition of BMP signaling in cells, at least not to the level induced by the addition of noggin [16], which may account for the observed nonneural lineage differentiation. These results further confirm that TR2/S4+ cells are distinct from undifferentiated hESCs and cannot be reverted back to their original hESC state by reintroduction into hESC self-renewal conditions.

Furthermore, these cells cannot be maintained as TR2/S4+ cells under these conditions.

***Comparison of TR2/S4+ cells with cells of early embryoid bodies and definitive endoderm differentiation***

Since TR2/S4+ cells are able to generate cells in addition to the neural lineage, it raises the question of whether these cells are equivalent to those of early EBs. To answer this question, we compared our global gene expression data of early neural differentiation (N1), which resembled the TR2/S4+ cells (over 85% cells are TR2/S4+) [22], with the published microarray data from 16-day EBs of the same hESC line, H1 [26]. Interestingly, gene ontology analysis revealed that the genes significantly upregulated during EB differentiation have considerable functions during neural differentiation and development (Table 1) and, as a result, shared >60% of the functions in biological processes with those genes upregulated in TR2/S4+ cells. This becomes more evident when the top 15 functions in the biological process of the gene-ontology list are compared between the two cell-populations as over 70% of them appeared in both lists (Table 1). Similarly, the downregulated genes in both cell populations also shared >60% of gene ontology functions. Therefore, global gene expression analysis does provide certain support for the similar phenotype and differentiation observed between TR2/S4+ cells and the early EBs (EBs in suspension).

Since cells in the early neural differentiation and early EB formation share a similar gene expression pattern and phenotype, we asked whether early mesendoderm differentiation would also generate this population. To address this question, we differentiated H1 hESCs into definitive endoderm using two different methods (Activin A with sodium butyrate or LY294002, see Materials and Methods for details). Both differentiation procedures exhibited a similar phenotype and gene expression pattern, in which expression of Sox17 and FoxA2 steadily increased over the 3-day differentiation period, whereas, after an initial upregulation, expression of the mesendoderm markers, brachyury and Mixl1, were downregulated by day 3 (Figure 7A). Furthermore, Sox2 expression was continuously downregulated (Figure 7A). This gene expression pattern is consistent with our previous data and existing published data on endoderm differentiation [6,7,27], indicating that the majority of these cells have differentiated to mesendoderm by day 1–2 of the differentiation and are committed to endoderm by day 3. However, during the differentiation, both Tra-1-81 and SSEA4 were continuously expressed in a considerable proportion of cells, approximately 90% and 70% after 2 and 3 days of differentiation, respectively (Figure 7B). These results demonstrated that differentiated mesendoderm and early endoderm cells can also express TRA-1-81 and SSEA4, which is in line with a previous report that found Tra-1-60 and SSEA4 positive cells in a proportion of Sox17+ cells that could only be differentiated into endoderm and mesoderm [28]. As a whole, these results therefore indicate that differentiation towards the neural lineage may share a similar initial process to differentiation via EB formation that is distinct from that of high-dose Activin-induced definitive endoderm differentiation.

### 3. 신속한 합금 프로토타입 제작: 30Mn-1.2C-xAl 삼중강의 예를 기반으로 한 구조 재료의 구성 및 열기계적 고처리량 벌크 조합 설계

*4. 결과*

*4.1 RAP 샘플의 기계적 테스트*

위에 설명된 고처리량 절차에 따라 각각 9개의 열처리에 노출된 5개의 합금 조성을 35시간 이내에 생산, 처리 및 평가를 진행했다. 이 45가지 다른 재료 조건(즉, 총 135개의 인장 시험 및 경도 측정)의 기계적 특성은 항복 강도(YS)(그림 2a), 최대 인장 강도(UTS)(그림 2b), 전체 신장(TE)(그림 2c) 및 경도(그림 2d) 측면에서 그림 2에 개요로 표시된다. 결과는 체계적으로 변화된 Al 함량(표 1)에 따라 표시되고 개별 노화 조건에 따라 색상 코드가 지정된다. 재료의 기계적 거동에 대한 화학 조성 및 노화 매개변수의 변화와 관련된 뚜렷한 효과를 명확하게 구별할 수 있다. 기준 물질(Al 첨가 없음, 즉 Fe-30Mn-1.2C)의 경우 균질화되고 노화되지 않은 상태에서 가장 우수한 기계적 거동이 관찰되었다. 이 합금은 360MPa의 YS, 강한 가공 경화(UTS = 830MPa) 및 높은 연성(TE = 77%)이 특징을 갖는다. Fe-30Mn-1.2C 합금의 시효는 YS가 거의 변하지 않았고 경도가 약간 증가했음을 보여주었다. 그러나 시효는 UTS와 TE를 모두 크게 감소시킨다. 이러한 취성은 긴 시효 시간(24시간)과 높은 온도(>500℃)에서 가장 분명하게 나타냈다.
합금 Fe-30Mn-1.2C-8Al, 즉 Al 농도가 가장 높은 재료의 경우 반대 경향이 적용되었다. 시효 없이 기계적 데이터는 Al이 없는 합금의 데이터와 유사하며 YS(증가), UTS 및 TE(감소)에서만 약간의 변화가 있었다. 그러나 1시간 동안 시효 처리를 하면 YS, UTS 및 경도(온도에 따라 증가)가 동시에 개선되었고 TE는 약간만 감소하는 결과를 나타냈다. 합금 Fe-30Mn-1.2C-8Al을 24시간 동안 숙성시키면 YS, UTS 및 경도가 균질화된 상태보다 거의 두 배나 더 높아졌지만 연성은 크게 감소했다. 중간 Al 함량을 가진 합금의 기계적 데이터는 위에서 설명한 두 가지 다른 거동의 중첩으로 나타난다. 일반적으로 2, 4 및 6중량% Al을 가진 합금에 대해 얻은 값은 8중량% Al을 포함하지 않는 합금과 포함하는 합금의 각 데이터 사이에 있다. 특히 4 및 6중량%의 Al을 첨가한 합금은 기계적 데이터 측면에서 적용된 숙성 처리의 영향을 매우 약하게 받는데, 이는 합금 Fe-30Mn-1.2C(약화/취화) 및 Fe-30Mn-1.2C-8Al(강화)과 비교한 것이다. [...]

### *4.2 RAP 샘플의 미세 구조*

[...]. 균질화 상태(비숙성)의 미세 구조는 그림 5의 왼쪽에 표시되어 있고, 550℃에서 24시간 동안 숙성한 후의 미세 구조는 오른쪽에 표시되어 있다. 균질화된 상태에서 세 합금은 약 80$\mu$m의 평균 입자 크기, 몇 개의 쌍정(Al 함량이 높을수록 증가) 및 명백한 미세 편석이 없는 거의 동일한 오스테나이트 미세 구조를 나타낸다. 그러나 노화 후에는 세 합금 간에 현저한 차이가 관찰될 수 있다. Al이 없는 합금(Fe-30Mn-1.2C)의 입자 경계에 직경이 ~10$\mu$m인 조립 입자가 나타나며, 아마도 펄라이트 페라이트/(Fe,Mn)3C 미세 구조로 구성되어 있을 것이다. 합금 Fe-30Mn-1.2C-4Al에 Al을 첨가하면 노화 중에 이러한 상의 형성이 제한되는 것으로 판단된다. 입자의 밀도와 크기가 Al이 없는 재료보다 현저히 낮아졌고 4중량%의 Al이 포함된 합금의 결정립계에 얇은 필름만 나타났다. Al 함량이 더욱 증가하면(합금 Fe-30NMn-1.2C-8Al) 노

화 중에 결정립계 입자가 전혀 없었지만, 입자 내에 불균일하게 분포된 작은 입자가 많이 나타나 더 어두운 대비를 보였다.

*4.3 기존 방식으로 생산된 샘플의 인장 시험*

참조 및 비교를 위해 그림 6은 450℃에서 1시간 동안 노화시킨 후 합금 Fe-30Mn-1.2C-2Al(빨간색) 및 Fe-30Mn-1.2C-8Al(파란색)에 대한 예시 엔지니어링 응력-변형 곡선을 보여준다. 이는 기존 합성 및 처리(그림 6a) 및 RAP(그림 6b) 접근 방식을 따라 얻은 것이다. 합금 Fe-30Mn 1.2C-8Al의 경우 RAP 및 기존 데이터는 모두 동일한 범위에 있으며, RAP 샘플의 YS(610~540MPa)가 약간만 증가하고 UTS(810~890MPa)가 낮으며 연성(76~73%)이 거의 동일하다. 이러한 경향(약간 더 높은 YS와 더 낮은 UTS)은 합금 Fe-30Mn-1.2-2Al의 경우에도 동일하지만, RAP 샘플은 이 특정 재료 조건에서 기존 시편보다 상당히 낮은 연성을 보였다(84% 대비 49%). 그림 6b에서 나타나는 비정상적으로 큰 탄성 변형률은 RAP 샘플의 약간의 변형(굽힘)에 기인할 수 있으며, 얇은 세그먼트의 담금질 중에 적용된 클램핑 절차에도 불구하고 완전히 피할 수 없었다.

4. *Results*

**4.1 Mechanical testing of the RAP samples**

Following the high throughput procedure outlined above five alloy compositions, each exposed to nine respective heat treatments, were produced, processed and evaluated within 35 h. The mechanical properties of these 45 different material conditions (i.e. in total 135 tensile tests and hardness measurements) are shown as an overview in Fig. 2 in terms of the yield strength (YS) (Fig. 2a), ultimate tensile strength (UTS) (Fig. 2b), total elongation (TE) (Fig. 2c) and hardness (Fig. 2d). The results are plotted according to the systematically varied Al content (Table 1) and colour coded according to the individual ageing conditions. Pronounced effects associated with the changes in chemical composition and ageing parameters on the mechanical behaviour of the materials can be clearly distinguished. For the reference material (no Al addition, i.e. Fe–30Mn–1.2C) the best mechanical behaviour was observed for the as-homogenised, non-aged state. This alloy was characterised by a YS of 360 MPa, strong work hardening (UTS = 830MPa) and high ductility (TE = 77%). Ageing of the Fe–30Mn–1.2C alloy showed that the YS was virtually unchanged and the hardness slightly increased. However, ageing greatly reduces both the UTS and TE. This embrittlement becomes most apparent for long ageing times (24 h) and higher temperatures (>500°C). For the alloy Fe–30Mn–1.2C–8Al, i.e. the material with the highest Al concentration, the opposite trend applied. Without ageing the mechanical data are similar to those of the Al-free alloy, with only a slight change in YS (increase), UTS and TE (decrease). Ageing treatments for 1 h, however, led to a simultaneous improvement in YS, UTS and hardness (increasing with temperature) and to only a slight drop in TE. Ageing of alloy Fe–30Mn–1.2C–8Al for 24 h further increased YS, UTS and hardness to values almost twice as high as in the as-homogenized state, but also drastically reduced the ductility. The mechanical data for the alloys with intermediate Al contents appear as the superimposition of the two different behaviours described above: as a general rule, the values obtained for the alloys with 2, 4 and 6 wt.% Al lie between the respective data from alloys without and with 8 wt.% Al. The alloys with Al additions of 4 and 6 wt.% especially are only very weakly affected by the applied ageing treatments in terms of their mechanical data compared with the alloys Fe–30Mn–1.2C (weakening/embrittlement) and Fe–30Mn–1.2C–8Al (strengthening). [...]

***4.2 Microstructure of the RAP samples***

[...]. Microstructures in the as-homogenised state (unaged) are shown on the left-hand side of Fig. 5, those after ageing at 550°C for 24 h on the right-hand side, respectively. In the as-homogenized state the three alloys exhibit almost identical austenitic microstructures with an average grain size of about 80 lm, few twins (increasing with higher Al content) and no apparent micro-segregations. After ageing, however, pronounced differences between the three alloys could be observed. Coarse particles with a diameter of ~10 μm appear at the grain boundaries of the Al-free alloy (Fe–30Mn–1.2C), most probably consisting of a pearlitic ferrite/(Fe,Mn)3C microstructure. The addition of Al to the alloy Fe–30Mn–1.2C–4Al apparently constrained the formation of those phases during ageing, as the number density and size of the particles was now significantly lower than in the Al-free material and only thin films appeared on the grain boundaries of the alloy with 4 wt.% Al. A further increase in Al content (alloy Fe–30Mn–1.2C–8Al) resulted in the complete absence of grain boundary particles during ageing, but a large number of unevenly distributed small particles appeared within the grains, giving them a darker contrast.

***4.3 Tensile testing of the conventionally produced samples***

For reference and comparison Fig. 6 shows exemplar engineering stress–strain curves for the alloys Fe–30Mn–1.2C–2Al (red) and Fe–30Mn–1.2C–8Al (blue) after ageing at 450°C for 1 h, obtained by following the conventional synthesis and processing (Fig. 6a) and RAP (Fig. 6b) approaches. For the alloy Fe–30Mn–1.2C–8Al both the RAP and conventional data are in the same range, with an only lightly increased YS (610 to 540 MPa), lower UTS (810 to 890 MPa) and almost identical ductility (76 to 73%) of the RAP samples. While this trend (slightly higher YS and lower UTS) is the same for the alloy Fe–30Mn–1.2–2Al, the RAP samples now exhibited significantly less ductility than the conventional specimens (49 compared with 84%) under this specific material condition. The unusually large elastic strain that is apparent in Fig. 6b can be attributed to slight deformation (bending) of the RAP samples, which could not be completely avoided despite the clamping procedures applied during quenching of the thin segments.

## 3.4 유용한 단어와 구문

### 3.4.1 언어 과제

**EXERCISE 3** 이 단원과 참고 논문의 결과 섹션을 살펴보라. 아래 네 가지 영역에서 사용할 수 있다고 생각되는 단어나 구문에 밑줄을 긋거나 강조 표시하고 제안 사항을 섹션 3.4.2의 목록과 비교해보라.

1 결과에 대한 주관적 설명, *예: 매우, 자주(extremely, often)*
2 시뮬레이션/예측 결과/다른 연구의 결과와 결과를 비교하는 언어, *예: ~와 일치하여(in line with)*
3 결과의 문제를 다루는 언어, *예: 불행히도(unfortunately)*
4 결과의 의미를 제시하는 언어, *예: 제안(suggesting that)*

### 3.4.2 결과 섹션의 언어

이 섹션은 다양한 분야에서 발행된 2,500개 이상의 연구 논문을 분석하여 얻은 결과 섹션의 단어와 구문을 나열하고 있다. 이 목록에는 자주 등장하여 저자와 편집자가 정상적이고 수용할 수 있는 단어와 구문만 포함된다. 또한 이 목록은 논문 작성의 흐름을 유지한다. 각 목록 아래에는 단어와 구문이 문장에서 어떻게 사용되는지에 대한 예가 있으므로 논문 작성 중 무엇을 써야 할지 또는 어떻게 계속해야 할지에 대한 아이디어가 필요할 때 목록과 문장 예시를 살펴보라.

#### 결과 안내 구문 및 단어

| 그림 1의 데이터에 따르면,<br>그림 1에서 볼 수 있듯이, | **동사**<br>그림 1: |
|---|---|

| | |
|---|---|
| 그림 1의 (데이터)에 근거하여,<br>그림 1에서 찾을 수 있다.<br>그림 1에서 식별할 수 있다.<br>그림 1에서 관찰할 수 있다.<br>그림 1에서 볼 수 있다.<br>(자세히) 그림 1을 살펴보면<br>그림 1의 데이터는 다음을 시사한다.<br>(데이터 미표시)<br>이에 대한 증거는 그림 1에 있다.<br>(그림 1)<br>그림 1에서/그림 1에서 (다음을 볼 수 있다.)<br>그림 1에서 우리는 (비교 등)<br>그림 1에서 명백히 나타낸다.<br>그림 1에서 명확하게 나타내고 있다.<br>그림에서 분명히 나타내고 있다.<br>그림 1에 나와 있다.<br>그림 1에 나와 있다.<br>그림 1에서 볼 수 있다.<br>결과는 그림 1에 나와 있다.<br>(그림 1 참조)<br>그림 1에서/그림 1에서 관찰할 수 있다. | 포함한다.<br>보여준다.<br>표시한다.<br>설명하다<br>나열하다<br>구성하다<br>제시하다<br>나타낸다<br>나타낸다<br>나타낸다<br>요약하다 |

* **참고** 'from'은 그래픽의 데이터에서 '이해/결론/추론할 수 있음'을 의미하고, 'in'은 '실제로 그래픽 자체에 나타남/보임'을 의미한다.

| | |
|---|---|
| according to the data in Fig. 1,<br>as can be seen from/in* Fig. 1,<br>based on (data in) Fig. 1,<br>can be found in Fig. 1<br>can be identified from/in Fig. 1<br>can be observed in Fig. 1<br>can be seen from/in Fig. 1 | **Verbs**<br><br>Fig. 1:<br><br>contains<br>demonstrates<br>displays |

| | |
|---|---|
| (close) inspection of Figure 1 indicates<br>data in Fig. 1 suggest that<br>(data not shown)<br>evidence for this is in Fig. 1<br>(Fig. 1)<br>in/from Fig. 1 (it can be seen that)<br>in Fig. 1 we (compare etc.)<br>is/are apparent from/in Fig. 1<br>is/are clearly visible in Fig. 1<br>is/are evident in the figure<br>is/are given in Fig. 1<br>is/are shown in Fig. 1<br>is/are visible in Fig. 1<br>results are given in Fig. 1<br>(see Fig. 1)<br>we observe from/in Fig. 1 that | illustrates<br>lists<br>plots<br>presents<br>represents<br>reveals<br>shows<br>summarises |

**Note*: ***from*** means that *it can be understood/concluded/deduced from* the data in the graphic, whereas ***in*** means that *it actually appears in/is visible in the graphic itself.*

***다음은 이러한 데이터가 사용되는 몇 가지 예시이다:***

- **그림 1에서 알 수 있듯이,** 디하이드로이소안드로스테론의 추출성은 크게 변하지 않았다.
- 그림 18의 데이터는 H3K36이 손상된 DNA를 복구할 수 있음을 **보여준다.**
- 표 1에 나와 있는 계수는 두 분광기의 평균값을 **나타낸다.**
- 기판 표면을 덮고 있는 ZnO 박막 섬은 그림 3a에서 **관찰할 수 있다.**
- 그림 1은 우심실의 세 영역에서의 반응을 **보여준다.**
- 개별 그룹의 결과는 보충 그림 5에 **표시되어 있다.**
- **그림 3에서 볼 수 있듯이,** 위상 스캔 중에 스펙트럼이 크게 바뀌었다.

- IR과 PLFA 패턴 사이의 상관관계가 없다는 것은 그림 1과 그림 5를 **비교해보면 알 수 있다.**
- 피험자의 후속 조치 상태 분석은 표 2에 **제시되어 있다.**
- 교환 전류 밀도는 표 9에 **요약되어 있다.**

- As **is apparent from Fig**. 1, the extractibility of the dehydroisoandrosterone did not change significantly.
- The data in Fig. 18 **reveal** that H3K36 can repair damaged DNA.
- The coefficients given in Table 1 **represent** mean values from both spectrophotometers.
- ZnO thin-film islands which cover the substrate surface **can be observed** in Fig. 3a.
- Figure 1 **illustrates** the responses from the three regions of the right ventricle.
- Results for individual groups are **displayed** in Supplementary Figure 5.
- As we **can see from** Figure 3, the spectrum changed significantly during the phase scan.
- The lack of correlation between IR and PLFA patterns can be seen by **comparing** Figs 1 and 5.
- An analysis of the follow-up status of the subjects is **presented** in Table 2.
- The exchange current densities are **summarised** in Table 9.

## 구체적/핵심 결과

### (i) 결과에 대한 객관적 설명

| | | |
|---|---|---|
| 부족하다/부족했다 | 변하다/변했다 | 일치하다/일치했다 |
| 끊임없다/끊임없었다 | 축소하다/축소했다 | 발생하다/발생했다 |
| 다르다/달랐다 | 감소하다/감소했다 | 절정에 달하다/절정에 달했다 |
| 같다/같았다 | 지연하다/지연했다 | 선행하다/선행했다 |
| 더 높다/더 높았다 등 | 떨어지다/떨어졌다 | 방지하다/방지했다 |
| 가장 높다/가장 높았다 등 | 초과하다/초과했다 | 생산하다/생산했다 |
| 같다/같았다 | 전시하다/전시했다 | 감소하다/감소했다 |

| | | |
|---|---|---|
| 있다/있었다 | 존재하다/존재했다 | 남다/남았다 |
| 있다/있었다 | 확장하다/확장했다 | 재개하다/재개했다 |
| 있다/보였다 | 내리다/내렸다 | 상승하다/상승했다 |
| 있다/있었다 | 발견하다/발견했다 | 발생하다/발생했다 |
| 균일하다/균일했다 | 증가하다/증가했다 | 변화하다/변화했다 |

**참고** 백분율, 수준, 위치, 금액 등의 수치 표현(*예: 2% 증가*)도 물론 결과에 대한 객관적인 설명이다.

| | | |
|---|---|---|
| is/was absent | change/d | match/ed |
| is/was constant | decline/d | occur/red |
| is/was different | decrease/d | peak/ed |
| is/was equal | delay/ed | precede/d |
| is/was higher, etc. | drop/ped | prevent/ed |
| is/was highest, etc. | exceed/ed | produce/d |
| is/was identical | exhibit/ed | reduce/d |
| is/was obtained | exist/ed | remain/ed |
| is/was present | expand/ed | resume/d |
| is/was seen | fall/fell | rise/rose |
| is/was unchanged | find/found | take/took place |
| is/was uniform | increase/d | vary/varied |

*Note*: Numerical representations of percentages, levels, locations, amounts etc. (e.g. *a 2% increase*) are also, of course, *objective* descriptions of results.

*다음은 이러한 수치를 사용한 몇 가지 예시이다:*

- 단백질 발현은 감염 후 3일째에 **최고조에 달했다.**
- 제트의 주파수는 **일정했으며** 속도에 따라 선형적으로 **변하지 않았다.**
- 농도 눈금은 연료 분획에 따라 **감소했다.**
- 암컷 쥐가 수컷 쥐보다 혈장 코르티코스테론 수치가 **더 높은 것으로 관찰되었다.**

- 잎 확대는 건조 기간이 끝날 무렵에 **재개되었다.**
- 정제된 성분의 자외선 가시광선 스펙트럼은 루테인과 **동일했다.**
- 평균 SAOC 값은 첫 시간 내에 682mol/L까지 **상승했다.**

- Protein expression **peaked at** day 3 after infection.
- The frequencies of the jets **were constant**, and **did not change** linearly with velocity.
- Concentration scales **decreased** with the fuel fraction.
- It was observed that the female rats **exhibited higher** levels of plasma corticosterone than male rats.
- Leaf enlargement **resumed** toward the end of the desiccation period.
- The UV-visible spectra of the purified components **were identical** to those of lutein.
- Mean SAOC values **rose** to 682 mol/L within the first hour.

### (ii) 결과에 대한 주관적 설명: 일반적인 의견

| 갑작스러운 | 중요한 | 합리적인 | **유용한 동사:** |
|---|---|---|---|
| 수용 가능한 | 일반적으로 | 주목할 만한 | |
| 적절한 | 원칙적으로 | 심각한 | 강조하다 |
| 적절한 | 주로 | 심각한 | 강조하다 |
| 간략한 | 부적절한 | 날카로운 | 반영하다 |
| 광범위하게 | 가능성 | 유사한 | 닮다 |
| 대체로 | 주로 | 가파른 | |
| 명확한 | 주요한 | 눈에 띄는 | **설명:** |
| 비교 가능한 | 측정 가능한 | 강한/거의 | 중요하게, |
| 비교적으로 | 단지 | 미묘한 | 사실, |
| 일관된 | 사소한 | 갑작스러운 | 참으로, |
| 뚜렷한 | 다소 | 충분한 | 흥미롭게, |
| 극적인 | 명백한 | 적합한 | 흥미롭게, |
| 효과적으로 | 인지 가능한 | 예상치 못한 | 주목할 만한 것은... |
| 동등한 | 빈약한 | 가능성이 낮은 | 특히, |

| | | | |
|---|---|---|---|
| 본질적으로<br>과도한<br>광범위한<br>일반적으로<br>점진적인 | 강력한<br>심오한<br>발음된<br>우세한/거의<br>빠른 | 주목할 만한<br>비정상적인<br>거의<br>약한/거의 | 전반적으로,<br>상당히,<br>놀랍게도, |

**참고** '더 높은(higher)'은 객관적으로 참 또는 거짓인 반면, '높은(high)'은 수량/수준/금액에 대한 주관적인 평가라는 점에 유의해야 한다.

| | | | |
|---|---|---|---|
| abrupt<br>acceptable<br>adequate<br>appropriate<br>brief<br>broadly<br>by and large<br>clear<br>comparable<br>comparatively<br>consistent<br>distinct<br>dramatic<br>effectively<br>equivalent<br>essentially<br>excessive<br>extensive<br>generally<br>gradual | important<br>in general<br>in principle<br>in the main<br>inadequate<br>likelihood<br>mainly<br>major<br>measurable<br>merely<br>minor<br>more or less<br>obvious<br>perceptible<br>poor<br>powerful<br>profound<br>pronounced<br>predominant/ly<br>rapid | reasonable<br>remarkable<br>serious<br>severe<br>sharp<br>similar<br>steep<br>striking<br>strong/ly<br>subtle<br>sudden<br>sufficient<br>suitable<br>unexpected<br>unlikely<br>unremarkable<br>unusual<br>virtually<br>weak/ly | **Useful verbs:**<br>emphasise<br>highlight<br>reflect<br>resemble<br><br>**Comments:**<br>Importantly,<br>In fact,<br>Indeed,<br>Interestingly,<br>Intriguingly,<br>It is noteworthy that...<br>Notably,<br>Overall,<br>Significantly,<br>Surprisingly, |

Note that whereas *higher* is objectively true or false, *high* is a subjective assessment of a quantity/level/amount.

### (iii) 결과에 대한 주관적 설명: 수량 언급

STEMM 작성에서 수량에 대해 설명하는 데 사용되는 주관적 표현은 다섯 가지 그룹으로 나눌 수 있다:

**그룹 1**에는 크기/수량을 '증가하다'의 단어/구문이 포함된다:
*파이프에 상당한 양의 잔여물이 남아있었다.*
*A considerable amount of residue remained in the pipe.*

**그룹 2**에는 크기/수량을 '감소하다'의 단어나 문구가 포함되어 있다:
*잔여물의 74%만이 파이프에 남아있었다.*
*Barely 74% of the residue remained in the pipe.*

**그룹 3**에는 크기/수량이 얼마나 큰지/작은지/높은지/낮은지를 강조하는 단어/구문이 포함되어 있다:
*파이프에 남은 양은 예상보다 더 높거나 더 낮았다.*
*The amount that remained in the pipe was even higher/even lower than predicted.*

**그룹 4**에는 크기/양이 다른 것과 비슷하거나 가깝다는 것을 전달하는 단어/구문이 포함되어 있다.
*잔류물의 거의 절반이 파이프에 남았다.*
*Almost half of the residue remained in the pipe.*

**그룹 5**는 크기/양을 해석하고 싶지 않을 때 유용하다.
*잔류물 중 일부가 파이프에 남았다.*
*Some of the residue remained in the pipe.*

아래 목록을 보고 각 단어/구를 올바른 그룹에 배치하라. (별표 [*]로 표시된 단어/구문은 두 그룹에 속한 어휘이다.)

| | | | | |
|---|---|---|---|---|
| 많은(의) | 쉽게(오버/언더) | 작은 | 수많은 | 상당한 |
| 조금 | 짝수(높음/낮음) | 낮은 | 단지 | 상당히 |
| 조금 | 예외적으로 | 가장자리 가의 | 이상(절반/25%) | 약간 |
| 숫자(의) | 매우 | 두드러진 | 특히 | 약간(더/덜) |
| 풍부한 | 상당히 | 현저하게 | 충분한 | 작은 |
| 상당한 | 멀리(더/더 적게) | 최소* | 실제로 | 매우(높음/낮음) |
| 눈에 띄게 | 약간의 | 작은(가벼운) | 꽤(높음/낮음) | 약간 |
| 대략 | 더 적음(보다) | 보통의 | 꽤 많은 | 다소 |
| 최대한 많이 | 더 크다(보다) | 보통의 | 꽤 많이 | 상당한 |
| 거의 | 거의 | 더 많음(보다) | 오히려(높음/낮음) | 상당히 |
| 적어도 | 높은 | 최대의 | 합리적으로 | 어느 정도 |
| 간신히 | 지각할 수 없다 | 많이* | 비교적 | 아래 |
| 아래 | 어떤 경우에는 | 거의/거의 | 놀랍게도 | 위로 |
| 닫기(에) | 단지* | 무시할 수 있는 | 대략 | 매우 |
| 상당한 | 큰 | 눈에 띄게 | 드물게 | 거의 |
| 상당히 | 적다 | 눈에 띄게 | 여러 | 잘(넘어/아래) |

| | | | | |
|---|---|---|---|---|
| a great deal (of) | easily (over/under) | little | numerous | significant |
| a few | even (higher/lower) | low | only | significantly |
| a little | exceptionally | marginal | over (half/25%) | slight |
| a number (of) | extremely | marked | particularly | slightly (more/less) |
| abundant | fairly | markedly | plenty of | small |
| appreciable | far (more/less) | minimal* | practically | so (high/low) |
| appreciably | few | minor | quite (high/low) | some |
| approximately | fewer (than) | moderate | quite a few | somewhat |
| as many as | greater (than) | modest | quite a lot | substantial |
| as few as | hardly | more (than) | rather (high/low) | substantially |
| at least | high | most | reasonably | to some extent |
| barely | imperceptible | much* | relatively | under |
| below | in some cases | near/ly | remarkably | upwards of |
| close (to) | just* | negligible | roughly | very |
| considerable | large | noticeable | scarcely | virtually |
| considerably | less | noticeably | several | well (over/under) |

**핵심**

**그룹 1**: *크기/수량을 '증가'시키는 단어/구문*

| | | |
|---|---|---|
| 많은 (~의) | 높은 | 이상(~의 절반/25%) |
| 많은 (~의) | 큰 | 많은 |
| 풍부한 | 표시된 | 꽤 많은 |
| 상당한 | 더 많은(~보다) | 꽤 많은 |
| 많은 만큼 | 가장 | 여러 |
| 적어도 | 많은 | 상당한 |
| 상당한 | 눈에 띄는 | 상당한 |
| 더 큰 (~보다) | 수많은 | 위로 |

| | | |
|---|---|---|
| a great deal (of) | high | over (half/25%) |
| a number (of) | large | plenty of |
| abundant | marked | quite a few |
| appreciable | more (than) | quite a lot |
| as many as | most | several |
| at least | much | significant |
| considerable | noticeable | substantial |
| greater (than) | numerous | upwards of |

**그룹 2**: *크기/수량을 '줄이는' 단어/구문*

| | | |
|---|---|---|
| 몇 가지 | 거의 | 사소한 |
| 약간 | 그냥 | 겸손한 |
| 적은 만큼 | 덜 | 오직 |
| 겨우 | 조금 | 거의 |
| 아래 | 낮은 | 약간 |
| 몇 가지 | 한계적 | 작은 |
| 더 적은(보다) | 최소한의 | 아래 |

| a few<br>a little<br>as few as<br>barely<br>below<br>few<br>fewer (than) | hardly<br>just<br>less<br>little<br>low<br>marginal<br>minimal | minor<br>modest<br>only<br>scarcely<br>slight<br>small<br>under |
|---|---|---|

**그룹 3**: *크기/수량이 얼마나 큰지/작은지를 강조하는 단어/구문*

| 상당히<br>상당히<br>쉽게 (이상/이하)<br>심지어 (더 높은/낮은)<br>예외적으로<br>극도로 | 멀리(더 많음/적음)<br>현저하게<br>많이(높음/낮음)<br>눈에 띄게<br>특히<br>현저하게 | 상당히<br>그렇게(높음/낮음)<br>상당히<br>매우<br>잘(이상/이하) |
|---|---|---|

| appreciably<br>considerably<br>easily (over/under)<br>even (higher/lower)<br>exceptionally<br>extremely | far (more/less)<br>markedly<br>much (higher/lower)<br>noticeably<br>particularly<br>remarkably | significantly<br>so (high/low)<br>substantially<br>very<br>well (over/under) |
|---|---|---|

**그룹 4**: *크기/수량이 서로 비슷하거나 비슷하다는 것을 전달하는 단어/구문*

| 대략<br>가까운(에)<br>거의(즉, 거의 없음)<br>감지할 수 없는 | 그냥(초과/미달)<br>거의(즉, 거의 없음)<br>최소한의<br>거의/거의<br>무시할 수 있는 | 실질적으로<br>대략적으로<br>약간 (더/덜)<br>사실상 |
|---|---|---|

| | | |
|---|---|---|
| approximately<br>close (to)<br>few (i.e. close to none)<br>imperceptible | just (over/under)<br>little (i.e. close to none)<br>minimal<br>near/ly<br>negligible | practically<br>roughly<br>slightly (more/less)<br>virtually |

**그룹 5**: *크기/수량을 해석하고 싶지 않을 때 사용할 수 있는 단어/구문*

| | | |
|---|---|---|
| 상당히<br>어떤 경우에는<br>적당히 | 꽤 (높은/낮은)<br>오히려 (높은/낮은)<br>합리적으로<br>비교적 | 약간<br>다소<br>어느 정도 |

| | | |
|---|---|---|
| fairly<br>in some cases<br>moderate | quite (high/low)<br>rather (high/low)<br>reasonably<br>relatively | some<br>somewhat<br>to some extent |

### (iv) 결과에 대한 주관적 설명: '행복한' 단어☺

| | | | |
|---|---|---|---|
| 정확한<br>이로운<br>유익한<br>더 나은<br>효과적인 | 효율적인<br>우수한<br>실현 가능한<br>개선<br>정확한 | 신뢰할 수 있는<br>만족스러운<br>간단한<br>성공적인<br>우수한 | 유용한<br>귀중한<br>실행 가능한<br>가치 있는 |

| | | | |
|---|---|---|---|
| accurate<br>advantageous<br>beneficial<br>better<br>effective | efficient<br>excellent<br>feasible<br>improve<br>precise | reliable<br>satisfactory<br>simple<br>successful<br>superior | useful<br>valuable<br>viable<br>worthwhile |

### (v) 결과에 대한 주관적 설명: 빈도에 대한 설명

빈도를 나타내는 수식어는 독자가 결과를 평가하는 데 도움이 된다. 예를 들어, 저자가 특정 테스트를 수행할 때마다 특정 결과가 발생했다고 진술한다면 이는 매우 신뢰할 수 있는 결과임이 분명하다. 일반적으로 발생했다고 하면 여전히 신뢰할 수 있지만 그렇지 않을 수도 있다. 저자가 빈도 수식어 없이 단순히 x가 발생했다고만 말하면 독자는 결과를 적절하게 평가하지 못하거나 전혀 평가하지 못할 수 있다.

STEMM 글에서 빈도를 설명하는 데 사용되는 평가 언어는 10단계로 나눌 수 있다. 월요일 아침에 동료를 찾고 싶은데 도서관에서 동료를 찾아야 하는지 알고 싶은 상황을 가정해 보자.

1. 그녀가 *항상* 월요일 아침에 도서관에 간다면 오늘도 그곳에서 그녀를 찾을 수 있을 것이다.
2. 그녀가 월요일 아침에 *일반적으로* 도서관에 간다면 오늘도 도서관에서 그녀를 찾을 수 있을 것으로 예상하고, 그녀가 도서관에 없다면 놀랄 것이다.
3. 그녀가 월요일 아침에 도서관에 *자주* 간다면 오늘 도서관에서 그녀를 찾을 가능성이 높다.
4. 월요일에 도서관에 *자주* 간다면 도서관에서 그녀를 찾는 것부터 시작해야 하지만 오늘은 도서관에 없을 수도 있다.
5. 월요일 아침에 도서관에 *자주* 가지 않는다면 오늘 도서관에서 그녀를 찾을 수도 있고 아닐 수도 있다. 기회가 균등하기 때문에 예측하는 것은 불가능하며, 그녀는 도서관에 자주 가기도 하고 안 가기도 한다.
6. 월요일 아침에 때때로 도서관에 간다면 오늘도 도서관에 있을 수도 있지만, 도서관에 없다고 해도 놀라지 않을 것이다.
7. 월요일 아침에 *가끔* 도서관에 간다면 오늘도 갈 수 있겠지만 그럴 가능성은 낮다.

8. 월요일 아침에 도서관에 *거의* 가지 *않는다면* 오늘은 없을 가능성이 높으니 굳이 찾으려고 하지 마라.
9. 월요일 아침에 도서관에 *거의* 가지 *않는다면* 오늘 도서관에 없을 가능성이 높으며, 도서관에서 그녀를 발견하면 놀랄 것이다.
10. 월요일 아침에 도서관에 *한 번도 가지* 않는다면 오늘도 도서관에 없을 것이다.

1. If she *always* goes to the Library on Monday mornings you will find her there today.
2. If she *generally* goes to the Library on Monday mornings you expect to find her there today and you will be surprised if she is not there.
3. If she *often* goes to the Library on Monday mornings there is a good chance that you may find her there today.
4. If she goes to the Library *more often than not* on Mondays, you should start by looking for her there, but she may not be there today.
5. If she goes to the Library *as often as not* on Monday mornings you may find her there today — or you may not. It's impossible to predict because the chances are equal; she goes there as often as she doesn't go there.
6. If she *sometimes* goes to the Library on Monday mornings perhaps she will be there today, but you won't be surprised if she isn't there.
7. If she *occasionally* goes to the Library on Monday mornings she might be there today but it's unlikely.
8. If she *rarely* goes to the Library on Monday mornings she probably won't be there today, so don't bother to look for her there.
9. If she *hardly ever* goes to the library on Monday mornings she is not expected to be there today, and you would be surprised to find her there.
10. If she *never* goes to the Library on Monday mornings she won't be there today.

아래 목록은 빈도가 낮은 순서대로 10단계로 표시되어 있다. 그러나 빈도에 대한 진술은 주관적인 경향이 있으므로 *빈번히(frequently)* 발생한다는 말은 그 일이 얼마나 자주 **발생할 것으로 예상되는지를** 의미할 수 있다. 예를 들어, 이전 연구에서는 특정 결과가 발생할 가능성이 거의 없는 것으로 나타났지만 당신의 연구에서는 22%에서 발생한 경우 이를 *빈번하게(frequently)* 발생한다고 표현할 수 있다. 반면, 이전 연구에서 어떤 결과가 발생할 가능성이 매우 높다고 표시되었지만 당신의 연구에서 22%만 발생하였다면 이를 *드물게(rare)* 발생하는 것으로 표현할 수 있다.

| | |
|---|---|
| 1 | 매번/매번<br>예외 없이<br>매번/매번<br>항상<br>변함없이 |
| 2 | 습관적으로<br>규칙적으로<br>일반적으로<br>보통<br>보통 |
| 3 | 정기적으로<br>반복적으로<br>자주<br>자주<br>일반적으로 |
| 4 | 자주 |
| 5 | 자주**(중립적인 빈도)** |
| 6 | 가끔<br>가끔<br>때때로 |

| | |
|---|---|
| 7 | 가끔씩<br>때때로<br>때때로 |
| 8 | 드물게<br>드물게<br>거의 드물게 |
| 9 | 거의 절대로<br>거의 절대로<br>거의 절대로<br>거의 절대로 |
| 10 | 한 번도 한 번도 절대로 안함 |

| | |
|---|---|
| 1 | each/every time<br>without exception<br>on each/every occasion<br>always<br>invariably |
| 2 | habitually<br>as a rule<br>generally<br>normally<br>usually |
| 3 | regularly<br>repeatedly<br>frequently<br>often<br>commonly |
| 4 | more often than not |
| 5 | as often as not **(neutral frequency)** |

| | |
|---|---|
| 6 | sometimes<br>on some occasions<br>at times |
| 7 | occasionally<br>now and then<br>from time to time |
| 8 | infrequently<br>rarely<br>seldom |
| 9 | hardly ever<br>barely ever<br>almost never<br>scarcely ever |
| 10 | on no occasion<br>not once<br>at no time<br>never |

참고 논문을 살펴보면 결과에 대한 주관적인 설명을 제공하는 데 사용된 언어의 예를 찾는 것보다 결과에 대한 객관적인 설명을 제공하는 데 사용된 언어의 예를 찾는 것이 더 어렵다는 것을 알 수 있다. 객관적인 언어가 사용되더라도 주관적인 '*부가 정보*'가 제공되는 경우가 많다. 예를 들어, '*약간 낮다*' 또는 '*훨씬 낮다*'는 표현이 '*낮다*' 자체보다 더 자주 발견된다. 이는 앞서 언급했듯이 결과에 대한 객관적인 설명은 독자가 그래픽을 보고도 이미 알지 못하는 내용을 알려주지 않기 때문일 수 있다.

객관적 언어와 주관적 언어의 차이를 구분하기 어렵다면, 어떤 수준이나 양이 다른 수준이나 양보다 *높다*고 말하는 것은 객관적인 사실이고; *높다*고 말하는 것은 주관적인 평가라는 점을 기억하라.

***다음은 결과에 대한 주관적인 설명의 몇 가지 예시이다:***

- 류마티스 그룹에서는 신경 기능의 **경미한** 임상적 이상이 **상당히 흔했다**.
- **중요한 것은** 두 가스 모두에서 산화에 대한 활성화 에너지가 **훨씬** 더 높다는 사실이다.
- 그러나 효모 샘플은 탈수소 효소의 공급원이 **상대적으로** 부족한 것으로 밝혀졌다.
- 전반적으로 세 시료의 혈장 ACTH의 생물학적 활성과 면역 반응성 사이에는 **거의 유사성**이 있었다.
- 다른 미량 영양소의 영향은 **일반적으로 매우** 미약했다.
- 0.3 M NaCl에서 제조된 추출물은 **약간만** 활성이 있는 반면, 0.35 0.5M NaCl 농도에서 제조된 추출물은 상당히 활성이 있었다.
- 노출된 피부의 색도는 노출되지 않은 피부의 색도와 **눈에 띄게 다른 경우도** 있었다.
- **특히,** 비마그네틱 IAB 및 IIICD 아이언은 이 두 그룹이 **밀접한 관련이** 있다는 이전의 결론에 따라 아연 함량이 겹치는 것으로 나타났다.
- 솔레노이드 밸브는 더 정확한 압력 반응을 **자주** 생성했다.
- 합금의 노화는 YS가 **거의** 변하지 않았음을 보여주었다.
- 스테로이드 치료를 받은 환자들의 생존율은 위약 치료를 받은 환자들의 생존율과 **본질적으로 동일했다.**
- 이온 변위의 크기는 **매우** 큰 것으로 나타났다.
- 이러한 이상은 **항상** 독성 증상을 동반했다.
- 계산된 영 계수는 핵 위 영역에서 **거의** 일정했다.
- 그라데이션 에코 이미지와 스핀 에코 이미지 사이의 이미지 대비에 **현저한** 차이가 있었다.
- 두 빛의 색은 동일하지는 않지만 **매우 유사한** 것으로 나타났다.
- 금에 흡착된 염료의 양은 은 입자에 흡착된 양보다 **훨씬 더** 많았다.
- 시편 절단 후 나노튜브의 파손은 **거의** 관찰되지 **않았다.**

- **Minor** clinical abnormalities of nerve function were **fairly common** in the rheumatoid group.
- **Significantly**, we found that the activation energy for oxidation in both gases is **much** higher.
- The yeast samples were, however, found to be **relatively** poor sources for dehydrogenases.
- Overall, there was a **close similarity** between the biological activity and immunoreactivity of plasma ACTH in the three specimens.
- The impacts of other micronutrients were **in general quite** weak.
- Extracts prepared at 0.3 M NaCl were **only slightly** active while extracts prepared at concentrations of 0.35 0.5 M NaCl were **quite** active.
- **In several cases** the chromaticity of exposed skin was **noticeably** different from that of unexposed skin.
- **Notably**, the non-magmatic IAB and IIICD irons display overlapping Zn contents, in accord with the previous conclusion that these two groups are **closely related**.
- The solenoid valve **frequently** generated a more accurate pressure response.
- Ageing of the alloy showed that the YS was **virtually** unchanged.
- Survival rates in the steroid treated patients were **essentially identical** to those of the placebo treated patients.
- The magnitudes of the ionic displacements were found to be **extremely** large.
- These abnormalities were **invariably** preceded by symptoms of toxicity.
- The calculated Young's modulus was **almost** constant in the area above the nucleus.
- There was a **striking** difference in the image contrast between the gradient echo image and the spin echo image.
- The colours of the two lights were found to be **extremely similar**, if not identical.
- The amount of dye adsorbed on gold was **even higher** than that on the silver particles.
- Breaks in nanotubes were **rarely** observed following specimen cutting.

## 다른 연구 결과/모델링 결과/예측 결과와의 비교

| 예상대로 | **동사** |
|---|---|
| 보다 낫다 | 합치하다 |
| 대체로 다음과 유사 | 정렬하다 |
| 비교 가능한 | 비교하다 |
| 비교적 (낮음/높음 등) | 잘하다 |
| 일치하는 | 확인하다 |
| 반대되는 | 모순되다 |
| (효과적으로) 같은 | 상관관계가 있다 |
| (본질적으로) 동일한 | 뒷받침하다 |
| 에 따라 | 벗어나다 |
| (좋은) 동의에서 | 다르다 |
| 에 모순되는 | 반증하다 |
| 대조적으로 | 반영하다, 비추다, 증명하다 |
| 에 맞춰 | 반박하다 |
| 거의 같은 | 강화하다 |
| 다르지 않다 | 유사하다 |
| 같지 않은 | 입증하다 |
| 상대적 | 지지하다 |
| 유사한 | 검증하다 |
| ~와 다른 | 확인하다 |
| 잘 알려진 | |

**참고** 동사 시제는 시간이 지나고 지식과 정보가 발전함에 따라 달라질 수 있다. 즉, 5년 전의 논문에서 *X가 발견되었다*와 같은 문장이 지금은 *X가 발생한다*로 쓰이거나 단순히 *X가 발생한다*고 쓰일 수도 있다.

| as expected, | **Verbs** |
|---|---|
| better than | accord with |
| broadly similar to | align with |
| comparable to | compare well with |
| comparatively (low/high etc.) | confirm |
| consistent with | contradict |
| contrary to | correlate with |
| (effectively) the same as | corroborate |
| (essentially) identical | deviate from |
| in accordance with | differ |
| in (good) agreement with | disprove |
| in contradiction to | mirror |
| in contrast to | prove |
| in line with | refute |
| much the same as | reinforce |
| not dissimilar | resemble |
| not unlike | substantiate |
| relative to | support |
| similar | validate |
| unlike | verify |
| well known | |

*Note*: The verb tense may change as time passes and knowledge and information develop. This means that a sentence like *X has been found to occur*[4] in a paper from five years ago may now be written as *X occurs*[4] or even simply *X occurs*.

*'보인다', '보인다', '경향이 있다'*와 같이 위험을 줄이는 문구를 추가하면 작성자가 표현하고자 하는 확실성의 수준을 전달하는 데 사용할 수 있다 (308페이지의 **결과의 의미 및 설명**, 3.5절 **확실성 연속** 및 4.5절 **조동사** 참조).

*다음은 이들이 어떻게 사용되는지에 대한 몇 가지 예시이다:*

- 이러한 데이터는 정상 인구의 비타민 D 결핍 유병이 **확인된 것으로 보인다.**
- 따라서 인간 게놈 프로젝트의 새로운 데이터는 그림 2의 결과를 **확증하는 경향이 있다.**
- 본 연구의 결과는 문헌의 결과와 **다르며,** 발표된 CDF 데이터와 **더 잘 일치한다.**
- 이러한 새로운 결과는 이전에 발표된 이방성 측정값**과 일치하며, 훨씬 더** 민감하다.
- 수치 해석으로 예측한 기포의 성장은 이 연구에서 얻은 결과와 **잘 비교된다.**
- 시뮬레이션에서 기체 농도의 위치는 관측된 먼지 차선의 위치와 **놀라울 정도로 잘 일치한다.**
- 이 연구를 통해 관찰한 축적 속도는 황산염 통합 방법에서 보고된 것**과 일치한다.**

- These data **appear to confirm** the prevalence of Vitamin D deficiency in the normal population.
- Thus, the new data from the Human Genome Project **tend to corroborate** the result in Fig. 2.
- Our results **differ from** those in the literature, and **agree better with** published CDF data.
- These new results are **consistent with**, and **substantially more** sensitive than, previously published anisotropy measurements.
- The bubble growth predicted from numerical analysis **compares well with** that obtained in this work.
- The location of the gas concentration in the simulation is **in remarkably good agreement with** that of the observed dust lanes.
- The accumulation rates **we observed are in line with** those reported from sulfate incorporation methods.

**문제 및 이슈/S(PROBLEM/S and ISSUES/S)**

| **문제 최소화 (별로 중요하지 않은 경우)** | **책임 최소화 (내 잘못이 아닌 경우)** | **좋은 측면 극대화 (좋은 결과를 얻은 경우)** |
|---|---|---|
| 예비 시도<br>수용 가능한<br>정확하게 정렬되지 않은<br>중요하지 않은<br>중요하지 않은<br>이상적이지 않은<br>완벽하지 않은<br>한계적으로<br>사소한 적자<br>무시할 수 있는 효과<br>이상적이지 않음/이상적이지 않은<br>완전하지 않은<br>동일하지 않은<br>완벽하지 않은<br>중요하지 않은<br>결과 없음<br>중요하지 않은<br>합리적인<br>약간(실망스러운)<br>(일부) 불완전함/들<br>다소 (문제가 있음)<br>기술성<br>중요하지 않은 | 가능한 한<br>(시뮬레이션하기) 어려운<br>(제어하기) 어려운<br>불가능한<br>비실용적인<br>피할 수 없는/불가피한<br>(그것은) 어려웠다<br>(그것은) 어려웠다<br>제한됨<br>필연적으로<br>조사되지 않은<br>이 연구에서 탐구되지 않은<br>조사되지 않은<br>불가능함<br>이 연구의 범위에 포함되지 않은<br>피할 수 없는<br>예상치 못한<br>불행히도<br>예측할 수 없는<br>도달할 수 없는<br>실행할 수 없는 | 이것에도 불구하고<br>꽤 잘<br>그럼에도 불구하고<br>꽤 좋다<br>상당히 견고하다<br>**....그리고 해결책이나 이유에 집중한다**<br>향후 작업은...<br>미래의 작업은...<br>추가 작업이 필요하다<br>(현재 진행 중)<br>(현재 진행 중)<br>[이것은]... 때문에 발생했다. |

| **minimise**<br>**problem *(no big deal)*** | **minimise**<br>**responsibility**<br>***(not my fault)*** | **maximise**<br>**good aspects**<br>***(I got good stuff anyway)*** |
|---|---|---|
| a preliminary attempt<br>acceptable<br>did not align precisely<br>immaterial<br>insignificant<br>less than ideal<br>less than perfect<br>marginal/ly<br>minor deficit<br>negligible effect<br>non-ideal/not ideal<br>not complete<br>not identical<br>not perfect<br>not significant<br>of no consequence<br>of no significance<br>reasonable<br>slightly (disappointing)<br>(some) imperfection/s<br>somewhat (problematic)<br>technicality<br>unimportant | as far as possible<br>difficult to (simulate)<br>hard to (control)<br>impossible<br>impractical<br>inevitable/ly<br>(it was) difficult to<br>(it was) hard to<br>limited by<br>necessarily<br>not examined<br>not explored in this study<br>not investigated<br>not possible<br>not within the scope of this study<br>unavoidable<br>unexpected<br>unfortunately<br>unpredictable<br>unreachable<br>unworkable | despite this<br>fairly well<br>nevertheless<br>quite good<br>reasonably robust<br>**....and focus on a solution or a reason**<br>future work should...<br>future work will...<br>further work is required<br>(is) currently in progress<br>(is) currently underway<br>[this] was because... |

*다음은 이러한 기능이 어떻게 사용되는지 보여주는 몇 가지 예시이다:*

- **필연적으로,** 상당한 계산이 수반되었다.
- **안타깝게도,** 실험 전하로 인한 아연 손실 정도를 정량화**할 수 없었다.**
- 그러나 샘플의 수를 고려할 때 간단한 관찰만 가능했다.
- 원심분리로는 여분의 고체 약물을 모두 제거할 수는 없었**지만** 남은 양은 **무시할 수 있는 수준이었다.**
- (q=1)을 사용한 용액은 분석 용액과 **약간 달랐다.**
- **추가 연구에서는** 이러한 효율을 실제로 달성할 수 있는지 확인하기 위해 DC-DC 컨버터를 조사**할 예정이다.**
- 양극층이 13$\mu$m보다 약간 두꺼웠지만 **이는 사소한 결함이다.**
- **향후 연구에서는** 투과성 계산에 수치 확산 효과를 포함해야 한다.
- 이러한 유형의 제어 포화도는 매우 일반적이므로 **큰 의미가 없다.**

- **Inevitably**, considerable computation was involved.
- **Unfortunately, it was not possible to** quantify the extent of Zn loss from the experimental charges.
- Only a brief observation was feasible, **however**, given the number in the sample.
- **Although** centrifugation could not remove all the excess solid drug, the amount remaining **was negligible**.
- Solutions using (q=1) **differed slightly** from the analytical solutions.
- **A further study will** examine dc-dc converters to determine whether these efficiencies can be achieved in practice.
- While the anode layer was slightly thicker than 13 µm, **this was a minor deficit**.
- **Future work should** therefore include numerical diffusion effects in the calculation of permeability.
- This type of control saturation is fairly common and therefore **of no significance**.

### 결과의 의미 및 설명(아래 섹션 3.5: 불확실성 지속의 예시 문장 참조)

| * 설명될 수 있다. | 분명히 |
|---|---|
| 해석될 수 있다. | 분명히 |
| 로 볼 수 있다. | 부분적으로는... 때문이다 |
| | 그것은... |
| 가능성이 있다 | 그것은 추론될 수 있다. |
| 아마도 | 그것은 [상당히/풍부하게] 명백하다. |
| 가능하다 | 그것은 [매우/매우] 가능성이 높다/가능성이 있다... |
| 아마도 | 그것은 논리적이다. |
| 아마도 | 그것은 생각된다/믿어진다/믿어진다... |
| 가능성이 없다 | 그것은 (잘) 될 수 있다... |
| | 그것은 결론지을 수 있다... |
| **동사** | 그것은 가정할 수 있다/가능성이 있다... |
| 추론하다 | 그것은 (매우/매우) 가능성이 높다/가능성이 니다... |
| 암시하다 | 그것은... |
| 지시하다 | 그것은... |
| 추론하다 | 그것은 보일 것이다/보이는... |
| 의미하다 | 증거는 시사한다... |
| 의미하다 | 그것을 나타내는 증거가 있다... |
| 제안하다 | 이것은 암시한다/암시하는 듯하다/암시할 수 있다... |
| | 이것은 (강력한) 증거이다... |
| | 이것은 ...을 나타낸다. |
| | 이것은 암시하는 듯하다... |
| | 우리는 확신한다... |
| | 우리는 제안한다... |

* **참고** *could*는 *may* 또는 *might*나 때때로 *so*로 대체할 수 있다. 다음 단원에서는 이러한 조동사를 사용하는 방법에 대한 섹션이 있다.

| could* be explained by | apparently, |
|---|---|
| could* be interpreted as | evidently, |
| could* be seen as | in part due to... |
| | it appears that... |
| likely | it could* be inferred that... |
| perhaps | it is [fairly/abundantly] evident that... |
| possible | it is [very/highly] probable/likely that... |
| presumably | it is logical that... |
| probably | it is thought/believed that... |
| unlikely | it may (well) be that... |
| | it may be concluded that... |
| **Verbs** | it may/can be assumed that... |
| deduce | it seems (very/highly) probable/likely that... |
| imply | it seems that... |
| indicate | it would seem/appear that... |
| infer | the evidence suggests that... |
| mean | there is evidence to indicate that... |
| signify | this implies/seems to imply/may imply that... |
| suggest | |
| | this is (compelling) evidence for... |
| | this is indicative of... |
| | this seems to suggest that... |
| | we have confidence that... |
| | we propose that... |

**Note*: *could* can be replaced by *may or might,* or sometimes *can*. There is a section on how to use these modal verbs in the next Unit.

## 3.5 언어 및 쓰기 기술: 확실성 연속체

결과 섹션은 수행한 작업과 발견한 내용/발생한 일 간의 관계를 제시한다. 때로는 수행한 작업이 특정 결과를 확실히 발생시켰다고 말할 만큼 충분한 증거가 있지만, 때로는 그렇게 했다고 확신하지만 충분한 증거가 없는 경우도 있다. 독자에게 그 수준의 확신을 어떻게 전달할까?

결과 섹션의 또 다른 기능은 결과의 가능한 의미를 나타내는 것이다. 때로는 결과가 무언가를 의미한다고 확신하지만 결과가 그것을 증명하지 못할 수도 있다. 확실성 연속체는 추측에서 증거까지 이어진다. 결과에 대한 신뢰는 그 연속체의 어느 부분에 적용되는가? 얼마나 확신하는가? 얼마나 확신하는가? 그 신뢰에 얼마나 헌신적이며, 어떻게 독자에게 전달하는가?

### 3.5.1 설명하는 인과 관계를 정확하게 반영하는 동사를 선택하라.

일부는 직접적/강력한 인과 관계(*cause, produce, be due to*)를 전달한다.
일부는 부분적 원인(*contribute to, be a factor in*)을 언급한다.
일부는 인과 과정을 암시한다(*lead to*).
일부는 인과 사슬의 초기 원인(*originate in*)을 언급한다.
일부는 결과보다는 결과물(*produce/yield*)을 언급한다.
일부는 간접적/약한/암묵적 인과 관계(*be related to, be linked to*)를 전달한다.

| | | |
|---|---|---|
| ~의 요인이다 | 동반하다 | 통치하다 |
| ~의 원인이다 | 설명하다 | 영향을 미치다 |
| ~의 결과가 되다 | 영향을 미치다 | 시작하다 |
| ~의 결과가 되다 | 발생하다 | 이끌다 |
| ~에 기인하다 | 원인이다 | 유래하다 |
| ~와 연관되다 | 기여하다 | 생산하다 |

| | | |
|---|---|---|
| ~에 기인되다<br>~에 연결되다<br>~로 인해<br>~에 연결되다<br>~와 관련이 있다 | 창조하다<br>구동하다<br>생성하다<br>발생시키다 | 결과 얻다<br>수확하다 |

| | | |
|---|---|---|
| (be) a factor in<br>(be) a/the cause of<br>(be) a/the consequence of<br>(be) a/the result of<br>(be) ascribed to<br>(be) associated with<br>(be) attributed to<br>(be) connected to<br>(be) due to<br>(be) linked to<br>(be) related to | accompany<br>account for<br>affect<br>arise from<br>cause<br>contribute to<br>create<br>drive<br>generate<br>give rise to | govern<br>influence<br>initiate<br>lead to<br>originate in<br>produce<br>result from<br>result in<br>yield |

어떤 경우에는 원인과 결과의 위치가 동사에 의해 고정된다. 예를 들어, '*X가 Y를 생산했다*'에서 X는 원인이고 Y는 결과에 해당한다. '*X가 Y에서 유래했다*'에서 X는 결과이고 Y는 원인이다. '*X가 Y에 연결되어 있다*'와 같은 다른 경우에는 작성자가 X와 Y가 어떤 식으로든 연결되어 있음을 나타내고자 할 수 있다. 이러한 동사(*linked to, connected to, related to*)는 어느 것이 원인이고 어느 것이 결과인지 지정하지 않으며, 두 가지 사이의 연결이 반드시 원인-결과 관계임을 의미하지도 않는다.

관사와 전치사도 원인-결과 진술의 의미에 영향을 미친다. 예를 들면:

- X가 무언가의 원인이거나 결과인 경우 다른 요인도 관련되었음을 의미하고, X가 무언가의 원인이거나 결과인 경우 X가 유일한 원인이나 결과임을 의미한다.

- X가 Y에서 나왔다는 것은 X가 Y의 결과라는 것을 의미한다. X가 Y에서 나왔다는 것은 Y가 X의 결과라는 것을 의미한다.

- if X is **a** cause of or **a** result of something, this implies that other factors were also involved, whereas if X is **the** cause of or **the** result of something, this implies that X is the only cause or result.
- *X results **from** Y* means that X is a/the consequence of Y. *X results **in** Y* means Y is a/the consequence of X.

## 3.5.2 적절한 동사 시제 선택

1단원(**1.5.1절 동사 시제 선택**)에서 시제 선택은 결과의 영구적 가치 또는 영구적 진실에 대한 작성자의 확신을 전달할 수 있다는 점을 언급했다. 예를 들어, 다음 문장에서:

*우리는 일광욕이 암과 **관련이 있다**는 것을 발견했다.*
*우리는 일광욕이 암과 **관련이 있다**는 것을 발견했다.*
*We found that sunbathing **was related to** cancer.*
*We found that sunbathing **is related to** cancer.*

과거 단순형 '***was related to***'는 저자가 연구에서 발견한 내용을 간단히 나타낸다. 발견 사항은 해당 연구와 연결되어 있으며 일반적으로 받아들여지거나 확립된 진실로 제시되지 않는다. 반면 현재 단순형 '***is related to***'를 선택하면 발견 사항이 영구적 진실을 구성할 만큼 신뢰할 수 있다는 믿음을 반영한다.

### 3.5.3 위험 감소 언어 추가

'*그것은... 인 듯하다/그것을 나타내는 증거가 있다*'와 같은 언어를 추가하면 진술의 위험 수준을 줄이는 데 사용할 수 있다. 다른 위험 감소 수단은 다음과 같다:

- *자주, 일반적으로(often, commonly)*와 같은 빈도 한정사(295-299페이지 참조).
- *일부 경우, 거의 모든 경우(n some cases, in virtually all cases)*와 같은 양 한정사(288-294페이지 참조).
- *할 수 있음, 할 수도 있음(may, might)*과 같은 법조동사(논의(**Discussion)** 섹션 4.5 참조).

요약하면, 섹션 3.5는 전체 확실성 연속체에 따른 언어를 제시한다. 결과에 대한 정확함이 그 연속체의 어디에 해당하는지, 그리고 그 정확성이 확신되면 적절한 언어를 선택하라. 섹션 3.5의 **언어를 사용하여 절대적인 확실성에서 결과의 가능한 의미에 대한 매우 잠정적인 제안에 이르기까지** 모든 수준의 확신과 확실성을 전달할 수 있다.

- *일광욕이 암을 유발**한다는 것을 발견했다.***
- *일광욕이 암을 유발**할 수 있다는 것을 발견했다.***
- *일광욕이 암과 **관련이 있을 수 있다는 것을 시사하는 증거를 발견했다.***
- *따라서 어떤 경우에는 일광욕이 암 발병과 관련이 있는 것으로 보인다.*
- *증거는 어떤 경우에는 과도한 일광욕이 **특정 유형의** 암 발병**에 기여했을 가능성을 지적한다.***

- *We **find/found that** sunbathing **causes** cancer.*
- *We **find/found that** sunbathing **may** cause cancer.*
- *We **find/found evidence to suggest that** sunbathing **may be related to** cancer.*
- ***It appears therefore that in some cases,** sunbathing **may have been related to** the onset of cancer.*
- ***The evidence points to the possibility that in some cases, excessive** sunbathing **may have contributed to** the onset of **certain types of** cancer.*

*다음은 최근 발표된 연구의 결과 섹션에서 언어가 어떻게 다양한 표현을 통해 확실성을 전달하는 데 사용되는지 보여주는 몇 가지 예시이다.*

- *Ti 타겟의 온도는 **다소** 중요**한 것으로 나타났다.***
- *따라서 도금 용액이 세리아에 **아마도 영향을 미치는** 것으로 보인다.*
- *식별된 패턴은 **잠재적으로** 세포 과정의 변화를 나타낸다.*
- *따라서 피치의 이중성은 청각 과정의 이중성을 **반영한다고 가정하는 것이 합리적이다.***
- *따라서 이러한 결과에서 실런트가 코팅 보호 성능을 개선하지 못했다는 **것을 추론할 수 있다.***
- 샘플의 Zn 상관관계(그림 3, 4a-c)는 따라서 토착 프로세스에 의해 가장 그럴듯하게 설명된다.
- 이는 빙하기-간빙기 기후 변화에서 NADW의 중요성에 대한 강력한 증거를 제공한다.
- 이는 이러한 환자 중 일부에서 발생하는 것으로 알려진 혈압 상승을 반영한다고 추측한다.
- 따라서 상관관계가 다양한 오염을 반영할 수 있다.
- 이는 폴리설파이드가 더 많은 폴리설파이드 종이 관여할 가능성이 있는 더 복잡한 전기화학 반응을 겪을 수 있음을 시사한다.

- 이러한 결과는 EGFR 돌연변이가 게피티닙에 대한 민감성을 예측할 수 있음을 나타낸다.
- 재발률의 차이는 시간이 지남에 따라 증가하여 캐리오버 효과가 있음을 시사한다.
- 따라서 바이러스 복제의 자발적 재활성화는 HBsAg 양성 환자에서 드문 사건일 수 있다.
- 따라서 도금 용액이 양극 복합재 내의 세리아에 영향을 미칠 가능성이 있는 것으로 보인다.

- The temperature of the Ti target **appeared to be somewhat** critical.
- **It seems therefore** that the plating solution **probably affects** the ceria.
- The identified pattern **is potentially indicative of** altered cellular processes.
- **It is** therefore **reasonable to suppose that** the duplexity of pitch **is a reflection of** duplexity in the auditory process.
- Therefore, from these results **it could be inferred that** the sealant did not improve the coating protective performance.
- The Zn correlations of the samples (Figs. 3, 4a–c) are hence **most plausibly explained by** indigenous processes.
- This **provides strong evidence for** the importance of NADW in glacial-interglacial climate change.
- We **speculate that this reflects** the increase in blood pressure that is known to occur in some of these patients.
- **It is therefore possible that** the correlations reflect variable contamination.
- **This suggests that** the polysulfide **may** undergo more complicated electrochemical reactions with **likely** involvement of more polysulfide species.
- **These results indicate that** EGFR mutations **may** predict sensitivity to gefitinib.
- The differences in recurrence rates increased over time, **suggesting that** there is a carryover effect.

- **It seems, therefore, that** spontaneous reactivation of viral replication **may be** a rare event in HBsAg-positive patients.
- Therefore, **it appears that** the plating solution **probably affects** the ceria within the anode composite.

**성공적인 결과 섹션을 작성하기 위한 팁**

- 참고 논문의 결과 섹션 형식을 길이, 하위 섹션 및 부제를 확인하라.
- 방법 섹션이 참고 저널에 일반적으로 차지하는 위치와 이것이 결과 섹션의 내용에 어떤 영향을 미치는지 확인하라. 즉, 결과에 대한 정보가 얼마나 많이 포함되는지 확인하라.
- 전체 문장을 작성하기 전에 전체 결과 섹션의 구조를 계획하라. 결과를 제시할 순서, 하위 섹션 및 제목, 그래픽의 위치를 결정하라.
- 결과를 얻은 후 서론을 검토하여 서론에 명시된 논문의 목적이 연구 결과와 일치하는지 확인하라.
- 많은 독자가 제목이나 초록에서 바로 결과로 이동할 가능성이 높기 때문에 결과가 독립된 섹션으로 기능할 수 있도록 충분한 정보를 포함하라.
- 데이터와 결과가 스스로를 대변하는 것은 아니라는 점을 기억하라. 도출하고자 하는 해석과 결론으로 독자를 논리적이고 자연스럽게 이끌고 독자가 공유할 수 있는 설명 안에서 결과를 제시하라.
- 참고 논문의 결과 섹션에서 댓글/평가 언어의 분량을 확인하라.
- 결과와 결과의 함의가 확실성 연속체에서 어디에 해당하는지 결정하고 그 위치를 나타내는 언어를 선택하라.

- Check the format of Results sections in your target articles in terms of length, subsections and subtitles.
- Check where the Methods section normally appears in your target journal, and how this impacts on the content of the Results section, i.e. how much information about the method is included in the Results section.
- Plan the structure of the entire Results section before you start creating whole sentences: decide the order in which you will present your results, the subsections and their headings, and the location of graphics.
- Review the Introduction after you have obtained your results to ensure that the aim of the paper as stated in the Introduction matches the outcome of the study.
- Remember that many readers will move directly from the title or Abstract to the Results, so include enough information for the Results to function as a standalone section.
- Remember that data and results do not speak for themselves. Present the results within a narrative that leads the reader logically and naturally towards the interpretations and conclusions you want to draw and that you want your reader to share.
- Check the amount of commenting/evaluative language in the Results sections of your target articles.
- Decide where your results and the implications of your results fit on the certainty continuum, and choose language that represents that location.

# UNIT 4

## 논의(DISCUSSION) 작성 방법

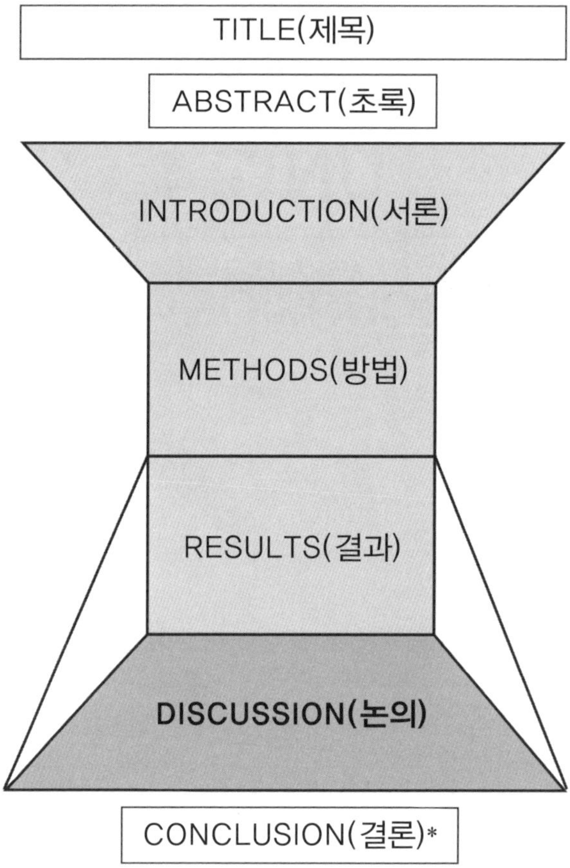


* 일부 저널에서는 이 섹션을 **결론(Conclusion)**이라고 표기하기도 하고 또 다른 저널에서는 **결론들(Conclusions)**이라고 작성하기도 하나, 이는 연구를 통해 도출된 결론의 수를 반영하지는 않는 것으로 보인다.

## 4.1 논의를 작성하는 방법

239페이지에서 명시된 대로 결과 섹션은 논의 섹션과 별도로 다루고, 논의 섹션은 결론과 별도로 다루게 된다. 이는 각 섹션을 분리하든 결합하든 각 섹션의 특징적인 구성 요소를 인식하여 작성하는 방법을 스스로 훈련할 수 있도록 하기 위함이다.

### 4.1.1 내러티브로 토론 마무리하기

성공적인 논의 섹션의 핵심은 결과에서 결론에 이르기까지 독자를 인내심을 갖고 논리적이고 명확하게 이끌어 주는 전진적이고 잘 조직된 '*묘사적인 랩(narrative wrap)*'(xvii 페이지 참조)이다.

논의를 계획하기 전에 연구에서 한 발짝 물러나서 연구의 **주요 가치 또는 기여도**를 고려하는 것으로 시작하는 것이 도움이 된다. 예를 들면:

- 다른 연구와 동일하거나 유사한 결과를 얻었지만 기존 방법보다 더 나은 수정 또는 새로운 방법을 사용한 연구인가? *이 경우 주요 기여도는 방법일 수 있다.*
- 다른 연구보다 더 나은(예: 더 정확한) 결과를 얻은 연구인가? *이 경우 주요 기여도는 결과 자체일 수 있다.*
- 해당 연구가 새로운 연구 방향을 제시하거나 이전 연구를 무효화하는 등 판도를 바꾸는 연구인가? *이 경우 연구의 주요 기여도는 문헌/연구계에 미친 영향일 수 있다.*
- 연구를 통해 새롭거나 확장된 애플리케이션을 확인하거나 만들었는가? *이 경우, 연구의 주요 기여는 산업/실제 세계에 미치는 영향일 수 있다.*

이렇게 하면 내러티브를 통해 독자에게 명시적으로 전달할 수 있는 명확한 '목적지'를 설정할 수 있으며, 연구의 핵심 메시지가 관련 없는 세부 사항에서 사라지지 않도록 할 수 있다. 연구자들은 일반적으로 연구 논문을 읽는 데 30분도 채 걸리지 않으므로 주요 가치나 기여도를 가능한 한 명확하게 우선순위를 정하고 전달하는 것이 중요하다.

## 4.2 나만의 모델 구축하기

논의에서 개별 구성 요소의 순서는 유연하지만 구성 요소 자체는 비교적 간단하며 연구 논문의 대칭적인 '형태'를 따른다. 서론은 상당히 일반적인 내용으로 시작하여 점차 방법/결과로 좁혀지는 반면, 논의는 방법/결과에서 벗어나 더 넓은 초점으로 이동한다. 따라서 아래의 일반적인 서론 모델을 검토하는 것이 좋은 출발점이 될 수 있다.

| 일반 소개 모델(Unit 1부터) | |
|---|---|
| 블록 1 | 주제/분야의 중요성 확립<br>배경 사실 정보 제공<br>일반적인 문제 영역/현재 연구 초점 제시 |
| 블록 2 | 이전 및/또는 현재 연구 및 기여도 제시: *연구 '지도' 제시* |
| 블록 3 | 연구의 틈새 찾기<br>해결하고자 하는 문제를 설명<br>동기 및/또는 가설을 제시<br>연구 기회 파악 |
| 블록 4 | 목표/결과/방법/결론을 언급하고, *종종 '행복한'이라는 단어를 포함하여 현재 논문을 설명.* |

| GENERIC INTRODUCTION MODEL (FROM Unit 1) | |
|---|---|
| **Block 1** | **ESTABLISH THE IMPORTANCE OF THE TOPIC/FIELD**<br>**PROVIDE BACKGROUND FACTUAL INFORMATION**<br>**PRESENT THE GENERAL PROBLEM AREA/CURRENT RESEARCH FOCUS** |
| **Block 2** | **PRESENT PREVIOUS AND/OR CURRENT RESEARCH AND CONTRIBUTIONS: the research 'map'** |
| **Block 3** | **LOCATE A GAP IN THE RESEARCH**<br>**DESCRIBE THE PROBLEM YOU WILL ADDRESS**<br>**PRESENT YOUR MOTIVATION AND/OR HYPOTHESIS**<br>**IDENTIFY RESEARCH OPPORTUNITY** |
| **Block 4** | **DESCRIBE THE PRESENT PAPER, sometimes mentioning aims/results/methods/conclusions, and often including 'happy' ☺ words** |

서론의 블록 4에서 저자는 본 논문 또는 연구 내용에 대해 설명하며 서론과 논문의 중심 섹션을 논리적으로 연결한다. 논의에서 저자는 종종 연구 목표/갭 또는 주요 결과와 같은 연구의 일부 측면을 다시 살펴보는 것으로 시작한다. 이를 통해 논의를 시작하면 저자는 역방향으로 인터페이스를 만들고 중앙 보고서 섹션에서 논리적인 흐름에 따라 결론을 향해 나아갈 수 있게 된다.

블록 3에서는 연구의 격차를 제시하거나 연구 기사에서 다룰 문제를 설명한다. 토론에서 저자는 연구가 그 격차를 어느 정도 해소했거나 그 문제를 해결했는지 설명해야 한다.

블록 2에서는 주요 연구와 기여도를 식별하는 연구 지도를 제시한다. *토론에서는 현재 연구가 해당 연구 지도와 관련하여 배치된다.*

블록 1은 외부 세계와 연구 논문 사이의 연결성을 제공하여 주제가 중요하다는 것을 입증하고 배경 정보를 제공하거나 현재 연구의 초점을 식별함으로써 독자가 논문 내용의 '국경을 넘을' 준비를 할 수 있도록 한다.

*논의의 끝은 유사한 연결점을 만들어 독자가 기사를 종료하고 외부 세계 및/또는 연구 세계로 핵심 메시지를 전달할 수 있도록 준비시킨다.*
다음의 다이어그램은 서론과 논의 섹션이 어떻게 서로를 반영하는지 보여준다:

### 4.2.1 연습 1: 자신의 참고 논문을 통해 토론 모델 구축기

이 장에서는 리버스 엔지니어링 접근법을 사용하여 ***자신의 해당 연구 분야의 최신 연구 논문에서 논의 섹션을 나타내는 모델***을 구축하도록 권장한다. 위의 대칭 다이어그램을 염두에 두고 참고 기사의 논의 섹션을 전환 엔지니어링하여 잠재적인 구성 요소의 목록을 생성한다. 이 목록을 작성하려면 최소 두 개의 참고 기사의 논의 섹션에 각 문장의 기능에 대한 간략한 설명을 작성한다. 완료되었으면 아래의 간소화된 논의 섹션의 분석을 읽고 346페이지의 일반 모델과 목록을 비교한다. 목록의 일부 구성 요소는 일반 모델의 구성 요소와 유사할 것이고, 다른 구성 요소는 다루는 연구 주제, 해당 분야의 현재 관습 또는 작성 중인 기사 유형에 따라 달라질 것이다. 목록을 일반 목록과 통합하여 현재 연구 영역의 논의 섹션을 위한 강력한 모델 구성 요소 집합을 만들고 필요에 따라 이를 조정하거나 업데이트하라.

**질병 생존자의 V2D 후유증에 대한 평가**

***토론***

**1** 우리가 아는 한, 여기에 보고된 연구는 바이러스성 질환인 V2D에서 생존한 환자를 대상으로 한 가장 큰 규모의 연구이며, 감염 후 V2D 후 건강 문제를 이해하는 데 중요한 기여를 하고 있다. **2** 본 연구는 광범위한 V2D 후 합병증을 기록한 최초의 연구로, V2D 감염 시 특정 증상을 경험한 생존자가 감염 후 300일 이내에 이와 밀접하게 관련된 증상을 보이는 경우가 많다는 명확한 증거를 제공한다. **3** 이는 특히 청력 손실과 같은 일부 특정 합병증과 관련하여 사실로 나타났다(그림 1). **4** 중요한 발견은 일부 V2D 후 건강 문제가 연령과 관련이 있는 것으로 보인다는 것이다. 2세 미만의 영아는 급성기 합병증의 심각도에 관계없이 성인보다 훨씬 덜 자주 V2D 후 심장 합병증을 경험했다(그림 2a 및 2b). **5** 이는 V2D 후 공중 보건 관리에 분명한 시사점을 제공하

며, 자원이 제한되어 있는 경우 성인에게 심장 검진 우선순위를 부여할 수 있음을 시사한다.

**6** 예를 들어, 연구 기간 동안 환자들로부터 수집한 일화적인 증거에 따르면 급성기의 바이러스 부하와 V2D 후 건강 문제의 심각성 사이에 양의 상관관계가 있음을 시사하는 몇 가지 의문이 남아있다. **7** 그러나 이 문제는 연구 기간 동안 공식적으로 다루어지지 않았다. **8** 많은 연구에서 급성 V2D 기간 동안의 바이러스 부하를 정량화했지만[17,22,27,33], 바이러스 후 기간과 직접 비교하면 이러한 상관관계를 뒷받침하는 귀중한 데이터를 제공할 수 있다.

**9** V2D RNA는 질병 발병 후에도 생존자의 체내에 오래 지속되는 것으로 알려져 있으며[30,42], 본 연구 결과는 모든 회복기 환자를 퇴원 후 최소 10개월 동안 추적 관찰해야 한다는 강력한 증거를 제시한다. **10** 또한, 이 연구는 연령 관련 추적 관찰 및 V2D 후 합병증 치료를 포함하는 실용적인 공중 보건 권장 사항에 근거한 기반 지침을 제공한다.

**An assessment of post V2D sequelae in disease survivors**

***Discussion***

***1** To our knowledge, the study reported here is the largest study of patients who have survived the viral disease V2D, and provides a key contribution to the understanding of post-V2D health issues following infection. **2** Our study is the first to record a wide range of post-V2D complications, and provides clear evidence that survivors who experience a given symptom during V2D infection often present with a closely-related symptom within 300 days following infection. **3** This was particularly true in relation to some specific complications, such as hearing loss (Fig. 1). **4** A key finding was that some post-V2D health issues appear to be age-related: infants below the age of 2 experienced post-V2D cardiac complications far less frequently than adults irrespective of the severity of such complications during the acute stage (Figs. 2a and 2b). **5** This has clear implications for post-V2D-related* *public health management, and suggests that when resources are limited, cardiac screening priority could be given to adults.*

***6** Some questions remain; for example, anecdotal evidence collected from patients during the study period suggested that there was a positive correlation between viral load at the acute stage and the severity of post-V2D health issues. **7** However, this was not addressed formally during the study. **8** Although many studies have quantified viral load during acute V2D[17,22,27,33], a direct comparison with the post-viral period would provide valuable data to support such a correlation.*

***9** V2D RNA is known to persist in the bodies of survivors long after disease onset[30,42], and the results of our study provide compelling evidence that follow-up of all convalescent patients is warranted for at least 10 months after discharge from hospital. **10** In addition, the study provides evidence-based guidance for pragmatic public health recommendations that include age-related follow-up and treatment of post-V2D complications.*

## 4.2.2 핵심

**문장 1** *우리가 아는 한, 여기에 보고된 연구는 바이러스성 질환인 V2D에서 생존한 환자를 대상으로 한 가장 큰 규모의 연구이며, 감염 후 V2D 이후의 건강 문제를 이해하는 데 중요한 기여를 하고 있다.* **저자는 기존 문헌 및 지식과 관련하여 이 연구의 기여도를 명시적으로 밝히고 있다.**

**In Sentence 1** *To our knowledge, the study reported here is the largest study of patients who have survived the viral disease V2D, and provides a key contribution to the understanding of post-V2D health issues following infection.* **the writer explicitly identifies the contribution of the study in relation to the existing literature and knowledge.**

***'우리가 아는 한(To our knowledge)'이라는 표현이 다소 약하게 들리지 않는가? 가장 큰 연구인지 아닌지 알아야 하지 않을까?***

문장 1에서 저자는 실수로 연구를 간과했을 경우를 대비해 '우리가 아는 한'이라는 문구를 사용했다. 모든 관련 논문을 검색하기 위해 모든 노력을 기울였음에도 불구하고 지금까지 아무도 특정 유형의 연구를 수행하지 않았다는 것을 절대적으로 확신하기는 어렵다. 제출 직전 다양한 키워드를 사용하여 가능한 한 철저하게 최신 연구를 확인 절차를 거쳐야 한다. 인터넷에서 얻은 정보는 검색하는 기술만큼만 유용하며, 이런 식으로 실수를 하는 것은 비전문적인 태도이다. 연구는 매우 빠른 속도로 발전하는 환경 속에서 출판이 이루어지고 있으며, 목표 학술지에 투고하고 동료 심사를 받고 초고를 수정하여 다시 투고하는 동안 비슷한 연구가 이미 출판되었을 가능성도 배제할 수 없다. 이러한 경우 당황하지 말라. 자신의 연구와 다른 연구 간의 유사점과 차이점을 검토하고 명확히 밝힘으로써 자신의 연구가 주제에 기여하는 바를 분명히 구분하고 식별하는 것이 중요하다.

***논의 부분을 이렇게 시작하는 이유는 무엇인가?***

방법 및 결과 하위 섹션에서 저자는 해당 하위 섹션의 내용에 대한 일반적인 진술로 시작하여 독자에게 친숙한 항목을 작성할 수 있다. 예를 들어, 3단원에서는 저자가 결과에 대한 일반적인 설명으로 결과 섹션을 시작하는 경우에 대해 살펴본 바 있다. 그러나 일부 논의 섹션에서 논의에 포함시킬 내용에 대한 일반적인 진술로 시작하는 경우도 있지만 이것은 일반적이지 않다.

대부분의 경우 논의는 다음 두 가지 방법 중 하나로 시작하며, 두 가지 방법 모두 글의 목적 또는 전달하고자 하는 메시지를 명확하게 제시한다:

### 1. 연구의 업적, 기여도 또는 잠재적 적용 가능성 파악하기

연구의 업적, 기여도, 잠재적 적용 가능성 및 영향력은 연구비 지원 및 전문가 평판과 관련된 핵심 요소이므로 초록과 논의/결론에서 영향력에 대해 투명하고 모호하지 않게 기술하는 추세로 변모하고 있다. 논의를 시작할 때 업적, 기여도 또는 잠재적 응용 분야를 명시하면 독자는 물론 자신의 마음속에 영향력을 확고하게 각인시킬 수 있는 주제적 체계를 설정할 수 있다. 성과에 있어서 자신과 직속 동료들에게는 정확히 이해될 수 있지만 모든 독자, 특히 학제 간 독자에게도 명확하게 전달될 것으로 확신할 수는 없다.

논의 서두에 연구의 영향 또는 가치 파악에 대해 언급하는 또 다른 이유는 독자가 '이 연구는 정확히 무엇을 성취했는가' 또는 '이 연구가 내 연구에 어떤 영향을 미치는가'와 같이 내용을 빠르고 선택적으로 읽기 위한 간단한 질문이 있을 수 있기 때문이다. 독자는 연구의 기술적 측면에 대한 지식이 거의 없는 학제 간 독자일 수 있으며, 따라서 보다 실용적인 질문을 할 수 있다: 이 연구 결과의 잠재적 응용 분야는 무엇인가? 업적, 기여도 또는 잠재적 응용 분야를 언급하는 것으로 논의를 시작하면 이러한 유형의 정보 탐색에 대한 강력한 대응이 된다.

### 2. 독자를 '재부팅'한다:

- 관련 배경 사실 정보를 다시 살펴본다.
- 문헌의 차이점이나 연구의 목적을 다시 살펴본다.
- 결과 또는 방법의 주요 특징을 다시 살펴본다.

서문에서 설명했듯이 대부분의 독자는 전체 연구 논문을 처음부터 끝까지 일목요연하게 읽지 않는다. 제목, 초록, 논의/결론만 읽는 경우가 대부분이며, 이러한 부분은 독립적인 의사소통으로 실행될 수 있어야 한다. 또한 독자가 여기까지 전체 논문을 읽었다 하더라도 필자와 동일한 집중력과 집중력을 가지고 읽었다고 가정하거나 읽은 내용을 모두 기억한다고 가정해서는 안 된다. 이러한 이유로 작성자는 종종 논의 섹션을 시작할 때 연구의 관련 측면을 다시 언급하여 독자의 위치를 다시 정하거나 재부팅해야 한다.

***독자를 '재부팅'하기로 결정했을 경우 다시 살펴볼 부분을 어떻게 선택해야 하는가?***

논의 작성의 성공 여부는 연구의 주요 가치를 명확히 파악하고 독자를 논리적이고 효과적으로 결론까지 이끄는 통제력 있는 서술에 달려 있다. 이러한 서술은 논의의 첫 문장에서 시작되므로 연구의 주요 성과 또는 기여도(4.1.1절 참조)에 대해 생각해보면 무엇에 먼저 초점을 맞출지 결정하는 데 도움이 될 수 있다. 예를 들어, 연구의 주요 기여가 기존 방법을 변경하거나 수정한 것이라면 기존 방법의 어려움이나 새로운 방법의 주요 특징 및 비교 우위를 다시 살펴보는 것부터 시작할 수 있다. 연구의 주요 성과가 기존 결과보다 더 정확하거나 새로운 정보를 밝혀낸 것이라면 결과를 재검토하는 것부터 시작할 수 있다. 연구의 주요 기여가 서론에서 확인된 격차 또는 문제에 대한 강력한 대응책을 제공하는 것이라면 그 격차를 다시 살펴보는 것부터 시작할 수 있다.

다시 살펴보기로 선택한 섹션의 문장과 비슷한 문장을 사용하면 독자가 해당 섹션을 떠올리거나 찾는 데 도움이 될 것이다. 항상 그렇듯이, 참고 논문의 연구자가 논의 섹션을 어떻게 시작하는지 살펴봄으로써 역설계하도록 하라.

**문장 2** *이 연구는 V2D 감염 후 광범위한 합병증을 기록한 최초의 연구로, V2D 감염 중 특정 증상을 경험한 생존자가 감염 후 300일 이내에 밀접하게 관련된 증상을 보이는 경우가 많다는 명확한 증거를 제시한다.* **저자는 기존 문헌과 관련하여 이 연구의 구체적인 새로운 특징을 파악하고 그 결과를 요약한다.**

**In Sentence 2** *Our study is the first to record a wide range of post-V2D complications, and provides clear evidence that survivors who experience a given symptom during V2D infection often present with a closely-related symptom within 300 days following infection.* **the writer identifies the specific novel feature of the study in relation to the existing literature, and summarises the results.**

### *내 연구가 기존 문헌에 어떤 방식으로 부합할 수 있는가?*

기존 문헌과 지식에 연구를 매핑하면 연구 '제품'이 연구 '시장'에서 어디에 위치하는지 파악할 수 있다. 매핑은 토론의 핵심 기능이며 연구가 연구 주제를 어떻게 발전시키는지 보여준다. 예를 들어, 당신의 방법이 이전 방법보다 더 빠르게 결과를 생성할 수 있으며, 이는 해당 방법의 상태와 적용에 영향을 미칠 수 있다. 당신의 연구가 이전 연구에서 얻은 결과를 확인하여 해당 연구와 그 결론을 검증할 수도 있다. 또는 당신의 연구가 이전 연구에서 얻은 결과와 모순될 수 있으며, 이는 해당 결과에 대한 의문을 제기하고 잠재적으로 새로운 연구 방향을 설정할 수 있다.

### *논의에 몇 개의 인용이 있어야 하는가?*

인용은 자신의 연구 결과물이 학계에 자리하고 이전 연구들 속에서 자신 기여를 명확히 하는 데 필수적이다. 참고 논문의 논의 섹션에서 인용 횟수의 평균을 구하면 특정 저널에서 특정 주제에 대한 인용이 얼마나 일반적인

지 대략적으로 파악할 수 있다. 각 인용의 기능, 위치, 특정 인용이 얼마나 자주 반복되는지, 각 인용이 논의를 어떻게 뒷받침하는지 잘 살펴보라. 모든 인용은 관련성이 있어야 하며, 설명을 통해 독자에게 관련성을 명확히 알려야 한다.

아래 예에서는 현재 연구와 기존 연구/지식 간의 관계를 전개하는 문장을 논의에서 '부각시켜' 인용을 중심으로 묘사가 어떻게 구성되는지를 보여주고 있다. 이러한 문장은 현재 연구와 기존 문헌 및 지식 간의 관계를 발전시키는 문장이므로 문장이 시작되는 방식을 살펴보는 것은 매우 유용하다.

*먼저 ______ 이 문헌(2,4,45)과 일치한다는 것을 입증했다.*
*특히 ______는 (40). 이와 관련하여 Söderholm 등(45)은 ______.*
*이와 대조적으로 오말리 등(34)은 ______.*
*이 가정을 검증하기 위해 앞서 설명한 _____ (7, 38)에 대해 설명한 것처럼 ______를 사용했다.*
*_______을 사용하여 Lai 등(27)은 _______ 을 증명했다.*
*그 결과, _______ 이 Rahli 등(36)에 의해 결정되었다.*
*이에 따라 최근 Wrzosek 등(47)의 생체 내 연구에서는 ______.*
*마찬가지로, ______의 역할은 Gaudier 등(18)에 의해 제안되었다.*

*We first demonstrated that ___________, consistent with the literature (2, 4, 45).*
*In particular, ___________ was shown to___________ (40).*
*Regarding this concern, Söderholm et al. (45) reported that ___________.*
*In contrast, O'Malley et al. (34) reported___________.*
*To verify this assumption, ___________was used, as previously depicted for ___________ (7, 38).*
*Using ___________, Lai et al. (27) demonstrated that ___________.*
*As a result, ___________, as determined by Rahli et al. (36).*
*In line with this, a recent in vivo study by Wrzosek et al. (47) clearly showed that___________.*
*Likewise, the role of___________has been proposed by Gaudier et al. (18).*

**다음에서 발췌한 내용: 스트레스는 뮤신 O-당화 전환을 통해 쥐의 장 점액 장벽을 방해한다: 프로바이오틱스 치료에 의한 예방**

*토론*

과민성 대장 증후군은 다인성 질환으로 심리적 고통과 관련이 있으며 위장 운동 기능의 변화, 내장 민감성, 최근에는 저급 염증 및 장 장벽 기능 장애가 특징이다. 주목할 만한 점은 IBS 환자에서 장 투과성 증가와 내장 통증 사이에 양의 상관관계가 있다는 것인데(2), 스트레스가 많은 생활 속 사건이 IBS 증상 악화에 영향을 주기 때문에, "IBS와 유사한" 증상을 재현하는 가장 일반적인 동물 모델은 중추 신경계 지향 스트레스 요인의 사용으로 인해 발생한다(33). 이 연구에서는 만성 심리적 스트레스의 신뢰할 수 있는 모델로 WAS를 사용했다. **먼저 4일간의 WAS가 장 상피 장벽 손상을 유발한다는 사실을 입증했으며, 이는 문헌과 일치한다(2,4, 45). 특히 WAS의 경우, 5일간의 스트레스 적용 후 3일째부터 대장 투과성 증가가 발생하는 것으로 나타났다(40).** [...] 장 장벽의 완전성을 보장하는 주요 요인인 점액 장벽에 대한 만성 스트레스의 영향에 관한 정보는 IBS와 유사한 모델에서 여전히 부족한 상황이다. **이러한 우려와 관련하여 Söderholm 등(45)은 10일간의 WAS가 회장과 결장에서 점액을 함유하는 잔 세포의 수를 감소시키고 박테리아 부착을 증가시킨다는 연구 결과를 보고한 바 있다.** 모체가 박탈된 쥐의 십이지장에서도 고블릿 세포 수의 감소가 관찰되었다(15). **대조적으로, 오말리 등(34)은 모성 박탈 쥐에서 대장 점액 분비와 고블릿 세포 수가 증가했다고 보고했다.**

[...] Larsson 등(29)은 활동기 UC 환자에서 염증 중증도와 상관관계가 있는 변화된 Muc2 O-당화 개요를 설명했다. 이러한 개요는 글리칸 구조의 비율 변화와 전반적인 황화 감소를 특징으로 한다(29). 최근에는 같은 그룹에서 활동성 UC 환자의 점액이 생체 외에서 2$\mu$m 크기의 형광 비드를 투과할 수 있음을 보여주었는데(24), 이는 뮤신의 생화학적 변화가 점액의 '투과성'에 영향을 주어 장벽의 완전성을 잃는다는 것을 시사한다. 이 체계를 통해 우리는 스트레스에 의해 유도된 구조적 O-글리칸 변화가 장 점액의 물리적 특성을 변화시킬 수 있다는 가설을

세웠다. 이 가정을 검증하기 위해 이전에 개별 뮤신 폴리머의 형태 및 유체 역학적 특성 분석을 위해 묘사된 것처럼 AFM을 사용했다(7,38). [...] 나노 규모에서 점액은 뮤신 섬유의 이질적인 메시 네트워크로 설명되었다(41, 44). **Lai 등(27)은 엔지니어링된 비점막 접착성 나노 입자를 사용하여 인간 자궁경부 점액의 메시 구조가 예상되는 15~100nm 기공 크기보다 더 개방적(평균 기공 크기 340± 70nm, 범위 ~50~1800nm)임을 입증했다. [...] 결과적으로 점액 네트워크는 더 큰 기공 크기와 증가된 투과성을 나타낼 수 있는데, 이는 주어진 다공성(0-0.7 범위)에 대해 섬유 네트워크의 투과성이 무작위로 포장된 단분산 섬유로 구성된 다공성 매체에 대해 Rahli 등(36)이 결정한 대로 섬유 직경의 제곱에 정비례하기 때문이다.**

[...] 글리코실화 효소의 직접 또는 간접 조절이 가능한 후보가 될 수 있다. **이에 따라 최근 생체 내 연구에서 Wrzosek 등(47)은 박테로이데테스 테타이오토믹론과 같은 공생 박테리아가 잔 세포 발달에 직접 영향을 미치고 시알릴 트랜스퍼라제와 같은 뮤신 당화에 관여하는 숙주 효소를 암호화하는 유전자의 발현을 향상시킬 수 있음을 분명히 보여주었다(st3gal4).** 시험관 내 연구에서 프레이타스 등(17)은 글리코실 트랜스퍼라제 활성의 번역 후 유도와 관련된 메커니즘을 통해 B. 테타이오토미크론의 열용성 인자가 HT29-MTX 세포의 갈락토실화 패턴을 구체적으로 조절하는 능력을 분석하였다. **마찬가지로 뮤신 당화에 직접 작용하는 인자로써 다른 박테리아 대사산물, 특히 부티레이트의 역할은 Gaudier 등에 의해 제안되었다(18). [...]**

**_Edited extract from_: Stress disrupts intestinal mucus barrier in rats via mucin _O_-glycosylation shift: prevention by a probiotic treatment**[q]

***Discussion***

IBS is a multifactorial disease, frequently associated with psychological distress and characterized by altered gastrointestinal motor function, viscerosensitivity, and, more recently, low-grade inflammation and impaired intestinal barrier function. Noteworthy, a positive correlation between increased intestinal permeability and visceral pain has been shown in IBS patients (2). Since stressful life events contribute to the IBS symptom exacerbation, the most commonly animal models reproducing "IBS-like" symptoms result from the use of central nervous system-directed stressors (33). In this study, WAS was used as a reliable model of chronic psychological stress. **We first demonstrated that a 4-day WAS induced intestinal epithelial barrier impairment, consistent with the literature (2, 4, 45). In particular, for WAS, colonic permeability increase was shown to occur from the third day of a 5-day stress application (40).** [...] information regarding the effects of chronic stress on mucus barrier, a major actor ensuring intestinal barrier integrity, remains scarce in IBS-like models. **Regarding this concern, Söderholm et al. (45) reported that a 10-day WAS decreased the number of mucus-containing goblet cells in the ileum and colon and increased bacterial adhesion.** A reduction in the goblet cell number was also depicted in the duodenum of maternally deprived rats (15). **In contrast, O'Malley et al. (34) reported an increased colonic mucus secretion and number of goblet cells in maternally deprived rats.**

[...] Larsson et al. (29) depicted in active phase UC patients an altered Muc2 *O*-glycosylation profile, which was correlated with inflammation severity. Such profile was characterized by changes in the rate of glycanic structures and decreased overall sulfation (29). More recently, the same group showed that mucus of patients with active UC was penetrable ex vivo to 2-μm-sized fluorescent beads (24), suggesting that biochemical changes in mucins impact mucus "penetrability," resulting in a loss of barrier integrity. In this framework, we hypothesized that structural *O*-glycan alterations induced by stress may in turn change the physical properties of intestinal mucus. **To verify this assumption, AFM was used, as previously depicted for the characterization of conformational and hydrodynamic properties of individual mucin polymers (7, 38).** [...] At the nanoscale, mucus has been described as a heterogeneous mesh network of mucin fibers (41,

> 44). **Using engineered nonmucoadhesive nanoparticles, Lai et al. (27) demonstrated that the mesh structure of human cervicovaginal mucus was more open (average pore size 340 ± 70 nm, range ~50–1800 nm) than the 15- to 100-nm pore size expected.** [...] **As a result, the mucus network may exhibit higher pore size and increased permeability since, for a given porosity (in the range 0–0.7), the permeability of a fibrous network is directly proportional to the square of the fiber diameter, as determined by Rahli et al. (36) for porous media made up of randomly packed monodisperse fibers.**
>
> [...] Direct or indirect regulation of glycosylation enzymes may be a possible candidate. **In line with this, a recent in vivo study by Wrzosek et al. (47) clearly showed that commensal bacteria, such as *Bacteroidetes thetaiotaomicron*, could directly influence goblet cell development and enhance expression of genes encoding host enzymes involved in mucin glycosylation, like sialyltransferase *st3gal4*.** In an in vitro study, Freitas et al. (17) deciphered the ability of a heat soluble factor from *B. thetaiotaomicron* to modulate specifically the galactosylation pattern of HT29-MTX cells, through a mechanism involving posttranslational induction of glycosyltransferase activities. **Likewise, the role of other bacterial metabolites, and particularly butyrate, as factors directly acting on mucin glycosylation has been proposed by Gaudier et al. (18).** [...]

*논의에서 이전에 언급하지 않은 연구를 인용할 수 있는가?*

이것은 인용이 논의와 얼마나 관련이 있는지에 따라 다르다. 다른 연구의 데이터 해석을 언급하거나 다른 연구에서 논의된 응용 프로그램을 언급하는 인용은 논의와 관련성이 높으므로 논의에서 처음으로 언급될 수 있다.

*어떤 시제를 사용해야 하는지 어떻게 알 수 있는가?*

최근 참고 논문의 텍스트를 변환 엔지니어링하면 논의에서 동사 시제에 대한 유용한 데이터를 생성할 수 있다. 예를 들어, 배경 사실 정보를 제공하는 단순 현재 시제 문장의 수를 통해 학습 유형 및 독자에게 이러한 정보가 얼마나 일반적이고, 따라서 얼마나 필요한지 알 수 있다.

*2번 문장이 단순 현재 시제인 이유는 무엇인가?*

동사 시제는 종종 선택의 문제에 해당되는데, 이 경우 사건이 발생한 시점을 언급하기보다는 저자가 전달하고자 하는 내용을 반영한다. Unit1(**1.5.1 동사 시제 선택**)에서 시제 선택은 진술의 영구적 가치 또는 영구적 진실에 대한 글쓴이의 확신을 전달할 수 있다고 설명하였다. 예를 들어, 위의 2번 문장을 단순 과거 시제(...V2D 감염 시 특정 증상을 경험한 생존자들이 감염 후에도 밀접하게 관련된 증상을 보이는 경우가 많다는 명확한 증거)로 다시 쓴다면 이 문장은 연구자들이 연구에서 발견한 내용을 설명하는 것에 불과하다. 단순 과거 시제를 사용하면 결과가 영구적이고 독립적인 진실로 제시되기보다는 해당 연구와 연관되어 있음을 나타낸다. 반대로 단순 현재 시제(...V2D 감염 시 특정 증상을 경험한 생존자가 감염 후 밀접하게 관련된 증상을 보이는 경우가 많다는 명확한 증거)를 선택하면 문장에 힘을 실어줄뿐만 아니라 그 연구 결과가 영구적이고 독립적인 진리를 구성할 만큼 신뢰할 수 있다는 저자의 믿음을 반영할 수 있다.
학술적인 논문 작성 관습의 대부분과 달리, 결과와 결과의 함의를 전달하기 위해 어떤 시제를 사용할지 선택하는 문제는 실제로 지침을 얻기 위해 참고 기사를 살펴본다고 해서 해결될 수 있는 문제가 아니다. 대부분의 경우, 단순 현재 시제로 진술을 뒷받침할 만큼 데이터가 충분한지의 여부는 연구자가 직접 결정해야 한다. 단순 현재 시제를 선택했을 경우, 연구자의 진술에 대한 자신감이나 확신을 완화하는 몇 가지 면책 조항(종종 밀접하게 관련된 증상과 함께 제시)을 포함할 수 있다는 점에 유의하도록 하라.

**문장 3과 4** *이는 특히 청력 손실과 같은 일부 특정 합병증과 관련하여 더욱 두드러졌다(그림 1). 2세 미만의 유아는 급성기 합병증의 심각도에 관계없이 성인보다 훨씬 적은 빈도로 V2D 후 심장 합병증을 경험했다(그림 2a 및 2b).* **저자는 결과를 다시 살펴보고 이에 대해 언급한다***(특히... 핵심 발견은... 훨씬 적은 것으로 나타났다)*.

**In Sentences 3 and 4** *This was particularly true in relation to some specific complications, such as hearing loss (Fig. 1). A key finding was that some post-V2D health issues appear to be age-related: infants below the age of 2 experienced post-V2D cardiac complications far less frequently than adults irrespective of the severity of such complications during the acute stage (Figs. 2a and 2b).* **the writer revisits the results and comments on them** *(particularly true...a key finding was...appear to be...far less)*.

***논의 섹션에서는 결과를 반복해서는 안 된다고 알고 있는데 결과를 전혀 언급하지 말아야 할까? 그렇다면 반복하지 않고 어떻게 언급할 수 있을까?***

결과와 논의 섹션 사이에는 상당한 중복이 있다. 예를 들어, 3단원에서 살펴보았듯이 결과 섹션에서 대부분의 저자는 결과가 *암시하거나 함축하는* 바에 대한 생각을 포함하지만 이론적으로는 논의에 속한다. 마찬가지로 주요 결과를 참조하거나 반복하지 않고 논의에서 함축을 전개하는 것은 어렵거나 불가능하다고 볼 수 있다. 이는 함축을 뒷받침하고 검증하는 증거를 제공하기 때문이다. 그러나 주요 결과를 반복하거나 다시 표현하는 것만으로는 충분하지 않다. 논의는 결과에서 벗어나야 한다. 연구의 목적은 단순히 결과를 얻고 설명하는 것이 아니라 기존 지식의 맥락에서 해당 결과를 이해하고, 함축에 대해 합리적이고 유용한 내용을 설명하는 것이다. 즉, 해당 맥락에서 결과가 의미하는 바와 서론에서 언급한 원래 질문, 가설 또는 목표와 어떻게 관련이 있는지에 대해 말하는 것이다. **결과 섹션의**

**핵심 기능은 결과를 말하는 것이자 결과가 의미하는 바를 이야기하거나 탐구하는 것이다.**

성공적으로 출판된 연구 논문의 역엔지니어링은 '해야 할까, 말아야 할까?' 라는 딜레마를 피하는 데 도움이 되며, 대신 성공적인 저자가 실제로 하는 일에 주의를 집중할 수 있다. 참고 저널의 논의 섹션을 살펴보면 거의 모든 논의 섹션이 해석과 의미를 고정하기 위해 주요 결과를 반복하거나 요약한다는 것을 알 수 있다.

***내 결과가 의미하는 바에 대해 확신이 없다면 어떻게 해야 할까?***

학술적인 연구는 특정 주제에 대해 모든 것이 알려진 종착점에 도달할 수 없다. 대부분의 학술 연구자들은 다음 연구가 이전 연구를 다듬고 발전시킬 것이기 때문에 지나치게 확신하는 일반화를 하지 않도록 주의해야 한다. 그러나 안전을 위해 작업의 의미를 과소평가하지 않는 것 역시 중요하다. 자신의 연구 결과를 과소평가할 경우 작업이 훼손되고 의미가 축소되기 때문이다.

결과의 의미에 부여하는 확실성 수준이 해당 결과와 기존 지식을 기반으로 검증될 수 있어야 한다. 여기서 적절한 언어를 선택하는 것이 중요한데, 결과의 의미를 논의하는 데 사용되는 언어가 결과의 힘과 일치하지 않거나 이를 반영하지 못하면 심사 및 검토 단계에서 비판의 대상이 될 가능성이 커진다. 결과의 의미에 대해 확신을 보여주는 언어를 선택하거나 독자에게 결과의 의미에 대해 추측하고 있다는 것을 알려주는 언어를 선택하는 것이 좋다(**섹션 3.5: 확실성 연속체**, 310-317페이지 참조).

***문장 3과 4의 시제가 단순 과거형인 이유는 무엇인가? 이는 확실성 수준과 관련이 있는가?***

위에서 언급했듯이, 저자는 적절한 수준의 확신이나 확실성을 반영하는 동사 시제를 선택한다.

이 문장의 동사 시제는 독자의 반응에 어떤 영향을 미치는가?

- 주요 발견 사항은 일부 V2D 후 건강 문제가 연령과 관련된 것으로 나타났다는 것이다...
- 주요 발견 사항은 일부 V2D 후 건강 문제가 연령과 관련된 것으로 나타났다는 것이다...
- 주요 발견 사항은 일부 V2D 후 건강 문제가 연령과 관련된 것으로 나타났다는 것이다...

- *A key finding was that some post-V2D health issues appeared to be age-related...*
- *A key finding was that some post-V2D health issues appear to be age-related...*
- *A key finding is that some post-V2D health issues appear to be age-related...*

참고 기사의 논의 섹션에서 동사를 강조하고 시제가 독자로서의 반응에 어떤 영향을 미치는지 고려하는 것이 좋다: *동사 시제가 결과의 힘과 '일치' 하는 것처럼 보이는가?*

**문장 5** *이것은 V2D 이후 관련 공중 보건 관리에 대한 명확한 의미를 가지고 있으며, 자원이 제한될 때 심장 검진 우선권은 성인에게 주어질 수 있음을 시사한다.* **저자는 결과에서 발생하는 잠재적인 응용 프로그램을 언급한다.**

**In Sentence 5** *This has clear implications for post-V2D-related public health management, and suggests that when resources are limited, cardiac screening priority could be given to adults.* **the writer mentions a potential application arising from the results.**

***논의의 마지막에 잠재적인 응용 프로그램을 언급하는 것이 더 낫지 않을까?***

논문의 마지막은 미래의 추후 연구에 대한 제안을 통해 학계와 연결되고, 잠재적인 응용 프로그램을 통해 현실과 직결되므로 논문의 마지막에 응용 프로그램을 언급하는 것은 매우 적절하다. 그러나 최근 논의의 시작 부분에서 주요 기여 또는 응용 프로그램을 언급하는 추세가 증가하는 것으로 보인다. 어떤 경우에는 잠재적인 응용 프로그램 자체가 연구의 주요 기여이거나 논의의 중심 주제인 경우가 있는데, 이는 논의의 시작 부분에서 이를 언급하는 데 좋은 이유가 된다. 참고 학술지를 자주 확인하여 현재 추세와 개발에 어떻게 반응하는지 살펴보도로 하라.

***내 연구에 명백하거나 현실적인 적용이 없다고 가정해 보자.***

많은 연구들이 명백한 적용이 없지만, 포기하기 전에 두 군데를 확인해 보는 것이 좋다. 첫째, 참고 논문의 서론과 자신의 서론을 살펴보라. 서론에는 종종 이러한 유형의 연구를 어떻게 사용할 수 있는지 언급되어 있기 때문이다. 두 번째로 확인이 필요한 출처는 참고 논문의 논의 또는 결론 섹션이다. 여기에는 잠재적인 추후 적용에 대한 추측이 포함될 수 있기 때문이다.

잠재적인 적용을 포함하면 특정 연구 질문의 목적을 넘어서 연구의 가치를 보여줄 수 있다. 연구 논문에는 많은 기능들이 있는데, 이론을 명확히 할 수 있는 기능뿐만 아니라, 단순히 개발 중인 분야에 다음 단계의 지식을 추가할 수 있으므로 수행하는 연구 유형은 이 단계에서 반드시 명확한 적용이 가능하다.

**문장 6, 7, 8** *몇 가지 의문이 남았다. 예를 들어, 연구 기간 동안 환자로부터 수집한 일화적 증거는 급성기의 바이러스 부하와 V2D 이후 건강 문제의 심각성 사이에 양의 상관관계가 있음을 시사했다. 그러나 이는 연구 중에 공식적으로 다루어지지 않았다. 많은 연구에서 급성 V2D17, 22, 27, 33 동안의 바이러스 부하를 정량화했지만, 바이러스 이후 기간과 직접 비교하면 이러한 상관관계를 뒷받침하는 귀중한 데이터를 제공할 것이다.* **저자는 연구의 한계**(*연구 중에 공식적으로 다루어지지 않음*)**를 언급하여 향후 연구에 대한 제안으로 이어졌다.**

**In Sentences 6, 7 and 8** *Some questions remain; for example, anecdotal evidence collected from patients during the study period suggested that there was a positive correlation between viral load at the acute stage and the severity of post-V2D health issues. However, this was not addressed formally during the study. Although many studies have quantified viral load during acute V2D[17,22,27,33], a direct comparison with the post-viral period would provide valuable data to support such a correlation.* **the writer mentions a limitation of the study** *(this was not addressed formally during the study)* **that leads to a suggestion for future research.**

***여기서 어떤 제한 사항에 집중할지 어떻게 결정하는가? 논의에서 처음으로 연구의 제한 사항을 언급할 수 있는가?***

대부분의 제한 사항은 연구 중 발생한 문제에서 비롯되며, 이는 일반적으로 관련 하위 섹션에서 처음으로 언급된다. 그러나 이 경우 일화적 증거는 데이터 수집 절차의 공식적이거나 의도적인 부분이 아니었으며 결과로 제시되지도 않았다. 이는 향후 연구에 대한 제안과 연결되어 있으므로 논의에서 처음으로 언급하는 것이 가능하다.

논의는 추가 작업이 필요하기 때문에 결론을 내리기 어려운 섹션에 해당한다. 이것이 논의 섹션의 한계이며 연구 공동체에 계속해서 더 많은 진전을 이루도록 하는 동기부여가 된다.

***왜 추후 작업의 방향을 수정해야 하는가? 왜 연구자들이 스스로 결정하게 하지 않는가?***

좋은 연구는 그 자체로 끝이 나지 않는다. 대부분의 경우 연구의 추후 방향을 제시한다. 연구 공동체에 특정 방식으로 작업을 따르도록 하는 데는 많은 이점이 있다. 첫째, 연구자에게 모호한 제안보다 더 매력적이고 수행될 가능성이 높은 합리적이고 정의된 프로젝트를 제공한다. 둘째, 연구에서 직접적인 연속성을 장려한다. 자신의 연구에서 이어지는 연구는 논문을 인용하여 연구의 위상을 향상시킨다. 또한 직면한 어려움이나 한계에 대응하는 연구는 현재 및 추후 미래의 연구에 유용한 데이터를 제공할 수 있다. 따라서 이 시점에서 명백한 질문은 다음과 같다: *연구는 그 다음 어디로 가야 하는가?*

**문장 9** *2D RNA는 질병 발병 후 오랫동안 생존자의 신체에 지속되는 것으로 알려져 있으며,30,42 우리 연구 결과는 모든 회복기 환자를 퇴원 후 최소 10개월 동안 추적 관찰해야 한다는 설득력 있는 증거를 제공한다.* **저자는 연구의 결론을 뒷받침하기 위해 문헌에서 배경 사실 정보(지속되는 것으로 알려짐)를 언급한다.**

**In Sentence 9** *V2D RNA is known to persist in the bodies of survivors long after disease onset[30,42], and the results of our study provide compelling evidence that follow-up of all convalescent patients is warranted for at least 10 months after discharge from hospital.* **the writer mentions background factual information in the literature** *(is known to persist)* **to support the conclusions of the study.**

***이렇게 늦은 시점에도 정말 배경 정보를 더 추가해야 하는가?***

위에서 언급했듯이, 참고 논문의 논의 섹션에서 각 인용문의 기능, 위치, 논의를 어떻게 뒷받침하는지에 주의를 기울이면 해당 분야의 현재 논문 작성에 대한 기준을 얻을 수 있다. 배경 사실 정보를 인용하는 단순 현재형 문장의 수와 위치는 논의 섹션의 각 장에서 그러한 정보가 얼마나 일반적이고 필요한지에 대한 좋은 아이디어를 제공한다.

**문장 10** *또한 이 연구는 V2D 후 합병증의 연령 관련 후속 조치 및 치료를 포함하는 실용적인 공중 보건 권장 사항에 대한 증거 기반 지침을 제공한다.* **저자는 연구의 적용으로 강력하게 마무리한다.**

**In Sentence 10** *In addition the study provides evidence-based guidance for pragmatic public health recommendations that include age-related follow-up and treatment of post-V2D complications*. **the writer closes strongly with the applications of the study.**

## 4.2.3 토론 모델

이제 아래의 문장 설명을 섹션 4.2.1, 연습 1에서 제시한 목록과 비교하라.

| 문장 1에서, 저자는 | 기존 문헌 및 지식과 관련하여 연구의 기여를 명확하게 식별한다. |
|---|---|
| 문장 2에서, 저자는 | 기존 문헌과 관련하여 연구의 구체적인 새로운 특징을 식별하고 결과를 요약한다. |
| 문장 3과 4에서, 저자는 | 결과를 다시 살펴보고 이에 대해 논평한다. |

| 문장 5에서, 저자는 | 결과에서 발생하는 잠재적인 응용 프로그램을 언급한다. |
|---|---|
| 문장 6, 7 그리고 8에서, 저자는 | 추후 연구에 대한 제안으로 이어지는 연구의 한계를 언급한다. |
| 문장 9에서, 저자는 | 연구의 결론을 뒷받침하기 위해 문헌의 배경 사실 정보를 언급한다. |
| 문장 10에서, 저자는 | 연구의 응용 프로그램으로 강력하게 마무리한다. |

| In Sentence 1, the writer | explicitly identifies the contribution of the study in relation to the existing literature and knowledge. |
|---|---|
| In Sentence 2, the writer | identifies the specific novel feature of the study in relation to the existing literature, and summarises the results. |
| In Sentences 3 and 4, the writer | revisits the results and comments on them. |
| In Sentence 5, the writer | mentions a potential application arising from the results. |
| In Sentences 6, 7 and 8, the writer | mentions a limitation of the study that leads to a suggestion for future research. |
| In Sentence 9, the writer | mentions background factual information in the literature to support the conclusions of the study. |
| In Sentence 10, the writer | closes strongly with the applications of the study. |

이는 간소화되어 기본적이고 일반적인 논의 모델을 만들 수 있다(다음 페이지 참조). **이 모델을 섹션 4.2.1에서 만든 구성 요소 목록과 통합하여 현재 연구 분야의 논의 섹션에 대한 강력한 모델 구성 요소 집합을 생성하고, 연구가 진행됨에 따라 이를 조정하거나 업데이트할 수 있다.** 구성 요소의 순서는 상당히 유동적이다. 그러나 목록의 맨 위에 위치한 구성 요소는

일반적으로 논의의 서두에서 활용되고, 마지막에 있는 구성 요소는 보통 끝 부분에서 적용된다.

| 일반 토론 모델 |
|---|
| 논의 섹션의 구조 또는 내용 발표 |
| 연구의 성과/기여도 설명* |
| 독자를 '재부팅'하기 위해 배경 정보/문헌 다시 살펴보기 |
| 갭/목표/방법 다시 살펴보기 |
| 결과 다시 살펴보고 그 의미 탐구 |
| 비교/지원을 위한 문헌/지식 매핑 |
| 잠재적 한계 및 향후 작업에 대한 제안 식별 |
| 연구의 성과/기여도/영향 다시 언급 |
| 잠재적 응용 프로그램 식별 |

* **참고** 연구의 성취/기여(ACHIEVEMENT/CONTRIBUTION)는 가장 자유로운 구성 요소이다. 어떤 경우에는 이 모델처럼 시작과 끝에 모두 발생되고, 또 어떤 경우에는 논의 전반에 걸쳐 적용된다.

| GENERIC DISCUSSION MODEL |
|---|
| ANNOUNCE THE STRUCTURE OR CONTENT OF THE DISCUSSION SECTION |
| STATE THE ACHIEVEMENT/CONTRIBUTION OF THE STUDY* |
| REVISIT BACKGROUND INFORMATION/LITERATURE TO 'REBOOT' READER |
| REVISIT GAP/AIM/METHOD |
| REVISIT RESULTS AND EXPLORE THEIR IMPLICATIONS |
| MAP TO LITERATURE/KNOWLEDGE FOR COMPARISON/SUPPORT |
| IDENTIFY POTENTIAL LIMITATIONS AND SUGGESTIONS FOR FUTURE WORK |
| RESTATE THE ACHIEVEMENT/CONTRIBUTION/IMPACT OF THE STUDY |
| IDENTIFY POTENTIAL APPLICATIONS |

**Note*: The ACHIEVEMENT/CONTRIBUTION of the study is the most free-flowing component — in some cases it occurs both at the start and at the end, as in this model; in others it occurs throughout the Discussion.

*성취(ACHIEVEMENT)와 기여(CONTRIBUTION)에는 차이가 있는가?*

때로는 같은 의미를 나타낸다. 성취는 연구 내적 영향에 속하며 서론에 명시된 특정 연구 질문을 해결하는 것의 성공과 관련이 있다. 예를 들어, 연구가 무언가를 식별하는 것을 목표로 하는 경우 식별은 연구의 성취에 해당한다. 저자가 'find' 또는 'detect'와 같은 소위 동의어로 전환하는 대신 동일한 동사를 사용하면 독자가 이를 추적하는 것이 훨씬 용이하다. 기여는 본질적으로 연구가 응용 프로그램이나 지식 측면에서 실제 또는 학계에 어떤 영향을 미치는지에 대한 외적 영향을 의미한다.

## 4.3 기본 일반 모델 테스트 및 조정

### 4.3.1 모델 데모

아래 논의 섹션에서 모델 구성 요소를 식별할 수 있다. 모델 구성 요소를 예시하는 언어는 **굵은 글씨**로 표시되어 있다. 모델이 논의를 위한 묘사적인 체계를 어떻게 만드는지 주목하라.

**빠른 합금 프로토타입 제작: 30Mn–1.2C–xAl 트리플렉스 강의 예를 기반으로 한 구조 재료의 구성 및 열기계적 고처리량 벌크 조합 설계**

***5. 토론***

***5.1 30Mn-1.2C-xAl 강의 미세 구조 및 기계적 특성***

이 연구에서 도입한 새로운 벌크 RAP 접근법은 처음으로 높은 Mn 및 C 농도를 갖는 트리플렉스 강의 Al 함량 변화와 관련된 구성 및 열기계적 경향에 대한 체계적인 평가를 제공한다. 우리는 30Mn-1.2C 강에 Al을 첨가하지 않은 경우 균질화된 상태에서 가장 유리한 기계적 특성이 얻어짐을 관찰했다(그림 2 및 3a). 관찰된 특성은 유사한 화학 조성의 Mn-C 합금 TWIP 강에 대해 보고된 데이터와 합리적으로 일치하는 결과를 보여주었다[27, 28]. 노화 중에 관찰된 취성은 결정립계에 거친 펄라이트 입자가 형성되는 것과 관련이 있을 수 있다[27](그림 5a).

반면에 Al(~8중량%)이 많으면 시간과 온도에 따라 노화 중에 현저한 강화가 발생하고(그림 2 및 3c), 이 경우에는 거친 입자를 관찰할 수 없었다(그림 5c). 이전 결과에 비추어 볼 때 강도와 연성을 조정할 수 있는 이러한 전형적인 석출 경화 거동은 노화 중에 j탄화물이 형성되고 성장하는 것으로 설명할 수 있다[17, 18, 21]. 보고에 따르면 크기가 수 나노미터 정도인 작은 크기 때문에 이 연구에서 수행한 고처리량 RAP OM 관찰에서 j탄화물을 안정적으로 감지하거나 식별할 수 없었다. 그림 5c에서 보이는 어두운 입자는 j 카바이드와 관련이 있을 수 있다.

중간 Al 농도(약 2-6중량%)를 갖는 합금은 각각의 최적 조건(즉, 가장 적합한 노화 처리 후)에서 앞서 언급한 극단적인 경우와 동일한 수준의 기계적 특성을 제공하지 않는다. 반면에 이러한 경우 노화 매개변수가 인장 거동에 미치는 영향이 훨씬 작음을 관찰할 수 있다(그림 2 및 3b). 이 연구의 한계(적용된 열처리 범위 제한, OM 조사 등) 내에서 열 노출 중 기계적 특성의 이러한 향상된 안정성은 j 카바이드와 입계 펄라이트의 협력적 형성에 기인할 수 있으며, 이는 중간 양의 Al의 강화 및 취성 효과를 균형 있게 조절해준다.

일반적으로 변형 메커니즘에 대한 j 카바이드와 펄라이트 입자의 역할, 그리고 카바이드의 침전 유형과 구조적 특성(즉, 스피노달 대 핵생성/성장)에 대한 자세한 조사에는 TEM 또는 APT와 같은 더 높은 분해능 기술이 필요하다는 점을 강조해야 한다. 그럼에도 불구하고 RAP(그림 2 및 3)와 기존 방식으로 합성 및 처리된 합금(그림 6a)에 대한 기계적 데이터는 Fe-Mn-Al-C 강에 대해 이전에 보고된 값과 잘 일치하는 결과를 나타냈다[17,18]. RAP 결과는 보다 자세한 나노구조 조사와 관련된 향후 노력이 고농도 Al(>8중량%)을 갖는 이러한 고-C 트리플렉스 강에 집중되어야 함을 시사한다. 이는 시효 처리를 통해 가장 광범위한 기계적 특성을 포괄할 가능성을 제공하고(확장성, 그림 2) 이러한 모든 강 중에서 가능한 가장 낮은 비중을 나타내기 때문이다.

**Rapid alloy prototyping: compositional and thermo-mechanical high throughput bulk combinatorial design of structural materials based on the example of 30Mn–1.2C–*x*Al triplex steels**[P]

***5. Discussion***

***5.1 Microstructure and mechanical properties of the 30Mn–1.2C–xAl steels***

The **novel** bulk RAP approach **introduced in this work provides, for the first time**, a systematic evaluation of the compositional and thermo-mechanical trends associated with a change in the Al content of a group of Triplex steels with high Mn and C concentrations. **We observed that** without the addition of Al to the 30Mn–1.2C steels **the most favourable mechanical properties were obtained for** the as-homogenised state (Figs. 2 and 3a). **The observed properties are in reasonable agreement with data reported for** Mn–C alloyed TWIP steels of a **similar** chemical composition **[27, 28]**. **The observed embrittlement during ageing can be related to** the formation of the coarse, pearlitic particles on the grain boundaries **[27]** (Fig. 5a).

**High** amounts of Al (~8 wt.%), on the other hand, **result in** pronounced strengthening during ageing, depending on the time and temperature (Figs. 2 and 3c), and no coarse particles **could be observed in this case** (Fig. 5c). **In the light of previous results this typical** precipitation hardening behaviour, which **allows** tuning of the strength and ductility, **can be explained by** the formation and growth of j carbides during ageing **[17, 18, 21]**. **Due to** their **reportedly small** size, which is of the order of several nanometres, the j carbides **could not be reliably detected or identified** in the high throughput RAP OM observations conducted in this study. The darker particles visible in Fig. 5c **might be linked to** j carbides.

Alloys with intermediate Al concentrations (about 2–6 wt.%) **do not offer** mechanical properties on the same level compared with the aforementioned extreme cases under their respective optimal conditions (i.e. after the respective most suitable ageing treatments).

On the other hand, a **much smaller** influence of the ageing parameters on tensile behaviour **can be observed in these cases** (Figs. 2 and 3b).

**Within the limitations of this study** (confined range of applied heat treatments, OM investigations, etc.) **this improved stability** of the mechanical properties during thermal exposure **can be attributed to** a concerted formation of j carbides and grain boundary pearlite, balancing the strengthening and embrittlement effects of intermediate amounts of Al.

**In general it should be underlined that detailed investigations** of the role of j carbides and pearlite particles on the deformation mechanisms, as well as the precipitation type and the structural nature of the j carbides (i.e. spinodal vs. nucleation/growth), **require** higher resolution techniques, such as TEM or APT. **Nonetheless**, the mechanical data on both RAP (Figs. 2 and 3) and conventionally synthesised and processed alloys (Fig. 6a) **are in good agreement with previously reported values** for Fe–Mn–Al–C steels [17,18]. The RAP results **suggest that future efforts** regarding more detailed nanostructural investigations **should focus on** such high-C triplex steels with high Al concentrations (>8 wt.%), as they **offer the possibility of** covering the widest range of mechanical properties via ageing treatments (scalability, Fig. 2) and exhibit the lowest possible specific weight of all such steels.

## 4.3.2 연습 2: 모델 구성 요소 식별

이 장에서는 다양한 분야의 연구 기사에서 발췌한 두 개의 논의 섹션을 살펴볼 것이다. 일부분이 편집된 텍스트로써 생략 부호는 [...]로 표시되어 있다. 첫 번째 섹션의 경우, 논의의 전반부에서 **굵은 글씨**로 표시한 부분은 집중적으로 살펴볼 부분들이자 동사 시제의 기능에 집중할 수 있도록 하였다. 논의의 후반부 역시 식별이 필요한 부분에 밑줄을 그었으며, 두 번째 논의는 전체적으로 식별이 필요한 부분에 밑줄로 표시하였다.

문장이 시작되는 방식이 정보를 담고 있는 묘사적 체계를 어떻게 나타내는지 살펴보라.

### 1. 감각 신경으로 유발된 염증이 이소성 골화에 기여

*논의*

이형성 골화는 골격 뼈에 인접한 근육, 힘줄 및 인대 내에서 빠른 뼈 형성을 수반하는 장애이며 BMP2 신호 전달의 증가와 관련이 있는 것으로 나타났다[Shore 및 Kaplan, 2010]. 또한 신경계에 외상성 손상을 입은 개인에서 HO의 발생률이 극적으로 증가하는 것으로 나타났다[Forsberg et al., 2009]. 여기서 이형성 골 형성으로 이어지는 BMP 신호 전달의 국소적 변화가 신경 염증 유도를 통해 말초 신경 신호 전달을 변경할 수도 있는지 확인하였다. 이러한 결과는 BMP2가 존재할 때 감각 뉴런이 신경 염증의 매개체를 발현하여 비만 세포가 모집되고 신경 구조가 리모델링됨을 시사한다.

BMP2는 이전에 감각 뉴런 배양에서 신경 염증 매개체인 물질 P 및 CGRP의 발현을 유도하는 것으로 나타났다[Bucelli et al., 2008]. 여기서 우리는 BMP2를 발현하는 세포를 전달한 후 생체 내에서 이러한 매개체의 변화를 정량화했다. 우리는 Adempty 바이러스로 형질 도입된 동일한 세포를 받은 대조군과 관련하여 두 단백질 모두의 상당하고 즉각적인 상승을 발견했다. 흥미롭게도, 우리는 BMP2를 전달한 직후 이러한 매개체의 상승에서 강력한 상관관계를 관찰했다. 그러나 프로세스가 시간이 지남에 따라 계속됨에 따라 우리는 이러한 매개체의 발현에서 순환적 패턴을 관찰했는데, 2일차에 발현이 상당히 감소한 다음 3일차에 발현이 상당히 증가한 다음 6일차에 발현이 다시 증가하는 추세를 나타냈다. BMP2는 아마도 세포의 빠른 청소 이전에 처음 3~4일 동안 발현될 것이지만 [Fouletier-Dilling et al., 2007], 이 모델에서 BMP2 수용체 신호 전달의 동역학은 불분명하다. 흥미롭게도, 첫 단계 중 하나는 조직 내에서 갈색 지방세포가 빠르게 형성되는 것이다[Olmsted-David et al., 2007]. 비만세포는 신경 염증 시 신경으로 모집되는 것으로 알려져 있다. 비만세포는 탈과립화 시 다수의 소화 인자, 키마제, 트립타제 및 기타 효소를 방출하여 프로단백질을 분해하여 활성화시킬 수 있다. 이러한 인자는 신경뿐만 아니라 혈관을 포함한 주변 조직의 조직 리모델링에도 필수적인 것으로 보인다[Johnson et al., 1988; Richardson and Vasko, 2002; Kleij and Bienenstock, 2005; Schaible et al., 2005; Kulka et al., 2008]. 신경 리모델링은 신경 돌기 성장, 즉 신경 세포를 리모델링하고 확장하는 능력의 일부로 판단된다. 아마도 이 과정은 새로 형성되는 HO에 신경을 분포시키는 데 활용되는 것으로 보인다. 또는 Adameyko et al. [2009]는 최근 말초 신경 내에 거주하는 줄기 세포 집난이 신경에서 이동하여 멜라닌 세포 분화를 겪는다는 것을 입증했다. HO 유도 후 비만 세포 수를 정량화했고, 대조군 세포를 투여받은 조직과 비교했을 때 48시간 이내에 이 집단에서 상당한 증가를 발견했다. 모든 날에 비만 세포 수의 상승 추세를 관찰했다. 그러나 아마도 주입된 세포를 제거하기 위해 유발된 면역 반응으로 인해 대조군 조직에서도 비만 세포 수가 증가하여 2일차에만 상당한 차이가 나타났다. 또한, 대조군 조직과 비교했을 때, 처음 48시간 이내에 비만 세포가 신경과 신경 내에서 결합하는 것을 관찰했다. 대조군 조직에서는 비만 세포가 일반적으로 조직 전체에 무작위로 위치했다. 이러한 초기 단계에서 가장 큰 차이를 관찰한 것은 흥미로운데, 이는 조직 내에서 SP와 CGRP가 방출된 것과 관련하여 발견한 결과와 일치하는 것으로 보이며, 비만 세포가 이러한 요소가 방출된 후에 모집될 수 있음을 시사하기 때문이다.

[...]

다음으로 신경 리모델링이 뼈 형성에 필수적인 세포를 방출하는지 살펴보았다. 위에서 언급했듯이 말초 신경의 전구체가 피부 흑색종의 기원이라는 것은 이전에 입증되었다. 따라서 비만 세포 탈과립화와 그에 따른 신경 리모델링은 크로몰린을 사용하여 차단되었고, HO가 상당히 감소하는 것을 관찰했다. 다음으로 이 동물의 신경을 분석하여 초기 줄기 세포(nanog 및 KIf4) 마커를 발현하는 세포가 증가한 것을 발견했다. 이러한 원시 마커는 치료되지 않은 동물의 신경에서는 산발적이었지만 크로몰린을 처리한 동물에서는 신경을 완전히 덮었다. 이는 초기 조직 변화가 이러한 세포의 확장으로 이어질 뿐만 아니라 치료되지 않은 동물의 신경 내 이러한 세포의 풀 크기가 수반되고 빠른 이동과 분화로 인해 극히 낮다는 것을 시사한다. 그러나 크로몰린으로 이러한 후반 단계를 차단하면 신경 내에 원시 마커를 발현하는 이러한 세포가 축적된다. 그러나 여기서 크로몰린 작용의 메커니즘은 완전히 이해되지 않았다는 점에 유의해야 한다. 크로몰린은 "비만세포 안정제"(즉, 적절한 세포 활성화 후 비만세포 매개체 방출을 차단하는 작용제)로 널리 알려져 있으며, 이는 생체 내에서 마우스 비만세포 기능을 억제할 수 있지만, 분자적 표적은 완전히 정의되지 않았고 비만세포에 국한되지도 않았다[Galli et al., 2008]. 게다가 크로몰린의 작용 기전은 주로 비만세포 탈과립화[Cox, 1967]와 관련이 있지만, 중성구 및 호산구 유도 화학주성 억제[Bruijnzeel et al., 1990]와 같은 다른 기전도 설명되었다.

놀랍게도, 크로몰린이 존재하는 상태에서 2일차에 신경에서 오스테릭스 양성 세포를 관찰했다. 또한 원시 줄기 세포 인자를 발현하는 세포도 있었는데, 이는 동시에 오스테릭스를 발현하는 것으로 보였으며, 이는 이 세포들이 골아세포 전구체임을 시사한다. 오스테릭스 양성 발현의 대부분은 신경과 관련이 있었다. 또한 오스테릭스와 관련이 없는 KIf-4* 및 nanog$^+$ 세포를 관찰했는데, 이는 이 세포들이 다른 잠재력을 가지고 있을 수 있음을 시사한다. 골아세포 외에도 이러한 세포의 또 다른 가능한 운명은 갈색 지방세포일 수 있으며, 이는 연골 형성을 위한 미세환경에서 산소 긴장을 감소시키는 데 중요하고 [Olmsted-Davis et al., 2007] 혈관 형성을 위한 VEGF를 분비하는 데 중요하다는 것을 이전에 보여주었다 [Dilling et al., 2010]. 최근에 갈색 지방이 결핍된 Misty 마우스 표현형[Sviderskaya et al., 1998]이 슈반 세포 이동과 신경 극성을 조절하는 신경 인자인 dock 7[Blasius et al., 2009]의 돌연변이로 인해 발생한다는 것이 밝혀졌다. 갈색 지방 전구체가 말초 신경에도 존재할 수 있다는 추측은 흥미로운데, 특히 TRPV1은 열에 반응하기 때문이다[Szallasi et al., 2007]. 또한 단일 신경 단백질인 dock7의 돌연변이가 Misty 마우스에서 HO를 극적으로 증가시킬 뿐만 아니라 [Olmsted-Davis et al., 2007] 골격 뼈에 심각한 골다공증을 유발한다는 것도 흥미롭다(Rosen C., 미발표). 또한, 우리는 이전에 BMP2 유도 직후에 새로운 혈관이 빠르게 형성된다는 것을 보여주었다[Dillingetal., 2010]. 이는 이 기간 동안 여러 유형의 조직이 동시에 조립된다는 것을 암시한다.

Osterix는 이전에 전구체의 골모세포 계통 결정에 역할을 하여 지방 표현형을 억제하는 것으로 제안되었다[Cheng et al., 2003]. 아마도 골모세포 기질이 나타나기 4일 전인 초기 osterix 발현은 미래의 골 형성 운명을 위해 이 세포를 보존하기 위한 조절 메커니즘의 일부일 수 있다. 마지막으로, 이 원고에서 강조되지는 않았지만, 우리는 나중에 혈관과 같은 구조에서 flk 1과 같은 초기 내피 마커와 공동 정렬된 osterix 양성 세포를 관찰했다. 이는 이전에 이 초기 혈관 형성의 특징으로 확인되었다[Dilling et al., 2010]. 이 개념은 Lounev et al.의 작업[2009]을 뒷받침하는데, 이는 골모세포 전구체가 새로 형성되는 혈관 내에 존재하고 Tie 2 마커를 가지고 있으며 골수에서 유래되지 않는다고 제안한다[Kaplan et al., 2007]. 다른 연구자들도 골모세포 전구체가 혈관과 연관되어 있다는 개념에 대한 증거를 제공했다[Kolf et al., 2007; Medici et al., 2010].

이 연구는 이소성 골화 유도에서 말초 신경계의 잠재적인 직접적인 역할을 식별하는 첫 번째 단계에 속한다. 데이터에 따르면 BMP2가 존재할 때 유발되는 초기 신경 염증은 신경 내 세포 집단을 확장할 수 있으며, 이는 이동하여 여러 구조에 기여할 수 있으며, 빠르게 조립되어 HO를 생성한다. 이러한 단계를 억제하면 HO 형성이 크게 감소한다. 이것이 인접한 골격 뼈에 어떤 영향을 미치는지는 불분명하지만, 데이터에 따르면 시상하부와 직접 통신하여 부분적으로 뼈 리모델링에 영향을 미칠 수 있다. HO의 이러한 초기 단계를 이해하면 처음으로 치료적 개입을 위한 새로운 표적을 제공할 수 있으며, 궁극적으로 효과적인 치료로 이어질 수 있다. 마지막으로, 이러한 메커니즘이 신경섬유종증과 혈관석회화를 포함한 다른 여러 질병 상태에서도 역할을 할 수 있다고 생각할 수 있다.

*Discussion*

Heterotopic ossification **is** a disorder involving rapid bone formation within muscle, tendon, and ligaments, adjacent to skeletal bone, and **it has been linked to** an elevation in BMP2 signaling **[Shore and Kaplan, 2010]**. **Further**, the incidence of HO **appears to be** dramatically increased in individuals who have sustained traumatic injury to the nervous system **[Forsberg *et al.*, 2009]**. **Here we determined whether** localized changes in BMP signaling, which lead to heterotopic bone formation, can also alter peripheral nerve signaling through induction of neuroinflammation. **Our results suggest that** in the presence of BMP2, sensory neurons **express** mediators of neuroinflammation, resulting in the recruitment of mast cells and remodeling of the nerve structure.

BMP2 **has been shown previously to** induce the expression of the neuroinflammatory mediators, substance P and CGRP, in sensory neuron cultures **[Bucelli *et al.*, 2008]**. **Here we quantified** changes in these mediators, in vivo, after delivery of cells expressing BMP2. **We found** a **significant and immediate** elevation of both proteins, in relation to the control, which **received** the same cells transduced with an Adempty virus. **Interestingly, we observed** a **strong** correlation in elevation of these mediators, **immediately** following our delivery of BMP2. **However**, as the process continued over time, **we observed** a cyclical pattern in the expression of these mediators, with a **significant** decline in expression on day 2, followed by a **significant** rise in expression on day 3, and a trend towards another increase in expression by day 6. **Although** BMP2 would presumably be expressed for the first 3–4 days, prior to the rapid clearance of the cells **[Fouletier-Dilling *et al.*, 2007]**, the kinetics of BMP2 receptor signaling in this model **is unclear**. **Intriguingly**, one of the first steps **is** the rapid formation of brown adipocytes within the tissues **[Olmsted-Davis *et al.*, 2007]**. **We have previously shown** brown adipocytes to be necessary for patterning of the new bone, by their unique capacity to regulate the oxygen microenvironment, not only by stimulation of new vessels, but also by uncoupling of aerobic respiration and ''burning'' of oxygen **[Olmsted-Davis *et al.*, 2007]**. The result of this uncoupling **is** a release of energy as heat, which **could potentially** re-stimulate sensory neurons to respond and release substance P and CGRP. **This could potentially explain** the observed cyclical nature of the response, **suggesting** secondary or tertiary signaling events.

Performing the assay in animals lacking TRPV1, **we saw** a significant decrease in the volume of heterotopic bone formed, compared to animals with functional TRPV1. The suppression, rather than complete ablation, **suggests that** other TRPV family members present on sensory neurons **may also** contribute to the induction of HO. **Although we do not rule out** alterations in other peripheral nerve signaling to the central nervous system in these animals, both substance P and CGRP **were found to be significantly** decreased in the TRPV1 mice. **We still observed a trend towards** an increase in substance P and CGRP upon addition of the AdBMP2 transduced cells. **However, this was not** above the normal background levels observed in wild type mice, nor was it statistically significant for CGRP, and the induction was over three folds lower for SP, **so it is unclear whether this** contributes to HO. **The result that** BMP2 **does** not induce SP or CGRP in TRPV1 mice **is not surprising, as it has been previously shown that** TRPV1 **induces** SP in response to capsaicin **[Theriault *et al.*, 1979]** and that TRPV1 also **controls** heat- and acid-induced CGRP release from sensory nerves **[Kichko and Reeh, 2009]**. **In addition, previous studies have revealed** decreased injury-induced neuropeptide release in TRPV1 mice **[Wang and Wang, 2005]**. While TRPV1 **is unquestionably involved** in pain and neuroinflammation, TRPV **has also been found** to be involved in diabetes **[Razavi *et al.*, 2006]** and obesity **[Motter and Ahern, 2008]**. Whether this is by the same mechanism proposed here, or by alternative mechanisms, **remains undetermined**. **Consequently**, deletion of TRPV1 **could have** additional pleiotropic effects. TRPV1 mice receiving Adempty transduced cells **did not produce** heterotopic bone, **which is in line with our previous findings** that Adempty transduced cells **have not produced** HO in any animal model we have tested **[Olmsted-Davis *et al.*, 2002]**.

Mast cells **are known to be** recruited to nerves during times of neuroinflammation. Upon degranulation, mast cells **release** a number of digestive factors, chymases, tryptases, and other enzymes, which can cleave proproteins, leading to their activation. **These factors appear to be essential** for tissue remodeling of not only the nerve, but also other surrounding tissues, including the vasculature **[Johnson *et al.*, 1988; Richardson and Vasko, 2002;**

**Kleij and Bienenstock, 2005; Schaible *et al.*, 2005; Kulka *et al.*, 2008]**. Nerve remodeling **is thought to be** part of neurite outgrowth, or the ability to remodel and extend neurons. **Perhaps** this process is utilized to innervate the newly forming HO. **Alternatively, Adameyko *et al.* [2009] recently demonstrated** the presence of a stem cell population residing within peripheral nerves that would migrate from the nerve to undergo melanocyte differentiation. **We quantified** the number of mast cells after induction of HO **and found a significant** elevation in this population within 48 h, when compared to tissues receiving the control cells. **We observed** an upward trend in the number of mast cells on all days. **However, perhaps due to** the immune response evoked to clear the injected cells, **there was** also an increase in mast cell numbers in the control tissues, leading to a significant difference only on day 2. **Further, we observed** the mast cells, within the first 48 h, associating with the nerves and within the nerves, as compared to control tissues where the mast cells were usually located randomly throughout the tissues. **It is intriguing that we observed** the most significant difference at these early stages, since **this appears to parallel our findings** for the release of SP and CGRP within the tissues, **suggesting** mast cells **may be** recruited after release of these factors.

[...]

We next looked at whether the nerve remodeling was releasing cells that were essential to bone formation. As noted above, it has been previously demonstrated that precursors in peripheral nerves are the origin of skin melanoctyes. Therefore, mast cell degranulation, and subsequent nerve remodeling, was blocked using cromolyn, and we observed a significant decrease in HO. We next analyzed the nerves from these animals and found an increase in cells expressing markers of early stem cells (nanog and Klf4). These primitive markers were sporadic in the nerves of untreated animals, but completely covered the nerve in the cromolyn treated animals. This not only suggests that the early tissue changes lead to expansion of these cells, but also that the pool size of these cells within the nerve of untreated animals is extremely low, due to concomitant and rapid migration and differentiation. However, blockade of these latter steps with cromolyn leads to accumulation of these cells expressing primitive markers within the nerve. We note here, however, that the mechanisms of cromolyn action are incompletely understood.

Although cromolyn is widely characterized as a "mast cell-stabilizer" (i.e., an agent that blocks the release of mast cell mediators following appropriate activation of the cell) that can suppress mouse mast cell function in vivo, its molecular targets are neither fully defined nor restricted to mast cells [Galli *et al.*, 2008]. Moreover, while the mechanism of action of cromolyn mainly involves mast cell degranulation [Cox, 1967], other mechanisms, such as inhibition of neutrophils and eosinophil induced chemotaxis [Bruijnzeel *et al.*, 1990], have also been described.

To our surprise, we observed osterix positive cells on the nerve as early as day 2, in the presence of cromolyn. There were also cells that expressed primitive stem cell factors, which appeared to simultaneously express osterix, suggesting that these cells are osteoblast precursors. The majority of osterix positive expression was associated with the nerve. We also observed Klf-4$^+$ and nanog$^+$ cells that were not associated with osterix, suggesting that these cells may have other potentials. Besides osteoblasts, another possible fate of these cells may be brown adipocytes, which we have shown previously to be critical for reduction of the oxygen tension in the microenvironment for cartilage formation [Olmsted-Davis *et al.*, 2007] and for secreting VEGF for vessel formation [Dilling *et al.*, 2010]. It has recently been noted that the Misty mouse phenotype [Sviderskaya *et al.*, 1998], which is deficient in brown fat, is caused by a mutation in dock 7 [Blasius *et al.*, 2009], a neuronal factor that regulates Schwann cell migration and neuronal polarity. It is intriguing to speculate that brown fat progenitors may also reside in peripheral nerves, particularly since TRPV1 responds to heat [Szallasi *et al.*, 2007]. Additionally, it is interesting that the mutation in a single neuronal protein, dock7, not only dramatically increases HO in the Misty mouse [Olmsted-Davis *et al.*, 2007], but also causes severe osteoporosis in the skeletal bone (Rosen C., unpublished). Further, we previously demonstrated the rapid formation of new vessels early after BMP2 induction [Dilling *et al.*, 2010], suggesting that several types of tissues are being assembled simultaneously during this period. Osterix has previously been suggested to play a role in osteoblast lineage commitment of progenitors, suppressing the adipose phenotype [Cheng *et al.*, 2003]. Perhaps the early osterix expression, 4 days prior to the appearance of osteoid matrix, may be part of a regulatory mechanism to preserve these cells for future osteogenic fate. Finally, although not highlighted in this manuscript, we did observe osterix positive cells, at later times, in vessel-like structures that co-aligned with early endothelial markers, such as flk 1, which we have previously identified as characteristic of this early vasculogenesis [Dilling *et al.*, 2010]. This notion supports the work of Lounev *et al.* [2009], suggesting that osteoblast progenitors reside within the newly forming vessels, have a Tie 2 marker, and are not derived from marrow [Kaplan *et al.*, 2007]. Other investigators have also provided evidence for this concept of osteoblast progenitors being associated with the vasculature [Kolf *et al.*, 2007; Medici *et al.*, 2010].

This study is the first step in identifying a potential direct role for the peripheral nervous system in the induction of heterotopic ossification. The data suggest that early neuroinflammation, elicited in the presence of BMP2, may be capable of expanding a population of cells within the nerve, which can migrate and potentially contribute to a number of structures, rapidly assembling to produce HO. Suppression of these steps significantly decreases HO formation. Although it is unclear what effects this may have on the adjacent skeletal bone, the data suggest that there is direct communication with the hypothalamus, which could, in part, signal to impact bone remodeling. Understanding these earliest steps of HO will, for the first time, provide us novel targets for therapeutic intervention, which may ultimately lead to effective treatments. Finally, it is conceivable that such a mechanism could play a role in many other disease states, including neurofibromatosis and vascular calcification.

## 2. FORCE 학습을 통한 스파이크 신경망에서의 지도 학습

*논의*

이 논문에서 FORCE 훈련이 처음에는 혼란스러운 스파이크 뉴런 네트워크를 가져와서 뉴런 집단이 보여주는 자연스러운 작업과 기능을 모방하는 데 사용할 수 있음을 보여주었다. 예를 들어, 이러한 네트워크는 리듬 운동과 비리듬 운동을 모두 생성하는 핵심인 발진기와 같은 저차원 동적 시스템을 학습하도록 훈련되었다.[45]. 우리는 FORCE 훈련이 사용된 스파이크 모델, 초기 네트워크 상태 및 시냅스 연결 유형에 강력하다는 것을 발견했다.

또한, 네트워크를 훈련하는 데 사용된 감독자를 변경하여 저차원 역학을 넘어서는 행동을 표시하도록 스파이크 네트워크를 훈련할 수 있음을 보여주었다. 예를 들어, 우리는 입력을 구별할 수 있는 Izhikevich 뉴런 네트워크로 통계적 분류기를 훈련했다. 발진기의 개념을 더욱 확장하면 노래의 음표 형태로 복잡한 시퀀스를 저장하고, 송버드의 노래 행동을 재현하고, 영화 장면을 인코딩하여 재생할 수 있었다. 이러한 작업은 뉴런을 어셈블리로 분리하여 시간을 이산화하는 고차원 시간 신호(HDTS)를 포함함으로써 도움이 된다.

FORCE 훈련은 송버드가 고정관념적인 학습 노래를 배우는 방식과 유사하다[35.46]. 어린 송버드는 일반적으로 부모나 같은 종의 다른 구성원으로부터 종 특정 노래나 노래 레퍼토리를 제공받았다. 이 새들은 원래 템플릿 노래를 내면화한 후 이를 자신의 발성에 대한 오류 신호로 사용한다[35-37,39.46-49]. 저희 모델은 FORCE 훈련을 오류 수정 메커니즘으로 사용하여 송버드의 노래 행동을 재현했다. RA 영역의 스파이크 통계와 노래 스펙트로그램은 모두 FORCE 훈련 후에 정확하게 재현되었다. 또한 훈련 후 자극과 억제 사이의 균형을 변경하면 훈련 후 노래 행동이 저하된다는 것을 보여주었다. 과도한 자극으로 전환하면 스펙트로그램이 매우 비선형적인 방식으로 변경되는 반면 과도한 억제로 전환하면 모든 주파수의 진폭이 감소한다.

노래하는 새들이 학습하고 재생하는 데 사용하는 시계와 같은 입력 패턴에서 영감을 얻어[35,36] 우리는 비슷한 HDTS를 사용하여 영화의 한 장면 외에도 더 길고 복잡한 음표 시퀀스를 인코딩했다. 우리는 이러한 신호가 FORCE 훈련을 더 빠르게 하고 그에 따른 재생을 더 정확하게 만든다는 것을 발견했다. 나아가 HDTS 주파수를 조작함으로써 강력한 방식으로 영화 재생을 빠르게 하거나 되돌릴 수 있다는 것을 발견했다. 우리는 재생을 압축하면 평균 인구 활동에서 더 높은 주파수 진동이 발생한다는 것을 발견했다. HDTS를 감쇠시키면 평균 활동을 4-8Hz 진동에서 더 느린(=2Hz) 진동으로 전환하는 동안 재생 성능이 감소했다. 마지막으로, 영화 재생은 재생 네트워크의 손상된 뉴런에 강력했다.

우리의 에피소드 기억 네트워크는 어떤 특정 해마 영역과도 연관되지 않았지만, 해마 문헌의 맥락에서 우리의 결과가 어떻게 해석될 수 있을지 추측해 보는 것은 매우 흥미롭다. 특히, 우리는 HDTS가 해마에서 관찰되는 느린 세타 진동을 연상시키는 평균 집단 활동의 느린 진동을 부여한다는 것을 발견했다. 세타 진동은 기억과 강력하게 연관되어 있지만, 그 계산적 역할은 완전히 이해되지 않았으며, 많은 이론이 제안되었다[50-53]. 예를 들어, 세타 진동은 기억 형성을 위한 시계 역할을 한다고 제안되었다[50.54].

여기서 우리는 기억의 대리자 역할을 하는 자연적 자극이 뉴런 집단의 기본 진동에 결합될 수 있다는 구체적인 예를 보여준다. 진동은 뉴런이 이산적인 시간적 어셈블리에서 발화하도록 강제한다. 진동(HDTS를 통해)은 빨라지거나 심지어 역전되어 메모리를 동일하게 조작할 수 있다. 또한 HDTS 입력을 줄이면 재생과 기본 평균 인구 진동이 심각하게 방해받는다는 것을 발견했다. 이는 세타 파워가 정확한 재생을 예측한다는 것을 보여준 실험 결과와 일치하는 모습을 나타냈다[55]. 더욱이 HDTS를 차단하면 학습이 방해받고 HDTS가 있는 상태에서 훈련된 네트워크에서는 정확한 재생이 방해받게 된다. 해마 세타 진동을 약리학적으로[56] 또는 광유전학적으로[57] 차단하면 학습이 방해받는 것으로도 밝혀졌다.

HDTS의 역할은 최근 발견된 시간 세포와 유사하며, 시간 세포는 에피소드 기억 과제에서 시간 간격으로 분할하는 역할도 한다[58-60]. 시간 세포가 어떻게 형성되는지는 현재 진행 중인 연구이지만 내측 중격과 해마 세타 진동에 따라 달라진다[61]. 시간 세포는 CA1[58], CA3[62]에서 발견되었고 시간적으로 선택적 세포는 측두엽 피질[63]에서 발생한다.

더 넓은 맥락에서 FORCE로 훈련된 네트워크는 미래에 해마 기능을 밝히는 데 사용될 수 있다. 예를 들어, 미래의 FORCE로 훈련된 네트워크는 세타 진동의 위상과 관련하여 다양한 뉴런 유형에 대한 검증된 스파이크 분포를 재현하기 위해 데일의 법칙과 같은 생물학적 제약을 활용할 수 있다[64]. 이러한 네트워크는 잘 연구된 해마 회로의 다양한 구성 요소를 나타내도록 명시적으로 구성할 수도 있다.

스파이크 네트워크에서 이 기술을 구현하는 데 있어 가장 큰 어려움은 혼돈 유도 가중치 행렬과 피드백 가중치 행렬 사이의 크기 순서를 제어하는 것으로 보인다. 혼돈 가중치 행렬의 크기가 너무 크면(G 매개변수를 통해) 피드백 가중치 행렬[1]로 혼돈을 더 이상 제어할 수 없다. 그러나 혼돈 유도 행렬이 너무 약하면 혼돈 시스템은 더 이상 적합한 저장소로 기능하지 않는다. 이를 해결하기 위해 참조 1에서 관찰된 네트워크 동작을 기반으로 성공적인 학습을 위해 Q가 G와 함께 어떻게 확장되어야 하는지에 대한 확장 논증을 도출했다. 흥미롭게도 이러한 변동 간의 균형은 FORCE로 학습된 속도 네트워크의 수렴에 필요한 기준인 페이딩 메모리 속성과 관련이 있을 수 있다[65].

또한 다른 뉴런 유형에서 이 기술을 구현하는 데 성공했지만 Izhikevich 모델은 임의의 작업이나 역학을 학습하는 측면에서 가장 정확했다. 이는 뉴런 방정식보다 훨씬 느린 시간 척도에서 작동하는 스파이크 주파수 적응 변수가 있기 때문이다. 예를 들어 시냅스 억제 및 NMDA 매개 전류와 같이 더 긴 시간 척도 역학을 통해 네트워크가 저장소 역할을 하는 용량을 증가시킬 수 있는 다른 생물학적으로 관련된 힘이 있을 수 있다[66-68].

나아가, 우리는 고차원 시간 신호를 포함시키면 스파이크 네트워크가 긴 신호를 재생하는 정확도와 기능이 향상된다는 것을 발견했다. 참고문헌[2]에서 또 다른 유형의 고차원 감독자가 초기에 혼돈스러운 스파이크 네트워크를 훈련하는 데 사용된다. 여기서 저자는 $O(N^2)$ 구성 요소로 구성된 감독자를 사용한다(자세한 내용은 참고문헌[2] 참조). 이는 뉴런을 어셈블리로 분할하고 $O(N^2)$보다 차원이 낮은 HDTS를 구성하는 것과 관련된 우리의 접근 방식과 다르다. 그러나 참고문헌[2]와 여기에서의 우리의 작업에서 감독자의 차원을 늘리면 FORCE 훈련 정확도와 기능에 도움이 된다. 마지막으로, HDTS가 속도 방정식 네트워크와 보다 일반적인 저장소 방법에서 더 빠르고 정확한 학습을 촉진할 수 있다.

FORCE로 훈련된 네트워크는 뉴런 집단과 유사한 역학을 보이기 시작했지만, 현재 기능적 스파이크 신경망을 구성하는 데 사용되는 모든 상향식 절차는 생물학적으로 타당한 학습 규칙이 되기 위해 추가 작업이 필요하다[1,5,8]. 예를 들어, FORCE로 훈련된 네트워크는 상관 행렬 P(t)의 형태로 비국소적 정보가 필요하다. 그러나 이러한 기술로 생성된 최종 가중치 행렬을 기술 자체가 생물학적으로 타당하지 않다는 이유만으로 생물학적으로 타당하지 않다고 기각해서는 안 된다.

참고문헌[1]의 원래 속도 공식화 외에도 FORCE로 훈련된 속도 방정식은 최근 실험 데이터를 분석하고 재생성하는 데 적용되었다. 예를 들어, 참고문헌[69]에서 저자는 FORCE 훈련의 변형(부분적 네트워크 내 훈련, PINning이라고 함)을 사용하여 마우스 칼슘 영상 데이터에서 활동의 시간적 순서를 재생성하는 속도 네트워크를 훈련했다. PINning은 균형 가중치 행렬 아키텍처에서 최소한의 변경을 사용하여 신경 시퀀스를 형성한다. 참고문헌[70]에서 저자는 실험적 조작과 FORCE로 훈련된 네트워크를 결합하여 운동 행동 이전의 준비 활동이 실험적으로나 FORCE로 훈련된 속도 모델에서 모두 일방적 교란에 저항한다는 것을 보여준다. 참고문헌[71]에서 저자는 저수지의 역학이 영장류의 등쪽 전대상피질(dACC)에서 혼합 선택성의 출현을 설명할 수 있음을 보여준다. 저자는 FORCE 훈련의 수정된 버전을 사용하여 영장류에서 실험적으로 수행된 탐색/활용 작업을 구현한다. 저자는 FORCE로 훈련된 뉴런이 dACC에서 실험적으로 기록된 뉴런과 유사한 혼합 선택의 동적 형태를 가지고 있음을 발견했다. 마지막으로, 참고문헌[72]에서 저자는 초 단위로 시간을 인코딩하기 위해 속도 뉴런 네트워크를 관찰한다. 이 네트워크는 이후 필기 과제와 같은 다양한 시공간적 과제를 학습하는 데 사용된다. 이러한 FORCE로 훈련된 네트워크는 응답의 분산이 응답 시작 이후 시간의 제곱과 같은 크기를 갖는 베버의 법칙과 같은 정신물리적 결과를 설명할 수 있었다. 모든 경우에서 FORCE로 훈련된 속도 네트워크는 실험 결과를 설명하고 예측할 수 있었다. 따라서 FORCE로 훈련된 스파이크 네트워크는 전압 추적, 스파이크 시간 및 뉴런 매개변수를 사용하여 새로운 예측을 생성하는 데 매우 귀중한 것으로 입증될 수 있다.

상향식 네트워크 훈련 기술은 강점과 용도가 다르다. 예를 들어, 신경공학 프레임워크(NEF) 및 스파이크 기반 코딩 접근 방식은 훈련 없이 기본 가중치 행렬을 즉시 해결한다[5,6,8,9,11]. 솔루션은 스파이크 기반 코딩 접근 방식에서처럼 분석적일 수도 있고, NEF 접근 방식에서처럼 수치적일 수도 있다. 나아가, 가중치 행렬 솔루션은 위상 공간의 전체 영역에서 유효하지만, FORCE 훈련은 개별 궤적을 감독자로 사용한다. 여러 궤적을 단일 네트워크로 FORCE 훈련하여 영역에서 비슷한 수준의 글로벌 성능을 얻어야 한다.

두 솔루션 세트 모두 스파이크 신경망의 구조, 역학 및 기능에 대한 다른 통찰력을 제공한다. 예를 들어, 뇌 규모 기능 모델은 NEF 네트워크로 구성할 수 있다[8]. 스파이크 기반 코딩 네트워크는 균형 잡힌 네트워크 솔루션을 통해 스파이크를 희소하고 효율적으로 활용하여 고차 오류 스케일링이 가능한 방법을 보여준다. NEF 및 스파이크 기반 코딩 접근 방식은 즉각적인 가중치 행렬 솔루션을 제공하지만 두 기술 모두 다른 유형의 네트워크 또는 다른 유형의 작업으로 일반화하기 어렵다. NEF 및 스파이크 기반 코딩 접근 방식 모두 목표 역학을 생성하는 정적 가중치 행렬을 결정하기 위해 폐쇄형 미분 방정식 시스템이 필요하다.

요약하자면, FORCE를 사용하여 스파이크 신경망을 훈련하여 복잡한 시공간 역학을 재현할 수 있음을 보여주었다. 이 방법은 미래에 신경 활동을 동물의 복잡한 행동에 기계적으로 연결하는 데 사용될 수 있다.

*Discussion*

We have shown that FORCE training can take initially chaotic networks of spiking neurons and use them to mimic the natural tasks and functions demonstrated by populations of neurons. For example, these networks were trained to learn low-dimensional dynamical systems, such as oscillators which are at the heart of generating both rhythmic and non rhythmic motion[45]. We found FORCE training to be robust to the spiking model employed, initial network states, and synaptic connection types.

Additionally, we showed that we could train spiking networks to display behaviors beyond low-dimensional dynamics by altering the supervisor used to train the network. For example, we trained a statistical classifier with a network of Izhikevich neurons that could discriminate its inputs. Extending the notion of an oscillator even further allowed us to store a complicated sequence in the form of the notes of a song, reproduce the singing behavior of songbirds, and encode and replay a movie scene. These tasks are aided by the inclusion of a high-dimensional temporal signal (HDTS) that discretizes time by segregating the neurons into assemblies.

FORCE training is reminiscent of how songbirds learn their stereotypical learned songs[35,46]. Juvenile songbirds are typically presented with a species specific song or repertoire of songs from their parents or other members of their species. These birds internalize the original template song and subsequently use it as an error signal for their own vocalization[35–37,39,46–49]. Our model reproduced the singing behavior of songbirds with FORCE training as the error correction mechanism. Both the spiking statistics of area RA and the song spectrogram were accurately reproduced after FORCE training. Furthermore, we demonstrated that altering the balance between excitation and inhibition post training degrades the singing behavior post-training. A shift to excess excitation alters the spectrogram in a highly non-linear way while a shift to excess inhibition reduces the amplitude of all frequencies.

Inspired by the clock-like input pattern that songbirds use for learning and replay[35,36] we used a similar HDTS to encode a longer and more complex sequence of notes in addition to a scene from a movie. We found that these signals made FORCE training faster and the subsequent replay more accurate. Furthermore, by manipulating the HDTS frequency we found that we could speed up or reverse movie replay in a robust fashion. We found that compressing replay resulted in higher frequency oscillations in the mean population activity. Attenuating the HDTS decreased replay performance while transitioning the mean activity from a 4–8Hz oscillation to a slower (≈2Hz) oscillation. Finally, replay of the movie was robust to lesioning neurons in the replay network.

While our episodic memory network was not associated with any particular hippocampal region, it is tempting to conjecture on how our results might be interpreted within the context of the hippocampal literature. In particular, we found that the HDTS conferred a slow oscillation in the mean population activity reminiscent of the slow theta oscillations observed in the hippocampus. The theta oscillation is strongly associated to memory; however, its computational role is not fully understood, with many theories proposed[50–53].

For example, the theta oscillation has been proposed to serve as a clock for memory formation[50,54].

Here, we show a concrete example that natural stimuli that serve as proxies for memories can be bound to an underlying oscillation in a population of neurons. The oscillation forces the neurons to fire in discrete temporal assemblies. The oscillation (via the HDTS) can be sped up, or even reversed resulting in an identical manipulation of the memory. Additionally, we found that reducing the HDTS input severely disrupted replay and the underlying mean population oscillation. This mirrors experimental results that showed that theta power was predictive of correct replay[55]. Furthermore, blocking the HDTS prevents learning and prevents accurate replay with networks trained with an HDTS present. Blocking the hippocampal theta oscillation pharmacologically[56] or optogenetically[57] has also been found to disrupt learning.

The role of the HDTS is reminiscent of the recent discovery of time cells, which also serve to partition themselves across a time interval in episodic memory tasks[58–60]. How time cells are formed is ongoing research however they are dependent on the medial septum, and thus the hippocampal theta oscillation[61]. Time cells have been found in CA1[58], CA3[62] and temporally selective cells occur in the entorhinal cortex[63].

In a broader context, FORCE trained networks could be used in the future to elucidate hippocampal functions. For example, future FORCE trained networks can make use of biological constraints such as Dale's law in an effort to reproduce verified spike distributions for different neuron types with regards to the phase of the theta oscillation[64]. These networks can also be explicitly constructed to represent the different components of the well studied hippocampal circuit.

FORCE training is a powerful tool that allows one to use any sufficiently complicated dynamical system as a basis for universal computation. The primary difficulty in implementing the technique in spiking networks appears to be controlling the orders of magnitude between the chaos inducing weight matrix and the feedback weight matrix. If the chaotic weight matrix is too large in magnitude (via the G parameter), the chaos can no longer be controlled by the feedback weight matrix[1]. However, if the chaos inducing matrix is too weak, the chaotic system no longer functions as a suitable reservoir. To resolve this, we derived a scaling argument for how Q should scale with G for successful training based on network behaviors observed in ref. [1]. Interestingly, the balance between these fluctuations could be related to the fading memory property, a necessary criterion for the convergence of FORCE trained rate networks[65].

Furthermore, while we succeeded in implementing the technique in other neuron types, the Izhikevich model was the most accurate in terms of learning arbitrary tasks or dynamics. This is due to the presence of spike frequency adaptation variables that operate on a much slower time scale than the neuronal equations. There may be other biologically relevant forces that can increase the capacity of the network to act as a reservoir through longer time scale dynamics, such as synaptic depression and NMDA mediated currents for example[66–68].

Furthermore, we found that the inclusion of a high-dimensional temporal signal increased the accuracy and capability of a spiking network to reproduce long signals. In ref. [2], another type of high-dimensional supervisor is used to train initially chaotic spiking networks. Here, the authors use a supervisor consisting of $O(N^2)$ components (see ref. [2] for more details). This is different from our approach involving the construction of an HDTS, which serves to partition the neurons into assemblies and is of lower dimensionality than $O(N^2)$. However, from ref. [2] and our work here, increasing the dimensionality of the supervisor does aid FORCE training accuracy and capability. Finally, it is possible that an HDTS would facilitate faster and more accurate learning in networks of rate equations and more general reservoir methods as well.

Although FORCE trained networks have dynamics that are starting to resemble those of populations of neurons, at present all top-down procedures used to construct any functional spiking neural network need further work to become biologically plausible learning rules[1,5,8]. For example, FORCE trained networks require non-local information in the form of the correlation matrix $\mathbf{P}(t)$. However, we should not dismiss the final weight matrices generated by these techniques as biologically implausible simply because the techniques are themselves biologically implausible.

Aside from the original rate formulation in ref. [1], FORCE trained rate equations have been recently applied to analyzing and reproducing experimental data. For example, in ref. [69], the authors used a variant of FORCE training (referred to as Partial In-Network Training, PINning) to train a rate network to reproduce a temporal sequence of activity from mouse calcium imaging data. PINning uses minimal changes from a balanced weight matrix architecture to form neuronal sequences. In ref. [70], the authors combine experimental manipulations with FORCE trained networks to demonstrate that preparatory activity prior to motor behavior is resistant to unilateral perturbations both experimentally, and in their FORCE trained rate models. In ref. [71], the authors demonstrate the dynamics of reservoirs can explain the emergence of mixed selectivity in primate dorsal Anterior Cingulate Cortex (dACC). The authors use a modified version of FORCE training to implement an exploration/exploitation task that was also experimentally performed on primates. The authors found that the FORCE trained neurons had a similar dynamic form of mixed selective as experimentally recorded neurons in the dACC. Finally, in ref. [72], the authors train a network of rate neurons to encode time on the scale of seconds. This network is subsequently used to learn different spatio-temporal tasks, such as a cursive writing task. These FORCE trained networks were able to account for psychophysical results such as Weber's law, where the variance of a response scales like the square of the time since the start of the response. In all cases, FORCE trained rate networks were able to account for and predict experimental findings. Thus, FORCE trained spiking networks can prove to be invaluable for generating novel predictions using voltage traces, spike times, and neuronal parameters.

Top-down network training techniques have different strengths and uses. For example, the Neural Engineering Framework (NEF) and spike-based coding approaches solve for the underlying weight matrices immediately without training[5,6,8,9,11]. The solutions can be analytical as in the spike based coding approach, or numerical, as in the NEF approach. Furthermore, the weight matrix solutions are valid over entire regions of the phase space, where as FORCE training uses individual trajectories as supervisors. Multiple trajectories have to be FORCE trained into a single network to yield a comparable level of global performance over a region. Both sets of solutions yield different insights into the structure, dynamics, and functions of spiking neural networks. For example, brain scale functional models can be constructed with NEF networks[8]. Spike-based coding networks demonstrate how higher order error scaling is possible by utilizing spiking sparsely and efficiently through balanced network solutions. While the NEF and spike based coding approaches provide immediate weight matrix solutions, both techniques are difficult to generalize to other types of networks or other types of tasks. Both the NEF and spike based coding approaches require a system of closed form differential equations to determine the static weight matrix that yields the target dynamics.

In summary, we showed that FORCE can be used to train spiking neural networks to reproduce complex spatio-temporal dynamics. This method could be used in the future to mechanically link neural activity to the complex behaviors of animals.

## 4.4 유용한 단어와 구문

이 장은 다양한 분야에서 발행된 2,500개 이상의 연구 논문을 분석하여 논의 섹션에 사용할 단어와 구문을 나열하여 가시화했다. 이 목록에는 자주 등장하여 저자와 편집자가 정상적이고 수용할 수 있는 단어와 구문만 포함시켰다. 이 목록은 또한 논문 작성의 흐름을 유지한다. 각 목록 아래에는 단어와 구문이 문장에서 어떻게 사용되는지에 대한 예시를 제시함으로써 무엇을 써야 할지 또는 어떻게 써야 할지 알 수 없을 때 목록과 문장 예시를 참고하기 바란다.

논의의 많은 구성 요소의 표현에 대한 제안은 이전 단원에서 이미 제시했다. 예를 들어:

- 논의 섹션의 구조 또는 내용 발표 Unit 1 참조
- [재검토] 문헌 Unit 1 참조
- [재검토] 연구의 갭/목표 Unit 1 참조
- [요약/재검토] 결과/방법의 주요 특징 Unit 2와 3 참조

- 결과 + 설명 Unit 3 참조
- 결과 + 해석/암시 Unit 3 참조
- 한계점 Unit 2와 3 참조

이전 섹션을 다시 살펴볼 때 문체를 위해 언어나 문장을 변경하지 않도록 한다. 독자에게 이전에 말한 내용을 상기시키는 것이 목표이므로 동일한 단어와 구문을 반복하는 것이 유리하다. 따라서, 언어를 바꾸는 것은 불리할 수 있는데, 독자에게 그것이 무엇을 가리키는 것인지 찾아내야 하는 부담을 주기 때문이다. 예를 들어, 서론에서 언급된 연구의 목적이 무엇인지를 '식별'하는 것이라면, 논의에서 같은 동사를 사용하여 연구의 성과를 설명하는 것이 독자에게 도움이 된다.

### 4.4.1 언어 과제

**연습 3** 다음 5가지 모델 구성 요소는 논의에서 처음으로 등장한다.

1 문헌/지식에 대한 매핑
2 함의를 정제/탐색
3 업적/문헌/지식에 대한 기여
4 현재 및 미래 작업
5 응용/USIE/적용성/구현

이 장의 설명과 더불어 참고 연구 논문의 논의 섹션을 살펴보도록 하라. 이 다섯 가지 영역에서 사용할 수 있다고 생각되는 단어나 구문에 밑줄을 긋거나 강조 표시하고 제안 사항을 섹션 4.4.2의 목록과 비교해보라.

## 4.4.2 논의 섹션의 언어

### 1. 문헌/지식에 대한 지도

| 대체할 수 있는 계획/전략 | **동사:** |
|---|---|
| 유사하다 | 이 연구/이 결과 |
| 비교할 수 있다 | |
| 일관되다 | 도전하다 |
| 반대하다 | ~와 잘 비교하다 |
| 구별되다 | 보완하다 |
| 완전히 다르다 | 확인하다 |
| 동등하다 | ~와 갈등하다 |
| 제외하다 | 모순되다 |
| 근본적으로 동일하다 | 대응하다 |
| 동일하다 | 확인하다 |
| ~에 따라 | 다르다 |
| ~에 일치하다 | 반박하다 |
| ~에 상충되다 | 확장하다 |
| ~와 대조적으로 | 연장하다 |
| ~와 잘 일치되는 | 개선하다 |
| ~에 부합하다 | 반사하다 |
| 새로운/신기한 | 수정하다 |
| 이전에 설명/보고/제안된 | 길을 닦다 |
| ~보다는 | 증명하다 |
| 최근에 | 통찰력을 제공하다 |
| ~와 상당히 다른 | 지원을 제공하다 |
| 비슷하다 | 반박하다 |
| 최초/최초의 종류 | 유사하다 |
| 우리가 아는 한, | 새로운 빛을 비추다 |
| 다른 것과는 달리 | 입증하다 |
| | 지원하다 |
| | 확인하다 |

**참고** 간단한 비교(예: 더 강력하다/더 정확하다/더 빠르다)도 효과적인 표현이며, 1단원의 GAP/PROBLEM(차이/문제) 언어는 이전/현재 지식을 회상하거나 문헌의 격차가 어떻게 채워졌는지 나타내는 데 유용하다.

| an alternative scheme/strategy<br>analogous to<br>comparable to<br>consistent with<br>contrary to<br>distinct from<br>entirely different<br>equivalent to<br>except for<br>fundamentally the same as<br>identical to<br>in accordance with<br>in agreement with<br>in conflict with<br>in contrast to<br>in good agreement (with)<br>in line with<br>new/novel<br>previously described/reported/suggested<br>rather than<br>recently<br>significantly different (to/from)<br>similar<br>the first time/first of its kind<br>to the best of our knowledge,<br>unlike | **Verbs:**<br>This study/These results<br><br>challenge<br>compare well (with)<br>complement<br>confirm<br>conflict (with)<br>contradict<br>correspond to<br>corroborate<br>differ from<br>disprove<br>expand<br>extend<br>improve<br>mirror<br>modify<br>pave the way for<br>prove<br>provide insight into<br>provide support for<br>refute<br>resemble<br>shed new light on<br>substantiate<br>support<br>verify |
|---|---|

*Note*: A simple comparative (e.g. *stronger/more accurate/quicker*) is also effective here, and the GAP/PROBLEM language from Unit 1 is useful to recall previous/current knowledge or show how the gap in the literature has been filled.

***다음은 이러한 방법을 사용하는 몇 가지 예시이다.***

- 종종 제안되는 것처럼 배제되는 것이 아니라, 황산염 환원제는 변화가 활성되는 것처럼 보였다.
- 여기에서 제안하는 주파수 영역 알고리즘은 소위 Frisch Scheme 접근 방식과 유사하다.
- 기존 제어 방식과 달리 이 방식에서는 작동 중에 매개변수를 자유롭게 변경할 수 있다.
- 이는 철 환원제가 호흡 속도를 수정할 수 있다는 최근 연구 결과와 일치한다.
- 따라서 이 데이터는 Stephen Robbins가 제안한 이론을 뒷받침한다 [Robbins et al., 2013].
- 제시된 구조 기반 접근 방식은 기존 실험 방법을 보완한다.
- 이 연구는 기업 브랜드와 산업 이미지를 동시에 분석하여 이전 연구를 확장시킨다.
- 이러한 결과는 곰팡이 감염이 식물 사망으로 이어진다는 이론과 일치한다.
- 따라서 현재 연구는 이러한 메커니즘에 대한 이전 연구에 대해 확인 후 확장시켰다.
- 이러한 결과를 바탕으로 기존 물리 계층 보안 시스템에서 내린 가정에 이의를 제기한다.

- **Rather than** being excluded **as is often suggested**, the sulfate reducers seemed to be thriving.
- The frequency domain algorithm proposed here **resembles** the so–called Frisch Scheme approach.
- **Unlike existing** control schemes, in this scheme the parameters can be freely changed during operation.
- This is **in agreement with** results from recent studies which suggest that iron reducers can modify their rate of respiration.

- Our data therefore **provide support for** the theory proposed by Stephen Robbins [Robbins *et al.*, 2013].
- The presented structure-based approach **complements existing** experimental methods.
- This study **extends** previous research by analysing corporate brand and industry image simultaneously.
- These results **are consistent with** the theory that fungal infection leads to plant death.
- The current study therefore both **confirmed and expanded** prior research into these mechanisms.
- On the basis of these results, **we challenge** the assumptions made by existing physical-layer security systems.

## 2. 함의 탐색

함의를 설명하고자 할 때 사용하는 언어의 목록은 308페이지에 설명한 함의와 결과에 대한 설명 부분에서 언급되어 있다. 이 목록은 논의에서 함의가 때때로 더 추상적이고 일반적이거나 이론적인 방식으로 표현되고 증거 기반 추측을 허용하는 언어를 사용하고 있다는 사실을 증명한다.

| | | |
|---|---|---|
| 그럴듯한<br>잠재적인<br>잠정적인<br><br>가설을 세우다<br>가정하다<br>추측하다<br>이론을 세우다 | 조동사<br>(특히 may/might/could)<br><br>그럴 가능성이 있다.<br>라고 가정하는 것이 합리적이다...<br>이게 강화된다...<br>이것은 ...에 의해 입증된다.<br>이것은 다음을 가리킨다...<br>우리는 배제할 수 없다... | 분명히,<br>물론,<br>아마도 |

| | | |
|---|---|---|
| plausible<br>potential<br>tentative<br><br>to hypothesise<br>to postulate<br>to speculate<br>to theorise | modal verbs (esp. may/might/could)<br><br>it is conceivable that...<br>it is reasonable to assume that...<br>this is reinforced by...<br>this is substantiated by...<br>this points to...<br>we cannot rule out... | Clearly,<br>Indeed,<br>Perhaps |

*다음은 이러한 사용 방법에 대한 몇 가지 예시이다.*

- 그러한 메커니즘은 다른 많은 질병 상태에서도 역할을 할 수 있을 것으로 판단된다.
- 우리는 나노유체 내 나노입자의 브라운 운동이 나노 규모에서 대류와 같은 효과를 생성한다고 가정한다.
- 잠정적인 설명은 콜로이드 시스템이 해당 처리 수준에서 응집될 수 있다.
- 우리는 우리의 작업이 새로운 형태의 실시간 개입을 위한 촉매제 역할을 할 수 있다고 가정한다.
- 갈색 지방 전구세포가 말초 신경에도 존재할 수 있다는 추측은 매우 흥미롭다.
- 다만, 헤미셀룰로오스 및 리그닌과의 반응 가능성도 배제하지 않는다.

- **It is conceivable that** such a mechanism **could** play a role in many other disease states.
- We **postulate that** Brownian motion of nanoparticles in nanofluids produces convectionlike effects at the nanoscale.
- A **tentative** explanation is that the colloidal system **may** be agglomerated at that treatment level.

- **We hypothesize that** our work **could** serve as a catalyst for new forms of real-time interventions.
- It is intriguing **to speculate** that brown fat progenitors **may** also reside in peripheral nerves.
- However, **we do not rule out** the possibility of a reaction with hemicellulose and lignin.

## 3. 성과/공헌

논의에서는 연구의 가치를 명시적으로 전달하는 것이 중요하며 (i) 긍정적인 언어('행복한' 단어)에는 다양한 선택권이 주어진다. 어떤 경우에는 성취나 기여에 대한 설명이 흥미로운 부분으로써 매우 중요하다. 연구 논문 작성에는 일반적으로 느낌표(!) 사용을 허용하지 않으나, '와우!'와 같은 감탄사를 언급하고자 할 때 허용되는 방법들은 다양하다. 느낌과 감탄을 전달하고자 할 때 사용하는 표현들은 다음 목록의 (ii) !-대체('매우 행복한' 단어)에 나열되어 있으니 참고하기 바란다.

### (i) 긍정적 언어('행복한' 단어)

| 정확한 | 효율적인 | 믿을 수 있는 | **동사/동사구:** | 입증하다 |
|---|---|---|---|---|
| 유리한 | 격려하는 | 건장한 | | 첫 번째 단계를 |
| 호소하는 | 전적으로 | 중요한 | 가능하게 하다 | 제공하다 |
| 적절한 | 정확히 | 단순한 | 피하다 | 체계를 제공 |
| 매력적인 | 빠른 | 매끄러운 | ~와 비교하다 | 하다 |
| 유익한 | 유리한 | 안정적인 | 확정하다 | 증거를 제공 |
| 분명한 | 실행할 수 있는 | 똑바로 | 가능하게 하다 | 하다 |
| 포괄적인 | 유연한 | 강한 | 향상시키다 | 통찰력을 |
| 편리한 | 중요한 | 믿을 수 있는 | 보장하다 | 제공하다 |
| 설득력 있는 | 직관적 | 성공적인 | 설명하다 | 필요성을 |
| 옳은 | 저가의 | 우수한 | 가능하게 하다 | 없애다 |
| 비용 효율적인 | 새로운 | 체계적인 | ~에 도움이 되다 | 해결하다 |

| | | | | |
|---|---|---|---|---|
| 직접적인<br>쉬운<br>간결한<br>효과적인 | 새로운, 신기한<br>현실적인<br>정밀한<br>생기게 하는<br>현실적인<br>관련 있는 | 모호하지 않은<br>유용한<br>유효한<br>귀중한<br>변하기 쉬운<br>생존 가능한 | 향상시키다,<br>개선하다<br>~할 수 있다<br>제안하다,<br>권하다<br>능가하다 | 드러내다<br>해결하다<br>간소화하다,<br>능률화하다<br>성공하다<br>지원하다<br>검증하다<br>산출하다,<br>생산하다 |

| | | | | |
|---|---|---|---|---|
| accurate<br>advantage<br>appealing<br>appropriate<br>attractive<br>beneficial<br>clear<br>comprehensive<br>convenient<br>convincing<br>correct<br>cost-effective<br>direct<br>easy<br>economical<br>effective | efficient<br>encouraging<br>entirely<br>exact<br>fast<br>favourable<br>feasible<br>flexible<br>important<br>intuitive<br>low-cost<br>new<br>novel<br>practical<br>precise<br>productive<br>realistic<br>relevant | reliable<br>robust<br>significant<br>simple<br>smooth<br>stable<br>straightforward<br>strong<br>successful<br>superior<br>systematic<br>unambiguous<br>useful<br>valid<br>valuable<br>versatile<br>viable | **Verbs/verb phrases:**<br><br>allow<br>avoid<br>compare well with<br>confirm<br>enable<br>enhance<br>ensure<br>explain<br>facilitate<br>help to<br>improve<br>is able to<br>offer<br>outperform | prove<br>provide a first step<br>provide a framework<br>provide evidence of<br>provide insight into<br>remove the need for<br>resolve<br>reveal<br>solve<br>streamline<br>succeed in<br>support<br>validate<br>yield |

**(ii) !-대체('매우 행복한' 단어)**

| 설득력 있는<br>중대한<br>극적인<br>훌륭한<br>특별한 | 신나는<br>기이한<br>이상적인<br>귀중한<br>뛰어난<br>완벽한 | 강한<br>놀랄 만한<br>훌륭한<br>놀라운<br>눈에 띄는, 현저한 | 부인할 수 없는<br>고유한<br>특이한<br>전례 없는<br>의심할 여지없이<br>필수적인 |
|---|---|---|---|

| compelling<br>crucial<br>dramatic<br>excellent<br>exceptional | exciting<br>extraordinary<br>ideal<br>invaluable<br>outstanding<br>perfect | powerful<br>remarkable<br>superb<br>surprising<br>striking | undeniable<br>unique<br>unusual<br>unprecedented<br>unquestionably<br>vital |
|---|---|---|---|

***다음은 이러한 사용 방법에 대한 몇 가지 예시이다.***

- 이는 확장성을 **크게 향상시키는 비용 효율적인** 접근 방식을 제공한다.
- 우리는 아토피 위험이 높은 신생아와 낮은 신생아 사이에 **현저한** 차이를 입증할 수 있었다.
- 이 작업은 다중 모델 예측이 보다 신뢰할 수 있는 **불확실성 추정치를 제공할 수 있음을** 나타낸다.
- 이 연구는 먼지 배출 모델에서 남부 아프리카 먼지 발생원을 **더 잘 표현하기 위한 첫 번째 단계를 제공한다.**
- 문헌에 보고된 유사한 촉매와 비교하여 **뛰어난** 성능을 달성했다.
- 여기에 제시된 **신속하고 수행하기 쉬운** mRNA 기반 방법은 희귀 코딩을 탐지하는 강력한 접근 방식이다.
- 여기에 설명된 시스템은 질병이 있는 조직에서 이를 **체계적으로** 연구할 수 있는 새로운 수단을 제공한다.

- **정확한** 예측이 가능한 간단한 분석 절차를 제시한다.
- 따라서 모델은 두 가지 유형의 계산 팬텀을 모두 활용하여 **현실적이고 융통성있게** 적용이 가능하다.
- 여기에 설명된 분석 방법을 사용하면 어렵고 시간이 많이 걸리는 전처리가 **필요하지 않다.**

- This results in a **cost-effective** approach which **significantly improves** scalability.
- We were able to demonstrate a **striking** difference between neonates at high and at low risk of atopy.
- This work demonstrates that multimodel predictions can **provide a more reliable estimate** of uncertainty.
- We describe not only neutral but also ionized systems with **unprecedented accuracy**.
- The system described here **enables fast and easy** analysis of LRRC8 proteins.
- The study **provides a first step** towards a **better** representation of southern African dust sources in dust emission models.
- We achieved **outstanding** performance compared to similar catalysts reported in the literature.
- The **rapid, easy-to-perform** mRNA-based method presented here is a **robust** approach to detect rare coding.
- The system described here provides **novel** means to **systematically** study this in diseased tissues.
- A **straightforward** analysis procedure is presented which **enables accurate** prediction.
- The model is thus **both realistic and flexible**, taking advantage of both types of computational phantoms.
- The analytical method described here **removes the need for** difficult and time-consuming pre-treatment.

## 4. 현재와 미래의 일

| ~에 대한 필요성<br>현재<br>현재의<br>격려하는<br>유익한<br>유망한<br>긴급한<br><br>추가 작업이 필요시되다<br>앞으로의 작업/연구는 | 약속을 지키다<br>가능한 방향<br>연구 기회는 다음을 포함한다...<br>출발점<br>다음 단계<br>우리는 추천한다<br>우리는 제안한다<br>~할 가치가 있는<br>유익할 것이다/유용할 것이다<br>관심이 있을 것이다 | 탐구되어야 한다<br>조사되어야 한다<br>복제되어야 한다<br>검증되어야 한다<br>추가 작업이 계획되어 있다*<br>추후 작업/연구는*<br>조사 중이다*<br>작업이 (현재) 진행 중이다*<br>작업이 진행 중이다* |
|---|---|---|

* 참고 위의 표현들은 저자가 현재 이 연구를 진행 중임을 나타낸다. 다른 사람의 연구에 대한 제안이나 다른 연구자를 설명하는 표현에는 사용하지 않는다.

| a/the need for<br>at present<br>currently<br>encouraging<br>fruitful<br>promising<br>urgent<br><br>further work is needed<br>future work/studies should | holds promise<br>possible direction<br>research opportunities include...<br>starting point<br>the next stage<br>we recommend<br>we suggest<br>worthwhile<br>would be beneficial/useful<br>would be of interest | should be explored<br>should be investigated<br>should be replicated<br>should be validated<br><br>further work is planned*<br>future work/studies will*<br>is being investigated*<br>work is (currently) underway*<br>work is in progress* |
|---|---|---|

**Note*: These indicate that the writer is currently working on this; they are NOT suggestions for research by others, or invitations to other researchers.

*다음은 위 표현들이 사용되는 몇 가지 예시들이다.*

- **향후 연구에서는** 가정의 대기 오염을 줄이면 심장 질환이 개선될 수 있는지 조사**해야 한다.**
- 이러한 모든 질문에 답할 수 있는 모델을 개발하는 것은 **향후 연구에 있어** 흥미로운 과제이다.
- **향후 연구에서는** 환자가 보고한 그룹 치료의 이점에 대한 정성적 분석에 초점을 맞추어야 한다.
- 다른 가뭄 대응이 이러한 나무의 생존에 도움이 될 수 있는지 확인하기 위한 **추가 연구가 진행 중이다.**
- 향후에 이러한 시스템 역학을 시뮬레이션하기 위한 보다 효율적인 수치적 방법을 개발**하는 것은 흥미로울 것이다.**
- 이러한 결과를 뒷받침하기 위해 cfDNA 검사 성능의 변화를 추가로 **조사해야 한다.**
- **향후 연구에 대한 권장 사항에는** 세포벽 조립 중 폴리사카라이드 중복성에 대한 **조사가 포함된다.**
- 현재 이 유전적 제어의 범위를 확인**하기 위한 작업이 진행 중이다.**
- **향후 연구 기회에는** 지속 가능성 지표의 측정 개선**이 포함된다.**

- **Future studies should** investigate whether reducing household air pollution may lead to improvement in cardiac morbidity.
- Developing a model able to answer all these questions is an exciting challenge **for future studies**.
- **Future work should** focus on a qualitative analysis of patient-reported benefits of group therapy.
- **Further work is in progress** to determine whether a different drought response could help these trees to survive.
- In the future, **it would be of interest to** develop a more efficient numerical method for simulating these system dynamics.

- To support these findings, variations in cfDNA test performance **should be investigated** further.
- **Recommendations for future studies include** an investigation of polysaccharide redundancy during cell wall assembly.
- **Work is currently underway** to determine the extent of this genetic control.
- **Future research opportunities include** improving the measurement of sustainability indicators.

## 5. 응용 프로그램/사용/적용성/구현

| | | |
|---|---|---|
| 결국<br>적절한 시기에<br>미래에<br>곧 | 적용하다<br>가능하게 하다<br>촉진하다<br>일반화하다<br>생성하다<br>구현하다<br>이끌다<br>운영하다/운영에 넣다<br>생산하다<br>실현하다<br>역할을 하다<br>사용하다<br>활용하다 | 적용 가능한<br>적절한<br>실현 가능한<br>실행 가능한<br>실용적인<br>실용적인<br>현실적인<br>적합한<br>실행 가능한 |

| | | |
|---|---|---|
| eventually<br>in due course<br>in future<br>soon | to apply<br>to enable<br>to facilitate<br>to generalise<br>to generate<br>to implement<br>to lead to | applicable<br>appropriate<br>feasible<br>operable<br>practicable<br>practical<br>realistic |

| | to operate/put into operation<br>to produce<br>to realise<br>to serve as<br>to use<br>to utilise | suitable<br>viable |
|---|---|---|

*다음은 위의 표현을 적용하여 기술한 예시들이다.*

- 이 연구는 **현실적인** 공중 보건 권장 사항에 대한 증거 기반 지침을 **제공한다.**
- 여기에 설명된 해부 프로토콜은 체외 이미징을 포함한 모든 장골 분석에 **적합히다.**
- 여기에 제시된 접근 방식은 구조적 정보가 불완전한 문제에도 **적합하다.**
- 여기에 설명된 실험 패러다임은 미래의 로봇 사회적 에이전트를 평가하는 데 **사용할 수 있다.**
- 제안된 기술은 항생제 생산을 포함하여 생물 공정 산업 내에서 광범위하게 **구현될 수 있다.**
- 초신성의 **특정** 사례에 초점을 맞추지만 여기에 제시된 개념은 다른 천체 물리학 사례에도 **적용할 수 있다.**
- 프로토콜은 샘플의 운반 및 보관을 가능하게 하여 간 생검의 미토콘드리아 기능 분석을 **용이하게 한다.**
- 우리는 miR-CLIP을 다른 것과 함께 사용할 수 있는 광범위하게 **적용 가능한 접근 방식으로 적용한다.**
- 이 연구는 저렴한 공기 질 센서 네트워크가 광범위**한 사용에 적합하다는 것을 보여준다.**
- 이 연구에서 보고된 데이터는 **결국** 클로자핀의 최적 사용을 안내하는 권장 사항으로 **이어질 수 있다.**

- The study **provides** evidence-based guidance for **realistic** public health recommendations.
- The dissection protocol outlined here is **appropriate** for all long bone analyses including ex vivo imaging.
- The approach presented here is also **suitable** for problems where structural information is incomplete.
- The experimental paradigm outlined here could be **used** to evaluate future robotic social agents.
- The proposed technique could be **implemented** widely within the bioprocess industry, including in the production of antibiotics.
- Although it focuses on the specific case of supernovae, the concepts presented here are **applicable** to other astrophysical cases.
- Our protocol will **enable** the transport and storage of samples, thereby **facilitating** mitochondrial function analysis of liver biopsies.
- We see miR-CLIP as a **broadly applicable approach that can be used** in conjunction with others.
- This work shows that low-cost air quality sensor networks are **feasible for widespread use**.
- The data reported in this study could **eventually lead to** recommendations to guide optimal Clozapine use.

## 4.5 언어 및 쓰기 기술: 조동사

4.5절은 STEMM 연구 쓰기 또는 공식적인 학술 쓰기에 관련된 법조동사 사용에 대해서만 다룬다. 비공식적이거나 구두로 하는 의사소통에서의 법조동사 사용(예: 허가를 나타내는 may 사용)은 포함되지 않는다.
현재 법조동사 사용의 신뢰도를 확인하고자 한다면 A열의 법조동사를 B열의 의미와 연결시켜 보면 된다. 대부분의 법조동사는 두 가지 이상의 의미를 전달하는 데 사용할 수 있으므로 가능한 한 법조동사를 빈칸에 채워보라.

| COLUMN A | COLUMN B |
|---|---|
| 1 should<br>2 must<br>3 can<br>4 may<br>5 could<br>6 need to<br>7 might<br>8 have to | 이 모델은 광범위한 실험 데이터를 예측할 수 있다.<br>= 이 모델은 광범위한 실험 데이터를 _______ 예측한다.<br>이러한 상호 작용은 각 종에서 동일할 수 있다.<br>= 이러한 상호 작용은 각 종에서 동일할 수 있다.<br>팽창이 균일하면 비율이 일정하게 유지될 것으로 예상된다.<br>= 팽창이 균일하면 비율이 _______ 일정하게 유지된다.<br>이는 전자와 핵의 직접 충돌의 결과라는 것은 분명하다.<br>= 이는 전자와 핵의 직접 충돌의 결과이다.<br>실험 전에 튜브를 원심 분리하는 것이 좋다.<br>= 실험 전에 튜브를 _______ 원심 분리한다.<br>실험 전에 튜브를 원심 분리하는 것이 필요하다.<br>= 실험 전에 튜브를 _______ 원심 분리한다. |

| **COLUMN A** | **COLUMN B** |
|---|---|
| 1 should<br>2 must<br>3 can<br>4 may<br>5 could<br>6 need to | *The model* ***is able to*** *predict a wide range of experimental data.*<br>= The model ___________ predict a wide range of experimental data.<br>***It is possible that*** *these interactions are the same for each species.*<br>= These interactions ___________ be the same for each species.<br>*The ratio* ***is expected to*** *remain constant if the expansion is uniform.*<br>= The ratio ___________ remain constant if the expansion is uniform.<br>***It is obvious that*** *this is the result of direct collision between the electron and the nucleus.*<br>= This _________ be the result of direct collision between the electron and the nucleus. |

| | |
|---|---|
| 7 might<br><br>8 have to | ***It is advisable to** centrifuge the tubes before the experiment.*<br>= The tubes __________ be centrifuged before the experiment.<br><br>***It is necessary to** centrifuge the tubes before the experiment.*<br>= The tubes _________ be centrifuged before the experiment. |

**다음과 같이 정리된 핵심을 확인하라.**

이 모델은 광범위한 실험 데이터를 예측할 수 있다.
이 모델은 광범위한 실험 데이터를 예측할 수 있다.
이러한 상호 작용은 각 종에서 동일할 수 있다.
이러한 상호 작용은 각 종에서 동일할 수 있다.
팽창이 균일하면 비율이 일정하게 유지될 것으로 예상된다.
팽창이 균일하면 비율이 일정하게 유지되어야 한다.
이는 전자와 핵의 직접 충돌의 결과라는 것은 분명하다.
이는 전자와 핵의 직접 충돌의 결과여야 한다.
실험 전에 튜브를 원심 분리하는 것이 좋다.
실험 전에 튜브를 원심 분리해야 한다.
실험 전에 튜브를 원심 분리해야 한다.
실험 전에 튜브를 원심 분리해야 한다.
실험 전에 튜브를 원심 분리해야 한다.
실험 전에 튜브를 원심 분리해야 한다.
실험 전에 튜브를 원심 분리해야 한다.
실험 전에 튜브를 원심 분리해야 한다.

*The model **is able to** predict a wide range of experimental data.*
The model **can/could** predict a wide range of experimental data.

***It is possible that** these interactions are the same for each species.*
These interactions **may/might/could** be the same for each species.

*The ratio **is expected to** remain constant if the expansion is uniform.*
The ratio **should** remain constant if the expansion is uniform.

***It is obvious that** this is the result of direct collision between the electron and the nucleus.*
This **must** be the result of direct collision between the electron and the nucleus.

***It is advisable to** centrifuge the tubes before the experiment.*
The tubes **should** be centrifuged before the experiment.

***It is necessary to** centrifuge the tubes before the experiment.*
The tubes **must/need to/have to** be centrifuged before the experiment.

## 4.5.1 연구 논문의 법조동사 사용

연구 논문은 일반적으로 반박할 수 없는 근거를 제시하기보다는 확실한 결과물의 내용 전달을 목표로 한다. *may, might, could, can, should, need to, must*와 같은 법조동사는 연구 논문 전체에서 내용의 정확도와 기여의 수준을 표현하는 데 사용된다. 서론에서 가설을 제시하고*(could be due to...)* 격차를 식별하고*(may provide valuable insight into...)*; 방법 섹션에서 선택 사항을 검증하고(이는 우리가 ...을 측정할 수 있다는 것을 의미); 결과 섹션에서 결과를 설명하는 데*(this might have been affected by...)* 사용된다. 논의 섹션에서 법조동사는 다양한 기능을 수행하는 데 사용된다. 예를 들어, 무언가가 가능한 설명, 잠재적 응용, 명백한 해석, 향후 작업에 대한 권장 방향 또는 가능성 있는 의미라는 작성자의 확신을 전달하는 데 사용된다. 다음은 논의 섹션에서 법조동사의 사용 형태를 보여주는 두 가지 발췌 예문이다.

… 이전 결과에 비추어 볼 때 강도와 연성을 조정할 수 있는 이러한 전형적인 침전 경화 거동은 노화 중 κ 탄화물의 형성과 성장으로 설명할 수 있다[17, 18, 21]. 보고에 따르면 크기가 수 나노미터 정도인 작은 K 탄화물은 이 연구에서 수행한 고처리량 RAP OM 관찰에서 안정적으로 감지하거나 식별할 수 없었다. 그림 5c에서 보이는 어두운 입자는 K 탄화물과 관련이 있을 수 있다.

Rapid alloy prototyping: *30Mn-1.2C-xAl 삼중강의 예를 기반으로 한 구조 재료의 구성 및 열 기계적 고처리량 벌크 조합 설계에서 발췌*

… In the light of previous results this typical precipitation hardening behaviour, which allows tuning of the strength and ductility, **can** be explained by the formation and growth of κ carbides during ageing [17, 18, 21]. Due to their reportedly small size, which is of the order of several nanometres, the κ carbides **could not** be reliably detected or identified in the high throughput RAP OM observations conducted in this study. The darker particles visible in Fig. 5c **might** be linked to κ carbides.

Extract from *Rapid alloy prototyping: compositional and thermo-mechanical high throughput bulk combinatorial design of structural materials based on the example of 30Mn–1.2C–xAl triplex steels*[p]

… 이것이 인접한 골격 뼈에 어떤 영향을 미치는지는 불분명하지만, 데이터에 따르면 시상하부와 직접 통신하는 것으로 보이며, 이는 부분적으로 뼈 리모델링에 영향을 미칠 수 있다. HO의 이러한 초기 단계를 이해하면 처음으로 치료적 개입을 위한 새로운 표적을 제공하게 되며, 궁극적으로 효과적인 치료로 이어질 수 있다. 마지막으로 이러한 메커니즘이 신경섬유종증 및 혈관 석회화를 포함한 다른 많은 질병 상태에서 역할을 할 수 있다고 생각할 수 있다.

*감각 신경으로 유발된 염증은 이소성 골화에 기여한다*에서 발췌

... Although it is unclear what effects this **may** have on the adjacent skeletal bone, the data suggest that there is direct communication with the hypothalamus, which **could**, in part, signal to impact bone remodeling. Understanding these earliest steps of HO will, for the first time, provide us novel targets for therapeutic intervention, which **may** ultimately lead to effective treatments. Finally, it is conceivable that such a mechanism **could** play a role in many other disease states, including neurofibromatosis and vascular calcification.

Extract from *Sensory nerve induced inflammation contributes to heterotopic ossification*[r]

**적절한 시제와 적절한 법조동사를 사용하는 것이 필수적이다.** 일관성 없이 신중하지 않은 법조동사를 선택하여 사용하는 것은 연구의 핵심 내용을 불분명하거나 모호하게 만든다.

**다음과 같이 쓸 경우:**

*압력 강하는 파이프 균열로 인해* ***발생했을 수도 있다.***

*The drop in pressure* ***may have been*** *caused by a crack in the pipe.*

압력 강하의 **가능한 원인**을 제시하고 있다. 이는 파이프 균열로 인해 발생했을 수도 있고, 그렇지 않을 수도 있다.

**다음과 같이 쓸 경우:**

*압력 강하는 파이프 균열로 인해* ***발생했을 것이다.***

*The drop in pressure* ***must have been*** *caused by a crack in the pipe.*

당신은 압력 강하가 파이프의 균열로 인해 발생했다는 것은 **확실하지만,** 이를 증명할 증거가 없다고 말하고 있다. 아마도 증거를 얻는 것이 불가능하거나, 너무나 확실해서 **증거를 제시할 필요가 없기** 때문일 것이다.

무언가가 사실이라고 확신하는 것과 그것이 사실이라는 것을 아는 것은 차이가 있다. 예를 들어, 우리는 시계를 보고 '10시라고 확신해' 또는 '10시여야 해'라고 말하지 않는다. 우리는 그저 10시라고 말한다. 흥미롭게도, 우리는 시계를 볼 수 없을 때, 다시 말해 경험적 증거가 부족할 때만 '10시여야 해'라고 말한다. 'must'는 동사에 더 많은 힘을 주는 것처럼 보이지만, 이는 또한 증거의 부족을 전달한다. 왜냐하면 우리가 무언가가 사실이라고 '확신'한다고 말할 때, 우리는 그것이 사실이라는 것을 실제로 '알지' 못한다는 것을 무의식적으로 전달하고 있기 때문이다.

법조동사의 문법과 용법은 복잡하고 일반적인 문법 규칙을 따르지 않는다. 예를 들어, 대부분의 법조동사는 두 가지 이상의 의미를 갖는다. 예컨대, 'should'는 'advisable' 또는 'likely'를 의미할 수 있다. 또한 일부 법조동사는 부정적으로 의미를 바꾼다. 'He must go home'과 'He has to go home'은 모두 그가 집에 가는 것이 필수적이거나 필요하다는 것을 의미한다. 그러나 'He must not go home'은 'it is essential that he does not go home'을 의미하는 반면, 'He does not have to go home'은 'it is not essential that he does go home'을 의미한다.

현재 연구되고 있는 논문에 사용된 문체들을 분석한 결과, 'it may' 대신 'it is possible'과 같은 대체 구조를 사용하는 것이 점점 더 일반화되고 있는 것을 발견할 수 있는데, 이것은 아마도 이러한 복잡성과 잘못된 메시지를 전달할 위험 때문일 것이다. 다음 예에서는 거의 동일하거나 유사한 의미를 가진 대체 표현들을 나열한 것이다.

### 1. 가능

| | | |
|---|---|---|
| 단순 현재 | **CAN** | 모델은 광범위한 실험 데이터를 예측할 수 있다.<br>= 모델은 광범위한 실험 데이터를 예측할 수 있다. |
| 단순 현재 부정 | **CANNOT** | 이 시스템은 다른 병원성 박테리아를 식별할 수 없다.<br>= 이 시스템은 다른 병원성 박테리아를 식별할 수 없다. |

| | | |
|---|---|---|
| 단순 과거 | **COULD** | 알고리즘은 구조화되지 않은 데이터를 스프레드시트 형식으로 변환할 수 있다.<br>= 알고리즘은 구조화되지 않은 데이터를 스프레드시트 형식으로 변환할 수 있었다. |
| | **COULD HAVE** | 더 큰 표본 크기를 사용하면 이 방법은 더 많은 감염을 식별할 수 있었다.<br>= 더 큰 표본 크기를 사용하면 이 방법은 더 많은 감염을 식별할 수 있었을 것이다. |
| 단순 과거 부정 | **COULD NOT (was not able to)** | 로봇은 환경의 변화에 동적으로 반응할 수 없었다.<br>= 로봇은 환경의 변화에 동적으로 반응할 수 없었다. |
| | **COULD NOT HAVE (would not have been ble to)** | 이 데이터가 없었다면 오염을 감지할 수 없었을 것이다.<br>= 이 데이터가 없었다면 오염을 감지할 수 없었을 것이다. |

| | | |
|---|---|---|
| Present Simple | **CAN** | The model **can** predict a wide range of experimental data.<br>= *The model **is able to** predict a wide range of experimental data.* |
| Present Simple negative | **CANNOT** | This system **cannot** identify other pathogenic bacteria.<br>= *This system **is not able to** identify other pathogenic bacteria.* |

| | | |
|---|---|---|
| Past Simple | **COULD** | The algorithm **could** convert unstructured data into spreadsheet format.<br>= *The algorithm **was able to** convert unstructured data into spreadsheet format.* |
| | **COULD HAVE** | With a larger sample size, the method **could have** identified more infections.<br>= *With a larger sample size, the method **would have been able to** identify more infections.* |
| Past Simple negative | **COULD NOT** *(was not able to)* | The robot **could not** react dynamically to changes in the environment.<br>= *The robot **was not able to** react dynamically to changes in the environment.* |
| | **COULD NOT HAVE** *(would not have been able to)* | Without this data, we **could not have detected** the contamination.<br>= *Without this data, we **would not have been able to detect** the contamination.* |

- **can** 또는 **be able to**를 사용할지 확실하지 않으면 **be able to**를 사용하라. 더 안전하고 오해의 소지가 적다.
- 미래 시제가 필요한 경우 **will be able to**를 사용하라. 이 모델은 결국 광범위한 실험 데이터를 예측할 수 있을 것이다.
- **'could'**는 '가능하고 able'을 의미하므로 could를 사용하면 의미가 모호해지는지 고려하라.
- **could**는 **would be able to(조건부/가정적 능력)**을 가리키기도 한다. 백신을 100% 접종했다면 감염을 예방할 수 있었을 것이다.
- **be capable of**는 일부 맥락에서 **can/could**의 대안이다.

## 2. 가능/선택

| | | |
|---|---|---|
| 단순 현재 | **MAY MIGHT COULD** | 이러한 상호작용은 각 종마다 동일할 수 있다.<br>이러한 상호작용은 각 종마다 동일할 수 있다.<br>이러한 상호작용은 각 종마다 동일할 수 있다.<br>= 이러한 상호작용은 각 종에서 동일할 수 있다. |
| | **CAN** | 이 개입은 효과적인 치료로 이어질 수 있다.<br>이 개입은 효과적인 치료로 이어질 수 있다.<br>이 개입은 효과적인 치료로 이어질 수 있다.<br>= 이 개입은 효과적인 치료로 이어질 가능성이 있다. |
| 단순 현재 부정 | **MAY NOT MIGHT NOT (but not COULD NOT or CANNOT; see page 236)** | 이러한 상호작용은 각 종마다 동일하지 않을 수 있다.<br>이러한 상호작용은 각 종마다 동일하지 않을 수 있다.<br>= 이러한 상호작용은 각 종마다 동일하지 않을 수 있다.<br><br>이 개입은 효과적인 치료로 이어지지 않을 수도 있다.<br>이 개입은 효과적인 치료로 이어지지 않을 수도 있다.<br>= 이 개입은 효과적인 치료로 이어지지 않을 수 있다. |

| | | |
|---|---|---|
| 단순 과거 | **MAY HAVE**<br>**MIGHT HAVE**<br>**COULD HAVE**<br>**(but not CAN HAVE)** | 이 반응은 소음 수준을 낮추는 원인이 되었을 수 있다.<br>이 반응은 소음 수준을 낮추는 원인이 되었을 수 있다.<br>이 반응은 소음 수준을 낮추는 원인이 되었을 수 있다.<br>= 이 반응은 소음 수준을 감소시켰을 가능성이 있다. |
| 단순 과거 부정 | **MAY NOT HAVE**<br>**MIGHT NOT HAVE**<br>**(but not COULD NOT HAVE or CANNOT HAVE; see page 236)** | 이 반응은 소음 수준을 감소시키지 않았을 수도 있다.<br>이 반응은 소음 수준을 감소시키지 않았을 수도 있다.<br>= 이 응답이 소음 수준을 감소시키지 않았을 가능성이 있다. |

| | | |
|---|---|---|
| Present Simple | **MAY**<br>**MIGHT**<br>**COULD** | These interactions **may/could/might** be the same for each species.<br>= ***It is possible*** *that these interactions* ***are*** *the same for each species.* |
| | | This intervention **may/could/might** lead to effective treatments.<br>= ***It is possible*** *that this intervention* ***will*** *lead to effective treatments.* |
| | **CAN** | The method presented here **can/could/may** be extended to other systems.<br>= ***It is possible*** *to extend the method presented here to other systems.* |

| | | |
|---|---|---|
| Present Simple negative | **MAY NOT**<br>**MIGHT NOT**<br>(but not **COULD NOT** or **CANNOT**; see page 236) | These interactions **may not/might not** be the same for each species.<br>= ***It is possible*** *that these interactions* ***are not*** *the same for each species.*<br><br>This intervention **may not/might not** lead to effective treatments.<br>= ***It is possible*** *that this intervention* ***will not*** *lead to effective treatments.* |
| Past Simple | **MAY HAVE**<br>**MIGHT HAVE**<br>**COULD HAVE**<br>(but not **CAN HAVE**) | This response **may have/might have/ could have** caused the reduction in the noise level.<br>= ***It is possible*** *that this response* ***caused*** *the reduction in the noise level.* |
| Past Simple negative | **MAY NOT HAVE**<br>**MIGHT NOT HAVE**<br>(but not **COULD NOT HAVE** or **CANNOT HAVE**; see page 236) | This response **may not have/might not have** caused the reduction in the noise level.<br>= ***It is possible*** *that this response* ***did not cause*** *the reduction in the noise level.* |

- 위의 예에서 현재 단순형에서 **may/might/could**는 미래의 가능성(이 개입으로 효과적인 치료법이 나올 가능성이 있음)과 현재/영구적인 가능성(이러한 상호작용이 모든 종에서 동일할 가능성이 있음)을 모두 지칭한다는 것을 알 수 있다.
- **'might'**는 **'may'**보다 약간 약하고 연구 쓰기에서는 덜 일반적이다.
- 안전을 유지하거나 등을 가리기 위해 **'may/might/could'**를 사용하지 말라. 무언가에 대해 확신이 있고 결과가 해석을 뒷받침하는 경우 '매우 가능성이 높음/가능성 있음/거의 확실함'과 같은 문구로 업그레이드하라.

- **'can'**은 모호하므로 위험하다. '입자 형성은 경계층에서 "발생할 수 있음"과 같은 문장은 다음 중 하나를 의미할 수 있다.'
    - *입자 형성은 경계층에서 [가능하게] 발생할 수 있다.*
    - *입자 형성은 경계층에서 발생할 수 있다.*
    - *입자 형성은 때때로 경계층에서 발생한다.*

    - *Particle formation **may [possibly] occur** in the boundary layer.*
    - *Particle formation **is able to occur** in the boundary layer.*
    - *Particle formation **sometimes occurs** in the boundary layer.*

모호성이 있을 가능성이 있는 경우 **'can'**을 다음 중 하나로 바꾸라.

- **can**은 옵션이나 선택을 전달하는 데 좋다. X 또는 Y를 사용할 수 있다 = X 또는 Y를 사용할 수 있다.
- **'can not'**은 **'cannot'**과 같은 의미가 아니다! **'can not'**은 **'may not'** 또는 'might not'과 같은 방식으로 **'possibly not'**을 의미한다. **'This 'can not' only damage the sample, it 'may' even destroy it completely'**와 같은 구조에서 사용된다. 이와 대조적으로 **'cannot'**은 불가능을 의미한다(398 페이지 참조).
- **'could not, cannot have'**와 **'could not have'**는 불가능을 의미하기도 한다.
    - *이것은 압력 변화 때문일 수 없다. (불가능)*
    - *이것은 압력 변화 때문일 수 없다. (불가능)*
    - *이것은 압력 변화 때문일 수 없다. (불가능)*
    - *이것은 압력 변화 때문일 수 없다. (불가능)*

    - *This **cannot** be due to a change in pressure. (impossible)*
    - *This **could not** be due to a change in pressure. (impossible)*
    - *This **cannot have been** due to a change in pressure. (impossible)*
    - *This **could not have been** due to a change in pressure. (impossible)*

### 3. 예상/가능성/확률적

| 단순 현재 | SHOULD | 확장이 균일하면 비율이 일정해야 한다.<br>= 확장이 균일하다면 비율은 일정하게 유지될 것으로 예상된다.<br>확장이 균일하다면 비율은 일정하게 유지될 가능성이 높다.<br>확장이 균일하다면 비율은 아마도 일정하게 유지될 것이다. |
|---|---|---|
| 단순 현재 부정 | SHOULD NOT | 확장이 변경되지 않는 한 비율은 변경되지 않아야 한다.<br>= 확장이 변경되지 않는 한 비율은 예상되지 않는다/가능성이 없다/아마도 변경되지 않을 것이다. |
| 단순 과거 | SHOULD HAVE | 저희의 데이터는 감소가 첫 해에 발생했어야 함을 시사한다.<br>= 저희의 데이터는 감소가 첫 해에 발생할 것으로 예상되었음을 시사한다. |
| 단순 과거 부정 | SHOULD NOT HAVE | 우리의 데이터는 부식이 적어도 2년 동안 발생하지 않았어야 한다는 것을 시사한다.<br>= 우리의 데이터는 부식이 적어도 2년 동안 발생하지 않을 것으로 예상했다. |

| Present Simple | SHOULD | The ratio **should** remain constant if the expansion is uniform.<br>= *The ratio* ***is expected to/is likely to/will probably*** *remain constant if the expansion is uniform.* |
|---|---|---|
| Present Simple negative | SHOULD NOT | The ratio **should not** change unless the expansion changes.<br>= *The ratio* ***is not expected to/is not likely to/will probably not*** *change unless the expansion changes.* |

| | | |
|---|---|---|
| Past Simple | **SHOULD HAVE** | Our data suggest that the decrease **should have** occurred during the first year.<br>= *Our data suggest that the decrease **was expected to** occur during the first year.* |
| Past Simple negative | **SHOULD NOT HAVE** | Our data suggest that corrosion **should not have** occurred for at least two years.<br>= *Our data suggest that corrosion **was not expected to** occur for at least two years.* |

- **'should have'**는 종종 일어나지 않은 일을 가리키는 반면, **'should not have'**는 종종 일어난 일을 가리킨다.
- **'was likely/probable'**과 **'was not likely/probable'**은 무언가가 일어났는지 아닌지를 가리키는 것이 아니라, 과거 사건에 대한 확실성 수준을 가리킨다.
- **'ought to'**는 **'should'**와 동일하지만, 과학 학술지에서는 점점 덜 흔하게 사용되므로 예를 제시하지 않는다.

### 4. 명백함/불가능

| | | |
|---|---|---|
| 단순 현재 | **MUST HAVE TO** | 이는 전자와 핵의 직접 충돌의 결과여야 한다.<br>= 이는 전자와 핵의 직접 충돌의 결과임이 명백하다. |
| 단순 현재 부정 | **CANNOT** | 이는 전자와 핵의 직접 충돌의 결과일 수 없다.<br>= 이는 전자와 핵의 직접 충돌의 결과일 수 없다. |
| 단순 과거 | **MUST HAVE** | 이 효과는 합성 속도 증가로 인한 것이었을 것이다.<br>= 이 효과는 합성 속도 증가로 인한 것이 분명하다. |

| 단순 과거 부정 | **CANNOT HAVE COULD NOT HAVE** | 이 효과는 합성 속도 증가로 인한 것이 아닐 수 없다.<br>이 효과는 합성 속도 증가로 인한 것이 아닐 수 없다.<br>= 이 효과가 합성 속도 증가로 인한 것이 아닐 수 없다. |
|---|---|---|

| Present Simple | **MUST HAVE TO** | This **must** be the result of direct collision between the electron and the nucleus.<br>= ***It is obvious that*** *this is the result of* direct collision between the electron and the nucleus. |
|---|---|---|
| Present Simple negative | **CANNOT** | This **cannot** be a result of direct collision between the electron and the nucleus.<br>= ***It is impossible that*** *this is the result of* direct collision between the electron and the nucleus. |
| Past Simple | **MUST HAVE** | This effect **must have been** due to the increased rate of synthesis.<br>= ***It is obvious that*** *this effect was due to the increased rate of synthesis.* |
| Past Simple negative | **CANNOT HAVE COULD NOT HAVE** | This effect **cannot have been/could not have been** due to the increased rate of synthesis.<br>= ***It is impossible that*** *this effect was due to the increased rate of synthesis.* |

- **'명백한/불가능한'** 법조동사는 '다른 설명이 불가능하다'는 의미일 때 사용한다.
- **must not**는 '허용되지 않음'을 의미하며, '불가능함'을 의미하지 않는다.
- **have to**는 '주로 구어체로' 소통할 때 사용한다.

**'POSSIBLY, PROBABLY'**와 **'OBVIOUS/ IMPOSSIBLE'**의 차이를 이해하려면, 먼저 동료가 연구실에서 걸어서 집으로 오는 데 보통 20분이 걸린다고 가정해 보자. 그녀는 집에 도착했을까? 사실을 확인하지 않고도

> 그녀가 18분 전에 연구실을 나갔다면, 그녀는 지금쯤 집에 **있을 수도/있을 수도/있을 수도** 있다*(possibly)*,
> 그녀가 30분 전에 나갔다면, 그녀는 지금쯤 집에 **있을 수도/있을 수도/있을 수도** 있다*(possibly)*,
> 그녀가 50분 전에 나갔다면, 그녀는 지금쯤 집에 **있을 수도/있을 수도/있을 수도** 있다*(possible)*,
> ...하지만 그녀가 5분 전에 나갔다면, 그녀는 아직 집에 **있을 수 없다***(impossible)*.

> if she left the lab 18 minutes ago, she **may/might/could** be home by now (*possibly*),
> if she left 30 minutes ago, she **should** be home by now (*probably*),
> if she left 50 minutes ago, she **must** be home by now (*obviously*),
> ...but if she left only 5 minutes ago she **cannot** be home yet (*impossible*).

## 5. 권장/권유

| | | |
|---|---|---|
| 단순 현재 | **SHOULD** | 실험 전에 튜브를 원심분리해야 한다.<br>= 실험 전에 튜브를 원심분리하는 것이 좋다. |
| 단순 현재 부정 | **SHOULD NOT** | 실험 전에 튜브를 원심분리해서는 안 된다.<br>= 실험 전에 튜브를 원심분리하는 것은 바람직하지 않다. |

| | | |
|---|---|---|
| 단순 과거 | **SHOULD HAVE** | 우리는 나중에 샘플을 물로 희석해야 했다는 것을 깨달았다.<br>= 우리는 나중에 샘플을 물로 희석하는 것이 좋은 생각이라는 것을 깨달았다.<br>우리는 나중에 샘플을 물로 희석하는 것이 좋은 생각이라는 것을 깨달았다. |
| 단순 과거 부정 | **SHOULD NOT HAVE** | 샘플은 물로 희석해서는 안 된다.<br>= 우리는 나중에 샘플을 물로 희석하는 것은 바람직하지 않은 생각이라는 것을 깨달았다.<br>우리는 나중에 샘플을 물로 희석하는 것은 좋지 않은 생각이라는 것을 깨달았다. |

| | | |
|---|---|---|
| Present Simple | **SHOULD** | The tubes **should** be centrifuged before the experiment.<br>= ***It is advisable to*** *centrifuge the tubes before the experiment.* |
| Present Simple negative | **SHOULD NOT** | The tubes **should not** be centrifuged before the experiment.<br>= ***It is not advisable to*** *centrifuge the tubes before the experiment.* |
| Past Simple | **SHOULD HAVE** | We later realised that the samples **should have** been diluted with water.<br>= *We later realised that* ***it would have been advisable/a good idea to*** *dilute the samples with water.* |
| Past Simple negative | **SHOULD NOT HAVE** | The samples **should not have** been diluted with water.<br>= *We later realised that* ***it was not advisable/not a good idea to*** *dilute the samples with water.* |

- **'should have'**는 종종 일어나지 않은 일을 가리키고, **'should not have'**는 종종 일어난 일을 가리킨다.
- **'ought to'**는 **'should'**와 동일하지만 과학 저술에서는 덜 흔해지고 있으므로 예를 제시하지 않았다.

위에서 볼 수 있듯이 **'should'**는 완전히 다른 두 가지 의미를 가지고 있다. 무언가가 **'EXPECTED/LIKELY/PROBABLE'**임을 전달하는 데 사용할 수 있으며 무언가가 **'ADVISABLE/RECOMMENDED'**임을 전달하는 데 사용할 수도 있다. 각각에 대한 몇 가지 예를 들면 - **'EXPECTED/LIKELY/PROBABLE'**과 **'ADVISABLE/RECOMMENDED'**로 구분할 수 있는가?

1. 각 세포 바이알은 한 번만 사용**해야 한다.**
2. 관목이 더 많아지면 툰드라의 식생 생산성이 증가**해야 한다.**
3. 오류를 피하기 위해 교정된 습도계는 특정 습도에서 유지**해야 한다.**
4. 기존 가정이 유효하지 않은 것으로 분명하지 않는 한 정리 1을 사용해서는 **안 된다.**
5. 이 데이터는 지구물리학적 매개변수 추정 기술의 정확도를 높**여야 한다.**
6. 플라스마 추출을 즉시 수행할 수 없는 경우 샘플을 냉동 보관**해야 한다.**
7. 산패를 방지하기 위해 산화방지제가 첨가된 오일을 사용**해야 한다.**
8. 나노복합재에 구조 요소로 탄소 나노튜브를 도입하면 재료 특성이 향상**된다.**
9. 매우 알칼리성 토양은 분석에 사용하기 전에 철저히 씻**어야 한다.**
10. 이 데이터는 출산율이 20세기가 끝날 때까지 50/1000에 가깝게 유지될 **것임을 시사한다.**
11. 편향은 모든 그룹에서 동일하므로 통계적 결과를 변경해서는 **안 된다.**
12. 그래픽 비밀번호는 핸드헬드 기기에서만 사용**해야 한다.**
13. 모든 최종 솔루션은 미세한 종이로 걸러**내야 한다.**

1. Each phial of cells **should** only be used once.
2. Vegetation productivity in tundra **should** increase if shrubs become more abundant.
3. To avoid errors, the calibrated hygrometers **should** be kept at a particular humidity.
4. Theorem 1 **should not** be used unless it is apparent that the conventional assumptions are invalid.
5. This data **should** improve the accuracy of geophysical parameter estimation techniques.
6. If extraction of the plasma cannot be performed immediately, the sample **should** be stored in a deep-freeze.
7. An oil with added antioxidant **should** be used to prevent rancidity.
8. The introduction of carbon nanotubes as a structure element in nanocomposites **should** improve the material properties.
9. Very alkaline soils **should** be washed thoroughly before using them for analysis.
10. This data suggests that the birth rate **should** remain close to 50/1000 for the rest of the 20th century.
11. The bias is the same for all groups, and therefore **should not** change the statistical results.
12. Graphical passwords **should** only be used with handheld devices.
13. All final solutions **should** be filtered through a fine-grain paper.

## 6. 필요/필수

| | | |
|---|---|---|
| 단순<br>현재 | MUST<br>NEED TO<br>HAVE TO | 실험 전에 튜브를 원심분리해야 한다.<br>실험 전에 튜브를 원심분리해야 한다.<br>실험 전에 튜브를 원심분리해야 한다.<br>= 실험 전에 튜브를 원심분리해야 한다. |
| 단순<br>현재<br>부정 | DO NOT<br>NEED TO<br>DO NOT<br>HAVE TO<br>NEED NOT | 실험 전에 튜브를 원심분리할 필요가 없다.<br>실험 전에 튜브를 원심분리할 필요가 없다.<br>실험 전에 튜브를 원심분리할 필요가 없다.<br>= 실험 전에 튜브를 원심분리할 필요가 없다. |

| | | |
|---|---|---|
| 단순 과거 | **NEEDED TO**<br>**HAD TO** | 우리는 샘플을 물로 희석해야 한다는 것을 발견했다.<br>우리는 샘플을 물로 희석해야 한다는 것을 발견했다.<br>= 우리는 샘플을 물로 희석해야 한다는 것을 발견했다. |
| 단순 과거 부정 | **DID NOT NEED TO**<br>**NEED NOT HAVE**<br>**DID NOT HAVE TO** | 우리는 샘플을 물로 희석할 필요가 없다는 것을 발견했다.<br>우리는 샘플을 물로 희석할 필요가 없다는 것을 발견했다.<br>우리는 샘플을 물로 희석할 필요가 없다는 것을 발견했다.<br>= 우리는 샘플을 물로 희석할 필요가 없다는 것을 발견했다. |

| | | |
|---|---|---|
| Present Simple | **MUST**<br>**NEED TO**<br>**HAVE TO** | The tubes **must/need to/have to** be centrifuged before the experiment.<br>= ***It is necessary to*** *centrifuge the tubes before the experiment.* |
| Present Simple negative | **DO NOT NEED TO**<br>**DO NOT HAVE TO**<br>**NEED NOT** | The tubes **do not need to/do not have to/need not** be centrifuged before the experiment.<br>= ***It is not necessary to*** *centrifuge the tubes before the experiment.* |
| Past Simple | **NEEDED TO**<br>**HAD TO** | We found that the samples **needed to/had to** be diluted with water.<br>= *We found that it* ***was necessary to*** *dilute the samples with water.* |
| Past Simple negative | **DID NOT NEED TO**<br>**NEED NOT HAVE**<br>**DID NOT HAVE TO** | We found that the samples **did not need to be/did not have to be/need not have been** diluted with water.<br>= *We found that it* ***was not necessary to*** *dilute the samples with water.* |

- **'must not'**은 '허용되지 않음'을 의미하며, '필요하지 않음'을 의미하지는 않는다.
- **'did not need to'**는 보통 '필요하지 않았고, 우리는 그것을 하지 않았다'를 의미하며, **'need not have'**는 보통 '필요하지 않았지만 우리는 그것을 했다'를 의미한다.
- **'did not have to'**는 공식적인 연구 논문 학술지에서는 덜 사용된다.

## 4.5.2 법조동사 문장 연습

*'could, must, may, have to, should, can, might'* 또는 '*need to*'를 적절한 시제로 사용하여 이 문장을 다시 써보자.

1. 이 소프트웨어는 서로 다른 바이러스를 구별할 수 있다.
   *이 소프트웨어는* ________________________________.
2. 압력 강하는 가스 누출 때문일 수 있다.
   *압력 강하는* ________________________________.
3. 수리하는 동안 장비를 분리하는 것이 필수적이다.
   *장비는* ________________________________.
4. 이 재료는 30℃ 이하로 보관하면 아마도 안정을 유지할 것이다.
   *이 재료는* ________________________________.
5. 오염이 소금의 존재로 인해 발생했을 가능성은 없다.
   *오염은* ________________________________.
6. 어린이는 18개월이 될 때까지 물체를 나타내는 기호를 사용할 수 없다.
   *어린이는* ________________________________.
7. 고무 씰을 사용해도 오염을 방지할 수 없다.
   *고무 씰을 사용하면* ________________________________.

8. 항산화 화합물을 사용하는 것은 권장되지 않다.
   *항산화 화합물은 ________________________________________.*
9. 이 재료는 30℃ 이하로 보관하면 분해될 가능성이 없다.
   *이 재료는 ________________________________________.*
10. 중탄산염이 탄소의 광물화로 생성되었다는 것은 분명했다.
    *중탄산염은 ________________________________________.*
11. 나중에 복합재를 열에 노출시킬 필요가 없다는 것을 깨달았다.
    *우리는 나중에 합성물이 ____________________라는 것을 깨달았다.*
12. 만약 우리가 기간을 연장했다면, 더 많은 결정을 생산할 수 있었을 것이다.
    *만약 우리가 기간을 연장했다면, 우리는 ____________________.*

1. This software is capable of distinguishing between different viruses.
   *This software* ________________________________________
2. It is possible that the fall in pressure was due to a gas leak.
   *The fall in pressure* ________________________________________
3. It is essential to disconnect the equipment during repairs.
   *The equipment* ________________________________________
4. This material will probably remain stable if it is kept below 30°C.
   *This material* ________________________________________
5. It is impossible that the contamination was caused by the presence of salt.
   *The contamination* ________________________________________
6. Children are not able to use symbols to represent objects until the age of 18 months.
   *Children* ________________________________________
7. It is possible that using a rubber seal will not prevent contamination.
   *Using a rubber seal* ________________________________________
8. The use of antioxidant compounds is not advised.
   *Antioxidant compounds* ________________________________________

9. This material is not likely to decompose if it is kept below 30°C.
   *This material* ________________________________
10. It was obvious that the bicarbonate was produced by the mineralisation of carbon.
   *The bicarbonate* ________________________________
11. We realised later that it was not necessary to expose the composite to heat.
   *We realised later that the composite* ____________________
12. If we had extended the time period, it would have been possible to produce more crystals.
   *If we had extended the time period, we* ____________________

### 4.5.3 핵심

1. 이 소프트웨어는 다양한 바이러스를 구별**할 수 있다.**
2. 압력 강하는 가스 누출로 인한 **것일 수 있다.**
3. 수리하는 동안 장비를 분리**해야 한다.**
4. 이 재료는 30℃ 이하로 보관하면 안정을 유지**해야 한다.**
5. 오염은 소금의 존재로 인해 발생**할 수 없다.**
6. 어린이는 18개월이 될 때까지 물체를 나타내는 기호를 사용**할 수 없다.**
7. 고무 봉인을 사용해도 오염을 막**을 수 없다.**
8. 항산화 화합물을 사용**하면 안 된다.**
9. 이 물질은 30℃ 이하에서 보관하면 분해**되지 않는다.**
10. 중탄산염은 탄소의 광물화로 생성되었**을 것이다.**
11. 나중에 우리는 복합물이 열에 노출**될 필요가 없다**는 것을 깨달았다.
12. 기간을 연장했다면 더 많은 결정을 생산**할 수 있었을** 것이다.

1. This software **can** distinguish between different viruses.
2. The fall in pressure **may have been/might have been/could have been** due to a gas leak.
3. The equipment **must be** disconnected during repairs.
4. This material **should** remain stable if it is kept below 30°C.
5. The contamination **cannot have been/could not have been** caused by the presence of salt.
6. Children **cannot** use symbols to represent objects until the age of 18 months.
7. Using a rubber seal **may not/might not** prevent contamination.
8. Antioxidant compounds **should not be** used.
9. This material **should not** decompose if it is kept below 30°C.
10. The bicarbonate **must have been** produced by the mineralization of carbon.
11. We realised later that the composite **need not have been/did not have to be/did not need to be** exposed to heat.
12. If we had extended the time period, we **could have** produced more crystals.

## 4.6 논의 요약문 작성 연습

참고 논문의 논의 섹션을 분석할 때 다음 사항을 모두 살펴보도록 한다:

- 첫 번째 문장의 기능
- 구조가 346페이지의 일반적인 논의 모델과 일치하거나 벗어나는 정도
- 단순 현재형의 배경 사실 정보의 분량과 작성된 위치
- 논의에서 결과를 반복/재검토하는 비율
- 방법을 자세히 재검토하는지의 여부
- 서론에 명시된 목표/격차와 연구 성과 사이에 명확한 연관성이 있는지의 여부

- 연구의 가치/성과를 명확하게 식별하기 위한 '행복한 ☺' 언어 사용
- 서론에 제시된 문헌/지식과 해당 문헌/지식에 대한 연구의 기여 사이에 명확한 연관성이 있는지의 여부
- 연구를 기존 문헌/지식에 매핑하는 인용 참조의 수
- 위험 감소 언어 사용 및 may와 같은 법조동사 포함
- 제한, 약점 및 불일치가 언급되는 정도/언급된 위치 및 사용된 언어

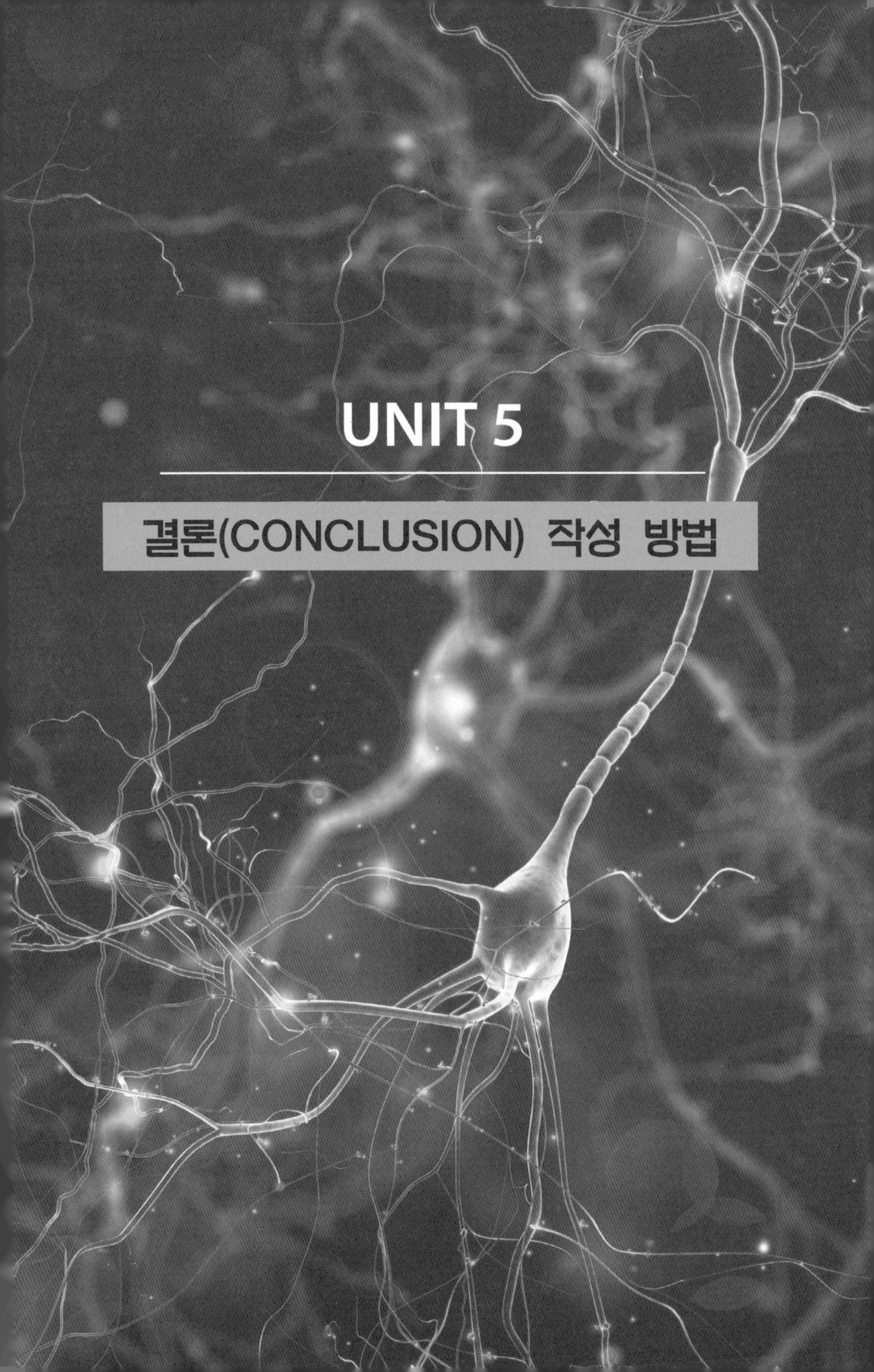

# UNIT 5

## 결론(CONCLUSION) 작성 방법

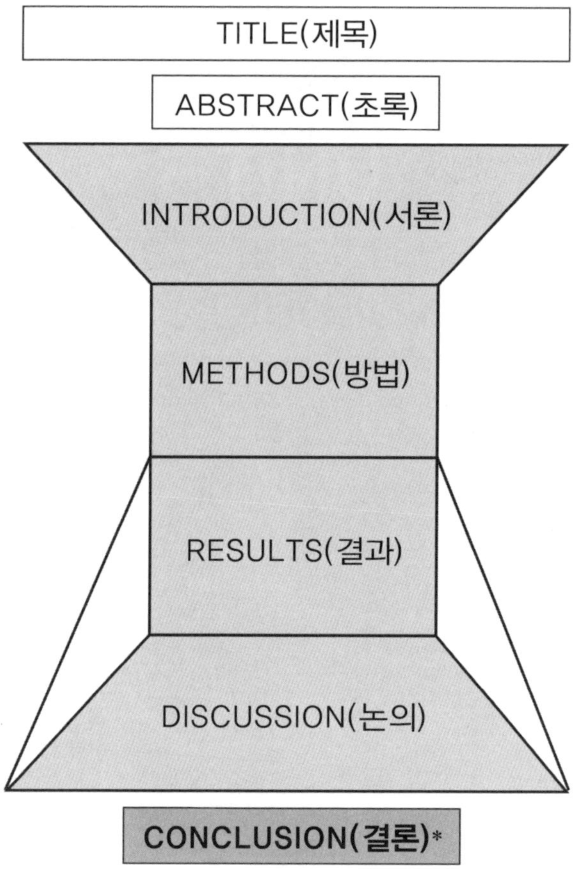


* 일부 저널에서는 이 섹션을 **결론(Conclusion)**이라고 표기하기도 하고 또 다른 저널에서는 **결론들(Conclusions)**이라고 작성하기도 하나, 이는 연구를 통해 도출된 결론의 수를 반영하지는 않는 것으로 보인다.

일부 저널에서는 결론 섹션이 논의의 마지막 한두 문단 정도로만 작성되어 있는 것을 발견할 수 있다. 대부분 저널에서는 결론이 별도의 섹션으로 작성되는 것을 원칙으로 한다. Unit3의 서론 부분에서 연구 논문을 세분화하는 방법에 대한 네 가지 구조적 옵션이 제시된 바 있다. 다음 표는 그 네 가지 옵션에 관해 일반적인 결론 섹션에 해당되는 내용의 세부 정보를 설명하고 있다:

<table>
<tr><th>부제<br>선택사항 1</th><th>부제<br>선택사항 2</th><th>부제<br>선택사항 3</th><th>부제<br>선택사항 4</th></tr>
<tr><td>결과</td><td>결과</td><td rowspan="2">결과 및 논의</td><td>결과</td></tr>
<tr><td>논의</td><td>논의</td><td>Ø</td></tr>
<tr><td>결론/결론들</td><td>Ø</td><td>결론/결론들</td><td>결론/결론들</td></tr>
<tr><td>1-2개의 짧은 단락으로 구성된 별도의 결론 섹션이 있다.</td><td>논의 섹션의 마지막 1-2개의 단락은 형식과 내용이 결론 섹션과 유사하다.</td><td>1-2개의 짧은 단락으로 구성된 별도의 결론 섹션이 있다.</td><td>처음에는 논의 섹션과 형식과 내용이 비슷하고 1-2개의 짧은 단락으로 구성된 결론 섹션으로 끝나는 긴 결론 섹션이 있을 수 있으며, 결론 섹션과 형식과 내용이 비슷한 1-2개 단락으로 끝난다.</td></tr>
</table>

| **SUBTITLES Option 1** | **SUBTITLES Option 2** | **SUBTITLES Option 3** | **SUBTITLES Option 4** |
|---|---|---|---|
| Results | Results | Results and Discussion | Results |
| Discussion | Discussion | | Ø |
| Conclusion/s | Ø | Conclusion/s | Conclusion/s |
| *There is a separate Conclusion section of 1-2 short paragraphs* | *The last 1-2 paragraphs of the Discussion section are similar in form and content to a Conclusion section* | *There is a separate Conclusion section of 1-2 short paragraphs* | *There may be a long Conclusion section that is initially similar in form and content to a Discussion section and which ends with 1-2 paragraphs that are similar in form and content to a Conclusion section* |

옵션 4를 제외한 결론 섹션은 평균 100~200단어이며, 보통 한두 개의 짧은 단락으로 구성되며 간혹 글머리 기호를 포함하기도 한다. 그러나 결론의 분량은 분야마다, 그리고 각 분야 내 저널마다 다르므로 참고 논문의 평균 결론 단어 수를 기준으로 삼는 것이 좋다.

결론 섹션에는 이전 섹션, 특히 초록, 서론 및 논의와 중복되는 내용이 포함될 수 있다. 또한 시놉시스 및 하이라이트와 같이 일부 저널에 새로 도입된 기능과 일부 중복되는 부분도 있다. 그러나 결론의 기능은 이 모든 것과는 다르며 반복이나 요약 그 이상이다. 심사자, 편집자 및 독자는 결론을 연구의 결과와 영향에 초점을 맞춘 명확한 메시지를 전달하는 핵심 섹션으로 간주하며, 저자는 이러한 기대를 충분히 충족시켜야 한다.

## 5.1 모델 구축하기

Unit 1~4의 리버스 엔지니어링 접근법을 사용하여 아래 6개의 결론 섹션에 있는 문장 함수를 나열한 다음 5.2절의 일반 결론 모델과 목록을 비교해보라. 처음 두 예제에서 결론의 문장 기능에 대한 단서는 굵게 강조 표시되어 있다. 어떤 경우에는 단순히 동사 시제에 주의를 끌기 위해 동사가 강조 표시되어 있다. 각 결론 섹션 앞에는 해당 논문의 초록에 해당될 경우 시놉시스 또는 하이라이트가 표시되어 있는데, 이는 초록이 결론 섹션과 어떻게 다른지 확인하고 초록을 결론의 주요 자료로 사용해서는 안 된다는 점을 강조하기 위한 것이다.

### 1. 초민감 형광 프로브를 사용한 단백질 티로신 포스파타제 활성의 글로벌 분석

*시놉시스*

단백질 티로신 포스파타제(PTP)는 세포 과정의 거의 모든 측면을 조절하는 대규모 효소 계열로 구성되어 있다. 이 논문에서는 포스파타제 활성을 기반으로 전체 PTP 제품군을 글로벌 프로파일링하기 위한 활성 기반 화학 프로브의 개발에 대해 설명하며, 이는 PTP에 의해 조절되는 경로에 대한 새로운 기능적 통찰력을 제공하고 새로운 치료 표적으로써의 PTP를 발견하는 데 기여할 것이다.

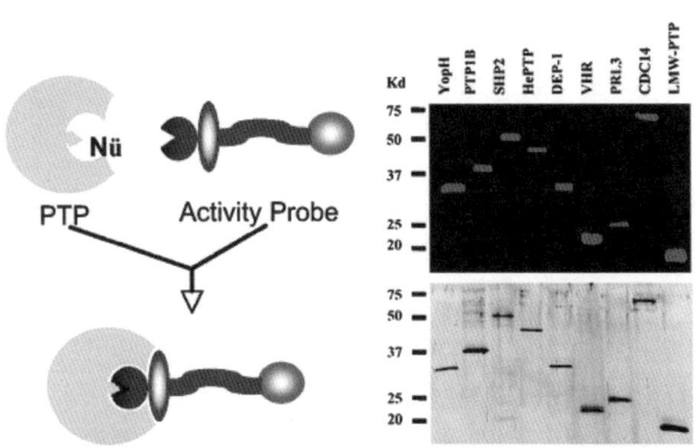

## 요약

단백질 티로신 포스파타제(PTP)는 세포 과정의 거의 모든 측면을 제어하는 데 중요한 역할을 하는 것으로 알려진 대규모 효소 계열로 구성되어 있다. 그러나 정상 생리와 질병에서 PTP의 기능적 의미를 부여하는 것은 세포 신호 전달의 주요 과제로 남아 있다. PTP의 기능은 번역 후 조절의 대상이 되는 고유한 활동과 직접적으로 연관되어 있기 때문에, 생리적으로 관련된 세포 환경 내에서 단순한 양이 아닌 역동적인 PTP의 활동을 전 세계적으로 모니터링할 수 있는 새로운 도구가 필요하다. 이 목표를 달성하기 위해 우리는 활성 의존적인 방식으로 PTP의 활성 부위에 공유 결합적으로 표지하는 두 개의 로다민 결합 프로브의 합성 및 특성화를 보고하여 이전에 보고된 비오틴화 프로브보다 우수한 감도, 견고성 및 정량성을 제공하고 PTP 활동을 직접 판독할 수 있는 방법을 제시한다. 우리는 형광 프로브가 인간 질병의 잠재적 진단 및 치료를위한 새로운 PTP 마커와 표적을 식별하는 데 사용될 수 있다는 증거를 제시한다. 또한 형광 프로브가 티로신 인산화 의존적 신호 전달에 대한 새로운 제어 계층으로서 조절된 $H_2O_2$ 생산 연구를 용이하게 할 수 있는 $H_2O_2$ 매개 PTP 비활성화를 추척 관찰할 수 있음을 보여준다. 활성 변화를 기반으로 전체 PTP 제품군을 프로파일링할 수 있는 능력은 PTP에 의해 조절되는 경로에 대한 새로운 기능적 통찰력을 제공하고 새로운 치료 표적으로서 PTP를 발견하는 데 기여할 것으로 기대된다. 단백질 티로신 인산화효소(PTP)는 세포 과정의 거의 모든 측면을 제어하는 데 중요한 역할을 하는 것으로 알려진 대규모 효소 제품군으로 구성되어 있다. 그러나 정상 생리와 질병에서 PTP의 기능적 의미를 부여하는 것은 세포 신호 전달의 주요 과제로 남아 있다. PTP의 기능은 번역 후 조절의 대상이 되는 본질적인 활성과 직접적으로 연관되어 있기 때문에, 생리적으로 관련된 세포 환경 내에서 단순한 양이 아닌 PTP의 역동적인 활동을 전 세계적으로 모니터링할 수 있는 새로운 도구가 필요하다. 이 목표를 달성하기 위해, 우리는 활성 의존적으로 PTP의 활성 부위에 공유 결합적으로 표지하는 두 개의 로다민 결합 프로브의 합성 및 특성화를 보고하여 이전에 보고된 비오틴화 프로브보다 우수한 감도, 견고성 및 정량성을 제공하는 PTP 활성의 직접 판독을 제공한다. 우리는 형광 프로브가 인간 질병의 잠재적 진단 및 치료를 위한 새로운 PTP 마커와 표적을 식별하는 데 사용될 수 있다는 증거를 제시한다. 또한 형광 프로브가 티로신 인산화 의존적 신호 전달에 대한 새로운 제어 계층으로서 조절된 티로신 생산 연구를 용이하게 할 수 있는 $H_2O_2$ 매개 PTP 비활성화를 추적 관찰할 수 있음을 나타낸다. 활성 변화를 기반으로 전체 PTP 제품군을 프로파일링할 수 있는 능력은 PTP에 의해 조절되는 경로에 대한 새로운 기능적 통찰력을 제공하고 새로운 치료 표적으로서 PTP를 발견하는 데 기여할 것으로 기대된다.

## *결론*

우리는 PTP 활성의 겔 내 직접 시각화에 매우 민감한 두 가지 형광 로다민 함유 PTP 프로브를 합성하고 특성을 분석했다. 동역학 분석에 따르면 이러한 프로브는 활성 부위 지향적이며 시간 및 농도 의존적인 방식으로 광범위한 PTP를 비활성화하는 것으로 나타났다. 직접 겔 내 형광 스캐닝은 형광 프로브가 PTP와 공유 결합을 형성하고 라벨링의 양이 PTP 활성과 상관관계가 있음을 나타낸다. 예상대로 형광 프로브는 100아토몰 정도의 로다민 표지 PTP를 검출할 수 있으며, 이는 비오틴 결합 프로브보다 거의 3배 더 민감한 검출 한계이다. 또한 이 형광 프로브는 다른 단백질에는 불활성을 유지하면서 PTP에 대해 매우 높은 선택성을 나타낸다. 따라서 로다민 함유 프로브는 활성 기반 PTP 프로파일링을 위한 탁월한 감도, 정량화 가능성 및 처리량을 제공한다. 초기 개념 증명 실험에 따르면 형광 프로브는 전체 단백질체 수준에서 PTP의 활성 수준을 동시에 추적 관찰할 수 있으며, 인간 암 세포주 패널 간에 PTP의 활성 프로파일이 크게 다르다는 것을 보여준다. 이것은 형광 프로브를 사용하여 인간 질병의 진단 및 치료를 위한 새로운 PTP 마커와 표적을 식별 할 수있는 잠재력을 강조한다. 마지막으로, 형광 프로브는 $H_2O_2$ 매개 PTP 비활성화를 추적 관찰할 수 있으며, 이는 티로신 인산화 의존 신호 전달에 대한 새로운 제어 계층으로써 조절된 $H_2O_2$ 생성 연구를 촉진할 수 있음을 보여준다. 활성 기반 형광 프로브의 추가 적용은 PTP의 글로벌 특성화를 가속화함으로써 세포 신호 및 질병에서 PTP에 대한 이해를 높일 것이다.

*Synopsis*

Protein tyrosine phosphatases (PTPs) consist of a large family of enzymes regulating virtually all aspects of cellular processes. This paper describes the development of activity-based chemical probes for global profiling the entire PTP family on the basis of phosphatase activity, which should yield new functional insights into pathways regulated by PTPs and contribute to the discovery of PTPs as novel therapeutic targets.

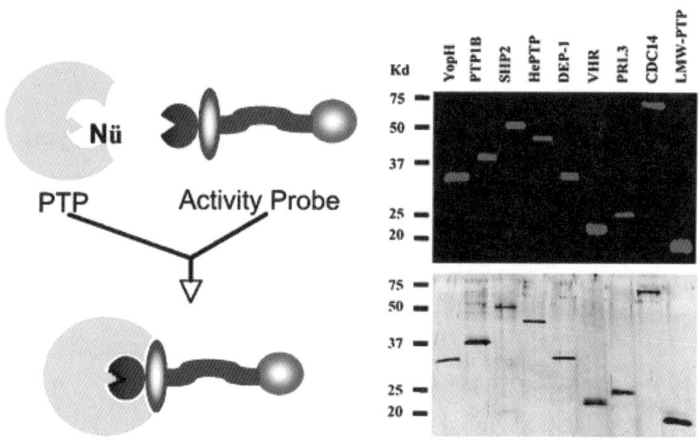


*Abstract*

Protein tyrosine phosphatases (PTPs) consist of a large family of enzymes known to play important roles in controlling virtually all aspects of cellular processes. However, assigning functional significance of PTPs in normal physiology and in diseases remains a major challenge in cell signaling. Since the function of a PTP is directly associated with its intrinsic activity, which is subject to post-translational regulation, new tools are needed to monitor the dynamic activities of PTPs, rather than mere abundance, on a global scale within the physiologically relevant environment of cells. To meet this objective, we report the synthesis and characterization of two rhodamine-conjugated probes that covalently label the active site of the PTPs in an activity-dependent manner, thus providing a direct readout of PTP activity and superior sensitivity, robustness, and quantifiability to previously reported biotinylated probes. We present evidence that the fluorescent probes can be used to identify new PTP markers and targets for potential diagnosis and treatment of human diseases. We also show that the fluorescent probes are capable of monitoring $H_2O_2$-mediated PTP inactivation, which should facilitate the study of regulated $H_2O_2$ production as a new tier of control over tyrosine phosphorylation-dependent signal transduction. The ability to profile the entire PTP family on the basis of changes in their activity is expected to yield new functional insights into pathways regulated by PTPs and contribute to the discovery of PTPs as novel therapeutic targets Protein tyrosine phosphatases (PTPs) consist of a large family of enzymes known to play important roles in controlling virtually all aspects of cellular processes. However, assigning functional significance of PTPs in normal physiology and in diseases remains a major challenge in cell signaling. Since the function of a PTP is directly associated with its intrinsic activity, which is subject to post-translational regulation, new tools are needed to monitor the dynamic activities of PTPs, rather than mere abundance, on a global scale within the physiologically relevant environment of cells. To meet this objective, we report the synthesis and characterization of two rhodamine-conjugated probes that covalently label the active site of the PTPs in an activity-dependent manner, thus providing a direct readout of PTP activity and superior sensitivity, robustness, and quantifiability to previously reported biotinylated probes. We present evidence that the fluorescent probes can be used to identify new PTP markers and targets for potential diagnosis and treatment of human diseases. We also show that the fluorescent probes are capable of monitoring $H_2O_2$-mediated PTP inactivation, which should facilitate the study of regulated $H_2O_2$ production as a new tier of control over tyrosine phosphorylation-dependent signal transduction. The ability to profile the entire PTP family on the basis of changes in their activity is expected to yield new functional insights into pathways regulated by PTPs and contribute to the discovery of PTPs as novel therapeutic targets.

*Conclusions*

**We have synthesized and characterized** two fluorescent rhodamine-containing PTP probes that are highly sensitive for direct in-gel visualization of PTP activity. **Kinetic analyses suggest that** these probes **are** active site directed **and inactivate** a broad range of PTPs in a time- and concentration-dependent fashion. **Direct in-gel fluorescence scanning indicates that** the fluorescent probes **form** a covalent adduct with the PTPs and the amount of labeling correlates with PTP activity. **As expected**, the fluorescent probes can detect on the order of 100 attomole of rhodamine-labeled PTP, a detection limit **nearly 3 orders of magnitude more sensitive than** that of the biotin-conjugated probes. **Moreover**, the fluorescent probes also **exhibit extremely high** selectivity toward PTPs while remaining inert to other proteins. **Thus**, the rhodamine-containing probes **provide superior** sensitivity, quantifiability, and throughput for activity-based PTP profiling. **Initial proof-of-concept experiments show that** the fluorescent probes **are capable of** monitoring **simultaneously** the activity levels of PTPs at the whole proteome level **and that** the activity profiles of PTPs **are significantly different** among a panel of human cancer cell lines. **This highlights the potential to use** the fluorescent probes to identify new PTP markers and targets for the diagnosis and treatment of human diseases. **Finally, it is shown that** the fluorescent probes **are capable of** monitoring $H_2O_2$-mediated PTP inactivation, **which should facilitate the study of** regulated $H_2O_2$ production as a new tier of control over tyrosine phosphorylation-dependent signal transduction. **Further application** of the activity-based fluorescent probes **will accelerate global characterization** of PTPs, **thereby increasing our understanding of** PTPs in cell signaling and in diseases.

## 2. 적철광 표면의 물 산화에 대한 속도 법칙 분석

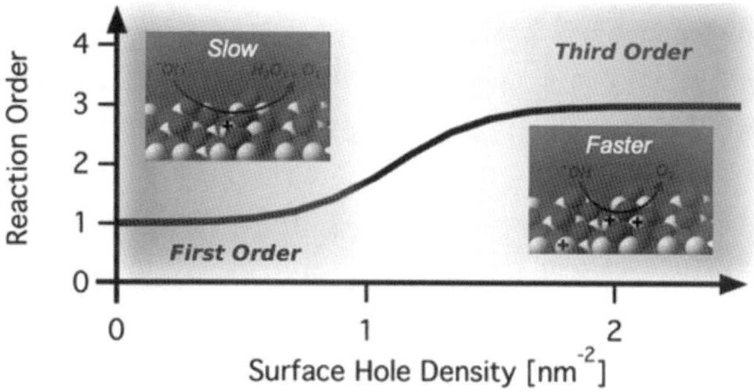


*요약*

물 산화는 생물학적 광합성과 인공 태양 연료 합성 전략의 핵심인 핵심 화학 반응이다. 최근 천연 촉매 부위의 구조와 무기 촉매 기능에 대한 진전에도 불구하고 이 다중 산화 반응의 기계적인 세부 사항을 결정하는 것은 여전히 중요한 과제로 남아 있다. 여기에서는 광유도 흡수 분광법을 사용하여 적철광 광전극의 표면 정공 밀도에 따른 물 산화 순서에 대한 속도법 분석을 보고한다. 이 연구에서는 낮은 누적 정공 밀도에서 느린 1차 반응에서 표면 정공 밀도가 가장 가까운 이웃 금속 원자의 산화를 가능하게 하므로 충분하면 더 빠른 3차 메커니즘으로의 전환을 나타낸다. 따라서 이 연구는 적철광에 의한 물 산화의 다중 정공 촉매에 대한 직접적인 증거를 제공하고, 이를 달성하는 데 필요한 정공 축적 수준을 입증하여 반응 메커니즘과 기능 향상 전략에 대한 핵심 통찰력을 제공한다.

*결론*

적철광 광전극에서 축적된 정공의 광유도 흡수와 광전류 밀도를 동시에 기록하여 물 산화 반응의 속도 순서를 조사했다. 반도체-전해질 계면에 두 개의 가장 가까운 이웃 표면 금속 원자를 산화시키기에 충분한 밀도의 정공이 축적될 때 광 생성 정공이 1차에서 3차로 전이되는 것이 확인되었다. 이 전환은 세 가지 다른 분석 간의 일치로 확인되었는데, 3차 반응은 세 개의 정공이 통합되어야 하는 중간체의 속도 제한 형성을 고려하여 합리적으로 이루어진다. 이 속도 법칙은* 다른 금속 산화물 표면에서 산소 진화 반응 중 산소-산소 결합 형성과 관련된 중간체에 대한 최근 관찰에 기반한 반응 메커니즘과 일치한다고 주장된 바 있다.

이 연구는 적철광과 같은 금속 산화물 반도체 표면이 다중 정공 반응을 주도하는 능력을 명확하게 보여줄 뿐만 아니라 이 표면의 겸손한 촉매 특성도 강조한다. 이 연구 결과는 높은 국소 정공 농도를 달성하고 기능을 향상시키기 위한 촉매의 필요성과 관련하여 물 산화를 위한 금속 산화물 양극과 광음극의 설계를 맞춤화하는 데 도움이 될 것이다. 현재 이 복잡한 반응을 촉매하는 기능 분석을 위해 다양한 재료와 자료들에 대한 추가적인 연구를 진행하고 있다.

** 저자가 자신을 언급하고 있을 가능성이 높다. 즉,* ***우리는 그렇게 주장하고 있지만*** *문장에서는 다른 연구자들에 의해 주장된다는 의미일 수 있다...*

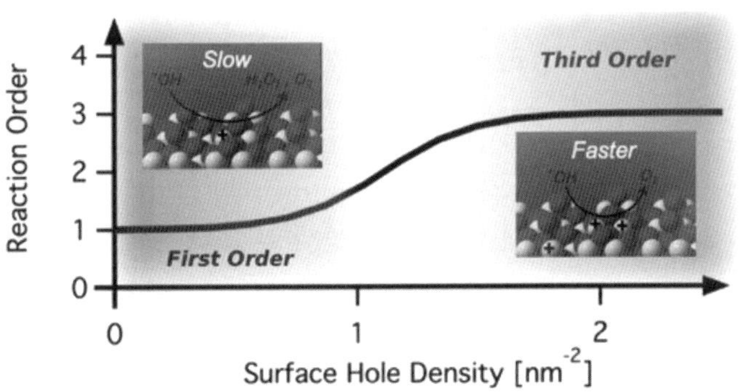


*Abstract*

Water oxidation is a key chemical reaction, central to both biological photosynthesis and artificial solar fuel synthesis strategies. Despite recent progress on the structure of the natural catalytic site, and on inorganic catalyst function, determining the mechanistic details of this multiredox reaction remains a significant challenge. We report herein a rate law analysis of the order of water oxidation as a function of surface hole density on a hematite photoanode employing photoinduced absorption spectroscopy. Our study reveals a transition from a slow, first order reaction at low accumulated hole density to a faster, third order mechanism once the surface hole density is sufficient to enable the oxidation of nearest neighbor metal atoms. This study thus provides direct evidence for the multihole catalysis of water oxidation by hematite, and demonstrates the hole accumulation level required to achieve this, leading to key insights both for reaction mechanism and strategies to enhance function.

*Conclusion*

The rate order of the water oxidation reaction **has been investigated** on hematite photoanodes by photoinduced absorption of accumulated holes and photocurrent densities recorded simultaneously. A transition from first order to third order in photogenerated holes **has been identified** when a sufficient density of holes is accumulated at the semiconductor-electrolyte interface to oxidize two nearest neighbor surface metal atoms. This transition **was confirmed by** agreement between three different analyses. The third order reaction **is rationalized** by considering the rate-limiting formation of an intermediate, which requires the incorporation of three holes. **It is argued that*** this rate law **is consistent with** reaction mechanisms based on recent observations of intermediates involving oxygen–oxygen bond formation during the oxygen evolution reaction on other metal oxide surfaces.

**This study clearly demonstrates the ability of** a metal oxide semiconductor surface, such as hematite, to drive a multihole reaction, but **also highlights** the modest catalytic properties of this surface. **Our findings will help to tailor the design of** metal oxide anodes and photoanodes for water oxidation with regards to achieving high localized hole concentration, and the need for cocatalysts to enhance function. **Further work is currently in progress** with different materials and overlayers to determine their function and abilities to catalyze this complex but fascinating reaction.

## 3. 모래를 부분적으로 대체하는 재활용 플라스틱 폐기물을 사용한 구조용 콘크리트의 성능

*요약*

모래의 과도한 준설로 인한 환경 문제로 인해 인도 전역에서 모래 채취가 제한되고 있으며, 콘크리트 건설에 직접적인 경제적 영향을 미치고 있다. 콘크리트 건설 업계의 엄청난 수요를 충족하기 위해서는 모래를 대체할 수 있는 적절한 환경 친화적인 대체재를 찾아야 한다. 동시에 인도에서는 폐플라스틱이 거의 재활용되지 않고 매립되는 비율이 40%에 달하는 상황이다. 분해 속도가 매우 낮아 환경에 잔류하는 이러한 물질의 투기는 장기적인 환경 문제로 대두되고 있다.

이 두 가지 문제를 해결하기 위해 폐플라스틱을 처리하여 구조용 콘크리트의 새로운 혼합물에서 고운 모래를 부분적으로 대체할 수 있도록 하는 방안이 제안되었다. 이 논문에서는 11가지 새로운 콘크리트 혼합물을 평가하여 5가지 플라스틱 재료 구성, 3가지 입자 크기 그룹, 3가지 종횡비, 2가지 화학 처리를 연구하고 모래를 부분적으로 대체할 수 있는 적절한 재료 선택을 확립한다.

그 결과 모래의 10%를 재활용 플라스틱으로 대체하는 것이 매년 8억 2,000만 톤의 모래를 절약할 수 있는 실행 가능한 제안이라는 사실이 밝혀졌다. 적절한 혼합 설계를 통해 플라스틱 폐기물을 사용한 콘크리트의 구조적 성능은 유지할 수 있다. 이 예비 연구는 영국문화원이 영국 인도 교육 연구 이니셔티브(UKIERI)의 '모래를 부분적으로 대체하는 플라스틱 폐기물을 이용한 구조용 콘크리트 개발' 프로젝트에 대한 자금 지원을 받아 수행되었다.

*결론*

이 논문은 구조용 콘크리트 믹스에 재활용 폐플라스틱을 사용할 수 있는 잠재력을 입증했다. 부피 기준으로 10%의 대체 비율을 적용하면 콘크리트 믹스에 사용되는 모래를 매년 8억 2천만 톤 절약할 수 있는 잠재력이 있다[1]. 이는 전 세계 연간 모래 소비량의 약 5%에 해당하는 양이다. 또 다른 이점은 폐플라스틱에 가치를 더하여 일부 국가에서 매립지로 보내지는 양을 줄이는 데 도움이 된다는 점이다. 건설 산업의 모래 수요 감소는 매년 상당한 양의 모래를 채취하는 인도와 중국과 같은 국가에서 모래 준설의 영향을 제한하려는 노력을 더욱 지원할 수 있다.

일반적으로 콘크리트 혼합물에 플라스틱을 대체하면 플라스틱과 주변 매트릭스 사이의 결합력이 약해져 압축 및 인장 강도가 감소하는 것으로 알려져 있다. 콘크리트의 실패는 장력에서 전파되기 때문에 플라스틱 입자 주변의 결합 불량으로 인해 압축 및 인장 강도가 감소한다. 대체하는 모래 입자의 크기와 일치하는 등급의 PET 플라스틱을 사용하고 부피 기준으로 10%를 대체했을 때 가장 유망한 전체 성능을 보여주었다. 또한 이 소재는 생산 비용도 저렴하고 많은 시장에서 폐기물 재료로 널리 사용 가능하다. 이 논문은 PET 소재를 파쇄하는 것만으로도 모래를 대체할 수 있는 충분한 가공이 가능하다는 점을 증명하였다.

다양한 형태의 플라스틱을 테스트한 결과, 콘크리트 혼합에 사용되는 가장 효율적인 플라스틱 골재는 표면이 거칠고, 모양이 불규칙하며, 심각한 실패 표면을 만들지 않도록 충분히 작아야 하며, 대체하는 모래와 비슷한 등급을 가져야 한다는 것이 입증되었다. 결과를 통해 적절한 혼합 설계를 통해 강도의 감소를 허용 가능한 수준으로 최소화할 수 있음을 증명한다.

*Abstract*

Environmental concerns arising from the over-dredging of sand have led to restrictions on its extraction across India, with direct economic impacts on concrete construction. A suitable environmentally friendly alternative to sand must be found to match the huge demand from the concrete construction industry. At the same time, waste plastic is rarely recycled in India, with as much as 40% left in landfill. The dumping of such materials which degrade at extremely low rates meaning they persist in the environment is a long-term environmental concern.

To tackle both issues, it is proposed to process waste plastic to create a partial replacement for fine sand in a novel mix for structural concrete. In this paper eleven new concrete mixes are evaluated to study five plastic material compositions, three groups of particle sizes, three different aspect ratios, and two chemical treatments and establish an appropriate choice of material to act as partial replacement for sand.

The results show that replacing 10% sand by volume with recycled plastic is a viable proposition that has the potential to save 820 million tonnes of sand every year. Through suitable mix design the structural performance of concrete with plastic waste can be maintained. This preliminary work was supported through funding from the British Council under the UKIERI (United Kingdom India Educational Research Initiative) programme for the project 'Development of structural concrete with the help of plastic waste as partial replacement for sand'.

*Conclusions*

This paper has demonstrated the potential for using recycled waste plastic in structural concrete mixes. At a replacement ratio of 10% by volume, this has the potential to save 820 millions tonnes of sand every year from being used in concrete mixes [1]. This is equivalent to approximately 5% of total global annual sand consumption. A further benefit is to add value to waste plastic, helping to reduce the volumes sent to landfill in some countries. A reduction in sand demand from the construction industry would further support efforts to limit the effects of sand dredging in countries such as India and China, where significant sand volumes are extracted every year.

It is generally seen that substituting plastic into a concrete mix causes a decrease in compressive and tensile strength due to the poor bond between the plastic and surrounding matrix. Since failure in concrete propagates in tension, the poor bond around plastic particles leads to a reduced compressive and tensile strength. The use of a graded PET plastic matched to the size of the sand particles it replaces, and at a replacement of 10% by volume, gave the most promising overall performance. This material is furthermore cost effective to produce and comes widely available as a waste material in many markets.

This paper has shown that simply shredding a PET material is sufficient processing to provide a viable alternative to sand.

Testing different forms of plastic has demonstrated that the most efficient plastic aggregate used in a concrete mix should have a rough surface, be irregular in shape, and be sufficiently small so as to not create a significant failure surface, but also be graded similar to the sand it replaces. The results indicate that through appropriate mix design reductions in strength can be minimised to acceptable levels.

## 4. 수증기에 노출되는 동안의 우라늄 금속 표면의 탄화물 개재물 산화 부식

*요약*

우라늄과 수증기 사이의 반응은 지금까지 잘 연구되어 왔으나, 설명된 운동 법칙, 반응 속도 상수의 압력 의존성 및 활성화 에너지 사이에 불일치가 발견된다. 여기서는 탄화물 내포물 형태의 불순물이 반응에 미치는 영향을 조사하여 이 문제를 살펴보도록 하겠다. 600ppm의 탄소를 함유한 우라늄 샘플을 환경 주사 전자 현미경(ESEM) 시스템에서 19mbar 압력의 수증기에 노출되는 동안과 노출된 후에 분석했다. 수증기 노출 후 샘플은 이차 이온 질량 분석법(SIMS), 집속 이온 빔(FIB) 이미징, X-선 회절(micro-XRD)을 이용한 단면 및 투과 전자 현미경(TEM)을 사용하여 분석했다. 이번 연구 결과에 따르면 우라늄 표면의 탄화물 입자는 수증기와 쉽게 반응하여 금속보다 훨씬 빠른 속도로 부피가 큰 $UO_3 \cdot xH_2O$ 성장을 형성하는 것으로 나타났다. 이 관찰은 우라늄과 물의 상호작용에 대한 이전의 실험 연구에도 영향을 미칠 수 있으며, 미검출 탄화물의 존재가 데이터 세트 간에 관찰된 불일치를 부분적으로 설명할 수 있다.

*하이라이트*

우라늄 금속의 탄화물 내포물에 대한 고해상도 이미지(FIB, SEM 및 SIMS) ▶ 탄화물 개재물과 수증기의 반응에 따른 실시간 이미지 ▶ 벌크 금속보다 카바이드가 우선적으로 소비되는 것을 보여준다. ▶ 따라서 금속의 불순물 양은 반응 속도에 심각한 영향을 미친다. ▶ 우라늄을 공기 또는 습한 조건에서 보관할 때는 금속 순도를 고려해야 한다.

***결론***

주조된 X-우라늄 표면을 19mbar와 20℃의 ESEM 장비에서 수증기에 노출시킨 후 검사한 결과 표면 부식이 발생했으며, 표면의 탄화물 내포물에서 $UO_3 \cdot H_2O$(메타초석)로 확인된 이차 성장이 형성된 것으로 나타났다. 일주일 동안 성장의 크기가 커지면서 주변 금속이 아닌 카바이드 입자만 소모하는 것이 관찰되었다. 어떤 경우에는 표면 탄화물이 완전히 분해되는 것이 관찰되었다.

이번 연구 결과에서 탄화물 입자가 금속보다 수증기와 더 쉽게 반응하는 것으로 나타났다. 결과적으로 우라늄-물 반응에 대한 이전 연구 간의 차이는 연구 그룹마다 사용하는 우라늄 금속의 순도가 다르고 결과적으로 탄화물 입자 집단이 다르기 때문일 수 있음을 증명하였다.

*Abstract*

The reaction between uranium and water vapour has been well investigated, however discrepancies exist between the described kinetic laws, pressure dependence of the reaction rate constant and activation energies. Here this problem is looked at by examining the influence of impurities in the form of carbide inclusions on the reaction. Samples of uranium containing 600 ppm carbon were analysed during and after exposure to water vapour at 19 mbar pressure, in an environmental scanning electron microscope (ESEM) system. After water exposure, samples were analysed using secondary ion mass spectrometry (SIMS), focused ion beam (FIB) imaging and sectioning and transmission electron microscopy (TEM) with X-ray diffraction (micro-XRD). The results of the current study indicate that carbide particles on the surface of uranium readily react with water vapour to form voluminous $UO_3 \cdot xH_2O$ growths at rates significantly faster than that of the metal. The observation may also have implications for previous experimental studies of uranium–water interactions, where the presence of differing levels of undetected carbide may partly account for the discrepancies observed between datasets.

*Highlights*

High resolution imagery (FIB, SEM and SIMS) of carbide inclusions in uranium metal. ▶ Real time images following the reaction of the carbide inclusions with water vapour. ▶ Shown preferential consumption of carbide over that of the bulk metal. ▶ Quantity of impurities in the metal therefore seriously influence reaction rate. ▶ Metal purity must be considered when storing uranium in air or moist conditions.

*Conclusions*

Examination of cast $\alpha$-uranium surfaces after exposure to water vapour in an ESEM instrument at 19 mbar and 20 °C indicated surface corrosion had occurred, with secondary growths determined to be $UO_3 \cdot H_2O$ (metaschoepite) forming at carbide inclusions across the surface. Over the period of a week the growths were observed to increase in size, consuming only the carbide particles and not the surrounding metal. In some cases complete decomposition of the surface carbides was observed.

From the results of the current study it is apparent that the carbide particles reacted more readily with the water vapour than the metal. Resultantly it is suggested that disparities between previous studies of the uranium–water reaction may be attributable to differential purities of uranium metal used by different research groups, with resultantly different populations of carbide particles.

## 5. 298.15K ~ 448.15KW 온도에서 (이산화탄소 + 물) 혼합물의 상 거동 측정 및 모델링

*요약*

심부 대수층 또는 고갈된 유전에서 이산화탄소 강화 석유 회수 및 이산화탄소 저장과 관련된 유체 혼합물의 상 거동을 연구하기 위한 분석 장치가 설계되었다. 유체 상은 이중 채널 자기 결합 펌프를 통해 순환되며, 가스 크로마토그래피 분석을 위해 고압 샘플링 밸브를 통해 재순환 루프에서 소량의 시료를 추출할 수 있다. 고압 셀에는 셀 내의 다양한 높이에서 재순환 루프로 액체를 끌어들이기 위해 회전할 수 있는 특수 프로브가 장착되어 있어 3상 증기-액체-액체 평형을 연구할 수 있다. 이 장치의 작동 온도 범위는 (298 ~ 448)K이며 최대 작동 압력은 50MPa이다.

이 연구에서는 (298.15 ~ 448.15)K의 온도와 (1.5 ~ 18.0)MPa의 압력에서 이원계($CO_2$ + $H_2O$)를 측정하고 그 결과를 이용 가능한 문헌 데이터와 비교했다. 증기-액체-액체 1 및 액체-액체 평형점도 T = 298.15K에서 측정되었으며 표준 불확도는 온도의 경우 0.04K, 압력의 경우 판독값의 0.04%, 액체 및 증기상의 몰 분율은 각각 $3\times10^{-4}$ 및 $8\times10^{-4}$였다. 결과는 증기상의 경우 펭-로빈슨 상태 방정식에 기반한 비대칭 접근법을, 수성 액체상의 경우 NRTL 용액 모델을 통합한 헨리의 법칙의 확장된 형태를 사용하여 상호 연관성을 확인했다. 크리체프스키-카사르노프스키(KK) 접근법의 데이터 상관 관계에 대한 능력도 평가되었다.

***그래픽 요약***

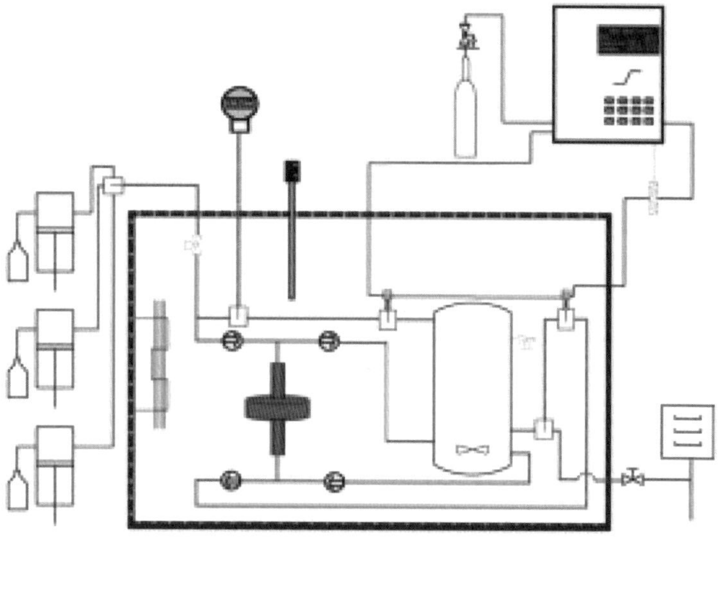

▶ 높은 T 및 p 상 거동 측정을 위한 분석 장치를 설계하고 시운전했다. (298.15 ~ 448.15)K의 온도와 (1.5 ~ 18.0)MPa의 압력에서 $CO_2 + H_2O$에 대한 측정이 수행되었다. - 측정된 데이터는 비대칭 접근 방식을 통해 상호 연관성을 분석했다. 크리체프스키-카사르노프스키 접근법과 Duan의 상관관계 모델도 평가했다.

### *결론*

$(CO_2 + H_2O)$의 상 거동은 298.15K ~ 448.15K의 온도와 최대 18MPa의 압력에서 측정되었다. 실험 결과를 문헌 데이터와 종합적으로 비교한 결과, 이전 리뷰에서 신뢰도가 가장 높은 것으로 확인된 문헌 출처와 일치하는 것으로 나타났다. 본 연구의 결과에서 고온 및 고압에서 정확하고 고품질의 데이터 측면에서 중요한 격차를 메우고 ($CO_2$ + 염수) 시스템에 대한 측정을 위한 기반을 마련하였다. 결과를 통해 증기상에 대한 고전적인 혼합 규칙과 Peng-Robinson EoS를 통합한 $\gamma-\phi$ 접근법과 NRTL 용액 모델 및 액체상에 대한 포인팅 보정을 사용한 헨리의 법칙의 확장된 형태를 사용하여 정확하게 모형화했다. 크리체프스키-카사르노프스키(KK)(단순화된 $\gamma-\phi$ approach)와 Duan 등의 경험적 상관관계도 연구했는데, 둘 다 이 시스템에 상당한 결함이 있는 것으로 밝혀졌다.


### *Abstract*

An analytical apparatus has been designed to study the phase behavior of fluid mixtures of relevance to $CO_2$-enhanced oil recovery and carbon dioxide storage in deep aquifers or depleted oil fields. The fluid phases are circulated by means of a dual-channel magnetically-coupled pump and aliquots may be withdrawn from the re-circulation loops, by means of high-pressure sampling valves, for analysis by gas chromatography. The high-pressure cell is fitted with a special probe that may be rotated in order to draw liquid into the re-circulation loop from different heights within the cell, thereby permitting the study of three-phase vapor–liquid–liquid equilibria. The working temperature range of the apparatus is from (298 to 448) K and the maximum working pressure is 50 MPa.

In this work, measurements have been made on the binary system ($CO_2$ + $H_2O$) at temperatures from (298.15 to 448.15) K and pressure from (1.5 to 18.0) MPa, and the results are compared with the available literature data. Vapor–liquid–liquid and liquid–liquid equilibrium points were also measured at $T = 298.15$ K. Standard uncertainties were 0.04 K for temperature, 0.04% of reading for pressure, and typically $3 \times 10^{-4}$ and $8 \times 10^{-4}$ for the mole fractions in liquid and vapor phases respectively. The results have been correlated by means of an asymmetric approach based on the Peng–Robinson equation of state, for the vapor phase, and an extended form of Henry's law incorporating the NRTL solution model, for the aqueous liquid-phase. The ability of the Krichevsky–Kasarnovsky (KK) approach to correlate the data has also been evaluated.

*Graphical abstract*

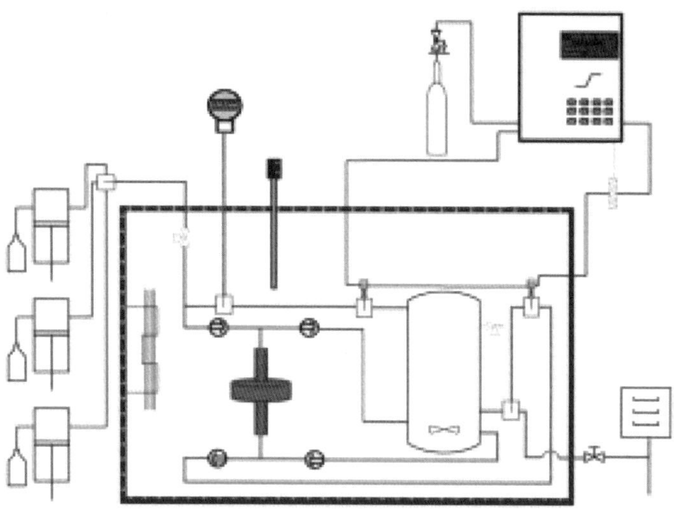

*Highlights*

▶ An analytical apparatus has been designed and commissioned for high $T$ and $p$ phase behavior measurements. ▶ Measurements have been made on

$CO_2 + H_2O$ at temperatures from (298.15 to 448.15) K and pressures from (1.5 to 18.0) MPa. ▶ The measured data have been correlated by means of an asymmetric approach. ▶ The Krichevsky–Kasarnovsky approach and Duan's correlation model are also evaluated.

*Conclusions*

The phase behavior of ($CO_2 + H_2O$) was measured at temperature from 298.15 K to 448.15 K, and at pressures up to 18 MPa. The experimental results are compared comprehensively with literature data and found to agree with those literature sources identified in earlier reviews as being of the highest reliability. Our results fill key gaps in terms of accurate and high-quality data at high temperature and pressure, and pave the way for measurements on ($CO_2$ + brine) systems. The results are modeled accurately with a γ–φ approach incorporating the Peng–Robinson EoS with the classical mixing rules for the vapor phase, and an extended form of Henry's law with the NRTL solution model and a Poynting correction for the liquid phase. The Krichevsky–Kasarnovsky (KK) (simplified γ–φ approach) was also studied as well as the empirical correlation of Duan *et al*. Both were found to have significant deficiencies for this system.

## 6. 신생아 후각 시스템의 기능적 자기공명영상 연구를 위한 컴퓨터 제어 자극

*초록*

목적: 후각은 신생아기 초기에 매우 중요한 기능을 하며, 냄새가 행동과 영아와 어머니의 유대감에 영향을 미칠 수 있다는 연구 결과도 있다. 우수한 공간적 특성으로 인해 혈중 산소 농도 의존적(BOLD) 조영 기능적 자기공명영상(fMRI)은 이 중요한 시기에 후각 지각 발달의 기초가 되는 신경 활동에 대한 이해를 빠르게 발전시킬 수 있는 잠재력을 가지고 있다. 이 연구는 냄새 지각에 대한 fMRI 연구를 위해 신생아 피험자에게 특별히 사용할 '후각 측정기'를 설계하는 것을 목표로 하였다.

**방법**: 이 연구에서는 냄새 액체를 제시할 수 있는 완전 자동화되고 프로그래밍이 가능한 fMRI 호환 시스템을 설명하였다. 시스템의 오염을 방지하고 피험자 간 감염 위험을 최소화하기 위해 대부분의 후각 측정기는 쉽게 구할 수 있는 일회용 임상 장비로 구성되었다. 이 시스템을 사용하여 분만 후 기간에 해당하는 연령(중앙값 40주)의 7명의 신생아 피험자로 구성된 검증 그룹에서 유아용 조제분유의 냄새를 측정하였다. 결과: 안전하고 신뢰할 수 있으며 재현 가능한 자극 패턴이 전달되어 이상피질, 편도체, 시상, 섬피질 및 소뇌에서 잘 국소화된 양성 BOLD 기능 반응이 나타났다.

## *주요 참고 사항*

- 후각은 생애 초기에 중요하지만, 근본적인 신경 활동의 해부학적 기질은 잘 알려져 있지 않다.
- 이 연구는 신생아 피험자의 후각에 대한 fMRI 연구를 위한 완전 자동화되고 안전한 시스템을 설명한다.
- 신생아 뇌의 주요 후각 영역에서 기능적 활성화를 fMRI로 확인할 수 있다.

## *결론*

본 연구는 신생아 대상의 fMRI 연구를 위해 특별히 완전 자동화된 프로그래밍 가능한 후각 측정기를 설계, 구축 및 구현했다. 설명한 시스템은 안전하고, 감염 위험을 최소화하도록 설계되었으며, 재현 가능하면서도 유연한 후각 자극 패턴을 생성한다. 이 시스템은 7명의 신생아 피험자의 일차 후각 영역에서 기간에 상응하는 PMA에서 잘 국소화된 패턴의 양성 BOLD 기능 활동을 유도하는 것으로 나타났다. 이러한 데이터는 이제 fMRI가 밀리미터 단위의 정밀도로 인간 신생아의 후각 발생을 조사하고 성숙한 후각 반응의 발달에 관한 특정 가설을 해결할 수 있는 기회를 제공한다는 것을 시사한다.

*Abstract*

**Aim:** Olfactory sensation is highly functional early in human neonatal life, with studies suggesting that odours can influence behaviour and infant–mother bonding. Due to its good spatial properties, blood oxygen level–dependent (BOLD) contrast functional magnetic resonance imaging (fMRI) has the potential to rapidly advance our understanding of the neural activity which underlies the development of olfactory perception in this key period. We aimed to design an 'olfactometer' specifically for use with neonatal subjects for fMRI studies of odour perception.

**Methods:** We describe a fully automated and programmable, fMRI compatible system capable of presenting odorant liquids. To prevent contamination of the system and minimize between-subject infective risk, the majority of the olfactometer is constructed from single-use, readily available clinical equipment. The system was used to present the odour of infant formula milk in a validation group of seven neonatal subjects at term equivalent postmenstrual age (median age 40 weeks).

**Results:** A safe, reliable and reproducible pattern of stimulation was delivered leading to well-localized positive BOLD functional responses in the piriform cortex, amygdala, thalamus, insular cortex and cerebellum.

**Conclusions:** The described system is therefore suitable for detailed studies of the ontology of olfactory sensation and perception during early human brain development.

*Key notes*

- Ofaction is important in early life, but the anatomical substrates of the underlying neural activity are poorly understood.
- We describe a fully automated and safe system for fMRI studies of olfaction in neonatal subjects.
- Functional activation can be identified with fMRI in the primary olfactory areas in the neonatal brain.

*Conclusions*

We have designed, constructed and implemented a fully automated and programmable olfactometer specifically for fMRI studies of neonatal subjects. The described system is safe, has been designed to minimize infective risks and produces a reproducible but flexible pattern of olfactory stimulation. The system was found to induce a well-localized pattern of positive BOLD functional activity in the primary olfactory areas of seven neonatal subjects at term equivalent PMA. These data suggest that fMRI now offers the opportunity to investigate the ontogeny of olfaction in the human newborn with millimetre-scale precision, and to address specific hypotheses concerning the development of mature olfactory responses.

## 5.2 모델 테스트 및 조정하기

이 장의 결론 섹션에서 아래 결론 모델의 구성 요소를 전달하거나 상기시키는 문장, 문장의 일부 또는 언어의 예시들을 몇 개나 발견했는가?

| 일반적인 결론 모델 | |
|---|---|
| 1 | 논문 내용 |
| 2 | 논문/연구의 성과 |
| 3 | 관련 배경 정보 |
| 4 | 연구의 격차/목표/필요성 |
| 5 | 방법/접근법 |
| 6 | 주요 결과와 평가 의견 |
| 7 | 결과의 시사점 |
| 8 | 잠재적 또는 실제적 한계 |
| 9 | 잠재적 또는 실제 적용 가능성 |
| 10 | 연구가 지식을 발전시키는 방법 |
| 11 | 향후 연구 방향 |

| GENERIC CONCLUSIONS MODEL | |
|---|---|
| 1 | WHAT IS IN THE PAPER |
| 2 | WHAT THE PAPER/STUDY HAS ACHIEVED |
| 3 | RELEVANT BACKGROUND INFORMATION |
| 4 | THE GAP/AIM/NEED FOR THE STUDY |
| 5 | THE METHOD/APPROACH |
| 6 | KEY RESULTS WITH EVALUATIVE COMMENTS |
| 7 | IMPLICATIONS OF THE RESULTS |
| 8 | POTENTIAL OR ACTUAL LIMITATIONS |
| 9 | POTENTIAL OR ACTUAL APPLICATIONS |
| 10 | HOW THE STUDY ADVANCES KNOWLEDGE |
| 11 | POTENTIAL FUTURE DIRECTIONS FOR RESEARCH |

구성 요소 1-11을 참고 논문의 결론 섹션에 매핑하여 이 장에서 살펴본 6가지 결론 섹션과 유사하거나 차이가 나는 부분을 확인하도록 한다. 분석할 때는 구성 요소가 일반적인 순서와 결론 섹션에서 각 구성 요소를 다루는 비율을 고려해야 한다.

## 5.3 유용한 단어 및 구문

결론의 모든 구성 요소에 대한 언어 제안은 이전 장에서 설명하였다. 예를 들면 다음과 같다:

| | |
|---|---|
| *1. 논문의 내용* | Units 1, 2 참조 |
| *2. 논문/연구가 성취한 것* | Unit 4 참조 |
| *3. 관련 배경 정보* | 모든 Units 참조 |
| *4. 연구의 격차/목표/필요성* | Unit 1 참조 |
| *5. 방법 또는 접근 방식* | Units 2, 3 참조 |
| *6. 평가 의견과 함께 주요 결과* | Units 2, 3 참조 |
| *7. 결과의 시사점* | Unit 3 참조 |
| *8. 잠재적 또는 실제적 한계* | Units 2, 3 참조 |
| *9. 잠재적 또는 실제 응용* | Unit 4 참조 |
| *10. 연구가 지식을 발전시키는 방법* | Unit 4 참조 |
| *11. 잠재적인 향후 연구 방향* | Unit 4 참조 |

## 5.4 언어 및 작문 기술

### 5.4.1 결론의 동사 시제

결론 섹션에서는 일반적으로 단순 현재 시제와 현재 완료 시제를 사용하여 논문의 내용, 결과에서 암시하는 내용 및 연구에서 **달성한 내용**을 기술한다:

- 우리는(이 연구에서는) 두 개의 형광 로다민 함유 PTP 프로브를 합성하고 특성화했다.
- 이 속도 법칙은 최근 관찰에 근거한 반응 메커니즘과 일치하는 것으로 설명된다.
- 이 오랜 문제는 미크론 크기와 나노 크기의 강화제를 시너지 효과로 결합하여 해결되었다.
- 물 산화 반응의 속도 순서는 적철광 광전극에서 다음과 같이 조사되었다.
- 본 논문에서는 단면 분류 개념의 몇 가지 단점을 강조하고 그 대안으로 연속 강도 방법을 소개했다.
- 철골 구조물의 기존 설계 방법에 비해 연속 강도 방법이 제공하는 저항의 향상 수준은 대략 다음과 같은 것으로 밝혀졌다.
- 마지막으로, 형광 프로브가 추적 관찰할 수 있는 것으로 나타났다.
- 본 연구 결과는 고온 및 고압에서 정확하고 고품질의 데이터 측면에서 주요 격차를 메우고 ($CO_2$ + 염수) 시스템 측정을 위한 길을 열어준다.
- 이 연구에서는 신생아 피험자의 fMRI 연구를 위해 특별히 완전 자동화되고 프로그래밍 가능한 후각 측정기를 설계, 구축 및 구현했다.
- 설명한 시스템은 안전하고 감염 위험을 최소화하도록 설계되었으며 재현 가능하지만 유연한 후각 자극 패턴을 생성한다.

- ***We have synthesized and characterized*** *two fluorescent rhodamine-containing PTP probes...*
- ***It is argued that*** *this rate law is consistent with reaction mechanisms based on recent observations...*
- *This long-standing problem* ***is solved*** *by combining micron-sized and nano-sized tougheners in a synergistic manner.*
- *The rate order of the water oxidation reaction* ***has been investigated*** *on hematite photoanodes by...*
- *In the present paper, some shortcomings of the concept of cross-section classification* ***have been highlighted****, and, as an alternative treatment, the continuous strength method* ***has been introduced****.*
- *The level of enhancement in resistance offered by the continuous strength method over conventional design methods for steel structures* ***has been found to be*** *approximately...*
- *Finally,* ***it is shown that*** *the fluorescent probes are capable of monitoring...*
- *Our results* ***fill*** *key gaps in terms of accurate and high-quality data at high temperature and pressure, and* ***pave the way for*** *measurements on ($CO_2$ + brine) systems.*
- *We* ***have designed, constructed and implemented*** *a fully automated and programmable olfactometer specifically for fMRI studies of neonatal subjects.*
- *The described system* ***is safe, has been designed*** *to minimize infective risks and* ***produces*** *a reproducible but flexible pattern of olfactory stimulation.*

단순 과거 시제는 연구 논문에서 잘 쓰이지는 않으나 때때로 방법의 주요 측면이나 주요 결과에 관한 내용을 반복하는 데 사용된다:

- ($CO_2$ + $H_2$)의 상 거동은 298.15K에서 448.15K까지의 온도에서 측정되었다.
- 손상 축적은 낮은 변형률에서는 천천히 진행되었지만, 딤플이 특징인 전형적인 연성 골절인 골절 직전에 빠른 속도로 계속 진행되었다.

- 어떤 경우에는 표면 탄화물의 완전한 분해가 관찰되었다.
- 이 시스템은 잘 국부화된 패턴을 유도하는 것으로 밝혀졌다.

- *The phase behavior of ($CO_2$ + $H_2O$)* ***was measured*** *at temperature from 298.15 K to 448.15 K,...*
- *Damage accumulation* ***evolved*** *slowly at lower strains, but* ***continued*** *at a rapid rate immediately prior to fracture, which is a typical ductile fracture characterized by dimples.*
- *In some cases complete decomposition of the surface carbides* ***was observed****.*
- *The system* ***was found to*** *induce a well-localized pattern of...*

### 5.4.2 기여도 소유하기

연구 논문의 결론 섹션에서 자신의 기여를 식별하는 것은 간단하지 않으나 명확하고 모호하지 않도록 작성해야 한다. 작성자는 때때로 어떤 문장이 자신의 기여를 나타내는지 분명하다고 잘못 가정한다. 이 가정에는 두 가지 출처가 있다. *(1) 독자가 결론을 읽기 전에 논문의 나머지 부분을 읽었다는 믿음; (2) 작성자 자신의 프로젝트와 결론에 대한 친숙함.*

대부분의 독자는 결론을 읽기 전에 논문 전체를 읽지 않는다. 살인 미스터리의 독자가 살인을 저지른 사람을 찾기 위해 마지막 페이지로 건너뛸 수 있는 것과 같은 방식으로, 연구 논문의 독자는 텍스트가 어디로 가는지 알아보기 위해 어느 시점에서 결론 섹션으로 건너뛸 수 있다. 논문의 나머지 부분을 읽기 전에 결론으로 바로 이동하면 독자가 개입 정보를 보다 효과적으로 처리하는 데 도움이 될 수도 있고, 그 자체로 목적이 될 수도 있다. 즉, 독자는 도입 섹션을 읽을 의도가 없다고 보면 된다. 일부 독자들은 초록에서 직접 결론으로 건너뛰거나 제목에서 건너뛰기도 한다. 그러나 독자가 결론까지 논문 전체를 읽었더라도 이전 섹션의 모든 정보를 완벽하게 정확하게 기억한다고 가정하는 것은 안전하지 않다.

저자 자신의 콘텐츠에 대한 친숙함도 위험 요소에 해당한다. 이러한 친숙함은 연구 프로젝트 기간 동안 매일 동료들과 공유되었으며 작성 기간까지 확장되어 저자가 잠재적인 모호성과 더 명확하게 해야 할 필요성을 알지 못하게 하기 때문이다.

당신과 당신의 동료들이 당신이 쓴 논문 내용을 이해한다면, 더 명확하게 설명할 필요가 없을 수도 있다. 어쩌면 그런 모습이 거만하게 느껴질 수도 있다. 그러나 무생물 문법적 주어와 단순 현재형 동사가 사용된 것으로 보이는 다음 문장을 보자:

> ***운동 분석에 따르면*** *이러한 프로브는 활성 부위 지향적이고 시간 및 농도에 따라 광범위한 PTP를 불활성화한다.* ***젤 내 직접 형광 스캐닝에 따르면*** *형광 프로브는 PTP와 공유 결합물을 형성한다.*
>
> ***Kinetic analyses suggest*** *that these probes are active site directed and inactivate a broad range of PTPs in a time- and concentration-dependent fashion.* ***Direct in-gel fluorescence scanning indicates*** *that the fluorescent probes form a covalent adduct with the PTPs.*

이것이 실제로 이 연구의 결론이라는 것을 독자에게 알려주는 내용은 없다. 문장은 *관련 배경 정보* 또는 *연구의 격차/목표/필요성*을 쉽게 제시할 수 있으며, 둘 다 때때로 결론에 나타난다(섹션 5.2 참조). 독자는 법의학적으로 읽지 않으며, 이러한 문장을 빠르게 읽으면 이 중요한 시점에서 저자로서의 정체성이 드러나지 않을 수 있다.

위의 결론 섹션에서 저자는 다음 중 하나 이상을 사용함으로써 모호성을 피할 수 있다:

- 단순 과거형 또는 현재 완료형
- 수동형이 아닌 능동형
- 인간의 문법적 주어
- 논문이나 연구를 명시적으로 참조하는 명확한 문장 시작 또는 언어

***다음은 위의 네 가지 요점을 적용한 예시 문장이다:***

- 이 연구는 PTP 활동의 직접적인 젤 내 시각화에 매우 민감한 두 개의 형광 로다민 함유 PTP 프로브를 합성하고 특성화했다.
- 19mbar 및 20℃에서 ESEM 기기에서 수증기에 노출된 후 주조 a-우라늄 표면을 검사한 결과 표면 부식이 발생했음을 나타냈다....
- 이 전환은 세 가지 다른 분석 간의 일치로 확인되었다.
- 마지막으로, 형광 프로브가 $H_2O_2$ 매개 PTP 불활성화를 추적 관찰할 수 있음을 여기서 보여준다....
- 이 연구는 헤마타이트와 같은 금속 산화물 반도체 표면이 다중홀 반응을 구동할 수 있는 능력을 명확히 보여준다...
- 본 논문에서는 단면 분류 개념의 몇 가지 단점을 강조했으며, 대안적 치료법으로 연속 강도 방법을 도입했다.
- 현재 연구의 결과에서 카바이드 입자가 금속보다 수증기와 더 쉽게 반응한다는 것이 충분히 증명되었다.

- **We have synthesized and characterized** two fluorescent rhodamine-containing PTP probes that are highly sensitive for direct in-gel visualization of PTP activity.
- Examination of cast α-uranium surfaces after exposure to water vapour in an ESEM instrument at 19 mbar and 20 °C **indicated that** surface corrosion had occurred,...
- This transition **was confirmed by** agreement between three different analyses.

- **Finally, it is shown here that** the fluorescent probes are capable of monitoring $H_2O_2$-mediated PTP inactivation,...
- **This study clearly demonstrates** the ability of a metal oxide semiconductor surface, such as hematite, to drive a multihole reaction,...
- **In the present paper**, some shortcomings of the concept of cross-section classification **have been highlighted**, and, as an alternative treatment, the continuous strength method **has been introduced.**
- **From the results of the current study** it is apparent that the carbide particles reacted more readily with the water vapour than the metal.

# UNIT 6

## 초록(ABSTRACT) 작성 방법

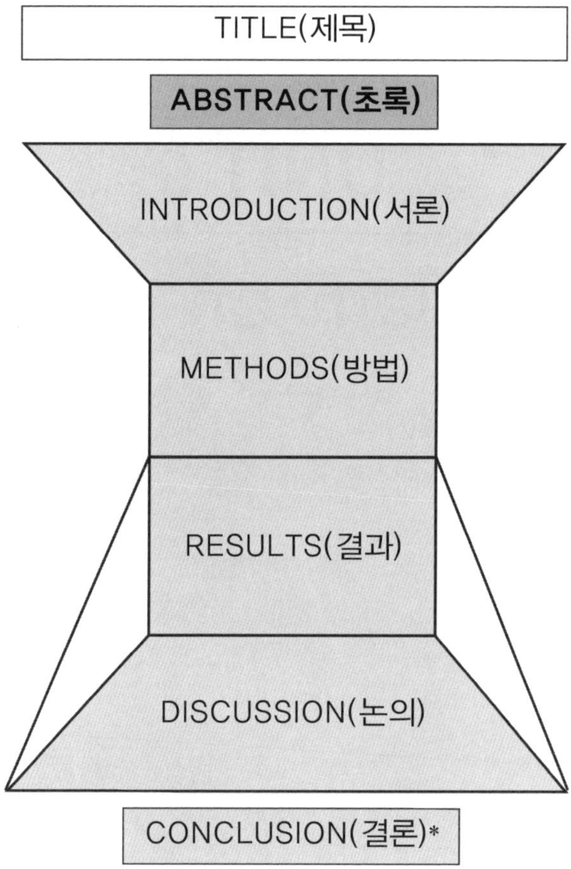


* 일부 저널에서는 이 섹션을 **결론(Conclusion)**이라고 표기하기도 하고 또 다른 저널에서는 **결론들(Conclusions)**이라고 작성하기도 하나, 이는 연구를 통해 도출된 결론의 수를 반영하지는 않는 것으로 보인다.

초록은 중요한 내용에 해당한다. 논문 전체를 읽는 사람보다 초록을 읽거나 간략하게 살펴보는 사람이 훨씬 더 많다. 잘 작성된 초록은 연구의 가시성을 높이는 반면, 잘 작성되지 못한 초록은 연구의 내용전달이 간과될 수 있다.

초록 작성 방식은 최근 몇 년 동안 상당히 커다란 변화가 있었고 연구에 관한 의사소통의 발전과 변화와 함께 지속적으로 진화 과정에 있다. 인터넷에서 검색하여 읽는다는 의미는 초록이 더 이상 연구 논문의 서곡이나 부수적인 내용으로 읽히도록 계획된 내용이 아니라는 것을 의미한다. 보통 단독으로 읽히거나 다양한 이유에서 초록을 접하는 독자들이 접근하기 쉽도록 독립적인 텍스트로 기능해야 해야 한다. 일부 독자들은 단순히 주어진 연구 분야에서 현재 무슨 일이 일어나고 있는지를 알기 원하며 기술적 세부 사항에 관심이 없을 수 있다. 또 다른 독자들은 세부 사항을 알기 원하지만 자신의 프로젝트와 직접적으로 관련된 연구에만 관심이 있는 해당 분야의 전문가일 수도 있다. 독자는 초록을 읽고자 하는 데 단 하나의 명확한 이유가 있을 수 있다. 예를 들어, 자신의 현재 또는 계획된 프로젝트가 다른 연구 공동체에서 이미 다루어지지 않았는지 확인하고 싶을 수 있다는 것이다. 또 다른 가능성은 독자가 연구의 적용에 대해서만 알고 싶어할 수도 있다는 것이다. 예를 들어, 의학에서의 치료 결정은 때때로 초록만으로 이루어진다.

매년 300만 건 이상의 연구 논문이 출판되고 있는 현 상황에서 독자가 제목과 초록을 살펴볼 때 온라인 내에서는 연구 논문의 주의를 끌기 위해 경쟁하는 환경이 조성된다. 그러나 논문 작성 지침은 때때로 일관성이 없거나 혼란스럽다. 예를 들어 초록은 '*간결하면서도 모든 관련 정보를 포함해야 한다*'고 제시되어 있다. 어떤 경우에는제시 내용이 매우 모호한 경우도 있다. '명확하게' 또는 '일관되게' 쓰라는 권장 사항은 실제적인 세부 사항으로 뒷받침되어야 한다. 작성자는 항상 자신이 쓴 내용을 이해하고 따라서 그것이 명확하다고 생각하지만, 여러 초록을 신속하게 연속하여 읽는 독자에게는 매우 높은 수준의 명확성과 일관성이 필요하다.

# 6.1 초록에 대한 가이드라인

## 6.1.1 명확성과 일관성

다음 내용을 적용함으로써 명확성과 일관성이 있는 논문을 작성할 수 있다.

- **자신의 기여를 명확히 한다.** 연구에 대한 친숙함으로 인해 초록에서 잠재적인 모호성을 파악하기 어려울 수 있는데, 이는 자신의 기여를 식별하는 측면에서 매우 중요하다. 동사가 단순 현재형일 때 정보가 잘 알려진 것처럼 보일 위험이 있지만, 실제로는 결과에 대한 설명일 수 있다. '*이론적 모델링에 따르면...*'과 같은 문구는 확립된 지식을 나타내거나 연구 기사의 내용과 기여를 나타낼 수 있다. 모호성을 피하기 위해 다음 사항을 고려하라:
  1. 단순 과거형 또는 현재 완료형 사용: '*분석 결과를 통해 돌연변이 호출의 74%에 대한 일치를 보여준다(Analysis shows concordance for 74% of mutation calls)*'(분석을 수행한 사람이 불분명) *vs.* '*분석 결과를 통해 돌연변이 호출의 74%에 대한 일치를 보여주었다(Analysis showed concordance for 74% of mutation calls)*'(분석을 수행한 사람이 저자임).
  2. 수동태 대신 능동태(we)를 사용한다.
  3. '*이미 알려져 있다(It is known that~)/이전에 입증되었다*'*(It has been previously demonstrated that~)* 또는 '*이 연구에서(In this study)/여기(Here)*'와 같은 문구로 문장을 시작한다.

  초록의 엄격한 단어 제한으로 인해 이러한 문구를 생략하고 싶을 수 있지만, **독자가 초록을 이해할 수 있도록 하는 것이 목적이 아니라, 독자가 초록을 이해하지 못하고 기여 사항을 식별할 수 없도록 하는 것이 목적이다.**

- **모호성을 참조하지 않는다.** *it, which* 또는 *this*와 같은 대명사나 지시사는 저자에게는 명확하나 독자에게는 불분명할 수 있다. 모호성이 있을 경우 이와 같은 단어 뒤에 적절한 명사를 붙이거나 명사/구문을 반복해야 한다. 초록 4(6.2.1절)에서 볼 수 있듯이 모호성을 피하기 위해 140단어의 초록에서 *hybrid method*라는 문구가 최소 네 번 반복되는 것을 알 수 있다.
- **일관된 언어 사용한다.** 무언가가 *접근법*으로 설명된다면, 그것은 갑자기 *계획*되어서는 안 된다. 마찬가지로, *계획*은 갑자기 *체계*가 되어서는 안 되고, *모델* 역시 갑자기 *방법*이 되어서는 안 되며, *도구*는 갑자기 *장치*가 되어서도 안 된다. 이것은 당신이 제공하고자 하는 내용의 정체성을 모호하게 만들고, 더불어 초록을 따라가기 어렵게 만든다.
- **Unit1에서 설명한 문장 시작 기법을 사용하여** 강력하고 독자 친화적인 묘사를 만든다.
- **문장 길이를 짧게 유지한다.** 20단어 미만인 문장은 첫 번째 읽기에서 90%의 독자가 이해하고, 40단어 이상인 문장은 첫 번째 읽기에서 10%의 독자가 이해한다. 18개 초록(섹션 6.2)의 평균 문장 길이는 22단어이다.

### *초록은 얼마나 길어야 하는가?*

이 경우, 참고 논문 학술지의 초록에 있는 단어 수의 평균을 내면 대략적인 아이디어를 얻을 수 있다. 대부분은 80-250단어 사이이며 단일 단락으로 작성된다.

**단어 제한은 목표가 아니다.** 초록은 매우 중요한 텍스트라는 생각으로 초록에 최대한 중요한 내용을 많이 담고 싶은 저자의 마음을 그대로 반영하여 관련성이나 묘사적 일관성에 관계없이 허용되는 최대 단어 수까지 공간을 채우면 연구의 요점이 흐려지게 된다. 초록은 굳이 논문 전체를 요약할 필요가 없다. 초록에 연구의 모든 다양한 업적을 포함시키고 싶은 생각이들기도 하지만, 그렇게 되면 연구의 영향을 분산시키고 독자는 실제로 중심 가치나 기여를 알아차리지 못할 수 있다. 중심 업적이나 기여를 우선시하고 독자에게 명확하게 알리도록 한다.

### *초록은 언제 작성해야 하는가?*

초록은 일반적으로 논문의 전체적인 내용이 마무리 된 후 작성한다. 그 이유는 여러 가지가 있다.

1. 초록을 너무 일찍 작성하면 논문의 내용과 일치하지 않거나 논문의 최종 버전에 없는 정보가 포함될 위험이 있다. 논문은 제출 직전에 종종 변경되거나 업데이트되므로 초록이 이미 작성된 경우에는 재검토를 수행해야 하며 필요 시 제출 전에 수정하거나 재조정해야 한다.
2. 초록의 내용, 문체 및 길이는 제출할 위치에 따라 달라지며, 이와 같은 사항에 대한 결정은 작성 과정 후반에 이루어진다. 새로운 제출 지침에 맞게 초록을 재조정하기 위해 마지막 순간에 잘라내어 붙여넣으면 일관성이 손상될 위험이 있다.
3. 초록은 논문에서 파생된 것이지 다른 곳에서 파생된 것이 아니므로 그 자체로 *창작*이 필요하지 않다. 관련성 있는 적절한 내용을 신중하게 선택하고 읽기 쉬운 강력한 안내적 묘사가 필요하다.

### *어떤 종류의 언어를 사용해야 하는가?*

언어는 글로벌 독자, 학제 간 독자, 신속한 내용 이해가 필요한 독자의 요구를 존중해야 한다. 즉, 간단하고 직관적이어야 한다는 것을 의미한다. 초록에서 사용되는 비기술적 어휘는 모든 학문 분야에서 유사하기 때문에 명확성과 접근성이 필요하다는 것을 반영한다. 이에 대한 예시는 6.4절을 참조하면 된다.

일부 독자는 초록에서 사용하려는 특정 기술 용어나 약어에 익숙하지 않을 수도 있다. 이는 초록 내용에 대한 접근을 제한하고 계속 읽고자 하는 개인적인 의지에 영향을 미칠 수 있다. 편집자는 약어가 지나치게 많이 사용한 초록을 좋아하지 않으므로 초록에서 전체적으로 약어가 반복적으로 나타나면 단어 이해에 제한을 두기 때문에 약어가 꼭 필요한 경우아면 약어가 무엇을 의미하는지에 대해 한 번쯤 설명을 언급하는 것이 좋다.

***다음은 초록에서 발췌한 몇 가지 예시이다:***

- 이 연구는 이방성 3D 음향 전체 파형 반전(FWI)을 위한 견고하고 실용적인 계획을 개발하고 구현했다...
- 이 연구는 전통적인 라디오 입체 측정 분석(RSA)의 정확도를 정량화하고 비교하는 것을 목표로 한다...
- 뇌-컴퓨터 인터페이스(BCI)는 갇힌 사람들에게 통신을 제공할 수 있지만, 정보 전송 속도가 매우 낮다. 또한 BCI를 사용하려면 집중력이 필요하고 지속적으로 사용하면 피곤할 수 있다. 이 논문에서 설명하는 뇌 제어 휠체어(BCW)는 BCI 사용자에게 이동성을 제공하는 것을 목표로 한다...

- We have developed and implemented a robust and practical scheme for anisotropic 3D acoustic full-waveform inversion (FWI)...
- This study aims to quantify and compare the accuracy of traditional radiostereometric analysis (RSA)...
- While brain–computer interfaces (BCIs) can provide communication to people who are locked-in, they suffer from a very low information transfer rate. Further, using a BCI requires a concentration effort and using it continuously can be tiring. The brain controlled wheelchair (BCW) described in this paper aims at providing mobility to BCI users...

## 6.2 초록의 유형

초록에는 다음과 같은 네 가지 주요 유형이 있다:

1. 단순/표준 초록
2. **배경/목표/방법/결과** 등의 제목이 있는 구조화된 초록
3. **중요성 진술** 또는 **하이라이트** 목록과 함께 존재하는 초록
4. 그래픽 초록

### 6.2.1 단순/표준 초록

이전 장에서 설명한 역엔지니어링 기법을 사용하여 아래의 10개 단순/표준 초록에 있는 문장 기능을 기반으로 모델을 만든다. 다음 초록에서 식별이 필요한 부분은 **굵은 글씨**로 표시되어 있다. 완료되면 6.2.2절의 구조화된 초록에 있는 식별이 필요한 부분에 밑줄을 긋거나 강조 표시하여 모델을 뒷받침한 다음, 6.3절의 일반 모델과 비교하여 확인 후 조정하면 된다.

#### 1. mW 미만의 완전 통합 펄스 옥시미터 프런트엔드

*초록*

이 논문에서는 전력 소모가 1mW 미만인 최초의 완전 통합 펄스 옥시미터 프런트 엔드를 구현한 방법을 제시한다. 이는 원고에 자세히 설명된 시스템 및 블록 레벨 노이즈 최적화를 통해 가능한다. 제안된 설계는 감지된 광전류 레벨을 빠르고 정확하게 조절할 수 있는 아날로그 피드백 루프와 여러 작동 매개변수를 광범위하게 프로그래밍할 수 있는 직렬-병렬 인터페이스를 특징으로 한다. 프런트 엔드는 AMS 0.35um 기

술로 제작되었으며 1.35㎟의 면적을 차지한다. 인체의 전기적 및 생리적 측정 결과를 광범위하게 보고하여 추정 SNR이 39dB이고 상업용 펄스 옥시미터와 유사하게 SpO2에서 2% 변화를 감지할 수 있는 기능을 보여준다. 이는 LED의 경우 0.31mW, 나머지 프런트 엔드의 경우 3.3V 전원에서 0.53mW에 달하는 제한된 전력 소모에도 불구하고 가능한다. 20개 칩의 통계 결과는 프런트 엔드의 적색 및 적외선 채널에서 양호한 매칭과 제안된 아날로그 피드백 루프의 정확한 작동을 확인한다.

*Abstract*

**This paper presents the implementation of the first** fully integrated pulse oximeter front-end with a power consumption lower than 1 mW. **This is enabled by** system- and block-level noise optimisation, **also detailed in the manuscript**. The proposed design features an analogue feedback loop **that enables fast and accurate** regulation of the detected photocurrent level and a serial-to-parallel interface **allowing for** extensive programmability of several operation parameters. The front-end **was fabricated** in the AMS 0.35 μm technology and occupies **an occupies an area of 1.35 mm²**. **Extensive measured results**, both electrical and physiological from human subjects **are reported, demonstrating** an estimated SNR of 39 dB and **ability to** detect 2% changes in SpO2, **similar to** commercial pulse oximeters. **This is despite** the constrained power consumption which amounts to 0.31 mW for the LEDs and 0.53 mW for the rest of the front-end from a 3.3 V supply. Statistical **results** from 20 chips **verify good matching** across the Red and Infrared channels of the front-end **and the accurate operation of the proposed** analogue feedback loop.

## 2. 이방성 3D 전체 파형 반전


*초록*

이 연구는 이방성 3D 음향 전파 역산(FWI)을 위한 견고하고 실용적인 방안을 개발하고 구현했다. 우리는 이 방안을 현장 데이터 세트에서 시연하고 북해의 Tommeliten Alpha 지대에서 4C 해저 조사에 적용했다. 이 얕은 물 데이터 세트는 약 11km의 최대 오프셋으로 감소된 커버리지와 함께 7km의 오프셋에 대한 양호한 방위각 범위를 제공한다. 저수지는 약 3000m의 쇄설암으로 덮여 있는 고속 반형상 백악 단면의 꼭대기에 있으며, 그 안에 저속 가스 구름이 지진으로 가려진 영역을 생성한다. 이 연구에서 수중 청음기 데이터만 역산했고, 현장 데이터 내에서 자유 표면 다중 및 고스트를 유지했다. 우리는 3~6.5Hz 범위의 6개의 좁은 주파수 대역에서 역산했다. 각 반복을 통해 다른 하위 집합을 사용하여 소스의 하위 집합만 선택했다. 이 전략은 모든 반복을 역전하는 것보다 효율적이다. 시작 속도 모델은 이방성 반사 단층촬영법을 포함한 표준 PSDM 모델 구축을 사용하여 얻었으며, 20%에 달하는 엡실론 값을 포함했다. 최종 FWI 속도 모델은 반사 데이터의 유사한 특징과 일치하는 얕은 고속 채널 네트워크를 보여준다. 단면에서 더 깊은 곳에서 FWI 속도 모델은 가스 구름과 관련된 더 날카롭고 강렬한 저속 영역을 나타낸다. 여기서 저속 핑거는 반사 데이터에서 볼 수 있는 가스로 채워진 단층의 위치와 일치한다. 결과 속도 모델은 시작 모델보다 우물 로그와 더 잘 일치하고 일반적인 이미지 수집을 더 잘 평평하게 한다. FWI 속도 모델을 사용하는 역시간 마이그레이션은 마이그레이션된 이미지에 상당한 상승을 제공하여 깊이에서 저류층 단면의 평면도를 단순화한다. 우리가 사용한 워크플로, 역전 전략 및 알고리즘은 광범위한 유사 데이터 세트를 역전하는 데 광범위하게 적용된다.

*Abstract*

**We have developed and implemented a robust and practical scheme** for anisotropic 3D acoustic full-waveform inversion (FWI). **We demonstrate this scheme** on a field data set, **applying it** to a 4C ocean-bottom survey over the Tommeliten Alpha field in the North Sea. This shallow-water data set **provides** good azimuthal coverage to offsets of 7 km, with reduced coverage to a maximum offset of about 11km. The reservoir **lies** at the crest of a high-velocity antiformal chalk section, overlain by about 3000 m of clastics within which a low-velocity gas cloud **produces** a seismic obscured area. **We inverted only** the hydrophone data, **and we retained** free-surface multiples and ghosts within the field data. **We invert** in six narrow frequency bands, in the range 3 to 6.5 Hz. At each iteration, **we selected only** a subset of sources, **using** a different subset at each iteration; **this strategy is more efficient than** inverting all the data every iteration. **Our starting** velocity **model was obtained using** standard PSDM model building including anisotropic reflection tomography, and contained epsilon **values as high as** 20%. **The final** FWI velocity **model shows** a network of shallow high-velocity channels that **match similar features** in the reflection data. Deeper in the section, the FWI velocity **model reveals** a sharper and more intense low-velocity region associated with the gas cloud in which low-velocity fingers **match** the location of gas-filled faults visible in the reflection data. **The resulting** velocity **model provides a better match** to well logs**, and better** flattens common image gathers, than does the starting model. Reverse-time migration, **using the** FWI velocity **model, provides significant** uplift to the migrated image, **simplifying** the planform of the reservoir section at depth. The workflows, inversion strategy, and algorithms **that we have used have broad application** to invert a **wide range of analogous data sets**.

## 3. 소금의 이동: 마그마-소금 상호작용

*초록*

염 시퀀스는 전 세계 많은 퇴적 분지의 필수적인 부분을 형성한다. 이러한 분지 중 다수는 염 시퀀스의 퇴적과 동시에 또는 퇴적 후에 화성 활동을 경험했다. 그럼에도 불구하고 지금까지 지하에서 마그마-소금 상호 작용을 이해하고 염 할로키네시스와 같은 측면이 화성 활동에 의해 어떻게 영향을 받을 수 있는지에 대한 연구는 거의 수행되지 않았다. 이 논문에서 우리는 관입 화성-소금 상호 작용 중에 개발되는 관계와 질감에 대한 최초의 직접적인 설명을 자세히 설명한다. 이 연구는 염 구성이 퇴적 분지에서 염 시퀀스를 통해 화성 관입이 측면으로 침투하는 위치를 제어하는 데 지배적인 역할을 하는 것으로 보인다는 것을 보여준다. 특히, 이 연구는 카르날라이트와 같은 수화염이 측면 마그마 관입에 대한 우선적 지평으로 작용한다는 것을 설명한다. 이러한 암석학적 제어는 주로 카르날라이트의 가열 및 그에 따른 탈수 반응과 관련이 있는 것으로 보이며, 이로 인해 카르날라이트가 점성 유체 지평으로 거동하여 마그마의 비취성 배치 및 화려한 페페라이트 소금-마그마 혼합 텍스처가 발생한다. 이 연구에서는 지역적 염층 시퀀스 내에서 화성 관입 중에 카르날라이트 및 기타 수화물 염이 점성 유체 지평으로 가열 및 변환되는 것이 유체와 같은 점성 분리 층을 생성하여 동시적 할로키네시스의 가능한 트리거 역할을 할 수 있다고 제안한다. 그러나 더 긴 시간 척도에서 다이크와 실의 응고된 단단한 상자 구조는 더 이상의 소금 흐름을 국부적으로 억제하는 기계적 강도가 증가한 구역을 생성할 수 있다.

*Abstract*

Salt sequences **form** an integral part of **many** sedimentary basins **worldwide**. **Many** of these basins have experienced igneous activity either syn- or post-deposition of the salt sequences. **Despite this, little work has so far been undertaken to understand** magma-salt interactions within the subsurface, and how aspects such as salt halokinesis may be influenced by igneous activity. **Within this paper, we detail the first direct description of** relationships and textures that are developed during intrusive igneous-salt interaction. **We show that** salt composition **appears to play a dominant role** in controlling where igneous intrusions invade laterally through salt sequences in a sedimentary basin. **In particular, we illustrate that** hydrous salts, such as carnallite, **act** as preferential horizons for lateral magma intrusion. This lithological control **appears primarily related to** the heating and subsequent dehydration reaction of carnallite, which causes the carnallite to behave as viscous fluidal horizons, resulting in the non-brittle emplacement of magma, and spectacular peperitic salt-magma mingling textures. **We suggest that** heating and transformation of carnallite and other hydrous salts into viscous fluidal horizons during igneous intrusion within a regional salt sequence **may act as a possible trigger for** contemporaneous halokinesis, by creating fluid-like viscous detachment layers. Over longer time scales, however, a solidified rigid boxwork of dikes and sills **may create** zones of increased mechanical strength that will locally inhibit further salt flow.

## 4. 초음파 탄성 이미징을 위한 하이브리드 변위 추정 방법

*초록*

축 방향 변위 추정은 많은 자유형 준정적 초음파 변형률 영상 시스템에 기본이 된다. 이 논문에서는 품질 가이드 추적, 다중 레벨 상관 관계, 위상 0 검색의 장점을 결합하여 높은 수준의 정확도와 견고성을 달성하는 새로운 추정 방법을 제시한다. 이 논문에는 하이브리드 방법에 대한 전체 설명, 방법의 임상적 관련성을 설명하는 생체 내 사례, 정확도를 평가하는 유한 요소 시뮬레이션이 포함된다. 주요 단일 및 다중 레벨 대안과 정량적 및 정성적 비교가 이루어진다. 생체 내 사례에서 하이브리드 방법은 명확한 피크 호핑 오류를 덜 생성하고 시뮬레이션에서 하이브리드 방법은 변위 추정 오류를 5~50% 줄이는 것으로 나타났다. 일반적인 임상 데이터를 사용하면 하이브리드 방법은 상업용 하드웨어에서 초당 25개 이상의 변형률 이미지를 생성할 수 있다. 이는 이 논문에서 고려한 대안적 접근 방식과 비슷하다.

*Abstract*

Axial displacement estimation **is fundamental to many** freehand quasistatic ultrasonic strain imaging systems. **In this paper, we present a novel estimation method that combines the strengths of** quality-guided tracking, multi-level correlation, and phase-zero search to **achieve high levels of accuracy and robustness**. **The paper includes a full description of** the hybrid method, in vivo examples to illustrate the method's clinical relevance, and finite element simulations to assess its accuracy. Quantitative and qualitative **comparisons are made with leading** single- and multi-level **alternatives**. In the in vivo examples, the hybrid method **produces fewer** obvious peak-hopping **errors**, and in simulation, the hybrid method **is found to reduce** displacement estimation errors by 5 to 50%. With typical clinical data, the hybrid method **can generate more than** 25 strain images per second on commercial hardware; **this is comparable with the alternative approaches considered in this paper**.

## 5. 저주파 포유류 청력 증폭을 위한 래칫 메커니즘

*초록*

청력의 민감성과 주파수 선택성은 기계적 수용성 털세포의 활성 과정에 의한 조정된 증폭에서 비롯되며, 대부분의 척추동물에서 활성 과정은 털 다발의 활성 운동성에서 비롯된다. 포유류 달팽이관은 전기 운동성이라는 추가적인 형태의 기계적 활동을 보인다. 즉, 외측 털세포(OHC)는 전기 자극에 따라 길이가 변한다. 포유류 내이의 활성 과정에 대한 이 두 메커니즘의 상대적 기여도는 현재 격렬한 논쟁의 대상이다. 여기서 우리는 활성 털 다발 운동성과 전기 운동성이 래칫처럼 기능하는 증폭을 위한 효율적인 메커니즘을 함께 구현할 수 있음을 보여준다. 기저막에 작용하는 소리 유발력은 털 다발로 전달되는 반면 전기 운동성은 활성 털 다발 힘을 기저막에서 분리한다. 이 단방향 결합은 기저막의 공진 주파수보다 훨씬 낮은 청력 범위를 확장할 수 있다. 이를 통해 달팽이관 정점에서 다양한 설명되지 않은 실험적 관찰 결과를 설명하는 저주파 청력에 대한 개념을 제공한다. 여기에는 정점 튜닝 곡선의 모양과 위상 동작, 유의미한 비선형성의 부족, 달팽이관을 따라 청각 신경 섬유의 역치 튜닝 곡선 모양 변화가 포함된다. 래칫 메커니즘은 엔지니어링 응용 프로그램에서 기계적 증폭을 구현하기 위한 일반적인 설계 원리를 구성한다.

*Abstract*

The sensitivity and frequency selectivity of hearing **result from** tuned amplification by an active process in the mechanoreceptive hair cells. **In most** vertebrates, the active process **stems from** the active motility of hair bundles. The mammalian cochlea **exhibits** an additional form of mechanical activity termed electromotility: its outer hair cells (OHCs) **change** length upon electrical stimulation. The relative contributions of these two mechanisms to the active process in the mammalian inner ear **is the subject of intense current debate**. **Here, we show that** active hair-bundle motility and electromotility **can** together implement **an efficient mechanism** for amplification that functions like a ratchet: Sound-evoked forces, acting on the basilar membrane, **are transmitted to** the hair bundles, whereas electromotility **decouples** active hair-bundle forces from the basilar membrane. This unidirectional coupling **can extend the hearing range** well below the resonant frequency of the basilar membrane. **It thereby provides a concept for** low-frequency hearing that **accounts for a variety of unexplained experimental observations** from the cochlear apex, including the shape and phase behavior of apical tuning curves, their lack of significant nonlinearities, and the shape changes of threshold tuning curves of auditory-nerve fibers along the cochlea. The ratchet mechanism **constitutes a general design principle for implementing mechanical amplification in engineering applications**.

## 6. 스트론튬으로 치환된 생물학적 활성 유리에 대한 중간엽 기질 세포의 골 형성 반응

*초록*

생물학적 활성 유리는 뼈 치유를 자극하는 것으로 알려져 있으며, 스트론튬을 첨가하면 효능이 증가할 가능성이 있다. 이 연구에서는 45S5 생물학적 활성 유리 조성물의 산화칼슘을 몰 기준으로 부분적으로(50%, Sr50) 또는 완전히(100%, Sr100) 스트론튬 산화물로 치환했다. 밀도, 용해도, 시험관 내 세포 독성을 포함하여 생물학적 활성 유리 특성에 대한 치환의 영향을 연구했다. 쥐 골수에서 얻은 중간엽 기질 세포를 사용하여 골 형성 분화의 자극을 조사했다. 스트론튬 치환은 용해도 증가를 포함한 물리적 특성을 변화시켰다. 생물학적 활성 유리 분말을 배양 배지에 첨가하면 세포 생존율이 통계적으로 유의미하게 감소하는 것을 관찰했다. 구체적으로, 45S5 생물학적 활성 유리 또는 Sr50을 13.3mg/ml 이상, 또는 Sr100을 6.7mg/ml 이상 첨가하면 상당한 억제가 발생했다. 실시간 PCR 분석은 모든 생물학적 활성 유리 조성물이 존재할 때 골모세포 분화와 관련된 유전자의 상향 조절을 감지했다. Alpl 및 Bglap을 포함한 일부 유전자는 Sr50 및 Sr100이 존재할 때 더욱 자극되었다. 스트론튬으로 치환된 생물학적 활성 유리는 분화하는 골세포 배양 모델에서 골 형성을 촉진하고, 따라서 골 조직 재생을 위한 개선된 생물학적 활성 유리로 사용할 수 있는 상당한 잠재력이 있다는 결론을 도출하였다.

*Abstract*

Bioactive glasses **are known to** stimulate bone healing, and the incorporation of strontium **has the potential to increase** their potency. **In this study**, calcium oxide in the 45S5 bioactive glass composition **was** partially (50%, Sr50) or fully (100%, Sr100) **substituted** with strontium oxide on a molar basis. The effects of the substitution on bioactive glass properties **were studied**, including density, solubility, and *in vitro* cytotoxicity. Stimulation of osteogenic differentiation **was investigated using** mesenchymal stromal cells obtained from rat bone marrow. Strontium substitution **resulted in** altered physical properties including increased solubility. Statistically significant reductions in cell viability **were observed** with the addition of bioactive glass powders to culture medium. **Specifically**, addition of ≥ 13.3 mg/ml of 45S5 bioactive glass or Sr50, or ≥ 6.7 mg/ml of Sr100, **resulted in** significant inhibition. **Real-time PCR analyses detected** the upregulation of genes associated with osteoblastic differentiation in the presence of all bioactive glass compositions. Some genes, including *Alpl* and *Bglap*, **were further stimulated in the presence of** Sr50 and Sr100. **It was concluded that** strontium-substituted bioactive glasses **promoted** osteogenesis in a differentiating bone cell culture model and, therefore, **have considerable potential for use as improved** bioactive glasses for bone tissue regeneration.

## 7. 강화 및 기능적 등급 격자 구조에 대한 조사

*초록*

격자 구조는 충돌 보호와 같은 경량 에너지 흡수 응용 분야에서 사용하기에 적합한 후보로 간주된다. 이 논문에서는 적층 제조 공정으로 만든 격자의 압착 거동, 기계적 특성 및 에너지 흡수를 조사하고, 두 가지 유형의 격자를 조사했다. 체심입방(BCC)과 BCC라고 하는 강화 변형이다. 격자는 두 개의 직교 방향으로 압축 하중을 받아 기계적 이방성을 평가할 수 있었다. 또한 한 방향으로 밀도 구배가 있는 이러한 격자의 기능적 등급 버전도 조사했다. 등급 구조는 뚜렷한 압착 거동을 보였으며, 완전한 밀도화에 앞서 세포층이 순차적으로 붕괴되었다. BCC 격자의 경우, 경사 구조는 완전 밀도화 전에 비경사 구조보다 단위 부피당 약 114% 더 많은 에너지를 흡수할 수 있었다(1371±9kJ/$m^3$ 대 640±10kJ/$m^3$). 이는 기능적 경사 격자가 에너지 흡수 응용 분야에 사용될 수 있는 강력한 잠재력을 강조한다. 마지막으로, 격자 구조의 기계적 특성을 밀도와 연관시키는 여러 Gibson-Ashby 계수를 결정했다. 이는 효과적인 격자 설계에 필요한 구성 모델을 확립하는 데 중요한 부분이다. 이러한 결과는 적층 제조 격자에 대한 현재의 이해를 개선하고 앞으로 정교하고 기능적이며 가벼운 구성 요소를 설계할 수 있게 해줄 것이다.

*Abstract*

Lattice structures **are regarded as excellent candidates for use in** lightweight energy-absorbing applications, such as crash protection. **In this paper we investigate** the crushing behaviour, mechanical properties and energy absorption of lattices made by an additive manufacturing process. Two types of lattice **were examined**: body-centred-cubic (BCC) and a reinforced variant called $BCC_z$. The lattices **were subject to** compressive loads in two orthogonal directions, **allowing** an assessment of their mechanical anisotropy to be made. **We also examined** functionally graded versions of these lattices, which featured a density gradient along one direction. The graded structures **exhibited distinct** crushing behaviour, with a sequential collapse of cellular layers preceding full densification. For the $BCC_z$ lattice, the graded structures **were able to** absorb around 114% more energy per unit volume than their non-graded counterparts before full densification, 1371 ± 9 kJ/m$^3$ versus 640 ± 10 kJ/m$^3$. **This highlights the strong potential for functionally graded lattices to be used in energy-absorbing applications**. Finally, **we determined** several of the Gibson–Ashby coefficients relating the mechanical properties of lattice structures to their density; **these are crucial** in establishing the constitutive models required for effective lattice design. These results improve the current understanding of additively manufactured lattices **and will enable the design of sophisticated, functional, lightweight components in the future**.

## 8. 바나듐 교차와 막을 통한 물 이동을 통합한 과도 바나듐 유동 전지 모델

*초록*

이 논문은 작동 중에 종 교차와 관련 용량 손실을 예측할 수 있는 바나듐 산화환원 유동 전지의 2차원 과도 등온 모델을 제시한다. 이 모델은 대류, 확산 및 이동으로 인한 막을 통한 종 이동을 통합하고, 전해질 부피의 변화를 포착하기 위해 반쪽 전지 사이의 물 이동을 설명한다. 이 모델은 또한 바나듐 교차로 인한 각 반쪽 전지의 부반응과 관련 종 농도 변화를 설명한다. 플럭스와 전류의 보존에 기반한 일련의 경계 조건이 전해질 I 막 계면에 통합되어 이러한 계면에서 농도와 전위의 가파른 기울기를 설명한다. 또한, 현재 모델은 피팅 전압을 사용하지 않고도 셀 전위를 정확하게 예측할 수 있는 Nernst 방정식의 보다 완전한 버전을 통합하여 기존 모델의 정확도를 더욱 향상시킨다. 모델 예측과 실험 데이터를 직접 비교한 결과, 이 모델은 단일 충전/방전 사이클의 측정 전압을 평균 오차 1.83%로 정확하게 예측하고, 45사이클 실험의 용량 손실을 평균 오차 4.2%로 추정한다.

*Abstract*

**This paper presents** a 2-D transient, isothermal model of a vanadium redox flow battery **that can predict** the species crossover and related capacity loss during operation. **The model incorporates** the species transport across the membrane due to convection, diffusion, and migration, **and accounts for** the transfer of water between the half-cells to capture the change in electrolyte volume. **The model also accounts for** the side reactions and associated changes in species concentration in each half-cell due to vanadium crossover. A set of boundary conditions based on the conservations of flux and current **are incorporated** at the electrolyte | membrane interfaces **to account for** the steep gradients in concentration and potential at these interfaces. **In addition, the present model further improves upon the accuracy of existing models by incorporating a more complete version** of the Nernst equation, which **enables**

**accurate prediction** of the cell potential **without the use of** a fitting voltage. A direct **comparison of the model predictions with experimental data shows that the model accurately predicts** the measured voltage of a single charge/discharge cycle with an average error of 1.83%, and estimates the capacity loss of a 45 cycle experiment with an average error of 4.2%.

## 9. 감각 신경으로 인한 염증이 이소성 골화에 기여


*초록*

이형성 골화(HO) 또는 연조직의 골 형성은 종종 외상성 손상의 결과이다. 많은 증거가 부상 시 BMP(골 형성 단백질) 방출을 이 과정과 연관시켰다. HO는 한때 드문 현상으로 여겨졌지만 군에서 최근 발표한 통계에 따르면 폭탄 폭발로 인한 외상성 부상의 최대 60%가 HO와 관련이 있는 것으로 나타났다. 이 연구에서 우리는 이 과정에서 말초 신경의 역할을 정의하고자 연구를 수행하였다. BMP2는 이전에 말초 감각 뉴런에서 신경 염증 분자인 물질 P(SP)와 칼시토닌 유전자 관련 펩타이드(CGRP)의 방출을 유도하는 것으로 나타났으므로 우리는 이 과정을 생체 내에서 조사했다. SP와 CGRP는 BMP2 전달 시 빠르게 발현되고 골 형성 내내 상승 상태를 유지한다. 기능적 감각 뉴런(TRPV1$^{-/-}$)이 결핍된 동물에서는 BMP2-매개 SP 및 CGRP 증가가 정상 동물에 비해 억제되었고, 이러한 결핍 마우스에서 HO가 극적으로 억제되어 신경 염증이 기능적 역할을 한다는 것을 시사한다. SP 및 CGRP에 의해 모집되는 것으로 알려진 비만 세포는 BMP2 유도 후 증가했다. 이러한 비만 세포는 신경 구조에 국한되어 탈과립화를 겪었다. 크로몰린을 사용하여 탈과립화를 억제했을 때 HO가 다시 상당히 감소했다. 면역조직화학 분석 결과 크로몰린으로 치료한 마우스에서 BMP2 유도 후 줄기 세포 마커 nanog 및 Klf4와 골모세포 마커 osterix를 발현하는 신경이 나타났다. 이 데이터는 BMP2가 감각 뉴런에 직접 작용하여 신경성 염증을 유도하여 신경 리모델링과 신경에서 골형성 및 기타 줄기 세포의 이동/

방출을 초래할 수 있음을 전체적으로 시사한다. 또한, 이 과정을 차단하면 HO가 현저히 감소하는데, 이는 줄기세포 집단이 뼈 형성에 기여한다는 것을 시사한다.

*Abstract*

Heterotopic ossification (HO), or bone formation in soft tissues, **is often the result of** traumatic injury. **Much evidence has linked** the release of BMPs (bone morphogenetic proteins) upon injury to this process. HO **was once thought to be a rare occurrence, but recent statistics** from the military **suggest that as many as 60%** of traumatic injuries, resulting from bomb blasts, have associated HO. **In this study, we attempt to define the role of** peripheral nerves in this process. Since BMP2 **has been shown previously** to induce release of the neuroinflammatory molecules, substance P (SP) and calcitonin gene related peptide (CGRP), from peripheral, sensory neurons, **we examined** this process in vivo. SP and CGRP **are rapidly expressed** upon delivery of BMP2 **and remain** elevated throughout bone formation. In animals lacking functional sensory neurons ($TRPV1^{-/-}$), BMP2-mediated increases in SP and CGRP **were suppressed** as compared to the normal animals, and HO **was dramatically inhibited** in these deficient mice, **suggesting that** neuroinflammation plays a functional role. Mast cells, known to be recruited by SP and CGRP, **were elevated** after BMP2 induction. These mast cells **were localized** to the nerve structures and **underwent** degranulation. When degranulation **was inhibited using** cromolyn, HO **was again reduced significantly**. Immunohistochemical analysis **revealed** nerves expressing the stem cell markers nanog and Klf4, as well as the osteoblast marker osterix, after BMP2 induction, in mice treated with cromolyn. **The data collectively suggest that** BMP2 **can act directly on** sensory neurons to induce neurogenic inflammation, **resulting in** nerve remodeling and the migration/release of osteogenic and other stem cells from the nerve. **Further**, blocking this process **significantly reduces** HO, **suggesting that** the stem cell population **contributes to** bone formation.

## 10. 전역 이방성 3D FWI

*초록*

지진 이방성은 지진 파형의 운동학과 역학에 모두 영향을 미친다. 전체 파형 지진 역산(FWI) 중에 이방성을 적절히 고려하지 않으면 이방성 모델의 부적절성이 복구된 P파 속도 모델에서 상당한 오류로 나타날 가능성이 높다. 기존에 이방성 FWI는 단층 촬영 등에서 파생된 고정 이방성 모델을 사용하거나 로컬 역산 방식을 사용하여 FWI의 일부로 이방성을 복구시킨다. 이 두 가지 방법 모두 문제가 될 수 있다. 이 논문에서는 로컬 FWI가 아닌 글로벌 FWI를 사용하여 장파장 이방성 모델을 복구할 수 있으며, 그 다음에 보다 기존적인 로컬 FWI를 사용하여 자세한 모델을 복구할 수 있음을 보여준다. 전체 3D 필드 데이터 세트에서 이 접근 방식을 시연하고 로컬 역산 방식을 괴롭힐 수 있는 크로스토크와 관련된 문제를 피할 수 있음을 나타낸다. 비록 우리의 방법은 이방성의 전역적 반전을 제공하지만, 그럼에도 불구하고 3D 필드 데이터에 대해 저렴하고 실용적이다.

*Abstract*

Seismic anisotropy **influences** both the kinematics and dynamics of seismic waveforms. **If** anisotropy **is not adequately taken into account** during full-waveform seismic inversion (FWI), then **inadequacies** in the anisotropy model **are likely to manifest as significant error** in the recovered P-wave velocity model. **Conventionally**, anisotropic FWI **uses** either a fixed anisotropy model derived from tomography or such, **or it uses** a local inversion scheme to recover the anisotropy as part of the FWI; **both of these methods can be problematic. In this paper, we show that** global rather than local FWI **can be used** to recover the long-wavelength anisotropy model, and **that this can then be followed by** more-conventional local FWI to recover the detailed model. **We demonstrate this approach on** a full 3D field dataset, **and show that it avoids problems** associated to cross-talk that can bedevil local inversion schemes. **Although our**

**method** provides a global inversion of anisotropy, **it is nonetheless affordable and practical** for 3D field data.

## 6.2.2 구조화된 초록

### 11. 2광자 칼슘 이미징에서 빠르고 정확한 스파이크 감지를 위한 유한 혁신 속도 알고리즘


*초록*

**목적**

신경생리학적 데이터에서 액션 전위(AP) 시퀀스(스파이크 열차)의 시간을 추론하는 것은 계산 신경 과학의 핵심 문제이다. 칼슘 신호의 2광자 이미징에서 AP를 감지하는 것은 최대 수천 개의 공간적 및 면역조직화학적으로 정의된 뉴런을 동시에 기록할 수 있기 때문에 기존의 전기생리학적 접근 방식에 비해 특정한 이점을 제공한다. 그러나 노이즈, 염료 완충 및 일반적인 현미경 구성의 제한된 샘플링 속도로 인해 칼슘 시간 시리즈에서 AP를 정확하게 감지하는 것은 어려운 문제로 판명되었다.

**접근 방식**

여기서 우리는 유한 혁신 속도(FRI) 이론(Vetterli et al 2002 IEEE Trans. Signal Process: 50 1417-28)을 활용한 문제에 대한 새로운 접근 방식을 소개한다. 단일 지수 함수로 잘 맞는 칼슘 과도 현상의 경우, 문제는 감소하는 지수 함수의 스트림을 재구성하는 것으로 축소된다. 서로 다른 시작 시간을 가진 지수적으로 감소하는 함수의 조합으로 구성된 신호는 FRI 신호의 하위 단계이며, 신호 처리 커뮤니티에서 최근 많은 이론이 개발되었다.

### 주요 결과

칼슘 과도 시간 시리즈에서 AP의 타이밍을 검색하기 위해 FRI 이론을 사용하는 방법을 처음으로 보여준다. 최종 알고리즘은 빠르고 반복적이지 않으며 병렬화가 가능하다. 스파이크 추론은 뉴런 집단에 대해 실시간으로 수행할 수 있으며 매개변수를 초기화하기 위한 훈련 단계나 학습을 필요로 하지 않는다.

### 중요성

이 알고리즘은 실제 데이터(소뇌 Purkinje 세포 수상돌기에서 칼슘 신호의 동시 전기 생리학 및 다중 광자 이미징을 통해 획득)와 대리 데이터로 테스트 되었으며, 칼슘 이미징 데이터에서 스파이크 트레인 추론을 위한 최근 제안된 여러 방법보다 성능이 뛰어난 것으로 평가되었다.

*Abstract*

***Objective***

Inferring the times of sequences of action potentials (APs) (spike trains) from neurophysiological data is a key problem in computational neuroscience. The detection of APs from two-photon imaging of calcium signals offers certain advantages over traditional electrophysiological approaches, as up to thousands of spatially and immunohistochemically defined neurons can be recorded simultaneously. However, due to noise, dye buffering and the limited sampling rates in common microscopy configurations, accurate detection of APs from calcium time series has proved to be a difficult problem.

***Approach***

Here we introduce a novel approach to the problem making use of finite rate of innovation (FRI) theory (Vetterli *et al* 2002 IEEE *Trans. Signal Process*: **50** 1417–28). For calcium transients well fit by a single exponential, the problem is reduced to reconstructing a stream of decaying exponentials. Signals made of a combination of exponentially decaying functions with different onset times are a subclass of FRI signals, for which much theory has recently been developed by the signal processing community.

***Main results***
We demonstrate for the first time the use of FRI theory to retrieve the timing of APs from calcium transient time series. The final algorithm is fast, non-iterative and parallelizable. Spike inference can be performed in real-time for a population of neurons and does not require any training phase or learning to initialize parameters.

***Significance***
The algorithm has been tested with both real data (obtained by simultaneous electrophysiology and multiphoton imaging of calcium signals in cerebellar Purkinje cell dendrites), and surrogate data, and outperforms several recently proposed methods for spike train inference from calcium imaging data.

## 12. 플라스모디움 말라리아 세포질 번역 장치: 임상적으로 승인된 항말라리아제에서 아직 활용되지 않은 유망한 치료 표적

*초록*

**배경**
기존 항말라리아제에 대한 내성의 지속적인 원인은 약물 개발을 위한 새로운 표적과 작용 메커니즘 추구를 필요로 한다. 유망한 표적의 한 종류는 기생충 번역 장치를 구성하는 80S 리보솜과 관련 구성 요소로 구성된다. 번역을 타겟팅하는 치료제를 개발하려면 말라리아 기생충에서 단백질 합성과 그 조절에 대한 더 큰 이해가 필요하다. 이 분야의 연구는 적절한 실험 방법, 특히 기생충 번역의 직접적인 측정이 부족하여 제한적이었다.

**방법**
말라리아 기생충인 플라스모디움 말라리아의 전세포 추출물에서 번역을 직접 측정하는 시험관 내 방법인 PfIVT 분석법과 역사적으로 활용된 간접적 번역 측정법인 S35-방사성 표지자 삽입을 알려진 번역 억제제와 항말라리아 약물의 대규모 패널을 활용하여 비교했다.

**결과**

여기에서 PfIVT 분석법에 대한 광범위한 약리학적 평가를 제시하며, 광범위한 알려진 억제제를 사용하여 번역에 직접 관여하는 리보솜 및 비리보솜 요소의 활동을 연구하는 데 유용함을 입증한다. 또한 이 분석법이 역사적으로 활용된 간접적 번역 측정법인 S35-방사성 표지자 삽입보다 우수함을 입증하였다. 또한 PfIVT 분석법은 많은 작용 기전이 알려지지 않았거나 명확하지 않은 임상적으로 승인된 항말라리아 약물 패널을 조사하는 데 활용되며, 아무것도 번역을 억제하지 않음을 보여 플라스모디움 번역이 실행 가능한 대체 약물 표적임을 재확인하였다. 이 세트 내에서, 메플로퀸은 최근 리보솜 억제제로 잘못 분류되었음에도 불구하고, 번역 억제 활동이 없는 것으로 분명하게 밝혀졌다.

**결론**

본 연구는 P.falciparum 번역을 측정하기 위한 직접적이고 재현 가능한 검정법을 활용하여 말라리아에서 단백질 합성과 약물 표적으로서의 억제에 대한 지속적인 연구에서 그 가치를 증명했다.

*Abstract*

***Background***

The continued spectre of resistance to existing anti-malarials necessitates the pursuit of novel targets and mechanisms of action for drug development. One class of promising targets consists of the 80S ribosome and its associated components comprising the parasite translational apparatus. Development of translation-targeting therapeutics requires a greater understanding of protein synthesis and its regulation in the malaria parasite. Research in this area has been limited by the lack of appropriate experimental methods, particularly a direct measure of parasite translation.

***Methods***

An in vitro method directly measuring translation in whole-cell extracts from the malaria parasite *Plasmodium falciparum*, the PfIVT assay, and a historically-utilized indirect measure of translation, S35-radiolabel incorporation, were compared utilizing a large panel of known translation inhibitors as well as anti-malarial drugs.

***Results***

Here, an extensive pharmacologic assessment of the PfIVT assay is presented, using a wide range of known inhibitors demonstrating its utility for studying activity of both ribosomal and non-ribosomal elements directly involved in translation. Further, the superiority of this assay over a historically utilized indirect measure of translation, S35-radiolabel incorporation, is demonstrated. Additionally, the PfIVT assay is utilized to investigate a panel of clinically approved anti-malarial drugs, many with unknown or unclear mechanisms of action, and show that none inhibit translation, reaffirming *Plasmodium* translation to be a viable alternative drug target. Within this set, mefloquine is unambiguously found to lack translation inhibition activity, despite having been recently mischaracterized as a ribosomal inhibitor.

***Conclusions***

This work exploits a direct and reproducible assay for measuring *P. falciparum* translation, demonstrating its value in the continued study of protein synthesis in malaria and its inhibition as a drug target.

### 6.2.3 유의성 진술 및/또는 하이라이트가 포함된 초록

유의성 진술과 하이라이트는 항상 논문의 PDF에 나타나지 않으므로, 보충 자료가 아닌 초록의 부속 자료로 간주해야 한다. 역엔지니어링 기법을 사용하여 유의성 진술과 하이라이트의 문장 기능을 설명하라. 식별이 필요한 부분은 **굵은 글씨**로 표시하였다.

## 13. 수증기에 노출되는 동안 우라늄 금속 표면의 카바이드 내포물의 산화 부식


*초록*

우라늄과 수증기 사이의 반응은 잘 조사되었지만, 설명된 운동 법칙, 반응 속도 상수의 압력 의존성 및 활성화 에너지 사이에 불일치가 존재한다. 이 문제는 반응에 대한 카바이드 내포물 형태의 불순물의 영향 분석의 원인을 제공한다. 600ppm 탄소를 함유한 우라늄 샘플은 환경 주사 전자 현미경(ESEM) 시스템에서 19mbar 압력에서 수증기에 노출되는 동안과 노출된 후에 분석되었다. 물에 노출된 후, 샘플은 2차 이온 질량 분석법(SIMS), 집속 이온 빔(FIB) 이미징 및 단면 분석, X선 회절(micro-XRD)을 사용한 투과 전자 현미경(TEM)을 사용하여 조사되었다. 현재 연구 결과에 따르면 우라늄 표면의 카바이드 입자는 수증기와 쉽게 반응하여 금속보다 훨씬 빠른 속도로 방대한 UO 3 x 0 성장을 형성한다. 이 관찰은 또한 우라늄-물 상호작용에 대한 이전 실험 연구에 영향을 미칠 수 있으며, 감지되지 않은 카바이드의 수준이 다르면 데이터 세트 간에 관찰된 불일치를 부분적으로 설명할 수 있다.


*하이라이트*

▶ 우라늄 금속의 카바이드 내포물에 대한 고해상도 영상(FIB, SEM 및 SIMS) ▶ 카바이드 내포물이 수증기와 반응한 후의 실시간 영상 ▶ 벌크 금속보다 카바이드가 우선적으로 소모됨을 보여준다. ▶ 따라서 금속의 불순물 양은 반응 속도에 심각한 영향을 미친다. ▶ 공기 또는 습한 조건에서 우라늄을 보관할 때는 금속 순도를 고려해야 한다.

*Abstract*

The reaction between uranium and water vapour **has been well investigated, however discrepancies exist** between the described kinetic laws, pressure dependence of the reaction rate constant and activation energies. **Here this problem is looked at by examining** the influence of impurities in the form of carbide inclusions on the reaction. Samples of uranium containing 600 ppm carbon **were analysed** during and after exposure to water vapour at 19 mbar pressure, in an environmental scanning electron microscope (ESEM) system. After water exposure, samples **were analysed using** secondary ion mass spectrometry (SIMS), focused ion beam (FIB) imaging and sectioning and transmission electron microscopy (TEM) with X-ray diffraction (micro-XRD). **The results of the current study indicate that** carbide particles on the surface of uranium **readily react** with water vapour to form voluminous $UO_3 \cdot xH_2O$ growths **at rates significantly faster than** that of the metal. **The observation may also have implications for previous experimental studies** of uranium-water interactions, where the presence of differing levels of undetected carbide **may partly account for** the discrepancies observed between datasets.

*Highlights*

▶ **High resolution imagery** (FIB, SEM and SIMS) of carbide inclusions in uranium metal. ▶ **Real time images** following the reaction of the carbide inclusions with water vapour. ▶ **Shown** preferential consumption of carbide over that of the bulk metal. ▶ Quantity of impurities in the metal **therefore seriously influence** reaction rate. ▶ Metal purity **must be considered when** storing uranium in air or moist conditions.

## 14. 아마존의 삼림 캐노피 화학적 조립에서 발견된 기능적 다양성

*중요성*

캐노피 나무는 엄청난 수의 동식물을 위한 서식지를 만들고 열대 우림에서 탄소 저장을 지배하는 핵심 유기체이다. 따라서 나무 캐노피의 기능적 다양성을 결정하는 것은 열대 우림이 어떻게 조립되는지 이해하고 환경 변화에 대한 생태계 반응을 예측하는 데 중요하다. 페루의 초다양성 안데스-아마존 복도에서 우리는 수천 그루의 나무 사이에서 대규모 중첩된 캐노피 화학적 조립 패턴을 발견했다. 삼림 공동체 내부와 사이에서 중첩된 이 지리적 및 계통학적 패턴은 토지 사용과 기후 변화로 인해 서부 아마존 삼림의 기능에 대한 현재 및 미래의 변화에 대한 다른 관점을 제공한다.

*초록*

열대 우림 기능적 다양성 패턴은 여러 지리적 규모에서 생태적 조립 과정을 표현하고 환경 변화에 대한 생태적 반응을 예측하는 데 도움이 된다. 나무 캐노피 화학은 삼림 기능적 다양성을 뒷받침하지만 열대 나무의 화학적 특성을 결정하는 데 있어 계통 발생과 환경의 상호 작용 역할은 잘 알려져 있지 않다. 서부 아마존의 19개 숲에 있는 2,420개의 캐노피 나무 종의 잎을 수집하고 분석한 결과, (i) 고도와 토양 비옥도의 기울기에 따라 평균 캐노피 화학 특성의 체계적이고 군집 규모의 변화, (ii) 환경 조건의 변화에 관계없이 군집 내의 구조적 및 방어적 화학 물질의 강력한 계통학적 분할, (iii) 열대 우림에서 CO 2 흡수를 제한하는 두 가지 암석 유래 원소인 잎의 인과 칼슘에 대한 강력한 환경적 통제를 발견했다. 이러한 발견은 서부 아마존 숲의 화학적 다양성이 대규모 환경 필터, 특히 토양과 기후에 대한 군집의 장기적인 화학적 특성 조정에 의해 주도되는 지역적으로 중첩된 모자이크에서 발생하며 다양한 환경 조건에서 잎의 생존에 필수적인 특성의 계통학적 발산에 의해 뒷받침된다는 것을 나타낸다. 산림 캐노피 화학적 특성의 지리적으로 중첩된 패턴은 서부 아마존 생태계가 토지 이용과 기후의 변화에 반응하고 기능을 재배치하는 데 중요한 역할을 할 것이다.

*Significance*

Canopy trees are **keystone organisms** that create habitat for **an enormous array of** flora and fauna and **dominate** carbon storage in tropical forests. Determining the functional diversity of tree canopies **is, therefore, critical to understanding** how tropical forests are assembled and predicting ecosystem responses to environmental change. Across the megadiverse Andes-to-Amazon corridor of Peru, **we discovered** a large-scale nested pattern of canopy chemical assembly among thousands of trees. This nested geographic and phylogenetic pattern within and among forest communities **provides a different perspective on current and future** alterations to the functioning of western Amazonian forests resulting from land use and climate change.

*Abstract*

Patterns of tropical forest functional diversity **express** processes of ecological assembly at multiple geographic scales and **aid in predicting** ecological responses to environmental change. Tree canopy chemistry **underpins** forest functional diversity, **but** the interactive role of phylogeny and environment in determining the chemical traits of tropical trees **is poorly known**. **Collecting and analyzing** foliage in 2,420 canopy tree species across 19 forests in the western Amazon, **we discovered** (*i*) systematic, community-scale shifts in average canopy chemical traits along gradients of elevation and soil fertility; (*ii*) strong phylogenetic partitioning of structural and defense chemicals within communities independent of variation in environmental conditions; and (*iii*) strong environmental control on foliar phosphorus and calcium, the two rock-derived elements limiting $CO_2$ uptake in tropical forests. **These findings indicate that** the chemical diversity of western Amazonian forests **occurs** in a regionally nested mosaic driven by long-term chemical trait adjustment of communities to large-scale environmental filters, particularly soils and climate, **and is supported by** phylogenetic divergence of traits essential to foliar survival under varying environmental conditions. Geographically nested patterns of forest canopy chemical traits **will play a role in determining** the response and functional rearrangement of western Amazonian ecosystems to changing land use and climate.

## 15. 유체 계면에서 콜로이드 입자의 초고속 탈착

### *중요성*

고체 입자는 계면활성제를 대체하여 에멀전과 거품을 안정화할 수 있다. 입자가 방울과 거품에 부착되는 것은 일반적으로 입자 분리를 위한 큰 에너지 장벽이 미립자의 열 에너지보다 수백만 배나 크기 때문에 되돌릴 수 없는 것으로 간주된다. 여기서 초음파를 사용하여 거품에서 미립자를 분리하는 방법을 보여준다. 우리는 밀리초 이내에 입자를 완전히 제거하고 회수할 수 있는 조건을 확인했다. 우리의 방법은 시간에 따라 프로그래밍할 수 있으며 유체나 계면의 물리화학적 변형이 필요하지 않다. 이 연구는 제어된 방출에서 계면 촉매 및 가스 저장에 이르는 다양한 응용 분야에서 에멀전과 거품에서 계면 입자를 회수하는 방법에 대한 새로운 필요성을 다룬다.

### *초록*

유체-유체 계면에서 고체 입자의 자체 조립은 에멀전과 거품을 안정화하고 재료 합성에 널리 활용된다. 자기 조립 메커니즘은 입자 흡착과 관련된 큰 모세관 에너지로 인해 매우 견고하며, 이는 마이크로미터 크기의 콜로이드에 대한 열 에너지의 수백만 배에 해당한다. 계면 콜로이드 단층의 미세 구조는 또한 안정성을 선호할 수 있으며, 예를 들어 입자 안정화 기포의 경우 콜로이드 단층의 막힘으로 인한 용해에 대해 무기한 안정될 수 있다. 결과적으로 불안정화와 입자 제거가 필요할 때 상당한 어려움이 발생한다. 본 연구는 입자 안정화 기포의 계면에서 콜로이드 단층층의 초고속 탈착을 보여준다. 또한 초음파를 사용하여 기포를 주기적인 압축-팽창으로 구동하여 입자 단층에 상당한 변형과 미세 구조적 변화를 관찰하고, 고속 현미경을 사용하여 모양 진동 중에 입자 방출의 방향성이 높은 패턴을 포함하여 기포 변형 모드에 따라 다른 입자 배출 과정을 분석하였다. 기포에서 콜로이드 단층을 완전히 제거하는 데 1밀리초도 걸리지 않는다. 우리의 방법은 지속 가능한 공정에서의 나노입자 재활용부터 칩상 실험실에서의 프로그래밍이 가능한 입자 전달까지 광범위한 분야에 적용될 수 있다.

*Significance*

Solid particles **can** replace surfactants to stabilize emulsions and foams. The attachment of particles onto drops and bubbles is **typically considered to be** irreversible because of a large energy barrier for particle detachment — millions of times the thermal energy for microparticles. **Here we demonstrate a method to** promote the detachment of microparticles from bubbles using ultrasound. **We identified** conditions for complete particle removal and recovery in **under a millisecond**. **Our method** is programmable in time, and does not require any physicochemical modification of the fluids or the interface. **This work addresses the emerging need for** methods to recover interfacial particles from emulsions and foams **in applications ranging from** controlled release to interfacial catalysis and gas storage.

*Abstract*

The self-assembly of solid particles at fluid–fluid interfaces **is widely exploited** to stabilize emulsions and foams, and in materials synthesis. The self-assembly mechanism **is very robust** owing to the large capillary energy associated with particle adsorption, of the order of millions of times the thermal energy for micrometer-sized colloids. The microstructure of the interfacial colloid monolayer **can also favor** stability, for instance in the case of particle-stabilized bubbles, which **can be** indefinitely stable against dissolution due to jamming of the colloid monolayer. **As a result, significant challenges arise** when destabilization and particle removal **are a requirement**. **Here we demonstrate** ultrafast desorption of colloid monolayers from the interface of particle-stabilized bubbles. **We drive** the bubbles into periodic compression–expansion using ultrasound waves, causing significant deformation and microstructural changes in the particle monolayer. **Using** high-speed microscopy **we uncover different** particle expulsion scenarios depending on the mode of bubble deformation, including highly directional patterns of particle release during shape oscillations. **Complete** removal of colloid monolayers from bubbles **is achieved in under a millisecond**. **Our method should find a broad range of applications**, from nanoparticle recycling in sustainable processes to programmable particle delivery in lab-on-a-chip applications.

### 6.2.4 그래픽 초록

그래픽 초록(GA)은 일반적으로 독자에게 논문의 핵심 메시지를 즉시 이해시키기 위해 디자인된 단일 패널 이미지이다. GA는 색상을 신중하게 사용해야 하며, 잡동사니와 불필요한 요소를 최소화하여 시각적으로 주의를 끌어야 한다. 어떤 경우에는 이미지가 논문에서 재생산되고, 다른 경우에는 GA로 특별히 디자인된다.

GA는 바로 시작 부분에서 주요 요점을 전달한다. 이를 통해 독자는 메시지를 더 잘 이해하고 수용할 수 있다. 또한 명확하고 기억에 남는 이미지를 제공하면 독자가 다른 기사로 넘어간 후에도 해당 메시지를 더 잘 이해할 수 있다. 일부 GA에는 짧은 텍스트도 포함되어 있다.

역엔지니어링 기법을 사용하여 아래 GA에 대한 모델을 구축하고 섹션 6.3의 일반 모델과 비교한다. 식별이 필요한 부분은 **굵은 글씨**로 표시되어 있다.

**16. 가시광선 구동 수소 발생을 위한 조정 가능한 유기 광촉매**

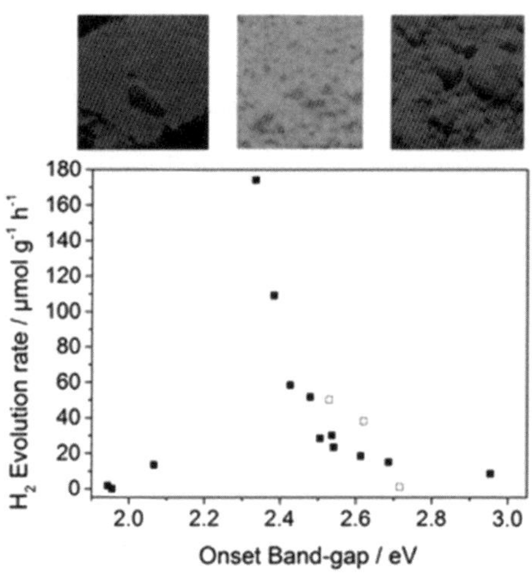

## 초록

물에서 광촉매 수소를 생산하는 것은 풍부하고 깨끗한 연료원을 제공하지만, 태양 스펙트럼을 효과적으로 사용하는 광촉매를 생산하는 것은 어렵다. 많은 수소 발생 광촉매는 자외선 범위에서 활성이지만, 자외선은 지상에서 태양 스펙트럼에서 사용 가능한 에너지의 3%에 불과하다. 고체 상태 결정질 광촉매는 결정질 상의 이산 함수인 광 흡수 프로파일을 가지고 있으며, 항상 조정할 수 있는 것은 아니다. 여기서 1.94-2.95 eV 범위에서 광학적 갭에 대한 정교한 합성 제어를 가진 일련의 비정질 미세 다공성 유기 중합체를 준비한다. 특정 단량체 조성은 희생 전자 공여체가 있는 경우 물에서 수소를 발생시키는 견고하고 효과적인 광촉매인 중합체를 제공하며, 추가 금속 공촉매가 필요하지 않다. 놀랍게도, 다른 유기 시스템과 달리 가장 성능이 좋은 중합체는 자외선 조사가 아닌 가시광선 조사에서만 광활성을 나타낸다.


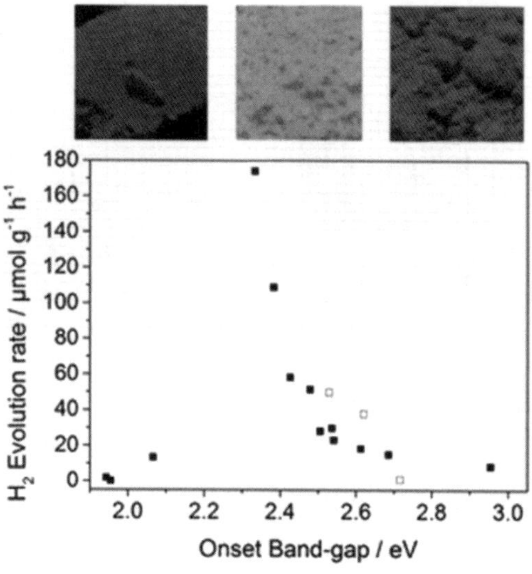

*Abstract*

Photocatalytic hydrogen production from water **offers an abundant, clean** fuel source, **but it is challenging to produce** photocatalysts that use the solar spectrum **effectively**. Many hydrogen-evolving photocatalysts **are** active in the ultraviolet range, **but** ultraviolet light **accounts for only** 3% of the energy available in the solar spectrum at ground level. Solid-state crystalline photocatalysts have light absorption profiles that are a discrete function of their crystalline phase and that are not always tunable. **Here, we prepare** a series of amorphous, microporous organic polymers **with exquisite synthetic** control over the optical gap in the range 1.94–2.95 eV. Specific monomer compositions give polymers that are **robust and effective** photocatalysts for the evolution of hydrogen from water in the presence of a sacrificial electron donor, **without the apparent need for** an added metal cocatalyst. **Remarkably, unlike other** organic systems, the best performing polymer is only photoactive under visible rather than ultraviolet irradiation.

## 17. 적철광 표면의 물 산화에 대한 속도 법칙 분석

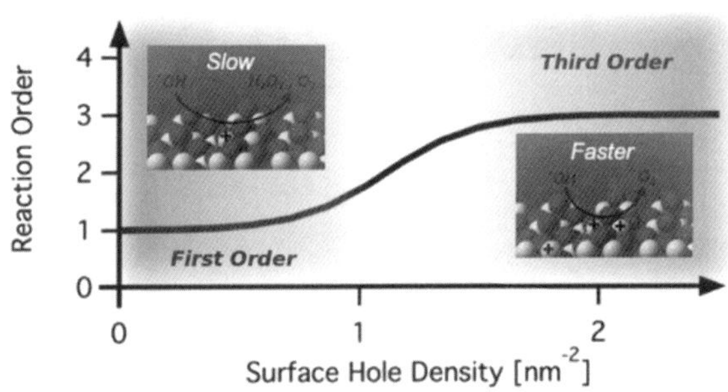


*초록*

물 산화는 생물학적 광합성과 인공 태양 연료 합성 전략 모두에 핵심적인 핵심 화학 반응이다. 최근 자연 촉매 부위의 구조와 무기 촉매 기능에 대한 진전이 있었음에도 불구하고 이 다중 산화환원 반응의 기계적 세부 사항을 결정하는 것은 여전히 중요한 과제이다. 본 연구는 광유도 흡수 분광법을 사용하여 적철광 광양극의 표면 홀 밀도에 따른 물 산화 순서의 속도 법칙을 분석하였다. 이 연구에서는 표면 홀 밀도가 가장 가까운 이웃 금속 원자의 산화를 가능하게 하기에 충분해지면 낮은 누적 홀 밀도에서 느린 1차 반응에서 더 빠른 3차 메커니즘으로 전환되는 것을 보여준다. 따라서 이 연구는 적철광에 의한 물 산화의 다중 홀 촉매 작용에 대한 직접적인 증거를 제공하고 이를 달성하는 데 필요한 홀 축적 수준을 보여주며 반응 메커니즘과 기능을 향상시키기 위한 전략에 대한 핵심 통찰력을 제공한다.

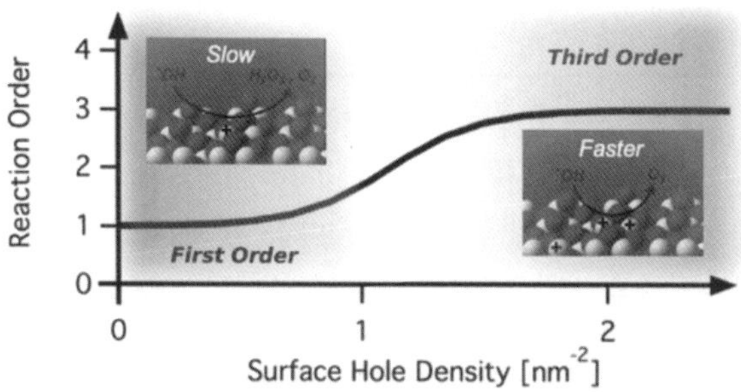


*Abstract*

Water oxidation **is a key chemical reaction, central to** both biological photosynthesis and artificial solar fuel synthesis strategies. **Despite recent progress** on the structure of the natural catalytic site, and on inorganic catalyst function, determining the mechanistic details of this multiredox reaction **remains a significant challenge**. **We report herein** a rate law analysis of the order of water oxidation as a function of surface hole density on a hematite photoanode employing photoinduced absorption spectroscopy. **Our study reveals** a transition from a slow, first order reaction at low accumulated hole density to a faster, third order mechanism once the surface hole density is sufficient to enable the oxidation of nearest neighbor metal atoms. **This study thus provides direct evidence for** the multihole catalysis of water oxidation by hematite, **and demonstrates** the hole accumulation level required to achieve this, **leading to key insights** both for reaction mechanism and strategies to enhance function.

...그리고 일부 저널은 GA와 함께 하이라이트 또는 중요성 진술을 수락하거나 권장한다.

## 18. 리그닌의 2단계 촉매 수열 처리에서 액체 제품의 조성에 대한 반응 조건의 영향

*하이라이트*

- 리그닌 공급을 기준으로 액상 제품의 수율은 최대 40중량%**에 도달했다.**
- 액상 제품의 구성은 반응 조건에 따라 **달랐다.**
- 포름산은 탈중합제와 수소원으로 **작용했다.**
- 포름산은 다양한 조건에서 액상 제품의 선택성에 **영향을 미쳤다.**
- $Pt/Al_2O_3$은 포름산보다 액상 제품에 대한 선택성**이 낮았다.**

*초록*

알칼리 리그닌의 2단계 수열 전환 중 반응 조건이 액상 제품의 구성에 미치는 영향을 배치 반응기에서 조사했다. 반응은 포름산(FA)과 $Pt/Al_2O_3$ 촉매의 존재 하에 수행되었다. 두 가지 다른 반응 조건 세트에는 각각 265℃와 350℃에서 1시간과 5시간의 대체 반응 시간이 포함되었다. 이는 반응 심각도에 다른 기여를 제공하여 액상 제품의 구성에 영향을 미쳤다. 덜 심각한 반응 조건에서 FA가 존재할 경우 액상 제품의 수율은 최대 40중량%(리그닌 공급 기준)에 도달했다. 350℃에서 5시간 반응 시간으로 알킬페놀, 알킬과이아콜 및 탄화수소가 주요 액체 생성물이었다. 그러나 265℃에서 5시간 반응 시간으로 페놀과 메탄올이 주요 생성물이 되었다. 2단계 수열 공정으로 리그닌 전환이 개선되었고, 액체 생성물 범위를 조작할 수 있는 잠재력이 있다.

***그래픽 요약***

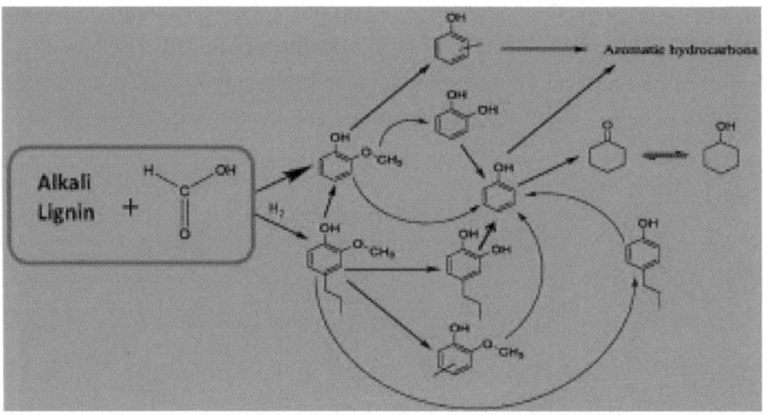


*Highlights*

- Liquid products' yields **reached up to** 40 wt% based on lignin feed.
- Liquid products' compositions **differed** with different reaction conditions.
- Formic acid **acted as** both depolymerization agent and source of hydrogen.
- Formic acid **influenced** liquid products' selectivity under the different conditions.
- $Pt/Al_2O_3$ **was** less selective towards liquid products than formic acid.

*Abstract*

The influence of reaction conditions on the composition of liquid products during two-stage hydrothermal conversion of alkali lignin **has been investigated** in a batch reactor. Reactions **were carried out** in the presence of formic acid (FA) and $Pt/Al_2O_3$ catalyst. The two different sets of reaction conditions **involved** alternative reaction times of 1 h and 5 h at 265°C and 350°C, respectively. These **provided different contributions** to reaction severity, **which affected** the compositions of liquid products. Yields of liquid products **reached up to** 40 wt% (on lignin feed basis) in the presence of FA under the less severe reaction condition. With 5 h reaction time at 350°C, alkylphenols, alkylguaiacols and hydrocarbons **were the dominant** liquid products. However, with 5 h reaction time at 265°C, phenol and methanol **became dominant**. The two-stage hydrothermal process **led to improved** lignin conversion, with the **potential** to manipulate the liquid product range.

*Graphical abstract*

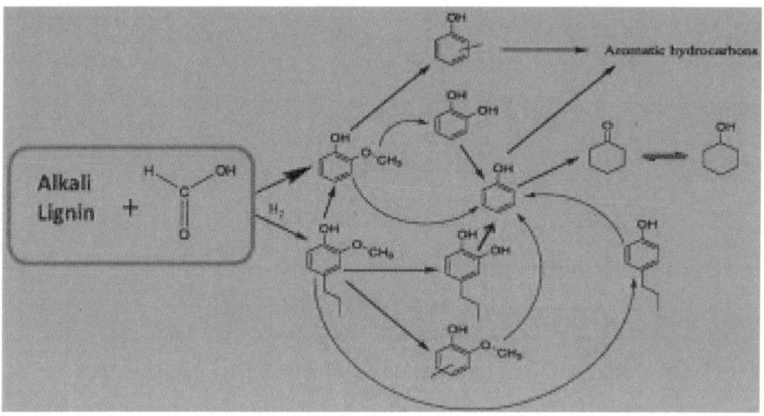

## 6.3 일반 초록 모델

다음의 일반 모델에 따라 모델을 비교 및 조정하고, 연구의 가치를 **신속하고 틀림없이** 전달하는 '행복한 단어 ☺'가 잠재적으로 쓰일 수 있는 위치의 수를 기록하라.

| | 초록의 일반적인 모델 |
|---|---|
| 1 | 주제/필수 사실적 배경의 중요성<br>과제/문제<br>논문/연구의 내용(성과/가치+ ☺ 포함 가능) |
| 2 | 방법/자료 + ☺<br>결과 + ☺/기존 결과와의 비교 + ☺<br>암시 |
| 3 | 기존 지식에 대한 매핑+ ☺<br>성과/가치/기여+ ☺<br>응용+ ☺ |

| | GENERIC ABSTRACT MODEL |
|---|---|
| 1 | SIGNIFICANCE OF THE TOPIC/ESSENTIAL FACTUAL BACKGROUND<br>THE CHALLENGE/PROBLEM<br>WHAT THE PAPER/STUDY DOES (may include ACHIEVEMENT/VALUE + ☺) |
| 2 | METHOD/MATERIALS + ☺<br>RESULTS + ☺/COMPARISONS WITH EXISTING RESULTS + ☺<br>IMPLICATIONS |
| 3 | MAPPING TO EXISTING KNOWLEDGE + ☺<br>ACHIEVEMENT/VALUE/CONTRIBUTION + ☺<br>APPLICATIONS + ☺ |

## 6.3.1 모델 구성 요소

***각 구성 요소에 어떤 동사 시제를 사용해야 하는가?***

일반적으로 참고 논문이 가장 좋은 지침을 제공하는데, 그 예는 다음과 같다:

- **논문/연구가 하는 일**이나 **논문에 있는 내용**을 언급할 때 대부분의 작성자는 현재 단순 시제를 사용한다.
- 수행되거나 사용된 것, 즉 방법을 언급할 때 대부분 작성자는 과거 단순 시제를 사용한다.
- **결과**와 **의미**는 단순 과거 시제 또는 단순 현재 시제로 표현할 수 있다. 초록은 독자의 관심을 즉시 끌 수 있는 방식으로 논문 내용을 제시한다. 결과적으로 초록에서는 결과와 의미를 나타내는 부분에 단순 현재 시제를 사용하는 경우가 있으나 논문 본문에서는 단순 과거 시제로 표현되어 있다.
- **성취/가치/기여**는 현재 완료 시제(have +ed) 또는 단순 현재 시제로 표현될 수 있다.

***주제의 중요성에 대해 언급해야 하는지와 배경 정보를 제공해야 하는지를 어떻게 알 수 있나?***

이는 어느 정도 학술지의 독자층과 연구의 특수성에 따라 달라진다. 그러나 비교적 기술적인 분야에서도 연구 분야 범위를 벗어난 잠재적인 학제간 독자의 요구 사항을 고려해야 한다. 초록 자체를 이해하는 데 배경 정보가 필요한 경우 관련 요점을 가능한 한 적은 단어로 결합하고 요약한다.

***예를 들어 배경을 뒷받침하기 위해 초록에 인용문을 포함할 수 있나?***

연구 배경은 문제나 과제를 식별하는 데 적합할 수 있지만 초록에 실제 인용문을 포함하는 경우는 드물다. 그러나 논문이 기존에 출판된 논문에서 직접 따온 것이거나 특정 작업이나 이론과 관련된 주요 진전이나 모순인 경우 관련 논문을 인용한다.

***방법과 결과에 대해 얼마나 자세히 설명해야 하는가?***

방법과 관련하여 독자가 시뮬레이션, 모델 또는 현장 데이터를 사용했는지 알지 못한 채 논문을 읽을지의 여부를 결정할 수 없을 경우 해당 정보를 포함한다. 연구의 가치가 단일 사례 연구가 아닌 다양한 실험을 수행했을 경우 해당 정보를 언급한다.

방법의 주요 측면과 주요 결과는 때때로 수치적 세부 정보와 함께 제공된다:

- *프런트엔드는 AMS 0.35um 기술로 제작되었으며 1.35mm*$^2$ *의 면적을 차지한다.*
- *인체 피험자의 전기적 및 생리적 측정 결과를 광범위하게 보고하여 추정 SNR이 39dB이고 SpO2에서 2% 변화를 감지할 수 있는 능력을 보여준다.*
- *구체적으로 45S5 생물학적 활성 유리 또는 Sr50을 13.3mg/ml 이상, Sr100을 6.7mg/ml 이상 첨가하면 상당한 억제가 발생했다.*
- *... 등급화된 구조는 완전 밀도화 이전에 등급화되지 않은 구조보다 단위 부피당 약 114% 더 많은 에너지를 흡수할 수 있었다. 등급화된 구조의 경우 1371±9 kJ/m*$^3$*, 등급화된 구조의 경우 640 ± 10kJ/m*$^3$ *이다.*

**참고** 숫자에 언어를 추가하면(예: 38% 또는 **최대** 38%) 이 중요한 단계에서 숫자가 오해되지 않는다.

- *The front-end was fabricated in the AMS 0.35 μm technology and occupies an area of 1.35 mm$^2$.*
- *Extensive measured results, both electrical and physiological from human subjects are reported, demonstrating an estimated SNR of 39 dB and ability to detect 2% changes in SpO2,...*
- *Specifically, addition of ≥ 13.3 mg/ml of 45S5 bioactive glass or Sr50, or ≥ 6.7 mg/ml of Sr100, resulted in significant inhibition.*
- *...the graded structures were able to absorb around 114% more energy per unit volume than their non-graded counterparts before full densification, 1371 ± 9 kJ/m$^3$ versus 640 ± 10 kJ/m$^3$.*

*Note*: Adding language to numbers (e.g. ***only** 38%* or ***as high as** 38%)* ensures that the numbers will not be misinterpreted at this crucial stage.

다른 초록에서는 언어만을 사용하여 방법 및/또는 결과를 제시한다:

- *쥐 골수에서 얻은 중간엽 기질 세포를 사용하여 골형성 분화 자극을 조사했다.*
- *여기서 초음파를 사용하여 미세입자를 거품에서 분리하는 방법을 보여 준다...*
- *... SP 및 CGRP의 BMP2 매개 증가는 정상 동물에 비해 억제되었고 HO는 이러한 결핍 마우스에서 극적으로 억제되었다.*
- *... FWI 속도 모델은 가스 구름과 관련된 더 날카롭고 강렬한 저속 영역을 나타내는데, 저속 손가락은 가스로 채워진 단층의 위치와 일치한다...*

- *Stimulation of osteogenic differentiation was investigated using mesenchymal stromal cells obtained from rat bone marrow.*
- *Here we demonstrate a method to promote the detachment of microparticles from bubbles using ultrasound...*
- *...BMP2-mediated increases in SP and CGRP were suppressed as compared to the normal animals, and HO was dramatically inhibited in these deficient mice.*

- *...the FWI velocity model reveals a sharper and more intense low-velocity region associated with the gas cloud in which low-velocity fingers match the location of gas-filled faults...*

연구 자체에 많은 시간을 할애하고 논문을 쓰는 데 시간을 할애한 저자는 종종 초록을 모든 작업의 요약으로 간주하고 방법이나 결과에 크게 관련되지 않은 세부 정보까지 많이 포함하고자 할 때가 있다. 이로 인해 독자가 방법의 핵심 측면이나 핵심 결과를 식별해야 하는 과제를 던져줄 뿐만 아니라 제대로 된 초록이 작성될 가능성이 낮아진다.

*결과의 의미를 얼마나 강하게 언급해야 하는가?*

초록에서 말하는 내용은 논문에서 보고하는 내용과 일치해야 한다. 초록이 인상적일 필요가 있는 이유는 연구에서 얻은 데이터가 내용을 완전히 뒷받침하지 못하거나 지나치게 야심찬 진술 또는 결론이 포함된 초록이 생성될 수 있기 때문이다. 이는 연구 논문 심사가 길어지는 요인이 된다. 당신의 연구 논문이 획기적인 진전을 처음부터 담고 있거나, 연구의 가치가 논문의 데이터에 잠재적으로 담겨 있을 경우, 법조동사(could/might/may) 또는 '*possible/potential*'과 같은 단어를 사용하여 작성해야 한다. 어떤 경우에는 의미가 초록에 매우 강하게 명시되고 논문 내용에는 이러한 의미의 가능한 제한 및 제약에 대한 논의가 포함된다. 그러나 초록에 명시된 의미는 오해의 소지가 있거나 데이터에 어긋날 정도로 강해서는 안 된다.

*단어 제한이 주어졌을 때 초록의 흐름을 어떻게 만들 수 있을까?*

초록은 고정된 단어 수 내에서 작성되어야 하며, 이것은 다시 말해 때때로 묘사적 흐름을 배제하더라도 중요한 데이터나 정보가 포함되는 것을 의미한다. 그러나 묘사적 설명이 줄어들수록 데이터나 정보의 일관성이 떨어진다.

단어 제한이 주어졌을 때 가능한 한 많은 정보를 유지하면서 초록의 흐름을 잘 만들려면:

1. **'1.5.2절 문장과 정보 연결'**을 검토하고 이 단원의 초록과 참고 논문에서 문장이 어떻게 연결되어 있는지 살펴보라. 독자가 문장 사이의 내용을 쉽게 이해할 수 있을까? 저자는 독자가 한 문장에서 다음 문장으로 넘어가도록 어떻게 도울까? 명확한 문장 연결이 부족하여 실제로 모호해지는 부분이 있을까? 이를 어떻게 해결할 수 있을까?
2. 문장 함수를 결합하여 단어 제한에서 최대값을 구한다. 예를 들어:
   - **논문의 목적 + 성과**: *이 논문에서는 품질 기반 추적, 다중 수준 상관관계, 위상 0 검색의 장점을 결합하여 높은 수준의 정확도와 견고성을 달성하는 새로운 추정 방법을 제시한다.*
   - **성과 + 차이점**: *이를 통해 달팽이관 정점에서 다양한 설명되지 않은 실험적 관찰을 설명하는 저주파 청력에 대한 개념을 제공한다. 여기에는 다음 내용이 포함된다.*
   - **방법 + 결과**: *구체적으로, 45S5 생물학적 유리 또는 Sr50을 13.3mg/ml 이상 첨가하거나 Sr100을 26.7mg/ml 첨가하면 상당한 억제가 발생했다.*
   - **성과 + 격차**: *또한, 현재 모델은 Nernst 방정식의 보다 완전한 버전을 통합하여 기존 모델의 정확도를 더욱 개선하여 피팅 전압을 사용하지 않고도 세포 전위를 정확하게 예측할 수 있다.*
   - **결과 + 의미**: *기능적 감각 뉴런(TRPV1$^{-/-}$)이 없는 동물에서 SP 및 CGRP의 BMP2 매개 증가는 정상 동물에 비해 억제되었고, 이러한 결핍 마우스에서 HO가 극적으로 억제되어 신경 염증이 기능적 역할을 한다는 것을 시사한다.*

- WHAT THE PAPER DOES + ACHIEVEMENT: *In this paper, we present a novel estimation method that combines the strengths of quality-guided tracking, multi-level correlation, and phase-zero search to achieve high levels of accuracy and robustness.*
- ACHIEVEMENT + GAP: *It thereby provides a concept for low-frequency hearing that accounts for a variety of unexplained experimental observations from the cochlear apex, including...*
- METHOD + RESULT: *Specifically, addition of ≥ 13.3 mg/ml of 45S5 bioactive glass or Sr50, or ≥ 6.7 mg/ml of Sr100, resulted in significant inhibition.*
- ACHIEVEMENT + GAP: *In addition, the present model further improves upon the accuracy of existing models by incorporating a more complete version of the Nernst equation, which enables accurate prediction of the cell potential without the use of a fitting voltage.*
- RESULT + IMPLICATION: *In animals lacking functional sensory neurons (TRPV1$^{-/-}$), BMP2-mediated increases in SP and CGRP were suppressed as compared to the normal animals, and HO was dramatically inhibited in these deficient mice, suggesting that neuroinflammation plays a functional role.*

## 6.4 언어

초록에 필요한 모든 언어는 이전 장에서 찾을 수 있다. 그러나 초록은 다양한 독자들이 매우 신속하게 이해할 수 있어야 하기 때문에 간단하고 관습적인 언어를 포함하는 경향이 있으며 아래 내용은 이에 대해 보여주고 있다. 참고 논문의 초록 목록에 추가하라.

### 주제/필수 사실적 배경의 중요성

| | |
|---|---|
| ~으로 추정된다 | 여러 연구 |
| ~을 기반으로 하다 | 중앙의 |
| ~에 의해 결정되다 | 공통의 |
| ~에 기본적이다 | 현재의 |
| ~의 영향을 받다 | 지배적인 |
| ~로 알려져 있다 | 부상하는 |
| ~에 관련이 있다 | 빈번하게 |
| ~로 간주되다 | 일반적으로 |
| 최근에 ~로 밝혀졌다 | 증가하는 |
| ~로 알려져 있다 | 중요한 |
| ~로 널리 받아들여진다 | 많은 |
| | 자주 |
| 참고: 단순 현재형의 동사는 사실적 배경도 전달해준다. | 인기있는 |
| | 최근의 |
| | 전형적으로 |
| | 널리 |
| | 세계적인 |

| is assumed to | a number of studies |
| --- | --- |
| is based on | central |
| is determined by | common |
| is fundamental to | currently |
| is influenced by | dominant |
| is known to | emerging |
| is related to | frequently |
| is regarded as | generally |
| it has recently been shown that | increasing |
| it is known that | key |
| it is widely accepted that | many |
| | often |
| *Note*: Verbs in the Present Simple tense also | popular |
| communicate the factual background. | recent |
| | typically |
| | widely |
| | worldwide |

***이 Unit의 초록에서 발췌한 예:***

- 저수지는 고속 반형상 백악 단면의 꼭대기에 있으며, 약 3000m의 쇄설암으로 덮여 있고, 그 안에 저속 가스 구름이 지진으로 가려진 영역을 생성한다.
- 청력의 민감도와 주파수 선택성은 기계 감각 유모 세포에서 활성 프로세스에 의한 조정된 증폭에서 비롯된다.
- 염 시퀀스는 전 세계의 많은 퇴적 분지의 필수적인 부분을 형성한다.
- 축 방향 변위 추정은 많은 자유형 준정적 초음파 변형 이미징 시스템의 기본이다.
- 캐노피 나무는 엄청난 수의 동식물을 위한 서식지를 만들고 열대 우림의 탄소 저장을 지배하는 핵심 유기체이다.
- 유체-유체 계면에서 고체 입자의 자가 조립은 에멀전과 거품을 안정화하고 재료 합성에 널리 활용된다.

- The reservoir **lies at** the crest of a high-velocity antiformal chalk section, overlain by about 3000 m of clastics within which a low-velocity gas cloud **produces** a seismic obscured area.
- The sensitivity and frequency selectivity of hearing **result from** tuned amplification by an active process in the mechanoreceptive hair cells.
- Salt sequences **form** an integral part of **many** sedimentary basins worldwide.
- Axial displacement estimation **is fundamental to** many freehand quasistatic ultrasonic strain imaging systems.
- Canopy trees are keystone organisms that create habitat for an **enormous** array of flora and fauna and **dominate** carbon storage in tropical forests.
- The self-assembly of solid particles at fluid–fluid interfaces **is widely exploited** to stabilize emulsions and foams, and in materials synthesis.

**과제/문제**

| | |
|---|---|
| 대안적 접근 방식 | 부정확한 |
| 핵심 문제 | 부적절한 |
| ~에 대한 필요성 | 불편한 |
| 도전 | 제한된 |
| 복잡한 | 작은 (작업/연구) |
| 비판적인 | 할 수 없는 |
| 토론 | 이전에 |
| 바람직한 | 문제 |
| 어려움 | 필요로 하다 |
| 단점 | 위험/위협 |
| 단점 | 시간이 많이 걸리는 |
| 필수적인 | 성공하지 못한 |
| 비싼 | 지금까지 |
| 비실용적인 | |

| | |
|---|---|
| (an) alternative approach | inaccurate |
| (a) key problem | inadequate |
| a need for | inconvenient |
| challenge | limited |
| complicated | little (work) |
| critical | not able to |
| debate | previously |
| desirable | problem |
| difficulty | require |
| disadvantage | risk |
| drawback | time-consuming |
| essential | unsuccessful |
| expensive | until now |
| impractical | |

***이 Unit의 초록에서 발췌한 예:***

- 그럼에도 불구하고 지하에서 마그마-소금 상호작용을 이해하기 위한 연구는 지금까지 거의 수행되지 않았다... .
- 포유류 내이의 활성 과정에 대한 이 두 메커니즘의 상대적 기여도는 현재 격렬한 논쟁의 대상이다.
- 전체 파형 지진 역산(FWI) 중에 이방성이 적절하게 고려되지 않으면 이방성 모델의 부적절성이 상당한 오류로 나타날 가능성이 높다...
- ...칼슘 시계열에서 AP를 정확하게 감지하는 것은 어려운 문제로 입증되었다.
- 신경생리학적 데이터로부터 액션 전위(AP) 시퀀스(스파이크 트레인)의 시간을 추론하는 것은 계산 신경 과학의 핵심 문제이다.

- **Despite this, little work has so far been undertaken** to understand magma-salt interactions within the subsurface,...
- The relative contributions of these two mechanisms to the active process in the mammalian inner ear is **the subject of intense current debate**.
- If anisotropy is **not adequately taken into account** during full-waveform seismic inversion (FWI), then inadequacies in the anisotropy model are likely to manifest as significant error...
- ...accurate detection of APs from calcium time series **has proved to be a difficult problem**.
- Inferring the times of sequences of action potentials (APs) (spike trains) from neurophysiological data **is a key problem** in computational neuroscience.

## 논문/연구의 내용(때로는 수동태)

| | | | |
|---|---|---|---|
| 설명하다 | 정의하다 | 확장하다 | 제안하다 |
| 분석하다 | 설명하다 | 식별하다 | 제공하다 |
| 시도하다 | 토론하다 | 포함하다 | 보고하다 |
| 비교하다 | 강조하다 | 소개하다 | 검토하다 |
| 고려하다 | 활성화하다 | 조사하다 | 보여주다 |
| | 검사하다 | 제시하다 | |

| | | | |
|---|---|---|---|
| address | define | extend | propose |
| analyse | describe | identify | provide |
| attempt to | discuss | include | report |
| compare | emphasise | introduce | review |
| consider | enable | investigate | show |
| | examine | present | |

*이 Unit의 초록에서 발췌한 예:*

- 이 논문은 전력 소모량이 1mW 미만인 최초의 완전 통합 펄스 옥시미터 프런트 엔드의 구현을 제시한다.
- 이 논문에는 하이브리드 방법에 대한 전체 설명, 방법의 임상적 관련성을 설명하는 생체 내 사례, 정확도를 평가하기 위한 유한 요소 시뮬레이션이 포함되어 있다.
- 이 논문에서는 적층 제조 공정으로 만든 격자의 분쇄 거동, 기계적 특성 및 에너지 흡수를 조사한다.
- 이 연구에서는 말초 신경의 역할을 정의하고자 한다.
- 여기서는(이 연구에서는) 광유도 흡수 분광법을 사용하여 적철광 광양극의 표면 구멍 밀도에 따른 물 산화 순서에 대한 속도 법칙 분석을 보고한다.

- This paper **presents** the implementation of the first fully integrated pulse oximeter front-end with a power consumption lower than 1 mW.
- The paper **includes** a full description of the hybrid method, in vivo examples to illustrate the method's clinical relevance, and finite element simulations to assess its accuracy.
- In this paper **we investigate** the crushing behaviour, mechanical properties and energy absorption of lattices made by an additive manufacturing process.
- In this study, we **attempt to define** the role of peripheral nerves.
- We **report** herein a rate law analysis of the order of water oxidation as a function of surface hole density on a hematite photoanode employing photoinduced absorption spectroscopy.

## METHOD/MATERIALS

| | |
|---|---|
| ~ 대신에<br>오히려<br>~와 달리<br><br>분석되다/되었다.<br>적용되다/되었다.<br>조립되다/되었다.<br>계산되다/되었다.<br>구성되다/되었다.<br>평가되다/되었다. | 검사되다/되었다.<br>공식화되다/되었다.<br>측정되다/되었다.<br>모형화되다/되었다.<br>수행되다/되었다.<br>기록되다/되었다.<br>선택되다/되었다.<br>연구되다/되었다.<br>치료되다/되었다.<br>사용되다/되었다. |

| | |
|---|---|
| Instead of<br>Rather than<br>Unlike<br><br>are/were analysed<br>are/were applied<br>are/were assembled<br>are/were calculated<br>are/were constructed<br>are/were evaluated | are/were examined<br>are/were formulated<br>are/were measured<br>are/were modelled<br>are/were performed<br>are/were recorded<br>are/were selected<br>are/were studied<br>are/were treated<br>are/were used |

***이 Unit의 초록에서 발췌한 예:***

- 각 반복에서 우리는 각 반복에서 다른 하위 집합을 사용하여 소스의 하위 집합만 선택했다.
- 이 연구에서 45S5 생물학적 활성 유리 조성의 산화칼슘은 몰 기준으로 부분적으로(50%, Sr50) 또는 완전히(100%, Sr100) 스트론튬 산화물로 대체되었다.

- 두 가지 유형의 격자를 조사했다. 체심입방체(BCC)와 $BCC_2$라고 하는 강화된 변형이다.
- 600ppm 탄소를 함유한 우라늄 샘플은 환경 주사 전자 현미경(ESEM) 시스템에서 19mbar 압력에서 수증기에 노출되는 동안과 노출된 후에 분석되었다.
- 두 가지 다른 반응 조건 세트에는 각각 265℃와 350℃에서 1시간과 5시간의 대체 반응 시간이 포함되었다.

- At each iteration, **we selected** only a subset of sources, **using** a different subset at each iteration...
- In this study, calcium oxide in the 45S5 bioactive glass composition **was** partially (50%, Sr50) or fully (100%, Sr100) **substituted** with strontium oxide on a molar basis.
- Two types of lattice **were examined**: body-centred-cubic (BCC) and a reinforced variant called $BCC_z$.
- Samples of uranium containing 600 ppm carbon **were analysed** during and after exposure to water vapour at 19 mbar pressure, in an environmental scanning electron microscope (ESEM) system.
- The two different sets of reaction conditions **involved** alternative reaction times of 1 h and 5 h at 265°C and 350°C, respectively.

### 결과

| | |
|---|---|
| 야기하다, 초래하다 | 달성되다/되었다 |
| 감소하다 | 발견되다/되었다 |
| 입증하다 | 동일시되다/되었다 |
| 전시하다 | 식별되다/되었다 |
| 증가하다 | 관찰되다/되었다 |
| 발생하다 | 획득되다/되었다 |
| 생산하다 | 존재되다/되었다 |
| 도달하다 | (~에 의해)영향을 받지 않다/않았다 |

| | |
|---|---|
| 결과를 낳다<br>공개하다<br>생산하다, 산출하다 | |

| | |
|---|---|
| cause<br>decrease<br>demonstrate<br>exhibit<br>increase<br>occur<br>produce<br>reach<br>result in<br>reveal<br>yield | are/was achieved<br>are/was found<br>are/was identical<br>are/was identified<br>are/was observed<br>are/was obtained<br>are/was present<br>are/was unaffected (by) |

***이 Unit의 초록에서 발췌한 예:***

- 인체 피험자의 전기적, 생리적 측정 결과를 광범위하게 보고하여 추정 SNR이 39dB임을 입증했다...
- 섹션의 더 깊은 부분에서 FWI 속도 모델은 더 날카롭고 강렬한 저속 영역을 보여준다.
- 배양 배지에 생물학적 활성 유리 분말을 첨가하면 세포 생존율이 통계적으로 유의미하게 감소하는 것을 관찰했다.
- 등급 구조는 뚜렷한 분쇄 거동을 보였으며, 세포층이 완전히 농축되기 전에 순차적으로 붕괴되었다.
- 덜 심각한 반응 조건에서 FA가 존재할 때 액상 제품의 수율은 최대 40중량%(리그닌 공급 기준)에 도달했다...

- Extensive measured results, both electrical and physiological from human subjects are reported, **demonstrating** an estimated SNR of 39 dB...
- Deeper in the section, the FWI velocity model **reveals** a sharper and more intense low-velocity region.
- Statistically significant reductions in cell viability **were observed** with the addition of bioactive glass powders to culture medium.
- The graded structures **exhibited** distinct crushing behaviour, with a sequential collapse of cellular layers preceding full densification.
- Yields of liquid products **reached** up to 40 wt% (on lignin feed basis) in the presence of FA under the less severe reaction condition...

## 성과/검증/기여

| | | |
|---|---|---|
| 정확한<br>저렴한<br>더 나은<br>비교 가능한<br>일관된<br>비용 효율이 높은<br>극적인<br>효과적인<br>효율적인<br>정확한<br>빠른<br>(첫 번째)<br>좋은 | 개선된<br>새로운<br>새로운<br>강력한<br>실용적인<br>신뢰할 수 있는<br>견고한<br>중요한<br>유사한<br>간단한<br>적합한<br>뛰어난 | 할 수 있다<br>달성하다<br>허용하다<br>확인하다<br>가능하게 하다<br>향상시키다<br>보장하다<br>보증하다<br>뛰어나다<br>단순화하다<br>해결하다<br>검증하다<br>확인하다 |

| | | |
|---|---|---|
| accurate<br>affordable<br>better<br>comparable<br>consistent | improved<br>new<br>novel<br>powerful<br>practical | able to<br>achieve<br>allow<br>confirm<br>enable |

| | | |
|---|---|---|
| cost-effective<br>dramatic<br>effective<br>efficient<br>exact<br>fast<br>(the) first<br>good | reliable<br>robust<br>significant<br>similar<br>simple<br>suitable<br>superior | enhance<br>ensure<br>guarantee<br>outperform<br>simplify<br>solve<br>validate<br>verify |

대부분의 초록에는 연구의 성과/가치/기여를 명확하게 하는 문장이 하나 이상 포함되어 있다. 다음은 처음 다섯 개의 초록에서 발췌한 몇 가지 예시이다. 나머지 초록과 참고 논문에서 유사한 기능을 가진 문장을 식별해 보라.

- 이 논문은 전력 소모가 1mW 미만인 최초의 완전 통합 펄스 옥시미터 프런트 엔드 구현을 제시한다.
- 이 논문은 이방성 3D 음향 전체 파형 반전(FWI)을 위한 견고하고 실용적인 계획을 개발하고 구현했다.
- 이 논문에서는 침입성 화성암-염 상호 작용 중에 발생하는 관계와 텍스처에 대한 최초의 직접적인 설명을 자세히 설명한다...
- 이 논문에서는 품질 기반 추적, 다중 레벨 상관 관계, 위상 0 검색의 강점을 결합하여 높은 수준의 정확도와 견고성을 달성하는 새로운 추정 방법을 제시한다.
- 이 연구에서는 활성적인 모발 뭉치의 운동성과 전기 이동성이 래칫처럼 기능하는 증폭을 위한 효율적인 메커니즘을 함께 구현할 수 있음을 증명했다.

- This paper presents the implementation of **the first fully integrated pulse oximeter front-end with a power consumption lower than 1 mW**.
- **We have developed and implemented a robust and practical scheme** for anisotropic 3D acoustic full-waveform inversion (FWI).
- Within this paper, we detail **the first direct description** of relationships and textures that are developed during intrusive igneous-salt interaction...
- In this paper, **we present a novel estimation method** that combines the strengths of quality-guided tracking, multi-level correlation, and phase-zero search to achieve **high levels of accuracy and robustness**.
- Here, we show that active hair-bundle motility and electromotility can together implement **an efficient mechanism** for amplification that functions like a ratchet:...

### 암시(의미)

| | |
|---|---|
| ~하게 보이다<br>다음을 나타낸다.<br>가능할 수도/가능할 수도/가능할 수도 있다.<br>가능한 | 잠재적으로<br>~처럼 보인다<br>그렇게 제안한다<br>우리는 결론을 내린다 |

| | |
|---|---|
| appear to<br>indicate that<br>may/might/could<br>possible | potentially<br>seem to<br>suggest that<br>we conclude that |

***이 Unit의 초록에서 발췌한 예:***

- 이 연구에서는 지역적 염 시퀀스 내에서 화성 침투 중에 카날라이트와 다른 수화염이 점성 유체 지평으로 가열되고 변환되는 것이 동시적 할로키네시스의 가능한 트리거로 작용할 수 있다고 제안한다.

- 스트론튬으로 치환된 생물학적 활성 유리가 분화 골 세포 배양 모델에서 골 형성을 촉진한다는 결론을 내렸다.
- 데이터는 BMP2가 감각 뉴런에 직접 작용하여 신경성 염증을 유도하여 신경 리모델링과 골 형성 및 기타 줄기 세포의 신경으로부터의 이동/방출을 초래할 수 있음을 전체적으로 시사한다. 또한 이 과정을 차단하면 HO가 상당히 감소하여 줄기 세포 집단이 골 형성에 기여한다는 것을 시사한다.
- SND2는 2차 세포벽 전사 네트워크에서 종속적이지만 중심적인 계층을 차지하는 것으로 보인다.
- 이러한 연구 결과는 서부 아마존 숲의 화학적 다양성이 대규모 환경 필터에 대한 커뮤니티의 장기적인 화학적 특성 조정에 의해 주도되는 지역적으로 중첩된 모자이크에서 발생한다는 것을 나타낸다...

- **We suggest that** heating and transformation of carnallite and other hydrous salts into viscous fluidal horizons during igneous intrusion within a regional salt sequence **may act as a possible trigger for contemporaneous** halokinesis.
- **It was concluded that** strontium-substituted bioactive glasses promoted osteogenesis in a differentiating bone cell culture model.
- The data collectively **suggest that** BMP2 can act directly on sensory neurons to induce neurogenic inflammation, resulting in nerve remodeling and the migration/release of osteogenic and other stem cells from the nerve. Further, blocking this process significantly reduces HO, **suggesting that** the stem cell population contributes to bone formation.
- SND2 **seems to** occupy a subordinate but central tier in the secondary cell wall transcriptional network.
- These findings **indicate that** the chemical diversity of western Amazonian forests occurs in a regionally nested mosaic driven by long-term chemical trait adjustment of communities to large-scale environmental filters...

## 응용/적용

| 적용하다<br>고용하다<br>가능하게 하다<br>구현하다 | 잠재적인<br>관련성 있는<br>적합한<br>사용하다<br>광범위한 |
|---|---|

| apply<br>employ<br>enable<br>implement | potential<br>relevant for/in<br>suitable for/in<br>use<br>wide range of |
|---|---|

***이 Unit의 초록에서 발췌한 예:***

- 래칫 메커니즘은 엔지니어링 응용 프로그램에서 기계적 증폭을 구현하기 위한 일반적인 설계 원칙을 구성한다.
- 이 연구에서 사용한 워크플로, 역전 전략 및 알고리즘은 광범위한 유사 데이터 세트를 역전하는 데 광범위하게 적용된다.
- 이러한 결과는 첨가적으로 제조된 격자에 대한 현재의 이해를 개선하고 미래에 정교하고 기능적이며 가벼운 구성 요소를 설계할 수 있도록 돕는다.
- 스트론튬으로 대체된 생물학적 활성 유리는 분화된 뼈 세포 배양 모델에서 골형성을 촉진했다. 따라서 뼈 조직 재생을 위한 개선된 생물학적 활성 유리로 사용할 수 있는 상당한 잠재력이 있다는 결론을 내렸다.
- 지리적으로 중첩된 삼림 캐노피 화학적 특성 패턴은 서부 아마존 생태계의 변화하는 토지 이용 및 기후에 대한 반응과 기능적 재배열을 결정하는 데 역할을 할 것이다.

- 이 연구에서 수행된 방법은 지속 가능한 프로세스에서의 나노입자 재활용부터 칩상 실험실 애플리케이션에서의 프로그래밍 가능한 입자 전달에 이르기까지 광범위한 응용 분야를 찾을 수 있을 것이다.

- The ratchet mechanism constitutes a general design principle **for implementing** mechanical amplification **in engineering applications**.
- The workflows, inversion strategy, and algorithms that we have used have **broad application** to invert a **wide range of** analogous data sets.
- These results improve the current understanding of additively manufactured lattices and will **enable** the design of sophisticated, functional, lightweight components in the future.
- It was concluded that strontium-substituted bioactive glasses promoted osteogenesis in a differentiating bone cell culture model and, therefore, have considerable **potential for use as** improved bioactive glasses for bone tissue regeneration.
- Geographically nested patterns of forest canopy chemical traits **will play a role in** determining the response and functional rearrangement of western Amazonian ecosystems to changing land use and climate.
- **Our method should find a broad range of applications**, from nanoparticle recycling in sustainable processes to programmable particle delivery in lab-on-a-chip applications.

## 6.5 초록 요약 연습

참고 논문의 초록을 분석하여 다음 사항을 모두 파악하도록 한다:

- 구조가 485페이지의 일반 초록 모델과 일치하거나 벗어나는 정도
- 초록에서 방법과 결과를 반복/재방문하는 비율
- 첫 번째 문장의 기능
- 연구의 가치/성과를 식별하는 '행복한 ☺' 언어의 양
- 위험 감소 표현이 있는지의 여부(예: may)
- 연구의 주요 성과가 어떻게 우선순위가 매겨졌는지의 여부
- 각 문장에서 어떤 동사 시제가 사용되었는지와 그 이유
- 동사 시제나 수동태 사용으로 인해 *소유권*에 관한 모호한 표현이 사용되었는지의 여부
- *this/it*과 같은 참조 단어로 인한 모호성이 있는지의 여부
- 평균적인 문장 길이
- 허용되는 약어의 종류
- **연구의 주요 핵심 메시지가 명확한지의 여부**

# UNIT 7

## 제목(TITLE) 작성 방법

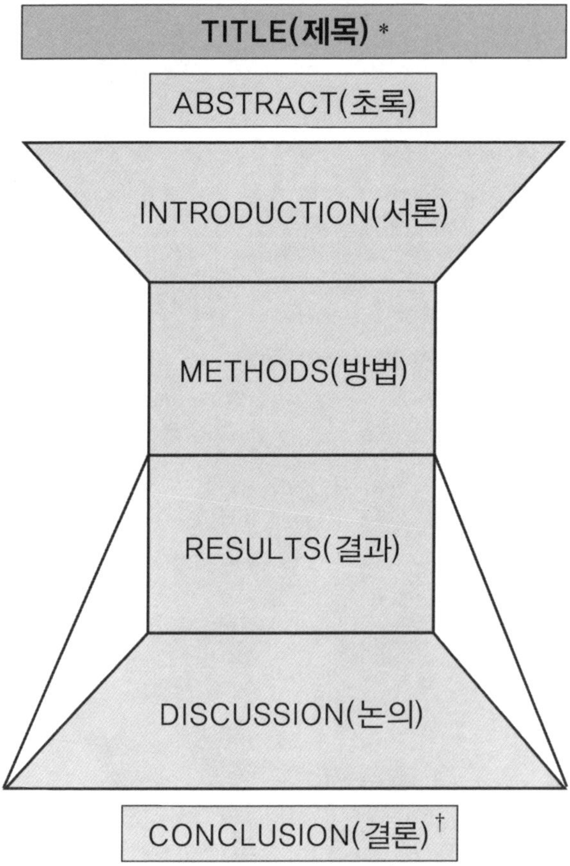


* 간결성을 위해 모든 제목은 대문자 표기 방식으로 표준화되었다.

† 일부 저널에서는 이 섹션을 **결론(Conclusion)**이라고 표기하기도 하고 또 다른 저널에서는 **결론들(Conclusions)**이라고 작성하기도 하나, 이는 연구를 통해 도출된 결론의 수를 반영하지는 않는 것으로 보인다.

연구 논문의 제목은 근본적인 변화를 겪었으며 독자의 요구를 충족하기 위해 지속적으로 발전하고 있다. 이전 몇 년 동안 연구자들은 신중하게 엄선되고 제한된 논문들을 통해 해당 분야의 개발에 접근했다. 그러나, 이러한 변화의 주요 요인들은 온라인 연구 논문 읽기로의 전환으로의 방향 전환과 제목의 목적, 내용 및 구성에 큰 영향을 미쳤다. 인터넷을 통해 논문을 접하고 읽는 것은 많은 사람들이 다른 부분보다 제목을 훨씬 더 많이 읽는다는 것을 의미하며, 검색 엔진 최적화는 많은 사람들이 관련 연구를 찾은 후에는 그 논문을 모두 다 읽지 않는다는 것을 의미한다. 제목만 살펴보는 것은 이제 대부분의 연구자들에게는 흔한 일이며, 그 결과 제목의 중요성은 더욱 커졌다고 할 수 있다.

제목이 작성되는 방식과 제목을 정하는 일에 영향을 준 요소들이 또 있는데, 예를 들어, 지금은 많은 지식을 당연하게 여길 수 있는 매우 전문화된 연구 마이크로 공동체가 많이 있으며, 이러한 마이크로 공동체를 겨냥한 연구 논문은 종종 제목에 매우 전문화된 내용들이 있다. 반면에 다른 사람들은 학제간 독자에게 연구를 접근이 가능하도록 만들어야 하는 분야에서 일하고 있으며, 이는 이러한 연구자들이 제목을 만들 때 내용보다 광범위한 영향과 포용성을 우선시하도록 동기를 부여했다.

제목은 논문과 함께 영원히 남을 것이고 항상 잠재적 독자의 진입점 역할을 하는 부분이다. 좋은 제목은 독자를 끌어들이고, 중요한 내용은 모든 적절한 독자를 끌어들일 것이다. 그 반대도 마찬가지이다. 제목이 좋지 않으면 연구 논문이 목표로 하는 독자에게 도달하지 못할 수 있다. 논문을 제출하기 전에 검색 엔진에 제목과 키워드 목록을 입력하고 어떤 연구 논문이 있는지 확인하라. *연구자의 독자층과 같은 독자층을 대상으로 하는가? 목표로 하는 독자층인가?*

제목의 중요성에도 불구하고 '좋은' 제목을 구성하는 것에 대한 조언은 때때로 너무 일반적이라는 점에서 유용하지 않으며 어떤 경우에는 실제 관행과 모순될 수 있다. 제목은 *정보적*이어야 한다는 말을 들을 수 있으나 그 정보가 정확히 무엇인지 판단하기는 쉽지 않다. 제목을 *최대한 짧게* 작성하라는 조언을 받을 수 있지만, 목표로 하는 저널에서 비슷한 최근 제목을 보면 전혀 짧지 않을 수 있다. 그리고 어떤 경우든 *최대한 짧게*는 정확히 얼마나 짧은 것일까? 게다가 연구 논문의 출판 변화의 속도가 빨라지면서 유용한 조언조차 바로 시대에 뒤떨어질 수 있다. 효과적인 조언이 부족하여 연구자는 때때로 원래 작업 제목으로 기사를 제출하고 최선을 바라지만, 경쟁적인 글로벌 연구 맥락에서 이는 좋은 전략이 아니다.

***연구 논문의 제목을 사용하는 데 문제가 되는 것은 무엇인가?***

연구 논문의 제목은 연구 활동 전과 중에 연구자의 머릿속에 있는 연구 주제이며, 가장 중요한 것은 결과를 얻기 전이다. 그것은 독자에게 기사를 읽음으로써 무엇을 얻을 수 있을지 알려주지 않다. 대신 단순히 연구 분야 또는 기껏해야 연구 활동을 반영하는 경향이 있다. 그 연구 활동은 무언가에 대한 조사일 수 있지만, 조사는 매우 모호한 활동일뿐만 아니라 연구의 산물(따라서 가치)은 조사 자체가 아니라 오히려 그 조사의 결과일 가능성이 낮다.

또한 연구 논문의 제목은 때때로 연구의 이름만 붙인다. 예를 들어 제목이 *파이프 네트워크의 비정상 흐름*인 반면, 연구의 산물 또는 결과에 따라서 제목은 *파이프 네트워크의 비정상 흐름에 대한 수력 분석*일 수 있다. 작업 제목이 *폐에서 단일 세포 유전자 발현 매핑*과 같이 매우 구체적일 때에도 여전히 이는 연구 활동이라고 볼 수 있다. 가장 좋고 유익한 제목은 아니다. 이 논문은 단일 세포 유전자 발현 매핑을 위한 새로운 과정을 설명하는 것인가? 단일 세포 유전자 발현 매핑의 과제를 식별하는 것인가? 아니면 단순히 기존 문헌을 검토하는 것인가? 연구 결과가 *LungGENS: 발달 중인 폐에서 단일 세포 유전자 발현을 매핑하기 위한 웹 기반 도구*와 같은 제목이 사용되면 독자는 이를 읽는 데 귀중한 시간을 할애한 결과로 무엇을 얻을지 정확히 알고 있기 때문에 독자의 관심을 끌 것이다.

저자는 연구가 완료되고 결과가 문서화되며 현재 문헌 및 지식과 관련하여 분석될 때에만 자신의 기여에 대해 확신하고 적절한 제목을 결정할 수 있게 된다. 이 결정은 때때로 제출 시점에 매우 가까이서 내려지고 최종 제목은 종종 원래 작업 제목과 거의 유사하지 않다.

### *제목을 만들기 위해 내 연구 결과를 한 문장으로 요약할 수 없는가?*

일부 연구 분야에서는 문장 제목이 허용되고 있으며, 하위 섹션의 요약 제목으로 사용하는 경우도 늘고 있다. 문장 제목에는 문법적 주어, 동사, 그리고 보통 목적어가 있다: *빠르게 스파이크하는 인터뉴런의 감마 범위 동기화는 촉각 자극 감지를 향상시킨다.* 가장 중요한 결과를 요약한 문장 제목은 일부 저널에서 허용되고 있지만 일반적인 것은 아니다. 항상 그렇듯이 참고 논문의 학술지를 확인하라. 연구 결과가 혁신적이고 문장이 주요 연구 결과 자체를 간단히 명시할 때 사용되며, 일반적으로 단순 현재형으로 표현한다. 연구 논문 출판에 신속함이 필요하다는 점을 감안할 때, 어떤 경우에는 저널의 편집자가 연구 결과의 의미가 아직 완전히 확립되지 않았더라도 문장 제목을 허용한다: *기계적으로 조절된 연골 성장은 관절 표면 형태 발생을 조절할 수 있다.*

### *그렇다면 제목을 만들기 위해 어떤 전략을 사용해야 하는가?*

앞서 언급했듯이 제목은 독자가 연구에 접근하는 방식에 맞게 변경되므로 가장 좋은 전략은 출판하려는 저널의 현재 제목 예 및/또는 유사한 주제를 다루는 연구 논문의 제목을 역공학하는 것으로부터 시작해야 한다. **다음 7가지 요점을 사용하여 참고 논문 학술지의 최근의 비슷한 제목을 분석하라.**

## 7.1 평균적인 제목의 길이를 확인하기

제목의 평균 단어 수는 참고 논문 저널의 제목들을 확인하면 대략적인 지침 파악할 수 있다. 예를 들어 많은 저널에 게재된 논문에 작성된 제목의 평균 단어 수는 약 12개이지만 항상 그렇듯이 평균의 의미는 일반적인 형태를 의미한다. 실제 단어 수는 특정 주제와 연구 유형에 따라 크게 달라질 수 있다. 또한 평균 단어 수를 파악하는 것은 제목을 정하는 일에 도움이 되지만 그 숫자 자체는 연구 논문의 온라인 첫 페이지에서 향후 변경 사항과 함께 변경될 가능성도 있다는 사실을 염두에 두어야 한다. 일부 온라인 첫 페이지에는 이제 **중요성 진술** 또는 **맥락 속의 연구** 패널과 같은 구성 요소를 포함하고 있다. 이러한 구성 요소의 수와 범위는 저널 전체에서 결코 안정적이거나 일관된 것으로 볼 수 없으며 결국 제목의 기능에 영향을 미침으로써 중간 길이 정도의 제목을 생성하도록 이끌 수 있다.

## 7.2 약어 사용하기

제목의 길이를 줄이기 위해 약어를 사용할 수도 있지만, 약어를 사용하겠다는 결정을 쉽게 내려서는 안 된다. 연구 기간 동안, 연구와 관련된 개념과 용어에 대한 지식을 공유하는 동료들과 대부분의 시간을 함께 보내며, 의사소통의 많은 부분이 이 암묵적인 공유에 의존하게 된다. 논문의 제목을 작성할 때쯤이면 동료들과 공유하는 일련의 약어들을 자주 사용하게 되어 전체 형태가 중복되는 것처럼 보일 수 있다. 이로 인해 연구자의 저술을 읽는 사람들이 연구자의 약어가 정확히 무엇을 가리키는지 알아채지 못할 수도 있다는 현실을 간과하게 된다. 그들은 단순히 제목에서 약어를 사용했다는 사실을 못마땅하게 여기고 다음 논문으로 건너뛸 수 있다.

아울러, 매우 구체적인 연구 소규모 공동체에서는 제목에 약어를 포함하는 것이 허용되지만, 이러한 약어는 해당 학계와 거리가 먼 독자들에게는 전혀 이해될 수 없다. 이때 염두에 둘 것은 오늘날의 그러한 독자들이 미래의 학제간 독자가 될 수도 있다는 점이다. 예를 들어, 기계 학습을 사용하여 말라리아 백신 후보를 식별하는 방법에 대한 연구 논문의 잠재적인 미래 독자의 범위에는 결국 암 연구자, 공중 보건 정책 입안자, 임상의, 제약회사 투자자 등 다양한 이해 관계자와 청중이 포함될 수 있다. 따라서 제목에 약어를 사용할지 여부에 대한 결정은 '현재와 미래'의 독자가 공유하는 지식 수준을 올바르게 측정하는 데 달려 있다고 할 수 있다.

## 7.3 제목 키워드와 키워드 목록 비교하기

키워드는 마케팅 도구이므로 저널은 종종 연구 논문의 첫 페이지에 표시될 짧은 키워드 목록을 요청한다. 이 목록에는 일반적으로 색인을 강화하고 따라서 논문의 - 검색 가능성을 높이는 - 단어나 짧은 문구가 포함된다. 키워드 목록은 제목을 보완하는 중요한 요소이므로 제목에 키워드를 반복하는 목록을 만드는 것은 생산적인 전략이 아니다.

키워드 목록을 제목의 키워드와 비교하는 것은 매우 유익한데, 어떤 경우에는 키워드 목록이 제목의 키워드보다 더 일반적이어서 독자층이 제목이 암시하는 것보다 더 광범위하게 확장될 수 있음을 나타내기도 한다. 예를 들어, *지역 수준에서 재생 에너지, 식품, 사료 및 목재 생산 간의 상충 관계를 검토하기 위한 프레임워크*라는 제목의 연구 논문에는 가능한 한 광범위한 독자를 유치하기 위해 생태계와 경관을 포함하는 키워드 목록이 있다. 어떤 경우에는 제목 자체가 연구의 더 광범위한 영향과 기여에 초점을 맞추고, 매우 기술적인 키워드를 사용하여 해당 분야의 전문 연구자를 유치할 수 있다. 예를 들어, *대규모 화성암 지방과 유기 탄소 매장: 초기 백악기 동안의*

*지구 온도와 대륙 풍화에 대한 통제*라는 제목의 기사에는 *벨렘나이트; 해양성 무산소 현상; 후기 아프트기 한파*를 포함하는 키워드 목록이 있다.

키워드 목록의 또 다른 유용한 기능은 키워드 목록으로 항목을 전환하면 혼잡한 제목을 줄일 수 있다는 점이다. 검색 엔진 최적화를 위해 제목에 모든 잠재적 키워드를 포함하면 제목에 명사가 지나치게 많이 사용될 수 있다. 이는 독자가 중심 초점이 어디에 있는지 결정할 수 없기 때문에 핵심 메시지를 분산시키는 경향이 있게 된다. 예를 들어, *유전자적으로 정제된 인간 유도 다능성 줄기 세포 유래 심장 근세포 단층층의 동시 전압 및 칼슘 매핑*과 같은 제목은 독자가 제목을 살펴보는 동안 연구의 중심 초점을 빠르게 식별하기 어렵게 만든다.

## 7.4 제목의 문법을 확인하기

당연한 말처럼 들릴 수 있지만 제목에 담긴 의미가 독자에게 전달되어야 한다. 제목에 명사와 복합 명사가 많을수록 명확한 메시지를 전달하기가 더 어려워진다. 복합 명사는 특히 문제가 되는데, 복합 명사가 의미를 압축할뿐만 아니라 새롭게 수정된 개념을 전달할 수 있기 때문에 사용에 있어서는 충분한 매력을 가진 어휘인 것은 분명하지만, 길어질수록 제목의 전반적인 문법과 각 명사 간의 관계를 제어하기에 어려움을 가져온다. 복합 명사의 오른쪽에 있는 명사는 문법적으로 유일하고 핵심적인 '실제' 명사이며, 왼쪽에 위치한 있는 명사는 그 명사를 수식한다는 점에서 형용사와 동일한 기능을 한다. 복합 명사가 길어질수록 이러한 명사 간의 관계는 의미 전달이 더욱 어려워진다:

- *'오일 캔' = 오일을 담는 용도의 '캔'*
- *'오일 캔 오프너' = 오일을 담는 용도의 캔을 위한 '오프너'*

- *'오일 캔 오프너 수리 기술자' = 오일을 담는 용도의 캔을 수리할 수 있는 '기술자'*
- *'오일 캔 오프너 수리 기술자 교육 프로그램' = 오일을 담는 용도의 캔 오프너를 수리하도록 기술자를 교육하는 '프로그램'*
- *'오일 캔 오프너 수리 기술자 교육 프로그램 자금 문제' = 오일을 담는 용도의 캔 오프너를 수리하도록 기술자를 교육하는 데 사용되는 교육 프로그램 자금에 대한 '문제'*

- *an **oil can = a can** whose purpose is to contain oil*
- *an **oil can opener = an opener** for cans whose purpose is to contain oil*
- *an **oil can opener repair technician = a technician** who is able to repair cans whose purpose is to contain oil*
- *an **oil can opener repair technician training programme = a programme** to train technicians to repair openers for cans whose purpose is to contain oil*
- *an **oil can opener repair technician training programme funding problem = a problem** with the funding for the training programme used to train technicians to repair openers for cans whose purpose is to contain oil*

제목의 또 다른 문법 문제는 전치사의 갯수이다. 제목에 전치사를 과도하게 사용하면 문법적으로 다루기가 어려울 수 있다. 예를 들어, '*다양한 시야각을 통한 감지 작업에서 인간의 성능을 모델링하기 위한 시각 시스템의 대비 감도에 대한 모델이 있는 필터(A filter with a model for the contrast sensitivity of the visual system for modeling human performance in detection tasks with different viewing angles)*'와 같은 제목은 독자가 이해하기 어렵다. 이런 경우 제목 대신 키워드 목록에 몇 가지 항목을 포함하면 문제가 해결될 수 있다.

전치사는 또한 모호성의 위험이 높다. 식별 가능한 내용이 부족함에도 불구하고 전치사는 단순히 개념을 함께 묶는 접착제가 아니다. 의미에 큰 영향을 미치며(섹션 2.5.2 참조) 부주의한 전치사 사용으로 발생하는 모호성이 제목에 드러날 때 특히 해롭다. 모호함을 최소화하려면 전치사를 명확한 의미를 가진 단어로 대체하는 것을 고려하라. *유전자 전사를 제어하는 저복잡도 도메인 상호 작용은 유전자 전사의 저복잡도 도메인 상호 작용보다 모호함이 적다.*

참고 논문 학술지의 기사 제목에 전치사가 몇 개나 있는가? 가장 일반적인 전치사는 무엇인가? 모호함을 식별할 수 있는가?

## 7.5 참고 논문 제목의 구조적 내용을 매핑 및 모형화하기

- 새로운 제안 전달을 위해 사용된 A/An으로 시작하는 제목은 몇 개인가?
- 제목을 나누기 위해 콜론(:)을 사용한 제목은 몇 개인가?
  - 콜론이 있을 경우 그 기능은 무엇인가? 논문의 초점이나 기여에서 일반 주제 영역을 분리하는 데 사용될 수 있다: *생명 주기 내재적 독성: 화학 합성 경로를 평가하기 위한 새로운 LCA 기반 알고리즘*
  - 또는 새로운 용어를 설명이나 정의에서 분리할 수 있다. *GridSpice: 스마트 그리드를 위한 분산 시뮬레이션 플랫폼*
- 방법을 포함하는 제목은 몇 개인가? *집속 이온 빔 리프트 아웃 기술을 사용한 SOFC 애노드의 3D 재구성*
- 목적이나 응용 분야를 포함하는 것은 몇 개인가? *고강도 집속 초음파를 전달하기 위한 무작위 위상 배열 장치*
- 기여의 가치를 보여주는 '행복한 단어 ☺'를 포함하는 것은 몇 개인가? *고속 온보드 광 상호 연결을 위한 비용 효율적인 멀티모드 폴리머 도파관*
- 약어를 포함하는 것은 몇 개인가? 모든 잠재적 독자가 이 약어가 무엇을 가리키는지 알고 있을까?
- 매우 제한적인 소규모 커뮤니티를 겨냥한 약어가 몇 개인가?

## 7.6 제목이 제시하는 기대가 논문에 충족되었는지 확인하기

제목은 독자의 관심을 끌어 논문을 읽도록 독려하는 역할을 하지만, 연구 성과를 과장해서는 안 된다. 제목에서 설정한 기대는 논문 자체에서 충족되어야 한다. 연구를 비교적 빠르게 출판해야 할 필요성을 감안할 때, 어떤 경우에는 법조동사*(may/might/could)*를 사용하여 연구 방향이나 궁극적인 잠재적 기여를 제안하는 것이 허용된다: *해마 미세아교세포의 일주기 리듬 감소는 연령 관련 신경 염증성 감작에* ***영향을 줄 수도 있다.*** 참고 연구 논문의 제목을 보고 논문에서 이해하거나 얻고자 기대하는 바를 예측하라. 그런 다음 결론을 확인하라. 예측은 얼마나 정확했나?

**이제 다음 기준을 사용하여 아래 제목을 평가해보라:**

- 제목에서 논문 내용의 초점과 내용이 예측되는가?
- 각 제목에 명사가 몇 개 있는가?
- 제목이 모든 독자에게 이해하기 쉬운가?
- 제목이 문법적으로 모호한가?
- 연구의 기여 또는 잠재적 응용 분야가 제목에 명확히 드러나는가?

1. *초점 이온 빔 리프트 아웃 기술을 사용한 SOFC 애노드의 3D 재구성*
2. *AGC를 갖춘 생체 모방, 4.5μW, 120+ db, 로그 도메인 달팽이관 채널*
3. *친숙한 환경에서 탐색하기 위한 뇌 제어 휠체어*
4. *플로트 유리의 인장 강도를 계산하기 위한 컴퓨터 알고리즘*
5. *빠른 BCM 유사 형이성과 결합된 전압 기반 STDP 규칙은 생체 내 치아 상회의 LTP 및 동시 "이종 시냅스" LTD를 설명한다.*
6. *경로 교통을 위한 다중 상품 Eulerian-Lagrangian 세포 전달 모델*
7. *컴퓨터 시뮬레이션에서 동결의 핵 생성 동역학을 분석하기 위한 새로운 절차*

8. *순진 다능성과 전역 DNA 저메틸화*
9. *고체 산화물 연료 전지용 나노구조 애노드*
10. *능동적 멀티뷰 인식을 위한 이미지 시퀀스의 쌍별 분해*
11. *정신분열증 또는 당뇨병 환자의 1차 진료 패턴과 사망률: 의료 활용에 대한 회고적 연구에 대한 클러스터 분석 접근법*
12. *수축성 폴리머를 사용한 시멘트 재료의 균열 폐쇄를 위한 새로운 시스템*
13. *여러 가상 머신의 효율적인 라이브 마이그레이션을 위한 새로운 기술*
14. *고강도 초점 초음파를 전달하기 위한 무작위 위상 배열 장치*
15. *iPad에서 대비 감도 함수의 빠르고 안정적인 평가*
16. *하이드로젤 잉크를 사용한 구조적 세라믹 부품의 로보캐스팅*
17. *저주파 포유류 청력에서 증폭을 위한 래칫 메커니즘*
18. *실제 주행 주기 개발을 위한 견고하고 데이터 중심적인 방법론*
19. *재료 공급망 지속 가능성을 위한 전략: 그린 엔지니어링을 통해 전자 산업에서 순환 경제를 실현*
20. *ScGaN의 구성에 따른 구조적 특성 합금 필름: 실험 및 이론적 연구 결합*
21. *연결성은 코딩을 반영한다: 항상성을 갖춘 전압 기반 STDP 모델*
22. *압전 액추에이터를 사용한 복합 빔의 박리 제어*
23. *HPLC에서 전체 컬럼 전기화학적 검출을 위한 인레이 전극 개발*
24. *2광자 칼슘 이미징에서 빠르고 정확한 스파이크 검출을 위한 유한 혁신 속도 알고리즘*
25. *옥탄올과 물에서 풀러렌 입자의 용매화의 깁스 자유 에너지에 대한 분자 동역학 연구*
26. *조정의 결정 요인으로서의 가변성과 노력 분리*
27. *에피택셜 ScGaN 필름의 전자 구조와 국소적 왜곡*
28. *저소득 및 중소득 국가에서 새로운 결핵 백신의 영향과 비용 효율성*
29. *에피택셜 ScGaN 필름의 전자 구조와 국소적 왜곡 조사*

*30. 간 소엽의 순환에 대한 수학적 모델링*

*31. 갑옷 세라믹의 관통 저항: 차원 분석 및 속성 상관 관계*

*32. 탄성 광 산란 분광법을 기반으로 한 강성 내시경의 편광 다중 스펙트럼 이미징*

*33. 아시아 대도시에서 활동성 결핵 사례 발견의 인구 수준 영향*

*34. 박테리아 질소 동화의 감각적 구성 요소*

*35. 레이저를 사용한 소아 흑색종 환자 치료*

*36. 유한 곡률을 가진 파이프의 비정상 흐름*

# UNIT 8

## 체크리스트와 팁

다음 체크리스트의 대부분 항목은 이 책의 다른 장들을 보면 자세히 설명되어 있으며 이 책 567페이지 **Writing Skills Index**를 사용하여 찾을 수 있다. 이 체크리스트는 일반적인 쓰기 문제와 오류를 설명하며 다음과 같다:

- 쓰기의 목적은 독자가 연구자의 글을 이해할 수 있도록 하는 것이 아니다. *독자가 이해할 수 밖에 없도록 이끌어주는 것이다.*
- 묘사적 설명없이 데이터와 정보만으로 독자가 본질적인 내용을 이해하도록 만들 수 없다.
- 무엇을 쓸지에 대해 아는 것은 쓰는 방법을 아는 것과 다르다.
- 당신과 당신의 동료들이 당신의 글을 이해한다는 것은 잠재적인 모호성을 발견하지 못하게 만든다.
- 좋은 구성과 좋은 글은 언어적 오류를 보충할 수 있지만, 오류 없는 언어는 좋지 않은 구성이나 좋지 않은 글을 보충해주지 않는다.
- 연구 논문, 학술 대회 초록, 논문 또는 기타 텍스트 유형 또는 텍스트는 일관성이 있어야 하며 목적지 - '텍스트가 향하는 방향**(magnetic south)**'를 고려해야 한다.

## 8.1 정보 구성

### 계획

- 논문 작성을 시작하는 단계에서 연구 성과를 *중요도 순으로* 나열하고 연구의 구체적인 기여 또는 (i) 지식, (ii) 연구 및 (iii) 현실 세계에 미치는 영향을 파악해야 한다. 이는 제목을 포함하여 연구 논문의 각 부분에 대한 계획을 정하는 것이다.
- 키보드가 준비되기도 전에 입력하려고 하지 마라. 하위 섹션의 중간쯤에서 어떻게 작성해야 할지 확신이 서지 않으면 시간을 낭비하게 되고 일관성 없는 텍스트가 될 수 있다. 키보드로부터 벗어나 전체 내용을 입력하기 전에 각 섹션의 순서를 계획하는 데 시간을 투자하라. 그렇지 않으면 어디에도 어울리지 않는 문장을 작성하게 되고 그 내용에 맞는 섹션을 고르느라 시간을 낭비하게 될 것이다. 충분한 시간을 들여 계획하면 글쓰기의 속도와 질을 모두 향상시키게 될 것이다.

### 연구의 가치: 성과, 기여 및 영향 파악

결과와 데이터는 스스로를 대변하지 않으며 연구의 성과, 기여 및 영향은 항상 독자에게 명확히 전달되기 어렵다.

- '행복한 ☺' 단어*(예: 비용 효율이 높은 방법(a cost-effective method))*를 사용하여 연구의 성과를 명확하고 일관되게 식별하게 만든다. 가능한 경우 연구 또는 사회에 대한 기여에 대해 구체적으로 설명하고*(예: 연구에 새로운 방향을 열고, 잠재적 응용 분야 범위를 확장하고, 전염병을 보다 정확하게 모형화한다(opening a new direction in research, extending the range of potential applications, modeling epidemics more accurately).)* 연구 또는 사회에 대한 연구의 잠재적 영향*(예: 전염병 확*

*산 감소(a reduction in the spread ofepidemics))*을 명확하게 명시해야 한다.

- 성과와 기여는 겹치거나 동일할 수 있으며, 일부 연구는 쉽게 식별할 수 있는 영향이나 응용 프로그램이 없다. 그럼에도 불구하고 연구의 가치에 대한 명확하고 일관된 결론이 있어야 한다.

## 하위 섹션과 하위 제목 만들기

텍스트를 하위 섹션으로 나눈 방식이 독자에게 도움이 되는지, 그리고 자막이 하위 섹션의 내용을 정확하게 나타내는지 확인하도록 한다. 하위 섹션에서 가능한 한 일찍 자막의 키워드를 사용하고, 해당 키워드에서 시작하라.

## 정보 주문

매우 일반적인 정보에서 매우 구체적/기술적인 정보로 바로 넘어가지 않도록 하라. 특히 하위 섹션의 시작 부분에서는 더욱 그렇다. 마침표와 다음 대문자 사이의 공간은 연구자와 독자에게 위험한 공간이다. 생각할 시간이 필요하고, 이전 문장과의 관계를 고려하지 않고 다음 정보로 넘어가고 싶어지게 만드는 부분이다. 529페이지에 설명된 문장 시작에 대한 제안 내용을 잘 활용하여 정보를 논리적이고 일관되도록 하라.

## 묘사를 통한 정보 포장

모든 잠재적 독자가 정보의 의미뿐만 아니라 무엇을 하는지를 잘 이해하고 있는지 확인하라. 문제/해결책에 대한 설명을 소개하는 기능인가? 긍정적인 것의 예인가, 부정적인 것의 예인가? magnetic south, 즉 텍스트가 향하는 방향을 고려하고, 단지 언급하는 대신 데이터와 정보에 대해 논평하여 독자에게 이동 방향을 보여주어야 한다. 예를 들어, 단순히 '*숫자*'만으로 데이터를 제공하지 말라. 연구 맥락에서 데이터가 의미하는 *바를 보여주기 위해 43%만(only 43% to show what the data means in the context of the study)* 또는 *연구 맥락에서 데이터가 의미하는 바를 보여주기 위해 43% 만큼 높은(as high as 43% to show what the data means in the context of the study)*과 같은 평가적인 언급을 추가하라.

## 관련성: 독자가 각각의 문장을 서술하는 이유를 알 수 있게 하라

문장 간 관련성이 있는 이유를 독자가 이해하고 있다는 보장은 없다. 문장 끝에 독자의 마음 속에 '그래서 뭐?'라는 질문이 떠오를 수 있다고 생각해 보라. 이러한 질문은 '*...을 제안하는 것/즉, ...을 의미한다(suggesting that.../which means that...)*'와 같은 문구를 추가하여 해결할 수 있다.

## 추측(가정)

연구가 더욱 학제간화됨에 따라 비전문가 독자가 연구자의 논문을 살펴보길 원하거나 필요로 할 수 있다. 현재와 미래의 잠재적 독자의 범위와 주제에 대한 지식과 연구 논문의 이전 부분(읽지도 않았을 수 있음)에 대한 기억에 대해 어떤 가정을 할 수 있는지 고려하라. 그렇지 않으면 문서가 소규모 연구 공동체에만 갇히게 된다.

## 단락 구성

논문 작성을 시작하기 전 각 단락의 기능을 계획하고 논리적으로 단락을 정리하라.

- 전체 페이지를 하나의 단락으로 작성하거나 짧은 단일 문장으로 이루어진 단락의 무리로 구성된 형태는 피하라. 연구 저널의 평균 단락 길이는 150-170단어이다.
- 단일 기능을 가진 단락은 여러 기능을 가진 단락보다 더 잘 작성할 수 있으며 읽기도 쉽다. 단락에 너무 많은 아이디어가 포함되면 작성자가 일관된 단락 작성이 어렵고 독자는 단락의 내용을 이해하기 어렵게 된다.
- 가능하면 문단의 기능을 전달하는 묘사의 방식으로 문단을 시작하라.
    - 예: *이제 우리는 ... 간의 연결을 고려한다. 이 질문을 해결하기 위해 우리는 ...를 사용했다. 이러한 연구를 종합하면 ... 이러한 접근 방식에는 두 가지 잠재적인 대안이 있다.*
    - Examples: *We now consider the connection between... To address this question, we used... Taken together, these studies suggest that... There are two potential alternatives to such an approach...*
- 독자가 문단의 나머지 부분을 볼 때까지는 의미가 없는 문장을 문단 초반에 만들지 말라. 순서를 반대로 만드는 것을 고려해보라.
- 느슨한 문장, 즉 문단의 기능과 관련이 없지만 메모에 있었거나 동료가 제안했기 때문에 포함하는 문장을 추가하지 말라. 문장이 문단의 기능에 맞지 않으면 삭제하거나 문단의 기능을 반영한 묘사를 하라.

## 8.2 문장 만들기

### 문장에서 정보 정렬하기

알려진 정보는 일반적으로 먼저 나오고 나중에 문장에서 새롭거나 알려지지 않은 정보를 시작하기 위한 플랫폼으로 사용된다. 이같은 방식은 문장 간 연결이 용이해지고, 문장 끝부분의 새로운 정보가 다음 문장을 구성하는 알려진/오래된 정보가 된다.

### 문장의 시작

문장이 시작되는 방식은 텍스트의 가독성에 중요한 역할을 한다.

- 문장을 연결하려면 문장을 겹치는 반복, *'이것/이것들 + 명사(This/These + noun)'과 같은 대용형 또는 '그러나(However)'*와 같은 신호 연결자로 시작한다.
- *'흥미롭게도/놀랍게도/주목할 만한/강조해야 할/중요한 것을 주목하는 것이 중요하다(Interestingly,/Remarkably,/It is noteworthy that/It should be emphasised that/It is important to note that)'*와 같은 언어로 문장을 시작한다.
- 문장을 시작하는 방식은 독자가 내용을 처리하는 데 도움이 되는 '체계(틀)'을 제공한다. **'-ing 형태'**(540-541페이지 참조)나 전치사(특히 '*for*'와 '*with*')로 문장을 시작하는 것은 피하라.

## 문장 길이와 밀도

눈으로 읽는 속도는 뇌의 처리 속도와 상당히 상관관계가 잘 형성되어 있어야 한다. 독자가 너무 길고 너무 빽빽한 문장을 빈번하게 다시 읽어야 한다면 속도가 느려질 것이다. 긴 문장이 연속적으로 이어지는 것은 특히 문제가 된다.

- 대부분 저널의 평균 문장 길이는 20-26단어이다.
- 문장이 길수록 작성자가 문법을 제어하고 모호성을 피하기가 더 어렵다.
- 지나치게 긴 문장은 내용의 핵심이 흐려진다. 중요한 부분이 군중 속에 잠기고 독자는 주요 초점이 어디에 있는지 볼 수 없게 되는 것이다.
- 지나치게 긴 문장은 너무 많은 구성 요소가 포함되어 있어 각 구성 요소 간의 관계를 저자가 관리하기 어렵고 독자가 이해하기 어렵다.
- 지나치게 조밀한 문장에는 너무 많은 명사와 전치사구가 들어 있어 주요 동사가 모호해진다.
- 지나치게 긴 문장의 위험 요소에는 두 개 이상의 *and*, 두 개 이상의 *which*, 너무 많은 전치사, 너무 많은 명사가 포함된다.
    - 오류 예: *대부분 역전 균열 분지의 탐사 위험은 기존 구조의 존재와 방향; 단축 응력의 크기와 방향에 의해 제어되는 역전 구조의 구조적 스타일과 분포에 대한 이해가 부족하여 발생하는 불확실성과 관련이 있다.*
    - Error example: *Exploration risk **in** most inverted rift basins is related to uncertainties **which** stem **from** a poor understanding **of** the structural style **and** distribution **of** inversion structures, **which** are controlled **by** the presence **and** orientation **of** pre-existing structures **and** the magnitude **and** orientation **of** shortening stress.*

- 오류 예: *이 논문은 자산의 중복성에서 새로운 스마트 그리드 기술과 고급 제어 시스템 활용으로 보안 제공의 패러다임 전환을 통해 기존의 결정론적 전기 그리드 운영 및 설계 표준에서 혁신적인 확률론적 전기 그리드 운영 및 설계 표준으로의 전환을 용이하게 하는 기본 체계를 제시한다.*
- Error example: *This paper presents the fundamental **framework** to facilitate **transition** from traditional deterministic to innovative probabilistic **electricity grid** operating and design **standards**, through the paradigm **shift** in the **provision** of **security** from **redundancy** in **assets** to exploiting emerging Smart Grid **technologies** and advanced **control systems.***

• '*그리고(and)*'와 '*또는(or)*'은 원하지 않는 것을 끌어낼 수도 있고, 원하는 것을 끌어내지 못함으로써 모호함을 만들 수도 있다.

- 오류 예: '이 연구는 비재생 에너지원의 수요와 배치가 증가했다는 것을 발견했다.' 저자는 '비재생 에너지원의 수요와 배치'가 모두 증가했다는 것을 발견했는가? 아니면 저자는 단순히 두 가지 다른 것이 발견되었다고 말하고 있는가? (1) '수요 증가'와 (2) '비재생 에너지원의 배치' - 하지만 후자는 증가하지 않았는가?
- Error example: *We found an increase in demand and deployment of non-renewable energy sources*. Did the writer find that *demand and deployment of non-renewable energy sources* both increased, or is the writer simply saying that two different things were found: (1) *an increase in demand* and (2) *deployment of non-renewable energy sources* — but the latter did not increase?

## 신호 연결어

'*더욱이(moreover)*'와 '*그러므로(therefore)*'와 같은 연결어들은 아이디어나 문장을 연결하는 접착제가 아니다. 이들은 강조적이며 구체적이고 제한된 의미를 갖는다. 잘못된 신호 연결어는 독자가 잘못된 방향으로 출발하고 텍스트가 이해할 수 없게 됨을 의미한다.

- 문장이나 절을 '*그러므로(therefore)*'로 시작할 때 스스로에게 물어보라. 그것은 실제로 이전 문장이나 절의 직접적인 결과인가? 때로는 결과가 머릿속에서는 명확하지만 페이지에서는 명확하지 않다.
    - 오류 예: *가장 중요한 현상은 분리 길이이고,* ***따라서*** *전기 전도도 프로브 기술을 사용하여 분리 길이를 계산했다.*
    - Error example: *The most important phenomenon is the breakup length, and* ***therefore*** *an electrical conductivity probe technique was used to calculate breakup length.*

- 문장이나 절을 **예를 들어(for example)**로 시작할 때, 그것은 실제로 이전 문장의 일반적인 진술을 설명하거나 예시로 사용했는가?
- 문장이나 절을 **다른 말로(in other words)**로 시작할 때, 그것은 실제로 다른 말로 같은 의미를 말하는 것인가?

## 8.3 문법 및 어휘

### 동사 시제

- 동사 시제는 저자가 문장에서 정보의 기능을 전달하기 위해 선택한다. *이 연구는 x가 발생했다는 것을 발견했다(We found that x occurred)*는 단순히 연구자의 발견 사항에 대한 보고인 반면, *이 연구는 x가 발생했다는 것을 발견했다(We found that x occurs)*는 연구자의 발견 사항을 사실로 간주할 수 있음을 의미한다. 단순 현재 시제는 위험도가 높지만 그 의미에는 더 큰 힘이 있다.
- 다른 시제로 전환하는 경우 연구자인 당신과 독자 모두 이유를 알고 있어야 한다.

### 기여에 대한 소유권: 수동적 사용 및 비인칭/무생물 주어

- 행위자 없는 수동태(*was done, was studied* without ‘by X’)는 실제로 누가 동사를 ‘했는지’ 명확히 하지 않다. *여기/그 연구에서/우리 모델에서/그들의 접근 방식에서(here/in that study/in our model/in their approach)*와 같은 단어나 구를 사용하여 행위자를 식별한다.
- 긴 문장 끝에 수동태 동사를 배치하면 독자는 문장이 끝날 때까지 기다려서 무슨 일이 일어났는지 알아내야 한다.
    - 오류 예: *PH가 의심되고 2002년과 2008년 사이에 심장 MRI와 우측 심장 카테터 검사를 받은 17명의 환자의 이미지와 환자 데이터를 회고적으로 검토했다.*
    - Error example: *Images and patient data from seventeen patients who were suspected of having PH and who had also undergone cardiac MRI and right-sided heart catheterization between 2002 and 2008 were retrospectively reviewed.*

- *우리/우리의/우리의(we/us/our)*의 비인칭 사용은 *내 분야의 모든 사람(everyone in my field)* 또는 *전 세계의 모든 사람(everyone in the world)*을 지칭할 수 있다. 다른 문장에서 *우리/우리의/우리의(we/us/our)*를 사용하여 자신을 저자로 지칭하는 경우 모호함이 발생할 수 있다. *우리가 이제 많은 기능을 가진 단백질을 설계할 수 있다(We can now design proteins with many functions)* 대신 *새로운 기능을 가진 단백질을 설계할 수 있다(It is now possible to design proteins with new functions.)*와 같은 표현으로 작성하라.

- 자신의 연구 논문에 대한 성과와 기여를 소유하라. 무생물 주어가 사용된 문장은 연구가 일반적인 지식이나 다른 연구자의 기여로 해석될 위험이 있다. *이론적 모형화는 나노입자의 수용체를 코팅함으로써 이러한 결합의 형성을 크게 줄일 수 있음을 시사한다('Theoretical modelling suggests formation of these bonds can be strongly reduced by coating the receptors on the nanoparticles')*라는 문장에서 모형화를 수행한 사람이 작성자인지는 명확하지 않다. 마찬가지로, *이 속도법칙은 반응 메커니즘과 일관성이 있다는 주장이 있다...(It is argumented that this rate law is consistency with reaction mechanism...)*로 시작하는 문장에서 저자는 자신을 지칭하는 것일 가능성이 높다. 즉, *우리는 ... 이라고 주장한다(We argument that...)*이지만, 이 문장은 *다른 사람들이 주장하는 것은...(It is argumented by others that...)*을 의미할 수도 있다. 이와 같은 문장은 초록에서 특히 위험하다.

## 부정관사와 정관사

- '**a**'와 '**the**'가 모두 문법적으로 정확하지만 선택에 따라 의미가 달라질 수 있는 오류에 주의하라.
    - 예: 코드는 ***Ø/the*** 콘센트에 연결해야 한다.
    - Example: *The cords should be connected to* ***ϕ/the*** *two outlets.*

- 공유된 지식을 전달하려면 '**the**'를 사용하라.
- '*steel, environment, technology*'와 같은 가산 명사에 대한 확인이 필요하며, 이는 잠재적으로 관사가 필요하다.

## 전치사

전치사는 의미를 바꿀 수 있다. *'~의 증거' vs. '에 대한 증거'('evidence **of**' vs. 'evidence **for**'); 최대 3배 개선됨 vs. 최대 3배 개선됨('improved **up to** 3 times' vs. 'mproved **by up to** 3 times').*

- 전치사를 사용하여 내용어를 대신하지 말라. 특히 문장의 시작 부분에서 실제 단어로 대체하는 것을 고려하라. 이 추정치 대신에 샘플의 온도를 변경해 보라. 이 추정치를 사용하여 샘플의 온도를 변경해 보라.
- 해당 분야의 최근 연구를 조사하여 다음과 같은 주어별 동사 + 전치사구를 찾으라:
    - normalised FOR exon length
    - performed AT quasi-static rates
    - performed ON tissue samples
    - placed UNDER Vacuum

- '*with*'는 의미가 광범위하고 종종 모호함을 유발한다. 다음 중 하나로 대체하는 것을 고려하라: *using, having, in combination with, together with, as result of, at the same time as.*
- 전치사구는 심각한 모호함을 유발시킨다.
    - 오류 예: 우리는 [A]에서 [B]의 개념을 [C] [D] [E] [에 적용하여] [F]의 타이밍을 [G]로 제한한다. '이 접근 방식에서 우리는 지진-지층학적 분석을 통해 호스트 암석의 개념을 관입 관계에 적용하여 기존의 생물지층학적 연대를 처음으로 제한한다.'
    - Error example: *We apply [**in A**] the concept [**of B**] [**to C**] [**through D**] [**with E**] to constrain the timing [**of F**] [**for G**]. 'We apply **in** this approach the concept **of** host rock **to** intrusive relationships **through** seismic-stratigraphic analysis **with** conventional biostratigraphic dating to constrain the timing **of** the events **for** the first time.'*

- 전치사구 '*처음으로(for the first time)*'의 위치는 연구의 진정한 참신함을 식별하기 어렵게 만들 수 있다.
    - 오류 예: X선 이미징을 사용하여 처음으로 저류층 조건에서 석유가 포함된 암석 내의 접촉각을 측정했다. 접촉각을 측정하는 데 X선 이미징을 사용한 것은 이번이 처음인가? 처음으로 석유가 포함된 암석 내의 접촉각을 측정하는 데 사용되었는가? 처음으로 저류층 조건에서 석유가 포함된 암석 내의 접촉각을 측정하는 데 사용되었는가?
    - Error example: *X-ray imaging was used to measure contact angles within oil-bearing rocks at reservoir conditions for the first time*. Is this the first time x-ray imaging has been used to measure contact angles? The first time it has been used to measure contact angles within oil-bearing rocks? The first time it has been used to measure contact angles within oil-bearing rocks at reservoir conditions?

## 주어-동사 일치

- 주어가 동사 옆에 없는 경우 단수/복수 일치를 확인하라.
- 주어가 동사의 동작을 실제로 수행할 수 있는 개체인지, 즉 주어-동사 일치가 논리적으로 가능한지 확인하라.
    - 오류 예: 문제의 본질이 해결 방법을 결정했다.
    - Error example: *The nature of the problem **decided** how to resolve it.*

## 참조

- '*this/these/that/those*'에 명사를 추가한다*(예: 이 시스템/모델/이론)*. 그러면 독자가 특히 문장이나 단락의 시작 부분에서 무엇을 언급하는지 알 수 있다.
- 가능성이 두 개 이상인 경우 '*it/which/this etc.*'를 참조하는 명사나 구로 바꾼다.
- 모호성을 확인한다. '*it/which/this etc.*'의 지시 대상은 어디에서 시작하고 끝나는가? 독자에게 명하게 전달되는가?

## 부사 위치

*'just, only, simply'*와 같은 일부 부사는 위치에 따라 정보의 의미나 초점을 변경시킨다. 다음 표에서 문장 1-6을 의미와 일치시키고 이것이 어떠한 역할을 하는지 확인하라.

| | | | |
|---|---|---|---|
| 1 | 환자의 분자 반응을 시뮬레이션할 수 있는 모델만 분석했다. | A | 분석한 모델은 환자의 분자 반응을 시뮬레이션하는 것 외에는 다른 작업을 할 수 없었다. |
| 2 | 환자의 분자 반응을 시뮬레이션할 수 있는 모델만 분석했다. | B | 분석한 모델은 한 가지 매개변수(환자의 분자 반응)만 시뮬레이션할 수 있었고 다른 매개변수는 시뮬레이션할 수 없었다. |
| 3 | 환자의 분자 반응을 시뮬레이션할 수 있는 모델만 분석했다. | C | 다른 연구자는 환자의 분자 반응을 시뮬레이션할 수 있는 모델을 분석하지 않았다. |
| 4 | 환자의 분자 반응만 시뮬레이션할 수 있는 모델만 분석했다. | D | 환자는 분자 반응이 하나뿐이었고, 이를 시뮬레이션할 수 있는 모델을 분석했다. |
| 5 | 환자의 분자 반응만 시뮬레이션할 수 있는 모델을 분석했다. | E | 환자의 분자 반응을 시뮬레이션할 수 있는 모델 외에 다른 모델은 분석하지 않았다. |
| 6 | 환자의 유일한 분자 반응을 시뮬레이션할 수 있는 모델을 분석했다. | F | 우리는 환자의 분자적 반응을 시뮬레이션할 수 있는 모델을 분석하는 것 외에는 다른 어떤 일도 하지 않았다. |

**(정답: 1=C, 2=F, 3=E, 4=A, 5=B, 6=D)**

| | | | |
|---|---|---|---|
| ***1*** | *Only we analysed models that can simulate the patient's molecular response.* | ***A*** | The models we analysed were not able to do anything else apart from simulating the patient's molecular response. |
| ***2*** | *We only analysed models that can simulate the patient's molecular response.* | ***B*** | The models we analysed were able to simulate just one parameter (the patient's molecular response), but not others. |
| ***3*** | *We analysed only models that can simulate the patient's molecular response.* | ***C*** | No other researchers analysed models that can simulate the patient's molecular response. |
| ***4*** | *We analysed models that can only simulate the patient's molecular response.* | ***D*** | The patient had just one molecular response, and we analysed models that can simulate it. |
| ***5*** | *We analysed models that can simulate only the patient's molecular response.* | ***E*** | We didn't analyse any other models apart from those that can simulate the patient's molecular response. |
| ***6*** | *We analysed models that can simulate the patient's only molecular response.* | ***F*** | We didn't do anything else apart from analysing models that can simulate the patient's molecular response. |

**(Answer: 1 = C, 2 = F, 3 = E, 4 = A, 5 = B, 6 = D)**

## -ing 모호성

- -ing 형태는 동사 시제나 단수/복수 마커가 없다는 점에서 본질적으로 모호하다. 다음 문장에서 '*침전물*' 또는 '*공정*'이 *생산*하는지 명확하지 않다. 또한 정확히 무엇이 *캡슐화*를 하는지 명확하지 않다.
    - 오류 예: MTC는 확장, 이동 및 압축 도메인을 *캡슐화*하는 다양한 유변학적 단위와 변형 시퀀스를 *생성*하는 크립, 슬라이드, 슬럼프 및 흐름 공정으로 인해 발생하는 침전물이다.
    - Error example: *MTCs are deposits resulting from creep, slide, slump and flow processes producing a variety of rheological units and strain sequences encapsulating extensional, translational and compressional domains.*

마찬가지로 다음 문장에서 '작은 스토크스 이동, 높은 형광 양자 수율(勵起) 및 날카로운 여기 및 방출 정점'가 '*기여*'하는지, 아니면 '날카로운 여기 및 방출 정점...' 또는 아마도 '방출 정점'인지 명확하지 않다.

- 오류 예: 이러한 염료는 작은 스토크스 이동, 높은 형광 양자 수율 및 전반적인 밝기에 *기여*하는 날카로운 여기 및 방출 피크로 유명하다.
- Error example: *These dyes are notable for their small Stokes shift, high fluorescent quantum yields and sharp excitation and emission peaks contributing to overall brightness.*

- -ing 형태도 가능한 의미가 다양하여 고유한 모호성을 더한다.
    - 오류 예: *막은 탄성 곡률 응력을* ***저장하면서*** *평평하게 유지된다.* (저장함으로써? 저장할 때? 그로 인해 저장함으로써?)
    - Error example: *Membranes remain flat* ***storing*** *elastic curvature stress.* (by storing? when storing? thereby storing?)

아래 문장 1-3에서 각 -ing에 대해 A-J 중 몇 개가 적용되는지 고려하라.

| | |
|---|---|
| A | [동사]함으로써 |
| B | 동사의 결과로 |
| C | 동사]함으로써 |
| D | 동사]함으로써 근거하여 |
| E | 동사]함으로써 |
| F | 동사]함으로써 |
| G | 따라서 동사로 |
| H | 동사로써 가능한 |
| I | 어떤/그 [동사] |
| J | 만약 우리/그것/그들이 [동사]<br>그것/그들이 [동사]이기 때문에 |

| | |
|---|---|
| A | by [verb]ing |
| B | as a result of [verb]ing |
| C | on the basis of [verb]ing |
| D | when [verb]ing |
| E | thereby [verb]ing |
| F | therefore verbing |
| G | which is/are capable of [verb]ing |
| H | which/that [verb] |
| I | if we/it/they [verb] |
| J | because it/they [verb] |

1. *이온은 C2 도메인과 인지질에 의해 조정되어 3중 복합체를* ***형성한다.***
2. *이러한 염료는 작은 스토크스 이동, 높은 형광 양자 수율 및 전체 밝기에* ***기여하는*** *날카로운 여기(勵起) 및 방출 정점으로 잘 알려져 있다.*
3. *지질은 단백질 기능에 영향을 미쳐 막의 생물 물리적 특성을 간접적으로* ***변경할*** *수 있다.*

1. *The ions are coordinated by the C2 domain and by the phospholipids **forming** a ternary complex.*
2. *These dyes are notable for their small Stokes shift, high fluorescent quantum yields and sharp excitation and emission peaks **contributing** to overall brightness.*
3. *The lipids can influence protein functions indirectly **altering** the biophysical properties of the membrane.*

### 너무 단순하거나 약한 동사는 피하라. 가능한 의미가 너무 많기 때문이다.

*have* = possess, container, include(소유하다, 포함하다, 포함하다)
*get* = obtain, achieve, become(획득하다, 달성하다, 되다)
*bring* = provide, yield, cause(제공하다, 양보하다, 일으키다)
*keep* = retain, maintain, conserve(유지하다, 유지하다, 보존하다)
*spread* = distribution, spread, scatter, extend(분배하다, 확산하다, 흩뜨리다, 확장하다)

### 어휘 정확성

- 동의어 사전은 친구가 아니며 전 세계 작가와 독자의 적이다. 두 단어가 모든 맥락에서 정확히 같은 의미를 갖는 것은 없으므로 완벽한 동의어는 없다. 즉, 대체 단어로 선택한 단어가 원래 단어보다 범위가 넓거나 원래 단어보다 더 부정적/긍정적/중립적일 수 있다. 영어: 모국어가 아닌 작가는 독자가 대체 단어로 인식하지 못할 정도로 원래 단어와 의미가 다른 동의어 사전 옵션을 선택할 위험이 있다. 'noticeable'은 'conspicuous'와 다르다. 'famous'는 'well-known'과 다르다. 읽기가 더 쉬워진다면 같은 단어나 문구를 반복하는 것을 염려하지 않아도 된다.

- 예: *대부분의 연구는 전신 마취의 깊은 정상 상태에 초점을 맞추었으며 무의식으로의 전환을 추적하기 위해 체계적인 행동 측정을 사용하지 않았다. 이 정상 상태 접근 방식은 심하게 마취된 뇌의 특징인 패턴과 무의식이 시작될 때 발생하는 패턴을 구별할 수 없다. 무의식은 수십 초 안에 발생할 수 있지만 많은 신경 생리학적 특징은 유도 후 몇 분 동안 계속 변동한다.*
- Example: *Most studies have focused on a deep **steady state** of general anesthesia and have not used a systematic behavioral measure to track the transition into **unconsciousness**. This **steady-state** approach cannot distinguish between **patterns** that are characteristic of a deeply anesthetized brain and **patterns** that arise at the onset of **unconsciousness. Unconsciousness** can occur in tens of seconds, but many neurophysiological features continue to fluctuate for minutes after induction.*

- Google 학술 검색을 사용하여 기술 용어나 문구 사용이 정확하고 최신인지 확인하라. 먼저 Google 학술 검색에 따옴표(")로 용어를 입력하여 해당 문구가 문헌에서 언제, 어디서, 몇 번 나타나는지 확인해야 한다. 그 다음으로 따옴표 없이 동일한 용어를 다시 입력하고 두 데이터 집합을 비교한다.
- 과학에서는 새로운 용어가 매우 빠르게 만들어지고, 우리가 지금까지 사용해 온 용어는 영향력 있는 연구 그룹이 이름을 바꾸어 대체했을 수 있으므로 계속 확인해야 한다.
- *포함하다/구성하다/구성되다/구성되다(comprise/consist of/be made up of/be composed of)* 뒤에는 모든 구성 요소의 목록이나 설명이 오는 반면, *포함하다(include)* 뒤에는 선택한 구성 요소의 목록이나 설명이 나온다.
- *각각(respectively)*은 방금 언급한 것과 같은 순서를 의미한다: *T 헬퍼 세포와 T 억제 세포는 각각 A와 E 분자에 의해 제한된다(T helper and T suppressor cells are restricted by the A and E molecules respectively).*

- 두 개 이상의 단어를 하이픈(-)으로 연결하면 뒤에 오는 명사를 설명하는 단일 개념으로 작용한다. 따라서 *우리는 5센티미터 너비의 층을 사용했다(We used five centimetre-wide layers)*는 각각 너비가 1센티미터인 5개의 층을 사용했다는 것을 의미하고, *우리는 5센티미터 너비의 층을 사용했다(We used five-centimetre wide layers)*는 각 층이 너비가 5센티미터라는 것을 의미한다.
- 다음 쌍의 차이점을 알고 있어야 한다:

| | |
|---|---|
| alternaly 및 alternatively | alternately = 차례로 또는 순서대로<br>alternatively = 반면에, 대신 또는 대안으로 |
| beside 및 additions | beside = 다음/가까이<br>besides = ~에서/외부에서 |
| criterion 및 criteria | criterion은 단수형<br>criteria는 복수형 |
| different 및 various | different = 같지 않음<br>various = 범위 |
| e.g. 및 i.e. | e.g. = 예를 들어<br>i.e. = 다른 말로 |
| effective 및 efficient | effective = 효과가 있는<br>efficient = 효율적인 |
| phenomenon 및 phenomena | phenomenon은 단수형<br>phenomena는 복수형 |
| 적응하고 채택하다 | 적응하다 = 수정/조정하다<br>채택하다 = 사용/따르기로 선택하다 |
| 영향을 미치다 | 영향을 미치다 = 영향을 미치다<br>효과를 미치다 = 일으키다 |
| 암시하다<br>추론하다 | 암시하다 = 제안하다, 나타내다<br>추론하다 = 결론 내리다, 추론하다 |

| | |
|---|---|
| *alternately* and *alternatively* | *alternately = one after the other* or *in sequence*<br>*alternatively = on the other hand, instead* or *as an alternative* |
| *beside* and *besides* | *beside = next/close to*<br>*besides = apart from/in addition to* |
| *criterion* and *criteria* | *criterion* is the singular form<br>*criteria* is the plural form |
| *different* and *various* | *different = not the same*<br>*various = a range of* |
| *e.g.* and *i.e.* | *e.g. = for example*<br>*i.e. = in other words* |
| *effective* and *efficient* | *effective = it works*<br>*efficient = it works well* |
| *phenomenon* and *phenomena* | *phenomenon* is the singular form<br>*phenomena* is the plural form |
| *to adapt* and to *adopt* | *to adapt = to modify/adjust*<br>*to adopt = to choose to use/follow* |
| *to affect* and *to effect* | *to affect = to influence/to have an effect on*<br>*to effect = to cause/bring about* |
| *to imply* and to *infer* | *to imply = to suggest, to indicate*<br>*to infer = to conclude, to deduce* |

## 8.4 일반

### 소유권: '말하는' 사람이 누구인지 독자가 명확히 알 수 있도록 하라

이 진술은 연구자인 당신 자신의 가설/설명인가? 알려진 사실인가? 독자는 그것이 어느 것인지 알 수 있는가? 인용이 필요한가?

### 확실성 연속체와 법조동사

결과와 그 의미에 대한 해석에 얼마나 헌신하는지 정확하게 전달하는 언어를 사용해야 한다. 독자에게 확신을 나타내는 언어를 선택하거나 단순히 추측하고 있다는 것을 나타내는 언어를 선택할 수 있다. 중요한 것은 선택한 언어가 연구 결과 또는 업적에서 논리적으로 이어지는 것이다.

### 인용

문장의 적절한 위치에 인용문을 배치한다. 문장 끝에 인용 참조를 넣거나 모든 인용문을 거기에 쌓으면 누가 무엇을 했는지에 대한 모호성이 발생할 수 있다.

### *실제로/사실상/기본적으로/명확히(indeed/in fact/basically/ clearly)* 와 같은 어휘 작성 틱(tic)을 직접 편집하라

### *괄호, 대쉬(dash;-)로 이어진 쌍, 여러 쉼표*와 같은 구두점 관련 작성 틱(tic)을 직접 편집하라

많은 저자가 구두점 관련 작성 틱을 가지고 있다. 어떤 저자는 괄호를 지나치게 많이 사용하고, 어떤 저자는 쉼표, 세미콜론 또는 대시를 사용한 쌍을 너무 많이 사용한다.

- 대시 쌍을 너무 많이 사용하는 틱인 경우 대시 쌍의 의미가 명확하지 않다는 점에 유의하라. 특히 국제적인 독자에게는 더욱 적용된다. 대시 쌍으로 의미하는 바를 언어로 번역하는 것을 고려하라.
- 괄호를 너무 많이 사용하는 것이 틱이라면, 포함할 만큼 중요한 내용일 경우 괄호 안에 넣어서는 안 되고, 포함할 만큼 중요하지 않은 내용이라면 아예 넣어서는 안 된다는 것을 기억하라.
- 쉼표를 너무 많이 사용하는 것이 틱이라면, 문장에 더 많은 정보를 포함하기 위해 쉼표를 사용하면 문장이 너무 길거나 횡설수설하게 될 수 있다. 정보를 분리하고 잘 연결된 문장으로 나누어 작성할 것을 고려하라.

마지막으로, 모든 내용 중 가장 중요한 요점은 바로 다음과 같다:

어떤 유형의 문서를 작성하든, **이 책에서 설명한 전략을 사용하여 최근에 출판된 몇 가지 연구 논문을 분석하여 견고하고 신뢰할 수 있는 모델을 작성하라.**

# 출처 및 참고

본 책의 저자는 다음과 같은 자료와 출처에 감사를 전한다. 저널로 출판된 논문의 발췌문은 잘 작성된 논문의 예시이므로 일반적으로 그래픽은 포함하지 않았으며 단순화를 위해 모든 제목은 대문자와 관련하여 표준화하여 작성하였다.


1. Hyland, K. (2016). Academic publishing and the myth of linguistic injustice. Journal of Second Language Writing Vol. 31: 58-69.
2. Rennie, D. (1998). The present state of medical journals. The Lancet Vol. 352, Supplement 2: S18-S22.
3. Skelton, J.R. and Edwards, S.J.L. (2000). The function of the discussion section in academic medical writing. BMJ 320: 1269.
4. Renear, A.H. and Palmer, C.L. (2009). Strategic reading, ontologies, and the future of scientific publishing. Science Vol. 325, Issue 5942:828-832.
5. Pop, M. and Salzburg, S.L. (2015). Use and mis-use of supplementary material in science publications. BMC Bioinformatics Vol. 16, Article Number 237.
6. http://www.nature.com/nature/authors/submissions/final/suppinfo.html.
7. Nickerson, R.S. (1999). How we know and sometimes misjudge - what others know: imputing one's own knowledge to others. Psychological Bulletin Vol. 125, Issue 6:737-759.
8. Rennie, D. and Flanagin, A. (1992). Publication bias: the triumph of hope over experience. JAMA Vol. 267, Issue 3: 411-412.

## 출처 색인

a. Lewis, L.D. *et al.* (2012). Rapid fragmentation of neuronal networks at the onset of propofol-induced unconsciousness. *Proceedings of the National Academy of Sciences of the United States of America* Vol. 109, No. 49: E3377–E3386.

b. Burrows, P.E. *et al.* (1995). Organic vapor phase deposition: a new method for the growth of organic thin films with large optical non-linearities. *Journal of Crystal Growth* Vol. 156, Issues 1–2: 91–98.

c. Noisa, P. *et al.* (2012). Identification and characterisation of the early differentiating cells in neural differentiation of human embryonic stem cells. *PLoS ONE* Vol. 7, Issue 5: e37129.

d. Scott, T.B. *et al.* (2011). The oxidative corrosion of carbide inclusions at the surface of uranium metal during exposure to water vapour. *Journal of Hazardous Materials* Vol. 195: 115–123.

e. Cotter, A., Srebro, N. and Keshet, J.A. (2011). A GPU-tailored approach for training kernelized SVMs. *KDD'11: Proceedings of the 17th ACM SIGKKD International Conference on Knowledge Discovery and Data Mining*, San Diego, California, USA, August 2011: 805–813.

f. Wrighton, P.J. *et al.* (2014). Signals from the surface modulate differentiation of human pluripotent stem cells through glycosaminoglycans and integrins. *Proceedings of the National Academy of Sciences of the United States of America* Vol. 111, No. 51: 18126–18131.

g. Clarke, T. *et al.* (2009). Evaluation of the damage detection capability of a sparse-array guided-wave SHM system applied to a complex structure under varying thermal conditions. *IEEE Transactions on Ultrasonics, Ferroelectrics, and Frequency Control* Vol. 56, Issue 12: 2666–2678.

h. Zhang, P. *et al.* (2010). Silica encapsulated heterostructure catalyst of Pt nanoclusters on hematite nanocubes: synthesis and reactivity. *Journal of Materials Chemistry* Vol. 20, Issue 10: 2013–2017.

i. Le Rouzic, J. and Reddyhoff, T. (2014). Spatially resolved triboemission measurements. *Tribology Letters* Vol. 55, Issue 2: 245–252.

j. Górka, B. *et al.* (2006). Influence of electrodes on the photon energy deposition in CVD-diamond dosimeters studied with the Monte Carlo code PENELOPE. *Physics in Medicine & Biology* Vol. 51, No. 15: 3607–3623.

k. Norori-McCormac, A. *et al.* (2017). The effect of particle size distribution on froth stability in flotation. *Separation and Purification Technology* Vol. 184: 240–247.

l. Shelburne, K.B., Torry, M. and Pandy, M.G. (2005). Effect of muscle compensation on knee instability during ACL-deficient gait. *Medicine and Science in Sports & Exercise* Vol. 37, Issue 4: 642–648.

m. Andrew, M., Bijeljic, B. and Blunt, M.J. (2014). Pore-scale contact angle measurements at reservoir conditions using X-ray microtomography. *Advances in Water Resources* Vol. 68, pp 24–31.

n. Boldrin, P. *et al.* (2015). Nanoparticle scaffolds for syngas-fed solid oxide fuel cells. *Journal of Materials Chemistry A* Vol. 3, Issue 6: 3011–3018.

o. Asner, G.P. *et al.* (2014). Amazonian functional diversity from forest canopy chemical assembly. *Proceedings of the National Academy of Sciences of the United States of America* Vol. 111, No. 15: 5604–5609.

p. Springer, H. and Raab, D. (2012). Rapid alloy prototyping: compositional and thermo-mechanical high throughput bulk combinatorial design of structural materials based on the example of 30Mn–1.2C–$x$Al triplex steels. *Acta Materialia* Vol. 60, Issue 12: 4950–4959.

q. Da Silva, S. *et al.* (2014). Stress disrupts intestinal mucus barrier in rats via mucin *O*-glycosylation shift: prevention by a probiotic treatment. *American Journal of Physiology-Gastrointestinal and Liver Physiology* Vol. 307, Issue 4: G420–G429.

r. Salisbury, E. *et al.* (2011). Sensory nerve induced inflammation contributes to heterotopic ossification. *Journal of Cellular Biochemistry* Vol. 112, Issue 10: 2748–2758.

s. Nicola, W., and Clopath, C. (2017). Supervised learning in spiking neural networks with FORCE training. *Nature Communications* 8, Article Number 2208.

t. Kumar, S. *et al.* (2006). Global analysis of protein tyrosine phosphatase activity with ultra-sensitive fluorescent probes. *Journal of Proteome Research* Vol. 5, Issue 8: 1898–1905.

u. Le Formal, F. *et al.* (2015). Rate law analysis of water oxidation on a hematite surface. *Journal of the American Society* Vol. 137, Issue 20: 6629–6637.

v. Thorneycroft, J. *et al.* (2018). Performance of structural concrete with recycled plastic waste as a partial replacement for sand. *Construction and Building Materials* Vol. 161: 63–69.

w. Hou, S.-X., Maitland, G.C. and Trusler, J.P.M. (2013). Measurement and modeling of the phase behavior of the (carbon dioxide + water) mixture at temperatures from 298.15 K to 448.15 K. *The Journal of Supercritical Fluids* Vol.73: 87–96.

x. Arichi, T. *et al*. (2013). Computer-controlled stimulation for functional magnetic resonance imaging studies of the neonatal olfactory system. *Acta Pædiatrica* Vol. 102, Issue 9: 868–875.

y. Glaros, K.N. and Drakakis, E.M. (2013). A sub-mW fully-integrated pulse oximeter front-end. *IEEE Transactions on Biomedical Circuits and Systems*, Vol. 7, Issue 3: 363–375.

z. Warner, M. *et al*. (2013). Anisotropic 3D full-waveform inversion. *Geophysics* Vol. 78, Issue 2: R59–R80.

aa. Schofield, N. *et al*. (2014). Mobilizing salt: magma-salt interactions. *Geology* Vol. 42 No. 7: 599–602.

bb. Chen, L. *et al*. (2010). A hybrid displacement estimation method for ultrasonic elasticity imaging. *IEEE Transactions on Ultrasonics, Ferroelectrics, and Frequency Control* Vol. 57, Issue 4: 866–882.

cc. Reichenbach, T. and Hudspeth, A.J. (2010). A ratchet mechanism for amplification in low-frequency mammalian hearing. *Proceedings of the National Academy of Sciences of the United States of America* Vol. 107, No. 11: 4973–4978.

dd. Santocildes-Romero, M.E. *et al*. (2015). *The osteogenic response of mesenchymal stromal cells to strontium-substituted bioactive glasses. Journal of Tissue Engineering and Regenerative Medicine* Vol. 9, Issue 5: 619–631.

ee. Maskery, I. *et al*. (2017). An investigation into reinforced and functionally graded lattice structures. *Journal of Cellular Plastics* Vol. 53, Issue 2: 151–165.

ff. Knehr, K.W. *et al*. (2012). A transient vanadium flow battery model incorporating vanadium crossover and water transport through the membrane. *Journal of the Electrochemical Society* Vol. 159, No. 9, A1446–A1459.

gg. Debens, H.A. *et al*. (2015). Global anisotropic 3D FWI. *SEG Technical Program Expanded Abstracts 2015*: 1193–1197.

hh. Oñativia, J., Schultz, S.R. and Dragotti, P.L. (2013). A finite rate of innovation algorithm for fast and accurate spike detection from two-photon calcium imaging. *Journal of Neural Engineering*, Vol. 10, No. 4.

ii. Sheridan, C.M. *et al*. (2018). The *Plasmodium falciparum* cytoplasmic translation apparatus: a promising therapeutic target not yet exploited by clinically approved anti-malarials. *Malaria Journal* Vol. 17, Article Number 465, http://creativecommons.org/licenses/by/4.0/.

jj. Poulichet, V. and Garbin, V. (2015). Ultrafast desorption of colloidal particles from fluid interfaces. *Proceedings of the National Academy of Sciences of the United States of America* Vol. 112, No. 19: 5932–5937.

kk. Sprick, R.S. *et al.* (2015). Tunable organic photocatalysts for visible-light-driven hydrogen evolution. *Journal of the American Chemical Society* Vol. 137, Issue 9: 3265–3270.

ll. Onwudili, J.A. (2015). Influence of reaction conditions on the composition of liquid products from two-stage catalytic hydrothermal processing of lignin. *Bioresource Technology* Vol. 187: 60–69.

# 부록 A: 과학 저술에 사용되는 접두사

| PREFIC (접두사) | 의미 | 예 |
|---|---|---|
| a - | ~이 아닌 | 비대칭적, 비정형적 |
| an- | ~이 아닌 | 혐기성, 무수 |
| ante- | ~전에 /~앞에 | 전방, 산전 |
| anti- | ~에 대항하여, 반대하는 | 항균, 항산화제 |
| auto- | 자아, 자신의 | 자율적, 자동 수정 |
| bi- | 두 개의 | 이진법, 중탄산염 |
| cent- | 백, 많은/백(100) 번째 | 섭씨, 센티미터 |
| chrom | 색상 | 색채적, 염색체 |
| chron- | 시간 | 연대순, 크로노미터 |
| circ- | 주변에 | 순환하다, 순항하다 |
| co- | ~와 같이/함께 | 공동저자, 조정하다 |
| contra- | 반대하는 | 반대흐름, 반박하다/금기시하다 |
| counter- | 반대하는 | 반대하다, 대조점 |
| crypt- | 숨겨진 | 암호화폐, 암호 |
| de- | 떨어진/멀리 | 분해하다, 탈수하다 |
| di- | 두 개의 | 이염화물, 이산화물 |
| dis- | 떨어져서/멀리 | 탈구시키다, 붕괴하다 |

| | | |
|---|---|---|
| dis- | ~이 아닌 | 같지 않은, 다른/약점 |
| equi- | 동등한 | 동등한, 대등한 |
| fore- | ~전에 | 예지하다, 예측하다 |
| hetero- | 다른 | 이질적인, 이성애자 |
| homo- | 같은 | 동질적인, 동성애적 |
| hypo- | 위/보다 | 과잉 휴리스틱, 고혈압 |
| hyper- | 아래/아래 | 저체온증, 저체온증 |
| il- | ~이 아닌 | 비논리적이지 않은, 불법적인 |
| ill- | 나쁘다/나쁘게 | 잘못 정의됨, 잘못 판단됨 |
| im- | ~이 아닌 | 불순하지 않음, 비물질적 |
| in- | ~이 아닌 | 부정확하지 않음, 일관성이 없음 |
| infra- | 아래/아래 | 적외선, 인프라 |
| inter- | ~ 사이에 | 학제 간, 인터페이스 사이 |
| intr- | 속으로/내부 | 정맥 내, 소개 |
| ir- | ~이 아닌 | 돌이킬 수 없는, 관련 없는 |
| iso- | 등가 | 아이소메트릭, 등온선 |
| 킬로- | 천 | 킬로그램, 킬로와트 |
| mal- | 나쁜/심하게 | 기형, 오작동 |
| mega- | 대형/백만 | 메가바이트, 메가도즈 |
| meta- | 변경 | 메타데이터, 전이 |
| milli- | 천분의 | 1초, 밀리미터 |
| mis- | 잘못된 | 잘못 계산하다, 잘못 판단하다 |
| mono- | 하나/단일 | 단량체, 모노톤 |
| multi- | 많은 | 다층, 다세포 |
| nano- | 10억분의 1 / 아주 작은 | 나노 튜브, 나노 물질 |
| neo- | 새로운 | 신생아, 신생아 세포 |

| | | |
|---|---|---|
| non- | ~이 아닌 | 존재하지 않음, 비표준 |
| over- | 너무/과도하게 | 과열, 지나치게 단순화하다 |
| para- | 유사한 | 구급대원, 준심리학 |
| poly- | 다수의, 많은 | 다당류, 다낭성 |
| post- | 많은 | 후처리 후, 대학원생 |
| pre- | ~전에, 이전에 | 존재하기 전, 사전 테스트 |
| prim- | 첫 번째 | 원시, 원시 |
| proto- | 첫 번째 | 프로토 타입, 원형질 |
| re- | 다시 | 검토하다, 수정하다 |
| retro- | 거꾸로 | 개조, 레트로 바이러스 |
| semi- | 반(半), 어느 정도의 | 반반도체, 반원 |
| sub- | 아래/아래 | 하위 집합, 자막 |
| super- | 위/더 | 초전도체, 초음속 |
| tele- | 멀리, 먼 거리의 | 원격 측정, 망원경 |
| un- | ~이 아닌 | 비정상적, 부적합한 |
| uni- | 하나/단일 | 단세포, 유니폼 |

| PREFIX | MEANING | EXAMPLES |
|---|---|---|
| **a-** | not | asymmetrical, atypical |
| **an-** | not | anaerobic, anhydrous |
| **ante-** | before | antechamber, antenatal |
| **anti-** | against | antimicrobial, antioxidant |
| **auto-** | self | autonomous, autocorrect |
| **bi-** | two | binary, bicarbonate |
| **cent-** | hundred/hundredth | centigrade, centimeter |
| **chrom-** | colour | chromatic, chromosome |
| **chron-** | time | chronological, chronometer |
| **circ-** | around | circulate, circumnavigate |
| **co-** | with/together | coauthor, coordinate |
| **contra-** | against | contraflow, contraindicate |
| **counter-** | against | counteract, counterpoint |
| **crypt-** | hidden | cryptocurrency, cryptography |
| **de-** | apart/away | decompose, dehydrate |
| **di-** | two | dichloride, dioxide |
| **dis-** | apart/away | dislocate, disintegrate |
| **dis-** | not | dissimilar, disadvantage |
| **equi-** | equal | equivalent, equilateral |
| **fore-** | before | foreknowledge, forecast |
| **hetero-** | different | heterogeneous, heterosexual |
| **homo-** | same | homogeneous, homosexual |
| **hyper-** | above/more | hyper-heuristic, hypertension |
| **hypo-** | under/below | hypoallergenic, hypothermia |
| **il-** | not | illogical, illegal |
| **ill-** | bad/badly | ill-defined, ill-judged |
| **im-** | not | impure, immaterial |
| **in-** | not | inaccurate, inconsistent |
| **infra-** | under/below | infrared, infrastructure |
| **inter-** | between | interdisciplinary, interface |
| **intr-** | into/inside | intravenous, introduction |

| ir- | not | irreversible, irrelevant |
|---|---|---|
| iso- | equal | isometric, isotherm |
| kilo- | thousand | kilogram, kilowatt |
| mal- | bad/badly | malformed, malfunction |
| mega- | large/million | megabyte, megadose |
| meta- | change | metadata, metastasis |
| milli- | thousandth | millisecond, millimeter |
| mis- | wrong | miscalculate, misjudge |
| mono- | one/single | monomer, monotone |
| multi- | many | multilayer, multicellular |
| nano- | billionth/very small | nanotube, nanomaterials |
| neo- | new | neonatal, neoblast |
| non- | not | nonexistent, non-standard |
| over- | too/excessively | overheat, oversimplify |
| para- | similar | paramedic, parapsychology |
| poly- | many | polysaccharide, polycystic |
| post- | after | post-processing, postgraduate |
| pre- | before | preexisting, pretest |
| prim- | first | primitive, primordial |
| proto- | first | prototype, protoplasm |
| re- | again | review, revise |
| retro- | backwards | retrofit, retrovirus |
| semi- | half | semiconductor, semicircle |
| sub- | under/below | subset, subtitle |
| super- | above/more | superconductor, supersonic |
| tele- | far/distant | telemetry, telescope |
| un- | not | unusual, unsuitable |
| uni- | one/single | unicellular, uniform |

# 부록 B: 연구 논문에 쓰이는 동사

| | | | |
|---|---|---|---|
| 가능한 | 첨부하다 | 결론을 내리다 | 입증하다 |
| 동반하다 | 시도하다 | 결론을 내리다 | 유도하다 |
| 일치하다 | 기여하다 | 행동하다 | 설명하다 |
| 설명하다, 처리하다 | 회피하다 | 확인하다 | 설계하다 |
| 달성하다 | 제한되다 | 갈등하다 | 탐지하다 |
| 획득하다 | 양분하다 | 연결하다 | 결정하다 |
| 적응하다 | 계산하다 | 고려하다 | 개발하다 |
| 해결하다 | 교정하다 | 구성하다 | ~에서 벗어나다 |
| 조정하다 | 수행하다 | 포함하다 | 기획하다 |
| 관리하다 | 분류하다 | 모순되다 | 차이를 내다 |
| 채택하다 | 야기하다 | 기여하다 | 버리다 |
| 영향을 주다 | 도전하다 | 통제하다 | 발견하다 |
| 정렬하다 | 변경하다 | 수렴하다 | 논의하다 |
| 허용하다 | 특성화하다 | 변환하다 | 표시하다 |
| 변경하다 | 선택하다 | 상관시키다 | 반증하다 |
| 분석하다 | 주장하다 | 대응하다 | 배포하다 |
| …에게 나타나다 | 명확히하다 | 확인하다 | 나누다 |
| 적용하다 | 수집하다 | 연계하다 | 문서화하다 |
| 주장하다 | 결합하다 | 만들다 | 구동하다 |
| 발생하다 | 비교하다 | 처리하다 | 드롭하다 |
| 배열하다 | 잘 비교하다 | 쇠퇴하다 | 제거하다 |
| 귀속하다 | 보상하다 | 감소하다 | 임베드하다 |
| 조립하다 | 보완하다 | 추론하다 | 강조하다 |
| 평가하다 | 계산하다 | 정의하다 | 고용하다 |
| 가정하다 | 집중하다 | 지연시키다 | 활성화하다 |
| 보장하다 | 강조하다 | 최대화하다 | 지적하다 |
| 동봉하다 | 가설을 세우다 | 의미하다 | 배치하다 |
| 향상시키다 | 식별하다 | 측정하다 | 가정하다 |

| 보장하다 | 무시하다 | 언급하다 | 선행하다 |
|---|---|---|---|
| 개설하다 | 설명하다 | 최소화하다 | 예측하다 |
| 추정하다 | 몰입하다 | 반영하다 | 준비하다 |
| 평가하다 | 구현하다 | 계산을 잘못하다 | 제시하다 |
| 조사하다 | 암시하다 | 판단을 잘못하다 | 방지하다 |
| 초과하다 | 개선하다 | 이해를 잘못하다 | 처리하다 |
| 제외하다 | 포함하다 | 모델을 바꾸다 | 생산하다 |
| 전시하다 | 통합하다 | 추적관찰하다 | 제안하다 |
| 존재하다 | 증가하다 | 증가하다 | 증명하다 |
| 확장하다 | 표시하다 | 무시하다 | 제공하다 |
| 설명하다 | 추론하다 | 정상화하다 | 첫 번째 단계를 |
| 탐색하다 | 영향을 미치다 | 주의하다 | 제공하다 |
| 노출하다 | 시작하다 | 관찰하다 | 프레임워크를 |
| 확장하다 | 입력하다 | 획득하다 | 제공하다 |
| 추출하다 | 삽입하다 | 발생하다 | 증거를 제공하다 |
| 제작하다 | 설치하다 | 제공하다 | 통찰력을 제공하다 |
| 촉진하다 | 해석하다 | 운영하다 | 제공하다 |
| 떨어지다 | 교차하다 | 최적화하다 | 구매하다 |
| 부족하다 | 소개하다 | 조직하다 | 제안하다 |
| 고정하다 | 반전하다 | 지향시키다 | 정량화하다 |
| 필터링하다 | 조사하다 | 시작하다 | 도달하다 |
| 찾다 | 분리하다 | 개요를 서술하다 | 인식하다 |
| 적합하다 | 참여하다 | 능가하다 | 추천하다 |
| 수정하다 | 알다 | 극복하다 | 기록하다 |
| 집중하다 | 뒤떨어지다 | 간과하다 | 회복하다 |
| 공식화하다 | 이끄다 | 길을 닦다 | 감소시키다 |
| 일반화하다 | 이끄다 | 정점에 달하다 | 재검토하다 |
| 생성하다 | 제한하다 | 수행하다 | 정제하다 |
| 생성하다 | 열거하다, 언급하다 | 허락하다 | 반영하다 |
| 통치하다 | 찾다 | 두다, 놓다 | 반박하다 |
| 보장하다 | 유지하다 | 계획하다 | 규제하다 |
| 도움이 되다 | 일치하다 | 위치시키다 | 강화하다 |
| 제거하다 | 검토하다 | 해결하다 | 남다 |
| 반복하다 | 수정하다 | 간격을 두다 | 지원하다 |
| 복제하다 | 상승하다 | 추측하다 | 둘러싸다 |

| | | | |
|---|---|---|---|
| 보고하다 | 배제하다 | 안정시키다 | 합성하다 |
| 대표하다 | 시도해보다,<br>표본 조사를 하다 | 말하다, 언급하다 | 발생하다 |
| 필요하다 | | 간소화하다 | 테스트하다 |
| 유사하다 | ~처럼 보이다 | 연구하다 | 이론화하다 |
| 해결하다 | 선택하다 | 입증하다 | 추적하다 |
| 제한하다 | 분리하다 | 대체하다 | 전송하다 |
| 기인하다 | 제공하다 | 성공하다 | 치료하다 |
| 야기하다 | 설정하다 | 고통받다 | 사용하다 |
| 재개하다 | 새로운 빛을 비추다 | 제안하다 | 활용하다 |
| 보관하다 | 보이다 | 요약하다 | 검증하다 |
| 검색하다 | 의미하다 | 공급하다 | 변경하다 |
| 공개하다 | 단순화하다 | | 검증하다 |
| | 시뮬레이션하다,<br>모의 실험하다 | | 수확하다 |

| | | | |
|---|---|---|---|
| able to | attach | conclude | demonstrate |
| accompany | attempt | conclude that | derive |
| accord with | attribute | conduct | describe |
| account for | avoid | confirm | design |
| achieve | be confined to | conflict with | detect |
| acquire | bisect | connect | determine |
| adapt | calculate | consider | develop |
| address | calibrate | construct | deviate from |
| adjust | carry out | contains | devise |
| administer | categorise | contradict | differ |
| adopt | cause | contribute to | discard |
| affect | challenge | control | discover |
| align | change | converge | discuss |
| allow | characterise | convert | display |
| alter | choose | correlate with | disprove |
| analyse | claim | correspond to | distribute |
| appear to | clarify | corroborate | divide |
| apply | collect | couple | document |
| argue | combine | create | drive |
| arise from | compare | deal with | drop |
| arrange | compare well with | decline | eliminate |
| ascribe | compensate for | decrease | embed |
| assemble | complement | deduce | emphasise |
| assess | compute | define | employ |
| assume | concentrate on | delay | enable |

| | | | |
|---|---|---|---|
| encase | highlight | maximise | point out |
| enclose | hypothesise | mean | position |
| enhance | identify | measure | postulate |
| ensure | ignore | mention | precede |
| establish | illustrate | minimise | predict |
| estimate | immerse | mirror | prepare |
| evaluate | implement | miscalculate | present |
| examine | imply | misjudge | prevent |
| exceed | improve | misunderstand | process |
| exclude | include | model | produce |
| exhibit | incorporate | modify | propose |
| exist | increase | monitor | prove |
| expand | indicate | mount | provide |
| explain | infer | neglect | provide a first step |
| explore | influence | normalise | provide a framework |
| expose | initiate | note | |
| extend | input | observe | provide evidence of |
| extract | insert | obtain | provide insight into |
| fabricate | install | occur | provide support for |
| facilitate | interpret | offer | purchase |
| fall | intersect | operate | put forward |
| fall short of | introduce | optimise | quantify |
| fasten | invert | organise | reach |
| filter | investigate | orient | recognise |
| find | isolate | originate in | recommend |
| fit | join | outline | record |
| fix | know | outperform | recover |
| focus on | lag behind | overcome | reduce |
| formulate | lead | overlook | re-examine |
| generalise | lead to | pave the way for | refine |
| generate | limit | peak | reflect |
| give rise to | list | perform | refute |
| govern | locate | permit | regulate |
| guarantee | maintain | place | reinforce |
| help to | match | plot | remain |

| | | | |
|---|---|---|---|
| remove | review | situate | support |
| repeat | revise | solve | surround |
| replicate | rise | space | synthesise |
| report | rule out | speculate | take place |
| represent | sample | stabilise | test |
| require | seem to | state | theorise |
| resemble | select | streamline | track |
| resolve | separate | study | transfer |
| restrict | serve as | substantiate | treat |
| result from | set out | substitute | use |
| result in | shed new light on | succeed | utilise |
| resume | show | suffer from | validate |
| retain | signify | suggest | vary |
| retrieve | simplify | summarise | verify |
| reveal | simulate | supply | yield |

# 작성 기술 색인

## 옮긴이

### 유선영(You, Seonyoung)

현재 동양대학교 북서울캠퍼스 교양학부에서 강의 교수로, 해커스독학사 영어영문학과 영어음성학, 미국문학개관 담당 교수 및 현대건설(주)에서 외래 책임강사로 강의하고 있다. 숭실대학교, 광운대학교, 한성대학교, 국립서울과학기술대학교, 한경국립대학교, 한양여자대학교 등에서 외래교수로 다양한 영어 교과목을 강의해 왔으며, 저서로는 『해커스독학사 영어영문학과 2단계 한달합격 영어음성학』, 『해커스독학사 영어영문학과 2단계 한달합격 영어음성학(2025년 개정판)』, 『해커스독학사 영어영문학과 3단계 한달합격 미국문학개관』 및 『Building Skills for Interpretation』, 『Mastering Skills for Interpretation』, 『Developing Skills for Korean-to-English Interpretation』, 『Developing Skills for English-to-Korean Interpretation』, 『Tactics for English Communication Skills -Basic-』, 『Tactics for English Communication Skills -Advanced-』 등이 있다.

### 박세은(Park, Seeun)

Seoul Scholars International Art & Design. Grade 7~8 졸업하였으며, 현재 Seoul Scholars International. Grade 11 재학 중에 있다. Grade 8에 국기원 세계태권도연수원(WTA)에서 세계 다양한 국가에 보급을 위한 태권도 소개 책자 제작 과정 중 한 · 영번역에 참여하여 전 세계에 대한민국 태권도를 알리는데 기여한 바 있다.



Science Research Writing
for Native and non-native speakers of English(Second Edition)

**누구나 쉽게 쓸 수 있는 영어 논문 작성법(2판)**

2025년 9월 20일 2판 1쇄 인쇄
2025년 9월 30일 2판 1쇄 발행

원자명 Hilary Glasman-Deal
역자명 유선영 · 박세은
발행인 연 규 산
발행처 청범출판사
등 록 1991년 8월 13일 No. 5-282
주 소 서울 성북구 화랑로 32다길 6-18
전 화 02) 971-5385
팩 스 02) 977-8967
ISBN 978-89-88247-78-5 03700